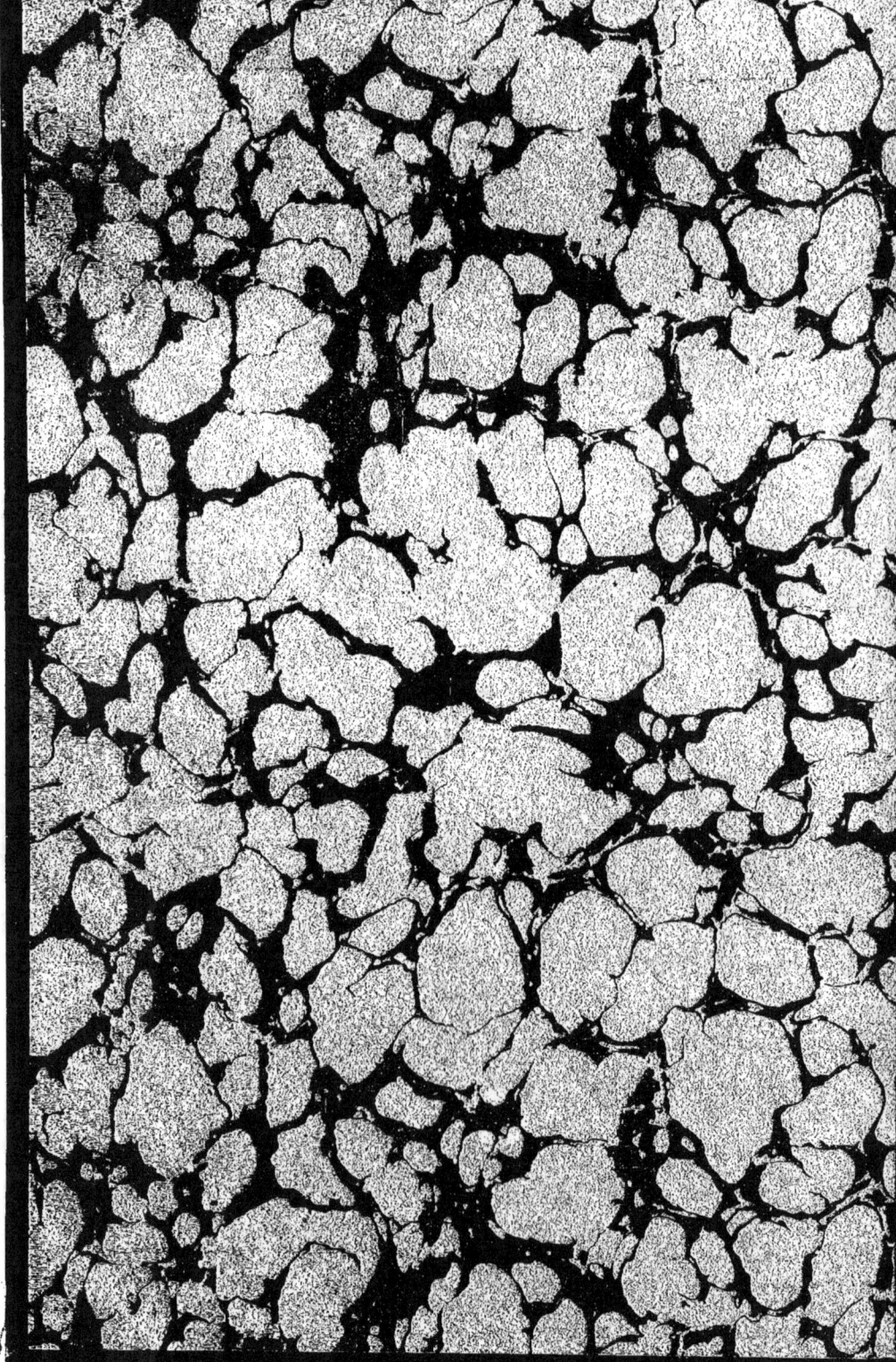

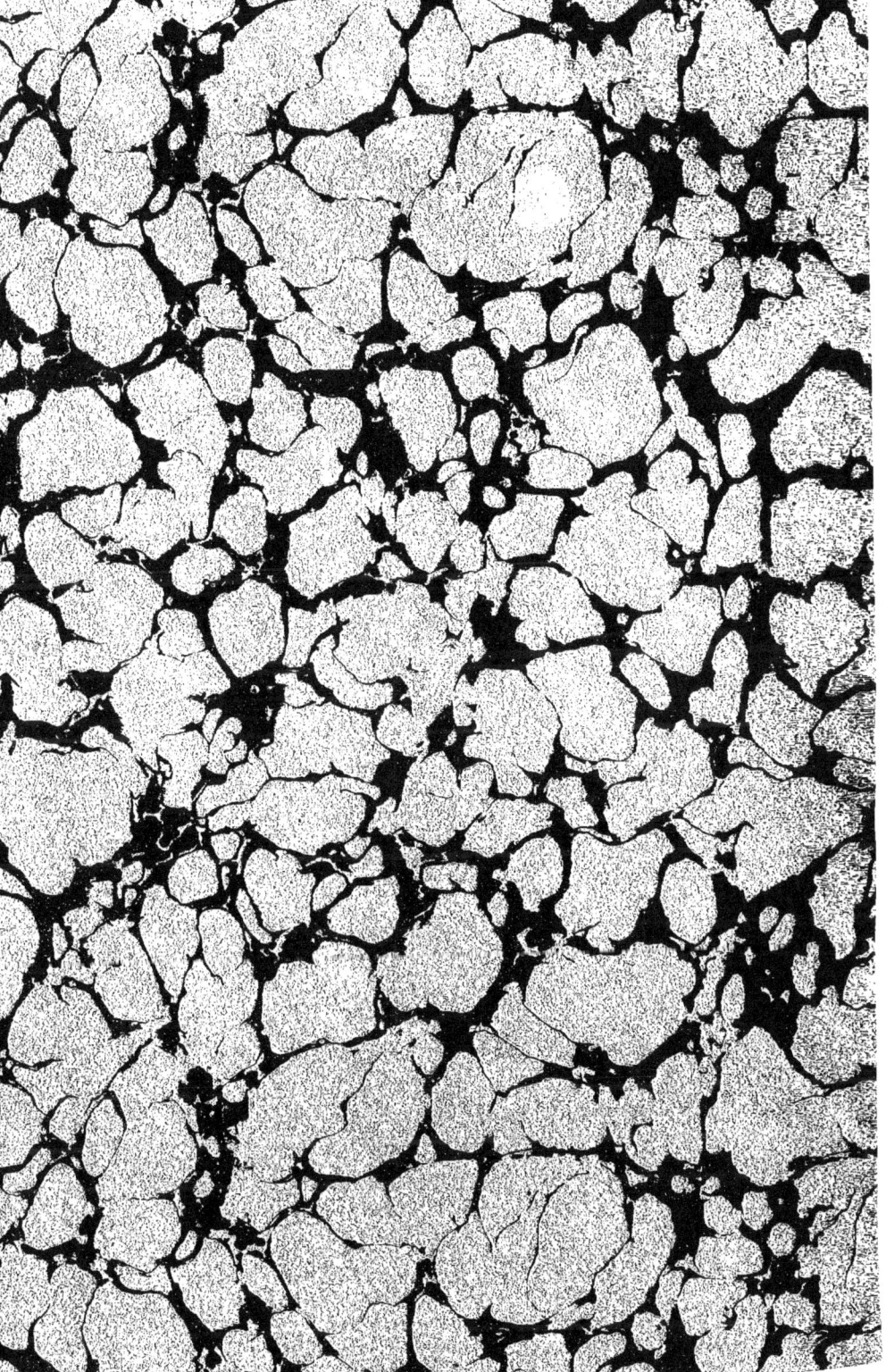

7870

LE
PLUTARQUE FRANÇAIS.

IMPRIMÉ PAR PLON FRÈRES, 36, RUE DE VAUGIRARD.

LE PLUTARQUE FRANÇAIS,

VIES DES HOMMES ET DES FEMMES ILLUSTRES DE LA FRANCE

DEPUIS LE CINQUIÈME SIÈCLE JUSQU'A NOS JOURS,

AVEC LEURS PORTRAITS EN PIED GRAVÉS SUR ACIER;

OUVRAGE FONDÉ PAR M. ÉD. MENNECHET.

DEUXIÈME ÉDITION,

PUBLIÉE SOUS LA DIRECTION DE M. T. HADOT.

RÉVOLUTION. — EMPIRE.

PARIS.

LANGLOIS ET LECLERCQ, ÉDITEURS,

81, RUE DE LA HARPE.

MDCCCXLVII.

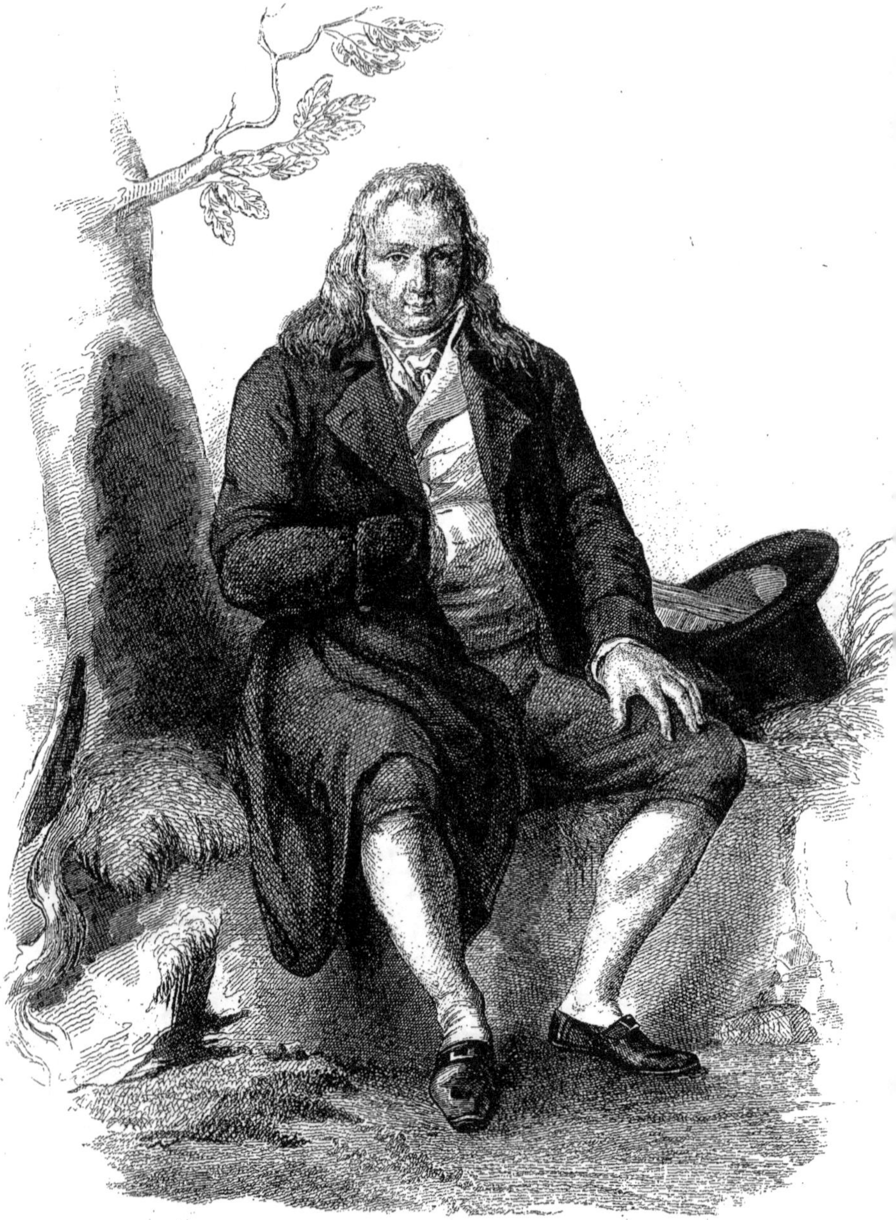

Impr. Geny Gros, rue du Poitra, 28, Paris.

BERNARDIN DE SAINT-PIERRE

NÉ EN 1737, MORT EN 1814.

Un des plus doux, un des plus gracieux souvenirs de la littérature française vient à la pensée quand on nomme Bernardin de Saint-Pierre : il a créé *Paul et Virginie*. En lui resplendit la brillante aurore d'une école littéraire qui a su peindre les beautés de la nature avec une complaisance trop vraie, trop sentie, pour n'être pas souvent heureuse, qui a su faire ressortir, sous les couleurs d'un éclatant pinceau, toutes ces touchantes sympathies du cœur de l'homme pour les autres êtres de la création : il a écrit les *Études de la Nature*. Émule de Buffon et de Jean-Jacques Rousseau dans l'art de peindre, il est moins grand que le premier, mais plus riche en couleurs, moins ardent que le second, mais plus suave et plus intime.

La tâche du biographe d'un si aimable écrivain paraîtra sans doute bien légère : il s'en faut pourtant qu'elle le soit. Entre l'homme et ses œuvres, une distance grande, un contraste quelquefois pénible. Disciple, ami de Jean-Jacques, avec lequel il eut plus d'un trait de ressemblance, comme l'illustre Genevois Bernardin de Saint-Pierre laisse voir trop souvent l'homme sous le manteau du philosophe. Deux riches et puissantes natures ! Pourquoi faut-il que nous ne puissions les admirer que sous la magie de leur style enchanteur ? On voudrait retrouver toujours en eux, dans leurs actions, dans leur vie publique et privée, ce charme de sentiment et cette élévation de pensées qui nous ravissent dans leurs ouvrages.

Jacques-Henri Bernardin de Saint-Pierre naquit au Havre le 19 janvier 1737. Ses parents se disaient nobles et descendants du célèbre bourgeois de Calais, Eustache de Saint-Pierre : l'une et l'autre de ces prétentions ont été attaquées. Le jeune Saint-Pierre montra dès son enfance un caractère inquiet et difficile. Dès l'âge de douze ans, il manifesta un goût très-prononcé pour la lecture des Voyages. Le récit d'une vie aventureuse le charmait ; il rêvait de Robinson ; il aurait voulu, lui aussi, une île déserte, un *Vendredi*, des sauvages, et tout ce merveilleux dont sa jeune imagination se nourrissait.

Les études classiques lui étaient insupportables. Voyant que telle était son humeur, ses parents imaginèrent qu'ils ne pouvaient rien de mieux pour lui que de le faire entrer dans la marine : il s'embarqua donc pour la Martinique sur le vaisseau d'un de ses oncles. Mais si on avait compté sur son goût pour les voyages, on n'avait pas assez pensé à son esprit d'indépendance. Son caractère roide et inflexible ne put se soumettre à la sévère discipline du marin ; il fallut quitter la mer après un premier voyage. On le mit alors aux Jésuites de Caen. Rien n'était changé dans son caractère : il eut pourtant des succès, qu'il dut plus à sa grande facilité qu'à son application. De Caen il passa au collége de Rouen, où il termina ses études avec la plus grande distinction : il était dans sa vingtième année. Saint-Pierre n'avait point de fortune à attendre de sa famille ; il fallut songer à se créer des moyens d'existence. Où les chercha-t-il ? Dans les études et dans une des professions qui nous semblent le plus opposées au genre de talent qui depuis fit sa gloire : il se fit admettre à l'école des ponts et chaussées. Reçu dans le corps des ingénieurs, il fut, en 1760, envoyé en cette qualité à Dusseldorf, sous les ordres du comte de Saint-Germain. Il montra beaucoup de sang-froid et de bravoure en plus d'une occasion ; à la bataille de Warburg, il se fit remarquer : une belle carrière était donc ouverte à l'activité de sa jeunesse et à son ambition. Il ne sut ni ne voulut en profiter. L'inconstance, l'irritabilité de son caractère, son esprit frondeur et difficile, ne faisaient qu'empirer avec les années. Il compta bientôt un ennemi dans chacun des officiers de son corps ; la place n'était plus tenable, il regagna la France.

Mal noté auprès de ses chefs, mal reçu dans sa famille, à quoi va se décider Saint-Pierre ? Le malheur fera-t-il jaillir ces premières étincelles du talent qui plus tard doit jeter tant d'éclat sur sa vie ? Non, l'heure du triomphe de sa riche imagination sur l'aridité des sciences exactes et sur les caprices d'un caractère malheureux n'a pas encore sonné. Il faudra plus de détresse encore : surtout, il faudra avoir parcouru le monde, étudié, pour le bien traduire, le grand livre de la création ; l'avoir étudié, et seul, et à côté de ce brillant génie, comme lui tourmenté du démon de la vanité, comme lui amant passionné de la nature, comme lui insociable, tout en ayant écrit les plus admirables pages sur l'amour, l'amitié, la sainte fraternité qui doit unir les hommes ; à côté de Jean-Jacques Rousseau.

Six louis qui lui restaient, six autres que lui produisit la chance d'un billet de loterie, c'est tout ce que possédait encore Saint-Pierre quand il obtint, non sans peine, d'être envoyé à Malte en qualité d'ingénieur-géographe : on disait que l'Ordre allait avoir la guerre avec le Turc. Il eut l'étourderie de partir sans son brevet ; et, bien moins pour cela sans doute que pour la réputation de mauvais camarade qu'il s'était faite en Allemagne, il fut assez mal vu de ses compagnons de voyage : à peine arrivé à sa destination, les déboires furent tels qu'il ne put y tenir. Il revint à Paris : là, il se trouva plus gêné que jamais; il fut réduit à donner pour vivre des leçons de mathématiques. Personne n'eut moins que lui la patience et l'exactitude si nécessaires dans l'enseignement; aussi fut-il bientôt dégoûté de sa pénible profession. Il emprunte quelque argent, et se rend en Hollande. Un Français faisait un journal à Amsterdam; Saint-Pierre a recours à son compatriote, qui lui fournit les moyens d'exister en le faisant coopérer à ses travaux. Ce métier le lasse comme tous ceux qu'il avait faits jusque-là. Il s'adresse de nouveau à la bourse de ses amis, et il entreprend le voyage de Saint-Pétersbourg, séduit par tout ce qu'il entendait dire de l'accueil que l'impératrice Catherine faisait aux étrangers. Cependant, peu s'en fallut qu'il ne trouvât encore la misère dans cette nouvelle tentative pour atteindre la fortune. Le hasard enfin le servit mieux que ses calculs; il lui dut d'être connu du maréchal de Munich : c'est ce qui le sauva. Munich le recommanda au grand-maître de l'artillerie Villebois; il fut fait sous-lieutenant du génie. On le fit venir à la cour; sa bonne mine plut à l'impératrice : on sait que les avantages physiques furent toujours un titre assez considérable auprès de la Sémiramis du Nord, et Bernardin de Saint-Pierre était bel homme et d'une figure charmante. On assure que son protecteur Villebois ne pensa à rien moins, un instant, qu'à se servir de lui pour renverser Orlof, en le substituant au favori. Mais alors une idée plus grandiose, et digne d'une tête qui eût eu plus de fixité que la sienne, préoccupait fortement Saint-Pierre : un établissement sur les bords du lac Aral, une république à la manière de Platon, un de ces beaux rêves d'honnête homme à la manière de ceux que faisait son homonyme l'abbé de Saint-Pierre, que sais-je? mieux encore s'il est possible. Le sous-lieutenant du génie se voyait déjà législateur et bienfaiteur d'un peuple entier. Il se garda donc bien de se prêter aux vues que l'ambition et l'intrigue avaient pu jeter sur son esprit et sa grâce française. En attendant la réalisation de ses rêves, le général d'artillerie Dubosquet, Français d'origine, chargé par l'impératrice d'une mission en Finlande, lui propose de l'emmener avec lui. C'était du nouveau; il y court, et se livre avec ardeur à des levées de plans, à des études de terrain, à des observations scientifiques faites sous le point de vue militaire, à des rédactions de mémoires, enfin à tout ce qui avait rapport aux divers objets de la mission du général.

A peine de retour à Pétersbourg, Saint-Pierre songeait à quitter la Russie. Les instances du général Dubosquet, qui le traitait comme son fils, et dont il aurait pu épouser la fille, furent inutiles pour le retenir. Il courut en Pologne et y prit du service. Une couleur d'indépendance qui le flatta, le plaisir de se déclarer l'ennemi du despotisme, furent le fruit de cette détermination. Son séjour à Varsovie ne fut signalé que par la vive passion qu'il sut inspirer à une princesse polonaise, distinguée par sa beauté et les agréments de son esprit. Cet attachement le rendit heureux pendant près d'une année; mais le scandale qu'il causa effraya bientôt la mère et les parents de l'imprudente

Polonaise. Celle-ci fut obligée de céder aux ordres d'une famille indignée, et Bernardin de Saint-Pierre dut cesser de la voir : il y eut pis; l'amant malheureux fut bien vite oublié, et même un jour offensé par une froideur insultante.

Après avoir erré quelque temps encore en Allemagne, le désir de revoir la patrie ramena le voyageur en France. Il était au Havre en novembre 1766. Peu de temps après, nous voyons que le baron de Breteuil le charge d'une mission pour l'Ile-de-France, où il l'envoie en qualité d'ingénieur. On a bien mal parlé de lui à ce sujet; il ne s'est pas exprimé en meilleurs termes sur ceux avec qui il se trouva en rapport dans sa mission. Ses seuls travaux consistèrent, au dire de ses antagonistes, dans la construction d'un four qui s'écroula bientôt et écrasa un homme en tombant; d'un autre côté Saint-Pierre s'est répandu en récriminations de toutes sortes contre ses compagnons, sans en excepter le gouverneur Poivre. Il serait médiocrement curieux d'éclaircir les faits de ce petit procès. Ce qu'il importe plutôt de savoir, c'est que Saint-Pierre étudia et observa beaucoup : il recueillait pour les ouvrages qu'il publia dans la suite. De retour à Paris, en 1771, il eut des relations de société avec plusieurs des hommes de lettres alors en réputation, fréquenta quelques salons distingués, et entre autres celui de mademoiselle de Lespinasse. Il paraît qu'il y eut peu de succès. Une timidité naturelle, de l'embarras dans les manières, l'empêchaient de profiter des avantages extérieurs dont la nature l'avait doué, et de faire valoir les qualités de son esprit. Une querelle avec un libraire, qui lui avait acheté le manuscrit de son *Voyage à l'Ile-de-France*, et dont il ne se tira pas au gré de quelques-unes de ses connaissances, lui attira un sarcasme de la part de mademoiselle de Lespinasse. Ouvrant une des boîtes de bonbons qui étaient toujours sur sa cheminée : « Prenez, lui dit-elle avec ironie : comme eux vous êtes doux et » bon. » Au sujet de cette méchante histoire de libraire, on alla jusqu'à mettre en doute la bravoure de Bernardin de Saint-Pierre. L'honneur était évidemment compromis; et il ne fallut pas moins de deux affaires, dans lesquelles il blessa ses adversaires, pour rétablir sa réputation. Dès lors, son caractère, déjà assez peu sociable, s'aigrit profondément; il devint mécontent de la société, elle lui fut insupportable. La solitude le tenta; il voulut en essayer. Idée heureuse : c'est à elle qu'il a dû le développement d'un talent que la dissipation des salons eût sans doute fait avorter. Il se retira donc de ce monde pour lequel il s'était si inutilement, si infructueusement fatigué, afin de mener une vie de calme et d'étude. Ce fut alors que sa liaison avec Rousseau devint plus intime. Ces deux hommes devaient se comprendre : leur plus chère affection était pour les beautés de la nature, et d'ailleurs leur caractère avait beaucoup d'analogie. Des conversations philosophiques, l'étude des plantes, une belle campagne, un ciel serein, une mélancolique journée d'automne, une belle nuit d'été, voilà qui compensait pour ces âmes tendres, aimantes, mais trop rétives aux exigences du monde, tous ces rapports de société élégante et raffinée dont ils avaient vainement essayé, et pour lesquels ils n'étaient pas faits. Tout le monde se souvient des lignes délicieuses qui, dans les *Études*, rappellent une de ces promenades des deux amis.

Bernardin de Saint-Pierre perdit, en 1778, une pension de mille francs, sa seule ressource; il était dans un état voisin de la misère. Le *Voyage à l'Ile-de-France* lui avait rapporté peu de chose. Hâtons-nous d'arriver à l'année 1784, époque à laquelle parurent les *Études de la Nature*, fruit de six années d'études assidues. M. Didot jeune avait consenti à l'imprimer, non sans peine.

Les *Études de la Nature* sont l'œuvre capitale de Bernardin de Saint-Pierre : c'est là le commencement de sa fortune et de sa réputation. Le succès de ce livre fut immense. Tout ce que son auteur eut de sensibilité dans le cœur, de science dans la tête, il le mit à contribution pour enrichir ce grand ouvrage, le plus remarquable de ses titres de gloire. Dans ces pages tour à tour vives et gracieuses, inégales de pensée, mais toujours ou presque toujours écrites de ce style coloré, plein de charme, qui fait vivre long-temps les œuvres et le nom de l'écrivain, dans ces pages Bernardin de Saint-Pierre a réuni tous les genres de style qu'on remarque dans ses autres ouvrages. Le germe même de la pensée, l'ordre d'idées qu'il a pu développer dans ses écrits politiques, se trouvent déjà dans les *Études*. La critique, malgré tout l'attrait de ce livre, lui a cependant reproché d'être incomplet dans son expression morale, de manquer de proportion dans le dessin, d'harmonie dans l'ensemble. Le peintre s'est trop fié aux fécondes ressources de son admirable couleur, il a négligé l'art si difficile et si important de la composition. Mais que ne pardonnerait-on pas à l'ouvrage dont on a pu écrire avec vérité : « A l'aspect des magiques tableaux de Bernardin de Saint-Pierre, les » matérialistes eux-mêmes regrettèrent la perte de ce qu'ils appelaient des » illusions.[1] » Je ne veux point parler de ces théories scientifiques, dans lesquelles l'imagination du poëte s'est trop jouée pour que l'on puisse sérieusement s'y arrêter : il y a long-temps qu'on en a fait justice; la magie de l'expression seule les fait lire encore. Ce que l'on conçoit difficilement, c'est que Bernardin de Saint-Pierre, qui était loin d'être étranger aux sciences exactes, ait refusé, avec une obstination constante, de se soumettre aux démonstrations qu'elles donnaient de la fausseté de ses systèmes. Lagrange disait à ce sujet : « Si Bernardin de Saint-Pierre était de notre classe, s'il » parlait notre langue, nous le rappellerions à l'ordre; mais il est de l'Aca- » démie, et son style n'est pas de notre ressort. »

Paul et Virginie vint, en 1788, ajouter à la réputation de l'auteur des

---

[1] Charles Lacretelle.

Études [1] ; un peu après il publia l'*Arcadie*, écrit dans le goût des anciens. Le public accueillit ces deux ouvrages avec une faveur qui ne pouvait rien laisser à désirer à Bernardin de Saint-Pierre. On a tout dit sur *Paul et Virginie* quand on a nommé ce délicieux roman, ou plutôt, comme l'appelle M. de Chateaubriand, ce poème, « du petit nombre de ces livres qui deviennent assez antiques en peu d'années pour qu'on ose les citer, sans craindre de compromettre son jugement [2]. »

> Ces tableaux douloureux, ces récits enchanteurs,
> Que l'on croirait tracés par les Grâces en pleurs,
> Ignorant, éclairé, tout mortel les dévore [3].

C'est un de ces livres dont on ne peut parler sans qu'il vienne à la mémoire quelques-uns de ces passages où le cœur se complaît comme dans le souvenir d'une douce et pure jouissance. Quoi de plus attendrissant, quoi de plus délicieux que ces chastes paroles où les deux adolescents laissent échapper, comme sans le savoir, l'aveu de leur naissant amour! C'est d'abord Paul qui interroge doucement Virginie :

« Dis-moi par quel charme tu as pu m'enchanter. Est-ce par ton esprit?
» Mais nos mères en ont plus que nous deux. Est-ce par tes caresses? Mais
» elles m'embrassent plus souvent que toi. Je crois que c'est par ta bonté.
» Tiens, ma bien-aimée, prends cette branche fleurie de citronnier, que j'ai
» cueillie dans la forêt; tu la mettras la nuit près de ton lit. Mange ce rayon
» de miel, je l'ai pris pour toi au haut d'un rocher; mais, auparavant,
» repose-toi sur mon sein, et je serai délassé... »

Virginie lui répond :

« Tu demandes pourquoi tu m'aimes! Mais tout ce qui a été élevé ensemble
» s'aime. Vois nos oiseaux; élevés dans les mêmes nids, ils s'aiment comme
» nous, ils sont toujours ensemble comme nous. Écoute comme ils s'appel-
» lent et se répondent d'un arbre à un autre; de même, quand l'écho fait
» entendre les airs que tu joues sur ta flûte, j'en répète les paroles au fond
» de ce vallon... Je prie Dieu tous les jours pour ma mère, pour la tienne,
» pour toi, pour nos pauvres serviteurs; mais quand je prononce ton nom,
» il me semble que ma dévotion augmente. »

Une heureuse aisance était acquise à Bernardin de Saint-Pierre; la maison

---

[1] Il n'y a point d'ouvrage qui ait été réimprimé plus souvent et sous plus de formes que le délicieux roman de *Paul et Virginie*. Parmi les nombreuses éditions qui en ont été faites, on doit distinguer; 1° celle de 1803, mise en souscription par Bernardin de Saint-Pierre lui-même : Girodet, Gérard, Prudhon, Moreau, l'enrichirent de leurs dessins : 2° l'édition de Curmer, de 1837, in-8°, avec une notice remarquable de M. de Sainte-Beuve, et des dessins de Tony Johannot et de plusieurs autres artistes distingués.

[2] *Génie du Christianisme.*

[3] Legouvé.

qu'il avait achetée du fruit de ses travaux eût été pour lui une retraite délicieuse, si ses inquiètes passions ne l'y eussent suivi. La révolution de 1789 apparut ; il la salua avec ses *Vœux d'un Solitaire*. Cet ouvrage, dans lequel étaient développées les idées du moment, eut tout l'avantage de l'à-propos, et plaça son auteur aux premiers rangs parmi les écrivains zélés qui poussaient aux innovations. En 1791, dans *la Chaumière indienne*, Bernardin de Saint-Pierre montra, avec autant de bonheur que dans *Paul et Virginie* et les *Études*, tout ce que son style pouvait avoir de grâce et de charme : Chénier a appelé ce livre *le meilleur, le plus moral et le plus court des romans*. On pourrait dire que, jusqu'à un certain point, *la Chaumière indienne* est la traduction poétique du discours de Jean-Jacques sur l'inégalité des conditions.

Bernardin de Saint-Pierre avait alors une position politique. En juillet 1792, il fut nommé intendant du Jardin des Plantes et du Muséum d'Histoire Naturelle : le ministre le présenta à Louis XVI pour remplacer M. de Labillardière, qui venait d'émigrer. Il fut question, plus tard, de le mettre au nombre des précepteurs qu'on voulut nommer pour l'éducation du jeune Dauphin. L'historien du Muséum d'Histoire Naturelle, M. Deleuze, parle assez mal des connaissances scientifiques de Bernardin de Saint-Pierre ; mais il loue la sagesse de son administration. La serre qui porte son nom fut construite par ses soins ; il présida à l'établissement de la ménagerie, lorsque les animaux furent transportés de Versailles au Jardin des Plantes.

N'oublions pas de rapporter ici un fait qui a échappé même à un des biographes les plus exacts (quoique, selon nous, un peu âcre dans sa critique) de notre célèbre écrivain, à M. Durozoir, dans la *Biographie universelle*. Bernardin de Saint-Pierre fut nommé membre de la Convention par le département de Loir-et-Cher. Il donna sa démission pour se livrer aux travaux de sa place, ou peut-être parce qu'il fut effrayé des tendances de cette terrible représentation ; plus heureux que celui qui le remplaça, et qui se crut obligé de voter la mort du plus infortuné des rois.

Bernardin de Saint-Pierre était devenu l'époux de mademoiselle Didot, fille de l'imprimeur des *Études*.

Bientôt l'intendance du Jardin des Plantes fut supprimée et il se trouva sans place. Il se retira alors à Essonne, où il fit bâtir une petite maison, et se livra tout entier à l'étude. En 1794, il fut appelé à professer à l'École normale. Il y obtint peu de succès comme orateur. L'homme qui nous apprend qu'il était obligé de recommencer jusqu'à six fois un manuscrit, ne devait pas avoir, et ne possédait pas, en effet, le talent de l'improvisation. Tel était l'esprit d'alors, qu'on regarda comme un trait de courage remarquable qu'il eût osé, dans son cours, proclamer l'existence de Dieu : cependant cette honorable action trouva sa récompense dans des applaudissements prolongés. Il renouvela bientôt à l'Institut national, qui l'avait introduit dans son sein en 1795, sa profession de foi religieuse. Son Dialogue de

La mort de Socrate, dont il fit lecture devant ses collègues, est plein de dignité morale et tient de la manière antique. C'est le sage aux prises avec la mauvaise fortune, et qui s'en console par la pensée de son immortalité.

Les bornes de cette notice ne permettent pas d'énumérer et surtout d'apprécier tous les travaux littéraires de Bernardin de Saint-Pierre, dont quelques-uns, tels que le *Café de Surate*, et les *Discours d'un Paysan polonais*, quoique dignes de l'attention d'un ami des lettres, n'eurent, et ne pouvaient avoir, qu'un intérêt du moment. Mais nous ne passerons pas sous silence les *Harmonies de la Nature*, qui sont un des ouvrages les plus importants qu'il ait laissés. Ce livre fut conçu sous l'inspiration d'une grave et religieuse pensée. Là, pourtant, comme dans certaines parties des *Études*, la science a manqué au peintre. Du reste, un style moins parfait, une imagination un peu refroidie, des répétitions assez fréquentes, des rapprochements trop subtils. La Providence est admirable dans ses œuvres, sans doute; quel est l'homme assez malheureux pour ne pas le sentir? toujours est-il qu'il ne faut pas la faire intervenir pour des minuties, comme l'a fait quelquefois l'auteur des *Harmonies*. *Nec Deus intersit nisi dignus vindice nodus*.

A dater de 1799, la vie de Bernardin de Saint-Pierre n'offrira plus rien de bien saillant. Les phases laborieuses ont été parcourues, les titres de gloire acquis. Ni la faveur du consulat, ni celle de l'empire ne lui manqueront : une belle et verte vieillesse, de la fortune, lui permettront de se livrer à l'aise à de studieux travaux; mais son plus cruel ennemi, lui-même, le poursuivra encore sous la forme, tantôt d'un amour-propre porté jusqu'à la plus ombrageuse susceptibilité, tantôt d'une parcimonieuse inquiétude que ne pourront faire taire ni les hommages du public, ni la faveur des puissants du jour.

Bernardin de Saint-Pierre mourut le 21 janvier 1814. Il avait épousé en secondes noces mademoiselle de Pelleport. Un fils et une fille sortis de cette union reçurent les noms de Paul et Virginie.

M. Parseval de Grandmaison prononça sur la tombe de son confrère un discours estimé pour la justesse avec laquelle il apprécia le génie de l'auteur de *Paul et Virginie* et des *Études de la Nature*. Il est peu d'écrivains dont la mémoire ait été honorée de plus d'hommages, dans un espace de temps aussi court que celui qui s'est écoulé depuis la mort de Bernardin de Saint-Pierre. Dans le nombre de ceux qui ont fait part au public de leurs observations sur sa vie et sur ses ouvrages, il faut distinguer Lemontey, M. Parseval de Grandmaison, M. Aignan, M. Aimé-Martin, qui a donné la meilleure édition de ses Œuvres, M. Villemain, M. Patin et M. de Sainte-Beuve.

H[te] GAUCHERAUD.

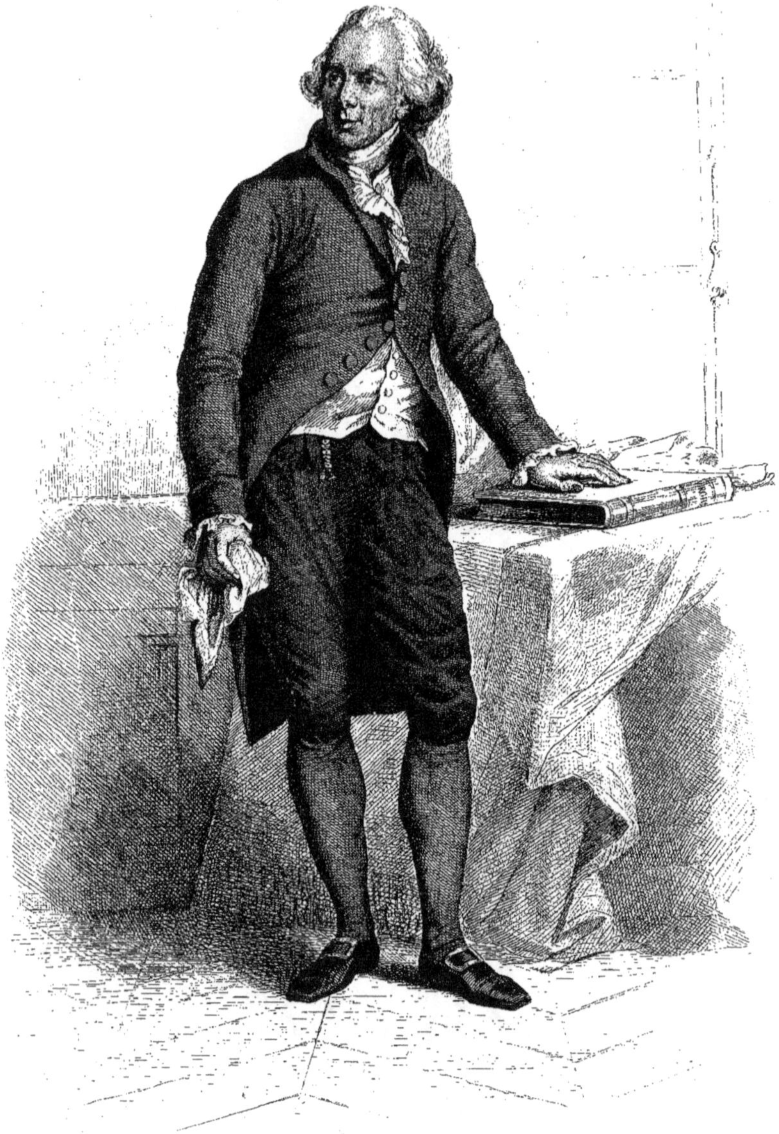

Imp.rie Geny-Gros, rue du Plâtre. 26. Paris.

DELILLE

NÉ EN 1738, MORT EN 1813.

La gloire de Delille est déjà un regret pour les hommes de notre époque qui ont été témoins de ses longs triomphes, à peine contestés; elle est une énigme pour la génération nouvelle : c'est pour tous un problème que l'avenir doit résoudre. Quelle sera dans l'histoire littéraire la valeur de ce nom qui du moins vivra, car les grandes célébrités, même déchues, laissent toujours des traces profondes? De combien de degrés l'engouement des contemporains a-t-il dépassé la justice? à quel point la réaction cût-elle dû s'arrêter pour rester en deçà du dénigrement? Voilà ce que se demandent avec anxiété ceux dont Delille fut la première admiration, et qui voyaient avec orgueil dans l'éclat de ses succès un gage assuré d'immortalité. L'obscurcissement subit de cette célébrité, qui nous était chère parce que nous y avions apporté notre suffrage et qu'elle devait s'ajouter à la gloire de la nation, nous a déjà contristés; mais la passion qui animait ces représailles laissait vivre l'espoir, car la partialité a ses retours, tandis qu'on ne revient guère de l'indifférence. Delille sera-t-il un de ces poètes, non pas complétement naufragés, mais échoués solidement, qu'on aperçoit toujours et qu'on ne peut remettre à flot? Notre intention n'est pas de décider la question, mais d'instruire avec calme, et non sans une secrète sympathie qui tient à nos souvenirs les plus vifs parce qu'ils sont les plus éloignés, un procès qui sera décidé plus tard en dernier ressort [1].

[1] M. Sainte-Beuve a écrit, nos luttes littéraires apaisées, une charmante notice dont les conclusions sont inquiétantes. A notre avis, l'ingénieux critique réduit beaucoup le mérite de Delille; et malgré l'indulgente impartialité de la forme, le jugement est sévère au fond. Notre ami mesure le vaincu du romantisme avec un sentiment qui amène sur ses lèvres l'exclamation de Cornélie:
    O soupirs, ô respects! ô qu'il est doux de plaindre
    Le sort d'un ennemi lorsqu'il n'est plus à craindre!

La satisfaction qu'il paraît éprouver nous a rappelé un autre distique dont l'application n'est pas moins juste :

Jacques Delille naquit le 22 juin 1738 au château de Tournebèze, situé entre le Puy-de-Dôme et Pontgibeau, en Auvergne, et fut baptisé à Clermont, dans l'église du Pont, par M. de Chevelanges, curé de cette paroisse. M. Montanier, avocat, le reconnut dans l'acte de baptême, où ne figure pas le nom de sa mère, madame Marie-Hiéronyme Bérard de Chazelle, qui lui avait donné naissance par une faiblesse peu digne du sang des L'Hôpital et des Pascal qui coulait dans ses veines. Delille ne connut pas son père, qui mourut en lui léguant une petite rente, et ne fit guère qu'entrevoir par instants, et à la dérobée, sa mère, qu'il paraît cependant avoir tendrement aimée. Malgré cette origine clandestine et irrégulière, son enfance ne fut ni délaissée ni rigoureusement éprouvée. Les champs de la Limagne laissèrent dans son imagination les souvenirs d'un séjour fortuné[1], il les revit avec bonheur dans l'occasion, et la joie qu'il éprouvait à les revoir lui a inspiré, outre de touchantes et gracieuses peintures, le vers suivant, qui est devenu proverbe :

> On redevient enfant aux lieux de son enfance.

Un curé de campagne ébaucha l'instruction du jeune Delille, qui conserva de ces premiers soins un tendre souvenir. Lorsque l'élève eut épuisé tout le latin du presbytère, il passa comme boursier au collége de Lisieux. Cet avantage fut-il l'encouragement des heureuses dispositions qu'il développait, ou le bienfait de la providence maternelle veillant sur le sort de l'enfant sans se montrer? On serait disposé à s'arrêter à notre première hypothèse en songeant que les bourses nombreuses des colléges de l'ancienne Université

> Il n'est rien de plus doux, pour un cœur plein de gloire,
> Que la paisible nuit qui suit une victoire.

Quoi qu'il en soit, ce sentiment de fierté compatissante a laissé au critique toute sa sagacité; et nous aurons à lui faire plus d'un emprunt, qu'il nous pardonnera aussi bien que les restrictions que nous pourrons faire à ses jugements.

[1]
> J'ai revu les beaux lieux qui m'ont donné le jour.
> O champs de la Limagne, ô fortuné séjour !
> Je le vis : je sentis une joie inconnue ;
> J'allais, j'errais partout où je portais la vue :
> En foule s'élevaient des souvenirs charmants.
> Voici l'arbre témoin de mes amusements :
> C'est ici que Zéphyr, de sa jalouse haleine,
> Effaçait mes palais dessinés sur l'arène;
> C'est là que le caillou, lancé dans le ruisseau,
> Glissait, sautait, glissait et sautait de nouveau
> Un rien m'intéressait; mais avec quelle ivresse
> J'embrassais, je baignais de larmes de tendresse,
> Le vieillard qui jadis guida mes pas tremblants,
> La femme dont le lait nourrit mes premiers ans,
> Et le sage pasteur qui forma mon enfance !

allaient souvent trouver dans l'obscurité les enfants qui promettaient des hommes distingués. De nos jours, l'emploi de ces faveurs a été détourné du but; car, ou elles sont pour les familles opulentes un surcroît de curée, ou bien, lorsqu'elles arrivent pour soulager une gêne réelle ou pour récompenser des services honorables, on ne s'inquiète pas de savoir si l'enfant qui va recevoir une éducation libérale est capable d'en profiter. L'instruction secondaire donnée gratuitement à ceux qui peuvent la payer, et sans discernement aux fils de ceux qui se trouvent dans certaines conditions, est une iniquité dans le premier cas, et elle devient souvent, dans le second, une faveur funeste. Quelle qu'ait été l'origine de cette bourse au collége de Lisieux, Delille en profita, et il obtint dans ses études des succès qui ont fait époque comme ceux de La Harpe, autre boursier qui devint l'oracle de la critique, pendant que Delille prenait place aux premiers rangs parmi les poètes.

Nous lisons dans des souvenirs, écrits par madame Delille, presque sous la dictée de son mari[1], que, lorsque la nourrice transporta, à l'âge de quatre ans, l'enfant qui lui était confié, à la pension de Chanonat, cette séparation mit en péril les jours du jeune Delille. Il appelait par des cris plaintifs sa *mame* absente, et, comme ces cris étaient sans écho, une fièvre ardente suivie de convulsions le saisit, et ce ne fut pas sans peine que, cette crise passée, il se détermina à partager les jeux de ses camarades. Pendant son séjour à Chanonat, l'enfant reçut un jour une visite mystérieuse : une femme qu'il n'avait jamais vue le fit demander en secret, le serra vivement dans ses bras, le couvrit de caresses et de larmes, et disparut. Delille sut alors qu'il avait une mère, et ne comprit pas sans doute pourquoi cette tendresse si vive ne pouvait s'épancher qu'à la dérobée. Ce malheur d'une naissance clandestine n'eut pas de fâcheuse influence sur le caractère de Delille ; sa vivacité naturelle le sauva de ces sombres pensées que suggère à certains esprits une condition fausse : il ne rendit personne responsable d'un hasard malheureux. Son humeur enjouée, la pétulance de ses manières, la malice bienveillante de son esprit lui firent donner par ses condisciples les surnoms d'*écureuil* et de *sapajou* : « Il est certain, dit l'un d'eux[2], cité par M. Sainte-Beuve, que cet aimable jeune homme avait toute la vivacité, toute la gentillesse de l'un et de l'autre, et, disons la vérité, un peu de la malice du dernier ; mais il avait aussi l'innocence et la grâce du premier. »

Les succès universitaires de Delille firent sensation dans le monde. On se disputa dans les salons aristocratiques et littéraires le plaisir de fêter le jeune lauréat. Le comte d'Hérouville, le premier président, le maréchal de Brissac lui firent des avances ; le duc de Bouillon voulut qu'il lui fût présenté à

---

[1] Ce précieux manuscrit nous a été communiqué avec une grâce parfaite et une charmante courtoisie par M. A. Sauvage. Nous en tirerons plus d'un renseignement curieux.

[2] Desforges, l'auteur de la comédie de *Tom Jones à Londres*.

Versailles. Madame Geoffrin, caustique et bonne, et qui aimait à intimider ceux qu'elle voulait encourager, lui donna d'une façon assez originale le baptême philosophique. Lorsque le jeune écolier lui fut présenté : « Monsieur, lui dit-elle d'une voix imposante et d'un ton brusque, vous faites bien du tapage!... » Ce début intimida Delille, qui resta muet. « Il n'est question que de vous, continua-t-elle du même ton, et je ne vois pas comment vous pouvez justifier un pareil scandale. » L'écolier, déconcerté, essayait de balbutier une façon d'apologie : « En quoi donc, madame, aurais-je eu le malheur de vous déplaire? » Une corbeille remplie de sucreries et de tablettes de chocolat tira tout le monde d'embarras; les friandises passèrent dans la poche de l'écolier, qui fut choyé, caressé, bourré de dragées et de compliments. L'esprit lui revint avec l'assurance, et, en se retirant, il emporta ces paroles gracieuses : « Il faut nous voir souvent, entendez-vous? »

Delille profita de la permission; il fut un des membres les plus assidus et les plus goûtés de cette réunion où les étrangers venaient se polir au contact de nos beaux esprits :

> Les enfants du midi, les habitants du nord,
> Le rang, la faveur, la naissance,
> Pour être accrédités dans les cercles de France,
> Venaient, dans son salon, prendre leur passeport
> Et recevoir leurs lettres de créance [1].

Madame Geoffrin ne se contenta pas d'accueillir Delille; elle voulut l'aider de sa bourse : le poète refusa ses offres généreuses, c'est lui qui nous l'apprend; mais il garda chèrement le souvenir de ces avances faites et écartées avec une égale délicatesse. Aussi les derniers vers qu'il ait composés, l'épilogue du poème de la Conversation, sont-ils un hommage à la mémoire de madame Geoffrin, et sans doute le vers où il la loue de *gronder par bonté* est une réminiscence de cette première entrevue.

Il semble que de pareils succès devaient porter du premier coup Delille aux rangs élevés de l'enseignement des lettres, où sa vocation l'appelait. Il n'en fut rien. Alors les plus habiles commençaient par le commencement. Celui qui avait fléchi sous le poids des couronnes débuta modestement comme maître de quartier au collége de Beauvais, où il eut pour collègues, Thomas son compatriote, l'abbé Lagrange, traducteur de Lucrèce, et Sélis, qui a donné de la clarté à Perse, sans le brûler. Ces fonctions subalternes n'humiliaient personne et paraissaient un noviciat nécessaire avant d'arriver à l'enseignement : exercées par des jeunes gens distingués, elles avaient l'avantage de présenter aux élèves, au plus humble degré de la hiérarchie des maîtres, des supérieurs et des amis. Delille commençait alors à s'occuper

---

[1] *Conversation*, chap III.

de la traduction des *Géorgiques*, à laquelle il associait ses élèves, en excitant leur émulation sur les passages les plus difficiles. C'est à cette époque qu'il faut placer sa visite à Louis Racine, qui, d'abord effrayé de ce projet téméraire, lui commanda de poursuivre ce qu'il avait si bien commencé.

La suppression de l'ordre des jésuites laissant vacantes un grand nombre de chaires, Delille fut envoyé comme professeur à Amiens, où il visita le chantre de *Vert-Vert*, qui expiait ses succès de poésie badine et de comédie dans la retraite et la dévotion. Gresset accueillit et goûta le jeune professeur, déjà connu par quelques pièces fugitives, et surtout par son épître didactique à M. Laurent [1]. Delille fut bientôt rappelé à Paris comme professeur de troisième au collége de La Marche. C'est dans l'exercice de ses pénibles fonctions qu'il acheva sa traduction des *Géorgiques*. Le succès de cet ouvrage fut immense, et Delille reçut de l'admiration contemporaine le surnom de *Virgile français*. Voltaire, dont le suffrage aimait à consacrer les réputations naissantes, parla du nouveau traducteur avec enthousiasme : il ne se contenta pas de lui délivrer, comme à beaucoup d'autres qui ont laissé périmer la donation anticipée qu'il faisait volontiers de son héritage, la survivance de sa royauté poétique ; il écrivit de son propre mouvement à l'Académie française une lettre dans laquelle il proclamait le mérite éminent de cette traduction, que le grand Frédéric appelait de son côté une œuvre originale. Dès lors commence, autour du nom de Delille, ce bruit de gloire que la Révolution fera taire pendant quelques années, mais qui reprendra avec plus de force au milieu des triomphes de l'époque impériale. Au reste, la critique mêla sa voix à ce concert de louanges. Clément de Dijon, stimulé par Lebrun le pindarique, publia deux volumes d'observations, dans lesquelles l'aigreur et l'amertume n'excluent pas la judicieuse sévérité du goût. Pendant que Saint-Lambert provoquait contre le critique, aristarque et zoïle tout ensemble, les rigueurs arbitraires du pouvoir, Delille, plus sage et mieux avisé, profitait des bons avis de son détracteur pour améliorer notablement plusieurs passages de sa traduction [2].

Malgré quelques critiques fondées, les *Géorgiques* de Delille demeurent

---

[1] Cette épître, composée à l'occasion d'un bras artificiel, passe en revue toutes les merveilles de l'industrie : « Elle semble, dit M. Sainte-Beuve, avoir été pour Delille le programme qu'il se posa, ou, si c'est trop dire, l'écheveau qu'il tourna et dévida toute sa vie. » Ce jugement spirituel paraît trop exclusif, car Delille a plus souvent chanté la nature que l'industrie ; et il a touché la philosophie, la politique et le monde, par le dithyrambe sur l'Immortalité de l'âme, la Pitié et la Conversation.

[2] Clément, menacé de la Bastille, osa se présenter chez Delille pour l'intéresser en sa faveur. Le poète était alors avec Dureau de La Malle. Clément balbutia quelques excuses et promit de se rétracter ; Delille, pour toute réponse, récita un passage traduit de Pope tombant à plomb sur son interlocuteur, qui se confondit en excuses de plus en plus humbles. Dureau de La Malle, qui bondissait d'impatience, mit fin à cette scène par un geste énergique. Clément se trouva heureux de sortir par la porte ; Delille, qui connaissait la fougue de son ami, avait pris la précaution de se placer devant la fenêtre.

le chef-d'œuvre de la traduction. Je suis bien éloigné de penser, avec M. Sainte-Beuve « qu'on glisse avec Delille sur un sable assez fin, peigné d'hier, le long d'une double palissade de verdure, dans de douces ornières toutes tracées. » Sans doute Delille n'a pas reproduit toutes les mâles beautés de l'original, il n'a pas laissé vivre dans sa touchante profondeur cette sensibilité qui vivifie dans Virgile jusqu'aux prescriptions de la science ; il n'a pas la fière et libre allure de son modèle, son langage n'a pas cette perpétuelle invention des mots, ce coloris des images dont se compose la désespérante perfection du poëte latin ; mais il a triomphé des difficultés de sa tâche autant que le permettaient l'infériorité matérielle de notre langue et les entraves de ce travail qui, soumettant l'inspiration à des formes déterminées, enferme le poëte dans un cercle infranchissable. Quelle souplesse dans cette infinie variété de tours, quelle sûreté de pinceau dans ces nuances finement et vigoureusement touchées, quelle dextérité pour faire entrer toutes ces idées et ces images dans le moule inflexible de l'alexandrin ! Certes, la traduction n'a ni le titre ni le poids du modèle, le métal est de qualité inférieure ; mais ici le problème à résoudre ce n'est pas l'égalité, c'est la moindre différence : or, jusqu'à preuve contraire, il est vraisemblable que Delille a porté l'imitation à ses limites extrêmes ; d'autres ont fait autrement, personne n'a fait mieux, et ce n'est pas un mince mérite que d'être le premier, même dans un genre secondaire. On a dit que Boileau et Voltaire avaient mieux traduit, mais ils n'ont réussi que dans des passages de peu d'étendue et en prenant des libertés qui leur laissaient l'emploi de toutes les ressources de leur génie. Quoi qu'on puisse dire, Delille aura la gloire d'avoir été plus loin que pas un dans une carrière marquée par des chutes fréquentes de lutteurs habiles, et par là il a gagné une place élevée et distincte, il a conquis une palme qu'on ne peut lui ravir.

A deux reprises, l'Académie française, impatiente de compter parmi ses membres l'habile interprète de Virgile, porta sur lui la majorité de ses suffrages. Louis XV, qui n'aimait pas la gloire parce qu'elle fait trop de bruit, trouva la première fois (1772) que l'Académie s'était beaucoup pressée : peut-être pensait-il qu'elle dérogeait en s'associant un régent de collége ; c'était punir Delille des torts du pouvoir, qui aurait dû lui donner l'indépendance quand l'opinion lui décernait la gloire. En 1774, la seconde élection de Delille fut confirmée par Louis XVI, et l'amitié de M. Le Beau, lecteur du Roi au collége de France, appela le nouvel académicien à partager avec lui l'enseignement public de la littérature latine. La poésie revenait de droit au traducteur de Virgile, Le Beau se réserva l'éloquence.

De 1774 à la Révolution, la vie de Delille est un triomphe paisible et radieux. La cour le protége et l'enrichit[1], il est l'oracle de l'Académie et du

---

[1] Le comte d'Artois, depuis Charles X, fut le plus actif et le plus généreux de ses protecteurs.

collège de France, l'idole des salons. L'effet de ses vers, lorsqu'il les lit, d'une voix enchanteresse, est prodigieux ; sa conversation brillante et familière, semée de mots ingénieux et d'anecdotes piquantes, lui donne le premier rang parmi les hommes aimables ; sa physionomie ouverte et mobile fait oublier l'irrégularité de ses traits, et il ne tiendrait qu'à lui d'avoir tous les succès des abbés de boudoir. Les soupers, les parties de campagne se succédaient sans interruption, et les mieux placés devaient s'y prendre longtemps à l'avance pour le posséder. C'est au milieu des distractions de cette vie charmante, possible seulement à l'époque de sécurité voluptueuse qui précéda les orages de la Révolution, que Delille composa par fragments, ou plutôt par compartiments, cette brillante mosaïque qui est le poème des *Jardins*. Dans cet ouvrage, il abordait en son propre nom, et comme pour obéir à un désir ou plutôt à un regret de Virgile, le poème didactique.

Pour réussir complétement dans ce genre, où la poésie, voisine de la prose et tributaire de la science, n'a ni l'inspiration de l'ode ni la magnificence de l'épopée, ni l'intérêt du drame, il faut pouvoir y employer toutes les ressources du génie ; ici l'invention n'est possible que dans l'expression, dans les récits et les tableaux épisodiques. Comment parvenir à être méthodique sans froideur, exact sans sécheresse, technique sans obscurité? Comment allier le précepte et l'image, le sentiment et la description? Comment parler en même temps à l'entendement, au cœur et à l'imagination? En un mot, comment poétiser la science? Virgile n'a ignoré aucun des secrets de cet art si difficile ; la poésie vivifie les détails et l'ensemble de ses *Géorgiques;* elle circule comme un feu subtil sous la trame de ses vers; elle brille à la surface comme une pure lumière. C'est pour cela que ce poème passe à bon droit pour le chef-d'œuvre de l'esprit humain. Hésiode et Lucrèce, dans le même genre, touchent de bien près à la perfection. Delille n'est pas poète didactique dans le grand sens que donnent à ce mot les poèmes de Virgile et de Lucrèce. Il a le goût plutôt que la passion de son sujet. Son poème s'est fait sans avoir été conçu, il a été arrangé plutôt que composé. Mais à défaut de ce lien puissant qui fait d'une œuvre d'art un tout vivant, quelle habileté dans l'arrangement des parties ! A défaut de ce style souverain qui grave la pensée, combien de tours heureux, d'expressions brillantes, de traits délicats et spirituels ! Qu'on relise les *Jardins* et l'on verra que cette parure coquette, qu'on déclare fanée, conserve encore, après bien des années, de la fraîcheur et de l'éclat. Remarquons d'ailleurs que si la grâce de Delille touche quelquefois à la manière, cette recherche de l'élégance se trouve ici en rapport avec la nature *artialisée*, comme dirait Montaigne, que nous présentent les jardins. Le succès de ce poème, qui parut pour la première fois en 1782, fut complet. Delille sentit à peine la piqûre que lui fit Rivarol en publiant les doléances du chou et du navet, indignés de n'avoir pas leur place dans les vers du poète, qui avait oublié le potager.

Les *Jardins* eurent les honneurs d'une vingtaine d'éditions et de plusieurs traductions allemandes, polonaises, italiennes, anglaises.

Le voyage de Delille à Constantinople fut presque un enlèvement. Sans projet arrêté, il se laissa faire par M. de Choiseul-Gouffier, charmé de se donner un si agréable compagnon. Delille rapporta de cette excursion quelques impressions poétiques, qui furent le germe du poème de l'*Imagination*, et des yeux affaiblis par l'éclat du soleil et le reflet éblouissant des blanches murailles de Constantinople. A Paris, il retrouva ses amis, que l'absence n'avait pas refroidis, et cette vie mondaine qui le séduisait, et que la Révolution vint bientôt troubler. Delille, quoique suspect d'encyclopédisme, tenait à la cour par ses habitudes et par la reconnaissance; il ne fut donc pas entraîné dans ce mouvement de liberté qui devait d'ailleurs déposséder la paisible poésie didactique. Il bouda la Révolution sans l'attaquer, et se fit oublier en s'abstenant. Ce fut alors, en 1789, qu'il alla passer l'été en Auvergne, où il revit sa mère, que déjà il avait visitée au sortir du collége. Ce séjour de plusieurs mois dans son pays natal fut une longue fête. Il revint à Paris, se tenant toujours sur la réserve : secrètement hostile, mais prudent[1]. Toutefois, on lui demanda un hymne religieux pour la fête de l'Être Suprême, et il fit de son obéissance un acte d'opposition, car en flétrissant la tyrannie il parut attaquer ceux qu'André Chénier appelait des *tyrans barbouilleurs de lois*. Quelle qu'eût été l'intention du poète, il devint suspect, et il ne fallut rien moins que la protection de Chaumette pour le garantir. Il avait ainsi passé sans encombre les années les plus périlleuses de la Révolution; le 1er frimaire an III, il récitait des vers à l'ouverture du collége de France, et la même année son entrée était accueillie, à une des leçons de la grande école normale, par de vifs applaudissements : la terreur avait cessé, les temps étaient devenus meilleurs, et cependant Delille quitta la France. On n'a jamais bien su le motif de ce départ; serait-ce rancune de poète pour la préférence accordée à un poète aujourd'hui complétement oublié, Le Blanc, auteur de *Manco-Capac*, dans le partage des récompenses nationales[2]? Voulait-il, comme on l'a insinué, se mettre en règle avec l'avenir? c'eût été prévoir les choses de bien loin. Dans ce cas, Delille n'aurait pas eu les bénéfices de sa lointaine prévoyance, car il est mort à la veille de l'événement qui justifiait sa sagacité. Il est vraisemblable qu'il ne s'éloigna d'abord que pour faire remarquer son absence, puis, les instances qui le rappelaient n'étant pas assez vives, il se

---

[1] Sa prudence ne put cependant contenir une saillie qui faillit le compromettre. Il cherchait un livre dans la boutique de Le Jay, au Palais-Royal. La femme du libraire questionnait un gros homme, le comte de Mirabeau, assis près d'elle. « Ma chère amie, tais-toi, tu es bête, mais bête comme le décret d'hier. — Pourquoi dater? » dit Delille tout en cherchant son livre. Le lendemain on cria dans les rues : « Bon mot du citoyen Delille, à deux sous. » (*Manuscrit de madame Delille.*)

[2] La Convention avait décrété en faveur de Le Blanc un don de deux mille livres.

sera laissé aller par degrés jusqu'à l'émigration, et s'il prolongea son exil volontaire, ce fut, sans doute, par la difficulté de rentrer avec convenance après être sorti sans raison. La faiblesse explique bien des choses qui passent pour de la force. Quoi qu'il en soit, cette longue bouderie de Delille fut confisquée au profit de la légitimité, et elle l'engagea tellement, qu'après son retour en France, Napoléon ne put gagner que son silence.

En 1789 Delille n'était pas marié[1], mais il s'était attaché sous le nom de nièce, et comme gouvernante, une jeune personne dont il avait touché le cœur pendant une visite faite trois ans auparavant au couvent des dames de Sainte-Claire à Metz. La jeune novice que l'esprit du poète avait charmée devint plus tard madame Delille. Le soin qu'elle prit tout d'abord d'écarter les importuns auxquels Delille sacrifiait deux choses également précieuses, son temps et sa santé, est le point de départ d'une légende, grossie par la rancune et la crédulité, qui transforme cette femme dévouée en une sorte de dragon avare et jaloux, défendant les avenues du poète, le séquestrant impérieusement, le mettant à la tâche d'un certain nombre de vers, rançon d'une liberté passagère, et toujours prêt à dévorer les imprudents qui auraient voulu forcer la consigne. La vigilance de celle qui devait être madame Delille commença à se prononcer au début de la Révolution, pour tenir le poète en garde contre les jeunes seigneurs clubistes qui auraient voulu l'entraîner dans leurs réunions. « Le dépit, écrit-elle à ce propos, se vengeait par le ridicule. Heureusement ce dépit ne put se tourner contre M. Delille. L'amitié, satisfaite d'avoir contribué au repos, peut-être à la vie, d'un homme précieux, redoublait sa vigilante inquiétude : l'amitié n'a-t-elle pas son autel et son holocauste? Quand elle remplit tout le cœur, qu'importe le monde? » Ces lignes, que le cœur a dictées, doivent être prises en considération et réduire à leur juste valeur les commentaires injurieux dont madame Delille a été l'objet.

En 1790, Delille fut sur le point de réaliser le vœu qu'il avait si bien exprimé dans le second chant du poème des *Jardins* :

> Oui, j'en jure Virgile et ses accords sublimes,
> J'irai, de l'Apennin je franchirai les cimes,
> J'irai plein de son nom, plein de ses vers sacrés,
> Les lire aux mêmes lieux qui les ont inspirés.

---

[1] Delille put se marier sans enfreindre de vœux, car, bien qu'il prît le titre d'abbé, il n'était pas entré dans les ordres. On le voit clairement par l'anecdote suivante qu'il aimait à raconter. En 1778, M. de Maurepas, qui lui voulait du bien, lui ménagea une entrevue avec le cardinal de La Roche-Aymon, chargé de la feuille des bénéfices, et voici le dialogue qui s'établit entre le poète et le cardinal. « En quel diocèse êtes-vous grand-vicaire? — Je ne suis pas grand-vicaire. — De quelle paroisse êtes vous curé? — Je ne suis pas curé. — Vous n'êtes donc que diacre? — Je ne suis pas diacre. — Quoi, vous seriez resté crapuleusement sous-diacre! — Je n'ai pas l'honneur d'être sous-diacre. — *Per caput juro, nil habebis.* Entendez-vous le latin, — J'aurai l'honneur de l'expliquer à Votre Éminence si elle le permet. »

Ce voyage devait se faire en compagnie de Mesdames, tantes du Roi, mais au moment du départ le passe-port du poète ne se retrouva pas et ne reparut que quelques jours plus tard. Il est probable que cet obstacle imprévu vint encore de la vigilante amitié qui protégeait Delille, car ce départ eût été une séparation douloureuse et, de plus, un péril. Voyager, dans un pareil temps, avec des filles de roi, c'était se désigner, par une démarche décisive, à l'attention du parti dominant; c'était s'éloigner ou pour ne plus revenir ou pour être ramené sous escorte. Après cette tentative avortée, Delille continua de demeurer à Paris, comme nous l'avons dit, et il ne le quitta qu'après la journée du 9 thermidor.

Au mois de mai 1793, Delille partit pour les Vosges. Il s'y arrêta longtemps dans la charmante petite ville de Saint-Dié, où, parmi ses promenades champêtres, et dans le recueillement du cabinet, il achevait la traduction de l'*Énéide* tout en ébauchant le poème des *Trois Règnes*, et mettant la dernière main à l'*Homme des Champs*. L'état de sa fortune n'était pas brillant; avant la Révolution, une banqueroute de grand seigneur lui avait enlevé tout le fruit de ses économies, et la Révolution l'avait privé du revenu de quelques bénéfices qu'il devait surtout à la protection du comte d'Artois. Il vendit alors au libraire Levrault, de Strasbourg, le manuscrit de l'*Homme des Champs*, qu'il ne devait livrer qu'après son arrivée à Bâle, car il méditait alors un voyage en Suisse. Des Vosges, où il avait séjourné près d'une année, il s'achemina vers l'Alsace, et il put obtenir à Colmar un passe-port que lui avait gracieusement refusé la municipalité d'Épinal : « Nous verrions avec peine, disait-elle, un homme d'un si grand mérite, dont la nation se glorifie, quitter le sol français. La patrie est jalouse de conserver le citoyen Delille dans son sein. » Delille avait avalé cette pilule dorée sans la digérer, et il profita de la bonne volonté ou de la tiédeur patriotique des autorités de Colmar. Toutefois sa résolution n'était pas si bien prise qu'il ne formât le projet de rebrousser chemin vers Saint-Dié pour s'y fixer de nouveau. Mais M. Levrault, inquiet de son manuscrit, qu'il ne devait recevoir que de Bâle, vint surprendre le poète dans un petit village voisin de la Suisse, et le décida à franchir la frontière. Arrivé sur la limite des deux territoires, Delille hésita encore, et, plaçant le pied droit sur le sol étranger et laissant le pied gauche de l'autre côté, il demandait de quel côté il devait marcher. Enfin le pied gauche rejoignit le pied droit, et l'émigration de Delille fut consommée.

La Suisse ne fut pas long-temps pour Delille un asile assuré : la guerre grondait sur la frontière, et de Bâle où il était, il entendit avec un effroi douloureux le bombardement d'Huningue; il poussa jusqu'à Glairesse, d'où il alla visiter dans le lac de Bienne l'île de Saint-Pierre, illustrée par le séjour de J.-J. Rousseau et les reliques que le philosophe de Genève y a laissées. Ces excursions n'ont pas nui au poème de l'*Imagination*. A Fribourg, il vit Mallet-Dupan, qui le quitta pour aller en Angleterre. Delille lui-même ne tarda pas à sortir de la Suisse. En traversant Darmstadt, il eut le plaisir de voir, autant que le permettaient ses yeux de plus en plus faibles, les jardins du duc, dessinés d'après son poème. Il séjourna quelque temps à la cour de Brunswick, où il reçut de la sœur du grand Frédéric un accueil flatteur. Le célèbre Heyne, commentateur de Virgile, lui fit les honneurs de Gœttingue, le consulta, honneur singulier! sur le sens d'un passage de l'*Énéide*, et le mit aux prises avec l'enthousiasme des étudiants de l'Université. A Hambourg, car il allait toujours s'enfonçant dans l'Allemagne, il rencontra Rivarol, qui promenait à travers la Germanie son esprit caustique et l'universalité de la langue française. Il profita de la rencontre pour se réconcilier avec le défenseur officieux du chou et du navet : sur la terre étrangère, on ne se tient pas séparés pour si peu. A cette époque, Delille rejeta les offres les plus séduisantes, qui lui vinrent presque coup sur coup de Berlin et de Vienne, où on voulait l'attirer comme professeur ; mais notre poète ne voulait pas rompre avec la France. Le désir de sauver un dernier débris de sa fortune, compromis par la gêne du dépositaire, conduisit Delille en Angleterre : peut-être aussi songeait-il déjà à traduire l'Homère des Anglais, et à prendre Milton corps à corps sur son propre terrain, après avoir déjà traduit l'*Essai sur l'Homme* de Pope. Il partit donc pour l'Angleterre.

Delille arriva à Londres le 5 juillet 1799, et il y resta trois années, occupé presque exclusivement de l'achèvement des grands poèmes de l'*Imagination* et des *Trois Règnes*, de la traduction du *Paradis Perdu* et du remaniement de la *Pitié*, qu'il avait composée pendant son séjour à Brunswick. Recherché de l'aristocratie anglaise ; il la vit discrètement, sans se livrer, faisant applaudir son esprit et respecter sa dignité. Parmi les émigrés il retrouvait d'anciens amis, qui étaient pour lui l'image de la patrie absente. Lorsque M. Pitt lui fit témoigner le désir de le recevoir, il déclina cet honneur par une réponse qui mérite d'être conservée : « Je rends justice aux talents de M. Pitt, dit-il, mais je me rappelle que je suis Français. » L'affaiblissement de sa santé, altérée par l'excès du travail et l'influence d'un climat brumeux, lui fournit un prétexte honorable de revoir cette France qui ne l'avait pas oublié et qu'une longue séparation lui avait rendue plus chère. La vue de Calais lui causa une joie inexprimable, et l'accueil qu'il y reçut fut le prélude de ces longs hommages qui l'accompagnèrent jusqu'au terme de sa carrière. La terre française sembla au premier moment lui rendre la vigueur de la jeunesse : aussi lorsqu'on lui demanda à son premier repas quel vin il voulait qu'on lui servit — des vins de France, répondit-il, — desquels ? — de tous, reprit-il avec l'assurance d'un buveur intrépide. Il fallut satisfaire ce transport bachique, et pour que son estomac ne souffrît point de son patriotisme, on lui fit boire sous des étiquettes différentes le même vin étendu d'eau à doses inégales [1].

La publication du poème de *la Pitié* marque le retour de Delille en France. C'était rentrer sous les auspices du régime qui n'était plus, et dont les débris allaient reparaître. La police fit mine de jeter l'interdit sur ce poème, mais les obstacles furent facilement levés. Cette noble élégie sur des malheurs passés convenait à la politique qui les réparait, et le premier Consul entendait sans déplaisir l'éloge d'une dynastie qu'il faisait oublier et qu'il allait remplacer. Tout ce qui ranimait le sentiment monarchique devait bientôt profiter à sa puissance. Bonaparte laissa s'établir la royauté littéraire de Delille qui allait orner la gloire militaire de son règne ; il aurait voulu l'entraîner dans sa sphère, mais il la laissa se développer isolément, car cet éclat paisible était une décoration et non une rivalité. Delille put recevoir les hommages empressés de ses admirateurs sans inquiéter le pouvoir politique ; l'Institut, qui avait attendu trois ans avant de le remplacer, s'empressa de le rappeler, et lorsqu'il reparut pour la première fois au milieu de ses collègues, le frère même de l'Empereur, Lucien, président de l'Académie, vint à sa rencontre et le reconduisit ensuite jusqu'à sa voiture. Bonaparte repoussa toujours les insinuations qui tendaient à l'exciter contre le poète, et à propos de *la Pitié*, qu'on l'engageait à proscrire, il fit une réponse qui prouve sa prédilection pour Delille. « Que feriez-vous donc, lui disait-on, pour les poètes républicains, puisque vous laissez librement circuler *la Pitié* ? — Je le ferai savoir dans l'occasion, » répondit-il sèchement, et il tourna le dos à son interlocuteur. Delille reparut aussi au collége de France où il inaugurait, par une séance solennelle, son cours que M. Tissot continuait avec succès.

Le poème de *la Pitié* traçait le rôle de Delille sous l'empire. Placé entre ses regrets du régime déchu et ses obligations envers la puissance nouvelle qui protégeait son repos, il n'y eut rien d'hostile dans sa réserve, et il se contenta d'admirer en silence les prodiges de cette grande époque. Il accepta même de l'Empereur une pension de six mille francs, non à charge d'éloges (on les aurait payés bien davantage), mais en signe d'adhésion. M. Michaud, qui refusa la même faveur à la même époque et qu'on voulait entraîner par l'exemple de son confrère en poésie et en royalisme, répondit plaisamment : « Oh ! pour l'abbé Delille, cela ne m'étonne pas, il a si

---

[1] Madame Delille était inexorable sur le chapitre des vins. Dans un dîner au collége de France, auquel assistaient, entre autres convives, un jeune lauréat de l'Université, M. Villemain, et M. de Féletz, Delille avait obtenu par tolérance, au dessert, quelques gouttes d'un vin d'Espagne. Le poète s'apprêtait à récidiver, pensant tromper la vigilance conjugale ; mais au moment où le verre touchait ses lèvres, une main vigoureuse, qui avait passé brusquement sous le visage de M. de Féletz, saisit le bras du coupable. « Vous voilà convaincu, s'écria madame Delille. — Et atteint, » ajouta avec résignation le buveur désappointé.

grand'peur qu'on lui ferait aisément accepter cent mille écus de rente. » Le mot est piquant, mais Delille acceptait parce que le refus lui aurait paru de mauvaise grâce, et que l'acceptation ne l'engageait que dans la mesure de ses vrais sentiments. Delille était si peu hostile au fond du cœur à Napoléon, qu'il a composé, pour épancher ses sentiments, une ode fort longue, retrouvée dans ses papiers, conservée par sa veuve, et qui a disparu lorsque madame Delille fut morte. En voici une strophe :

> D'autres, par de riches entraves,
> A ta grandeur restent liés,
> Moi seul, debout, vois à tes pieds
> De tous ces avides esclaves
> Courber les fronts humiliés.
> Non, par le choix pénible et nécessaire
> Des chaînes ou de la misère
> Ce cœur indépendant ne fut jamais froissé,
> Et ma pauvreté magnanime
> Reconnaît ton âme sublime
> Au néant où tu m'as laissé.

Delille resta donc, sans ostentation comme sans faiblesse, avec ses regrets poétiques et sa discrète gratitude. Auprès de M. Pitt il n'oublia pas qu'il était né en France, devant la nouvelle cour il se souvint des faveurs de l'ancienne : le sentiment des convenances le préserva d'un culte nouveau qui aurait paru une apostasie. Voilà les vraies proportions de l'héroïsme de Delille. Le rôle qu'on lui a fait après coup n'allait pas à sa taille : la paisible religion de son cœur n'enviait pas le martyre, ou plutôt il ne se faisait pas brave contre un péril imaginaire.

Delille savoura sans orgueil les douceurs de sa royauté littéraire. Les dernières années de sa vie furent une ovation tempérée par les réclamations de la critique, qui sacrifiait régulièrement le poème nouveau à la gloire de ses aînés, de sorte que l'approbation n'était jamais unanime que sur les publications antérieures. Les récalcitrants consentaient à admirer lorsque la fécondité du poète livrait une nouvelle victime à leur férule, et s'ils avaient autre chose à frapper ils commençaient à caresser ce qu'ils avaient déchiré. Dans la réaction qui a suivi, on a fait du tout un bloc, non pour admirer, mais pour anéantir, on n'a plus voulu voir que les défauts, et on a tenté de briser brusquement la statue que nos pères avaient élevée. Sans doute il fallait abaisser le piédestal, mais pourquoi le détruire avec l'image qu'il exhaussait?

La dernière œuvre de Delille fut le poème de la *Conversation*, dans lequel, dérogeant à ses vieilles habitudes de versification sérieuse et noble, il descend au ton familier et prétend au badinage. Toutefois, c'est encore de la poésie descriptive, et comme un supplément aux *Trois Règnes de la Na-*

ture ; seulement, au lieu de décrire le cheval ou le singe, il crayonne les variétés du genre des causeurs : il le fait avec esprit, mais non sans négligence et prolixité ; quelques traits heureux ne compensent pas la monotonie du procédé, ni la surabondance des détails. Delille avait passé l'âge de la coquetterie sémillante, et il n'a pas réussi à peindre les salons qu'il avait charmés, ni à donner les règles de l'art où il avait excellé.

Une chose doit rassurer ceux qui regrettent la gloire de Delille et qui voudraient la voir refleurir, c'est que l'effort des iconoclastes qui s'est porté sur lui d'abord, s'est continué contre Voltaire, et qu'il a tenté d'atteindre Racine. Or Racine n'est pas tombé, et Voltaire se redresse. On pourra bien par le même mouvement revenir à Delille. Ce poëte ingénieux et brillant est de la même famille que nos grands génies ; il a marché dans la même voie : venu plus tard, il a exploré d'autres filons de la même mine, et il y a appliqué les procédés du même art. Il y a donc solidarité entre lui et ses devanciers : sa part n'a pas été la meilleure, mais elle est brillante encore, et surtout elle représente une des phases nécessaires dans le développement de l'esprit poétique. C'est un des anneaux d'une chaîne continue qui indique la marche régulière et presque fatale de la poésie chez tous les peuples. Je crains plus pour ceux qui relèvent d'eux-mêmes que pour les derniers héritiers d'une tradition consacrée. Delille est partie intégrante de l'esprit français : le genre qu'il a cultivé et qui devait naître en son temps a reçu de lui l'éclat des images, la vivacité du coloris, un certain degré de sensibilité, naïve quelquefois, plus souvent spirituelle, et une parure élégante où la coquetterie va rarement jusqu'à la manière. Il y a d'ailleurs dans les vers de Delille un signe de durée, c'est qu'on les retient vite et qu'ils ne sortent pas facilement de la mémoire.

Je pense donc que Delille ne tardera pas à reprendre faveur, et que son esprit, mis à sec sur la plage, doit, comme a dit Béranger en parlant de Manuel, compter sur le retour des flots. Il me semble que M. Villemain, avec son habituelle sagacité, devançait le jugement de l'avenir lorsqu'il disait [1], quelques mois après la mort du poëte : « Puis-je oublier ici la touchante leçon que présente la vie du grand poëte dont nous avons vu les derniers feux s'éteindre et jeter en mourant une si vive lumière? Sa longue carrière, marquée par tant de succès, ne fut pas respectée de l'envie. Quelles opiniâtres censures avaient poursuivi son premier chef-d'œuvre ! combien de fois elles se renouvelèrent ! et quand il fallut enfin céder à la renommée, avec quelle obstination artificieuse on s'efforça long-temps de borner le talent de M. Delille par les prodiges mêmes de son art, et d'admirer beaucoup ses vers, pour mieux l'exclure du grand nom de poëte! Mais ce poëte continua de chanter d'une voix plus forte, plus flexible et plus

---

[1] *Discours sur la critique.*

sonore. Il avait écouté la critique sans colère et sans dédains; il en avait souri, et, ce qui n'est pas moins rare, il en avait quelquefois profité. Pendant que la critique examinait sévèrement ses fautes brillantes, sa verve, long-temps exempte de vieillesse, enfanta des beautés plus fières et plus hardies. On combattit, mais on céda. Le nom de M. Delille se vit environné de l'admiration des hommes de lettres, ceux dont la justice est toujours la plus prompte et la plus sûre. La critique perdit son amertume et sa rigueur, et se para quelquefois d'une grâce ingénieuse pour célébrer un talent qui allait bientôt finir, dont les beautés s'étaient agrandies, et dont les défauts mêmes, conservés sous les glaces de l'âge, devenaient une singularité incorrigible et piquante. »

Delille mourut dans la nuit du 1er au 2 mai 1813, frappé d'apoplexie. Cette mort imprévue causa une vive et douloureuse sensation. Son corps resta plusieurs jours exposé au collége de France, sur un lit de parade, la tête entourée d'une couronne de laurier, le visage découvert et légèrement fardé. La foule se porta avec recueillement vers ces restes d'un homme illustre dont le caractère bienveillant avait désarmé la haine et dont la renommée avait fait taire l'envie. Son convoi eut quelque chose d'une apothéose, et ses funérailles ont laissé le souvenir d'une grande solennité nationale. Sans doute l'admiration, stimulée par la douleur, ne comptait pas exactement avec la gloire, mais l'excès de ces hommages n'a-t-il pas été expié outre mesure par un injuste retour de l'opinion, et n'est-il pas temps de ranimer un peu au profit de notre histoire littéraire cette grande renommée aujourd'hui délaissée et languissante ?

GERUZEZ,
Professeur agrégé d'éloquence française
à la Sorbonne.

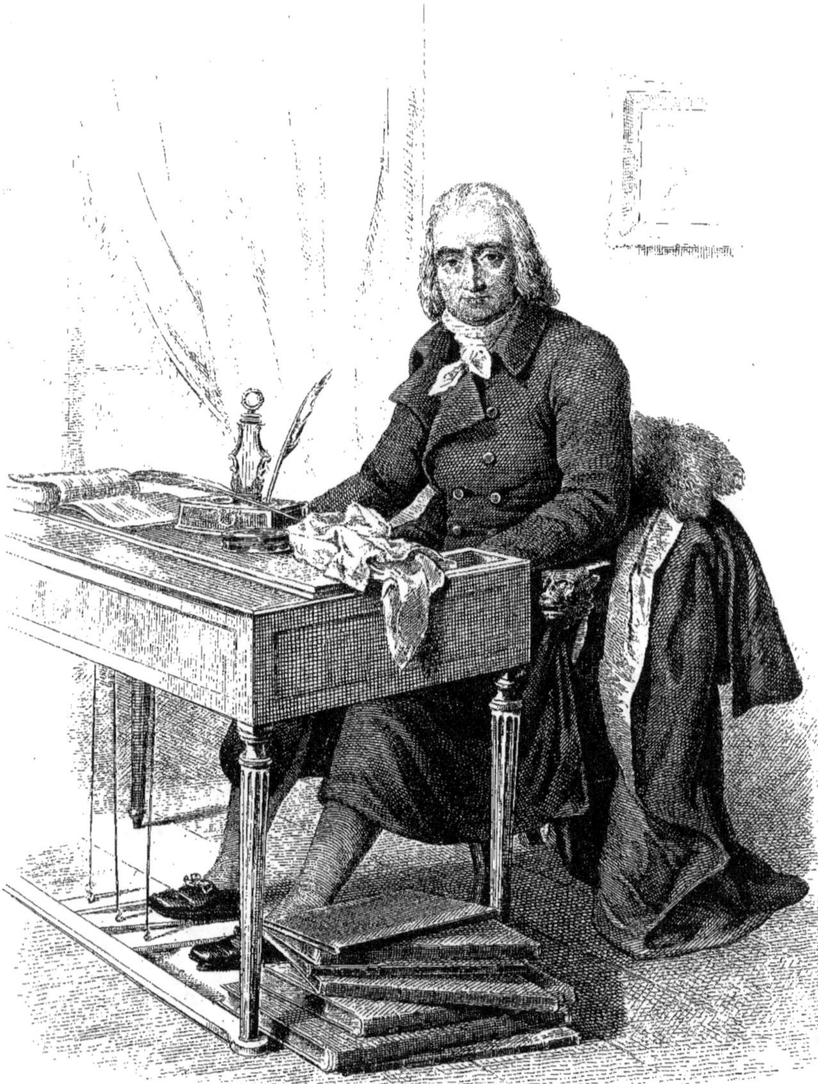

Impr. Gény-Gros, rue du Plâtre, 28. Paris

GRÉTRY

NÉ EN 1741, MORT EN 1813.

Grétry était un de ces hommes rêveurs, doués de tact et de finesse, qui par leur nature sont plus propres que d'autres à observer le cœur humain et à saisir l'accent des passions. Un accident grave, qui lui était arrivé dans sa première jeunesse, l'avait pour ainsi dire condamné au silence; car, à la moindre fatigue, un vaisseau qu'il s'était rompu dans la poitrine en chantant, se rouvrait, et lui causait des hémorrhagies effrayantes. Il parlait donc très-peu, redoutait les fortes émotions, et s'efforçait de réduire sa vie à regarder vivre ses semblables. Aussi était-il devenu habile dans la connaissance des effets que font subir à l'âme les diverses sensations qui l'agitent. Ce savoir, joint au talent qu'il tenait de la nature, de peindre avec des notes, imprime à toute sa musique un caractère admirable de vérité qui la fait vivre encore aujourd'hui, quand la forme et les moyens de l'art sont devenus tout autres qu'ils n'étaient de son temps. Après l'exécution du finale le plus compliqué, le plus bruyant, que l'on fasse sortir trente musiciens de l'orchestre, trompettes, ophicléides, trombones, etc.; qu'il reste deux contrebasses, quatre violons, deux altos, deux clarinettes, deux flûtes et deux cors[1], pour accompagner un morceau de Grétry chanté par des chanteurs ordinaires, qui seulement fassent bien entendre les paroles, et on peut être sûr que le public, ému par ces accents mélodieux et vrais qui parlent à tous les esprits et à tous les cœurs, applaudira avec transport. On en a eu la preuve récemment sur la scène du grand Opéra, où *Zémire et Azor* a été représenté pour un bénéfice avec le plus grand succès. Si Grétry eût été présent, il aurait beaucoup joui sans doute de son triomphe, mais il n'aurait pas été surpris : *Le vrai reste*, disait-il toujours[2].

[1] Tel était exactement l'orchestre de Grétry lorsqu'il donna ses premiers opéras.

[2] Depuis que ces lignes ont été écrites, la reprise de *Richard Cœur-de-Lion*, accueillie par le public avec un enthousiasme que cent représentations n'ont point lassé, et les représentations plus récentes de *Zémire et Azor*, ont confirmé d'une manière éclatante l'opinion exprimée ici.

André-Ernest-Modeste Grétry naquit à Liége, le 11 février 1741, d'une famille honnête mais pauvre. Son père, passionné de musique, le fit entrer enfant de chœur à la collégiale de Saint-Denis à Liége. Sa voix était belle et très-étendue, aussi obtint-il de grands succès comme chanteur, jusqu'au jour où, après avoir chanté un air de Galuppi, écrit très-haut, il vomit le sang en sortant d'un concert : cet accident, auquel il est resté sujet toute sa vie, lui fit abandonner le chant pour la composition. Il avait alors dix-huit ans, et ses premiers essais donnèrent de si grandes espérances, qu'il obtint de sa famille et du chapitre de Liége la liberté d'aller étudier à Rome.

Faible, souffrant, il partit pour aller chercher des maîtres à quatre cents lieues de sa ville natale, et fit la route à pied, lui troisième. Admis dans le collége liégeois [1], il prit des leçons de Casali, un des maîtres de chapelle de Rome les plus estimés à cette époque. Pendant deux ans et plus, il se refusa la joie d'écrire une seule mélodie, et se voua à l'unique étude des formes harmoniques : enfin, après qu'il eût bien pâli sur les fugues, sur les motets à six ou huit parties, Casali lui signifia qu'il pouvait voler de ses propres ailes ; et dès qu'il eut fait entendre à Rome quelques scènes italiennes et quelques symphonies, les entrepreneurs du théâtre *Alberti* le chargèrent de mettre en musique deux intermèdes intitulés *les Vendangeuses*.

Une grande faveur accueillit cet ouvrage. Les Italiens crurent avoir retrouvé Pergolèse ; Pergolèse si suave, si touchant, dont Grétry adorait les œuvres. Le jeune Liégeois se vit fêté, recherché : les tambours vinrent l'éveiller le lendemain de la première représentation, et lui rappeler que *ce jour était un grand jour pour lui;* il y eut gala dans le collége, et bientôt les artisans de Rome le suivirent dans ses promenades, chantant en chœur les morceaux de son opéra.

Grétry pouvait choisir alors, soit de rester en Italie, où les commandes ne lui manquaient point pour le carnaval suivant, soit de retourner à Liége, où, sur l'envoi du psaume *Confitebor tibi, Domine*, il venait d'obtenir au concours la place de maître de chapelle ; mais une partition de Monsigni, *Rose et Colas*, qui lui était tombée sous la main, avait fait naître en lui un vif désir d'aller à Paris. — Il s'en faut que Grétry ait jamais trouvé la langue française antimusicale : nos *e* muets à part, il la préférait à toute autre, comme plus favorable à une déclamation variée, et conséquemment plus propre à préserver le musicien de la monotonie.

Ce projet de voyage à Paris le préoccupait depuis long-temps, sans qu'il eût aucune ressource pour l'entreprendre, quand son bonheur voulut qu'un

---

[1] Le collége de Liége à Rome avait été fondé par un Liégeois nommé d'Arcis. Il y avait dix-huit chambres, pour les étudiants en droit, en médecine, chirurgie, musique, peinture, architecture et sculpture. Tout Liégeois avait le droit d'y demeurer cinq années, pourvu qu'il se fît admettre avant l'âge de trente ans. On y était entretenu de tout, si ce n'est qu'il fallait se procurer ses maîtres dans la ville, et s'habiller : on portait le costume d'abbé.

seigneur anglais, grand amateur de musique, et qui jouait fort bien de la flûte traversière, le fit prier de lui composer un concerto de flûte. Sur la réponse de Grétry, que, ne connaissant pas le talent de sa seigneurie, il ne pourrait travailler qu'au hasard, lord A... l'invita à déjeuner, joua devant lui de la flûte, et quelques jours après, Grétry envoya un concerto dans lequel il s'était contenté de mettre en ordre tous les passages que le noble virtuose avait faits en préludant. Lord A..., charmé de cette composition, récompensa par un très-beau présent le jeune musicien, et lui offrit une pension annuelle, s'il voulait lui envoyer d'autres concertos partout où il serait. Grétry accepta la proposition, et partit pour Genève, dans l'intention d'y faire quelques épargnes qui lui permettraient d'aller jusqu'à Paris.

Sa réputation l'avait précédé à Genève, et lui valut aussitôt un grand nombre d'écolières; mais le métier de maître de chant lui déplaisait, d'autant plus qu'il en éprouvait une grande fatigue. Il brûlait d'ailleurs de l'envie d'essayer son talent sur des paroles françaises, essai qui lui était bien nécessaire avant de débuter sur un théâtre parisien. Il frappa inutilement à toutes les portes; il osa même écrire à Voltaire, qui le fit venir à Ferney, le reçut souvent avec la plus grande bienveillance, et prit en riant un demi-engagement pour l'avenir [1].

Enfin il se décida à refaire la musique d'*Isabelle et Gertrude*, pièce de Favart, dont la musique n'avait point eu de succès sur le théâtre de Genève. Il obtint un triomphe inusité dans la république; car il fut appelé après la pièce, et pendant six représentations *Isabelle et Gertrude* attira une affluence de public tout à fait surprenante dans une petite ville telle que Genève. Encouragé par ce succès, Grétry sentit qu'il était temps d'aller à Paris.

En entrant dans la ville où se font les grandes réputations, le jeune artiste éprouva une émotion si vive, qu'il aurait pu la considérer comme un présage de tous les chagrins qui l'attendaient; car il était arrivé à cette époque de sa vie où le sort allait cesser de lui sourire. Les obstacles qu'il eut à vaincre pendant deux années avant de parvenir à se faire entendre du public, sont de nature à donner du courage aux jeunes compositeurs présents et à venir. Heureux le peintre, heureux le statuaire, qui, sans avoir besoin d'appui, de protection, travaillent, exposent leur œuvre, et reçoivent aussitôt un brevet de génie ou de talent. Il en est tout autrement du musicien : non-seulement il lui faut obtenir un poème, mais il lui faut

---

[1] Peu de jours après la première représentation du *Huron*, Grétry reçut en effet un opéra de Voltaire, que Voltaire le chargeait de présenter comme l'ouvrage d'un jeune homme. Cette pièce était intitulée *le Baron d'Otrante*. Elle ne fut reçue qu'à correction, néanmoins les comédiens trouvèrent assez de talent dans l'ouvrage pour faire conseiller au jeune homme de venir à Paris.

encore lutter contre le dédain de cette troupe d'exécutants dont le secours lui est nécessaire. Tout débutant l'a supporté, ce dédain, et sait combien il faut aimer son art pour ne pas abandonner la carrière dès les premiers pas. Heureusement il est rare que la patience manque au talent : il en fallut une forte dose à Grétry. Et qu'on ne pense pas qu'il négligeât rien pour parvenir à son but : il se soumettait aux plus rudes privations domestiques, afin de pouvoir fréquenter le grand monde et paraître dans les salons où il espérait trouver des protecteurs; il saisissait toutes les occasions de montrer son savoir-faire, soit en tenant le piano, soit en chantant les morceaux qu'il composait sur des paroles italiennes à défaut de ces paroles françaises qu'on lui refusait inhumainement. En vain il s'était lié avec tous les auteurs dramatiques; si quelqu'un d'entre eux lui faisait la lecture d'un poème, il apprenait bientôt que ce poème était donné à Monsigni, à Philidor, à Duni. En vain il s'était placé sous le patronage de Suard et de l'abbé Arnaud, chefs littéraires alors, grands amateurs de musique, et qui, ne pouvant lui écrire un libretto, en demandaient pour lui à tous les poètes. En vain Philidor lui-même l'avait-il pris sous sa protection, au point d'obtenir qu'un poème qui lui était destiné fût donné à Grétry : le pauvre jeune homme avait à peine eu le temps de se livrer à sa joie, quand il apprend que le poète a changé d'avis, et qu'il lui est seulement permis de travailler à l'ouvrage en société avec Philidor. « Allons, courage, mon ami, lui dit le bon doyen des compositeurs; je ne crains pas de joindre ma musique à la vôtre. — Je dois le craindre, moi, répond Grétry : car si la pièce réussit, elle sera de vous; si elle tombe, le public ne verra que moi. »

Enfin un jeune auteur consent à écrire pour lui *les Mariages samnites*. Tous les matins Grétry courait chez son poète; il lui arrachait l'opéra scène par scène, et les mettait aussitôt en musique. La partition prête, le poème est refusé !

Toutefois, le prince de Conti ayant entendu parler avantageusement de l'ouvrage, donna l'ordre à Trial, directeur de sa musique et de l'Opéra, de faire exécuter chez lui *les Mariages samnites*, et Grétry, qui n'avait pas les moyens de payer un copiste, fit lui-même toute la copie. Lorsque le jour qui allait décider de son sort fut arrivé, Trial lui fit dire de se trouver le matin au magasin de l'Opéra pour la répétition des chœurs. « C'est ici, dit Grétry dans ses *Essais sur la Musique*, c'est ici qu'il faudrait une plume exercée pour décrire tout ce que j'entrevis de fâcheux sur la mine des musiciens rassemblés : un froid glacial régnait partout. Si je voulais, pendant l'exécution, ranimer de ma voix ou de mes gestes cette masse indolente, j'entendais rire à mes côtés, et l'on ne m'écoutait pas. Je frémis davantage le soir, en voyant, chez le prince de Conti, toute la cour de France rassemblée pour me juger : depuis l'ouverture (qui aujourd'hui est en partie celle de *Sylvain*) jusqu'à la fin de l'opéra, rien ne produisit le moindre effet; l'ennui fut si universel, que je voulus fuir après le premier acte. Un ami me retint : l'abbé Arnaud me serra la main, il avait l'air furieux ; il me dit : « Vous n'êtes pas jugé ce soir, il semble que tous » les musiciens s'entendent pour vous écorcher ; mais vous vous relèverez » de là, je vous le jure sur mon honneur. » Le prince eut l'extrême bonté de me dire : « Je n'ai pas trouvé exactement ce que vos amis m'avaient » annoncé ; mais je suis fâché que personne n'ait applaudi une marche » que j'ai trouvée charmante. » C'était celle que j'ai placée ensuite dans le *Huron*. »

Comme le pauvre Grétry rentrait chez lui désespéré, on lui remit deux lettres. Dans l'une, un anonyme lui conseillait de plier bagage et de retourner à Liége ; dans l'autre, lord A... lui mandait qu'il ne jouait plus de la flûte, et qu'il supprimait la pension.

Tout se réunissait, on le voit, pour décourager celui qu'attendaient des triomphes si nombreux ; mais comme, en créant Grétry, Dieu avait dit : Tu feras de la musique ! il ne perdit pas courage ; et enfin Marmontel, tourmenté par tous ses amis, lui sacrifia un poème.

Ce poème était *le Huron*, qui fut représenté pour la première fois, le 5 janvier 1769, à l'Opéra-Comique, qu'on appelait alors la Comédie Italienne. Dès le premier acte le succès fut décidé, et le succès fut immense. Cette musique, qui ne ressemblait à aucune autre, cette déclamation si vraie, ces chants si mélodieux, excitèrent de véritables transports dans la salle. Les auteurs ayant été demandés à grands cris, l'acteur Clairval vint nommer Grétry, qu'un pareil moment dut largement payer de deux ans de souffrance.

Ainsi, la révolution que Gluck avait opérée naguère dans la tragédie lyrique, Grétry venait de l'opérer dans la comédie : à la place de ces chants vagues, traînants et décousus, qui avaient caractérisé jusqu'alors l'école française, on venait d'entendre des mélodies ravissantes, si parfaitement unies aux paroles, que chacun, en se rappelant les situations de la pièce, se rappelait aussitôt quelques notes de Grétry, et ceci peut-être est le plus grand éloge qui se puisse faire d'une œuvre dramatique. Sans nier le charme qu'on peut encore trouver dans cette musique vague, qui plaît à l'oreille sans parler à l'esprit, sans toucher le cœur, où le compositeur semble avoir chanté, pour ainsi dire, à la manière du rossignol, on peut soutenir avec raison que telle ne doit pas être la musique du théâtre : celle-ci puise ses grands moyens dans la déclamation, non qu'il s'agisse, on le sent bien, de noter puérilement les mots, mais de reproduire l'expression de l'*accent naturel*. Dans tous les pays du monde, la joie, la colère, l'amour, la douleur, s'exhalent à peu près par les mêmes sons ; les hommes agités d'une même passion, en quelque langue qu'ils parlent, font entendre les mêmes accents, et cette étonnante similitude existe entre gens pris dans toutes les classes de la société ; il ne faut qu'écouter pour s'en convaincre. Pergolèse, Gluck, Mozart, Grétry avaient mieux entendu que d'autres, de même que Molière avait mieux vu, et cette faculté de si bien entendre et de si bien voir n'est autre que le génie.

Grétry ayant enfin donné son premier opéra, les succès les plus brillants se suivirent sans interruption ; c'est dans le court espace de deux années que furent représentés *Lucile*, *le Tableau Parlant*, *Sylvain*, *les Deux Avares*, *l'Amitié à l'épreuve*, *Zémire et Azor*, et *l'Ami de la Maison*. Il est bien vrai de dire que ces partitions n'approchent point, comme volume, des partitions de nos jours ; nous avons déjà dit ce qu'était l'orchestre de Grétry, et, en outre, on faisait les morceaux beaucoup plus courts. Mais quels trésors de mélodie ne trouve-t-on pas dans les sept opéras que je viens de citer? Quelle variété d'expression musicale! Quelle variété de couleurs, assorties à chaque pièce aussi bien qu'à toutes les situations ! Il n'y a pas un morceau qui puisse être parodié sans perdre la plus grande partie de son mérite, tant il est fait pour la place et pour les paroles.

Le public se portait en foule au théâtre et applaudissait avec transport ces compositions si vraies, si originales, qui créaient enfin la belle école française ; et bientôt Grétry dut à ses ouvrages une fortune considérable pour l'époque. Il put épouser la femme qu'il aimait ; il put appeler près de lui sa vieille mère, sa sœur, dont les cinq enfants devinrent ses enfants quand la cruelle mort lui eut enlevé ses trois filles. Entouré de sa nombreuse famille et de quelques amis, il cessa, fort jeune encore, de fréquenter le monde ; un travail aussi assidu que le sien, une santé chancelante, l'obligeaient à mener la vie la plus régulière, et d'ailleurs tous ses goûts le portaient vers les tranquilles jouissances de l'intérieur. Son caractère était mélancolique ; je ne crois pas qu'on l'ait jamais vu rire : mais son sourire fréquent annonçait le contentement de l'âme, autant que la finesse et la bonté.

Quand il eut donné trente ouvrages, les comédiens de l'Opéra-Comique le prièrent de vouloir bien accepter une loge pour lui et sa famille. Tous les soirs, à moins qu'il ne fût malade, il allait au théâtre, et comme, pendant quarante ans, la toile s'est levée à peu près chaque jour pour la représentation d'un de ses opéras, il plaisantait lui-même du plaisir qu'il prenait à entendre sa musique. Il est juste de dire qu'il se plaisait aussi franchement à entendre celle des autres, surtout quand elle était composée dans le système qu'il croyait convenable à son art : on l'a vu souvent applaudir vivement, et citer avec éloges, en mille occasions, différents morceaux de Dalayrac, de Boïeldieu qui débutait alors. Il était moins enthousiaste, on doit l'avouer, de ce qu'il appelait la musique tapageuse ; il n'aimait pas à voir les compositeurs dramatiques chercher leurs plus puissants effets dans l'accompagnement. « C'est faire jouer un trop grand rôle à l'orchestre, disait-il; il ne faut pas que le piédestal brille aux dépens de la statue. » Toutefois, il rendait pleine justice aux richesses d'harmonie dont les Méhul, les Chérubini dotaient le théâtre; car Grétry n'était point envieux : soit que son caractère plein de douceur se refusât à tout sentiment haineux, soit qu'il eût la conscience intime de sa supériorité, il voyait avec calme les succès de ses rivaux, et s'abstenait volontiers de toute critique.

A cette preuve d'un bon esprit, Grétry en joignit une autre, plus rare peut-être : il sut s'arrêter à temps; il n'attendit point, comme tant de grands artistes, qu'un revers l'avertît du déclin de son génie, et il finit sa carrière théâtrale sur des lauriers. Dans l'espace de vingt-cinq années, il avait composé quarante-six opéras; le dernier, *Anacréon*, venait d'être joué avec le plus grand succès. Ce fut ce moment qu'il choisit pour abandonner son art. « Les mélodies s'épuisent comme toute autre chose, dit-il à ses amis; je ne veux pas attendre qu'il n'y ait plus rien dans mon sac. » Depuis lors, quelques instances que l'on pût faire, il fut impossible d'obtenir qu'il écrivît une note.

Il a survécu dix-huit ans à cette sage résolution; jouissant d'une renommée toujours croissante, que ne venaient point compromettre les œuvres débiles du vieillard. Il passait les hivers à Paris, où il était l'objet de la considération générale et des applaudissements du public. Il se retirait l'été à Montmorency, où il avait acheté l'Ermitage de Jean-Jacques Rousseau. C'est là qu'il s'est éteint doucement, le 24 septembre 1813, à l'âge de soixante et onze ans.

Son corps ayant été rapporté à Paris, ses funérailles furent une sorte d'apothéose. On n'avait jamais vu et vraisemblablement on ne reverra de long-temps chose pareille. Tout ce qui tenait aux sciences, aux lettres et aux arts suivait en grand deuil le char funèbre. Dès le matin, une immense foule de peuple remplissait les rues par où devait passer le cortége. On fit une station devant les théâtres, où des éloges furent prononcés par les acteurs les plus célèbres de la capitale. Le corps arrivé à Saint-Roch, tous les orchestres de Paris réunis exécutèrent une messe des morts dont les morceaux étaient composés par nos premiers maîtres. Les cœurs étaient vraiment tristes, les larmes coulaient, lorsque le cortége, suivi par une foule innombrable, se remit en marche pour aller déposer l'auteur de *Richard* dans sa dernière demeure. Ce qu'il y eut surtout de remarquable dans cette triste et glorieuse cérémonie, c'est que nul ne demandait à son voisin : A qui rend-on de si grands honneurs? Depuis le prince de l'empire jusqu'au plus pauvre artisan, tous connaissaient Grétry, tous savaient par cœur quelques-uns des airs qu'il avait composés, en un mot tous lui avaient dû des jouissances.

Au moment où j'achève d'écrire ces lignes, la mort vient de nous ravir

Boïeldieu. C'est encore parler de Grétry que parler de ce charmant compositeur dont il appréciait si bien le talent. « Courage, mon enfant, disait-il au jeune homme après la première représentation de *Zoraïme et Zulnare*, vous êtes dans la bonne route, vous faites de la musique dramatique; c'est cela! » Et pendant toute une semaine il ne parla d'autre chose que du nouvel opéra, répétant cent fois le jour : « Ce jeune homme ira loin, soyez sûrs qu'il ira très-loin. » On n'a jamais vu Grétry revenir sur ce premier jugement; il le confirmait au contraire de la manière la plus flatteuse à chaque ouvrage que donnait Boïeldieu. Enfin, l'avant-veille de sa mort, tout en parlant avec calme de sa fin prochaine à deux êtres qui le chérissaient tendrement, et qui s'efforçaient de retenir leurs larmes, il se plut pour la dernière fois à s'entretenir de son art. « Quand je suis venu, dit-il, il est bien certain que l'on soignait trop peu l'orchestre; depuis, on a toujours marché vers l'excès contraire, au point que maintenant on lui sacrifie la mélodie; aussi, je me trompe fort ou vous verrez périr la musique dramatique. Quand on ne chantera plus, quand l'art se réduira à faire ce que les plus sots peuvent apprendre avec un bon maître de contre-point, on composera encore des opéras, mais les opéras se ressembleront tous; car, si la mélodie peut se varier à l'infini, le nombre des effets harmoniques est borné. Je n'ai d'espérance que dans Boïeldieu; il chante, celui-là! Vous le connaissez, dites-lui que je le nomme mon successeur au théâtre. »

Ces paroles, les dernières à peu près qu'ait prononcées Grétry, s'adressaient à celle qui signe cette notice. Elle se plaît tristement à inscrire sur la tombe de Boïeldieu un si flatteur, un si haut éloge; et, confondant ses regrets, elle aime à rendre ici un double hommage à ces deux grandes mémoires.

Mme DE BAWR.

CONDORCET

NÉ EN 1743, MORT EN 1794.

Il y avait, au milieu du dix-huitième siècle, dans une ville de Picardie, un enfant pâle et grêle caché sous une robe de jeune fille. Il était voué à la Vierge. La tiède atmosphère de dévotion où il resta plongé par sa mère, pendant dix années, détendit la fibre de son tempérament. Il ne put jamais secouer cette première influence. Il eut la fermeté de l'idée devant les choses et l'indécision de l'attitude devant les hommes. Ce dualisme permanent entre l'énergie de sa raison et la timidité de sa personne faisait comparer son intelligence à une liqueur fine imbibée dans du coton. Cet enfant était Condorcet.

Marie-Antoine-Caritat de Condorcet naquit en 1743 à Ribemont. A quatre ans il perdit son père, gentilhomme du Dauphiné, capitaine de cavalerie et frère de l'évêque de Lisieux. Celui-ci remit son pupille aux mains des jésuites et l'envoya plus tard achever ses études au collége de Navarre. Le jeune écolier avait dès lors pénétré si avant dans les mathématiques, et soutint contre d'Alembert une argumentation si brillante, que l'inventeur du calcul des probabilités lui assura la gloire par anticipation.

Condorcet s'acquit bientôt, par ses Mémoires sur le calcul intégral, une brillante réputation de mathématicien. Les portes de l'Académie des Sciences lui étaient ouvertes, mais il trouva d'abord une vive résistance à son élection, dans le sein même de sa famille. Celle-ci ne voulait pas voir son blason barré d'algèbre. Plus tard cependant elle consentit à subir la haute humiliation de la science. Condorcet fut élu. Mais il garda longtemps le souvenir du préjugé qui avait voulu refouler sa vocation. *Soyez favorable à M. Thouvenel*, écrivait-il à Turgot, *c'est le seul de mes parents qui me pardonne de n'être pas capitaine de cavalerie.*

On ne peut s'empêcher ici de remarquer l'intime correspondance entre les nouvelles générations d'esprits et les nouvelles générations d'idées. Le jeune enfant, qu'il se nomme Turgot, Morellet, Loménie de Brienne ou Condorcet, étudie sous la discipline du clergé. Un doigt le touche, une voix l'appelle, et il suit l'esprit invisible sans savoir où, comment, pourquoi, et souvent en désobéissant à toutes les traditions de famille. C'est la voix du siècle qui souffle dans tous les vents, plus haute que la voix de la cloche.

En débutant à la pensée, Condorcet trouva en lui cette conversion occulte, déjà consommée, à la philosophie de son temps; mais sa croyance eut deux initiations. D'Alembert lui enseigna d'abord la méthode rationnelle, qui n'accepte de vérités qu'autant qu'elles peuvent être atteintes, saisies, démontrées par l'analyse, par l'expérience et l'induction. Turgot lui montra ensuite la doctrine de la perfectibilité, cette étoile d'Orient qui devait le conduire, à travers la vallée obscure, au berceau d'un nouveau monde.

Condorcet se fit une religion de la perfectibilité. Il en eut plus que le culte, il en eut le fanatisme. Il en fit son sang, sa chair, sa vie, l'œuvre et la gloire de son nom. Il vibrait, en elle et par elle, de toutes les émotions du temps. C'est par là qu'il est resté debout, dans l'histoire des idées. Il en conserva, pour son maître, une évangélique piété. Toutes les critiques adressées à Turgot retentissaient en lui, et il ne pouvait retenir les explosions de sa colère. D'Alembert souriait d'une foi si ardente et disait : C'est un volcan sous la neige.

Le disciple fondait sa personnalité dans celle du maître, et se précipitait dans toutes les querelles de Turgot. On sait qu'à la fin du siècle dernier il y eut, dans le camp de la philosophie, une guerre civile sur la libre circulation des grains. Ce débat n'était qu'un prétexte, en réalité c'était la Révolution qui préludait sur des sacs de farine. Il y avait long-temps que l'esprit d'indépendance s'exerçait au combat, sans trouver de champ de bataille. Au dix-septième siècle il se nommait cartésianisme; au dix-huitième jansénisme, mais il se battait dans le vide, par-dessus la tête de la France.

Il était enfin descendu des hauteurs de la métaphysique et de la théologie, il avait touché la terre du pied, il était entré dans les faits non de la politique, mais de l'économie.

L'école de Turgot avait proclamé la liberté du commerce. Toucher aux prohibitions, c'était toucher aux autres priviléges. Aussi lorsqu'il voulut faire tomber les barrières de douanes, il trouva les résistances de la noblesse. Galiani vint nager dans les eaux de l'économisme, uniquement pour en troubler la transparence. On loua beaucoup l'économiste napolitain des vifs reflets de son argumentation; mais un banquier, un candidat au ministère, vint reprendre l'œuvre du sémillant abbé avec toute la lourdeur du pédantisme génevois. Condorcet se chargea de la réponse. Elle fut incisive : *Il y avait*, dit-il, *une statue grecque, élégante et svelte, qu'un empereur romain fit dorer et qui perdit toutes ses grâces.*

La pensée de Condorcet avait déjà passé par quatre évolutions. Il était mathématicien, philosophe, économiste, publiciste; on eût dit qu'il cherchait à résumer en lui l'œuvre multiple et ondoyante de son époque. Il était entré activement dans cette conspiration d'idées qui tendait à la régénération d'un peuple, il s'était lié d'intimité, ou associé, à distance, par la sympathie, avec tous les conjurés, mais sans prendre la solidarité d'aucune haine, ni de Voltaire pour Rousseau, ni de Montesquieu pour Voltaire. Il enveloppa toutes les puissances de la pensée dans le vaste et paisible éclectisme de son admiration.

Il alla visiter Voltaire à Ferney. Il y eut quelque chose de particulier à cette entrevue : Condorcet y porta l'austère sérénité d'une révolution, déjà faite dans les esprits, qui allait passer dans les événements.

Voltaire inclinait depuis sa jeunesse trop souvent à une certaine bouffonnerie. Il avait retourné son siècle à force d'esprit. La société qu'il trouva était instruite, curieuse, mais sans pouvoir écouler son instruction ni sa curiosité nulle part. Elle chercha des diversions. Elle fut légère, épigrammatique, enjouée. Elle prépara l'indépendance des âmes par celle des mœurs.

Lorsqu'on entre par la pensée dans un des salons du temps, dans un de ces clubs parfumés de la philosophie, on trouve partout dans l'art, dans les costumes, dans les formes, l'émancipation de la ligne, la fugue, la désinvolture. Tout y est expansif et débordant. Les fauteuils sont largement hospitaliers pour des toilettes démesurées. Le sombre bourdon du moyen âge qui avait lentement et tristement gémi l'heure dans le brouillard, est remplacé par des pendules spirituelles, surchargées de pastorales. Si l'heure y sonnait encore, c'était par habitude, et d'une voix si claire, qu'hommes et femmes toujours souriant entre un madrigal et un système se gardaient bien de croire que le temps pouvait fuir sur ces cadrans où les bergers lutinaient les bergères.

Toute cette atmosphère était imprégnée de poudre : il y en avait dans les cheveux, dans la peinture, aile de papillon effacée d'un souffle; dans la tabatière, cette sympathique transformation de la coupe qui passait à la ronde. C'était dans ce nuage d'atomes brillants et par ces salons que Voltaire devait fonder sa monarchie de l'idée. Il dut être futile, léger, pour généraliser le rire, et par le rire, l'indépendance de la raison. Mais lorsque Condorcet vint à Ferney, la réflexion s'était substituée à la moquerie. Le mouvement de l'Encyclopédie avait reflué sur toute l'Europe. La France était convertie, pensive et sereine comme à l'approche de l'événement.

Condorcet osa donc rappeler Voltaire à la haute dignité de son œuvre. En présence de ce nouveau pouvoir de la plume, plus prodigieux et plus terrible que celui de la poudre à canon, il comprit que jusqu'à l'heure de l'action la littérature resterait toujours la première puissance. Il publia deux volumes d'éloges et se présenta à l'Académie. Son élection fut vivement disputée ; il ne l'emporta que d'une voix sur Bailly.

Les éloges de Condorcet reproduisent littérairement la manière didactique de d'Alembert. L'animation manque à cette galerie de portraits. On n'y trouve pas non plus ce charme d'imagination qui est le parfum du style. Condorcet avait trop de condescendance pour la raison, et considérait trop aisément la littérature comme l'algèbre de la parole.

Une seule figure se détache dans cette iconographie : la figure pâle et triste de Pascal. Au premier abord il semble qu'il y ait affinité entre ces deux génies. Ils ont été conduits l'un et l'autre, dès l'enfance, aux plus hauts problèmes de l'esprit humain par l'étude des mathématiques. Pascal avait eu cette première vision du progrès dont Condorcet devait donner la formule. Mais Pascal, désespéré contre la raison, quitte brusquement la science, pour s'ensevelir dans la doctrine sépulcrale de l'expiation.

Condorcet, au contraire, confiant dans l'omnipotence de la raison, crut toujours qu'elle contenait l'explication positive de notre destinée. Or, la raison est éminemment sociable ; il n'y a pas d'alliance plus facile que dans la même idée. Le mysticisme conduisit Pascal à l'isolement, le rationalisme mena Condorcet à l'action.

Aussi lorsque la Révolution éclata, qu'il y vit la péripétie depuis long-temps prévue de toutes ses doctrines, il se jeta dans le mouvement, il en exalta en lui et autour de lui toutes les espérances. Le penseur des dernières années de la monarchie se fit journaliste. Il participa d'abord à la rédaction du *Journal de Paris*, qu'il abandonna sitôt qu'il le vit en retard sur ses idées. Il lança en pleine monarchie le premier numéro du *Républicain*, qui devança l'opinion et disparut sans trouver d'abonnés ; et enfin il acquit de l'abbé Noël la propriété de *la Chronique*.

Nommé d'abord à la municipalité de Paris, il fut ensuite élu à l'assemblée législative. Il contribua, de concert avec les girondins, à la déchéance de la royauté. Il était allé à la république comme à une conclusion, géométriquement, de conséquence en conséquence.

Il fut réélu à la Convention. Cependant, au milieu de la fournaise, son action fut surtout la pensée. Il était le dernier survivant de la philosophie. Autant et plus que Sieyès il fut le métaphysicien de la Révolution. Il ne prit qu'une part indirecte aux événements, poussa ses amis au ministère, vota la condamnation de Louis XVI à toutes les peines, moins la mort, et marqua son rapide passage dans la vie politique par deux Rapports qui contenaient implicitement toutes ses doctrines, l'un sur l'instruction, l'autre sur la constitution.

Il comprenait qu'il n'y a point de rédemption politique sans la rédemption de l'intelligence. Si en effet l'on ne donne à tous cette éducation préalable, cette raison élémentaire qui permet à chacun d'entrer en communication avec la pensée générale de son pays, la constitution la plus libérale n'est plus qu'une urne où deux millions d'hommes vont, les yeux fermés, jeter une boule.

Condorcet a révélé la synonymie complète qui existe entre l'ignorance et la servitude. Cependant il n'est pas tombé dans l'erreur qui semblait inhérente à l'esprit révolutionnaire, il n'a pas nivelé l'intelligence, mais, par réaction contre l'enseignement clérical du dix-huitième siècle, il fit à la science la part trop large, et trop étroite à la littérature. L'art s'effaça devant l'utilité, le sentiment devant la raison; et cependant il restitua le premier son importance à la femme dans la distribution publique de l'instruction. Par une singulière interversion, ce fut l'enthousiaste, l'homme du sentiment, Jean-Jacques Rousseau, qui voulut refouler la vie de la femme dans les limites d'une sorte de domesticité; et ce fut le mathématicien, l'homme du rationalisme, qui releva la Madeleine éternelle de l'esprit, et qui dit que partout où il y avait faculté, une bonne arithmétique sociale devait accorder l'exercice de cette faculté.

Il posa nettement le problème; il dit le premier qu'il ne s'agissait point d'une égalité d'intelligence à établir entre l'homme et la femme, encore moins d'une égalité de fonctions, mais d'un égal développement de leur intelligence, pour qu'ils pussent mieux exercer les attributions diverses que la Providence leur avait départies.

Rousseau avait été profondément humilié de la double monarchie de la femme sur le trône et dans les salons; il voulut renvoyer à la quenouille ces philosophes et ces ministres en paniers. Il jugea cette usurpation du haut de sa moralité, et procéda ici comme ailleurs — par négation. Il appliqua nettement à la femme cette inflexible théorie de progrès à rebours, qui consiste à reculer par-dessus la ruine de l'art et de la science, et de suppression en suppression, jusqu'à l'homme primitif, sorti parfait des mains la nature.

Partant du principe que la divinité était tout intérieure à l'homme et se nommait la raison, Condorcet marcha dans un sens opposé à Rousseau et dilata de plus en plus et partout, chez toute créature marquée à l'effigie de son Dieu, toutes les énergies expansibles de l'intelligence.

Condorcet avait rédigé les deux plus belles lois d'un nouvel état social, toutes deux solidaires et complémentaires l'une de l'autre : l'instruction et la constitution. Il croyait avoir assis inébranlablement la Révolution sur la métaphysique, cette pierre retournée du droit divin. Il n'en devait pas être ainsi. Son projet de constitution, à notre avis, rationnel et logique, éminemment supérieur à cette longue partie d'échecs que Siéyès fit jouer plus tard à tout un peuple, fut complétement bouleversé par Hérault de Séchelles. Condorcet protesta contre la mutilation de sa pensée. C'était le lendemain de la proscription des girondins.

Sa protestation était la guillotine. Sur la dénonciation de Chabot, il fut mis hors la loi et obligé de chercher une retraite. Dans ce moment, il couronna d'héroïsme la longue méditation de sa vie. L'homme timide dans l'attitude, bien qu'énergique dans la conviction, qui parlait dans un sens et concluait dans un autre, sous les interruptions des tribunes, qui, par faiblesse ou entraînement avait trempé dans les intrigues de Brissot, sut se relever, de cette vie inférieure des partis, pour se montrer une dernière fois dans la majestueuse sérénité du philosophe.

On eût dit que la nature avait créé Condorcet uniquement pour agir à distance et par la parole écrite. La parole vivante lui était refusée. Cependant il trouvait au fauteuil de la présidence des maximes qui se modelaient instantanément dans la mémoire des législateurs. Il eut même quelquefois des bonheurs de repartie. Un jour qu'il se présentait aux Tuileries à la tête d'une députation, de jeunes officiers se moquèrent de la tenue de quelques députés.

« Nous n'avons pas l'air militaire? dit Condorcet à ces gentilshommes.

— Non, monsieur.

— Et vous, messieurs, vous n'avez pas l'air civil. »

Condorcet était frappé de l'anathème de la convention et jeté, du haut de son banc, dans le vide immense du hors la loi.

Cabanis et Vicq-d'Azir, l'un son beau-frère, l'autre son ami, lui ménagèrent une retraite. Deux étudiants en médecine, leurs élèves, et plus tard leurs successeurs, Pinel et Boyer, emmenèrent le proscrit dans un hôtel de la rue Servandoni tenu par la veuve du sculpteur Vernet.

Cette femme prononce, en accueillant cette haute victime des réactions, cette parole qu'il faudrait écrire, en lettres d'or, à la porte de tous les tribunaux : Si vous êtes hors la loi, vous n'êtes pas hors l'humanité.

Elle établit, autour du grand esprit qui lui était confié, un habile système de surveillance. Il devait se trouver une femme pour consoler les dernières heures de l'apôtre des femmes. Condorcet, déguisé en ouvrier, un bonnet de coton sur la tête, échappait si complétement aux investigations de la police, qu'il pouvait recevoir sa famille. Néanmoins il se préparait à la mort; il se procurait du poison, il rédigeait sa belle et touchante instruction à sa fille. A mesure qu'il s'éloignait du dix-huitième siècle, le rationalisme s'évanouissait pour se fondre en cette tendresse de cœur qui est la vision d'une autre vie.

La mort n'était que suspendue. La Providence accordait, en quelque sorte, un sursis à Condorcet pour qu'à ce moment où la menace flotte dans l'air et jette une ombre sur tous les fronts, où tous frappent et sont frappés, il se recueille et qu'il écrive dans la paix de son âme le testament du dix-huitième siècle.

Il intitula son dernier legs à la philosophie *Tableau des progrès de l'esprit humain*, et traça d'une main ferme cette prophétie par voie de déduction que nous avons appelée depuis la philosophie de l'histoire.

Deux écoles historiques avaient traversé parallèlement le dix-huitième siècle pour aboutir toutes deux à la Révolution. Elles avaient le même idéal, un dividende plus équitable de bonheur à répartir entre tous les associés de la grande famille; mais l'une et l'autre y marchaient en sens inverse.

La première, représentée par Rousseau, proclamait que toutes les inégalités, conséquemment toutes les injustices de répartition, venaient du fait de l'homme, d'un détournement de sa nature, constaté par son histoire. Il demandait donc à la société d'abolir un à un tous les faits, toutes les traditions, toutes les excroissances amenées, produites par la vie même de l'humanité, pour retourner à je ne sais quel Éden qu'il reporte au lendemain de la création. C'était le principe de toutes les théogonies, le péché originel rejeté de la religion à la politique. Rousseau retirait à l'homme sa prérogative, sa contribution à l'œuvre de sa destinée, et sa véritable signification parmi les autres créatures, commensales, comme lui, de la planète. Ce n'était plus l'expansion, c'était la réduction de l'être, c'était la mort partielle appliquée à nos arts, à nos découvertes, à nos jouissances, au luxe, qui n'est que le beau superposé à l'utile. L'école de Rousseau fut donc toujours disposée à réagir contre les éléments historiques et traditionnels de la société. Elle s'empara de la Révolution, elle abattit, nivela et ne laissa qu'un vide.

La seconde école, au contraire, ne plaça pas au début, mais au but la plénitude de notre destinée. Ce fut l'école de Condorcet. Elle considéra chaque siècle, chaque pas de l'homme dans l'histoire comme un acheminement vers une égale diffusion des lumières et des richesses. Ainsi se trouvait justifiée l'existence antérieure de l'humanité. L'histoire n'était plus une sorte d'anomalie, une évasion stupide et coupable du sein du paradis: c'était la croissance normale et régulière de la civilisation, qui se créait elle-même ses instruments de progrès et ses progrès par ses instruments.

L'homme, dans cette théorie, était à la fois son œuvre et son ouvrier, sa créature et son créateur. Il n'y avait nulle part de déviations dans ses destinées. Sachant d'où il venait et comment il était venu, il pouvait savoir où il allait. Arts, métiers, propriétés, Rousseau avait tout condamné comme des prévarications de l'homme envers sa nature, comme des œuvres de division, d'injustice, de despotisme, et il rétrogradait par delà les temps, cherchant toujours et ne trouvant jamais une première heure de béatitude.

Condorcet rétablit les données du problème et il dit : L'histoire est le corps vivant de l'idée; c'est par là que celle-ci agit, parle, respire. Il reprit toutes les évolutions successives de cette perpétuelle genèse de l'humanité. Il décrivit toutes les formes sociales, enfantines ou adolescentes, qu'elles avaient traversées.

Dans l'état sauvage, la vie est réduite à l'entretien et à la régénération, l'homme vit par faibles groupes. Il cueille le fruit, et comme les saisons lui refusent souvent cette nourriture, il tâche d'atteindre une nourriture vivante; il fait les premières applications de son intelligence à créer des industries pour saisir la proie.

Cependant parmi les bêtes que l'homme poursuit il en est de plus inoffensives qu'il n'est pas obligé de tuer immédiatement, qu'il peut garder auprès de lui; dès lors il n'a plus seulement la nourriture du jour, il a encore celle du lendemain. Il peut assurer l'existence d'un plus grand nombre d'individus, le groupe devient la tribu et le sauvage patriarche. Le premier exemple de propriété est donné, non sur le sol, mais sur le troupeau. Aussi loin que s'étend la pensée sous la courbe du soleil — de l'Orient à l'Occident, — la terre appartient à tous, et les droits du pasteur s'effacent avec les pas de ses brebis. Mais si le troupeau est pour l'homme une nourriture moins précaire que la chasse, il se reproduit pourtant avec lenteur. Il est d'autant plus vite décimé, qu'en assurant la subsistance des hommes il contribue à leur multiplication. Il faut donc y ajouter les substances qui peuvent se conserver toute l'année. Alors l'homme passe de la vie pastorale à la vie agricole; il ne possède plus seulement le troupeau, il possède, non pas précisément le sol, mais la moisson, mobilier du sol que son travail y a déposé. Plus tard, pour protéger la récolte, il est obligé de s'approprier la terre, de l'enclore et de s'y fixer. La propriété n'est que la jouissance du travail qu'on a fait soi-même; elle attire la guerre, qui est la jouissance du travail qu'on n'a pas fait. Les populations agricoles sont obligées de replier leurs tentes, de s'assembler pour se défendre; elles fondent les villes. La guerre est la force extérieure d'agrégation qui a condensé les tribus en nationalités. Un nouvel ordre de rapports surgit, non-seulement du père à la famille, mais du citoyen à la cité. L'intelligence, qui avait successivement découvert les industries primitives, la pêche, la chasse, la moisson, la tente, fonda le droit liturgique, le droit civil, et le plus souvent l'un sur l'autre.

Mais pour que ce travail se fasse, il faut que la subsistance soit assurée à ceux qui le font, il faut que les hommes ne soient pas forcés de se dépenser, de s'épuiser jour par jour, heure par heure, dans des travaux manuels. Il faut qu'il y ait un surcroit de subsistance; il faut que, pour ces premiers ouvriers et les premiers émissaires des idées, d'autres agents arrosent la terre de leurs sueurs, ces larmes du corps; que d'autres bras les défendent contre les ennemis tandis qu'ils méditent. Ces penseurs rendaient bien à la société les services qu'ils en recevaient; ils créaient les langues, les religions, les sciences; ils développaient les âmes, ils multipliaient les industries qui ne sont que des idées appliquées.

Chaque jour les nations modernes s'enorgueillissent de leurs découvertes. Les inventions, passées dans les habitudes de l'humanité, ne frappent plus les imaginations; mais lorsque nous plongeons par la pensée dans ce monde que nous regardons comme ténébreux parce qu'il a précédé l'âge historique, on se demande avec une profonde admiration pour les premiers grands hommes anonymes, combien il a fallu de génie pour créer les langues, les alphabets, les chiffres, la navette, la charrue, la rame, pour s'emparer du feu, utiliser les métaux, tisser le poil, ou le duvet des plantes, rassembler assez de faits pour oser les premières abstractions, les premières analyses et les premières synthèses. Nous pouvons comprendre alors avec quelles bénédictions ces œuvres durent être accueillies, et quel respect des hommes grossiers durent avoir pour ces premiers inventeurs qui faisaient faire à la pensée les premiers actes de souveraineté sur le monde.

En nous ramenant l'homme du fond de l'histoire et à travers toutes les formes sociales créées et brisées, à travers la Grèce, le moyen âge et la renaissance, jusqu'à la civilisation du dix-huitième siècle, en constatant ainsi cette vitalité interne, énergique, qui a tiré à elle de nouveaux éléments, de nouvelles formes, pour soulever plus haut l'humanité et pour étendre plus loin son influence, Condorcet prend soin de nous avertir des conséquences que par voie d'analogie et d'induction il prétend déduire de cette revue des siècles : « Si l'homme peut prédire avec une assurance » presque entière les phénomènes dont il connait les lois; si, lors même » qu'elles lui sont inconnues, il peut, d'après l'expérience du passé, prévoir » avec une grande probabilité les événements de l'avenir, pourquoi regar- » derait-on comme une entreprise chimérique celle de tracer, avec quelque » vraisemblance, le tableau des destinées futures de l'humanité, d'après les » résultats de son histoire? Puisque les opinions formées d'après l'expé- » rience du passé sur des objets du même ordre sont les seules règles de la » conduite des hommes les plus sages, pourquoi interdirait-on au philo- » sophe d'appuyer ses conjectures sur cette même base, pourvu qu'il ne » leur attribue pas une certitude supérieure à celle qui peut naître du » nombre, de la confiance, de l'exactitude des observations? »

C'est par la méthode expérimentale, comme on le voit, c'est en travaillant sur l'histoire comme sur la nature, que Condorcet établit la loi de perfectibilité. Cette méthode avait un avantage, elle rendait le progrès saisissable; mais elle devait cantonner, et en effet elle renferma Condorcet dans de trop étroites limites.

Il définit ainsi le progrès : égalité des peuples entre eux, des hommes entre eux, perfectionnement de l'individu. Nous laissons de côté les deux premières formules, car rien n'est moins prouvé historiquement et philosophiquement que la réalisation prochaine et lointaine de cette double égalité des peuples entre eux et des hommes entre eux, et nous nous attachons à cette dernière formule, la seule féconde à notre avis, le perfectionnement de l'individu, qui implique du reste tous les autres perfectionnements, car l'homme n'est pas un être isolé, mais solidaire, et ne peut se perfectionner lui-même sans perfectionner en même temps ses rapports avec la grande famille.

Mais l'idée de progrès est-elle épuisée dans l'idée de perfectionnement? Dire que l'homme progresse ou dire qu'il s'améliore, c'est reproduire, sous deux termes différents, la même relation de supériorité, sans dire à quels signes éclate cette supériorité.

L'ascétisme dira que le perfectionnement de l'homme consiste à retrancher autant que possible ses désirs, à éteindre sa curiosité, supprimer ses passions, briser toutes les correspondances extérieures de sensations pour nous abimer et nous anéantir dans le pur esprit. — Est-ce là le progrès?

Il devait arriver un moment où la méthode purement empirique de Condorcet allait se briser devant toutes les exigences du problème. Il lui avait manqué un instrument de recherches plus général, il lui manquait une psychologie. Il avait étudié les hommes, il ne connaissait pas l'homme. Sa théorie, bornée à l'histoire, n'enveloppait dans sa circonférence ni l'individu ni l'univers. C'était le premier paragraphe de la loi, ce n'était pas la loi elle-même.

Condorcet nous donne le mot et non le sens du progrès. Qu'est-ce que celui-ci en effet dans sa formule la plus compréhensive? C'est l'augmentation de vie, de vie physique par plus de sensations, de vie intellectuelle par plus de connaissances, de vie morale par plus de sentiments. L'histoire humaine et l'histoire naturelle s'expliquent par la même raison, se classent par la même méthode. Tous les êtres, tous les âges s'échelonnent ainsi en vertu de leur quotité de fonctions, d'idées et d'impressions.

L'homme était défini; ses trois qualités foncières étaient constatées. Il sentait, il aimait, il agissait; et il marquait son histoire de ce triple caractère.

Condorcet avait détaché l'humanité de l'homme, et, une abstraction à la main, il errait vainement dans les sentiers de l'histoire, pour retrouver la trace effacée de la divinité. Il sépara donc complètement le fini de l'infini. Il ne sut pas dégager sa pensée de la clôture et de l'étreinte du sensualisme; il ne comprit pas qu'il n'est pas un acte de notre esprit, ni un progrès qui ne suppose, ne contienne et n'implique l'idée de l'infini, que cette idée seule hiérarchisait nos arts, nos œuvres, nos sentiments, que la perfectibilité réduite à sa formule ontologique n'était qu'une invasion continuelle du fini dans l'infini.

Il isola l'homme dans le monde, comme l'analyse isole chaque partie de la partie voisine. Il ne soupçonna pas la pensée, en Dieu, qui fait de l'âme humaine une incarnation divine et met un Dieu présent et visible dans toutes les transfigurations des événements.

L'homme restait sur le globe comme un vaisseau qui flotte sur une mer sans rives; et comme Condorcet sentait que la partie de nous vraiment éternelle, ou pour mieux dire renouée à l'éternité, protestait contre cette réclusion et cet épuisement de notre destinée dans la mort, il transporta l'infini au fini lui-même; il proclama la suppression de la vieillesse et la durée indéfinie de notre existence, il n'osa dire éternelle, c'est qu'en effet il ne pouvait entrer dans l'idée une et absolue de l'éternité par la méthode de l'analyse.

Mais pour n'avoir pas su qu'il faut une atmosphère à notre intelligence comme aux planètes, pour n'avoir pas senti frémir la divinité ambiante dans laquelle nous respirons, il n'en avait pas moins tracé les premiers linéaments de l'organogénie de l'histoire. Et cependant, bien que Condorcet fût conduit par son procédé rationnel à considérer surtout l'homme rationnel; et à voir dans la perfectibilité la perfectibilité de la raison, il ne put entièrement échapper à l'obsession du sentiment. Il entrevit dans une vague perspective l'art, la poésie, la morale.

Au premier abord, sa morale semble être en opposition avec sa doctrine; elle s'y rattache cependant. En faisant découler la certitude en politique de l'accord des siècles, il devait faire découler aussi la certitude en morale de l'accord des hommes. Comme Adam Smith, il mit toute la vie du sentiment dans la sympathie, dans la plus grande intimité de notre être avec tous les êtres, nos frères, ou simplement les hôtes de la terre. Il ressuscita les amitiés de la philosophie indienne pour les animaux. « Conserve, disait-il à sa fille, dans toute sa pureté et dans toute sa force le sentiment qui nous fait partager la douleur de tout être sensible. Qu'il ne se borne pas aux souffrances des hommes; que ton humanité s'étende même aux animaux. »

Il entrevoyait déjà cette solidarité de vie, cette parenté des races que notre siècle a démontrée. L'œuvre de la vérité est tellement une, qu'on arrive toujours infailliblement à la conclusion juste, une fois en possession du vrai principe, lors même qu'on opère par la raison sur le sentiment ou par le sentiment sur la raison.

Tout ce qu'il y avait de vital dans l'œuvre du dix-huitième siècle était déposé dans l'esprit de Condorcet. Il comprenait qu'il marquait la minute précise entre la semence et la germination de l'idée de progrès. Comme ces figures de l'antiquité, son intelligence avait deux faces, l'une tournée vers l'histoire, l'autre vers la prophétie. Il avait bien la conscience de la révélation de l'avenir, qu'il devait transmettre d'une rive à l'autre de la Révolution.

On lui reprochait un jour les emportements de sa pensée, qui débordait la philosophie de son époque, et on lui disait : « Est-ce que vous ne trouvez pas de la philosophie à Rousseau? — Il a celle du dix-huitième siècle, répondit-il; moi, j'ai celle du dix-neuvième. » Cette parole était vraie. Les grandes intelligences de notre temps descendent par une filiation directe des doctrines de Condorcet. Saint-Simon en fut le plus illustre apôtre, et, par cet intermédiaire, tout le flot d'idées versées dans notre temps par l'école Saint-Simonienne remonte au philosophe du dix-huitième siècle. Il devait être l'esprit vivant qui briserait la pierre du tombeau pour ressusciter dans notre esprit.

Lors donc qu'il eut écrit la promesse de l'avenir, qu'il vit cette arche flotter sur le déluge de sang, il se sentit déchargé d'une terrible commission. Heureux et rassuré, il eut un invincible besoin de soleil, de grand air, de mouvement. Il s'esquiva de la retraite où il avait passé, en pleine sécurité, tant de journées de méditation. Il se jeta dans la campagne. Où courait-il? Il allait verser dans la confidence de la nature, au milieu des chaudes effluves d'une journée de printemps, les joies intimes de la délivrance de ses pensées.

Il courut frapper à la porte d'un ami, à Fontenay-aux-Roses. Un domestique vint lui ouvrir; en voyant la barbe longue et la figure souffrante du proscrit, il jeta un cri de compassion.

« Pouvez-vous me recevoir? dit Condorcet.

— Non, monsieur, mon maître ne vous aime pas. »

Condorcet s'était trompé de logement; il s'était présenté à la porte d'un ennemi de la Révolution, M. de Monville, conseiller au parlement. Il revint frapper à côté, chez Suard; celui-ci pâlit à la vue de son ami.

Il lui fit servir à la hâte un peu de pain, de vin et de fromage; il lui donna un cornet de tabac, un volume d'Horace, et le congédia aussitôt en lui promettant d'aller lui ouvrir, à la nuit tombante, la porte du jardin.

La porte ne fut pas ouverte. Condorcet s'enfonça dans les bois de Verrière.

Le lendemain matin il entra dans un cabaret de Clamart pour déjeuner, il demanda une omelette. « Combien d'œufs? lui demanda la cabaretière. — Une douzaine, » répondit Condorcet. Ce mot le perdit. L'hôtesse comprit qu'un ouvrier ne pouvait demander une douzaine d'œufs pour une seule omelette. Condorcet fut arrêté et interrogé. Il se fit passer pour le domestique de M. Du Séjour, conseiller à la cour des aides. Mais l'embarras naturel de sa parole fit suspecter ses explications. Il fut conduit à

Bourg-la-Reine, chef-lieu du district. Dans sa fuite à travers les bois et les carrières il s'était blessé à la jambe; il marchait difficilement. Un paysan lui prêta son cheval. Il arriva le soir à Bourg-la-Reine et fut jeté en prison.

Le lendemain, 28 mars 1794, on le trouva mort. Il avait dit à Suard en le quittant : « Si j'ai une nuit devant moi je ne les crains pas.

Il avait tenu parole ; il s'était empoisonné.

Eugène Pelletan.

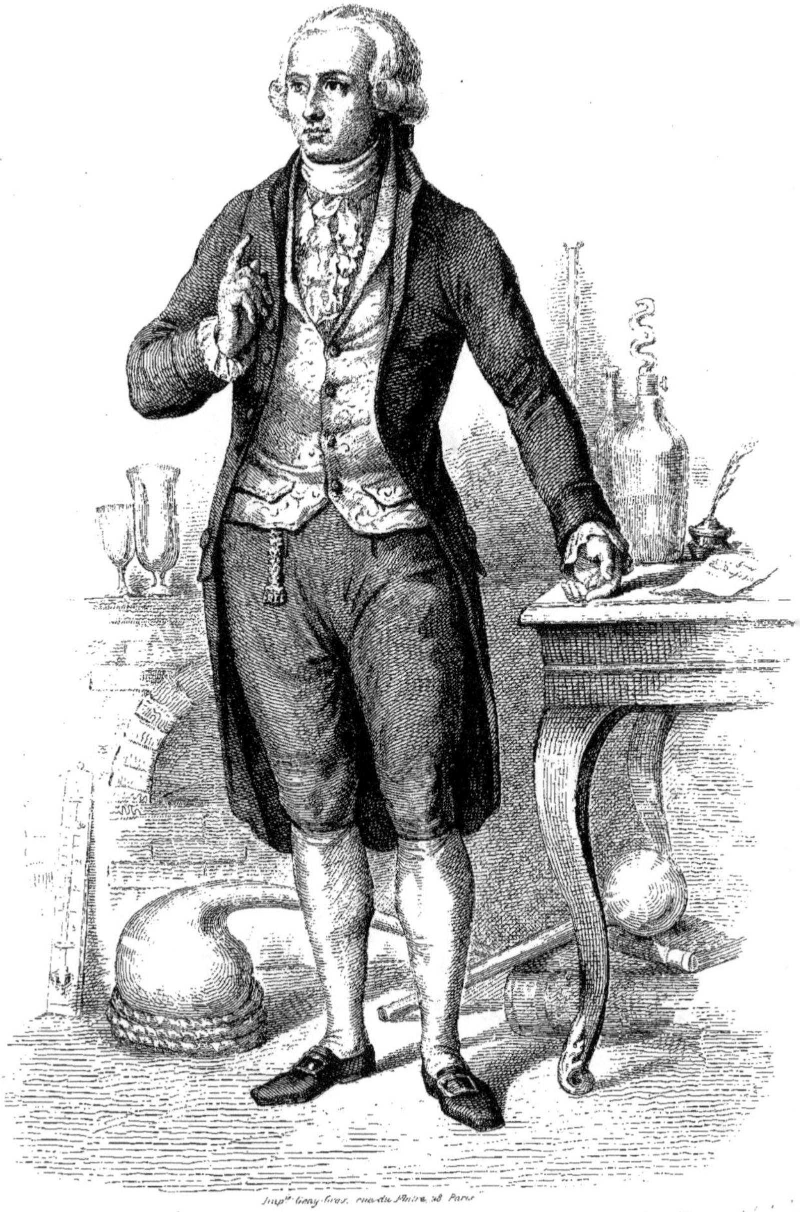

Impᵉ Geny-Gros, rue du Plâtre, 18 Paris

LAVOISIER

NÉ EN 1743, MORT EN 1794.

Depuis l'époque où Stahl renversa les rêveries de l'alchimie pour y substituer la théorie du phlogistique, presque tous les chimistes adoptèrent les opinions de ce grand homme et suivirent en aveugles les chemins qu'il avait tracés : la liberté de penser semblait leur être interdite, et quand un fait ne s'accordait pas avec leur doctrine, ils le torturaient d'une manière souvent ridicule, pour en donner une explication plus ridicule encore. La chimie fit donc peu de progrès pendant le dix-septième siècle et pendant plus de la moitié du dix-huitième; on était alors possédé de la manie de baser des principes sur des phénomènes mal observés. Mais les erreurs et les hypothèses devaient céder enfin au pouvoir victorieux des faits et de l'analyse.

Antoine-Laurent Lavoisier est le créateur du nouveau système de chimie basé sur des expériences positives. Ce savant, l'un des plus grands hommes qu'aient produits son siècle et son pays, naquit à Paris, le 16 août 1743. Dès ses plus jeunes années, il montra une prédilection particulière pour les études physiques et mathématiques. La fortune et le bon sens paternels lui permirent de suivre ce penchant. Après avoir terminé avec éclat ses études au collége Mazarin, il se fit l'hôte assidu de l'observatoire de La Caille, du laboratoire de Rouelle, et le compagnon infatigable des herborisations de Bernard de Jussieu. Ses progrès, en botanique, en physique, en minéralogie et en chimie, furent si rapides, qu'à l'âge de vingt ans il osa concourir pour un prix que l'Académie avait proposé, à la sollicitation du gouvernement. Il s'agissait d'un nouveau mode d'éclairage pour la ville de Paris. Lavoisier se livra aux recherches que nécessitait la solution d'un pareil problème avec cette ardeur dont le génie seul est capable. Après quelques expériences, il remarqua que sa vue était trop faible pour distinguer nettement les intensités différentes et les nuances délicates et souvent presque insaisissables des diverses flammes; et il conçut le singulier projet de renoncer à la lumière naturelle et de s'enfermer pendant six semaines dans une chambre qu'il avait fait tendre en noir : ses yeux, perdant ainsi l'habitude de la clarté du jour, acquirent bientôt une finesse qui leur permettait d'apprécier les moindres différences dans l'intensité de la lumière que répandaient les différents combustibles. Une pareille résolution révélait une âme fortement trempée, et annonçait qu'il n'épargnerait ni peines ni travaux pour résoudre les problèmes qu'il se proposerait à l'avenir.

Enfin Lavoisier présenta son Mémoire à l'Académie, qui le couronna, et le fit imprimer à ses frais. Une récompense de deux mille livres était destinée au meilleur Mémoire; mais le généreux savant ne l'accepta pas, et la fit distribuer à trois concurrents qui, dans le même but, avaient fait des expériences très-dispendieuses. Le roi, apprenant cette noble conduite, lui fit remettre en séance publique, et par le président de l'Académie, une médaille d'or.

Après cet heureux essai de ses forces, Lavoisier fit plusieurs voyages en France, avec Guettard, et en rapporta une collection de matériaux qui devait servir à une histoire géologique et minéralogique de sa patrie. Il écrivit ensuite un Mémoire sur les couches des montagnes, qui n'était que l'introduction d'un grand ouvrage sur les révolutions du globe.

Plusieurs autres Mémoires, qu'il envoya successivement à l'Académie, lui ouvrirent les portes de cette assemblée en 1768. Il avait alors vingt-cinq ans. Vers la même époque, Lavoisier fit des recherches sur le plâtre que fournissent les carrières des environs de Paris, sur la cristallisation des sels, sur la congélation de l'eau, et sur les phénomènes du tonnerre et de l'aurore boréale.

En 1770, il démontra, par des expériences d'une délicatesse et d'une persévérance remarquables, que l'eau ne pouvait pas être *convertie en terre*, comme on le croyait généralement. Il prouva que le dépôt terreux qui résultait d'une distillation prolongée de l'eau ne provenait point du changement de l'eau en terre, mais bien de la perte éprouvée par les vases divers pendant l'opération. Scheele arriva, vers le même temps, à la même conséquence, mais par des moyens différents. Le chimiste suédois analysait; Lavoisier pesait. Il partait du principe que les produits formés doivent peser autant que les matériaux employés à leur formation.

Une nouvelle mine de recherches expérimentales sur les corps aériformes, échappés à l'attention des chimistes, venait alors d'être découverte par le génie de Black et la sagacité de Priestley. Frappé de la beauté et de l'importance de ces découvertes, Lavoisier s'engagea dans les mêmes recherches avec tout le zèle scientifique qui le caractérisait. Ce fut alors que sa fortune servit son génie. Il inventa et fit construire à grands frais de nouveaux instruments, avec lesquels il répéta et entreprit de nombreuses expériences sur les fluides aériformes. Il publia, en 1774, les *Opuscules chimi-*

ques, dans lesquels il consigna, avec autant de clarté que d'élégance, les brillants résultats qu'il avait obtenus.

L'existence à l'état solide, dans les terres alcalines, d'un corps gazeux qui, dégagé de ces substances, devenait aériforme, avait été déjà prouvée par le docteur Black, et Bergmann avait démontré que cet air possédait des propriétés acides; mais on n'avait pu encore déterminer les parties constituantes de ce gaz acide ou *air fixe*. L'honneur de cette découverte appartient tout entier à Lavoisier, qui, en 1772, exposant un morceau de charbon renfermé dans un vase de verre à l'action d'une lentille, découvrit qu'une partie du charbon avait été consumée, que la quantité d'air contenue dans le récipient avait diminué, et que le résidu de ce même air possédait précisément les qualités que l'on reconnaissait à l'air fixe; il conclut alors que le charbon était partie constituante de ce gaz (aujourd'hui nommé acide carbonique), et les chiffres qu'il établit pour en représenter la composition subsistent encore aujourd'hui que l'art de l'analyse chimique a fait de si grands progrès.

Le diamant, dont la combustibilité, prophétisée par Newton, fut prouvée par Macquer et autres, attira aussi l'attention de Lavoisier. Il soumit cette substance au même traitement que le charbon, et il trouva que la combustion du diamant donnait précisément les mêmes résultats que la combustion du charbon.

En août 1774, Priestley découvrit que lorsqu'on chauffait certaines chaux métalliques, particulièrement l'oxide rouge de mercure (on le nommait alors *précipité per se*), une certaine quantité d'air s'en dégageait, air plus pur que celui de l'atmosphère, et nommé, selon la théorie du temps, *air déphlogistiqué*. Il passa l'hiver suivant à Paris, et communiqua sa découverte à Lavoisier : celui-ci en reconnut aussitôt l'importance, et publia, en 1775, un Mémoire sur la nature du principe qui se combine avec les métaux pendant leur calcination. Dans cet écrit, il prouva, par des expériences conformes à celles de Priestley, que le *précipité per se*, chauffé dans une cornue, laisse échapper un air éminemment respirable et passe ensuite à l'état métallique; que les corps combustibles brûlent dans cet air avec plus d'éclat que dans l'air ordinaire; et que la même chaux de mercure, chauffée avec du charbon, laisse dégager, non l'*air pur*, mais l'*air fixe* : il en conclut que l'*air fixe* était composé de charbon et d'*air pur*.

Une seconde conséquence non moins importante de la découverte de l'*air pur* était l'analyse de l'air atmosphérique faite par Lavoisier, analyse encore célèbre aujourd'hui, et conservée dans tous les ouvrages comme un monument à la gloire de l'illustre père de la chimie moderne. Il renferma dans un vaisseau clos une quantité connue de mercure avec une quantité connue d'air atmosphérique; il chauffa le métal jusqu'à l'ébullition pendant plusieurs jours; il vit se former à la surface du métal, et par degrés, une petite quantité de chaux rouge; quand il ne s'en forma plus, il examina les matières contenues dans le vaisseau, et il trouva l'air diminué de poids et de volume, et incapable de servir à la combustion ou à l'entretien de la vie animale. Une partie du mercure était convertie en chaux rouge ou *précipité per se;* et ce qui était très-satisfaisant pour la théorie de Lavoisier, c'est que le poids du *précipité* ajouté à celui du mercure métallique restant de l'opération, excédait le poids du métal primitif; enfin cette augmentation de poids était exactement égale à la diminution que l'air avait subie. Lavoisier nomma cet *air pur* oxygène (générateur d'acides), après avoir prouvé que la combustion, l'acidification et la calcination (ou oxygénation, comme on l'appelle aujourd'hui) étaient des phénomènes analogues, qu'ils consistaient dans la combinaison de l'oxygène, avec les corps combustibles dans la combustion, avec les corps acidifiables dans l'acidification, et avec les corps métalliques dans la calcination, toujours aux dépens de l'oxygène que contient l'air atmosphérique. Lavoisier renversa ainsi le système du phlogistique pour le remplacer par sa propre doctrine, préparée par une longue série de Mémoires tellement enchaînés entre eux, qu'ils forment comme un seul ouvrage dans lequel on voit la science créée et perfectionnée par le même homme.

Une ère nouvelle commence pour la doctrine de Lavoisier. Black publiait ses recherches relatives au calorique; il démontrait qu'un solide, lorsqu'on voulait lui faire prendre la forme liquide, et qu'un liquide, lorsqu'on voulait le changer en vapeur, absorbaient ou rendaient latente, pendant ce changement d'état, une certaine quantité de calorique, et que ce calorique redevenait libre et sensible au toucher et au thermomètre quand la vapeur se condensait en liquide, et quand ce même liquide devenait solide. Lavoisier, par un raisonnement analogue, expliqua le dégagement de lumière qui accompagne la combustion. Il prouva que, pendant ce phénomène, l'oxygène, qui était auparavant à l'état gazeux, se combinait subitement avec le corps combustible, pour devenir liquide ou solide, et que tout le calorique latent nécessaire pour maintenir l'oxygène dans l'état où il était avant la combustion se dégageant instantanément, et en grande quantité, produisait alors la flamme, qui n'est autre chose que le calorique condensé et libre.

Cavendish avait, en 1781, prouvé systématiquement que l'eau n'était pas un élément, comme on l'avait cru jusqu'alors, mais une combinaison d'oxygène et d'*air inflammable*, nommé aujourd'hui hydrogène. Lavoisier prouva, par l'analyse, la vérité de ce fait, en brûlant, dans des appareils de son invention, de grandes quantités de gaz oxygène et hydrogène, et il détermina en même temps dans quel rapport de volume ils se combinaient dans la formation de l'eau.

L'analyse de l'air et de l'eau une fois faite et démontrée, Lavoisier fut conduit naturellement à s'occuper de la respiration des animaux. On avait trouvé qu'une inspiration d'air atmosphérique était suivie d'une expiration d'acide carbonique, de gaz irrespirable (azote) et de vapeur d'eau. Cette fonction animale, dit Lavoisier, est une combustion lente et intérieure : une partie de l'oxygène de l'air atmosphérique, introduit dans les poumons, se combine avec le carbone du sang veineux, pour former l'acide carbonique ; une autre partie se combine avec l'hydrogène du même liquide, pour donner naissance à la vapeur aqueuse ; l'azote est le résidu de l'air atmosphérique décomposé : le calorique latent que contenaient auparavant ces matières fournies par le sang devient libre, et produit la chaleur animale.

Cette analogie est belle et ingénieuse, mais ce point physiologique reste encore entouré d'obscurité. C'est du même raisonnement que découle cette autre pensée de Lavoisier, que tous les phénomènes de la chimie dépendent du déplacement des molécules des corps, de leur union ou de leur séparation : selon lui, rien ne se perd, rien ne se crée, il n'y a que transmutation de formes.

Après la respiration, une autre fonction importante de l'économie animale, la transpiration cutanée, fut l'objet des travaux de Lavoisier, et les expériences qu'il fit à ce sujet, avec Séguin, sont regardées comme les moins défectueuses de toutes celles qui aient été tentées jusqu'à présent par les différents physiologistes.

La nouvelle manière d'envisager les phénomènes chimiques, la découverte de nouveaux corps et de composés nouveaux, tous ces progrès, joints à l'analyse des matières organiques, réclamaient un changement dans la nomenclature de la chimie. En conséquence, un comité de chimistes distingués, dont Lavoisier était un des plus illustres, entreprit cette tâche difficile, et créa une terminologie claire, simple et expressive, qui, malgré ses défauts et l'opposition qu'elle trouva d'abord, est devenue le langage universel de la chimie, et a même été adoptée en médecine et en pharmacie.

C'est sur toutes les expériences mentionnées plus haut, et les principes qu'il en a tirés, que Lavoisier posa les bases de son admirable *Traité élémentaire de Chimie*, deux volumes publiés en 1789. Cet ouvrage sublime et impérissable éclipsa tout ce qu'on avait publié jusque-là en chimie. Là, Lavoisier brille souvent dans la même page comme écrivain, comme philosophe et comme physicien ; là, il est pour la chimie ce que Kepler, Newton et Euler sont pour les sciences mathématiques. Cet ouvrage, dont l'apparition est, pour ainsi dire, la date de la science, est accompagné de planches qui représentent les instruments inventés par l'auteur.

Nous n'avons jusqu'ici parlé de Lavoisier que comme chimiste : c'est surtout à ce titre qu'il a droit à l'admiration de la postérité ; mais les autres sciences, la physique surtout, ne lui sont guère moins redevables que la chimie. Parlons seulement de la chaleur, dont la théorie est intimement liée avec son système chimique. Lavoisier commence par établir que le calorique est un fluide impondérable, c'est-à-dire que, accumulé dans les corps, il n'en augmente pas le poids; qu'il est tantôt libre, tantôt latent; que quand il est libre il tend toujours à se mettre en équilibre avec les corps environnants, ce qui le rend sensible au thermomètre, et que quand il est latent il est inappréciable à cet instrument.

« Les vapeurs et les gaz, dit-il ailleurs, ne sont que des corps liquides
» ou solides qui renferment une grande quantité de calorique; les corps
» solides ou liquides sont des gaz dépouillés d'une partie de leur calorique. »

Ces principes posés, et ils sont vrais, son imagination en tire des conséquences générales.

« Que la terre soit transportée tout à coup dans une région beaucoup
» plus chaude du système solaire, dit-il, l'eau, l'alcool, l'éther et le mer-
» cure lui-même, entreront en expansion; ils se transformeront en gaz qui
» deviendront parties de l'atmosphère. Ces nouvelles espèces d'air se mê-
» lant aux autres substances aériformes déjà existantes, il en résultera des
» décompositions et des combinaisons nouvelles jusqu'à ce que, les affinités
» chimiques étant satisfaites, les principes de ces différents gaz arrivent à
» un état d'équilibre ou de repos.

» Si la terre se trouvait tout à coup placée dans une région très-froide,
» l'eau qui forme nos fleuves et nos mers, et le plus grand nombre des
» fluides que nous connaissons, se transformeraient en montagnes solides,
» en rochers très-durs, d'abord diaphanes, homogènes et blancs comme le
» cristal de roche, mais qui, avec le temps, se mêlant avec des substances
» de différente nature, deviendraient des pierres opaques diversement co-
» lorées. L'air, dans cette supposition, ou au moins une partie des gaz qui
» le composent, perdant leur état élastique, reviendraient à l'état de liqui-
» dité, et produiraient ainsi de nouveaux liquides dont nous n'avons aucune
» idée. »

Cette belle conclusion a été vérifiée et réalisée, du moins en partie, trente ans après, par Faraday, à Londres, et, de nos jours, par M. Thilorier à Paris.

Voyons maintenant Lavoisier comme homme public.

Dès l'année 1771, il avait conçu le dessein de consacrer à la science sa vie entière; mais, pour remplir cette mission, il lui fallait une vie calme, de longs travaux, et une grande fortune qui lui permît de se procurer des produits et des instruments coûteux. Il chercha donc une place dans les finances, et se fit recevoir dans la compagnie des fermiers-généraux. La réputation dont il jouissait lui procura en outre, sous le ministère de Turgot, la place d'intendant de la régie des salpêtres. Il appliqua ses connaissances chimiques à la fabrication des poudres, et en augmenta la force explosive : il en quadrupla la production en supprimant les règlements vexatoires qui permettaient aux employés de la régie de pénétrer de vive force dans les maisons particulières pour enlever les terres salpêtrisées des caves. C'est lui aussi qui proposa, le premier, d'abaisser certains impôts, convaincu que le revenu, loin de diminuer, s'élèverait au contraire par cette mesure; c'est encore à lui que les juifs de Metz durent l'abolition d'un impôt honteux qu'on prélevait sur eux.

Il rendit les plus grands services à l'Académie des sciences, à qui il remit quarante Mémoires sur les points les plus importantes de la chimie. Il était de toutes les commissions où il y avait à faire quelque rapport difficile. Il contribua à l'établissement du nouveau système de poids et mesures en faisant quelques expériences curieuses sur l'expansion des métaux. La Convention le consulta sur le mode à suivre pour fabriquer les assignats et les mettre à l'abri de la contrefaçon. L'agriculture avait aussi attiré son attention, et il destinait une grande partie des terres qu'il possédait auprès de Vendôme à faire des expériences agricoles.

Le comité de l'Assemblée constituante nommé pour améliorer le système des taxes réclama le secours de ses vastes connaissances, et cette circonstance lui fit produire l'ouvrage intitulé *Traité sur la Richesse territoriale de la France*, que l'Assemblée constituante fit imprimer aux frais de l'État.

Dans la même année, il fut nommé l'un des commissaires de la caisse d'escompte, et il introduisit dans cette partie des finances une régularité telle, que chaque soir, d'un seul coup d'œil, on pouvait voir la proportion entre les revenus et les dépenses.

Au milieu de tant d'activité, on le voit encore se livrer à des travaux rebutants, mais ennoblis par une charité sublime. Lavoisier, fermier-général et millionnaire, entreprend avec ardeur des recherches sur les gaz produits par les matières fécales corrompues. Pourquoi? pour trouver les moyens de sauver la vie à quelques malheureux ouvriers.

La vie privée de Lavoisier répondait à son caractère de savant et d'homme public. Il avait consacré toute sa fortune au progrès de la science : il protégeait les arts et encourageait les jeunes gens de talent : sa maison ressemblait à un vaste laboratoire où les expériences étaient, pour ainsi dire, en permanence : il employait les artistes les plus habiles à construire les appareils dont il avait besoin, et qui étaient infiniment supérieurs à tous ceux qu'on avait mis en usage avant lui. Deux fois par semaine, il tenait chez lui une sorte d'académie scientifique, réunion à laquelle étaient invités les mathématiciens, les physiciens et les chimistes les plus distingués de l'époque. Là on voyait Priestley, Fontana, Blagden, Ingenhouss, Landriani, Jacquin, Watt, Boulton, venus d'Angleterre, d'Italie et d'Allemagne, se rencontrer avec Laplace, Lagrange, Borda, Cousin, Meunier, Vandermonde, Monge, Guyton de Morveau, Berthollet et autres savants, tous inspirés par le même sentiment, l'amour de la vérité.

Lavoisier était doux, affable et obligeant : il était ami fidèle, charitable pour les pauvres, modeste et de bon goût dans la polémique, en un mot aussi estimable par ses qualités morales qu'illustre par son génie.

Mais le temps était arrivé où les avantages de la fortune, de la naissance et de l'éducation, loin d'attirer la considération sur ceux qui en jouissaient, devenaient pour eux, au contraire, une source de dangers, surtout s'ils avaient occupé, sous le régime royal, des emplois lucratifs. Le savant illustre, que semblaient devoir protéger tant de travaux qui font aujourd'hui la gloire de son pays, tant d'actes liés à la prospérité publique, ne put échapper à la haine inquiète des partis. Incarcéré comme suspect, il pensa d'abord qu'on se contenterait de le dépouiller de sa fortune, et il se consolait en pensant qu'il pourrait subvenir à ses besoins par l'exercice de la pharmacie. Un sort plus cruel l'attendait. Il monta sur l'échafaud le 6 mai 1794.

L'arrêt porte :

« Condamné à mort, comme convaincu d'être auteur ou complice d'un » complot qui a existé contre le peuple français, tendant à favoriser les » ennemis de la France ; notamment en exerçant toute espèce d'exactions » sur le peuple français, en mêlant au tabac de l'eau et des ingrédients nui- » sibles à la santé des citoyens qui en faisaient usage. »

Lavoisier s'occupait alors à réunir en un ouvrage complet tous ses Mémoires ; déjà il en avait préparé un volume. Il demanda un délai pour achever ces pages funèbres.

« Nous n'avons pas besoin de savants, » lui répondirent ses juges. Ils ne voyaient que la tête du fermier-général n° 5.

Max. Kaufmann.

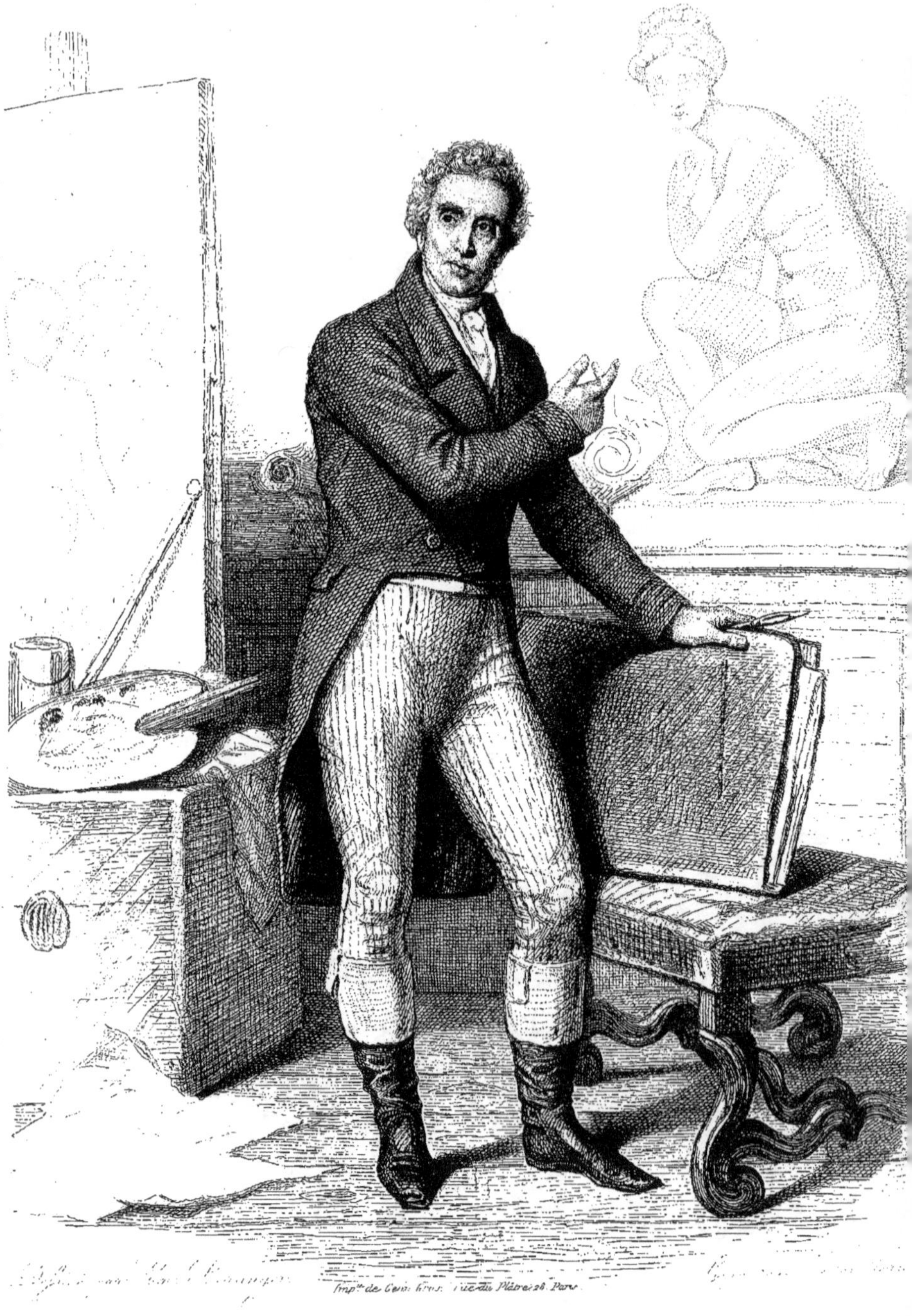

Impr. de Cain frères rue du Plâtre 28. Paris

DAVID

DAVID

NÉ EN 1748, MORT EN 1825.

La postérité a commencé pour ce grand peintre, dont la destinée fut d'opérer une révolution dans l'art, de prendre part à une révolution dans l'État, et de voir de son vivant une double réaction se soulever contre les effets de l'une et de l'autre. Depuis long-temps l'artiste est apprécié sur les productions de son talent; il est enfin possible de juger l'homme sur les monuments de l'histoire.

Jacques-Louis David naquit à Paris le 30 août 1748. Sa famille était honorablement connue dans le commerce. Ses parents le firent élever à Bagnolet, où ils possédaient une maison de campagne. Il y fut nourri par une chèvre, circonstance frivole, mais à laquelle on voulut attribuer en partie la vivacité d'esprit de l'enfant. Son père ayant perdu la vie dans un duel, un oncle nommé Buron, architecte, qui était en outre son parrain, prit soin de lui comme de son propre fils.

Pendant que le jeune David faisait ses études au collége des Quatre-Nations, il éprouva un accident grave; une pierre, lancée avec force par un de ses camarades, l'atteignit au visage et lui cassa une dent. Il survint une tumeur, qui, deux fois enlevée, mais repoussant et grossissant toujours, déforma ses traits; elle lui occasionna en même temps un embarras de prononciation qu'il conserva toute sa vie.

Buron entreprit de lui enseigner l'architecture, mais sans succès. « Je ne veux pas être architecte, disait le neveu; je me sens né peintre. » L'oncle lui représentait que la carrière de l'architecte était plus sûre, en ce que, dans l'architecture, les connaissances acquises pouvaient suppléer le talent jusqu'à un certain point, tandis que la peinture exigeait toujours du talent. « J'en aurai, » répondait le neveu; puis il répétait : « Je me sens né peintre. » L'oncle comprit qu'il ne fallait pas contrarier davantage un penchant qui se manifestait avec tant d'énergie; mais la mère résistait encore, quand un de ces hasards fréquents dans l'histoire des hommes destinés à la célébrité, en triompha. Liée par le sang à la famille de Boucher, premier peintre du roi, elle chargea un jour son fils de lui porter une lettre. Pendant que l'artiste en faisait la lecture, le jeune messager contemplait avec une curiosité toute particulière l'ébauche d'un tableau sur le chevalet. Cette attention fut remarquée par le peintre; les questions s'ensuivirent. Les réponses furent telles que Boucher consentit à solliciter madame David. La vocation était assez éprouvée; madame David céda, et son fils vint s'installer dans l'atelier du maître, qui lui enseigna, comme David le disait plaisamment lui-même, à casser une jambe avec élégance. Mais Boucher était déjà vieux, et d'ailleurs, si son talent avait pris une fausse direction, il était homme de sens; il jugea la portée de son élève, et comme il ne se dissimulait pas les concessions qu'il avait faites volontairement à l'esprit du siècle, il eut la noble pensée de remettre en de plus dignes mains ce germe précieux : il confia à Vien le soin de développer le talent de David.

Au milieu de la corruption générale du goût, suite inévitable de celle des mœurs, Vien, le premier en France, avait réfléchi sur le principe de l'art et en avait reconnu les règles éternelles : il indiqua le retour au beau par le vrai, et ce fut là son titre de gloire, c'est-à-dire qu'il entrevit le point où il voulait aller, mais il manqua de force pour l'atteindre. Ni ses exemples ni même ses principes n'étaient assez puissants pour ramener entièrement la peinture dans la bonne voie, et il avait sucé lui-même pendant trop longtemps un lait vicié, pour que ses disciples ne s'en ressentissent pas plus ou moins.

Le premier portrait peint par David existe encore; c'est celui de mademoiselle Buron, sa cousine germaine, depuis madame Seigneur, qui conserve à plus de quatre-vingts ans tous les souvenirs de la jeunesse, et qui n'a rien oublié de ce qui concerne celle du grand artiste élevé avec elle. Il peignit ensuite les portraits de M. et de madame Bûron. Il n'avait guère plus de dix-huit ans. Ces prémices ne sont remarquables que comme points de départ du peintre et comme gages de ses sentiments. Il eut surtout pour madame Buron une affection tendre. Comme il est rare que la longue éducation d'un peintre n'éprouve pas des intermittences, il avait été question plus d'une fois de revenir à l'architecture; mais la bonne tante, confidente des inquiétudes de son neveu, s'interposait pour raccommoder les choses, et c'est peut-être à sa sollicitude que la France doit la gloire d'avoir possédé David : c'est un hommage que celui-ci n'a jamais cessé de lui rendre.

Vien n'avait pas tardé à reconnaître dans son élève un talent inné. « Il a deviné l'art, » disait-il; et il se plaisait à répéter que le disciple irait plus loin que le maître. Sedaine, ami intime de la famille, occupait un appartement au Louvre, comme secrétaire perpétuel de l'Académie d'architecture; il y donna un logement au jeune artiste, enflammant son émulation par l'idée d'habiter le palais des arts, et éveillant en lui le désir d'avoir un jour des droits personnels à cette faveur. Ainsi David se trouvait dans la position la plus avantageuse, et il en profitait bien : à vingt-trois ans il entra en lice pour le grand prix de Rome. Il lui fallut renouveler cinq fois la lutte. A la seconde épreuve, en 1772, le sujet du concours était le *Combat de Minerve contre Mars secouru par Vénus* : David espérait le premier prix, et n'obtint que le second. Cet échec ne le découragea point. Mais après l'infructueuse issue du quatrième concours, le désespoir s'empara de lui au point qu'il prit la résolution de se laisser mourir de faim. Depuis deux jours Sedaine ne l'avait pas vu. Il court chez Doyen, membre de l'Académie de peinture, et celui des juges qui s'était le plus fortement prononcé en faveur de David ; il lui fait part de ses inquiétudes. Tous deux se rendent à la chambre du jeune homme ; on n'ouvre point. Ils ébranlent la porte, le silence continue. Enfin, Doyen lui crie : « David, veux-tu donc seconder les projets de tes envieux? Ne vois-tu pas qu'ils vont se féliciter de ta mort? » Ces paroles, le sentiment sincère dont elles étaient l'expression, et les supplications de Sedaine, rappellent à lui le malheureux jeune homme. Il se traîne péniblement vers la porte ; il l'ouvre, pâle et défaillant : depuis trois jours il n'avait pas pris de nourriture. Il se laisse enfin persuader par l'amitié. La passion même qui le tuait, l'amour de la gloire, le ranima. L'année suivante, en 1775, il concourut avec une nouvelle ardeur, et il remporta enfin le grand prix, objet de tous ses vœux. Le sujet proposé était *Antiochus et Stratonice*.

On ne saurait trop regretter que cette peinture ne se trouve pas dans la collection des grands prix, à l'École royale des Beaux-Arts. En montrant à quel point David était alors sous le prestige de ce qu'on nommait la manière française, elle ferait apprécier l'effort qu'il eut à faire pour s'en dégager. Aux censeurs de Boucher, il disait de bonne foi : « N'est pas Boucher qui veut. » Il répondait aux panégyristes des écoles italiennes avec une persistance remarquable : « Il faut être de son pays ; soyons Français. » En somme, cette partialité du jeune lauréat pour l'École française s'explique par des causes toutes naturelles. Redevable à Boucher des premiers préceptes, et surtout des premiers encouragements qu'il eût reçus, David devait être sous l'influence de ce premier patronage.

L'usage voulait que les pensionnaires désignés de l'Académie de France à Rome demeurassent à Paris pendant un an ou deux, pour s'y perfectionner, disait-on, par une espèce de stage, avant d'aller terminer leurs études en Italie. Mais l'année même où David eut le prix, Vien fut nommé directeur de cette académie : il proposa à son élève de se rendre immédiatement à Rome avec lui ; l'offre fut acceptée, et ils partirent ensemble. En passant à Parme, ils visitèrent la cathédrale, dont le dôme a été décoré par le Corrège. En présence de cette admirable coupole, David éprouva un sentiment tout nouveau. Son guide s'en aperçut, et lui conseilla de réserver son enthousiasme pour Rome. A Rome, les merveilles des arts, multipliées sous tant de formes, transportèrent d'abord le jeune artiste; puis il en fut comme accablé. Vien exigea de lui la promesse qu'il ne ferait autre chose, dans les premiers temps de son séjour, que de dessiner soit d'après l'antique, soit d'après les grands maîtres de l'art moderne. David obéit sans se rendre compte du motif, et même avec une sorte de défiance; il craignait que la lenteur de cette marche ne refroidît son imagination et sa main. Il fut docile sans être convaincu. Mais par l'analyse graphique des chefs-d'œuvre, il s'initiait insensiblement à leurs beautés et s'accoutumait à les reproduire. Un voyage qu'il fit à Naples, en société avec un jeune et studieux antiquaire[1], initié, par la pratique, à l'art sur lequel il philosophait, décida la conversion de David; ses yeux se dessillèrent, et tout à coup il fut un autre homme. De retour dans la ville des Césars, il s'écriait à chaque pas : « J'ai été opéré de la cataracte! » Les travaux qu'il fit dans ce nouvel esprit sont immenses. Ils ont été recueillis en douze cahiers d'*Études*, dont l'École des Beaux-Arts s'enrichira sans doute, aucune leçon ne pouvant être plus instructive. Quand on parcourt ces recueils, on y remarque une préférence constante pour les anciens : les monuments de l'antiquité grecque, statues, tombeaux, costumes, vases, meubles, ustensiles, sont retracés avec une prédilection marquée, tandis que les dessins exécutés d'après les peintures italiennes n'apparaissent que de loin en loin; et l'on regrette d'autant plus de ne pas rencontrer ceux-ci en plus grand nombre, que le peu d'études où David a reproduit Raphaël et Michel-Ange se distinguent par un sentiment d'une rare finesse.

Mais telle était en Italie, dès le milieu du siècle dernier, la direction de toute espèce de talent. Les artistes et les archéologues avaient tourné leurs méditations vers les monuments de la Grèce, rivalisant d'enthousiasme et de savoir pour les apprécier et les expliquer. L'exhumation d'une ville antique sortant presque intacte de dessous la cendre, les ruines de Palmyre, de Balbek et de Pœstum devenues l'objet d'un examen particulier, les fouilles de la Villa-Hadriana, les premiers traités appuyés de faits et d'exemples que l'on eût publiés sur l'architecture grecque, les milliers de gravures qui reproduisaient les édifices anciens préoccupaient tous les esprits, et pour que rien ne manquât à cette rénovation de l'art antique, il se trouva un homme de génie pour le populariser. Cet homme, c'était Winckelmann. Ses écrits, répondant au plus vif besoin de l'époque, étaient dans toutes les mains. L'illustre antiquaire avançait, dans son *Histoire de l'art*, que les anciens avaient fait plus beau que la nature. De là le *beau idéal*, dont l'historien trouva le principe dans les monuments de l'art plastique, les seuls qu'il eût pu étudier. Mais le peintre, en cherchant à son tour ce beau idéal

---

[1] Quatremère de Quincy.

dans les ouvrages de la sculpture antique, statues, groupes ou bas-reliefs, devait rencontrer un écueil. Pour y échapper, il eût suffi de s'attacher à Raphaël, le premier des peintres modernes au même titre que Phidias est le premier des statuaires anciens. Ces deux hommes divins reproduisirent la nature dans sa plus haute perfection, mais l'un en peintre et l'autre en sculpteur. David tenta d'enchérir sur la belle nature vivante en passant par l'intermédiaire de la sculpture antique. Son style s'en ressentit; ses figures rappellent l'immobilité du marbre d'où elles dérivent. Au surplus, on doit en convenir, la peinture était tellement tombée en France, que le peintre qui voulait avant tout se soustraire à l'afféterie de ses prédécesseurs, pouvait difficilement se tenir en garde contre l'excès contraire, et la recherche d'un contour plus accentué que celui de la nature, tel que l'offraient les marbres antiques, était presque une conséquence de cet état de choses.

Ainsi la marche suivie par David pour l'étude de la forme ne pouvait pas être différente de ce qu'elle a été. Quant à la couleur, il se livra aussi à de sérieux travaux, et prit surtout pour guide un peintre français; il copia le tableau de *la Cène*, par le Valentin. Cette belle reproduction le fit réfléchir sur le principe du coloris, et le résultat fut qu'il changea entièrement sa palette. Son talent étant ainsi recomposé dans tous ses éléments, il voulut en faire librement la première application; il s'enferma pour peindre la *Peste de saint Roch*.

L'ouverture de l'atelier du jeune peintre était attendue avec impatience : l'apparition de son tableau fut en effet un événement dans l'art. A la vérité, le groupe de la Vierge, de l'enfant Jésus, et du saint qui les invoque, s'éloignait des types consacrés par les maîtres, et cette partie, toute religieuse, pouvait être critiquée : mais une figure de pestiféré couché sur le premier plan, et attendant la mort, la tête enveloppée dans une draperie, étonna les spectateurs; c'était le signal d'une révolution en peinture. Cependant, les opinions se trouvant partagées et les avis incertains, comme il arrive toujours à l'aspect d'une chose nouvelle, on restait muet. Un homme qui doit prendre rang parmi nos plus habiles statuaires, quoiqu'il n'ait laissé que des ouvrages inachevés et presque inconnus, Giraud, rompit le silence : « Hé bien! qui nous empêche de dire que cela est beau? » Les applaudissements éclatèrent de toutes parts. Pompée Battoni, prince de l'Académie de Saint-Luc, embrassa David, et lui dit : « Restez avec nous, ne retournez pas en France; vous vous y perdriez. » Mais David avait déjà compris qu'il était dans sa destinée de régénérer l'École française, et dès l'année suivante (1780) il était de retour à Paris. Il y exécuta le *Bélisaire*, commencé à Rome, où une étude peinte du vieillard aveugle et mendiant, groupé avec son jeune conducteur, avait eu un grand succès. L'idée de faire tendre le casque par le guide, pour ne pas dégrader le héros, était poétique. Ce morceau fit admettre David à l'Académie de peinture comme agrégé. La *Mort d'Hector* le fit recevoir académicien. Bientôt après, un *Christ*, commandé pour l'église des Capucines par la maréchale de Noailles, fut une nouvelle preuve que les sujets de dévotion étaient ceux qui sympathisaient le moins avec le talent du peintre.

David avait épousé à Paris mademoiselle Pécoul, sœur d'un de ses compagnons d'étude en Italie ; ce mariage l'avait mis dans l'aisance. Le logement au Louvre, que Sedaine lui avait fait désirer autrefois, lui ayant été accordé, il ouvrit une école. En 1784, Drouais, son premier élève, remporta le grand prix par le tableau de *la Chananéenne*, ouvrage digne du Poussin, et qui constatait la révolution accomplie. David voulut faire pour Drouais ce que Vien avait fait pour lui, l'accompagner dans la capitale des arts ; il partit avec son disciple, emmenant aussi sa jeune femme. Il emportait l'esquisse du tableau des *Horaces* composé à Paris, afin de le peindre sous la puissante inspiration des lieux, des souvenirs, et des chefs-d'œuvre de l'art.

La foule des artistes, des savants et des amateurs d'élite réunie à Rome y entretenait une puissante émulation. Pompée Battoni, revenu le premier, après les écarts de Piètre de Cortone et de ses imitateurs, à la simplicité et à la véritable expression, tenait le sceptre de la peinture. Le chevalier d'Azara, également versé dans l'antiquité et dans l'art ; le chevalier Hamilton, possesseur éclairé de la plus riche collection de vases grecs ; Goëthe, dont le nom rappelle un génie universel et un sentiment esthétique aussi fin que profond ; la célèbre Angélica Kaufman, qui avait secondé si efficacement le retour à l'imitation de la nature choisie ; Seroux d'Agincourt, qui répandait un nouveau jour sur le principe de l'art antique en montrant les phases de sa décadence ; Giraud, Quatremère de Quincy ; Visconti, qui à douze ans avait renouvelé la thèse de Pic de La Mirandole, *De omni re scibili*, et qui conservait dans les travaux de l'archéologue l'enthousiasme de l'artiste ; tel fut l'aréopage devant lequel comparut le tableau des *Horaces*.

L'amour de la patrie aux prises avec les plus douces affections de la nature donne à cette composition un grand intérêt dramatique, et l'exécution répond à la pensée. C'est une scène de Corneille. La vieille Rome, revivant dans cette image, fit l'admiration de Rome moderne. Toutes les classes de la société, cardinaux, artistes, savants, bourgeois, accoururent en foule pour la contempler. Les poètes la chantèrent ; la jeunesse romaine jonchait de verdure les approches de l'atelier. « Restez avec nous, » lui dit encore Pompée Battoni, qui dut pourtant avouer que le séjour de la France n'était pas si fatal au talent qu'il l'avait craint ; « oui, restez à Rome ; vous y serez mon successeur. » Le peintre français fut touché, mais il résista aux nouvelles instances de l'artiste octogénaire, qui mourut peu de temps après, et lui donna une dernière marque de son estime en lui léguant sa palette et ses pinceaux. D'un accord unanime, David fut proclamé le régénérateur de l'art, encore bien qu'il eût reconnu lui-même que d'autres s'étaient proposé le même but avant lui, et qu'il avait mis à profit les efforts de ses devanciers; mais, comme lui seul avait atteint le but, on lui attribua tout l'honneur de l'entreprise, et il eut l'immense mérite d'en porter seul le poids sans en être écrasé. Voici ce qu'il écrivait à Vien, le 16 mars 1785, en lui faisant hommage de ce triomphe : « Combien ils m'en disent tous les » jours sur votre compte, et qu'ils savent bien apprécier le rang que vous » tenez dans la peinture! Mais c'est moi qui le sais le mieux, ayant reçu vos » leçons; car s'il y a quelque chose de bien dans mon tableau, c'est qu'il » est fait dans votre goût. »

L'exposition des *Horaces* à Paris y renouvela les mêmes transports. Mais, au moment même où David s'estimait le plus heureux des artistes, un cruel chagrin lui était réservé. A peine avait-il rouvert son atelier d'élèves, où tant de jeunes talents se signalaient à l'envi, qu'il apprit la mort de Drouais, dont le *Marius à Minturnes*, arrivé depuis peu, avait fait une grande sensation; Drouais, le seul disciple qui, au dire du maître, l'eût compris entièrement, le seul dont les ouvrages fussent capables de troubler son sommeil, le seul dans lequel il eût vu jusqu'alors un rival. « J'ai perdu mon émulation, » s'écriait-il dans sa douleur. Girodet fut le premier qui le consola, en envoyant de Rome le tableau d'*Endymion* : il ne pouvait trouver de consolation que dans une nouvelle espérance.

Le roi demanda un pendant aux *Horaces;* David fit le *Brutus* : on dit même que ce sujet fut indiqué à l'artiste par le monarque. Ici les plus douces affections de la nature sont immolées à l'amour de la patrie. Le malheureux consul, revoyant sa famille au désespoir, poursuivi dans ses foyers par les restes mutilés de ses fils, n'a de refuge, au sein de sa propre maison, qu'à l'ombre de la statue de Rome. La situation est déchirante, et l'énergie du sentiment y est portée au plus haut degré. En même temps, le style est d'une telle perfection, tous les accessoires sont d'un goût si noble, si épuré, que l'influence s'en fit sentir jusque dans les usages domestiques. Cette fois la mode subit la loi du génie.

Le *Brutus* fut achevé en 1789. Dans l'intervalle entre cette date et celle de l'achèvement des *Horaces*, l'artiste avait exécuté, en 1787, pour M. de Trudaine, la *Mort de Socrate*, et en 1788, pour M. le comte d'Artois, les *Amours de Pâris et d'Hélène*. La première de ces peintures est la plus belle composition de David. Le Poussin n'aurait pas mieux combiné le sujet; il ne l'aurait pas aussi finement peint. On ne peut trop louer le geste du philosophe, dont la main erre avec indifférence sur la coupe, et qui ne songe pas à la mort, tout occupé qu'il est à disserter sur l'immortalité.

L'homme qui avait opéré cette révolution philosophique dans l'art pouvait-il ne pas prendre part à la révolution politique et sociale qui commençait alors sous d'heureux auspices, et qui devait réaliser tant de vœux? Dès l'origine, le talent de David y devient une puissance. En 1790, l'Assemblée constituante le charge de représenter le *Serment du Jeu de paume*. Cette composition, née de l'enthousiasme, le fait naître à son tour : jamais l'artiste n'avait plus vivement accentué la vérité et la poésie. Aussi, la poésie s'empresse de consacrer ce chef-d'œuvre ; un dithyrambe, composé par André Chénier, le popularise. Un décret du 28 septembre 1791 ordonna que le tableau serait exécuté aux frais du trésor, et qu'il ornerait la salle des séances législatives. En septembre 1792, David est nommé député de Paris à la Convention. Là, il se berce d'illusions patriotiques, attendant de bonne foi le retour des mœurs anciennes, voyant un Phocion dans Marat, un Socrate dans Robespierre, jugeant Louis XVI avec les idées de Tite-Live, et, dans ses convictions républicaines, condamnant un roi sous le nom de tyran. Le peintre de Brutus se crut un Brutus. Retranchez de sa vie publique ce vote fatal, et toute sa conduite s'expliquera, tant par la fausse position d'un artiste devenu tout à coup homme d'État, que par la double exaltation du patriotisme et du talent.

David fut le principal ordonnateur de ces grandes solennités nationales qui rappelaient les pompes de la Grèce, et dont, suivant son expression, *le peuple était à la fois l'ornement et l'objet*. Il voulut révolutionner (c'était le mot) tout ce qui pouvait agir sur le sens de la vue ; il changea jusqu'aux figures des cartes à jouer : il projeta une série de costumes, non-seulement pour les fonctionnaires publics, mais pour les simples citoyens : il composa dans la forme antique l'uniforme de l'École de Mars. Quoiqu'il eût peine à suffire à tant de travaux, qui se succédaient sans interruption, il trouva le temps de peindre Michel Lepelletier, assassiné par le garde-du-corps Pâris, et Marat expirant dans son bain sous le poignard de Charlotte Corday. Ces deux tableaux, destinés à la salle des séances de la Convention, furent exposés sous un portique improvisé au milieu de la cour du Louvre, comme décoration d'un cénotaphe en l'honneur des deux victimes. Des milliers de spectateurs pouvaient contempler à la fois ces mâles et sombres images : l'effet en fut électrique. Le jeune Barra, frappé à mort aux champs de la Vendée, et qui succombe en pressant sur son cœur la cocarde nationale, lui offrit aussi un sujet de tableau. Celui-ci ne fut qu'ébauché : mais quel sentiment dans cette ébauche ! C'est de la véritable foi républicaine.

David prit souvent la parole dans l'intérêt des arts ; jamais ils n'eurent un plus digne organe ; toutes ses propositions sont pleines de sens et d'avenir. Les sages maximes de l'antiquité revivent dans sa bouche, et l'effervescence momentanée de l'expression ne leur fait rien perdre de leur autorité. Il provoqua la suppression d'une foule de commissions qui détournaient en achats d'objets inutiles ou de peu de valeur les fonds affectés aux arts : il voulait former un jury national et y faire concourir avec l'artiste le littérateur et le savant initiés à leur étude. « Chacun de nous, dit-il, est comptable des ta-

» lents qu'il a reçus de la nature. Si la forme est différente, le but est le
» même pour tous. Les arts doivent contribuer puissamment à l'instruction
» publique; ils parent la vertu des charmes qui la font aimer, et ils inspi-
» rent l'horreur du crime. Mais si l'artiste doit être pénétré de ces senti-
» ments, le juge doit l'être davantage. A une époque où l'art doit se régé-
» nérer comme les mœurs, abandonner aux artistes seuls le jugement des
» productions du génie, ce serait les laisser dans l'ornière de la routine.
» C'est aux âmes fortes qui ont le sentiment du vrai, du beau et du grand,
» développé par l'étude de la nature, à donner de concert une impulsion
» nouvelle aux arts. »

Après la réaction du 9 thermidor, en butte aux plus rudes attaques et aux dénonciations les plus violentes, David subit coup sur coup deux détentions, la première de quatre mois, la seconde de trois mois, attendant la mort, mais précautionné contre l'échafaud. Pendant sa première incarcération, ses élèves se réunirent et présentèrent à la Convention une pétition signée de tous, pour demander que leur maître fût mis en liberté; l'un d'eux en fit lecture à la barre, et Marie-Joseph Chénier l'appuya. Le décret d'amnistie du 24 octobre 1795 vint mettre un terme à sa seconde détention. C'est alors qu'il rentra dans la vie privée, et se renferma dans son atelier, d'où il n'aurait jamais dû sortir.

Déjà, pendant cette dernière détention au Luxembourg, l'ardeur révolutionnaire commençant à se calmer, David charmait l'ennui de sa prison par la pratique de son art; il dessina au lavis plusieurs de ses compagnons de captivité; il fit aussi le portrait de sa mère, qui venait le voir tous les jours : ces passe-temps du détenu peuvent être classés parmi les meilleurs ouvrages de l'artiste. C'est là aussi qu'il crayonna l'esquisse des *Sabines*, vraie bonne fortune de peintre, composition dont les différentes parties s'arrangent si naturellement que l'exécution n'a rien changé à la pensée première.

Sorti de prison, il commanda sa toile. C'est à Anvers qu'elle fut préparée. Pendant le temps assez long qu'exigea ce travail, il fit lui-même des études dans l'atelier de ses élèves. C'est ce qu'il appelait se retremper. Dix-sept jeunes gens, réunis sous sa direction, ayant recomposé son école, tous les jours il prenait place au milieu d'eux, commençant, finissant avec eux sa figure, et d'autant plus leur maître qu'il se faisait leur égal. Cet exercice dura sept mois. La toile prête, il exécuta son sujet de prédilection, et ne l'interrompit que pour tracer les peintures de la fête funèbre en l'honneur des plénipotentiaires français assassinés au congrès de Rastadt, grisailles imitant le bas-relief, d'un effet extraordinaire.

Dans *les Sabines*, David put représenter des Grecs, sans être infidèle à l'histoire, puisque les traditions font descendre de colonies grecques la population primitive du Latium. — A peine Romulus a-t-il soulevé son javelot, que Tatius a frémi d'épouvante; d'un coup d'œil vous avez compris que l'un n'est qu'un homme et que l'autre est un dieu. L'admiration fut unanime : le poète Ducis s'en rendit l'interprète dans des vers dignes du tableau. David goûta pleinement la satisfaction de son nouveau triomphe, mais il n'en fut point enivré : un jour, un spectateur ayant déclaré, dans son enthousiasme, que Raphaël était surpassé, l'artiste, qui l'a entendu, se retourne, prend un crayon, et, dessinant de souvenir la femme vue de dos dans la *Transfiguration*, s'écrie : « Celui qui a créé cette figure sera toujours inimitable. »

Visconti ayant mis hors de doute que les peintres et les sculpteurs anciens ne s'assujettissaient pas dans leurs œuvres au costume en usage dans la vie ordinaire, David s'était autorisé de ce privilége pour représenter entièrement nus les principaux personnages des *Sabines*; raison suffisante pour l'esprit, puisque, sans introduire aucune invraisemblance absolue, elle tourne au profit de la beauté; raison meilleure, surtout, que celle que l'artiste donnait quelquefois lui-même, en disant qu'il lui eût été plus facile de revêtir toutes ses figures de draperies ou d'armures, et en ajoutant : « Qui peut le plus peut le moins. » David savait mieux que personne que l'art n'est point un tour de force. *Les Thermopyles* lui fournirent depuis un sujet où la nudité même est historique, et il préparait dans Léonidas un pendant à Romulus, lorsqu'il fut détourné de ce travail par l'homme extraordinaire qui entraînait tout dans sa sphère d'activité, par Bonaparte.

A l'occasion de la reprise de Toulon, premier fait d'armes du grand capitaine, David, alors membre de la Convention, avait composé le programme d'une fête triomphale en l'honneur des quatorze armées de la république; le général de la république était donc déjà dans les bonnes grâces de l'artiste. L'artiste avait dû aussi être touché de la proposition que lui fit le général en chef de l'armée d'Italie, de venir dans son camp pour se soustraire aux agitations politiques. Après le traité de Campo-Formio, Bonaparte désira faire la connaissance personnelle du peintre : l'entrevue eut lieu, et il fut question de faire le portrait du général. David lui dit : « Je vous peindrai l'épée à la main sur le champ de bataille. » Bonaparte répondit : « Ce n'est plus avec l'épée qu'on gagne des batailles. Je veux être peint calme sur un cheval fougueux. » A son retour de Marengo, le premier consul fit venir l'artiste. Après un long et piquant entretien, qui roula principalement sur la ressemblance dans la représentation des personnages historiques, le portrait fut entrepris. C'est ce tableau si poétique où le héros est peint comme il avait voulu l'être, calme sur un cheval fougueux gravissant le mont Saint-Bernard. Sur le rocher sont inscrits les noms d'Annibal et de Charlemagne; idée belle et grande, sans mélange d'adulation. David fit plusieurs répétitions de cette peinture. Le premier original était au château de Saint-Cloud : enlevé par les Prussiens, en 1815, il est aujourd'hui un des plus beaux ornements du musée de Berlin.

Napoléon, proclamé empereur, nomma David son premier peintre, et lui commanda quatre grands tableaux pour décorer la salle du Trône aux Tuileries, *le Couronnement*, *la Distribution des aigles dans le Champ-de-Mars*, *l'Intronisation à Notre-Dame* et *l'Entrée à l'Hôtel-de-Ville*. Les deux premiers sujets seulement ont été exécutés : David ne fit que dessiner les esquisses des deux autres.

Pour suffire à tant de travaux, il y associait les élèves les plus habiles d'une école nombreuse et florissante : telle avait toujours été son habitude. Malgré cette coopération, il lui fallut trois ans d'un labeur soutenu pour achever le *Couronnement*. Le tableau terminé, l'empereur l'alla voir en grand cortége. Après avoir long-temps contemplé l'ouvrage et loué l'auteur à diverses reprises, Napoléon, levant son chapeau devant l'artiste, lui dit : « David, je vous salue. — Sire, répondit David, je reçois votre salut au nom de tous les artistes, heureux d'être celui à qui vous l'adressez. »

Les portraits peints par David sont en grand nombre, et la plupart excellents. Le génie est empreint dans celui de Napoléon qu'il peignit en pied pour le marquis de Douglas. Celui du pape Pie VII est un chef-d'œuvre digne de l'école romaine.

Long-temps distrait par les commandes colossales de l'empereur, David se remit enfin aux *Thermopyles*. Le tableau fut achevé en 1814; mais, une nouvelle révolution ayant amené le retour des Bourbons, dont ses antécédents le rendaient, en quelque sorte, l'ennemi personnel, il lui fut interdit d'exposer son ouvrage au Salon. Le succès n'en fut que plus grand : tout Paris l'alla voir dans l'atelier. Un des critiques de l'exposition commença sa revue par l'examen du tableau absent. Depuis, la muse de Casimir Delavigne, déplorant la dévastation du Musée, salua les Spartiates peints par David. Si cette belle et héroïque composition laisse à désirer comme ensemble, une foule de détails, entre autres le guerrier assis aux pieds de Léonidas, celui qui rajuste sa chaussure, celui qui se cramponne au rocher pour y tracer la célèbre inscription, le groupe du vieillard et de son fils, etc., méritent les plus grands éloges. Mais, soit que l'artiste ait recherché davantage la vérité d'effet, soit que, l'âge ne lui permettant plus d'accuser le contour avec la même finesse ou la même fermeté, il se soit attaché de préférence à la couleur, il a changé ici sa manière. Ses teintes sont plus fortement empâtées; ses personnages sont d'une nature plus réelle, mais en même temps plus vulgaire. En somme, il n'était plus assez jeune pour un progrès.

La catastrophe du Mont-Saint-Jean ayant ramené l'étranger sur le sol français, David s'attendit à son sort : il ne tarda pas en effet à être banni avec tous ceux qui avaient voté la mort de Louis XVI. Il exprima le désir de se rendre à Rome, où Pie VII l'avait appelé par les plus vives et les plus honorables instances : ne l'ayant pas obtenu, il alla s'établir à Bruxelles. Il était âgé de soixante-sept ans quand il dit un éternel adieu à la terre natale. Avant son départ, dans la crainte que le tableau du *Couronnement* et celui de *la Distribution des aigles* ne devinssent victimes des passions politiques, il arma sa main de ciseaux et coupa lui-même chacune de ces peintures en trois bandes, suivant les contours du dessin, de manière que les parties essentielles ne fussent pas endommagées. Quelle situation et quel effort! Du moins, cette opération permit de rouler les toiles facilement, et de les cacher loin de la capitale. Ces tableaux réparés décorent aujourd'hui le musée de Versailles, où ils brillent d'un éclat nouveau. — La possession des *Sabines* et des *Thermopyles* était convoitée et disputée par plus d'un souverain : Louis XVIII en dota la France. L'acquisition des deux chefs-d'œuvre semblait présager le retour de leur auteur : mais l'attentat commis sur la personne du duc de Berry fit évanouir toute espérance.

David éprouva un dernier chagrin : il fut éliminé de l'Institut. Il eût trouvé de puissantes consolations dans les témoignages d'estime et de bienveillance dont ses hôtes le comblaient, si quelque chose pouvait consoler de la patrie absente. Les peuples même chez qui la haine du nom français était à cette époque un sentiment national voulaient donner asile à David. Le roi de Prusse lui fit faire par le comte de Goltz, son ambassadeur à Paris, par l'illustre Alexandre de Humboldt, par le prince de Hardenberg, ministre d'État, les propositions les plus avantageuses et les plus pressantes pour qu'il allât se fixer à Berlin; il remercia. Le frère du roi lui-même, dans un voyage qu'il fit à Bruxelles, vint le trouver et lui réitéra ces offres; il avait ordre de l'emmener dans sa voiture. David fut inébranlable.

L'école de ce maître peut se diviser en quatre époques. A la première appartiennent Drouais, Wicar, Girodet et Fabre, le même dont la munificence fit présent de tout un musée à la ville de Montpellier, sa patrie. Dans la seconde époque se rangent Gros, Gérard et Isabey; dans la troisième, les frères Franque, le comte de Forbin et Granet, Granger, Ingres, Langlois, Rouget et Rouillard. La quatrième comprend Abel de Pujol, Drolling, Schnetz, Léopold Robert, le sculpteur David; Dupré, auteur du *Voyage à Athènes et à Constantinople;* le savant Montabert, qui n'a pas reculé devant la tâche d'un *Traité complet de la Peinture;* le sculpteur Rude, qui accompagna l'illustre exilé sur la terre étrangère, et fut son élève hors de France. Pendant son séjour à Bruxelles, David se plut à donner des conseils à quelques artistes belges, Odevaère, Navez et Michel Stapleaux, qu'il affectionnait particulièrement. Telle fut au reste l'influence de David, que presque tous les artistes contemporains qui se sont fait un nom, peintres, sculpteurs, graveurs, ciseleurs, sont ses disciples.

La méthode du professeur était simple et forte. Il voulait qu'on copiât fidèlement le modèle, sauf la laideur ou la pauvreté, et qu'on apprît à voir la nature à travers l'antique, qu'il supposait plus parfait qu'elle : il pensait que le peintre doit se rendre assez familière la pratique de la sculpture; car « la meilleure peinture, disait-il, n'est pas celle qui éblouit par l'éclat de la couleur, mais celle d'après laquelle on pourrait modeler correctement. » Il n'imposait pas ses doctrines, il dirigeait son enseignement suivant les dispositions que l'élève avait reçues de la nature. Quand il reconnaissait chez un jeune homme des dispositions rares, il en secondait l'essor de tout son pouvoir et avec un véritable zèle. Comme il ne donnait aucune recette exclusive, il n'y a rien de plus varié que les talents sortis de son école. Laconique dans ses démonstrations, il ne pouvait souffrir le parlage; mais il savait approprier son langage à l'intelligence et même aux mœurs de chacun. Il possédait surtout l'art de se faire comprendre, diversifiant la forme de ses leçons, quelquefois trivial, toujours lumineux, souvent éloquent. Ainsi, non-seulement il se faisait comprendre, mais en éclairant il échauffait : en corrigeant, il était quelquefois sublime. Un jour, en présence d'un modèle de formes athlétiques, il prend le crayon des mains de l'élève qu'il corrigeait, et, tandis que cette exclamation, *O divin Michel-Ange!* s'échappe de sa bouche, la forme dont il avait été saisi est retracée dans le sentiment de ce grand maître. D'autres fois sa parole était pleine de bonhomie. Ayant remarqué qu'un élève faisait constamment la même figure, quel que fût le modèle, il lui dit : « Quand vous allez faire un pique-nique avec vos amis, vous entendez boire et manger pour votre argent; hé bien! puisque vous payez comme les autres des modèles variés, mangez-en donc votre part. » Sous un tel maître, l'émulation était vivement excitée, et chacun s'efforçait de mériter cette parole d'encouragement, qui était en même temps la récompense la plus ambitionnée, parce qu'elle n'était pas prodiguée : « *C'est ça, mon ami, c'est bien ça; tu iras, toi.* »

David suivait ses élèves dans leur carrière avec une sollicitude paternelle, et il était touché de leur souvenir. Plusieurs de ses disciples et de ses admirateurs le visitèrent à Bruxelles : quelques-uns l'engagèrent à rédiger des Mémoires. Il goûta cette idée et commença même ce travail; mais il l'abandonna en disant qu'il ne convenait pas à un chef d'école, quand il avait fait une révolution dans l'art, d'en écrire, ses ouvrages étant là et devant parler pour lui. A Bruxelles comme à Paris, il partageait son temps entre la peinture, la promenade et le théâtre. Il allait presque tous les soirs au spectacle, où le drame lyrique surtout l'attirait. Sa place était marquée à l'orchestre, et quand il était absent, par respect on la laissait vide. Une médaille fut frappée en son honneur par les soins de Gros, qui la lui porta à Bruxelles, au nom de l'école française. En recevant cet hommage d'affection et de reconnaissance, il fut attendri jusqu'aux larmes; puis, portant sa pensée sur les deux tableaux qui le lui avaient plus spécialement mérité : « Si on me laissait seulement quatre jours, s'écria-t-il, pour me promener devant mes *Sabines* et mon *Léonidas*, et voir l'effet qu'ils font dans la galerie! — Vous les verriez, lui répondit son illustre disciple, s'élever majestueusement comme les sommets de la double colline. » Avant de quitter la France, il avait eu la satisfaction de contempler presque achevée la production la plus monumentale qui soit sortie de son école, la *Coupole de Sainte-Geneviève*.

Sur la terre hospitalière de la Belgique, ses pinceaux ne furent point oisifs. Il termina l'*Amour et Psyché*, tableau qu'il avait commencé à Paris pour la galerie Sommariva. Sa main septuagénaire entreprit et termina une répétition du *Couronnement*, qui fut exposée à Londres et en Amérique. Il peignit en demi-figures, de grandeur naturelle, *les Adieux de Télémaque et d'Eucharis* et *la Colère d'Achille*. *Mars désarmé par Vénus* fut son dernier ouvrage ; il le fit à soixante-seize ans. Ces trois peintures furent successivement exposées à Bruxelles et dans plusieurs autres villes de la Flandre, au profit des pauvres. La ville de Gand décerna une médaille au peintre.

Dans l'été de 1825, David fut sérieusement malade. Peu après son rétablissement, sa femme ayant été frappée de paralysie, il retomba lui-même, et demeura dans un état de langueur. Ses enfants se rendaient alternativement auprès de lui. Après plusieurs rechutes, il fut dix jours sans connaissance, puis ayant retrouvé ses sens, il parla de son art avec le même feu qu'en pleine santé. Mais ce n'était qu'une lueur, et la vie était presque éteinte en lui. On mit sous ses yeux une épreuve de la planche des *Thermopyles*, sur laquelle le graveur désirait avoir l'avis du peintre. David la fit placer devant lui, parcourut du doigt les diverses parties de l'estampe, articula péniblement quelques observations, puis, arrivé au principal personnage : « Il n'y a que moi, dit-il, qui pouvais concevoir la tête de Léonidas. » Ce furent ses dernières paroles. Il expira entouré de sa famille le 29 décembre 1825, à dix heures du matin, à l'âge de soixante-dix-sept ans. Quatorze jours auparavant, le 15 décembre, il peignait encore.

On lui fit de magnifiques obsèques. Le cortége qui accompagna la translation du corps de David dans l'église de Sainte-Gudule, était surtout remarquable par les insignes qui rappelaient les noms de ses principaux ouvrages et les récompenses que Napoléon avait décernées aux hommes les plus marquants de son règne. On y voyait aussi l'uniforme et l'épée de membre de l'Institut, protestation solennelle contre la décision qui avait effacé le nom de David de la liste académique. Mais les années se succèdent, les passions se calment, et, par une généreuse réparation, son portrait va reparaître au sein de cette académie qu'il illustra. Sous la restauration, ses enfants avaient sollicité la faveur de rapporter son corps en France ; elle leur fut refusée. Depuis, son cœur a été déposé dans le cimetière de l'Est, à Paris, où sa famille lui a érigé un monument.

Miel.

MIRABEAU.

MIRABEAU

NÉ EN 1749, MORT EN 1791.

Je ne me propose point de faire une étude complète de Mirabeau. Je ne veux point entrer dans le détail de sa jeunesse, malgré l'attrait du sujet; ni examiner ses écrits, dont aucun n'a reçu le degré de perfection qui fait les livres durables. Je n'en excepte même pas les *Lettres à Sophie*, monologue brûlant d'un captif qu'exalte sa solitude, où la déclamation se mêle trop souvent à l'expression de sentiments vrais, où la privation est trop sensuelle, où les souvenirs de l'amant ne respectent pas toujours celle qui en est l'objet. Chose qui peut paraître étrange, l'abandon même de ce livre en est le principal défaut. Il faut savoir choisir, jusque dans la passion, ce qui doit en être montré. Tel passage, telle lettre d'amour où nous avons été les plus vrais avec nous-mêmes, où le papier a reçu, pour ainsi dire, notre empreinte la plus vivante, le lecteur nous y trouvera faux; c'est que le vrai n'est pas tout ce que nous sentons, si vivement et si sincèrement que nous le sentions, mais seulement ce que nous sentons dans une âme assez modérée, et où toutes choses sont assez réglées, pour que tous ceux qui nous liront l'aient senti ou se croient capables de le sentir. Un romancier habile ou un poète dictera à son personnage une lettre plus tendre, plus naturelle que telle lettre qu'il aurait écrite pour son compte à une maîtresse aimée. Dans la lettre vraie, il ne s'observe pas, et il aime trop toutes ses pensées pour faire quelque réserve de bon goût contre aucune; dans la lettre imaginaire, n'ayant plus affaire aux yeux prévenus qui lisaient sa lettre vraie, il choisit dans ses souvenirs encore tièdes ce qu'il s'approuve d'avoir senti. Sa passion vraie était déclamatoire; sa passion de réflexion est naturelle.

A la vérité, les *Lettres à Sophie* n'étaient pas destinées à la publicité. Mirabeau n'y avait pas pris les précautions d'un auteur qui s'adresse au public. Comment l'aurait-il pu d'ailleurs? Au fond de ces donjons où s'écoula sa jeunesse, dans ce pêle-mêle d'études données en pâture à un esprit dont l'activité et l'étendue n'auront pas trop pour matière de la plus grande révolution des temps modernes, quelle place, quel recueillement pouvait-il y avoir pour ce travail supérieur qui nous met en défiance contre nos emportements, qui ne laisse se montrer de nos pensées que ce qui nous en parait conforme à la vérité universelle, et qui ne souffre de notre naturel même que ce qui en est raisonnable? Écrire, pour Mirabeau, n'est pas une occupation de choix, ni la noble distraction d'un esprit retiré un moment du tumulte de la vie active, ni même, comme chez certains écrivains, le mode d'action qui convient le plus à sa nature ; c'est une sorte d'ivresse artificielle pour s'étourdir dans sa prison ; c'est un excès. Ces enfants de la captivité n'ont ni le calme ni la force modérée de ceux qui naissent à l'air libre : ils sont agités et déréglés. Mais pour qui se plaît aux particularités des hommes supérieurs, et qui recherche dans leur vie ce qui n'y a pas été le bien de tous, les *Lettres à Sophie* sont une lecture pleine d'intérêt. On ne connaît pas Mirabeau si l'on n'a pas lu ces pages tumultueuses où, par la violence de ses désirs, il se rend Sophie présente, se trouble et frémit comme s'il la voyait; si l'on ne connaît cette inquiétude, cette avidité de connaissances, toute cette littérature dévorée, la science, la politique, la philosophie fermentant dans ce cerveau, et, au milieu de cette confusion, des lumières supérieures, comme celles qui apparaissent aux sages après de sublimes efforts pour les poursuivre dans la nuit des préjugés et du doute ; si l'on n'a vu Prométhée enchaîné sur son rocher, et, tout en se débattant, préparant le feu qui devait animer la société nouvelle.

I.

Ce que je vais apprécier dans Mirabeau, c'est l'homme d'État, le grand orateur ; ce sont vingt-deux mois de cette vie qui finit à quarante-deux ans. Dans cette apparition si courte, près de cent cinquante opinions ou discours laissent une trace lumineuse qui subsiste encore après plus d'un demi-siècle. Voici la chaîne des grandeurs de notre révolution : au commencement, Mirabeau ; puis la nation, qui met sur pied quatorze armées ; puis l'homme du 18 brumaire. Dans l'intervalle, des parties de talent et de caractère, mais nul homme assez fort pour pouvoir se passer de crimes, et, comme l'avait prédit Mirabeau, l'anarchie livrant la France décimée au despotisme militaire.

De 1789 à 1800, c'est-à-dire depuis la convocation des États-généraux jusqu'au 18 brumaire, il n'y eut en France qu'un homme véritablement grand, et qui le fut assez pour se faire remarquer à côté de la grande nation conquérant la liberté et l'unité : c'est Mirabeau. A quoi le doit-il ? A ce que, plus qu'aucun autre, il eut ce qui fait les grands hommes en tout pays, ce qui est plus particulièrement le cachet du nôtre : le bon sens.

En politique, le bon sens, c'est l'intelligence des besoins présents et des besoins permanents d'un pays. Il se compose à la fois de tact et de prévoyance : le tact, par lequel on touche comme du doigt le présent ; qualité d'autant plus rare en révolution qu'on a plus souvent à toucher des choses qui brûlent : la prévoyance, à la fois libérale et bienfaisante, qui s'intéresse à ce qui est au delà de la génération actuelle, et qui veut faire profiter les enfants des sacrifices de leurs pères. Tel est le bon sens chez Mirabeau, et s'il est vrai que le bon sens soit le maître de la vie humaine, comme il n'y a pas de qualité plus haute, il faudrait l'appeler tout court le génie, et dire que Mirabeau est l'homme le plus véritablement grand de la révolution de 89, parce qu'il est le seul qui ait eu du génie.

Je l'aurais dit tout d'abord, si, par une complaisance de nos mœurs actuelles, on n'avait pas donné le titre d'hommes de génie, d'ouvrages de génie, à des hommes et à des œuvres qui laissent à désirer du côté du bon sens. Nous sommes, pour le dire en passant, devenus si gourmands d'éloges, que c'est grièvement offenser un auteur que de le louer seulement d'une qualité particulière, soit de sa sensibilité, soit de la richesse de son imagination ; l'éloge qui distingue, qui spécifie, lui est presque une injure. Il faut aller tout d'abord au mot qui embrasse tout, et au delà duquel la louange cesse ; encore commence-t-on à le trouver insuffisant, et il ne manque pas d'appétits qu'on ne rassasie plus avec le mot génie. Le public, qui depuis longtemps ne tient plus à s'estimer dans ses plaisirs, s'accoutume à ces excès. Voilà pourquoi il faut prendre garde de donner à d'illustres morts des titres que la délicatesse d'illustres vivants estime au-dessous de leur mérite, et qui, en effet, sont donnés à trop de gens pour être vrais de personne ; et, au lieu du mot génie, qui, autrefois, résumait toutes les qualités de l'esprit et singulièrement le bon sens, il vaut mieux parler de chaque qualité en détail : de cette façon, l'éloge des morts n'incommode pas les vivants.

A cette qualité du bon sens Mirabeau joignait le caractère, sans lequel le bon sens conduit au doute, avec toutes ses tentations corruptrices, ou à l'inaction. Par le bon sens, on reconnaît le vrai ; par le caractère, on s'y attache. Le caractère soutient le bon sens, l'affermit ; c'est l'action qui suit les paroles et qui leur donne l'autorité. Le bon sens tout seul est fort rare ; uni au caractère, il est plus rare encore. Le manque de caractère explique et excuse, dans une certaine mesure, la mobilité, les contradictions de certains hommes qui paraissent éminents par le bon sens : ils jugent bien, mais ils n'ont pas la force de faire ce qu'ils approuvent ; de telle sorte que non-seulement ils discréditent le bon sens aux yeux des autres, mais qu'ils en viennent à moins l'estimer chez eux-mêmes, et à le mettre quelquefois au service d'une mauvaise cause dont ils ne sont pas dupes. Par la force du caractère, Mirabeau fit à la fois honorer son bon sens par les autres, et il sut le défendre contre ses propres passions. Ce que son bon sens avait reconnu pour vrai, son caractère l'y enchaînait, et quoique trop souvent il ait eu à la fois deux intérêts incompatibles, l'intérêt de ce qu'il tenait pour vrai et l'intérêt de ses passions, on ne peut pas dire, sans le calomnier, qu'il ait jamais sacrifié le premier au second.

II.

Le bon sens de Mirabeau est d'autant plus admirable, que nul, parmi tous les hommes de la révolution, n'eut à lutter contre plus d'empêchements propres à le troubler et à l'obscurcir. Les uns lui venaient de la nature même, qui lui avait été d'ailleurs si libérale; les autres de son éducation. D'autres l'attendaient à son entrée dans la carrière politique.

Il faut bien parler de ce tempérament de feu qu'exaspérèrent les contraintes mêmes de son éducation. Sa vie physique était agitée de phénomènes étranges. Il ne recevait aucune impression qui ne fût une secousse, aucune sensation qui ne fût une passion. Il sentait battre ses artères et courir son sang, et il se représentait les fonctions intérieures de ses organes comme un orage perpétuel. Ce qu'on a appelé ses vices n'était que des fureurs. Le vice est le plus souvent un froid désordre de l'imagination, ou l'abus d'un méprisable esprit d'imitation dans une nature incapable de passions fortes. L'ennui de soi-même engendre plus de vices que l'excès des forces physiques. Je sais que, dans la sévère morale, les effets étant les mêmes, le vice n'est pas moins détestable, qu'il ait pour cause l'emportement ou la faiblesse: aussi n'est-ce point par complaisance que j'en fais la distinction dans un jugement sur Mirabeau, mais pour rester dans le vrai, et pour qu'on tienne d'autant plus de compte à ce grand homme de n'avoir laissé dans cette fange ni sa raison ni son noble cœur.

La tyrannie de l'éducation vint s'ajouter à la tyrannie de la nature et l'aggraver. On sait quel triste père eut Mirabeau. Le marquis de Mirabeau fait des livres; et il a un fils qui écrit. Je tremble pour ce fils. Il le voit, dès ses plus jeunes années, ouvert à toutes les connaissances, étudiant avec fougue, devançant camarades et maîtres, et déjà *pérorant*, comme dit le marquis, signe précurseur de l'éloquence; et il s'inquiète. Son nom serait-il donc effacé par celui de son fils? « Tous mes malheurs, écrivait Mirabeau, viennent, dans leur première origine, d'avoir offusqué mon père, à qui j'ai dit, il y a plus de dix ans, avec l'ingénuité et l'imprudence de la jeunesse, ces mots touchants et trop bien sentis: « Hélas! quand vous » n'auriez que de l'amour-propre, mes succès ne seraient-ils pas encore » les vôtres? » Mirabeau se trompe en croyant ces mots touchants. Ils marquaient plus de pénétration que de sensibilité; et le marquis, découvert dans son vice, ne manqua pas d'apercevoir, derrière la plainte du jeune homme, la sagacité de l'homme fait surprenant au fond du cœur d'un père la crainte des succès de son fils.

L'écrivain redoutait de se voir surpassé; l'*Ami des hommes* n'excluait de son amour universel que l'homme qui était sorti de sa chair. Je me trompe : il en avait exclu aussi l'épouse qui le lui avait donné. La philanthropie, c'est l'humanité traitée comme l'algèbre. Je me défie de ce spéculatif qui veut tant de bien à tout le monde : ses statistiques donnent du travail et de l'aisance à tous les gens valides; il fait l'aumône honorablement à tous les pauvres ; il guérit les malades; il ouvre les prisons aux captifs corrigés; l'ami des hommes a pris la place de la Providence : mais regardez autour de lui. Je vois sa maison sans épouse et sans enfants; l'ainé de ses fils, l'héritier de son nom, jeté au fond d'une *geôle bien fraîche* [1], y reste trois semaines, « sans papier, sans livres, sans chemises à changer, sans peigne, avec la fièvre et des crachements de sang [2]. » Il lui ôte jusqu'à sa part du travail que ses calculs avaient réparti entre tous : c'est un pauvre qu'il exclut de ses charités ; c'est un malade dont il abrége la vie; c'est un homme libre dont il se débarrasse par la prison, qui corrompt plus d'innocents qu'elle ne corrige de coupables.

A quelle occasion le marquis de Mirabeau parle-t-il d'une *geôle bien fraîche, pour modérer l'appétit de son fils*, dit-il, *et amincir sa taille?* Mirabeau, entré au régiment à dix sept ans, venait de perdre quarante louis au jeu. Et ce père, si délicat sur le bon usage de l'argent, dissipait sa fortune en plans économiques qui, dans une société mieux réglée, l'auraient fait mettre en interdit. Mais comme il y allait pour lui d'un intérêt de vanité, sa ruine lui paraissait innocente ; ne fallait-il pas soutenir ce titre d'*Ami des hommes?* C'est autre chose quand il s'agit de quarante louis perdus au jeu par son fils : il faut la prison pour faire justice de ce *misérable*, comme il l'appelle. Et encore la prison pourrait-elle s'ouvrir quelque jour au captif : l'exil vaudrait mieux : un *exil à jamais*, aux colonies hollandaises, eût donné à l'*Ami des hommes* la « sûreté de ne jamais voir reparaître sur l'horizon un malheureux né pour faire le chagrin de ses parents et la honte de sa race [3]. » Il balança entre la mortalité des bastilles et celle des Indes. On craint, en lisant plus avant dans cette correspondance, de trouver le philanthrope exprimant le regret de ne pouvoir faire mourir sur le gibet, dans la cour de son château, ce scélérat de dix-sept ans qui perd quarante louis au jeu.

Certes, il n'y a rien de moins excusable que la jeunesse de Mirabeau, traitant le mariage comme une intrigue galante, où il se jette par vanité, et dont il sort par dégoût; enlevant madame de Monnier et la faisant mourir

---

[1] Lettres du marquis de Mirabeau à son frère le bailli.
[2] Lettres à Sophie.
[3] Lettres du marquis de Mirabeau à son frère le bailli.

de chagrin; écrivant des livres obscènes, non pour vivre, car des écrits honorables y auraient suffi, mais pour être dissipateur jusque dans la misère; débauché, libelliste, presque soupçonné d'être espion; épouvantant de ses excès les plus indulgents, et donnant crédit à toutes les calomnies futures. Mais, au lieu d'un père sans entrailles, qui n'est touché que des défauts de son fils, qui s'effraie pour son autorité de ces premiers signes d'un caractère mâle, pour sa réputation de cette précocité de talent; qui l'ôte des mains de précepteurs indulgents, coupables de ne pas le punir assez, pour le confier à un prêtre dur, avec charge de le *briser;* qui le fait mettre à dix-sept ans dans une prison d'État pour une dette de quarante louis, et qui dépense trente mille livres pour le faire enlever de Hollande; qui, plaidant en séparation contre sa femme, dans le même temps qu'il sollicitait des lettres de cachet contre son fils, regrettait de ne pouvoir se *démarier* ni se *dépaterniser:* au lieu de ce despote impitoyable, donnez à Mirabeau un père de moins d'esprit et de plus de sens, mêlant à de la sévérité contre ses défauts de la tendresse pour ses qualités, qui fût père enfin par ce sentiment de la paternité, le seul divin, puisqu'il est à la fois le plus raisonnable de tous, et le seul soustrait à l'empire de la raison; donnez-lui pour père, au lieu du marquis, le bailli, son oncle, ce simple et vigoureux esprit, de qui le grand sens venait d'une grande bonté, et voilà toute cette jeunesse trop fameuse, dont les scandales pesèrent sur toute la suite de sa vie, écoulée dans la médiocrité des passions et l'ardeur du travail; voilà toute cette activité tiraillée et exaspérée se portant sur quelque noble matière, se réglant et s'entretenant à la fois par quelque espérance de gloire dans la guerre ou dans les lettres. Les désordres de Mirabeau furent presque tous des révoltes. On ne peut l'accuser sans accuser la société où il vivait; et, comme s'il eût dû servir d'emblème à cette révolution dont il allait être la plus grande voix, ses égarements ne furent que les excès peut-être inévitables d'une légitime insurrection.

A la vérité, Mirabeau, élevé doucement dans la maison paternelle, ne voyant le mal de son temps que de loin et par la spéculation; Mirabeau, ménagé par l'ordre de choses qui devait succomber en 1789, aurait manqué à la révolution. Qui sait, même, si ce tribun du peuple n'eût pas été le chef de la noblesse, et ne se fût pas arrêté, avec Cazalès et quelques autres de ce parti, éclairés, mais trop prévenus pour la royauté, au système de l'antique monarchie tempérée par la convocation régulière des États-généraux? Né dans la noblesse, supposez-le nourri par des mains douces dans les abus du privilége, quelle force et quel désintéressement d'esprit ne lui eût-il pas fallu pour haïr à cause des autres un régime qu'il aurait eu sujet d'aimer à cause de lui? Mais les souffrances de cet homme étaient nécessaires au grand dessein qui avait mis la révolution de 1789 dans la succession des choses. Il fallait qu'il fût victime de l'ancienne société, pour la mieux combattre, et que le seul avantage qu'il en connût, la naissance, n'eût fait que le livrer au plus odieux de ses abus : l'autorité paternelle s'exerçant par des lettres de cachet. Les mœurs même de la caste où il était né, l'orgueil du sang, la nécessité de faire des dettes au jeu, pour ne point paraître bourgeois, et de tuer un homme en duel, pour faire preuve de courage ; la galanterie en public et la débauche entre quatre murs ; ces mœurs dans lesquelles le précipitèrent, comme vers la délivrance, les duretés paternelles ; il fallait qu'il en scandalisât les autres pour les faire haïr, et qu'il en souffrît lui-même pour haïr la caste où il les avait prises.

III.

Quand il parut sur la scène, traînant après lui des dettes et des procès, marqué au front de la malédiction paternelle, fugitif de plusieurs bastilles, marié sans être chef de maison, amant dont les infidélités étaient meurtrières, écrivain dont la plume passait pour vénale, on murmura autour de lui le nom de Catilina. Ce fut là le premier empêchement de sa vie publique, et la première épreuve de son bon sens. On ne voyait dans sa jeunesse que le scandale ; on n'y voyait pas l'oppression domestique qui l'avait causé. On fut injuste et méprisant. Les nobles le traitèrent comme ceux de Rome avaient traité Catilina : il leur parut un transfuge de leur rang, d'autant plus méprisable qu'ils élevaient plus haut le privilége qu'il avait abdiqué. Le clergé ne vit en lui qu'un libertin dangereux : et quant à la bourgeoisie, si elle fut flattée de se recruter dans ce que la noblesse avait de plus éminent, elle lui préféra soit ceux qui sortaient de son propre sein, soit ceux de ses autres alliés qui se recommandaient par plus de probité, sincère ou ambitieuse. La cour ne l'estima point, et ne le redouta même pas assez pour le dédommager de n'être pas estimé par le plaisir d'être craint. Il se vit dans son pays seul et le premier, discréditant ses qualités par sa vie, et rendant suspecte la vérité en la faisant passer par sa bouche. Cette défiance persista dans le temps même que Mirabeau paraissait conduire l'Assemblée : on y voyait à la fois tous ses avis accueillis et une résistance sourde à sa personne ; et la même assemblée qu'on accusait de le suivre jusque dans ses contradictions, trouvait dans ses rangs quarante-trois présidents avant de se résigner à lui.

Cet admirable bon sens en fut-il un seul moment troublé? Mirabeau, tout-puissant pour la cause qu'il défendait, mais impuissant pour lui-même, ne pouvant ni persuader à ceux qu'il voulait sauver qu'il pouvait les perdre, ni inspirer confiance à ceux qui lui obéissaient, semblable à un général que ses soldats surveilleraient tout en le suivant, Mirabeau s'aigrit-il? Par boutades peut-être, et quand la défiance de la cour avait été impertinente ou celle de l'Assemblée brutale ; mais point avec suite, ni dans les moments

de danger, de sorte que, s'il rendit quelquefois la pareille aux personnes, il n'immola jamais les principes à ses ressentiments. Il savait même s'en vouloir de cette défiance dont il était l'objet, et il rendait cet hommage à la morale de courber sous ses jugements cette tête qui ne s'abaissait devant personne. En quel pays, à quelle tribune ouït-on jamais un orateur absoudre en termes plus nobles l'opinion de ses injustices? « Sans doute, disait-il,
» dans le cours d'une jeunesse très-orageuse, par la faute des autres, et
» surtout par la mienne, j'ai eu de grands torts, et peu d'hommes ont, dans
» leur vie, donné plus que moi prétexte à la calomnie, pâture à la médi-
» sance; mais j'ose vous en attester tous : nul écrivain, nul homme public
» n'a plus que moi le droit de s'honorer de sentiments courageux, de vues
» désintéressées, d'une fière indépendance, d'une uniformité de principes
» inflexible. Ma prétendue supériorité dans l'art de vous guider vers des
» buts contraires est donc une injure vide de sens, un trait lancé de bas en
» haut, que trente volumes repoussent assez pour que je dédaigne de m'en
» occuper [1]. »

Voilà un bel exemple de confession pour les hommes à qui de grandes services ont donné le droit de se faire pardonner des fautes. Nier qu'on en ait fait, c'est de l'audace qui n'impose à personne; avouer ses fautes, est d'un grand cœur, et, dans un homme politique, c'est la marque d'un suprême bon sens; car les plus honnêtes gens même excusent celui qui se donne tort, et le relèvent bien plus qu'il ne s'est abaissé. Si quelque chose fit des amis à Mirabeau parmi les membres honnêtes et désintéressés de l'Assemblée, et c'est là seulement qu'il eut des amis, ce fut assurément cette confession, où les qualités dont il se loue ne semblaient que la réparation des fautes dont il s'accuse.

Dans le privé, ses aveux allaient plus loin. « Je paye bien cher les fautes de ma jeunesse, disait-il. Pauvre France! on te les fait payer aussi. » Et un autre jour : « Oh! que l'immoralité de ma jeunesse fait de tort à la France! » A l'époque de sa présidence, il disait à M. de Crillon : « Je pourrais expliquer mes désordres, mais je ne veux jamais les excuser [2]. » Et à Cabanis, qui lui parlait de sa gloire, à Auteuil : « Oh! si j'eusse apporté dans la révolution une réputation semblable à celle de Malesherbes! Quelles destinées j'assurais à mon pays! Quelle gloire j'attachais à mon nom! » La gloire qu'il rêvait n'était pas possible, même avec les vertus de Malesherbes unies aux talents de Mirabeau : celle dont lui parlait Cabanis et dont un si noble sentiment l'empêchait alors de se contenter, celle de l'orateur et de l'homme d'État, n'est-elle pas relevée par ce touchant mérite du repentir, que Bossuet met quelque part au-dessus de l'innocence?

---

[1] Séance du mardi 18 août 1787. Discours sur la Déclaration des droits.
[2] Rapporté par M. Droz dans son excellente Histoire du règne de Louis XVI.

Sa nomination tardive à la présidence ne fut pas le résultat d'un vote spontané, mais le prix d'un arrangement qui devait lui donner pour successeur Duport. Mirabeau en eut l'obligation à La Fayette, qu'il n'aimait pas. La raison de l'Assemblée nationale lui appartenait : les cœurs lui restaient fermés. On l'écoutait avec transport; mais il fallait une intrigue pour arracher un suffrage qui s'adressât à sa personne. Il s'ajoutait d'ailleurs à cette défiance l'envie, qui pouvait se cacher sous le manque d'estime. Que de causes de trouble pour une raison moins forte! Illusion des succès de tribune, qui auraient pu le tromper sur sa puissance; aigreur des obstacles; haine peut-être contre des rivaux qui ruinaient ses opinions par sa vie. Mirabeau résista. Il avait raison de dire à son valet de chambre : « Soulève cette tête, tu n'en porteras pas une pareille. » En est-il une seule, dans l'histoire des grandes intelligences, où il y ait eu à la fois plus de mouvement et de mesure, plus de passion et de raison?

IV.

Mirabeau ne fut pas tout d'abord le premier homme de l'Assemblée constituante. Ses premiers actes sont à la fois marqués de fougue et d'hésitation. Ses premières paroles sont un peu déclamatoires : « Catilina est-il à nos portes? » et d'autres de ce genre. Il y manque tout ensemble la règle et la décision. On le cherche dans de grandes circonstances, il est absent ou muet; on le voit dans de moindres, s'agitant et inefficace. Un homme lui est alors très-supérieur, mais pour quelques semaines seulement; génie singulier, que trois ou quatre paroles à jamais mémorables épuisent, et qui semble avoir consumé son intelligence à les concentrer et à leur donner une force d'explosion qui emportera tout. Cet homme, c'est l'abbé Sieyès. Le tiers-état s'étonnait de n'être encore qu'un ordre. Sieyès, dans cet étonnement, devine son ambition; il l'avertit de lui-même par ce mot sublime : « Qu'est-ce qu'a été le tiers-état jusqu'ici? Rien. Que veut-il être aujourd'hui? Tout. » Le 10 juin 1789, en entrant dans l'Assemblée, il dit : « Coupons le câble, il est temps. » Et il fait la motion de déclarer « que l'Assemblée ne peut plus attendre dans l'inaction les *classes privilégiées* (il n'y a plus d'*ordres*, même de nom), sans se rendre coupable envers la nation; et que, dans une heure, il sera procédé à la vérification des pouvoirs, et donné défaut contre les non-comparants. » Le 16, il propose à l'Assemblée de prendre le nom d'*Assemblée nationale*. Il n'y vint pas tout d'un coup, mais en passant par une de ces dénominations analytiques, qui définissent et qui, par cela même, provoquent la contradiction [1]. On attaquait en effet sa définition; il la retire et

---

[1] Il avait dit d'abord : *l'assemblée des députés connus et vérifiés de la nation française*. Mirabeau avait raison d'appeler cela un logogriphe.

y substitue *Assemblée nationale*, qui tranchait tout. Chose étrange, Mirabeau, qui avait déjà prononcé le mot dans un de ses discours, en eut peur, quand Sieyès le créa, en l'appliquant si à propos. Il se déroba au vote qui consacrait ce titre, et ses amis eurent à dire que, son nom ne figurant pas sur la liste des opposants, il avait dû voter avec la majorité.

Quinze jours après, on délibérait sur la question des mandats impératifs. L'Assemblée penchait pour l'opinion qui les déclarait nuls. Mais les plus hardis n'osaient aller jusqu'à délier les députés à l'égard de leurs bailliages. Les uns voulaient inviter, les autres sommer les électeurs de rendre la liberté à leurs élus. Le 8 juillet, Sieyès supprimait le débat même, en proposant de déclarer « qu'il n'y avait lieu de délibérer. » Et sept cents voix contre vingt-huit votaient sa motion.

C'est ainsi que, par une suite d'affirmations fières et laconiques sur toutes les questions douteuses, ce hardi et profond esprit constituait l'Assemblée nationale.

A partir de cette époque, il s'efface. Sa réputation de penseur et de publiciste le désignait pour le travail de la constitution. L'instinct de l'assemblée, qui retenait Mirabeau dans les rangs actifs, envoyait Sieyès au comité chargé de préparer ce travail. C'est là que Sieyès, retiré des débats journaliers comme au fond d'un sanctuaire, donnait le jour à sa plus glorieuse pensée : la division de la France par départements. Il avait appris à la nation, par son fameux écrit sur le tiers-état, qui elle était, où elle était ; par ses motions sur la réunion des trois ordres et sur les mandats, qui la représentait, qui avait droit de parler en son nom : sa division par départements traçait la carte de la France nouvelle, et en appropriait, pour ainsi dire, la géographie à l'unité, à la liberté qu'elle venait de conquérir. Sieyès fit plus qu'attaquer l'ancien régime, il le nia. Il ne prouva pas le nouveau, il l'affirma. Aucun homme ne s'éleva plus haut et ne disparut plus vite. Je le vois un moment planer au-dessus de la France régénérée, déployant, en manière d'étendard lumineux, ces sublimes formules auxquelles la nation se reconnut de tous les points du territoire ; puis l'ombre succède, et Sieyès, redescendu sur la terre, n'est plus qu'un grand nom sous lequel marche avec embarras un personnage douteux, qui en paraît accablé. On lui demande encore des oracles ; il ne répond que par des rêveries. Enfin, consul un moment avec le général Bonaparte, il tourna sur lui-même cet esprit d'observation et d'analyse qui lui avait révélé avant tous les autres la révolution ; il vit qu'il ne pouvait y avoir partage de pouvoir entre un rédacteur de constitution et un général heureux ; il céda sa place au prix d'une oisiveté opulente, et se survécut quarante ans.

V.

En même temps que le rôle de Sieyès finissait, celui de Mirabeau avait commencé. Sieyès n'eut pas d'égal tant qu'on se tint sur les cimes des principes constituants ; mais le jour où la délibération se confondit avec l'action, où il fallut, après la destruction légale du passé que Sieyès avait nié, organiser le présent qu'il s'était contenté d'affirmer, la première place fut à Mirabeau. Le coup d'œil qu'avait eu Sieyès pour la théorie, Mirabeau l'eut pour la pratique. C'est ainsi que dans la fameuse réponse à M. de Dreux-Brézé, qui invitait, au nom du roi, les communes à se retirer, il eut l'avantage sur Sieyès, qui s'était borné à dire froidement : « Nous sommes aujourd'hui ce que nous étions hier. » Paroles admirables par cette manière simple et dédaigneuse d'affirmer le droit des communes en présence du pouvoir qui se croyait encore dans le passé ; moins admirables pourtant que celles de Mirabeau, parce que c'est ce droit même qui s'exerce déjà et qui menace. C'est ainsi qu'à son tour, dans la dénomination de l'assemblée, Sieyès eut l'avantage sur Mirabeau, lequel, en proposant le titre de *représentants du peuple*, rétablissait les ordres qu'il voulait détruire, et avait le malheur de fournir un terme au vocabulaire de la Terreur, une idée à l'esprit d'épuration qui devait réduire la nation au Comité de salut public et à ses bourreaux.

Dans une transparente allusion à Sieyès, où perçait peut-être le dépit, Mirabeau comparait le métaphysicien saisissant, dans la méditation du cabinet, la vérité dans son énergique pureté, à l'homme d'État obligé de tenir compte des difficultés et des obstacles. « Il y a cette différence, disait-il, entre l'instructeur du peuple et l'administrateur politique, que l'un ne songe qu'à ce qui est, et que l'autre s'occupe de ce qui doit être [1]. » Le portrait du métaphysicien était vrai de Sieyès ; celui de l'homme d'État, de Mirabeau.

Nul n'avait mieux saisi que Sieyès l'état de la France aux approches des États-généraux, ni fait une synthèse plus complète et plus claire d'éléments mieux analysés. Il unissait à l'observation qui découvre et démêle les choses, la fermeté d'esprit qui conclut. Mais on lui fit tort en lui demandant le talent qui organise. Quand il fut transporté du domaine de l'observation dans le gouvernement, il s'égara. Les habitudes rigoureuses de son esprit le rendant peu propre aux idées de transaction, il se jeta dans les opinions extrêmes par l'impossibilité de n'être pas absolu. Il s'y mêlait, dit-on, quelque dépit de la faveur que savait concilier aux idées modérées et pratiques l'éloquence de Mirabeau. Mais à quoi bon chercher dans ses arrière-pensées des causes de luxe, pour ainsi dire, quand sa conduite s'explique si bien par son tour d'esprit? Sieyès n'avait pas tout le bon sens qui fait la supériorité

---

[1] Séance du 15 juin 1789.

de l'homme d'État. D'autres lurent mieux que lui au fond du cœur humain, où s'apprend le secret, non-seulement des actions individuelles, mais des révolutions des empires.

C'est dans ce livre que Mirabeau avait étudié les causes des entraînements au sein des assemblées délibérantes, des passions aveugles dans la multitude, des préjugés dans les cours; son bon sens n'était que la connaissance profonde du cœur humain. Il avait en lui la mesure de toutes les personnes et de toutes les choses. Orateur, il avait vu l'effet de la parole sur les hommes, et quel monstre à mille têtes devient une assemblée, même de gens de choix, quand il y éclate une panique d'espérance ou de crainte; peuple, il savait jusqu'où vont les défiances du peuple contre ceux qu'il hait, et combien il hait à la légère; noble, il avait deviné, par les préjugés d'un gentilhomme de province, tout ce qu'en engendrent les cours; homme, résumant en lui toutes les puissances et tous les contrastes de la nature humaine, il savait y distinguer les besoins permanents des caprices, et, jusque dans la fièvre du changement, il discernait les instincts qui persistent et qui rétablissent certaines choses par les mains mêmes qui les ont détruites. Aussi, tandis que Sieyès, retiré à l'écart, bâtissait des constitutions d'après les lois de la logique, Mirabeau, au plus épais des combattants, en contact avec toutes les passions aux prises, lui-même les éprouvant presque toutes, ou comprenant celles qu'il n'éprouvait pas, Mirabeau, tour à tour révolutionnaire et royaliste constitutionnel, pourvoyait au présent et fondait l'avenir.

Oui, c'est là sa gloire. Il ne voulut détruire que ce qui devait être détruit, et ce qu'il voulut fonder a seul survécu. Toutes ses opinions sont des ruines nécessaires qu'il fait, ou des fondements durables qu'il pose. Nul dans l'assemblée constituante n'est plus révolutionnaire que Mirabeau; mais nul ne l'est avec moins d'illusion et de colère. Il avait toute l'ardeur du rôle, sans en avoir l'exaltation. Ainsi, il n'assista pas à la scène de la nuit du 4 août, où les nobles, qui devaient émigrer quelques mois après, firent à la patrie le sacrifice de tous leurs priviléges. Il regrettait qu'on n'y eût pas mis plus de lenteur, et que les arrêtés n'eussent pas été précédés d'une discussion, où le sacrifice, fait avec plus de sang-froid, aurait laissé moins de regrets à ceux qui le firent, et rendu plus reconnaissants ceux qui en profitèrent. Il eût voulu, au lieu d'un coup de tête, même généreux, un acte de justice s'accomplissant, non par acclamation, mais par réflexion. De même, il n'approuva pas la parodie qui se fit de cette scène fameuse, le 19 juin 1790, quand tous les titres de noblesse furent supprimés. « Que tous les hommes, écrivait-il alors, soient égaux devant la loi; que tout monopole, surtout moral, disparaisse : le reste n'est que déplacement de vanité, » Grande vérité, et que la suite n'a que trop prouvée. Quel a été le fruit de cette décision du 19 juin? La veille, il n'y avait qu'une noblesse; moins de quinze ans après, il y en avait deux : l'ancienne reprenait ses titres, et la nouvelle se glissait hors des rangs de cette bourgeoisie qui avait battu des mains à la destruction de l'ancienne, et qui, le lendemain du 19 juin, appelait Mirabeau du nom de Riquetti l'aîné, désorientant, disait celui-ci, l'Europe accoutumée au nom de Mirabeau. Ne dit-on pas qu'il s'en forme une troisième, dont les titres s'évaluent à la caisse du sceau?... La nuit du 4 août, à laquelle on a fort à tort comparé le 19 juin, affranchissait les personnes et les terres, et fondait l'unité du pays; le 19 juin ne fit qu'élever le prix de titres abandonnés avec trop d'éclat, et la vanité trouva encore son compte à faire croire que ce qu'elle sacrifiait par dévouement devait être d'une inestimable valeur. Il y a deux sortes de choses également indestructibles : celles qui sont fondées sur la raison, et c'est pour cela que les décrets de la nuit du 4 août subsistent; celles qui ont la vanité pour principe, et c'est pour cela que les décrets du 19 juin ont été rapportés.

VI.

Le lendemain de la mort de Mirabeau, on lisait dans un article de Marat, intitulé *Oraison funèbre de Riquetti*, ce passage, où le génie de la destruction et du nivellement sans bornes rendait, sans le vouloir, le plus éclatant hommage au génie de l'organisation et de la vraie égalité : « Peuple, c'est » à lui (Riquetti) que tu dois tous les funestes décrets qui t'ont remis sous » le joug et qui ont rivé tes fers : celui de la loi martiale, celui du *veto* sus- » pensif, celui de l'initiative de la guerre, celui de l'indépendance des délé- » gués de la nation, celui du marc d'argent, celui du pouvoir exécutif » suprême, celui de la félicitation des assassins de Metz, celui de l'accapa- » rement du numéraire par de petits assignats, celui de la permission d'émi- » grer accordée aux conspirateurs. » Prenons Marat au mot : oui, c'est là un beau texte d'oraison funèbre. Il n'est pas un de ces actes qui ne fût, ou le meilleur expédient pour des difficultés présentes, ou une théorie toujours applicable, soit de gouvernement, soit de liberté. La loi martiale sauvait de l'ordre tout ce qu'il était possible d'en sauver. La création des assignats, limitée, comme le voulait Mirabeau, à une somme équivalente aux biens du clergé, épargnait à la révolution la honte de débuter par la banqueroute. Rien n'était plus propre à maintenir la discipline dans l'armée que de déshonorer la révolte en approuvant publiquement la répression. Et pour parler des théories, quelle est la monarchie constitutionnelle, quel est le pouvoir exécutif quelconque qui soit possible sans le *veto*, sans le droit de la paix et de la guerre? Enfin, quoi de plus sage que de vouloir pour les délégués de la nation la plénitude d'indépendance du pouvoir qui les délègue?

Le grand sens qui marque tous ces actes n'inspira pas moins bien Mirabeau dans la question de l'émigration. Il ne voulut pas qu'à quelques mois d'une Déclaration des droits de l'homme qui laissait chacun libre de disposer de sa personne, le droit de sortir des frontières fût interdit aux citoyens. Ce n'est pas à la loi, en effet, c'est à la patrie elle-même, par la sagesse de son gouvernement, par la sécurité qu'elle offre à tous, à retenir ses citoyens dans son sein. L'émigration est sans doute un abus de la liberté individuelle ; mais la moitié du tort en revient au gouvernement qui, pour enchaîner au sol des citoyens que chassent ses mauvaises lois ou son impuissance à maintenir l'ordre, ne sait que les mettre en état de siége. La patrie ou la mort vaut la fraternité ou la mort : c'est du même code. Déclarer que les citoyens sont libres d'émigrer, mais qu'il n'est pas permis à un gouvernement de rendre l'émigration nécessaire et innocente, voilà le vrai, et Mirabeau s'y tint. Et je me joins à ceux qui l'applaudirent quand il s'écria : « Si vous faites une loi contre les émigrants, je jure de n'y obéir jamais ! » On ne quitte sa patrie que pour sauver sa foi ou sa tête ; et quels que soient les torts de l'émigration, ils n'absolvent pas complétement la société qui réduit ses membres à s'expatrier. C'est l'instinct de cette vérité, c'est peut-être la secrète conviction que les nécessités ou les fautes de la révolution avaient rendu mortel à beaucoup de personnes le séjour de la patrie, qui fit ajourner par l'Assemblée nationale la discussion d'une loi sur l'émigration. Mais cette réserve ne pouvait pas convenir aux jeunes membres de l'Assemblée législative. Nourris de l'idée que la patrie ne peut mal faire, et que, « s'il peut être permis à l'homme qui a germé sous le despotisme obscur de l'inquisition espagnole d'aller sous un climat plus heureux chercher l'air de la liberté, il y avait trahison, infidélité, *fuite banqueroutière* à quitter une patrie qui tendait les bras aux émigrés [1], » ils trouvèrent le crime d'autant plus grand que la patrie leur paraissait plus belle, et ils firent contre l'émigration un décret qui la précipitait des intrigues de Coblentz dans la guerre civile ouverte.

Dans cette dernière calomnie contre Mirabeau mort, que Marat appelait son oraison funèbre, est-il du moins quelque acte qu'il ait approuvé ? Cela nous réglerait dans le compte à faire des fautes de Mirabeau. Tout acte qu'aurait loué cet homme formé d'illusions, de haine et de colère, serait nécessairement malheureux ou coupable. Mais non. Mirabeau a échappé à l'approbation de Marat. Toute la complaisance de l'*ami du peuple* pour cette grande mémoire ne va qu'à dire que « si Mirabeau éleva la voix en faveur » du peuple, ce fut dans les cas de nulle importance. » C'était sans doute aux yeux de Marat *cas de nulle importance* que l'adresse au roi pour le renvoi des troupes ; que la proposition de déclarer la nation propriétaire des biens du clergé ; que les motions ou adresses pour commencer la vente de ces biens ; pour demander au roi le renvoi des ministres ; pour déclarer Condé traître à la patrie, s'il ne déchirait son manifeste ; pour changer le pavillon

---

[1] Discours de Vergniaud, séance du 23 octobre 1791.

de la marine; pour supprimer les substitutions; pour mettre à la charge de la nation les frais de la démolition de la Bastille; pour défendre la constitution civile du clergé; et d'autres de moindre importance, dans lesquelles Mirabeau sut être révolutionnaire en restant modéré. C'est même ce qui se mêlait de modération imperturbable à ces actes sur des faits si brûlants qui les recommandait si mal aux yeux de Marat; outre l'impardonnable affront que lui avait fait Mirabeau de proposer l'ordre du jour sur des paroles de sang que ce misérable avait écrites contre lui [1].

Marat n'a pas eu de coup d'œil : sa haine l'eût mieux inspiré en lui révélant quelque chose à louer dans la vie de Mirabeau; car l'éloge de Marat déshonorait. Mirabeau, il faut le dire, en courut le risque. L'*ami du peuple* eût pu goûter la justification du pillage de l'hôtel de Castries [2], les menaces contre Foucault [3], et cette apostrophe de factieux au côté droit qui riait d'un de ses exordes : « Je vous jure qu'avant que j'aie cessé de parler, vous » ne serez pas tentés de rire [4]. » Marat eût approuvé la pensée d'ôter le droit de confesser aux ecclésiastiques qui n'auraient pas prêté le serment civique; il se fût presque reconnu dans Mirabeau excusant le double meurtre de Foulon et de Berthier, et écrivant cette phrase cruelle : « Il » faut s'endurcir aux malheurs particuliers, et l'on n'est citoyen qu'à ce » prix [5]. » S'il était vrai surtout que ce fût de dépit d'avoir vu repousser ses offres de service à la cour, il y aurait eu un jour où Mirabeau mérita d'être loué par Marat.

Si Mirabeau ne sut pas toujours résister à l'emportement, il ne se défendit pas toujours de l'illusion. Ce fut une grave erreur de vouloir que l'administration à tous ses degrés fût élective; ce fut une folie d'étendre le principe de l'élection à la justice, et de faire nommer le juge par le justiciable. Je sais que, dans la défiance superstitieuse qu'inspirait le pouvoir exécutif, l'idée de tirer tous les pouvoirs de l'élection était populaire. Mais l'homme qui avait eu le courage de se faire accuser de trahison dans la question du *veto* et du droit de la paix et de la guerre était digne de défendre le principe de l'institution des juges par le pouvoir exécutif, avec les garanties de l'inamovibilité. Dans cette circonstance, le bon sens de Mirabeau s'obscurcit et céda aux préjugés de l'opinion.

---

[1] C'est à l'occasion d'un des actes qui font le plus d'honneur à Mirabeau, le projet de licenciement et de recomposition de l'armée, que Marat écrivait : « Si les noirs et les ministres gan» grenés et archigangrenés sont assez hardis pour le faire passer, citoyens, élevez huit cents » potences, pendez-y tous ces traîtres, et à leur tête l'infâme Riquetti l'aîné. » Mirabeau fit passer à l'ordre du jour sur ce qu'il appelait *ce paragraphe d'homme ivre*.

[2] Séance du 13 novembre 1790.

[3] Même séance.

[4] Ce début était en effet fort emphatique. « J'ai ressenti, je l'avoue, les bouillons de la furie » du patriotisme jusqu'au plus violent emportement. » Séance du 21 octobre 1789.

[5] Lettre à ses commettants.

VII.

Un examen détaillé de ses actes ferait trouver d'autres fautes, soit d'emportement, soit d'illusion. Mais, hors des points importants, sur lesquels tous les bons esprits sont d'accord, les reproches comme les éloges deviennent peu sûrs, à cause de la diversité des opinions, et risquent de n'être que des préjugés personnels. Il est même de convenance et d'équité, dans nos jugements sur les hommes dont les actes et les paroles ont produit des effets si contraires, et jamais le bien sans quelque mal, de retenir quelque chose de notre admiration ou de notre sévérité; car, pour vouloir trop les servir, nous leur ôtons quelquefois des amis; ou, si nous sommes trop sévères, on nous l'impute à vanité ou à pruderie; outre que ce qu'on dit de trop affaiblit ce qu'on a dit de vrai. Je n'ai pas prétendu faire de Mirabeau un esprit ni un cœur infaillibles; mais je crois ne rien outrer en disant que personne de son temps, parmi ceux qui portèrent le poids de ce qui s'accomplissait, ne fit moins de fautes, et ne fut plus souvent dans la vérité.

Je ne parle pas des personnes de la cour. L'un des effets de la défiance publique, c'est de troubler le sens de ceux contre qui elle s'acharne. Il eût fallu des héros à la cour pour garder un sens ferme et des intentions immuables au milieu de cette peur universelle de la trahison. L'épreuve était trop forte pour des hommes, et j'avoue qu'en lisant les annales de la révolution française, j'ai besoin de personnifier dans cette cour toutes les cours absolues pour être révolutionnaire sans scrupule, et pour ne pas me reprocher le plaisir que j'éprouve, en pieux enfant du tiers, à la voir vaincue. Quant aux ministres qu'elle employa, souvent placés entre deux défiances, celle de l'opinion et celle de la cour; ne pouvant calmer l'une sans aigrir l'autre; tour à tour servant mal pour être populaires, ou se rendant odieux à l'opinion pour vouloir trop bien servir, ils firent des fautes par tout le monde et contre tout le monde. D'autres préjugés, la même fausseté de position empêchaient les membres du côté droit de l'Assemblée, non-seulement d'être justes envers la révolution, mais même de la comprendre. Ils crurent que ce n'était qu'une émeute prolongée; et, pour en précipiter la fin, ils lui cédèrent en des choses qu'ils trouvaient injustes, ce qui l'irrita davantage; car céder sans combat trahit le dédain pour l'adversaire, tandis que résister prouve qu'on l'estime. « Ils n'écou- » taient pas, dit le marquis de Ferrières; ils riaient, parlaient haut,... » sortaient de la salle quand le président posait la question, invitant les » députés de leur parti à les suivre, ou, s'ils demeuraient, leur criant » de ne point délibérer[1]... » Insensés, qui auraient peut-être rendu la

---

[1] Mémoires du marquis de Ferrières, liv. vii.

révolution généreuse en la combattant, et qui la rendaient violente en l'insultant!

Je ne parle pas non plus de la poignée d'hommes qui, dans je ne sais quel coin du côté gauche, rêvaient la république. Quoique une opinion récente leur ait donné la gloire d'avoir eu seuls le sens de la révolution, et un esprit de prophétie qui prévoyait la fin de cette laborieuse et impossible transaction entre la révolution et l'ancienne monarchie, je veux bien les regarder comme les coins de fer de la nécessité, mais je ne veux pas accorder qu'ils aient vu le plus juste, ni qu'ils aient le moins failli. L'édifice qu'ils ont voulu élever a croulé sur eux; celui qu'ils ont voulu détruire est resté debout. Non, leurs sombres expériences n'étaient pas de la divination. Non, vous n'arracherez pas au genre humain l'aveu que Marat, qui demandait la dictature et l'extermination, et Robespierre, qui les pratiqua, ont été des grands hommes. La nécessité n'est pas plus le génie que la vertu.

On ferait donc un médiocre honneur à Mirabeau en disant qu'il eut plus de bon sens et qu'il fit moins de fautes que la cour et les deux partis extrêmes de l'Assemblée. C'est dans le parti de la monarchie constitutionnelle, le seul qui fût dans les voies de l'avenir, qu'il faut chercher qui comparer à Mirabeau.

Les plus près de lui, dans la droite, Malouet et Mounier, esprits distingués, cœurs honnêtes, n'étaient que des imitateurs. Épris de la forme anglaise, ils avaient le double tort de croire qu'une nation peut calquer son gouvernement sur celui d'une autre; et, quant à la France, que les classes vaincues, que les morts du 14 juillet et du 4 août pouvaient fournir la matière d'une chambre aristocratique. Ils donnèrent plus d'une fois de bons avis; mais, comme on y apercevait plus d'attachement à la royauté antique que d'intérêt pour des libertés inconnues, ces avis furent toujours inefficaces et le plus souvent suspects.

D'autres erreurs, d'autres fautes égarèrent le parti qui voulait à la fois la révolution et la royauté, mais la royauté pour la révolution. Trois mobiles déterminèrent presque toutes ses résolutions : le goût des théories, la défiance contre la cour, et l'amour de la popularité.

La métaphysique du Contrat social faisait le fond de toute leur politique. C'était le temps où une sculpture à la mode représentait Jean-Jacques Rousseau, assis sur un rocher où croissait la sensitive, et méditant le Contrat social, un rouleau de papier à la main sur lequel on lisait cette maxime: « Renoncer à sa liberté, c'est renoncer à sa qua- » lité d'homme, aux droits de l'humanité, même à ses devoirs : » les emblèmes étaient la Liberté, la Vérité, l'Amour de la patrie, l'Éloquence, figurée par un foudre... Il y eut jusqu'à cinquante-six orateurs inscrits pour proposer des projets de *déclaration des droits de l'homme*. Chacun en avait un, et tous voulaient le placer en tête de la constitution.

En vain Malouet faisait voir avec beaucoup de force l'inconséquence d'ouvrir par une déclaration de droits une constitution qui devait régler, qui allait sans doute limiter ces droits; en vain Mirabeau insistait sur les difficultés d'un exposé destiné, disait-il, à servir de préambule à une constitution qui n'était pas connue : les discours étaient prêts, et les discours prêts ne se rendent guère ; l'immense majorité d'ailleurs ne trouvait rien de plus pressant que cette déclaration. On fut pourtant effrayé de s'engager dans cinquante-six discours. Un membre proposa de n'accorder à chaque orateur que cinq minutes. « Cinq minutes, s'écriait Rabaut Saint-Étienne, » pour délibérer sur des lois que tout l'univers va blâmer ou approuver! » L'Assemblée réduisit à dix le nombre des orateurs qui seraient entendus, et à trois les projets entre lesquels elle aurait à choisir. Mais l'idée de faire précéder la Constitution de la Déclaration des droits prévalut. La Fayette avait apporté cette chimère d'Amérique : beaucoup crurent qu'elle venait, comme un oracle, du fond de ses forêts vierges, et que c'était le cri de l'homme de Jean-Jacques, sorti parfait des mains de la nature, qui réclamait contre la tyrannie des sociétés civilisées.

La défiance contre la cour n'était pas moins générale que le goût pour les théories. Sincère chez le plus grand nombre, parce qu'elle n'était que trop justifiée, il fallait, pour être en crédit, en affecter plus qu'on n'en éprouvait, et c'était un lieu commun de tous les discours d'insulter les ministres et de faire quelque allusion outrageante aux courtisans. On n'eût pas osé louer le roi sans déshonorer son entourage. C'est par là que le côté gauche se distinguait du côté droit. Mais, comme il arrive, la défiance contre la cour déshabituait du respect pour la monarchie ; des personnes, elle s'étendait peu à peu aux principes; et quand la royauté avait besoin d'aide, on la laissait dans le péril, pour n'avoir pas à défendre la cour en même temps que le roi. C'est ainsi que les royalistes constitutionnels préparaient les voies à la république.

Ils n'y aidèrent pas moins par leur amour pour la popularité. Jusque-là on n'avait connu la popularité que par le succès des ouvrages d'esprit, au théâtre, dans les salons; on était plutôt à la mode que populaire; mais la popularité par le peuple, cette passion de la foule pour un orateur aimé, cette royauté d'un moment sur les âmes, tout cela était nouveau, et il ne faut pas s'étonner que les premiers qui goûtèrent à cette boisson inconnue en aient été enivrés. Toutefois, des trois faiblesses des royalistes constitutionnels, c'est celle que j'excuserais le moins. L'enthousiasme pour les théories est une noble passion ; c'est l'amour de la vérité qui se trompe d'objet ; j'y vois de la foi et du dévouement. La défiance contre la cour était trop justifiée pour n'être pas pure. Mais dans l'amour de la popularité, la vanité dominait, le succès devenait plus nécessaire que la vérité ; la cause passait après la faveur de la personne. Il y avait d'ailleurs, dans cette foule qui donnait la popularité, tant de mauvaises passions, le soupçon, la haine, la vengeance, un commencement de goût pour le sang, qu'il n'était guère possible de rechercher son suffrage innocemment. Plusieurs des plus honnêtes gens d'alors firent de grandes fautes pour l'obtenir; sous la Législative, on fit des bassesses. C'est qu'il se mêle à l'amour de la popularité encore plus de peur des attaques que d'ardeur pour la louange. Que de nobles esprits que devait corrompre la crainte, soit des sarcasmes meurtriers de Camille Desmoulins, dont la mort touchante a fait exagérer le talent et atténuer les excès, soit des menaces féroces de ce rêveur sanguinaire qui a fait douter si l'assassinat n'avait pas été un jour légitime! On en vit, que le péril certain devait relever jusqu'à l'héroïsme, s'avilir devant ce péril douteux, et tel craindre la plume de Marat, qui devait regarder sans peur l'échafaud.

Mirabeau n'eut aucune de ces faiblesses. La mort, qui le surprit dans son lit, l'eût-elle trouvé ferme sur l'échafaud des Girondins? Qui peut en douter? Mais, certes, il n'y eût pas été amené par le désir de plaire à Marat, ni par le besoin de le conjurer. Marat n'eut pas l'honneur d'irriter Mirabeau. Mirabeau le qualifia un jour froidement d'*homme ivre*, et n'en parla plus. Il ne lui fit pas l'honneur de demander justice de ses outrages; il ne lui envoya pas même son mépris, le gardant pour une meilleure occasion, et ne voulant pas que Marat pût se vanter d'avoir excité une passion quelconque dans cette âme dont tous les mouvements étaient des passions. Mirabeau eut cet avantage sur tous les royalistes constitutionnels qu'il ne connut de la popularité, ni ses étourdissements, ni ses peurs. Au lieu d'en être esclave, il s'en servit. Pour les autres, c'était une puissance extérieure dont ils se faisaient les courtisans; pour lui, c'était son ouvrage, sa chose, un effet dont la cause était en lui et dont il entendait bien rester maître; et, comme s'il eût voulu prouver qu'elle lui appartenait en propre, il la faisait sortir des opinions les plus incompatibles, et de ce qui devait amener la disgrâce il tirait le triomphe. A côté de Necker, enivré des ovations de son rappel, qui abandonne le roi pour garder la faveur de la foule, de La Fayette, qui paraît n'aimer que pour la popularité toutes les belles causes auxquelles il attacha sa vie, et qui doute de la vérité et de la vertu même quand elles ne sont pas populaires, de Barnave et des Lameth, qui font à cette idole des sacrifices que l'un expie par sa noble mort et les autres par un repentir embarrassant, Mirabeau traite la popularité comme l'argent; il en dépense plus qu'il n'en gagne; et si parfois il s'expose par des excès à un redoublement de faveur, il se venge de la foule qui les applaudit, en lui arrachant des battements de main pour une conduite qui les répare. Les femmes des 5 et 6 octobre, envahissant la salle des séances de l'Assemblée nationale, veulent l'entendre parler : elles demandent *notre petite mère Mirabeau*. « Je voudrais bien savoir, leur dit-il, comment on se donne les airs de venir troubler nos séances. » Il n'ajoute pas un mot de plus, et il se rend populaire par ce courageux mépris pour la popularité.

On a vu, dans ce que j'ai rapporté des discours sur la Déclaration des droits, ce qu'il pensait de ces théories dont l'immense majorité de l'assemblée était dupe. Forcé, au nom du comité des cinq, de rendre compte d'un projet de Déclaration, il essaya d'abord de refroidir l'assemblée en exposant la difficulté du travail, l'inconvénient de faire une déclaration des droits pour une constitution encore inconnue; de proclamer, en temps d'orage, des principes qui, vrais en eux-mêmes, étaient inopportuns. Il contrariait un entraînement; on l'accusa; on s'écria qu'il abusait de ses talents : il ne se rebuta point; mais toutefois il n'osa pas (nul ne l'eût osé) attaquer l'utilité d'une déclaration des droits; il fit même la concession qu'elle était nécessaire, qu'elle devait être *partie intégrante et inséparable de la constitution;* espérant, par ces caresses au préjugé universel, en faire ajourner le vote. Les attaques personnelles, les cris redoublèrent; l'assemblée était impatiente, elle voulait protester avec éclat contre le passé; elle était touchée de la gloire de rappeler à tous les peuples leurs droits naturels; on passa outre. La discussion fut longue, souvent puérile; à chaque pas qu'on faisait dans l'exposition des droits de l'homme, on était frappé de l'abus que le citoyen en peut faire; on cherchait des droits, et on ne rencontrait que des devoirs; on rêvait l'homme libre de la nature, et on ne voyait que l'homme lié par l'état civil. Cependant l'assemblée s'y entêta. Une Déclaration des droits fut votée, à quelques articles additionnels près, dont on remit le vote après la constitution. Louis XVI n'y donna pas d'abord sa sanction, disant fort sagement que les lois à intervenir étaient nécessaires pour fixer le sens de certains principes; on ne s'y attacha que plus fort, la défiance s'en mêlant; enfin il la signa; mais c'était le 5 novembre, une émeute lui menait la main.

Libre de toute passion pour les théories, Mirabeau était sans défiance parce qu'il était sans crainte. Il voyait bien que le passé était vaincu et incapable de se relever; les illusions de la cour, ses entêtements, ses espérances lui donnaient de l'humeur, l'impatientaient, mais ne lui faisaient pas peur. Dans les emportements de Mirabeau, dans ses insultes même, on ne sent pas de haine; car la haine croit à la puissance de ce qu'elle hait, et Mirabeau sentait que la résistance du régime ancien n'était que le suprême et inutile effort du lutteur qui tombe. Il ne se refusa pas les sarcasmes ni les menaces aux courtisans; mais tandis que les autres portaient aux courtisans des coups qui atteignaient le roi et la royauté, Mirabeau n'attaquait la cour que pour détourner du roi, sur son entourage, les préventions populaires, et pour rendre moins suspecte la défense du principe de la royauté. Sa croyance sur ce point fut prophétique. Rien ne put le faire douter que la royauté dût survivre; ni les craintes qu'il eut plus d'une fois sur le sort des personnes royales, ni le dépit de voir ses conseils mal reçus et son dévouement refusé.

C'est par cette indépendance d'esprit au milieu de tant d'entraînements et de vicissitudes irrésistibles, que, sans être chef de parti à l'assemblée, ni héros de club au dehors, il exerça partout une sorte de dictature. Les chefs de parti suivent plus souvent qu'ils ne commandent, mais on s'y trompe; les voyant de loin marcher en tête, on croit qu'ils conduisent alors qu'ils sont poussés. Mirabeau n'était fait pour aucune servitude, et la plus brillante de toutes, celle de chef de parti, ne l'eût point tenté. Pour la gloire de héros de club, il montra combien il la dédaignait, en la laissant tout entière à ses rivaux, lesquels se consolaient de leurs échecs dans l'assemblée par leurs triomphes dans les clubs. Seulement, il se passa quelquefois la fantaisie d'y entrer, comme pour les détrôner un moment par quelque discours plus hardi que les leurs, et pour les réduire à leur vraie mesure, en se faisant voir à côté d'eux. Rien n'est plus imposant que l'isolement de cet homme, gouvernant une assemblée qui n'était pas plus à lui qu'il n'était à elle, et d'autant plus maître des esprits, que, par la défiance qu'inspiraient ses mœurs, on se croyait plus sûr, en suivant ses avis, de ne céder qu'à la force de la vérité. Mais c'était la condition de cet empire sur une armée de volontaires, que Mirabeau ne se trompât jamais; car s'il ne rencontrait pas juste leur pensée, la faveur pour la personne ne recommandant pas l'erreur de l'opinion, il se faisait autour de lui une désertion générale, et le dictateur d'aujourd'hui ne comptait le lendemain que pour une voix. C'est même ce qui explique le silence de Mirabeau dans certaines questions importantes; il s'abstenait, pour n'être pas seul de son avis.

VIII.

Ceux qui ne veulent pas faire honneur à la raison de Mirabeau de la grandeur de son rôle entre le passé qu'il combattait sans le haïr, et l'avenir qu'il fondait sur l'union de la royauté et de la révolution, n'y voient que le résultat d'un marché passé entre la cour et lui. Désintéressé, disent-ils, il se fût précipité vers la république; c'est le salaire qu'il recevait qui fit le contre-poids : il n'y a de sincère dans Mirabeau que le révolutionnaire; l'argent du roi le rendit monarchique.

Je n'hésite pas à dire que le juger ainsi, c'est le calomnier. Je respecte d'ailleurs le motif de cette rigueur envers Mirabeau. On fait bien de ne sacrifier aucun principe, même aux grands hommes, et la reconnaissance des nations serait la pire des corruptions si elle cessait d'être d'accord avec la morale. Mais la morale elle-même n'est pas tout d'abord et en tout temps parfaite. Née d'un noble et immortel instinct de l'homme, elle s'épure, elle se développe avec les sociétés; ses prescriptions deviennent plus précises et plus délicates, et s'il est vrai qu'on ne puisse à aucune époque y manquer innocemment, la diversité des temps aggrave ou atténue les infractions. Qui pourrait dire que Comines soit aussi coupable d'avoir loué la perfidie de Louis XI, que le serait un historien d'aujourd'hui qui nous vanterait la perfidie comme une vertu d'État? Qui donc qualifierait de traître à sa patrie le chevalier français du temps de Froissart, lequel combattait tour à tour pour l'Angleterre contre la France, pour la France contre l'Angleterre? Non; je ne ne me sens pas le même mépris pour un homme dont le bon chroniqueur trouvait les exploits tout aussi beaux sous une bannière que sous une autre, que pour celui qui abandonnait la France à Waterloo. Je blâme cependant Comines de n'avoir pas été plus délicat que son temps, et je préfère à ce chevalier de Froissart celui qui, pressentant la patrie sous la France, patriote avant que le mot de patrie ne fût inventé[1], restait fidèle à l'oriflamme de Saint-Denis. Aussi ne s'agit-il pas d'absoudre, mais de proportionner le blâme; et, en ce qui concerne Mirabeau, s'il ne peut pas être question d'excuser sa faiblesse, il n'y aurait que justice à l'expliquer par la morale d'un temps où les pensions du roi ne déshonoraient personne; peut-être même en regardant toutes les circonstances, trouverait-on que le reproche de vénalité ne peut pas s'appliquer justement à un homme qui n'a rien vendu.

Qu'est-ce qu'on appelle en politique un homme vendu, un vil stipendié, comme disait Mirabeau? c'est un homme qui, pour de l'argent, déserte ses principes et vend la vérité. Quels principes Mirabeau a-t-il désertés? quelle vérité a-t-il vendue? Il est très-vrai qu'un jour il a reçu de l'argent de Louis XVI. Qu'il en ait reçu peu ou beaucoup, peu importe : les uns en ont enflé le chiffre par haine pour sa mémoire; les autres, par excès de piété, l'ont trop restreint; ce qui est certain, c'est qu'il a reçu de l'argent : mais ce qui ne l'est pas moins, c'est qu'il n'a rien vendu.

Je prends pour juges, non pas les consciences ambitieuses, qui n'ont que des indignations de respect humain, mais, parmi les plus honnêtes gens, ceux qui ne se souffriraient pas, même en rêve, avec une pensée de vénalité, et qui ne se trouveraient pas une main pour recevoir de l'argent. Dans sa belle épopée des Girondins, M. de Lamartine s'interroge sur l'acte de Charlotte Corday poignardant Marat. Entre la morale universelle, qui qualifie de crime tout assassinat, et son sentiment intérieur, qui lui fait admirer l'assassin, il hésite. Ne pouvant la trouver ni tout à fait criminelle, ni tout à fait innocente, il l'appelle l'ange de l'assassinat. Ce mot fait-il les parts égales entre la morale universelle et le sens intime de l'historien? Non, car si l'acte est caractérisé par le nom commun d'assassinat, le nom d'ange élève l'assassin fort au-dessus de l'homme. Cette hésitation de l'illustre écrivain,

[1] L'honneur de l'invention en appartient à l'école de Ronsard.

condamnant la main qui frappe, mais justifiant, que dis-je! divinisant le cœur qui a conduit la main, je l'éprouve au moment d'apprécier la vénalité de Mirabeau. Peut-être serait-il plus sage de laisser à Dieu le jugement de ces crimes qui ne déshonorent pas le criminel, et de ne pas tenter la conscience publique par des excuses données, au nom du sentiment privé, à des violations de la morale universelle. L'inquiétude m'en est venue en écrivant cette justification de Mirabeau. Mais l'affection a été la plus forte. J'ai cédé à ces séductions qui lui firent tant d'amis. Et soit que cette prévention m'ait trompé, soit qu'elle m'ait rendu clairvoyant, je n'ai pas plus voulu voir dans Mirabeau un homme vendu, que M. de Lamartine n'a voulu voir un assassin dans Charlotte Corday.

Mirabeau n'a sacrifié aucun principe, n'a trahi personne pour de l'argent. Tous ses discours à l'assemblée nationale, tous ses écrits, soit avant, soit après 89, toutes ses lettres, toutes ses paroles le montrent possédé par une seule pensée, l'établissement d'une monarchie constitutionnelle.

Dans le commencement, il lutte pour les principes constitutionnels contre la royauté; plus tard il luttera pour la royauté contre l'exagération des principes constitutionnels. Factieux aux yeux de la cour lorsqu'il lui arrache de force les libertés nouvelles, il est traître aux yeux des libertés nouvelles lorsqu'il veut les concilier avec la royauté. Placé comme arbitre médiateur entre deux principes qui se défiaient l'un de l'autre, le plus nouveau se regardant comme une conquête faite sur le plus ancien, Mirabeau voit tout d'abord et avant tout le monde, qu'ils sont faits l'un pour l'autre, et que leur union seule peut donner un gouvernement durable à la France. Il travaille à cette union presque seul, au milieu de gens qui ne songent qu'à faire prédominer le principe qu'ils préfèrent. Il vient tour à tour en aide à tous les deux au moment où ils en ont besoin, et, quoiqu'il ait à se plaindre de l'un et de l'autre, il marche d'un pas ferme à son but, à travers les tiraillements de sa vie privée, comptant sur cet empire de la vérité, dont il disait, en termes prophétiques : « Débattons, sinon fraternel- » lement, du moins paisiblement; ne nous défions pas de l'empire de la » vérité et de la raison; elles finiront par dompter, ou, ce qui vaut mieux, » par modérer l'espèce humaine, et gouverner tous les gouvernements de » la terre [1]. »

Si Mirabeau eût aidé la royauté alors qu'elle combattait encore pour quelque privilége incompatible avec les principes constitutionnels, oui, il faudrait dire qu'il s'est vendu. Mais c'est au moment où, n'y ayant plus rien à conquérir sur elle, il ne restait plus qu'à la dépouiller, que Mirabeau lui offre ses services. Elle les repousse. Il la défend, en attendant qu'elle

---

[1] Séance du 17 septembre 1789.

daigne le lui permettre. On accepte enfin son aide, on la paye, je ne crains pas le mot. Quel sacrifice fait-il à la cour? Qui pourrait distinguer, dans ses discours, les paroles salariées des paroles libres? Dans les plans de gouvernement qu'il soumettait en secret à la cour, y a-t-il un démenti donné à sa conduite publique? Ces plans ajoutent à sa gloire. Ce qu'il proposait, c'est ce que cinquante ans d'épreuves nous ont enfin donné; ce sont nos libertés, c'est notre royauté, sortie de la même source.

Un stipendié montre d'ordinaire plus de zèle contre la cause qu'il a désertée que pour celle qui le paie. C'est de la nature humaine. On en veut à l'opinion qu'on quitte, en eût-on changé par réflexion et librement; à plus forte raison quand on en a reçu le prix : alors on intéresse sa vanité à son apostasie : nous n'avons pas de plus ardents contradicteurs que ceux qui ont pensé d'abord comme nous. Mirabeau, défenseur de la royauté, se retourne-t-il contre la révolution? Lisez ses discours : les dernières résistances de l'ancien régime n'ont pas d'ennemi plus résolu et plus ardent. Dans le moment qu'il organisait un plan pour sauver la royauté, sa fidélité à la révolution le faisait président du club des Jacobins. Il n'y a pas deux causes pour Mirabeau; il n'y en a qu'une; et de même qu'il croyait servir la royauté en défendant la révolution, il croyait assurer la révolution en sauvant la royauté. Esprit vraiment supérieur par ce trait, entre tant d'autres, que, tandis qu'autour de lui les partis n'aiment que l'un des deux principes, et se résignent à l'autre, Mirabeau les aime tous deux d'une égale affection, et semble, de ses bras puissants, les vouloir rapprocher pour qu'ils se regardent en face et qu'ils se rendent justice.

Un stipendié en donne pour son argent à qui l'achète. Une manifestation publique, de temps en temps, quand on la lui demande, et le voilà quitte. Il n'est pas ordinaire qu'il ajoute à sa tâche, qu'il aille au-devant des services à rendre, qu'il force ceux qu'il sert de se laisser sauver, et qu'il s'expose à ajouter au mépris qu'ils font de lui la disgrâce qui s'attache à trop de zèle. C'est pourtant l'attitude de Mirabeau avec la cour. Il s'épuisait en combinaisons, en entretiens secrets, en mémoires écrits, pour la persuader, pour l'entraîner. Dans ces communications, que la défiance rendait si délicates, il répandait à la fois tous les trésors de son esprit et toutes les forces de son âme, pensant arracher par la raison et l'éloquence le crédit qu'on refusait à sa vie. Que ne lui fut-il permis d'expier par quelque grand sacrifice ce passé qui déshonorait tous ses conseils! Il l'eût fait; il eût, au prix de son sang, renouvelé l'homme en lui pour servir la France. Pauvre France, comme il l'appelait, à qui l'on faisait payer si cher les fautes de sa jeunesse!

Voici des traits auxquels je ne reconnais pas un stipendié de la cour. C'est Malouet qui raconte une conférence qu'il eut avec Mirabeau.

« Mirabeau, écrit-il, était harassé; il avait déjà le germe de la maladie

dont il est mort; ses yeux enflammés et couverts de sang sortaient de leur orbite; il était horrible, mais il n'eut jamais plus d'énergie, plus d'éloquence. « Il n'est plus temps, me dit-il, de calculer les inconvénients; si
» vous en trouvez à ce que je propose, faites mieux, mais faites : car nous
» ne pouvons vivre long temps; en attendant, nous périrons de consomp-
» tion ou de mort violente.... Qu'on me soupçonne, qu'on m'accuse d'être
» vendu à la cour, peu m'importe. Personne ne croira que j'aie vendu la
» liberté de mon pays, que je lui prépare des fers. Je leur dirai, oui, je
» leur dirai : Vous m'avez vu dans vos rangs, luttant contre la tyrannie, et
» c'est elle que je combats encore ; mais l'autorité légale, la monarchie
» constitutionnelle, l'autorité tutélaire du monarque, je me suis toujours
» réservé le droit et l'obligation de les défendre..... Prenez bien garde,
» ajouta-t-il, que je suis le seul dans cette horde patriotique qui puisse
» parler ainsi sans faire volte-face. Je n'ai jamais adopté leur roman, ni
» leur métaphysique, ni leurs crimes inutiles. »

» Sa voix tonnante comme à la tribune, ses gestes animés, l'abondance et la justesse de ses idées m'électrisèrent aussi. Je secouai toutes mes préventions, tous mes doutes; et me voilà partageant son émotion ; louant ses projets, son courage, exaltant ses moyens de succès....

» Cette conversation se serait prolongée jusqu'au jour, si nous ne l'avions vu épuisé de fatigue, couvert de sueur, ayant une fièvre assez forte, et ne pouvant plus parler [1]. »

Ce n'est pas l'espèce d'honneur qu'on attache à la loyale exécution d'un marché de ce genre qui fait faire de pareils efforts. On ne sert ainsi que sa foi. Mirabeau se prodiguait pour la sienne. Plus tard, il lui eût donné sa vie, si ses mœurs l'avaient gardée. Comment dire qu'il y ait marché là où le vendeur donne plus qu'il ne reçoit?

Cependant, il n'y a pas à le nier; Mirabeau a vécu pendant quelques mois de l'argent du roi. Que ne s'est-on borné à dire : il a vécu! Mais l'esprit de parti, la légèreté ont dit : il s'est vendu à ses débauches. Son train de maison était magnifique; il habitait un hôtel; il avait équipage, maison de campagne ; sa bibliothèque valait 140,000 fr.; il a laissé un million à sa mort. Il y en a qui ont vu les reçus de Mirabeau. Ils savent, à quelques centimes près, le prix auquel il s'est estimé. Ce prix importe peu, je le sais; car le plus ne dépendant que de la volonté de celui qui donne, le moins ne peut être à la décharge de celui qui reçoit. Mais s'il était vrai que Mirabeau n'a reçu de l'argent que pour vivre, il y aurait sujet de le plaindre, non de le mépriser. Eh bien! cet hôtel, c'était une petite maison qui subsiste encore, et qu'il louait cent louis par an : cette maison de campagne,

---

[1] J'emprunte ce passage à l'ouvrage de M. Droz, à qui les mémoires inédits de Malouet ont été communiqués.

près d'Argenteuil, où il allait se reposer du samedi au lundi, il l'acheta 50,000 fr, mais ne la paya point : cet équipage, c'était une voiture louée au mois : cette bibliothèque qu'on évalue au prix où la mit sa gloire, en valait peut-être le quart : il laissait, dit-on, un million, et on le déclare insolvable, et l'État se charge de ses funérailles.

Assurément, pour vivre, c'est trop même de cette misère recouverte d'un vernis. Il y a dans la gêne de Mirabeau le nécessaire de beaucoup d'honnêtes gens. Mais sommes-nous maîtres souverains de notre manière de vivre? Et quelque indépendant qu'on soit de l'imitation, des faux besoins, à quel homme public est-il facile de ne faire que des dépenses personnelles? Tout fut cause de pauvreté pour Mirabeau. Cette réputation qui le saisit au sortir des prisons où son père l'avait fait enfermer pour le nourrir à meilleur compte, c'est une nécessité de plus qui le prend à la gorge. Il ne s'appartient plus, il appartient aux clients qu'elle lui a faits; à ces intérêts qui lui apparaissaient, dans les études de sa captivité, sous la forme de théories, et qui se présentent à lui sous la figure de personnes qui s'emparent de son temps et de ses talents. Il lui faut s'occuper de tout, excepté de ses affaires; être à tous, excepté à lui. On le loue de s'employer si glorieusement dans l'intérêt public, on l'admire; mais de quoi vit-il? Qui s'en inquiète? Que dis-je! si l'on soupçonne que ce malheureux, victime de ses grands talents, qui n'a reçu ni dot, ni héritage, a un gîte à la ville et un jardin à la campagne, que cet écrivain qui remplit l'Europe de son nom possède une bibliothèque, on crie à la vénalité, à la soif de l'or; et les plus durs sont ceux dont la vie n'importe pas plus au monde que la mort, de qui personne ne se réclame, et qui ont vécu de ce que leur habileté obscure a ôté ou fait perdre tout autour d'eux à de moins habiles. Je redoute moins pour Mirabeau le jugement des très-honnêtes gens, que celui de ces sages qui n'ont pour toutes vertus que des vices médiocres.

Il n'y avait qu'un moyen pour ce grand homme de s'arracher à ces tristes nécessités, tout en faisant les affaires de la révolution; l'Assemblée nationale le lui ôta. En lui fermant la carrière du ministère, la seule où il pût vivre de ses talents, elle le réduisit à se mettre aux gages du roi. Le décret d'incompatibilité des fonctions de ministre et de celles de député, fut à la fois une faute de cette assemblée, et une mauvaise action; une faute, parce qu'elle isolait de plus en plus la royauté de l'assemblée, et instituait pour ainsi dire leur défiance réciproque comme doctrine d'État; une mauvaise action, parce que l'exclusion portait en réalité sur Mirabeau. Il s'en vengea noblement en proposant à l'assemblée de voter le principe qui permettait au roi d'y prendre ses ministres, et de « borner l'exclusion à » monsieur de Mirabeau, député des communes de la sénéchaussée d'Aix[1]. »

[1] Séance du 7 novembre 1789.

Mais le désintéressement ne lui était plus possible. L'envie produisait un fruit digne d'elle, la vénalité. Il restait pourtant à Mirabeau un dernier parti : il pouvait fonder un journal. Mais quoi! faire concurrence aux Loustalot, aux Camille Desmoulins, aux Marat, courtiser la défiance, caresser la force, abaisser tout ce qui s'élevait, insulter la modération, avilir le courage, qui voudrait voir Mirabeau vivre d'un tel métier? Car, pour attirer des lecteurs en grand nombre à une feuille qui eût défendu les principes de la monarchie constitutionnelle, le talent même de Mirabeau y eût échoué, de quelque violence de plume qu'il eût couvert sa modération. On n'attirait la foule que par la raillerie, l'injure, une métaphysique déclamatoire, la haine, l'appel à l'insurrection ; et ce n'est pas le moindre des crimes du régime qui allait tomber, que la nation émancipée ne se plût qu'au langage des esclaves révoltés. Mirabeau n'eût pas pu vivre de la presse honorablement ; il ne pouvait pas vivre de sa gloire de grand orateur et de grand homme d'État. Il faut renvoyer aux scrupules insensés des uns, à la jalousie des autres, une partie des reproches qu'il a mérités, en recevant de l'argent du roi pour conserver à sa patrie l'intégrité de ses talents, et, comme disait La Fayette, pour rester, après tout, de son avis.

Telle est, si je ne me fais illusion, la vérité sur la vénalité de Mirabeau. S'il se fût agi d'un homme sans génie et sans bonté, et que j'eusse rencontré dans sa vie de l'argent reçu pour des services secrets, l'idée ne me serait pas venue de chercher s'il peut y avoir quelque excuse dans la vénalité. J'aurais gardé intact ce mépris instinctif que m'inspire tout homme qui se rend assez peu digne de ses talents pour les vendre. Mais il s'agissait d'un homme d'autant de cœur que de raison, généreux, plein de courage, incapable de crainte et capable de repentir, ne s'humiliant que devant ses fautes, qui a beaucoup failli, mais qui a encore plus souffert. La vénalité même, dans la vie d'un tel homme, ne m'a pas fait horreur, et je n'ai pas craint de regarder au fond de ce mystère, toujours triste, même quand il n'est pas révoltant. J'ai vu d'un côté les plus grands talents, des services immenses, les plus grandes vérités de la politique moderne, toute la politique de la France révolutionnaire, la paix, le respect des droits des nations, la liberté, à la fois comme devoir et comme droit, proclamés dans un magnifique langage ; et de l'autre, le manque du nécessaire. J'ai cru qu'il convenait à ceux que la médiocrité de leurs talents ou de leurs passions dérobe aux périls et aux fautes des grands rôles, d'être indulgents pour les hommes qui vivent sur cette cime où le vertige est si à craindre, et où les grandes vertus ne sont pas toujours possibles. Si c'est une erreur, je m'en consolerai par la pensée de ce que la morale y gagne ; mais rien ne me forcerait à dire qu'on ne ferait pas injustice à Mirabeau en lui préférant cette pauvreté ambitieuse des purs de la Montagne et ce désintéressement, qui n'était que la peur de l'argent, dans un temps où l'argent menait à l'échafaud [1].

IX.

Mirabeau survivant à l'Assemblée constituante et au décret absurde qui interdisait à ses membres le ministère, Mirabeau, devenu ministre de Louis XVI, au commencement de la Législative, aurait-il prévenu ce qu'il appelait d'avance les crimes inutiles de la Révolution? On se l'est demandé, tant on a de répugnance à confesser la nécessité qui a rendu ces crimes inévitables. On ne veut pas consentir à dire que tout ce qui s'est fait a dû se faire, parce qu'il s'est fait. On a écrit des livres sur cette question : La révolution pouvait-elle s'arrêter? Un trouble involontaire nous fait hésiter, en entrant dans cette période qui nous mène si rapidement du 10 août au 20 janvier et au 31 mai. Nous craignons presque d'être engagés à notre insu dans le parti de la nécessité, et d'avoir à trouver, malgré nous, quelques excuses pour ces hommes qui, vus à part, dans le vrai de leur nature envieuse et basse, hors des circonstances qui les ont emportés ou dominés, ne nous semblent pas même dignes d'avoir été un mal nécessaire. Mais il n'y a pas à s'abuser, il n'a pas été possible un seul jour de borner la révolution à l'établissement de la monarchie constitutionnelle. Non, lors même que Mirabeau eût dominé la cour et conduit le roi, lors même qu'à toutes les séductions et à toutes les qualités supérieures qui donnent la puissance il eût ajouté l'autorité d'une vie pure, il n'y aurait pas réussi.

Il en eut pourtant l'illusion. Il dit un jour à la reine, après un entretien où il crut l'avoir persuadée : « Madame, la royauté est sauvée. » Il pouvait, en effet, plus qu'aucun homme : mais aucun homme ne pouvait fixer une limite à la révolution.

Cependant, on est saisi de respect devant cette confiance imposante.

Si Mirabeau s'est fait illusion, ce n'est pas moins sur les difficultés de sa tâche. Personne ne jugea mieux la situation et n'en vit mieux les suites. Sa confiance ne lui venait pas d'aveuglement; mais il se sentait des ressources pour toutes les difficultés, du courage pour tous les périls : il se croyait plusieurs vies à donner.

La seule qu'il avait à donner n'eût été que le premier sacrifice illustre et inutile. La révolution n'était pas seulement une juste et sublime insurrection du droit contre la force, c'était aussi une vengeance. Vainqueurs et vaincus, personne ne put s'arrêter. Dès le premier jour, tout le monde fut lancé sur une pente qui conduisait à un terme extrême, les uns au

---

[1] « On s'est aperçu depuis quelques jours, disaient à Robespierre les *Révolutions de Paris*, » de quelques changements de vos mœurs domestiques, et vous avez eu l'argent nécessaire pour » fonder un journal. » Voilà ce qui explique qu'à la mort de Marat on ne trouva chez lui qu'un assignat de vingt-cinq sous.

crime, les autres à la mort. L'espèce de soulagement qu'on éprouve en voyant, à certaines époques de cette histoire, les deux régimes se réconcilier un moment, et ces trêves sincères de gens qui vont s'égorger, rend plus poignante l'horreur de ce qui suit : et il s'ajoute à toutes les émotions une tentation de doute sur la liberté humaine. Tous ces esprits, tous ces cœurs sont déchaînés. On aime, on craint, on espère avec fureur ; toutes les paroles sont ardentes, tous les visages sont émus et pâles. L'idée du droit, d'un droit inconnu, sans limites, sans devoirs, exalte toutes les têtes. On se précipite à la conquête de ce droit : il donnera tout ; il finira toutes les misères, on le croit ; l'homme reconnu n'aura plus rien à craindre. Qui lui dispute ses titres est digne de mort. Ainsi pensait la foule. L'approche de la constitution lui faisait seule prendre patience sur la famine. Quelle main eût pu apaiser cette tempête? Il n'est pas besoin, pour trouver grand Mirabeau, de croire qu'il en aurait eu la force : il n'est si grand et si au-dessus de son temps, que parce que ce souffle de tempête qui fait chanceler tout le monde ne le trouble pas, et qu'il paraît immobile sur un sol bouleversé.

Il faut donc s'incliner devant cette nécessité qui des justes ressentiments et des nobles espérances de la France de 89 fit sortir les massacres et les folies de 1793. Mais s'il est vrai que pour accomplir les révolutions la Providence se serve de tout le monde et qu'elle ait besoin de bons et de mauvais rôles, elle envoie les bons aux esprits élevés et aux cœurs généreux, à ceux qui aiment mieux mourir que tuer, les mauvais vont aux esprits médiocres et aux cœurs haineux, à ceux qui savent mieux tuer que mourir. Il y a, pour tout homme qui lit ces redoutables annales, et qui, se transportant par la pensée au milieu des événements, s'interroge sur la conduite qu'il y aurait tenue, il y a un choix à faire entre ces rôles. Pour moi, je choisirais celui de quelqu'un de ces obscurs amis de Mirabeau qui pardonnaient ses vices à ses malheurs, à ses prodigieux travaux pour éclairer son pays, à cette raison supérieure qui lui révélait le gouvernement que la France devait se donner quarante ans plus tard. Comme lui et avec lui, je me serais arrêté à la royauté indépendante et irresponsable, avec deux chambres, avec la constitution de 1791 revisée, épurée de cette métaphysique absurde et enivrante de la Déclaration des droits, débarrassée de l'amalgame du pouvoir exécutif et du pouvoir législatif, semblable enfin, dans tout ce qui est essentiel, à notre charte de 1830. Et puisqu'à partir de la Législative, pour tous les hommes publics qui ne consentaient pas à se cacher sous un lâche silence ou à racheter leur vie de tous les vainqueurs tour à tour au prix de honteuses flatteries, il n'y avait plus qu'à faire choix du moment de leur mort, j'aurais choisi la première fournée, quoiqu'il s'y trouvât des hommes qui, en votant la mort du roi, et en mettant à rien les vies vulgaires, expiaient déjà le sang par le sang.

X.

En parlant de la mort de Mirabeau, M. de Lamartine, qui lui a consacré d'admirables pages, apprécie les sentiments secrets que cette mort inspira aux divers partis. Selon lui, le deuil ne fut qu'apparent; l'Assemblée nationale était lasse de la supériorité de Mirabeau. Les larmes versées sur son cercueil étaient feintes. Le peuple seul le pleurait sincèrement.

Je ne veux pas ôter au peuple le mérite d'avoir pleuré sincèrement Mirabeau; le peuple aime les grands hommes; il sait reconnaître sa part dans le bien qu'ils ont fait à leur pays; il est sans jalousie, non parce qu'il est trop fort, comme le dit M. de Lamartine, mais parce qu'il sait que tout ce qui est véritablement grand travaille pour lui, et parce qu'il est reconnaissant. Mais ne fait-on pas injustice aux classes éclairées, aux honnêtes gens dans tous les partis, à l'Assemblée, en les accusant de n'avoir donné que des larmes de respect humain à la mort de Mirabeau?

Il y eut alors des témoignages naïfs qui sont plus sûrs que les spéculations de l'historien. Quand Target, qui présidait l'Assemblée, dit d'une voix émue : « J'ai une fonction bien douloureuse à remplir.... » *Ah! il est mort!* murmura-t-on de toutes les parties de la salle. Certes, ce ne fut pas là un cri de délivrance échappé à tous ceux sur qui pesait Mirabeau, soit comme adversaire, soit comme ami, soit par la supériorité qui pouvait offusquer certains puritains comme un privilége. C'était un gémissement arraché à la vérité des cœurs par la grandeur de la perte que venait de faire la nation.

Je ne suspecte pas non plus les larmes que versèrent un grand nombre de députés, au court éloge que Barrère fit du mort; et je n'y veux pas voir l'hypocrite douleur d'héritiers qu'une mort prématurée vient d'enrichir. Les partis même que Mirabeau avait combattus ou voulu discipliner étaient affligés de sa mort. S'il leur résistait dans leurs exagérations, il les avait aidés dans leurs vœux légitimes; et il les avait tous servis en marquant le champ du combat.

Une poignée d'hommes seulement, ou médiocres ou violents, quelques jaloux peut-être, auxquels la prévention ou la passion cachait l'avenir, purent se réjouir tout bas; ceux-ci parce qu'ils montaient d'un rang, ceux-là parce que, dans leur sauvage instinct de destruction, ils se voyaient débarrassés d'un obstacle; les uns et les autres, parce qu'ils ne connaissaient pas l'héritage qu'ils allaient recueillir. Pour l'immense majorité, dans l'Assemblée comme dans la nation, la mort de Mirabeau fut une perte personnelle. C'était la Révolution qui mourait, laissant la place à l'anarchie.

Au commencement de 1791, tout ce qui devait périr du régime ancien était détruit; tout ce qui devait fonder le nouveau était proclamé. Il restait à raffermir l'ordre, ébranlé par ces mémorables combats. Nul homme n'y était plus propre que Mirabeau, parce que les entraînements de la liberté ne lui avaient pas rendu l'ordre indifférent, et que les périls de l'ordre ne le décourageaient pas de la liberté. Comme la majorité de la nation, il était impartial pour les concilier, passionné pour les défendre. Il répondait à l'ardeur des esprits par l'enthousiasme dans la parole, à leur raison par la sagesse dans la pensée, intéressant la passion aux vérités qui devaient la calmer, et rendant tout révolutionnaire par la forme, même la défense du principe de la royauté. On pouvait être sage avec lui sans paraître froid, et s'arrêter sans reculer. Un tel homme mort, qu'allait il arriver? Qui pourrait régénérer la tranquillité publique? Qui serait de force à tenir tête aux partis? Personne. On le sentait, et on pleurait. L'idée de l'irréparable était dans les regrets donnés à Mirabeau.

Notre génération a vu un bel exemple d'une mort populaire. Mais si nous y étions touchés par la pensée d'une belle vie tranchée, et de tous les biens de la renommée, de l'estime publique, enlevés prématurément à l'homme que nous en croyions digne, nous n'y pleurions point. Il n'y avait pas de douleur, parce qu'il n'y avait pas d'inquiétude pour la cause qu'il avait défendue; et si quelques larmes coulèrent, c'était du sentiment que ces funérailles d'un homme étaient la victoire d'une opinion. On pleurait à la mort de Mirabeau, parce que cette mort était une défaite. La partie de la nation qui ne s'emporte pas suivait le convoi de Mirabeau comme l'orphelin suit le convoi d'un père. A la vérité, pas plus que l'orphelin, qui, même dans son délaissement, sent au fond de son cœur la confiance de la vie, elle ne désespérait pas d'elle-même; mais elle se sentait abandonnée.

Le deuil de Mirabeau ne fut pas une cérémonie dont l'État avait rédigé le programme. Tout ce qui était engagé dans l'œuvre de la révolution, assemblées, autorités nées de l'insurrection, gardes nationales, sociétés populaires, formait le cortége, où chaque pouvoir, comme chaque citoyen, s'était spontanément invité. Dans ce cortége, sur le passage, beaucoup pleuraient. Et quand à minuit, après une marche de près de sept heures de la maison du mort au Panthéon, il entra sous ces voûtes que l'Assemblée nationale avait consacrées aux grands hommes, personne ne crut que le Panthéon en pût recevoir un plus grand.

Cependant, à trois années de là, une minorité souillée du sang des 2 et 3 septembre osait en trouver un plus pur : c'était Marat. Mais le deuil de Marat ne fut qu'une parodie du deuil de Mirabeau. Il y eut là aussi un président annonçant à la Convention une grande mort; des députations apportant à la barre leurs regrets; des funérailles publiques; un cortége; le Panthéon ouvert une seconde fois. Mais toute cette douleur n'était que grimace, et toute cette gloire qu'impudence.

« Citoyens, dit le président Romme, un grand crime a été commis sur la » personne d'un représentant du peuple. »—Silence sur tous les bancs.—« Je

» prie l'Assemblée d'entendre les adresses des diverses sections relativement
» à cet événement. » Romme se dérobait à l'oraison funèbre. Il en laissait la
besogne à quelques fanatiques : fanatiques ou lâches, qu'avaient trompés
les haillons affectés de l'homme, ou qui avaient peur des disciples qu'il
laissait. Il y en eut qui appelèrent Marat le *Caton français*[1]. « Représen-
» tants, dit l'un d'eux[2], le passage de la vie à la mort est un intervalle bien
» court... Marat n'est plus!... Peuple, tu as perdu ton ami! Marat n'est
» plus!... Où es-tu, David? il te reste encore un tableau à faire... —
» DAVID : Aussi le ferai-je... » Ces trois mots de David furent les seuls qui
sortirent d'un cœur, dans ce deuil de comédie. Nous avons vu le tableau.
Le pinceau du peintre a été ému. Mystère étrange! L'artiste et le poète
sont-ils donc plus justes que nous? Découvrent-ils dans ces abîmes de fiel et
de colère la fibre humaine qui a mérité un ami, ou la bonne foi qui excuse
même la soif du sang?

Ce furent l'État et la loi qui firent les funérailles de Marat. Pour mieux
cacher l'absence de la nation, on en avait multiplié les figures dans le
cortége. Un groupe d'artistes représentait la masse du peuple; un groupe
de citoyennes, en même nombre que les départements, représentait la
France. Tout avait été réglé ; l'ordre du cortége, la route qu'il devait suivre,
le programme de la musique à exécuter. Peut-être avait-on songé aussi à
commander le deuil des cœurs; mais comme il est impossible d'imposer
à notre nation une tristesse d'office, dût-on faire suivre un cortége funèbre
par l'échafaud, on imagina de mêler deux cérémonies : une fête en l'honneur des armées, et la translation du corps de Marat au Panthéon. On fit
flotter sur le cercueil, que traînait un char façonné à l'antique, les quatorze drapeaux de nos quatorze armées. De cette sorte, les citoyens qu'on
avait invités à concourir à la fête, en décorant les façades de leurs maisons, purent obéir sans mentir à leurs sentiments. Ils tendaient pour nos
armées et pour nos victoires, cachant sous l'enthousiasme patriotique la
joie secrète de voir Marat d'homme devenu dieu. C'est avec ce cortége, parmi les fleurs et la musique, à l'ombre de ces quatorze drapeaux, que ce corps entrait au Panthéon par la porte d'honneur, tandis
qu'un commissaire de police en retirait par une porte latérale la dépouille
et, comme on disait en style du temps, les « restes impurs du royaliste
Mirabeau. »

Chénier en avait présenté le décret au nom d'un comité. « Considérant,
» y est-il dit, qu'il n'est point de grand homme sans vertu... le corps de
» Mirabeau sera retiré du Panthéon français le même jour que celui de
» Marat y sera transféré. » Chénier eut à donner les motifs de ce décret

---

[1] Adresse de la députation de la section du Panthéon.
[2] Adresse de la section du Contrat social.

insensé. Il faut dire à son honneur que s'il put trouver quelques phrases emphatiques pour déshonorer la mémoire de Mirabeau, il resta muet sur Marat, et n'insulta pas du moins le grand homme qu'on dépossédait de sa sépulture, par l'éloge du misérable que la folie de la peur mettait à sa place.

Je remarque même, dans ce discours, un passage où l'on sent qu'il eut à se faire violence pour s'acquitter de sa triste commission. « Se voir forcé, » dit-il, de séparer l'admiration de l'estime, être contraint de mépriser les » dons les plus éclatants de la nature, c'est un tourment, il est vrai, pour » toute âme douée de quelque sensibilité. » La violence du temps ne permettait que ce scrupule à un esprit honnête et distingué, qu'égarait la chimère d'une république fondée sur la vertu. A une autre époque, il eût été plus juste en étant plus indulgent. Il eût compris que le même homme ne peut pas être admiré et méprisé; que l'admiration, si elle est sensée, c'est-à-dire si elle s'attache aux talents bienfaisants, contient de la reconnaissance, et que la reconnaissance n'est pas compatible avec le mépris. Ces réserves orgueilleuses, dans les jugements sur les grands hommes, au nom d'une vertu inaccessible à l'imperfection humaine, ne servent pas les mœurs, et donnent des prétextes à l'envie. Pardonnons beaucoup à ceux dont les talents ont fait du bien à tous, et dont les fautes n'ont nui qu'à eux-mêmes. Mirabeau en est un modèle admirable. Ses talents nous ont aidés à devenir une nation libre; ses fautes, il les a payées de sa vie. Quant à l'intégrité impitoyable, telle qu'on la louait dans Marat, prenons garde que ce ne soit toujours une couverture pour cacher l'ambition d'un homme médiocre, ou pour rendre respectables les haines d'un méchant.

D. Nisard,

Député, professeur au collège de France.

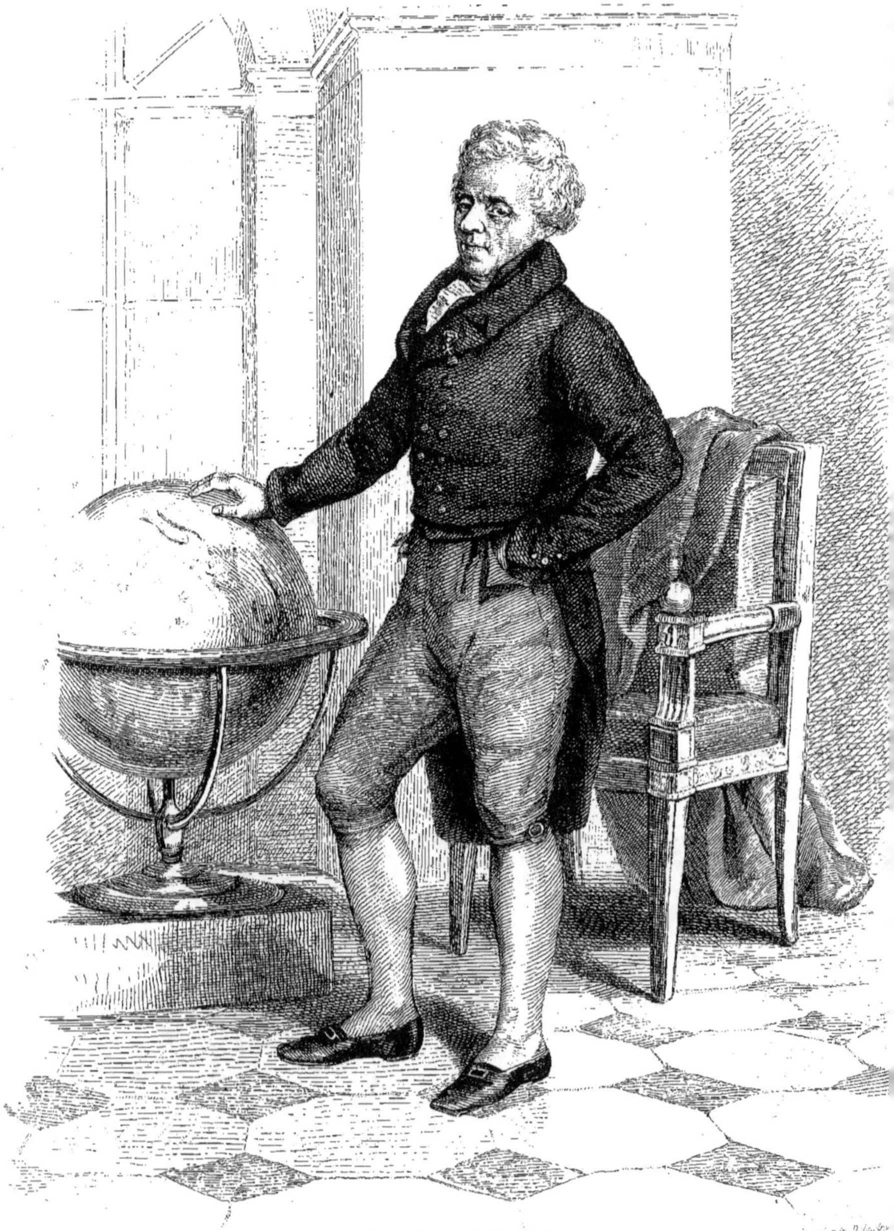

Dessiné par [illegible] | Impie Geny-Gros, rue du Plâtre, 28. Paris | Gravé par [illegible]

LAPLACE.

LAPLACE

NÉ EN 1749, MORT EN 1827.

L'astronomie étonne et frappe les esprits par son caractère grandiose. Les objets dont elle s'occupe font rejaillir sur elle une partie de leur propre splendeur. La plus ancienne et la plus sublime à la fois des sciences physiques, elle montre à quelle hauteur l'homme peut élever sa pensée : par elle notre esprit plane sur cette immensité, où roule, dans un ordre admirable, un nombre si prodigieux de mondes, que, lors même que tout notre système planétaire viendrait à être anéanti, on n'apercevrait pas plus son absence que celle d'un grain de sable sur le rivage de l'Océan. Celui dont l'œil sait distinguer tous ces corps célestes, qui connaît leurs mouvements, leur étendue, leurs distances, leurs influences sur les corps environnants, celui qui aura approfondi les lois par lesquelles, au milieu de ces révolutions éternelles, la stabilité et la permanence de l'univers se maintiennent, celui-là verra partout une disposition qui ne peut être due au hasard ; il sentira que tout est l'œuvre d'une volonté placée au-dessus de la plus grande des forces matérielles, et agissant avec sagesse et prévoyance dans la distribution de cet ensemble harmonieux.

Les services que l'astronomie a rendus à l'humanité sont immenses : elle a détruit une foule de préjugés dans l'esprit du vulgaire, elle a déterminé la forme et la grandeur de la terre, expliqué un grand nombre de phénomènes naturels qui s'y passent, et répandu le commerce jusqu'aux coins les plus reculés de notre globe, en assurant davantage les principes de la navigation. Dans tous les temps les hommes se sont occupés d'astronomie : le coucher et le lever du soleil, l'orbite apparente que parcourt cet astre ; la lune, ses phases, ses différentes positions et sa disparition périodique ; ces innombrables points lumineux qui nous envoient leurs vacillants rayons ; tous ces objets, tous ces phénomènes, offerts aux regards de l'homme, devaient faire naître dans son esprit l'idée d'un empire plus vaste que le sien. Mais la véritable science astronomique n'a été fondée que dans ces derniers siècles; Copernic, Galilée, Kepler, ont eu la gloire d'en fixer les bases. Un des hommes les plus illustres qui, depuis le grand Newton, aient parcouru la carrière ouverte par ces pères de la science, est Pierre-Simon Laplace.

Laplace naquit à Beaumont-en-Auge, dans le département du Calvados, le 23 mars 1749. Ses parents étaient pauvres, et le destinaient à l'état ecclésiastique : mais un livre de mathématiques qui tomba dans ses mains dérangea tous leurs calculs. Cette circonstance détermina la vocation du jeune enfant qui devait être le plus illustre astronome de son siècle. A quelques années de là, un exemplaire de Buffon éveillait pareillement le génie de Cuvier, et le détournait aussi de la carrière ecclésiastique pour en faire le plus grand naturaliste du monde.

Après avoir cultivé les sciences, les lettres et la musique, Laplace, déjà renommé dans sa ville natale pour sa précoce capacité et sa mémoire prodigieuse, partit très-jeune pour Paris, où, grâce à son mérite et à la protection de d'Alembert, il fut bientôt placé comme professeur de mathématiques à l'École militaire. Dès ce moment il avait vaincu toutes les difficultés qui ordinairement font payer si cher les succès. Peu de temps après, sa réputation était déjà arrivée à un tel point, qu'on le nomma examinateur au corps royal d'artillerie. Il avait fait une découverte importante, celle de *l'invariabilité des distances moyennes des planètes au soleil;* il avait en outre publié quelques Mémoires remarquables imprimés aux frais d'un Mécène généreux, le président Saron; et, à l'âge de vingt-quatre ans, il entra à l'Académie des Sciences, où il devait siéger pendant plus d'un demi-siècle. Presque en même temps il devint membre du Bureau des longitudes, que l'on venait de fonder. En 1796, il publia son *Exposition du système du monde*, ouvrage à la fois scientifique et littéraire, dans lequel il développe, en épargnant toute espèce de calculs à ceux qui ne connaissent que les premiers éléments de la géométrie, la méthode et la marche que l'astronomie a suivies dans ses découvertes. Mais cet ouvrage n'était que le résumé, la table des matières, pour ainsi dire, d'une œuvre gigantesque, entièrement basée sur l'analyse mathématique.

Les progrès que Newton avait fait faire à cette science mirent les mathématiciens qui suivaient les principes du philosophe anglais en état d'ajouter à ses découvertes en astronomie physique, ou du moins de compléter ce que ce grand homme avait commencé si heureusement. On trouva bientôt que presque tous les phénomènes des mouvements célestes se laissaient expliquer par le principe de la gravitation. Mais les travaux des savants qui avaient, à différentes époques et en des pays différents, contribué à faire marcher la science, étaient isolés, dispersés : et l'œuvre la plus importante à faire, pour donner une impulsion nouvelle aux recherches astronomiques, c'était la création d'un corps de doctrine où fussent exposés dans leur ensemble les principes et les causes des mouvements célestes, qui reliât, dans un vaste système, toutes les découvertes antérieures et toutes les observations actuelles, qui embrassât, en un mot, la science astronomique tout entière. Si tous les astronomes avaient pu se réunir en un congrès général pour confier à un seul homme cette entreprise immense, certes ils auraient dû choisir celui qui s'en est chargé de son propre mouvement. Laplace était, de tous les mathématiciens, le plus capable d'aborder une tâche si ardue. La nature d'un pareil ouvrage exigeait qu'il renfermât un système complet d'astronomie physique, depuis les premiers éléments jusqu'aux conclusions les plus élevées de la science; il fallait qu'il conservât d'un bout à l'autre la même méthode d'investigation, que toutes les recherches fussent soumises à la même théorie, que partout où il y aurait des résultats à déduire, même déjà connus, il y eût unité de caractère. La *Mécanique céleste* remplit toutes ces conditions.

Armé de l'instrument puissant que lui fournissait l'analyse mathématique, Laplace examine dans ce livre tous les phénomènes que la gravitation universelle de la matière peut produire sur les formes et les mouvements des corps célestes : il recherche la figure du globe terrestre, précise la théorie des mouvements lunaires, calcule les ondulations de la mer pendant le flux et le reflux, et s'élève enfin jusqu'aux satellites de Jupiter pour en déterminer le poids et la masse. La *Mécanique céleste*, chose unique dans l'histoire des sciences, fournit l'exemple d'une théorie complète; théorie entièrement basée sur cette force mystérieuse qui émane de toutes les particules matérielles dont les globes se composent, qui préside à tout, qui unit les régions les plus éloignées de l'espace, qui maintient l'harmonie et la régularité au milieu de tant de causes perturbatrices, et qui proscrit éternellement du monde physique l'anarchie et le désordre. A l'aide de cette théorie, non-seulement Laplace a expliqué tous les phénomènes connus, mais il en a découvert, deviné beaucoup d'autres que l'observation a plus tard constatés.

L'ouvrage où Laplace a tracé ce tableau sublime fait honneur non-seulement à l'auteur, mais au genre humain tout entier, et la gloire qui en rejaillit doit se répartir, en proportions diverses, sur les philosophes et les mathématiciens de tous les âges; car tous ont été nécessaires pour former le seul auteur de la *Mécanique céleste*. Tout mathématicien qui a étendu les limites de la science, tout astronome qui a augmenté le nombre des faits et l'exactitude de l'observation, tout artiste même qui a perfectionné la construction des instruments d'astronomie, tous ont rassemblé les matériaux, inventé les machines qui ont servi à élever cet édifice immense au front duquel on peut écrire : *Commencé par Newton et achevé par Laplace*.

La variété des travaux qui, pendant soixante années, ont occupé ce grand homme, n'est guère moins extraordinaire que le génie qu'il y a déployé. Il n'y a guère de sciences auxquelles il n'ait fait faire quelque progrès; et la physique, particulièrement, lui doit d'importantes découvertes. Qu'il nous soit permis d'en citer ici quelques-unes.

On sait que les liquides homogènes s'élèvent à la même hauteur dans tous les vaisseaux communiquants. Si maintenant on plonge dans l'eau un tube de verre d'un diamètre très-petit, si petit qu'on puisse à peine y introduire un cheveu (et c'est de là qu'est venu le nom de *capillaire*), l'eau s'élève dans l'intérieur, et y demeure suspendue *au-dessus* du niveau, à une hauteur qui est en raison inverse du diamètre du tube; mais si l'on plonge le même tube dans un liquide qui n'est pas susceptible de le mouiller comme l'eau, par exemple le mercure, ce liquide se tient *au-dessous* du niveau, et sa dépression est aussi en raison inverse du diamètre du tube. Ces phénomènes, dus à l'attraction plus ou moins grande qu'ont les molécules d'un corps pour elles-mêmes et pour celles d'un autre corps, ont été pendant long-temps ignorés des physiciens. Le hasard les fit connaître à Pascal : les géomètres et les physiciens rivalisèrent de zèle pour découvrir la cause qui leur donne naissance; mais la plupart s'épuisèrent en vaines conjectures : Laplace dirigea ses études vers le même objet, et il parvint à une théorie dont l'exposition complétera l'histoire de cette branche intéressante de la physique.

Il fonda et développa à la fois une autre science, je veux parler de la physique corpusculaire, en appliquant les considérations mathématiques à la constitution moléculaire des corps. Là, des milliards innombrables d'atomes agissent les uns sur les autres à des distances infiniment petites, et offrent au calcul des difficultés incomparablement plus grandes que les mouvements qui ont lieu dans l'étendue incommensurable de l'espace. Les conséquences qui découleront des investigations de Laplace, dans cette voie nouvelle, éclaireront non-seulement la physique, mais aussi la chimie.

Ses recherches sur les réfractions, sur les mesures barométriques, sur les propriétés statiques de l'électricité, celles qui concernent la vitesse du son et les propriétés des gaz, attestent que rien n'échappait à son esprit pénétrant. Il avait imaginé, de concert avec Lavoisier, un instrument ingénieux, le *calorimètre*, qui devait servir à mesurer le calorique spécifique des corps.

Laplace avait adopté les principes de la révolution; mais avant le 18 brumaire il n'avait occupé aucun emploi public : en 1799 le premier consul le nomma ministre de l'intérieur. Mais les génies de la science sont envoyés pour éclairer les peuples et non pour les administrer : au bout de six semaines Napoléon le remplaça par Lucien Bonaparte.

A la fin de la même année Laplace devint membre du Sénat, dont il fut vice-président en 1803, et chancelier en 1805. Lorsque Napoléon se fit proclamer empereur, il conféra à Laplace le titre de comte de l'Empire. Ce fut Laplace qui, dans un rapport adressé au Sénat, fit le premier sentir la nécessité de renoncer au calendrier de la république, et de reprendre le calendrier grégorien. En 1806 il fut nommé grand-cordon de la Légion-d'Honneur, et en 1808 grand-officier de l'ordre de la Réunion.

Toutes ces dignités ne le détournèrent pas un instant de ses profondes méditations. En 1812 il créa une science nouvelle, d'une étendue prodigieuse, et qui peut-être un jour embrassera tout le champ des connaissances humaines; nous voulons parler de sa *Théorie analytique des probabilités* et de son *Essai philosophique des probabilités*. Pascal, Fermat, Huyghens et autres avaient déjà travaillé à élever cette doctrine, et Bernouilli avait publié, dans la même pensée, son *Ars conjectandi*. Mais ce dernier ne connaissait que les éléments de l'analyse, et son ouvrage est resté insuffisant : Laplace, au contraire, né pour tout perfectionner, pour tout approfondir par l'application du calcul intégral, est parvenu à rendre possible la solution la plus générale des problèmes les plus compliqués des probabilités.

Sous tous les gouvernements Laplace fut comblé d'honneurs. En 1814 il avait voté la déchéance de Napoléon, et pendant les Cent-Jours sa conduite fut conforme à son vote ; aussi Louis XVIII l'éleva-t-il à la dignité de pair de France : il lui donna de plus le titre de marquis. En 1816 Laplace entra à l'Académie française : dans la même année il fut nommé président de la commission chargée de réorganiser l'École polytechnique.

Laplace conserva jusqu'à la fin de sa vie la même activité : quinze jours avant sa mort il lut au Bureau des longitudes un Mémoire sur les *oscillations de l'air*. Après une courte maladie, il rendit le dernier soupir le 5 mars 1827, juste cent ans après le jour de la mort du grand Newton, avec qui on l'a si souvent comparé.

Laplace était un homme doux, affable, prévenant, d'une grande simplicité de mœurs. Sa vie est peu chargée d'événements : c'est la vie d'un penseur. La sagacité et la persévérance caractérisaient particulièrement son génie. Il aimait la littérature et les beaux-arts. Son patronage n'a jamais manqué à celui qui en avait besoin pour poursuivre un but scientifique : aussi son salon était-il le rendez-vous des jeunes gens qui entraient dans le sanctuaire de la science et des vieillards qui devaient bientôt le quitter. Laplace appartenait à toutes les académies savantes de l'Europe.

Max. Kaufmann.

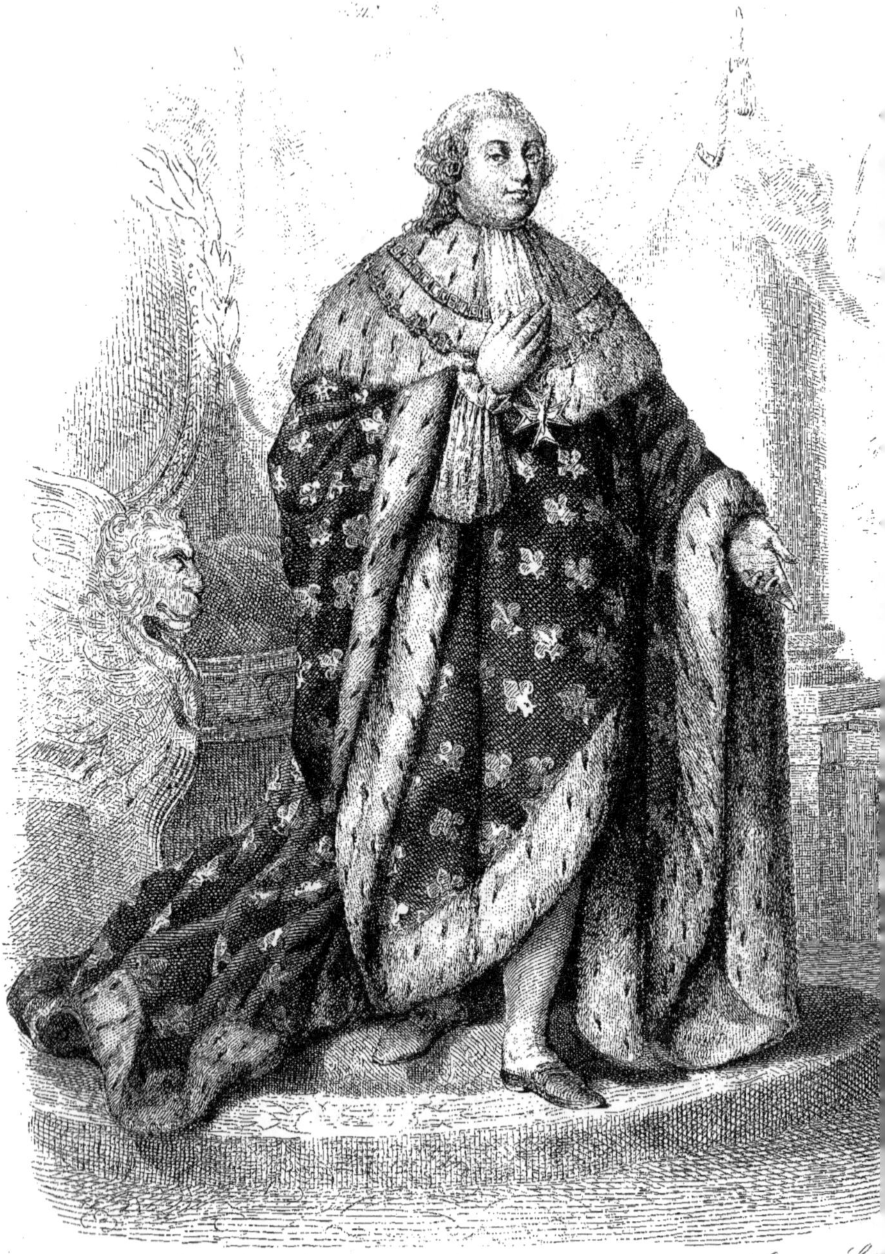

Dessiné par Amaury Duval — Impᵉ Geny-Gros, rue du Fleurus, 28. Paris — Gravé par Gau

LOUIS XVI.

LOUIS XVI

NÉ EN 1754, MORT EN 1793.

« Tout ceci durera bien autant que moi, disait fréquemment Louis XV, mais je ne sais comment s'en tirera mon successeur. » L'édifice dont le roi prévoyait ainsi le prochain ébranlement et la ruine peut-être, c'était l'établissement monarchique si laborieusement fondé par Henri IV, par Richelieu, si glorieusement consolidé par Louis XIV, autant du moins que pouvait être consolidé un système qui livrait exclusivement aux incertitudes de l'hérédité l'avenir d'un gouvernement et d'un pays. Soixante années d'abus et de honte venaient de prouver que c'est aux institutions qu'il faut demander les garanties que ne présente pas toujours le caractère des princes. Ces institutions dont les moins clairvoyants reconnaissaient la nécessité, cette application aux matières politiques des théories rationnelles que le dix-huitième siècle avait introduites, avec un si éclatant succès, dans toutes les sciences, cette réalisation des vagues espérances de rénovation sociale et politique que tant de généreux esprits avaient conçues, tout cela était attendu de Louis-le-Désiré, petit-fils et successeur de Louis XV.

Louis XVI, fils de Louis, dauphin de France, et de Marie-Josèphe de Saxe, était né le 23 août 1754. Il avait vingt ans lorsque la mort de son aïeul l'appela au trône (10 mai 1774). La cour connaissait à peine ce sérieux et austère jeune homme qui cachait volontiers, dans la solitude qu'il s'était faite à Versailles, cette incurable défiance de lui-même, cette timidité singulière que son enfance même avait manifestée. « Allons donc, Berri, » lui disait sa tante, madame Adélaïde, qui l'aimait tendrement, « allons donc, crie, gronde, fais du tapage, casse mes porcelaines, qu'on parle un peu de toi[1]. » L'enfant ne criait pas, ne remuait pas, ne se montrait que plus taciturne et plus embarrassé. Son plaisir, à lui, c'était de s'en aller à l'écart

---

[1] Mémoires historiques et politiques du règne de Louis XVI, par Soulavie, t. II.

limer du fer, copier des cartes de géographie, et jeter à la dérobée un regard de convoitise sur ce bel atelier de menuiserie où se complaisait le roi son grand-père. Ce que la nature avait refusé au jeune prince, les exemples de la famille, les principes de l'éducation, ne le lui donnèrent pas. Il avait onze ans lorsqu'il perdit son père, ce dauphin Louis que la gravité de ses mœurs avait recommandé à l'opinion, scandalisée des désordres de la cour, mais sur lequel un bigotisme ridicule et des intentions politiques d'une rectitude fort contestable doivent appeler un jugement beaucoup plus sévère. Les idées chimériques ou dangereuses que léguait au jeune prince un père né pour le cloître plutôt que pour le trône, n'eurent pas le correctif d'une forte et sérieuse éducation. L'homme qui avait été chargé de le diriger et de l'instruire, le duc de La Vauguyon, courtisan frivole, sans dignité et sans esprit, mettait l'accomplissement des pratiques extérieures à la place des graves devoirs que lui eût imposés une dévotion éclairée, et laissait au jésuite Radonvilliers le soin de former un souverain qui régnât et gouvernât pour la plus grande gloire et le plus grand profit de la Compagnie de Jésus. Le royal élève d'un tel instituteur sortit de ses mains avec une mémoire fort exercée, surchargée des plus matériels enseignements des langues, de l'histoire, de la géographie, mais avec une intelligence vide et inculte, ignorant tout du passé comme du présent, livré à ses seuls instincts d'honnêteté et de justice, et condamné d'avance à tous les tourments que donnent à une âme droite le désir, la puissance de faire le bien, et l'incapacité radicale de le discerner. Le sentiment confus de son insuffisance redoublait en lui cette timidité native qu'avait encore augmentée l'état de contrainte et d'éloignement où Louis XV retenait ses petits-fils, pour leur dérober le spectacle de ses débauches. Mécontent des autres et de lui-même, il portait constamment sur sa figure les traces de cette brusquerie maussade qui se concilie très-bien avec l'excessive faiblesse du caractère. Héritier d'une monarchie militaire, le jeune dauphin ne savait pas porter l'épée; placé au milieu d'une cour élégante et spirituelle, il y montrait complaisamment des mains noircies par de grossières occupations, des attitudes aussi vulgaires que son langage, et ce formidable appétit dont on riait sans se contraindre; appelé à régner sur le peuple le plus éclairé du monde, à prévenir la plus terrible révolution qui ait jamais remué l'Europe, en opérant de délicates et périlleuses réformes, il apportait sur le trône, pour toute science de gouvernement, trois ou quatre cents propositions sentencieuses extraites de Fénelon et de Nicole, et mitigées encore, dans l'application, par les mille scrupules, les incessantes défiances d'un esprit sans lumières et d'une âme sans énergie.

La droiture des intentions, le désir sincère et honnête du bien et du juste, n'épargnaient à ce pauvre prince aucune des difficultés que les moindres circonstances accumulaient autour de lui. A l'âge de seize ans, en 1770, il avait épousé l'une des filles de l'impératrice Marie-Thérèse, la jeune et brillante archiduchesse Marie-Antoinette. Cette union, négociée par le duc de Choiseul, était le résultat des vues et des combinaisons politiques de ce ministre. A ses yeux, les deux états contre la prépondérance desquels la France devait se tenir en garde, c'étaient l'Angleterre et la Russie, et pour arrêter le redoutable développement de leur puissance, il avait formé le plan de rapprocher par la plus intime alliance les Bourbons de France, d'Espagne, de Naples et de Parme, et de rattacher à eux par les liens les plus étroits la maison impériale d'Autriche : le pacte de famille et le mariage du dauphin, c'étaient là les deux pivots essentiels du système de Choiseul. Mais ce système, pour tous ceux qui ne voyaient pas ou ne voulaient pas voir que l'Autriche de 1770 n'était plus, à beaucoup près, l'Autriche de Charles-Quint ou de Ferdinand II, ce système c'était le renversement de l'ancienne tradition, l'abandon de la glorieuse politique de Henri IV et de Richelieu, c'était l'abaissement de la France. La jeune princesse dont le mariage consacrait cette politique honteuse et compromettante, venait, au dire de bien des gens, vérifier le mot du grand Frédéric, faire de la France la *ferme de la maison d'Autriche;* elle venait réduire Louis XVI au rôle insignifiant et ridicule qu'avait joué à Vienne le bon duc François; elle venait régenter la France sous la haute direction de sa mère l'impératrice Marie-Thérèse, et sous la surveillance immédiate de son intrigant précepteur l'abbé de Vermont. Beaucoup la haïssaient avant de la connaître; elle arriva, et se montra ce qu'elle fut toujours, vive, inconsidérée, railleuse, se jouant à la fois des frivolités de l'étiquette et des lois de la bienséance, blessant les vanités féminines aussi bien que les prétentions nobiliaires, étourdiment prodigue d'une amitié dont il était si facile d'abuser aux dépens du pays, et toute prête d'ailleurs à accepter et à soutenir des luttes dont elle était bien loin de prévoir le terme. Il y eut alors contre elle un sentiment général de colère et d'aversion; la calomnie, qui, pendant vingt ans, devait poursuivre la reine sans pitié ni relâche, se donna librement carrière; on attaqua ses qualités comme ses défauts; les tantes de Louis XVI, ses frères, ses belles-sœurs, donnèrent le signal d'une animosité aussi vindicative que déloyale contre celle que, bien avant le peuple, ils appelaient dédaigneusement l'*Autrichienne*. Cette accablante impopularité devait retomber sur le jeune roi s'il arrivait un jour que, sortant de sa froideur première, il subît l'ascendant et livrât le royaume aux capricieuses volontés de Marie-Antoinette; et c'est là ce qui arriva bientôt : « Quoique le roi n'eût qu'une confiance aussi aisée à acquérir qu'à perdre, dit un contemporain, et qu'il n'eût aucun goût pour les femmes, il avait laissé prendre à la reine un tel ascendant sur lui qu'il tenait de l'asservissement. Soit que ce fût supériorité, crainte ou attrait, non-seulement jamais il ne lui résistait, mais j'ai mille fois été témoin que, quand elle lui parlait, dans ses yeux et dans son maintien il se manifestait une action, un empressement que rarement la maîtresse la plus chérie fait naître¹. »

Les exigences révolutionnaires de l'opinion et les tendances rétrogrades de la cour, les scrupules d'une bigoterie puérile et les séduisantes théories des philosophes et des économistes, les traditions anti-autrichiennes du dauphin son père et l'irrésistible influence de Marie-Antoinette sa femme, voilà les mobiles contradictoires entre lesquels Louis XVI, dès son avénement au trône, se trouve douloureusement partagé. Dans l'honnêteté sincère de ses intentions, le premier point, pour le nouveau roi, c'était de répudier les honteuses traditions du règne précédent, de renvoyer les Maupeou, les Terray, les d'Aiguillon; et cela fut fait sans retard. Mais cet ignoble ministère une fois congédié, comment le remplacer? Le roi avait arrêté son choix, ou plutôt son père lui avait désigné d'avance un homme éminent, un grand citoyen, qui avait administré autrefois les finances du royaume, M. de Machault, et Louis XVI lui écrivit pour l'appeler de nouveau au poste qu'il avait déjà rempli. La lettre royale ne fut pas immédiatement envoyée; on eut connaissance des intentions du prince. M. de Machault, c'était l'homme qui, sous le timoré Louis XV, avait fermement envoyé au parlement une déclaration ayant pour objet de faire constater la valeur des biens ecclésiastiques du royaume et de faire réformer les abus qui se commettaient dans les chambres des décimes; c'était l'homme qui avait défendu, par un édit, tout nouvel établissement de chapitre, collége, séminaire, maison religieuse ou hôpital, sans permission expresse et lettres patentes expédiées et registrées dans les cours souveraines; c'était l'homme qui avait interdit à tous gens de main-morte d'acquérir, recevoir ou posséder à l'avenir aucuns fonds ou rente sans une autorisation légale précédée d'une information d'utilité ou d'incommodité. L'ancien sous-précepteur de Louis XVI, le jésuite Radonvilliers, alla porter auprès de madame Adélaïde l'expression des terreurs du clergé; Madame tante, qui avait grande envie de se mêler des affaires, intervint auprès du roi, alarma sa religion; Louis XVI céda, comme il devait céder toujours, et, sur l'indication de la princesse, envoya à M. de Maurepas la lettre écrite pour M. de Machault. M. de Maurepas, de la famille des Phélipeaux, avait été ministre aussi, ministre sous le régent, ministre sous Louis XV, et il l'eût été toujours, comme on l'était dans sa famille depuis plus d'un siècle et demi, s'il n'avait eu le malheur, un jour qu'il se sentait plus caustique encore que d'habitude, de chansonner madame de Pompadour, qui le fit disgracier. La disgrâce ne l'attrista guère; et tout vieux qu'il était, il jouait la comédie, versifiait, chansonnait encore dans son château, lorsque le roi Louis XVI, aidé de madame Adélaïde, l'appela à gouverner le royaume. Gouverner, pour cet étourdi de quatre-

---

¹ Mémoires du baron de Besenval, t. II, p. 307. — Mémoires de Rivarol, p. 314.

vingts ans, c'était engager, au conseil, d'épigrammatiques causeries, c'était, à propos d'affaires et d'administration, semer les anecdotes et les bons mots. « Léger quand il fallait être profond, plaisant sur les objets les plus sérieux, bornant sa pénétration à l'affaire du moment et craignant de prévoir parce qu'il ne voulait pas s'inquiéter, ce premier ministre calcula, non l'avenir de la France, non la jeunesse du roi, mais les années de vie que lui-même pouvait encore espérer. Sa résolution fut de les passer sans trouble, sans efforts, sans rival; de distraire le roi plutôt que de l'instruire; de lui épargner les affaires plutôt que de l'y former; de faire tout rentrer dans l'ancienne routine, sans doute avec le vœu que les choses allassent au mieux possible, mais aussi avec l'intention déterminée de sacrifier les meilleurs choix et de renoncer aux projets les plus salutaires dès qu'ils exigeraient une lutte persévérante contre des difficultés prolongées[1]. » Nul embarras, nul péril avec ce ministre qui plaisantait et souriait toujours; sa ligne de conduite était toute tracée et bien facile à suivre : écouter l'opinion publique et s'y conformer, essayer du moins ce qu'elle demandait. L'opinion, ayant, il est vrai, pour interprète, madame la duchesse de Maurepas, appelait au ministère l'économiste Turgot; Maurepas alla proposer Turgot à Louis XVI. « Mais, lui dit le roi avec une candeur digne de respect, on prétend que monsieur Turgot ne va pas à la messe? — Eh! sire, répliqua le ministre, l'abbé Terray y va tous les jours! » Turgot fut arraché à l'intendance de Limoges pour venir prendre les fonctions de contrôleur-général. Le cabinet dont il était appelé à faire partie était loin d'offrir, chez ceux qui le composaient, ce parfait accord d'idées et de vues que la gravité des circonstances eût impérieusement réclamé : ceux-ci, Vergennes, Du Muy, La Vrillière, étaient invariablement attachés aux vieilles maximes du gouvernement, aux vieilles alliances de la monarchie; ceux-là, Sartines, Hue de Miromesnil, étaient disposés à se prêter aux insignifiantes innovations qu'approuverait Maurepas; pas un seul ne voulait des réformes sérieuses et profondes que méditait Turgot. La division éclata sur la première question qui vint s'offrir, celle du rappel de l'ancien parlement. Fallait-il rétablir cette corporation jalouse dont le rôle politique était une usurpation tout aussi dangereuse que le despotisme royal, dont l'opposition tracassière et égoïste n'était jamais aussi vive que lorsqu'on touchait aux intérêts ou aux priviléges des magistrats propriétaires? L'opinion publique le demandait, égarée par le mépris universel qu'inspiraient tous les actes du dernier règne; Marie-Antoinette l'exigeait, pour offrir au moins cette réparation au négociateur de son mariage, à ce duc de Choiseul que tous les efforts de sa reconnaissance n'avaient pas réussi à porter au ministère; Maurepas et ses deux satellites, Miromesnil et Sartines, inclinaient fort à céder en même temps à

---

[1] Mémoires de Weber, t. I, ch. II, p. 115-116. — Mémoires de Condorcet, t. 1, p. 34-36.

la reine et à l'opinion ; Turgot seul, faiblement appuyé par Vergennes, Du Muy et La Vrillière, résistait à la mesure dont il prévoyait les funestes conséquences. A ses yeux, rétablir l'ancien parlement, c'était rendre aux priviléges qu'il faudrait attaquer bientôt leur plus formidable citadelle ; il représenta au roi que toutes ses tentatives de réforme viendraient échouer certainement contre l'acariâtre résistance de cette magistrature entêtée : « Soyez tranquille, je vous soutiendrai, » lui répondit Louis XVI ; et sur la foi de cette vaine promesse, contrairement à son opinion personnelle, Turgot rappela et rétablit les magistrats exilés (21 octobre, 12 novembre 1774). Des édits étaient rendus pour mettre l'autorité royale à l'abri de toute nouvelle atteinte, des précautions étaient prises pour soumettre à une sévère discipline cette indocile magistrature..... Une vingtaine de jours s'étaient à peine écoulés, que le parlement protestait contre le lit de justice où son rétablissement avait été prononcé, et consignait sur ses registres qu'il profiterait de toutes les circonstances pour soutenir les anciennes lois de la monarchie contre les innovations qui leur étaient opposées. Ainsi, à la cour, au conseil, au parlement, les projets de Turgot allaient rencontrer ces opiniâtres et aveugles résistances qu'il n'était que trop aisé de prévoir. S'en remettre, pour les vaincre, à la fermeté de Louis XVI, c'eût été se confier au plus fragile appui. Turgot lui avait écrit : « C'est à Votre Majesté personnellement, c'est à l'homme honnête, à l'homme juste et bon que je m'abandonne plutôt qu'au roi. » Louis XVI était juste et bon assurément ; les vues philanthropiques et pures de son ministre lui inspiraient une estime qui tenait du respect : « Il n'y a que monsieur Turgot et moi qui aimions le peuple, » répétait-il souvent ; et, comme M. Turgot, il voulait être laborieux, opérer des améliorations et des réformes : « Voyez, dit-il un jour avec quelque fierté au contrôleur-général qui le trouvait occupé à écrire, voyez, je travaille aussi ! » Et Turgot vit sur le papier que lui présentait le roi un projet préparé pour la destruction des lapins nuisibles aux champs voisins des capitaineries. Le prince qui choisissait ainsi le sujet de ses méditations avait-il, dans de telles conjonctures, ce qu'il fallait d'intelligence pour comprendre, ce qu'il fallait de fermeté pour vouloir ?

Il s'agissait, nous l'avons dit déjà, de la plus difficile entreprise, de prévenir par une réforme radicale une révolution imminente, et les mille embarras que renfermait une si redoutable situation venaient tous aboutir au contrôle général. Ce n'était en apparence qu'une simple affaire d'administration financière : la dépense du trésor excédait la recette de 22 millions ; les anticipations s'élevaient à 78 millions ; les pensions de l'État n'étaient plus payées depuis quatre ans. Mais à cette question de recette et de dépense se rattachaient toutes les plus graves difficultés de l'intérieur, base, répartition et emploi des impôts, droits civils et politiques, liberté de l'industrie et du commerce, forme du gouvernement, organisation de la société; immenses problèmes que Turgot abordait avec une inébranlable fermeté d'âme, une hauteur de principes incapable de descendre aux mille petits moyens qui assurent le succès, une confiance trop souvent démentie, hélas! dans l'irrésistible puissance de la justice et de la raison. Pour la solution des embarras financiers qui s'offrent les premiers à lui, le contrôleur-général ne veut ni emprunts, ni banqueroute, ni surcroît d'impositions; la prospérité publique, développée par de sages mesures, doit couvrir seule le déficit du trésor. Le 13 septembre 1774, un édit proclame l'entière liberté du commerce des grains à l'intérieur du royaume. C'était enlever l'une des plus fortes entraves imposées à l'agriculture, c'était porter un premier coup à ces hommes du privilége, qui, en définitive, parvenaient toujours à faire tourner les abus à leur profit, et particulièrement à cette infâme société du pacte de famine qui avait de nombreuses et fortes ramifications. Le privilége et l'abus se vengèrent indignement : des mains invisibles et puissantes suscitèrent partout des émeutes; on solda des vagabonds pour piller les marchés, arrêter les arrivages, brûler les granges et les moulins, causer enfin dans Paris une disette factice que l'on pût attribuer ensuite aux ordonnances commerciales de Turgot. Le contrôleur-général dut s'armer de sévérité; lui, le bienfaiteur et l'ami du peuple, il fut réduit à compromettre sa popularité en sévissant contre les infimes agents du désordre dont il ne pouvait atteindre les véritables auteurs. Il n'en continuait pas moins son œuvre. En rendant un édit favorable aux intérêts de l'agriculture, de la propriété, Turgot venait de poser la première pierre de tout un édifice politique : l'agriculture, pour lui qui part d'un point de vue erroné, c'est la source unique de la richesse sociale; l'agriculteur, le propriétaire, c'est à ses yeux le seul citoyen, *le seul qui ait une patrie par le cœur et par l'opinion, le seul qui, lié à la terre, soit vraiment intéressé aux affaires du pays:* sur lui doit tomber le fardeau des charges publiques; à lui doivent appartenir les droits que ces charges confèrent. Ces droits devaient être successivement concédés : d'abord, dans chaque paroisse de campagne, dans chaque ville, les propriétaires éliraient parmi eux les membres d'une municipalité chargée de veiller sur tous les intérêts locaux; les municipalités de commune éliraient à leur tour les municipalités d'arrondissement, celles-ci les municipalités provinciales; et lorsque, après quelques années d'expérience, l'esprit, l'habitude des affaires, l'attachement aux intérêts publics se seraient répandus dans la nation, alors le ministre se proposait de créer une grande municipalité du royaume, formée d'un élu de chaque municipalité de province, et chargée d'être, auprès du monarque, l'organe de l'opinion publique, de lui faire connaître les besoins du pays; dans cette assemblée devait se trouver le véritable contre-poids du pouvoir royal, et à elle devait être remis l'enregistrement des édits, et cette action politique dangereusement usurpée par le pouvoir judiciaire. De telles innovations, et celles qui s'y rattachaient comme d'intimes dépendances, étaient faites pour effrayer les collègues de Turgot, timides, indifférents, ou franchement hostiles à ses projets. Le parti des réformes se fortifia pourtant dans le conseil : Turgot évinça son adversaire le plus prononcé, le duc de La Vrillière, et mit à sa place le magistrat le plus éminent du royaume, le président Lamoignon de Malesherbes ; au poste du maréchal Du Muy, qui venait de mourir, il appela un homme que recommandaient seulement l'esprit d'innovation et l'ardeur de changement dont on le disait animé, le comte de Saint-Germain. Fort de ce nouvel appui, fort surtout de la pureté de ses principes et de la droiture de ses vues, Turgot poursuit hardiment son entreprise. Tout à l'heure, en proclamant la liberté du commerce, il rapprochait les membres de la grande famille française, il travaillait à l'œuvre traditionnelle de la fusion, de l'unité nationale ; maintenant il veut donner au peuple la liberté du travail, le délivrer de la servitude des corvées, l'arracher à la tyrannie des jurandes et des maîtrises, et en tête de l'édit qui apporte ce nouveau bienfait (1775) il inscrit ces belles et nobles paroles : « Dieu, en donnant à l'homme des besoins, en lui rendant nécessaire la ressource du travail, a fait du droit de travailler la propriété de tout homme, et cette propriété est la première, la plus sacrée et la plus imprescriptible de toutes. » Mais que faisait à Messieurs du Parlement l'élévation et la dignité d'une théorie philosophique quand le moindre de leurs intérêts se trouvait lésé ? Ils étaient propriétaires, ils exerçaient les droits seigneuriaux, la suppression des corvées les atteignait directement. De six édits que présentait le contrôleur-général, ils ne voulurent en enregistrer que deux, et firent des remontrances sur le reste ; ils osèrent proclamer, eux, les prétendus défenseurs des libertés publiques, que le peuple, en France, était taillable et corvéable à volonté, et que c'était là un point de la constitution qu'il n'était pas au pouvoir du roi de changer. Turgot avait bien prévu qu'il faudrait énergiquement combattre pour vaincre cette opiniâtre opposition. Le roi, après itératives remontrances, tint un lit de justice, et força à l'enregistrement des édits ; mais des victoires qu'il fallait acheter au prix d'un déploiement de fermeté de la part de Louis XVI étaient bien coûteuses, ébranlaient le crédit de Turgot, et mettaient en péril l'ensemble de ses réformes. Ceux-là même sur lesquels le contrôleur-général avait le plus compté l'abandonnaient ou ne lui prêtaient qu'un appui compromettant. Malesherbes semblait n'être venu aux affaires que pour constater l'énormité des abus, en gémir et y proposer des remèdes qu'il n'avait pas la force d'appliquer. L'autre ministre réformateur, le comte de Saint-Germain, discréditait par de bizarres fantaisies les plus utiles innovations. Turgot, de plus en plus isolé, restait en butte à toutes les attaques. Les frères du roi, les tantes du roi, la cour tout entière jetait l'épigramme à cet *économiste systématique*, à ce *philosophe arrogant et farouche*[1], qui gardait strictement les clefs du trésor, voulait supprimer les places inutiles et forcer la noblesse à payer sa part exacte des charges publiques. La reine avait trouvé que, s'opposer à des augmentations de dépense pour sa maison, c'était se montrer détestable ministre. Turgot, à en croire les plus dévotes personnes, avait perverti Louis XVI et avait fait de lui un impie, un philosophe. Remarquons pourtant que le seul point où le sévère Turgot ait fléchi dans la rigoureuse application d'un principe, c'est en n'osant pas soumettre à l'impôt les propriétés ecclésiastiques : l'édit qui supprimait la corvée la remplaçait par une taxe pécuniaire, que devait payer la noblesse, et dont le clergé seul était exempt. L'hostilité devenait de jour en jour plus vive et plus déloyale : on mettait sous les yeux de Louis XVI une prétendue correspondance entre le ministre et un de ses amis, blessante pour le roi, injurieuse pour la reine; et quand le faible prince allait demander à M. de Maurepas ce qu'il fallait croire, Maurepas, jaloux de l'incontestable supériorité de son collègue et de la place qu'il tenait dans l'opinion, feignait de le défendre et contribuait à l'accabler davantage. Miromesnil, Sartines, Vergennes insinuaient en plein conseil qu'il était dévoué, vendu peut-être à l'Angleterre. Louis XVI s'abandonnait à son inertie naturelle et se détachait peu à peu de cet homme qu'il avait aimé, qu'il estimait encore sans doute, mais avec lequel la royauté était une si sérieuse fonction, dans la bouche duquel les affaires se présentaient toujours si graves et si délicates. Le ministre venant un jour travailler avec le roi : « Encore un mémoire! » dit Louis XVI, et il écouta avec ennui la lecture que faisait Turgot. « Est-ce bientôt fini? — Oui, sire. — Ah! tant mieux! » Et deux heures après, le contrôleur-général recevait notification de son renvoi prononcé par Louis XVI en termes durs et inconvenants (12 mai 1776). Turgot écrivit une dernière lettre au souverain qui, en l'abandonnant, renonçait peut-être à l'unique chance de salut qui lui restât : « Tout mon désir, lui disait-il, est que vous puissiez toujours croire que j'ai mal vu et que je vous montrais des dangers chimériques; je souhaite que le temps ne me justifie pas, et que votre règne soit aussi heureux, aussi tranquille pour vous et pour vos peuples qu'ils se le sont promis d'après vos principes de justice et de bienfaisance. » « Un prince faible, avait dit Turgot précédemment, n'a que le choix entre le mousquet de Charles IX et l'échafaud de Charles Ier. »

Il y eut à la cour un mouvement de joie désordonnée quand on apprit la chute de Turgot : on se félicitait, on s'embrassait; la monarchie était sauvée, il fallait seulement effacer au plus vite les traces du passage de ce réformateur aux affaires. On chargea de cette mission réactionnaire un homme sans mœurs et sans principes qui s'appelait Clugny. Le nouveau

---

[1] Mémoires du baron de Besenval, t. I, p. 327-328.

contrôleur-général fit en tous points le contraire de ce qu'avait fait son prédécesseur : il rétablit les corvées, il rétablit les jurandes et maîtrises, et, pour toute innovation, il créa, sous le règne du pieux et honnête Louis XVI, l'immoral établissement de la loterie. Après six mois d'une administration désastreuse, d'un pillage des ressources publiques dont le roi seul ne savait rien [1], Clugny mourut, laissant à qui oserait s'en charger le redoutable héritage d'une situation tous les jours plus grosse de difficultés et de périls.

Ce fut un étranger, un banquier génevois, M. Necker, qui accepta cet héritage. Louis XVI l'appela à la direction des finances du royaume sur la désignation d'un marquis de Pezai, obscur officier, qui était resté en communication directe avec le roi pour lui avoir donné quelques leçons de tactique, et qui, en cette occasion, ne fit que lui transmettre l'expression d'un vœu général. M. Necker, qui faisait de sa fortune un si noble usage, dont le salon était ouvert à toutes les célébrités comme à tous les mérites, qui avait osé combattre les idées de Turgot sur le libre commerce des grains, et professer, dans un récent éloge de Colbert, d'autres idées économiques que celles qui avaient faveur en ce moment, M. Necker était le financier le plus renommé et l'un des hommes les plus considérables de l'État. On ne lui connaissait pas un grand génie politique, et personne, il est vrai, ne s'en inquiétait beaucoup ; on croyait en général qu'il suffirait de rétablir les finances pour sauver la monarchie, et, aux yeux de bien des gens, c'était un mérite encore que de la sauver sans toucher à cette vieille organisation politique et sociale sur laquelle Turgot avait porté une main si hardie. D'ailleurs les vues et les intentions de M. Necker différaient presque en tous points de celles de son illustre prédécesseur. Turgot, dans les remèdes qu'il cherchait à la pénurie financière du royaume, n'admettait ni les emprunts ni l'accroissement des impositions : M. Necker ne voulait pas non plus augmenter les impôts ; mais l'emprunt était à ses yeux la ressource unique de la France. Emprunter pour couvrir ce déficit dont il était si difficile déjà de connaître exactement le chiffre, préparer par de sages économies et des améliorations graduelles le remboursement de l'emprunt, asseoir le crédit public sur un renom mérité, on dirait même volontiers sur une certaine affectation de moralité, si l'homme n'avait été très-réellement honnête et désintéressé, enfin mettre au service des opérations financières de l'État les avantages de la publicité et la toute-puissance de l'opinion, tel fut le plan, on pourrait dire tel fut le rêve de M. Necker. La moralité est une force assurément, et celle de M. Necker était incontestable. Sa fille a dit de lui avec orgueil et avec raison : « Son nom inspirait une telle confiance que, très-imprudemment, les capitalistes de l'Europe ont compté sur

---

[1] Mémoires de Marmontel, t. II, p. 204.

lui comme sur un gouvernement. » Mais l'habileté d'un banquier, l'intégrité d'un moraliste pouvaient-elles alors suffire à tout? « Il faut toujours, dit un contemporain, remonter aux agioteurs et aux capitalistes pour expliquer le phénomène politique d'une telle influence. Tant que Paris se croira la nation, la bourse sera le cœur du royaume, et M. Necker l'ami du cœur[1]. » Mais, en dehors de la classe des financiers, il y avait bien d'autres idées, bien d'autres prétentions à satisfaire. Ceux-ci, peu rassurés par l'exemple de l'Angleterre, voyaient avec terreur l'État s'engager dans cette voie nouvelle des emprunts et du crédit ; ceux-là se montraient inquiets des sages économies dont le ministère avait parlé, et qui pourraient fort bien se réaliser à leurs dépens ; pour d'autres c'était un scandale que d'avoir appelé à une si haute charge cet hérétique, ce calviniste, à qui on n'avait pourtant pas permis l'entrée du conseil, et qui ne portait que le titre de directeur-général des finances. Un évêque avait hautement reproché à M. de Maurepas le protestantisme de son collègue : « Monseigneur, répondit le ministre, je vous l'abandonne si vous voulez payer la dette de l'État. » L'homme sur lequel pesait un si lourd fardeau, et qui n'avait en lui ni la séduction qui enchaîne, ni l'autorité qui domine, était seulement toléré, utilisé, et les inconvénients de cette fausse situation retombaient fatalement sur le système qu'il voulait faire prévaloir, quelque appui que pussent lui prêter les capitalistes charmés de sa probité, et les hommes de lettres accueillis dans ses salons, et l'affection enthousiaste d'une femme qui voyait en lui l'idéal de toutes les perfections.

Le directeur-général se mit promptement à l'œuvre. Dès le 7 janvier 1777, un emprunt était annoncé, il était rempli par les hommes d'argent avant même d'être enregistré, et, en dépit de toutes les résistances, l'enregistrement eut lieu. Pour donner aux nouveaux créanciers de l'État le seul gage qu'il fût possible de leur offrir, M. Necker commença aussitôt le cours des réformes, la réalisation des économies qu'il avait promises, et prononça l'extension indéfinie des vingtièmes sur une simple sommation ministérielle. Ces mesures blessaient à la fois et les courtisans au détriment desquels s'effectuaient presque toutes les économies, et les membres des cours souveraines, placés, pour l'impôt des vingtièmes, sur le même rang que tous les autres propriétaires du royaume. Aussi le déchaînement commença ; des insinuations malveillantes, accusatrices, se firent entendre à la cour, au conseil : M. Necker brava tout : sa popularité croissante, le tout-puissant concours des écrivains ses amis, les félicitations empressées des gouvernements étrangers, tout cela le mettait au-dessus d'attaques capables sans doute de froisser un amour-propre très-irritable, mais qui ne pouvaient porter aucune atteinte à un système financier si nettement établi.

[1] Mémoires de Rivarol, p. 50-51.

Toutefois, un système de finances, si neuf et si utile qu'il pût être, ne répondait pas, il s'en faut bien, à tous les besoins de l'époque. Déployer une merveilleuse dextérité pour combler le gouffre du déficit, ce n'était pas résoudre les questions politiques, sociales, qui se dressaient de toutes parts. Quand on avait supprimé, par mesure d'économie, l'emploi de tel ou tel mince officier de la paneterie, *coureur de vins*, *hâteur de rôts*, etc., on avait abordé seulement une toute petite face de ce problème compliqué, qui s'intitulait : maintien ou abolition des droits féodaux. En présence de ces difficultés, qu'il aurait voulu tourner, se révélait la faiblesse réelle de M. Necker, sa notoire infériorité si on le comparait à Turgot. L'opinion, déjà puissante, réclame instamment une solution immédiate sur cet odieux droit de mainmorte qui subsistait encore dans toute la France. Que fait le directeur-général? Il abolit ce droit dans les domaines royaux seulement (édit de 1779), et le laisse en vigueur dans tout le reste du royaume. L'opinion demande, au nom d'une nécessité fortement sentie, l'admission d'un plus grand nombre d'intelligences au maniement des affaires publiques. M. Necker, pour lui donner satisfaction, crée les assemblées provinciales (1778), non pas des assemblées ralliées entre elles par un système d'élections successives, et dominées toutes par une assemblée supérieure, comme Turgot les avait conçues, mais des assemblées sans lien, sans unité, sans hiérarchie, qui, si elles avaient malheureusement réussi à s'établir, auraient consacré la division des forces nationales, au moment où il était plus que jamais nécessaire de les concentrer. Insuffisantes ou répréhensibles au point de vue de la raison et des besoins politiques du temps, ces mesures ne provoquaient pas moins les résistances, et des privilégiés, qui voulaient le maintien de tous leurs droits, et des parlements, dont les assemblées provinciales menaçaient les attributions, et des partisans du despotisme monarchique, auquel ces assemblées préparaient non pas un contre-poids, mais des obstacles. Le directeur-général attaqué se défendit vivement : il obtint le renvoi du ministre Sartines, le plus ardent de ses ennemis; il appela aux départements de la marine et de la guerre deux de ses partisans, le marquis de Castries et le maréchal de Ségur; il publia enfin le *compte-rendu*, exposé de la situation financière et, jusqu'à un certain point, politique des besoins, des ressources, des améliorations opérées, des réformes nécessaires, éclatant appel à l'opinion, garantie donnée aux créanciers de l'État, réponse adressée aux ennemis de la France, nouvelle menace faite à ceux qui vivaient du désordre et des abus. Ceux-là étaient en bien grand nombre, et, M. de Maurepas donnant l'exemple, ils poussèrent tous contre Necker une furieuse clameur, capable d'ébranler un prince aussi faible que Louis XVI. M. Necker n'était pas membre de ce conseil d'État où il savait que tous les jours ses idées étaient attaquées, dépréciées devant le roi; il demanda à y entrer, et sa requête fut rejetée. Maurepas, chargé de lui transmettre ce refus, ajouta avec une ironie haineuse que sa demande pourrait être ultérieurement accueillie pour peu qu'il voulût bien changer de religion. M. Necker, blessé dans cet amour-propre qui était le principal mobile de presque toutes ses déterminations, envoya sa démission au roi dans une lettre courte et respectueuse (19 mai 1781). Cette démission, ce fut pour Louis XVI le soulagement de n'avoir plus auprès de sa personne ce parvenu dont il détestait la pédantesque vanité, ce fut pour les gens de cour une délivrance long-temps attendue et à laquelle ne se mêlait aucune crainte sur la difficulté de lui trouver un successeur.—M. de Maurepas avait dit d'un air profond : « L'homme impossible à remplacer est encore à naître; » — ce fut enfin pour l'opinion, témoignant au ministre disgracié les regrets que causait son éloignement, l'occasion de manifester une étendue de puissance, une énergie d'opposition qui présageaient pour l'avenir de bien graves événements.

Sous le ministère même de M. Necker, et contrairement à son avis très-formel, la force de l'opinion avait entraîné le gouvernement à l'acte le plus grave de la politique extérieure sous ce règne, à soutenir contre l'Angleterre le soulèvement des colonies américaines. Prêter secours à l'insurrection même la plus légitime, c'était évidemment contrevenir aux principes que professaient les classes élevées, la cour, la famille royale. Aussi, à l'exception de quelques défectionnaires entraînés par l'engouement général, les courtisans, les princes, le roi lui-même n'éprouvaient que de la répugnance pour une pareille entreprise. « La reine n'avait jamais déguisé son éloignement pour la guerre d'Amérique ; elle ne concevait pas qu'on eût pu conseiller à un souverain de chercher l'abaissement de l'Angleterre en attaquant l'autorité souveraine et en aidant un peuple à organiser une constitution républicaine ; elle plaisantait souvent sur l'enthousiasme que Franklin inspirait aux Français, et, à la paix de 1783, elle affecta de traiter les seigneurs anglais et l'ambassadeur d'Angleterre avec des égards tout particuliers.... Le roi ne s'expliquait jamais sur un enthousiasme que, sans aucun doute, son sens droit le portait à blâmer [1]. » Et l'écrivain que nous citons rapporte, comme preuve de ce qu'il avance, une grossière mais significative plaisanterie du roi [2]. Ce que le roi, la reine, la cour ne voulaient

---

[1] Mémoires de madame Campan, t. II, ch. xiii, p. 30.

[2] « Jusque dans le palais de Versailles, à l'exposition des porcelaines de Sèvres, on vendait sous les yeux du roi le médaillon de Franklin ayant pour légende : *Eripuit cœlo fulmen sceptrumque tyrannis*.... La comtesse Diane ayant, à titre de femme d'esprit, partagé avec assez de chaleur l'engouement pour le délégué des Américains, une plaisanterie, qui resta très-ignorée, put nous faire juger des sentiments secrets de Louis XVI. Il fit faire à la manufacture de Sèvres un vase de nuit au fond duquel était placé le médaillon avec la légende si fort en vogue, et l'envoya en présent d'étrennes à la comtesse Diane » Mémoires de madame Campan, t. I, ch. ix, p. 232-234.

pas, l'opinion publique le voulut et l'obtint. L'Angleterre, sous le dernier règne, nous avait abreuvés d'humiliations et d'outrages : elle avait armé contre nous les puissances du continent, elle nous avait enlevé nos possessions de l'Inde, de l'Amérique du nord, des Antilles, de l'Afrique occidentale ; elle avait insulté et ravagé nos côtes, et dans cette lutte que le gouvernement de Louis XV avait si honteusement soutenue, nous avions perdu trente-trois vaisseaux, soixante frégates, le matériel, le personnel, l'honneur de notre marine ; la France enfin avait subi ce dernier affront de voir à Dunkerque, à Toulon, des commissaires anglais surveiller nos travaux, contrôler nos armements, mesurer nos efforts. L'insurrection américaine offrait une occasion de venger toutes ces injures, et la France voulut que l'on vînt en aide à l'insurrection américaine. D'ailleurs les proclamations des insurgés de Boston et de Philadelphie, c'étaient les idées, les théories de la philosophie française; la fameuse *Déclaration des droits*, c'était le pendant, pour ne pas dire la conséquence du *Contrat social*. La France voulut en quelque sorte assister, participer à la première application des principes qu'elle avait fournis au monde, et la France entraîna, contraignit son gouvernement. Aussi ce gouvernement suivit-il avec lenteur la marche de l'opinion qui le maîtrisait : il fallut toute une année de la séduisante diplomatie de Franklin, et la nouvelle d'un grand succès obtenu par les Américains, pour le déterminer à un premier acte ostensible, un traité de commerce, conclu le 6 février 1778, entre la France et les États-Unis d'Amérique, avec promesse de mutuelle assistance si ce traité provoquait quelques réclamations hostiles. Ce simple traité de commerce, c'était la reconnaissance formelle du nouvel État auquel l'insurrection avait donné naissance, c'était une déclaration de guerre contre la Grande-Bretagne, et cette guerre, il importait, pour la faire avec plus d'avantages, de la commencer promptement. Tout était prêt : la France, sous le poids de toutes les hontes qu'elle avait subies, s'était préparée à la vengeance avec une énergique activité ; sur tous les chantiers, les travaux étaient vigoureusement poussés ; on avait vu, en une seule année, neuf vaisseaux commencés et mis en état de prendre la mer. Louis XVI lui-même s'associait à ce mouvement des esprits : « il s'était passionné pour la renaissance d'une marine française ; il avait augmenté les fonds destinés à ce département ; et chaque fois qu'on lui annonçait quelques économies dans d'autres branches de l'administration, son premier mot était toujours : Nous aurons des vaisseaux de plus [1]. » Au moment de commencer la guerre, la France avait près de soixante vaisseaux armés à la fois. Malgré cette situation florissante, malgré l'ardeur passagère du roi pour la marine, la guerre déclarée depuis trois mois ne commençait pas ; la conscience de Louis XVI était inquiète ; il

[1] Mémoires de Weber, t. I, ch. II, p. 124.

attendait qu'un acte d'agression matérielle de la part des Anglais vînt légitimer les hostilités, et le 17 juin seulement le lieutenant de vaisseau La Clocheterie mit fin aux irrésolutions et aux scrupules du roi en faisant tirer sur un bâtiment ennemi le canon de la Belle-Poule. Cette guerre fut conduite à peu près comme elle avait été décidée et commencée par le gouvernement, avec hésitation, avec mollesse, souvent même avec inintelligence; on commit bien des fautes, et des fautes graves; on ne sut choisir ni le théâtre des combats ni les hommes propres à les livrer, on laissa aux faibles mains du comte d'Orvilliers, des amiraux de Guichen et de Grasse, des forces dont le bailli de Suffren aurait tiré un admirable parti; on ne sut pas mettre à profit les succès obtenus en Orient par cet habile et intrépide marin, ni donner l'appui nécessaire au brave sultan de Maïssour, Hyder-Aly; on fit contre l'inaccessible rocher de Gibraltar des efforts qui, tournés du côté de l'Indoustan, eussent été mortels à l'Angleterre; et malgré tout cela, lorsque la paix fut signée à Versailles, le 20 janvier 1783, la France avait obtenu une suffisante compensation aux sacrifices qu'elle venait de faire : elle avait déchiré et honorablement remplacé quelques-unes des honteuses stipulations de 1763; elle avait contribué à mettre au monde une nation nouvelle, dont l'industrie, le commerce, la marine donneraient bientôt à l'Angleterre de cuisantes inquiétudes. Outre ce grand résultat politique, il y en avait un autre que les contemporains eux-mêmes aperçurent et constatèrent immédiatement : « on recevait souvent dans le palais de Versailles des lettres de plusieurs militaires, cachetées d'un sceau qui portait les treize étoiles des États-Unis, environnant le bonnet de la liberté[1].... Tous ces guerriers à la fleur de l'âge, qui avaient couru se battre dans le Nouveau-Monde, étaient partis Français et revenaient Américains. Ils n'avaient été chercher que des périls et de la gloire militaire, ils rapportaient des systèmes et de l'enthousiasme patriotique. Ils reparurent au milieu d'une cour, offrant sur leur poitrine les cicatrices des blessures reçues pour la cause de la liberté, et sur leurs vêtements le signe extérieur d'une décoration républicaine[2].

Ainsi, la France avait retrempé, au contact de la jeune société américaine, ses instincts novateurs, ses tendances déjà démocratiques. Mais cette monarchie qui venait de prêter les mains à l'établissement d'une république, ce gouvernement absolu qui avait donné appui et secours à l'insurrection, dans quelle voie entraient-ils alors? Il nous suffira, pour le savoir, de jeter un coup d'œil sur le trône, autour du trône de Louis XVI.

Le roi assiste régulièrement aux travaux du conseil; c'est une partie des pénibles devoirs dont la religion lui impose l'accomplissement, et il s'en

---

[1] Mémoires de madame Campan, t. III, p. 116-117.
[2] Mémoires de Weber, t. I, ch. II, p. 128.

acquitte avec une pieuse résignation. Il y apporte un sens étroit, un esprit lent, indécis, capable de saisir seulement les petits faits, le menu détail, sans arriver jamais à la connaissance de l'ensemble. Le prince est bon, juste et honnête cependant; les souffrances populaires, dont il ne connaît pas toute l'étendue, le touchent et l'émeuvent ; mais, s'il en vient à croire que, dans cette fièvre d'innovations dont le pays est agité, on en veut à son pouvoir, alors l'égoïsme se réveille en lui; le plus grand bien du royaume, à ses yeux, c'est l'autorité absolue du roi; et pour en assurer le maintien, il laissera tout faire aux ministres qui se seront rendus maîtres de cette faible et aveugle volonté. En dehors de cette idée unique, les discussions de politique et de finances lui causent un mortel ennui; elles le rendent brusque et maussade; il faut redouter alors les *coups de boutoir* du roi. Mais le conseil une fois terminé, Louis XVI est heureux, il respire à l'aise, il gagne au plus vite un petit escalier qui conduit dans les combles du palais, et là il trouve une forge, deux enclumes, mille outils en fer, des serrures fines et parfaites, serrures à secret, serrures ornées en cuivre doré. Le maître du roi, le serrurier Gamin, est bien souvent dur et grossier, il est vrai; mais qu'importe? Le roi subira, comme un timide apprenti, ses familiarités, ses brusqueries, pourvu qu'il puisse forger et limer à loisir [1]. Après la forge, le plus doux passe-temps, la plus vive passion de Louis XVI, c'est la chasse, la chasse tous les jours, aux mêmes heures, aux mêmes lieux; il en inscrit soigneusement le résultat sur son journal, il en fait dresser des tableaux où l'on voit le nombre, l'espèce, la qualité du gibier qu'il a tué, avec des récapitulations pour chaque mois, chaque saison, chaque année de son règne.... huit mille quatre cent vingt-quatre têtes en une seule année !.... Si le temps met obstacle à cette chère distraction, le roi se renferme chez lui et il y tient ces comptes qui nous sont restés : « En juillet 1772, un verre de montre, 12 sols.... En septembre, à l'Épinay, pour une cuvette, 6 sols... En mai 1773, à l'Épinay, pour dépenses, 4 sols 3 deniers. » En janvier 1777, Louis XVI compte ce qu'il y a dans sa caisse, tant de pièces d'or, tant de pièces d'argent, enfin 8 pièces de deux sols, 136 pièces de six liards, et il suppute encore ce que font ces 136 pièces [2]. Faut-il attribuer à de pareils calculs, aux fatigues de la chasse ou de la forge, aux préoccupations de la politique l'attitude pesante et taciturne que l'on voit au prince tous les soirs? Le roi aime le sommeil, il attend impatiemment qu'il soit dix heures pour se retirer, et quelquefois, dans un accès d'espièglerie singulière, la reine avance furtivement sur la pendule

---

[1] Mémoires historiques et politiques du règne de Louis XVI, par Soulavie, t. II, *passim*. — Mémoires de madame Campan, t. I, ch. v, p. 124.

[2] Mémoires historiques et politiques du règne de Louis XVI, par Soulavie, t. II, *passim*. — Journal et comptes de Louis XVI, trouvés dans l'armoire de fer, et insérés dans la Revue rétrospective, t. V, p. 116 *et passim*.

l'heure où se couche régulièrement celui qu'avec toute la cour elle appelle *son Vulcain.*

Marie-Antoinette a d'autres habitudes, d'autres penchants, un autre caractère. Vive, légère, étourdie, beaucoup plus femme que reine, elle cherche à cette cour, où on lui a fait si mauvais accueil, des amitiés intimes, des plaisirs faciles et conformes à ses goûts, sans aucun souci de l'étiquette, des usages, des convenances. Pourquoi n'ajouterait-elle point aux jouissances de la grandeur le charme de la vie privée? Pourquoi ne serait-elle point libre à Paris comme les princes d'Autriche le sont à Vienne? Elle trouve tant d'attraits à ces divertissements qui offrent un piquant contraste avec le rang qu'elle occupe : aller aux bals de l'Opéra sous un incognito si aisément, si volontiers trahi, briser sa voiture en chemin et achever le trajet en fiacre ; voyager en cabriolet et conduire le cheval elle-même ; courir en traîneau ; se faire villageoise, laitière, faneuse dans sa champêtre solitude de Trianon ; jouer les rôles de soubrette à son petit théâtre ; le lendemain, laissant là Florian et Marivaux, parcourir les salles et les galeries du palais, la tête haute, la démarche altière, et dans tout l'éclat d'une impériale beauté ; le soir enfin, après le coucher de Louis XVI, descendre mystérieusement de sa royale demeure pour assister aux concerts de la terrasse, être reconnue, abordée par des gardes, par de jeunes et brillants officiers, entendre les brûlantes déclarations de quelques têtes en délire ; puis, dans la pétulance irréfléchie de ses sentiments et de son langage, aller tout raconter, jusques aux aventures les plus compromettantes, aux amis qu'elle s'était donnés, à des amis qui ne savaient avoir pour elle ni avertissements ni discrétion. Et cependant Marie-Antoinette les avait comblés de faveurs et de bienfaits : pour madame de Lamballe elle avait fait rétablir la place de surintendante de la maison de la reine : cette séduisante et langoureuse comtesse Jules de Polignac, elle l'avait faite dame d'honneur, duchesse, surintendante de l'éducation du dauphin ; les plus grosses charges de la cour et du royaume, elle les avait prodiguées aux parents, aux amis, aux protégés de cette toute-puissante favorite. Elle avait concentré sa vie tout entière dans ce cercle étroit de gens médiocres, les Polignac, les Adhémar, les Polastron, les Vaudreuil, les Besenval, auxquels s'adjoignait le plus frivole des princes, le comte d'Artois. Ce n'avait été d'abord que des réunions remplies par quelques distractions innocentes où ne manquaient assurément ni l'esprit ni la grâce ; mais bientôt les intrigues s'y introduisirent ; le crédit, l'influence s'y transportèrent ; on eut la prétention de placer dans les salons des Polignac, dans le boudoir de la duchesse Jules, dans le cabinet de la comtesse Diane le gouvernement de la France. La reine était le docile instrument de ces ambitions remuantes qui se dissimulaient sous le voile d'une charmante intimité, et la reine livrait le roi aux intrigants subalternes qui s'agitaient autour d'elle. Dépourvue d'instruction et de lumière comme de tact et d'esprit[1], Marie-Antoinette voulait se mêler, se laissait mêler à toutes les affaires; elle y apportait sa vivacité singulière, son inconcevable étourderie; à tout instant elle demandait, elle exigeait avec chaleur, avec emportement, et Louis XVI, qui n'avait jamais su lui résister, alors même que MM. de Maurepas et de Vergennes l'y encourageaient, se sentait plus faible encore devant elle depuis qu'elle était mère et qu'elle avait donné au trône un héritier. « Son esprit a tant d'ascendant sur le mien que je n'ai jamais pu m'en défendre[2], » disait-il en se reprochant une concession qu'il n'aurait pas dû faire. Toute-puissante auprès du roi, Marie-Antoinette ne rencontrait plus de résistance auprès des ministres : les hommes graves et gênants pour les influences de cour, M. Turgot, M. Necker, étaient écartés; M. de Maurepas, qui, en dépit de sa nullité, avait toujours conservé beaucoup d'ascendant sur le roi, venait de mourir; le crédit de la reine, du comte d'Artois, de leurs créatures, allait donc s'exercer sans contrôle. La France vient de recueillir les plus sérieux enseignements au spectacle d'une révolution républicaine, et ses tendances démocratiques s'y sont fortifiées; le gouvernement, bien loin de diriger ou de suivre le mouvement des esprits, entre dans une voie toute contraire, et oppose aux impérieuses exigences de l'opinion les caprices d'une femme étourdie, les fantaisies d'un prince libertin, les menées d'une coterie intrigante.

La nature des actes, le choix des personnes n'attestent que trop ce triste divorce entre la royauté et le peuple. En 1784, une ordonnance est rendue pour n'admettre aux places d'officiers dans l'armée que des hommes qui feraient preuve de quatre degrés de noblesse certifiés par le généalogiste de la cour. Même mesure pour le clergé que pour l'armée : Louis XVI maintient l'usage établi depuis Louis XV seulement, de refuser les évêchés et les bénéfices opulents aux ecclésiastiques roturiers. On n'aurait pas pu s'y prendre autrement pour rendre complet le désaccord déjà existant entre les lois et les mœurs. Le même esprit dirige le gouvernement dans la désignation de ses agents principaux. Il faut un ministre pour remplacer aux finances M. Necker. Eh bien! M. de Miromesnil met la main sur un conseiller d'État dont il redoute la concurrence pour la place de garde des sceaux, et M. Joly de Fleury devient contrôleur-général. « C'était un courtisan de robe, vieilli avec souplesse dans la société des grands et dans les cabinets des ministres, ambitieux en petit, délié en intrigues et en chicanes, inepte en finances et barbare en législation; du reste, grand conteur d'anecdotes, amusant la jeunesse du conseil par une manière d'opiner plaisante et quelquefois burlesque, cité par excellence pour savoir *casser le cou aux affaires*, éloge de mauvais augure dans la circonstance présente. Joly

---

[1] Mémoires de madame Campan, t. I, ch. II, p. 39.
[2] Mémoires du prince de Montbarrey, t. III, p. 261.

de Fleury offrit un ministre tout honteux de l'être; il avait à peine pris le fardeau que déjà il en était accablé. Il eut au moins ou la bonne foi ou l'adresse de publier qu'il vivait de ce que son prédécesseur lui avait laissé en réserve; mais il n'eut pas l'habileté de le renouveler en le dépensant... C'était un de ces hommes qui ne manquaient pas une occasion de déplorer la diffusion des lumières, et l'on voyait qu'il les avait haïes jusqu'à refuser d'en prendre sa part. L'administration, selon lui, devait être aussi secrète que la procédure criminelle, et toutes deux devaient ressembler à l'inquisition. Le public n'avait rien à voir dans la fortune publique. Les avocats étaient de trop dans les procès, les écrivains dans les villes, surtout les maîtres d'école dans les villages. On eût cru, à entendre M. Joly de Fleury, qu'il ne savait pas administrer uniquement parce que les paysans savaient lire[1]. » C'est un serviteur dévoué de Louis XVI, un chaud partisan de la monarchie absolue, le frère de lait de Marie-Antoinette, qui juge ainsi l'homme auquel on confiait les plus importantes fonctions du royaume. Joly de Fleury succomba, et aussitôt le garde des sceaux propose de mettre à sa place un M. d'Ormesson. Celui-ci, qui a pour tout mérite une certaine honnêteté, se défend d'accepter, en alléguant son incapacité, sa jeunesse. « Je suis plus jeune que vous, lui dit Louis XVI, et ma place est plus difficile que la vôtre. » Ce victorieux argument amène au ministère M. d'Ormesson, jusqu'à ce que, au bout de sept mois, une intrigue vienne le renverser, comme une intrigue l'avait élevé. D'ailleurs ces hommes incapables, Joly de Fleury, d'Ormesson, ce n'étaient pas encore tout à fait des ministres selon le cœur des courtisans : ils avaient quelquefois une probité embarrassante, ils opposaient aux demandes indiscrètes, aux profusions ruineuses quelques velléités de résistance, ils auraient bien pu un jour se mettre, eux aussi, à parler d'économie. L'influence souveraine de Marie-Antoinette, les impétueuses recommandations du comte d'Artois amenèrent enfin au contrôle-général l'homme des courtisans, M. de Calonne.

Voilà cette fois les finances de l'État administrées comme l'entendent les gens de cour. Avec le nouveau ministre il n'est plus question de réformes, d'économies, de ces innovations politiques qui attristaient tant de personnes. M. de Calonne estime que tout est pour le mieux et qu'on peut vivre joyeusement, sans aucun souci de l'avenir. Il trouve, d'après sa propre estimation, un déficit de quatre-vingts millions, des dettes exigibles s'élevant à l'énorme somme de six cent quarante-six millions. Que faire dans une telle situation? Emprunter, évidemment. Eh bien! pour emprunter, il faut avant tout paraître riche, et pour paraître riche il faut éblouir par ses dépenses. On dépensera donc largement. Les frères du roi n'ont qu'à pro-

[1] Mémoires de Weber, t. I, ch. II, p. 147-149.

duire l'état de leurs dettes, la reine qu'à laisser entrevoir un caprice : « Si ce que Votre Majesté désire est possible, c'est fait, lui répondra galamment M. de Calonne, si c'est impossible, cela se fera[1]. » Et le ministre tient parole. La reine veut avoir Saint-Cloud : M. de Calonne met aussitôt quinze millions à l'acquisition de Saint-Cloud, sans tenir aucun compte des résistances du parlement. Louis XVI, malgré le nombre de ses campagnes royales, a envie de posséder Rambouillet : quatorze millions encore pour Rambouillet. En trois ans, il y avait pour soixante millions de ces prodigalités d'un luxe inutile, et les acquits du comptant s'élevaient, pour la seule année 1785, à cent quarante-cinq millions. Les courtisans étaient aussi bien traités que les princes, et on pouvait juger de leur influence en voyant renaître en foule les vieux abus, croupes dans les fermes, pots-de-vin dans les transactions publiques, marchés à huis clos, sans contrôle ni enchères, rétablissement de charges inutiles, multiplication des survivances et des pensions. Comment ce ministre prodigue, qui donnait à l'une de ses maîtresses des bonbons dont chaque enveloppe était un billet de la caisse d'escompte, aurait-il pu refuser quelque chose à l'un des roués ses amis? Il accordait tout, et il mettait à donner autant de grâce et d'aménité que d'autres en mettent quelquefois à adoucir l'amertume d'un refus. Par moments Louis XVI était choqué de cette manière étrange de traiter les affaires; il refusait de signer des libéralités de pure faveur; en marge des projets qui le concernaient personnellement, il écrivait : *Rien ne presse.... on peut attendre;* il trouvait M. de Calonne léger, oublieux, et lui en faisait reproche; mais c'était pour subir bientôt après l'ascendant de ce dissipateur étourdi, doué, malgré ses défauts, d'un esprit souple et facile que le roi confondait aisément avec une capacité véritable. Et puis, avec ce charmant ministre, plus d'inquiétudes, plus d'alarmes, plus de sombres prévisions; tout était simple, naturel, aisé; les ressources étaient toujours prêtes, elles semblaient inépuisables. C'est le ministre modèle! disaient les grands seigneurs et les financiers; c'est un enchanteur! répétaient les femmes avec enthousiasme. L'enchanteur, au bout de trois ans, avait accru de huit cent millions la dette de l'État; le crédit dont il s'était effrontément joué lui était fermé sans retour; le parlement était arrivé au dernier terme de la résistance; tous les expédients étaient usés. Il fallait une combinaison nouvelle... M. de Calonne prit bravement son parti : il vint, après tant de rassurantes promesses, faire connaître au roi l'état véritable du trésor, l'énormité du déficit, mais en même temps le moyen qu'il avait imaginé pour tout réparer, pour devenir l'idole de la France, comme il avait été jusqu'alors l'idole de la cour. Le plan du contrôleur-général était vaste. Son idée fondamentale était de soumettre les privilégiés à l'impôt, en supprimant les

---

[1] Mémoires de Weber, t. I, ch. III, p. 301.

vingtièmes, que remplacerait une subvention répartie sur les terres avec égalité. En même temps qu'il demanderait ce sacrifice aux premiers ordres, il flatterait les propriétaires en les appelant à élire des assemblées de paroisse, de district et de province. Pour favoriser l'agriculture et l'industrie, le contrôleur-général diminuait le fardeau de la taille ; il adoucissait la gabelle, que son produit ne permettait pas de supprimer ; il abolissait la corvée ; il établissait la liberté du commerce des grains, sauf à suspendre l'exportation sur la demande des assemblées provinciales ; il détruisait les douanes intérieures et plusieurs droits vexatoires. Dans l'intérêt du commerce, il voulait pourvoir à l'état civil des protestants et rouvrir la France aux descendants des réfugiés. La subvention territoriale ne pouvant encore mettre les recettes au niveau des dépenses, M. de Calonne projetait l'aliénation des domaines de la couronne à titre d'inféodation, une forte extension de l'impôt du timbre, et des économies qu'il évaluait à vingt millions. Louis XVI entendit avec surprise la lecture de ces projets : « Mais, dit-il, c'est du Necker que vous me donnez là, c'est du Necker tout pur. — Sire, répondit Calonne, dans l'état des choses, on ne peut rien vous offrir de mieux [1]. »

Les prétendues réformes du contrôleur-général, ce n'était pas autre chose, en effet, que les idées de Necker, celles de Turgot, recevant cette justification inattendue que le ministre des courtisans vit en elles la seule chance de salut qui restât au royaume. A cet assemblage d'idées empruntées qu'il appelait impudemment son système, M. de Calonne ajoutait, comme encadrement, une assemblée des notables convoquée à Versailles pour le 22 février 1787, et dont l'influence et les décisions devaient aider à vaincre les résistances prévues du parlement. Cette assemblée réunie pour consentir à la suppression partielle des priviléges, M. de Calonne, avec l'inconcevable légèreté qu'il apportait en toutes choses, la composait presque exclusivement de privilégiés ; les hommes du tiers-état, sur l'appui desquels il aurait dû compter surtout, y formaient une imperceptible minorité. Ce ne fut pas la seule maladresse qu'il commit : il eut la périlleuse audace de critiquer avec inconvenance le caractère et les actes de M. Necker, de démentir le *compte-rendu*, d'établir un présomptueux parallèle entre cette administration qu'il dénigrait et la sienne qu'il exaltait ; il avait fait merveilles, s'il fallait l'en croire ; et pourtant il n'osait pas montrer ce qu'étaient devenues entre ses mains les finances du royaume, quelle était, au moment même où il parlait, la situation du trésor ; il laissait entrevoir une effroyable détresse, et disait sentencieusement qu'il restait un grand remède puisque « il restait les abus. » Mais ces abus, ce n'était pas aux notables, aux privilégiés qu'il fallait demander de les faire disparaître : l'assemblée

---

[1] Droz, Histoire de Louis XVI, t. I, p. 461-469.

repoussa avec aigreur le projet d'une subvention territoriale, et l'impôt en argent, et l'impôt en nature ; elle déplaça habilement la question et demanda les états de recettes et de dépenses, alléguant qu'il fallait avoir la juste mesure du mal pour y apporter les remèdes convenables, et qu'il importait de savoir lequel, de M. de Calonne ou de M. Necker, avait trompé le roi. Le contrôleur-général se défendit, s'emporta ; il publia officiellement ses projets de réformes, comme pour appeler la vindicte de l'opinion sur ceux qui l'empêchaient de les réaliser. Mais il eut beau déployer de merveilleuses ressources d'esprit, des trésors de faconde et de dextérité, le public, sans pénétrer au fond même de la question, mit le bon droit du côté de ceux qui résistaient à un pouvoir déjà détesté ; il soutint, il encouragea les notables ; il refusa obstinément de croire à la sincérité, à l'intelligence, au patriotisme de l'homme que la reine, le comte d'Artois, les courtisans avaient porté au ministère. Le public se trompait en un point cependant : depuis qu'il s'était mis à parler de réformes à faire, d'abus à corriger, d'économies à opérer, M. de Calonne n'était plus le ministre de la cour ; ses plus fervents admirateurs d'autrefois le reniaient aujourd'hui ; la reine elle-même l'avait abandonné, l'accusant de lui avoir caché ses projets, d'avoir donné lieu, par une imprudente mesure, à cette déplaisante opposition des notables, qui atteignait le roi aussi bien que le contrôleur-général. Louis XVI restait seul attaché à ce séduisant ministre, qui savait si bien aplanir pour lui toutes les aspérités du gouvernement. Mais que pouvait Louis XVI contre Marie-Antoinette éplorée, suppliante, ou courroucée ? M. de Calonne fut renvoyé, et il demeura constaté désormais que la reine était toute-puissante, et qu'à Trianon résidait la volonté souveraine qui gouvernait la France. Le peuple le soupçonnait déjà ; les attaques, les insinuations, les calomnies, commencées à la cour contre la reine, étaient arrivées jusqu'à lui, et il les avait accueillies. Marie-Antoinette, c'était à ses yeux la reine d'un nouveau Parc-aux-Cerfs établi à Trianon, c'était l'impudique héroïne des *nocturnales* de la terrasse, c'était *l'Autrichienne*, c'était *madame déficit*; elle seule avait creusé cet abime financier où la France était descendue[1]. Dans le récent procès du collier, où une scrupuleuse équité n'aurait pu voir que l'audacieuse escroquerie d'une femme intrigante et la stupide crédulité d'un prince de l'Église, c'était la reine que l'opinion publique avait mise en cause, la reine que l'on avait jugée, la reine que l'on avait condamnée en condamnant l'accusée que la cour voulait sauver, en acquittant le cardinal que la cour voulait perdre. Vers la reine allaient désormais remonter toutes les accusations, toutes les haines, la responsabilité de toutes les fautes et de tous les malheurs. Cette responsabilité, personne n'eût songé à la reporter sur Louis XVI, de jour en

[1] Mémoires de Rivarol, p. 314.

jour plus affaissé, plus inerte, plus occupé de sa forge et de ses chasses. La reine devait tout assumer puisque seule elle dirigeait tout : elle s'opposait aux réformes demandées par l'opinion, elle défendait les priviléges et les abus; elle avait porté et soutenu au ministère M. de Breteuil, elle avait élevé et renversé M. de Calonne; n'allait-elle pas aussi lui donner un successeur? « Je ne veux, avait dit d'abord Louis XVI, ni *Nekraille* ni *prétraille,* » désignant sous ce dernier terme le protégé de Marie-Antoinette et de la cour, l'archevêque Loménie de Brienne. Cependant les plus sages lui parlaient de l'opportunité du retour de M. Necker, de la force que donnerait au gouvernement son éclatante popularité : « Eh bien! avait répondu brusquement le roi, il n'y a qu'à le rappeler. » Alors le prête-nom de la reine, M. de Breteuil, avait opposé à M. Necker M. de Loménie, rabaissant l'un, exaltant l'autre, et Louis XVI avait répliqué sans doute avec la même impatience : « Il n'y a qu'à le nommer! » Il le nomma du moins, quoiqu'il eût pour lui de l'aversion et du mépris : la reine le voulait, madame de Polignac le jugeait parfaitement capable de gouverner la France, et l'abbé de Vermont lui accordait son tout-puissant patronage.

L'archevêque de Toulouse, nommé chef du conseil des finances, était, au dire des gens de cour et de lui-même, le sauveur prédestiné de la monarchie, le Richelieu du dix-huitième siècle. On allait le juger à l'œuvre. Obtenir de l'assemblée des notables, où, grâce à ses intrigues, il avait joué un rôle important, un mince emprunt de quatre-vingt millions, en leur faisant l'insignifiante concession de leur soumettre de prétendus comptes de finances où ils ne pouvaient rien démêler, puis congédier cette réunion qui n'aspirait qu'à en finir, c'était peu de chose, et sans doute le nouveau ministre tenait en réserve d'autres idées pour remédier aux maux du royaume. Il les produisit enfin; et qu'était-ce que ces idées? à quelles mesures donnaient-elles naissance? à des édits sur la corvée, sur le commerce des grains, sur les assemblées provinciales, sur le timbre, sur la subvention territoriale, enfin à un emprunt de quatre cent trente millions. Ce n'était donc pas autre chose que les réformes proposées déjà par ces ministres novateurs que la cour avait repoussés, réformes devenues insuffisantes, tant la situation avait empiré, devenues impopulaires, tant on avait de défiance contre ceux qui gouvernaient le pays. C'était le parlement qui résistait, et la France tout entière appuyait cette opposition que dirigeaient pourtant bien des motifs intéressés. L'enthousiasme général qu'inspiraient les adversaires du gouvernement, les applaudissements prodigués, dans les lieux publics, aux orateurs de l'opposition parlementaire, ces jeunes *défenseurs de la patrie* portés en triomphe au sortir du palais, tout cela aurait dû être un avertissement pour le ministre, pour la cour surtout. Le ministre et la cour, plongés dans la plus aveugle sécurité, n'y virent qu'une occasion de renouveler le chancelier Maupeou, de tuer le parlement, d'anéantir les résistances qui les gênaient. Les magistrats menacés dressent un manifeste de ce qu'ils appellent les principes constitutifs de la monarchie, et ces principes ce sont, suivant eux, « le droit de la nation d'accorder librement des subsides par l'organe des États-Généraux régulièrement convoqués, les coutumes et capitulations des provinces, l'inamovibilité des magistrats, le droit des cours de vérifier les volontés du roi, et le droit, pour chaque citoyen, de n'être traduit devant d'autres juges que ses juges naturels, de n'être arrêté, par quelque ordre que ce soit, que pour être remis sans délai entre les mains des juges compétents. » Cette déclaration n'allait à rien moins qu'à renverser la monarchie du bon plaisir pour y substituer une monarchie tempérée, une royauté limitée par certaines lois dont le parlement serait le dépositaire et le défenseur naturel. Le ministre, de son côté, répond aux prétentions de la magistrature par l'arrestation violente de deux conseillers, par la contrainte d'un lit de justice, par la publication de six édits en vertu desquels le parlement est dépouillé du droit d'enregistrer les lois, et ce droit est transféré à une cour plénière dont le roi nomme les membres ; c'est-à-dire que le gouvernement ne veut subir aucun contrôle. On dit d'un côté constitution, légalité, on répond de l'autre despotisme, volonté absolue, et la France tout entière s'associe au débat avec une inconcevable ardeur. L'opposition philosophique et libérale du pays faisait cause commune avec l'opposition hypocrite des parlements. Le clergé luimême, qui, en 1775, calomniait la France en disant que le monstrueux athéisme était devenu l'opinion dominante, ce clergé, assemblé par Brienne pour fournir au ministre quelques ressources, les lui refuse, associe ses protestations à celles du pays tout entier, et dit au roi : « Notre silence serait un crime dont la nation et la postérité ne voudraient jamais nous absoudre... Le clergé de France vous tend, sire, des mains suppliantes, et il est si beau de voir la force et la puissance céder à la prière !... La gloire de Votre Majesté n'est pas d'être roi de France, mais roi des Français, et le cœur de vos sujets est le plus beau de vos domaines [1]. » Tant et de si graves avertissements auraient dû éclairer la cour ; il n'en était rien : on avait fait l'archevêque ministre principal, on lui avait sacrifié des hommes spéciaux et habiles, MM. de Castries et de Ségur ; on avait appelé son frère, le comte de Brienne, au département de la guerre, pour lequel il était incapable ; M. de Loménie enfin restait toujours, aux yeux de la reine comme aux siens propres, l'homme éminent, l'homme nécessaire. Il avait conduit l'État aux dernières limites de la détresse, il avait épuisé toutes les ressources imaginables, jusqu'à mettre la main sur la caisse des invalides qui contenait quelques modiques épargnes, sur des fonds de bienfaisance confiés à l'État ; au dehors, il avait humilié la France devant l'étranger, il avait

[1] Mémoires de Weber, t. I, ch. II, p. 233-234.

laissé les Prussiens envahir la Hollande et chasser les patriotes qui avaient compté sur l'appui de Louis XVI; à l'intérieur, il avait allumé une conflagration générale, et il se berçait encore dans une stupide sécurité : « Le roi sait se faire obéir, disait-il, et moi j'ai tout prévu, jusqu'à la guerre civile. » Les troubles continuaient, se propageaient, et la confiance de M. de Brienne n'en était pas ébranlée. La reine persistait à croire en lui, et l'aurait soutenu au pouvoir jusqu'au dernier moment, si le ministre avait pu payer les dettes de M. le comte d'Artois, s'il avait su ménager l'inébranlable autorité de madame de Polignac. Madame de Polignac l'avait élevé, madame de Polignac le renversa. Vainement chercha-t-il à se maintenir en s'appuyant sur l'opinion, en annonçant, par un arrêt du 8 août 1788, que les États-Généraux, déjà tant de fois réclamés, seraient réunis le 1er mai 1789; sa chute était irrévocable : Marie-Antoinette l'aurait soutenu contre toute la France, elle l'abandonna à l'irrésistible favorite. « M. de Loménie voulut être consolé de sa retraite en obtenant, pour lui-même le chapeau de cardinal, pour son neveu, à peine d'âge, la coadjutorerie de son archevêché, jointe à une des plus riches abbayes de France, et pour sa nièce une place de dame du palais. Il s'était composé, pendant son court ministère, une fortune de cinq à six cent mille livres de rente sur les biens de l'Église. Il laissait son frère ministre de la guerre, après l'avoir fait nommer chevalier des ordres du roi et gouverneur de province [1]. » La reine pleura en le quittant, et lui permit de l'embrasser : le pays tout entier maudissait en ce moment le ministre incapable qui l'avait conduit au bord de l'abîme. La cour, frappée d'un triste aveuglement, froissait en toutes choses les sentiments, les désirs, les volontés du pays, et hâtait, sans le prévoir, le moment d'une irrémédiable rupture.

Telle était déjà cependant la force de l'opinion, que ceux-là même qui l'avaient long-temps méconnue ou bravée, finissaient par transiger avec elle, au risque de se contredire eux-mêmes. M. de Brienne, ministre, avait fait à la clameur publique cette énorme concession de convoquer, comme elle l'exigeait, les États-Généraux; M. de Brienne, sortant du ministère, désigna au roi, comme seul capable de supporter le fardeau de la situation, l'homme que désignait aussi l'enthousiasme général, M. Necker; et Louis XVI, malgré de très-vives répugnances, rappela auprès de sa personne le conseiller qu'on lui indiquait, et Marie-Antoinette écrivit elle-même à M. Necker pour lui notifier le choix du prince. « On m'a fait rap- » peler M. Necker, disait Louis XVI, je ne le voulais pas; on ne tardera » pas à s'en repentir : je suivrai tous ses conseils; on verra ce qui en » résultera. » Le 26 août 1788, M. Necker se présentait, avec le titre de directeur-général des finances, devant le souverain qui, peu de mois aupa-

[1] Mémoires de Weber, t. I, ch. III, p. 251.

ravant, l'avait exilé à vingt lieues de Paris, pour avoir, contrairement à ses ordres, défendu contre M. de Calonne l'exactitude du *compte-rendu*. « Je me rendis à Versailles, dit-il dans ses Mémoires; le roi voulut me » voir dans le cabinet de la reine et en sa présence. Il éprouvait, dans sa » grande bonté, une sorte d'embarras parce qu'il m'avait exilé l'année » précédente. Je ne lui parlai que de mon dévouement et de mon respect, » et de ce moment je me replaçai près du prince ainsi que j'avais été dans » un autre temps [1]. » Le ministre que saluaient d'universelles acclamations reprenait les affaires avec un triste pressentiment : « Il est trop tard ! » avait-il dit en recevant le message de la reine; et il était trop tard en effet. Sept ans plus tôt, la restauration des finances était encore la grande affaire du pays, et M. Necker, avec sa prodigieuse habileté de banquier, pouvait y suffire. En 1788, quoique la situation financière eût empiré, la détresse du trésor préoccupait bien moins les esprits que la prochaine réunion des représentants de la France : il s'agissait de diriger une révolution à son début, et il aurait fallu pour cette œuvre difficile une capacité politique qui manquait absolument à M. Necker. Le financier fut admirable de dextérité et de dévouement pour trouver, au jour le jour, les millions qu'il fallait, pour relever le crédit par le seul prestige de son nom, pour faire face à tous les engagements sans rien ajouter à la dette ni à l'impôt, pour se procurer, en engageant noblement sa propre fortune, les sommes nécessaires aux achats du gouvernement; mais l'administrateur éminent était un très-médiocre politique et fort au-dessous des exigences de la situation. Pour prendre l'initiative au milieu des redoutables questions qui s'agitaient, pour donner aux esprits l'impulsion qu'ils devaient suivre, pour mettre du côté du gouvernement la fermeté des vues et des actes, il fallait autre chose que quelques vagues prédilections pour la forme du gouvernement anglais, quelques idées flottantes sur les avantages du système représentatif; il fallait l'énergie d'une conviction profonde, et non pas ce désir immodéré de recueillir tous les applaudissements, de se concilier tous les suffrages, dont M. Necker était possédé. La France tout entière est préoccupée des nombreuses et graves questions que soulève la convocation des États. Comment l'assemblée sera-t-elle composée? Dans quelle proportion le tiers état y sera-t-il représenté? Vingt-quatre millions de Français auront-ils un nombre de députés égal ou inférieur à celui de quatre ou cinq cent mille de leurs compatriotes? Quelles doivent être les conditions de l'éligibilité et de l'élection? Voilà ce que l'on recherche, ce que l'on demande sur tous les points du royaume, les uns en appelant au droit historique, aux témoignages du passé, les autres se fondant sur l'équité et la raison. M. Necker, le gouvernement, à qui il appartenait de trancher

---

[1] Mémoires de Necker, t. I, p. 49.

les difficultés, de donner les solutions attendues, ne trouvent rien de mieux à faire que de consulter sur tous les problèmes qui l'embarrassent une assemblée préparatoire, une majorité de privilégiés, les notables!... Les notables, réunis à Versailles le 6 novembre 1788, professent pour les formes anciennes le plus profond respect, et, en raison de cette pieuse déférence, ils repoussent tout ce que demande le pays : ils ne veulent pas la double représentation pour le tiers état; ils ne veulent pas que l'on considère la population et la quotité de contributions d'un arrondissement pour déterminer le nombre de ses représentants, et ils trouvent parfaitement équitable que les sept cent mille habitants de la sénéchaussée de Poitiers et les huit mille du bailliage de Dourdan aient un nombre égal de députés. L'opinion, poussée à une extrémité contraire et résumant toutes les questions dans une seule, affirme, par la bouche de Sieyès, que si le tiers état n'a rien été jusqu'alors, il doit être tout désormais. Placé entre la décision des notables qu'il a consultés comme les organes du pays, et les mille voix du pays qui s'élèvent pour démentir les notables, le gouvernement prend enfin une décision : les députés aux prochains États-généraux seront au moins au nombre de mille; ce nombre sera formé, autant que possible, en raison composée de la population et des contributions de chaque bailliage; le tiers état aura autant de députés que les deux autres ordres réunis, et cette proportion sera établie par les lettres de convocation. Encore le gouvernement, en donnant gain de cause à l'opinion sur trois points essentiels, laissait-il indécise la question du vote par tête; c'était sans doute une conséquence infaillible du principe adopté de la double représentation; mais alors pourquoi laisser au tiers état le soin de tirer une conclusion obligée dont il pourra se faire un avantage? Le mouvement électoral se prolongea, trois mois durant, dans tout le royaume. Aucune condition de propriété n'avait été attachée au droit d'élection : tous les citoyens âgés de vingt-cinq ans, domiciliés et compris au rôle de la capitation, même pour une très-faible somme, furent appelés aux assemblées primaires. On avait imaginé plusieurs degrés d'élection pour amortir l'élan de l'esprit démocratique. Vaine précaution! Lorsque le résultat général des élections fut connu, la cour apprit, avec une douloureuse surprise, que le tiers état, moins une trentaine de voix tout au plus, ne comptait que des représentants dévoués à la nation, qu'une minorité imposante du clergé penchait vers la même cause, qu'enfin la noblesse de province avait écarté beaucoup d'hommes de cour et donné aussi quelques voix aux idées de réforme. Chacun des trois ordres apportait ses cahiers de doléances, et c'étaient là, si l'on en excepte les récriminations intéressées, où les ecclésiastiques et les nobles cherchaient à se rejeter les uns aux autres le poids des charges publiques et des réformes trop aisément prévues, c'étaient là, dans les cahiers du tiers état surtout, les vœux du pays. La France demandait une constitution politique, l'égalité devant la loi civile et devant la loi pénale, l'unité de législation, la liberté de la presse, l'abolition de toute servitude personnelle, de tous droits féodaux, l'égale répartition de l'impôt, l'organisation de l'enseignement public sur une base large et libérale, la participation régulière des représentants du pays aux affaires du gouvernement... On croirait lire le programme apporté, quinze ans auparavant, par Turgot au conseil du roi Louis XVI. La royauté n'avait pas accepté une réforme nécessaire en 1774, qu'allait-elle faire en présence d'une révolution inévitable en 1789 ? Il n'est que trop facile de le prévoir : hésiter, ignorer, refuser sans fermeté, accorder sans bonne grâce, opposer de mesquines intrigues, quelquefois même de coupables menées, à l'irrésistible puissance des événements, se perdre enfin en compromettant le salut de la France, voilà le rôle de la cour, et malheureusement aussi le rôle de Louis XVI.

Si jusqu'à présent nous avons exposé avec quelques détails des faits sur lesquels le monarque et ceux qui l'entouraient ont exercé une notable influence, ici nous n'avons plus qu'à rappeler brièvement les principales phases de cette prodigieuse révolution qui, dès les premiers jours, échappa à l'impuissante direction et du roi et de son ministre. Un contemporain a fait cette remarque : « On est forcé, en lisant l'histoire, d'avouer que nos rois, afin d'accroître leur puissance, passaient leur vie à empiéter sur les privilèges de la noblesse et du clergé; de sorte que le peuple et l'assemblée nationale, en écrasant le clergé, la noblesse et la magistrature dans la révolution actuelle, n'ont fait qu'achever l'ouvrage des rois [1]. » La royauté, en restant fidèle à ses anciennes traditions, pouvait donc et se modifier elle-même suivant les exigences du siècle, et s'associer à une révolution qui allait s'attaquer aux privilèges de l'aristocratie bien plus qu'aux prérogatives de la couronne, revendiquer l'égalité bien plus que la liberté politique. Une crise était imminente assurément; mais qui oserait affirmer qu'une main ferme et une volonté intelligente n'auraient pas pu s'emparer du torrent et en diriger le cours ? Le gouvernement de Louis XVI ne se montra ni intelligent ni ferme. Les États-Généraux, réunis le 5 mai 1789, se trouvèrent livrés à eux-mêmes, maîtres de poser et de résoudre toutes les questions que le gouvernement n'avait su ni prévoir ni trancher. Les premières discussions, relatives à la vérification des pouvoirs, avaient déjà montré le nombre et la force du parti national, que la cour en était encore à spéculer, pour son propre avantage, sur la division des trois ordres, à croire qu'il serait très-habile d'arracher aux nobles leurs immunités pécuniaires en leur faisant peur des envahissements du tiers état, de comprimer l'élan populaire en y opposant l'orgueil aristocratique. Les députés des communes se con-

---

[1] Mémoires de Rivarol, p. 117.

stituent en assemblée nationale indépendamment de la noblesse et du clergé (17 juin), l'opinion libérale se manifeste avec énergie : la cour alors passe de l'intrigue à la résistance. On ferme momentanément la salle des États, on prépare une séance royale (23 juin); le débonnaire Louis XVI, maladroit interprète des rancunes aristocratiques, vient proférer des paroles de menace et de colère, il vient braver le vœu national le plus nettement exprimé, en ordonnant la séparation des trois ordres, en maintenant comme propriétés inviolables tous les droits féodaux utiles ou honorifiques, en menaçant de faire seul le bien de son peuple et de se regarder comme son unique représentant. Cette fermeté factice ne tourna pas au profit de ceux qui l'avaient déployée : on n'y gagna que le serment du Jeu de Paume, une désobéissance formelle de l'assemblée au roi, cette magnifique déclaration d'inviolabilité dont elle couvre tous ses membres, la triste obligation pour la cour de s'abriter derrière la popularité de ce M. Necker qu'elle déteste, et qui a désapprouvé ses mesures de rigueur et de violence. L'incorrigible aristocratie, le faible Louis XVI ne profitent pas de cette première leçon : quinze jours se sont à peine écoulés, et M. Necker et ses collègues sont renvoyés (11 juillet); on appelle à les remplacer les hommes les plus connus par leur opposition à la cause populaire; des troupes s'accumulent autour de Paris; quinze régiments, placés sous les ordres du baron de Besenval, doivent concourir à l'exécution des projets de la cour; on compte sur eux : la reine, la duchesse de Polignac ont travaillé elles-mêmes à gagner les officiers et les soldats : dans la nuit du 14 au 15 juillet Paris sera attaqué sur sept points à la fois; le Palais-Royal, théâtre de séditions, sera enveloppé, l'assemblée nationale dissoute, la déclaration du 23 juin portée au parlement; la royauté recouvrera ses droits, l'aristocratie ses priviléges... Le 14 juillet, le peuple prend la Bastille, la garde nationale est organisée, la morgue aristocratique s'incline encore une fois devant la nation armée et toute-puissante. Louis XVI, livré à lui-même, se rend, sans escorte et sans gardes, au milieu de l'assemblée. « Vous avez craint, dit-il aux députés, eh bien ! c'est moi qui me fie à vous; » et les députés l'applaudissent, l'entourent, le reconduisent à pied jusqu'au château. M. Necker est rappelé et rétabli; les privilégiés entraînés s'imposent à eux-mêmes, dans la fameuse nuit du 4 août, des sacrifices trop tôt et trop vivement regrettés. Le servage, les droits féodaux, les priviléges pécuniaires et politiques des nobles, des provinces, des villes, des corporations sont abolis; l'égalité civile est proclamée; une constitution nouvelle est donnée à la France, constitution monarchique, avec l'hérédité de la couronne, l'inviolabilité de la personne royale, une liste civile de trente millions, le commandement des armées, le droit, pour le prince, de suspendre pendant deux législatures les décisions de l'assemblée qui doit être en permanence auprès de lui. L'aristocratie va-t-elle se résigner à ne devoir qu'au mérite ce qu'elle a dû jusqu'alors à la faveur et au privilége? La royauté va-t-elle, sans regrets, admettre les représentants du pays à la participation de cette autorité qu'elle a exercée seule jusqu'alors? Les pouvoirs ne consentent guère à se voir détrôner ainsi ; le droit historique ne reconnait pas avec cette abnégation la suprématie du droit rationnel ; on cherche à retenir ce qu'on a possédé, à recouvrer ce qu'on a perdu ; et c'est un bonheur si, dans cette inévitable lutte, la loyauté et l'honneur peuvent avouer toujours les moyens que l'on emploie !...

Dans les premiers jours d'octobre, on vit à Versailles une affluence inaccoutumée d'épaulettes et d'uniformes : on avait appelé des dragons et des chasseurs des Trois-Évêchés, on avait fait venir le régiment de Flandre, on avait retenu la compagnie des gardes du corps, dont le service venait d'être achevé ; les courtisans se répandaient en imprudentes menaces, laissaient percer de grandes espérances : il s'agissait d'emmener le roi à Metz, de le soustraire à l'oppression qui pesait sur lui, et l'exécution de ce projet était facile pourvu que l'on eût sous la main quelques troupes dévouées. Les fêtes données dans ce but aux officiers et aux soldats, des fêtes auxquelles paraissent Louis XVI et Marie-Antoinette, deviennent ainsi de véritables conspirations, et entraînent les déplorables journées des 5 et 6 octobre. L'aristocratie, la royauté n'ont rien recouvré, et Louis XVI est transporté à Paris, au centre même de la révolution, placé sous la garde des milices parisiennes, et pour ainsi dire sous la main du peuple. Ceux qui voudront conspirer désormais iront à Turin, à Coblentz, se tourneront vers l'Autriche, et Louis XVI, ballotté entre Marie-Antoinette et M. de Calonne, entre le comte d'Artois et le prince de Condé, deviendra de jour en jour plus irrésolu, plus faible, plus coupable peut-être !

L'accord était-il donc impossible entre ce roi honnête homme et cette assemblée nationale que dirigeaient assurément de grandes et nobles inspirations?... Lorsque, le 4 février 1790, Louis XVI se rend au milieu des représentants du pays, lorsqu'il proteste de son attachement à la nouvelle constitution, lorsqu'il assure que, de concert avec la reine, il préparera l'esprit et le cœur de son fils au nouvel ordre de choses, et l'habituera à être heureux du bonheur des Français, lorsqu'il recommande la concorde et la paix à *ce bon peuple dont on l'assure qu'il est aimé quand on veut le consoler de ses peines*, de sincères acclamations, d'unanimes transports accueillent ces belles paroles ; la multitude empressée reconduit le prince jusqu'à son palais ; l'assemblée vote des réjouissances publiques, des remerciments au roi et à la reine. Illusions d'un moment ! Les inévitables regrets de la puissance perdue, les incorrigibles terreurs d'une conscience timorée se font sentir bientôt ; les influences de cour l'emportent sur les plus sages conseils ; l'honnêteté du roi ne sert qu'à couvrir de pernicieuses et souvent aussi de coupables intrigues. Louis XVI protestait devant l'assemblée de son inviolable attachement à la nation, et, aux Tuileries, les hommes les plus éminents du parti national rencontraient les dédaigneuses railleries des courtisans, les implacables rancunes de la reine et des favoris. Louis XVI promettait d'observer fidèlement les nouvelles lois du royaume, et tels et tels de ses ministres préférés étaient en relations incessantes avec ceux qui, du dehors, se préparaient à détruire tout ce que l'assemblée nationale avait fondé. Mirabeau, le nouvel auxiliaire de la royauté, aurait-il inspiré à ceux qu'il avait pris sous son puissant patronage cet amour sincère des principes constitutionnels dont il était lui-même animé[1]? Non sans doute, et sa mort (2 avril 1791) ne fit que laisser la cour à ses véritables tendances. Elle perdait l'appui de Mirabeau, elle rechercha avec plus d'ardeur l'appui de l'étranger, et le voyage de Varennes fut résolu (21 juin). On en connaît le triste résultat, dû en grande partie aux imprudences et à la faiblesse de Louis XVI. Lorsque le roi entra dans Varennes, M. Goguelat y était arrivé avec son détachement. Il s'approcha du roi en lui demandant s'il voulait passer par les moyens de la force. « Sera-ce chaud? dit le roi. — Il est impossible que ce soit autrement, sire, » dit l'aide-de-camp. Louis XVI ne voulut point exposer sa famille[2]. Il avait du moins exposé et perdu la royauté. En vain l'assemblée nationale, en terminant ses séances, lui remit-elle, avec la constitution achevée qu'il accepta, l'exercice de la part d'autorité qui lui était dévolue; le roi que l'on avait suspendu de ses fonctions, que l'on avait retenu captif dans son palais, était, pour bien des esprits, un rouage inutile ou même embarrassant dans l'ensemble de la machine politique; et lorsque l'assemblée législative se réunit, le voyage de Varennes avait déjà préparé l'avénement de la république française.

Les causes les plus frivoles contribuaient à amener les plus graves événements. Que la nouvelle assemblée, dans un décret relatif au cérémonial, abolît les titres de *Sire* et de *Majesté* donnés ordinairement au roi, qu'elle ordonnât qu'en paraissant devant elle le roi eût un siége exactement semblable à celui du président, et que les députés écoutassent assis le roi qui leur parlait assis, c'en était assez pour frapper au cœur le faible Louis XVI, pour lui faire maudire des institutions qui portaient à sa fierté de pareils coups; il rentrait pâle, désolé, et, abordant la reine : « Ah! madame, lui disait-il en sanglotant, n'êtes-vous donc venue en France que pour être témoin de cette humiliation! » Dans les limites même de la constitution la lutte s'engageait avec aigreur. Le roi, usant de sa prérogative, refusait de sanctionner les décrets relatifs aux émigrés et aux prêtres insermentés; le

---

[1] Mémoires de Weber, t. II, ch. IV, p. 37 et 71. — Mémoires de madame Campan, t. II, p. 267.

[2] Mémoires de madame Campan, t. II, p. 329.

roi donnait toute sa confiance et son affection à celui de ses conseillers qui témoignait l'aversion la plus profonde pour les institutions nouvelles, Bertrand de Molleville ; le roi destituait le ministre de la guerre Narbonne par ce motif seulement qu'il était trop populaire, et l'assemblée, rendant attaque pour attaque, mettait en jugement le ministre des affaires étrangères, Delessart, comme coupable d'avoir professé des doctrines inconstitutionnelles et d'avoir abaissé la France devant l'étranger. L'animosité allait croissant de part et d'autre, et le résultat d'une rupture ouverte, si elle avait lieu, ne pouvait être douteux un moment. Qu'était-ce que les vaines jactances de quelques courtisans contre la toute-puissante énergie du flot populaire ? L'unique ressource, c'était l'étranger, ces étrangers qui, par la déclaration de Pilnitz, par l'insolente et impolitique note de M. de Cobentzel, par l'étrange prétention d'intervenir dans nos affaires intérieures, et de détruire tout ce que l'assemblée constituante avait fondé, venaient de blesser profondément le sentiment national.

La France, envers laquelle on se mettait en état manifeste d'hostilité, déclara la guerre, et Louis XVI, aux termes de la constitution, vint en porter la proposition formelle à l'assemblée législative (20 avril 1792). Mais cette guerre, c'étaient les parents, les amis, les serviteurs du roi qui l'avaient préparée au dehors, et Louis XVI, malgré les déclarations officielles, était en correspondance continuelle avec eux ; Louis XVI avait envoyé en Allemagne Mallet-du-Pan avec des instructions écrites de sa propre main ; il avait indiqué aux souverains étrangers les précautions à prendre en traversant les provinces du royaume, il les avait invités à envahir la France : et ces ténébreuses menées d'une politique imprudente, le peuple les soupçonnait, les devinait ; le peuple identifiait dans sa pensée la cour et l'étranger, et les chefs du parti populaire crurent que, pour prévenir l'exécution des complots qui se tramaient contre la France, c'était d'abord la cour qu'il fallait effrayer. La journée du 20 juin eut lieu, et cette terrible leçon ne suffit pas encore à dissiper un déplorable aveuglement. Quelques jours après, La Fayette quittait son armée, venait à Paris pour sauver Louis XVI au péril de ses jours, et quand il se rendit au château, ce fut pour se voir froidement accueilli par le roi et par la reine, pour entendre les propos les plus injurieux circuler autour de lui dans les groupes des courtisans ; on rejeta avec dédain toutes ses propositions : M. de La Fayette était un constitutionnel, un homme attaché à la liberté autant qu'à la monarchie : en acceptant un tel libérateur, il aurait fallu promettre de respecter, de maintenir les nouvelles institutions : bien mieux valait recourir à ces quatre-vingt mille Prussiens qui, rompant la neutralité, s'avançaient par Coblentz, sous les ordres du duc de Brunswick. Aucune mesure n'avait été prise pour les arrêter ; les armées françaises, qui gardaient trois frontières, atteignaient tout au plus le chiffre de deux cent trente mille hommes ; l'ennemi pouvait être dans six semaines à Paris : la reine y comptait du moins, et en faisait la confidence à une de ses dames; elle avait l'itinéraire des émigrés et du roi de Prusse; elle savait que tel jour ils pourraient être à Verdun, tel autre à Lille, et qu'on devait faire le siége de cette dernière place. Cette malheureuse princesse espérait, disait-elle, être délivrée dans un mois [1].... Le 11 juillet 1792, le président de l'assemblée législative prononce la formule solennelle : Citoyens, la patrie est en danger! Les séances sont déclarées permanentes; des coups de canon tirés de moment en moment annoncent cette grande crise de l'État; toutes les municipalités, tous les conseils de district et de département siégent sans interruption; les gardes nationales se mettent en mouvement sur tous les points du royaume ; on appelle les volontaires à la défense du pays, et le nombre des enrôlements s'élève jusqu'à quinze mille en un seul jour.

Ce n'était rien que de faire face aux ennemis du dehors, si l'on n'atteignait pas d'abord ceux qui, au dedans, les appelaient, les guidaient, espéraient en eux. Les idées de déchéance, d'abdication forcée, préoccupaient tous les esprits ; ces idées avaient été portées à la tribune même par le plus grave et le plus éloquent des Girondins. Ce n'était plus contre le vulgaire danger d'un coup de poignard ou d'un empoisonnement que Louis XVI avait à se précautionner ; c'était une condamnation juridique, c'était, comme Turgot le lui avait prédit, l'échafaud de Charles Ier qu'il lui fallait entrevoir et redouter. Comment échapper à ce triste sort? Les uns conseillent d'abdiquer, les autres de fuir, et Louis XVI, obsédé de terreurs, de scrupules, d'opinions de toute sorte, attend, hésite, voit venir la catastrophe, et ne sait rien faire pour la conjurer. Les événements se pressent cependant : sous la fatale inspiration des aveugles ressentiments qui s'agitent à Coblentz, le duc de Brunswick vient de publier cet insolent manifeste dont toute la France s'est émue. Le 3 août, le maire de Paris se présente à la barre de l'assemblée législative, et demande, au nom des quarante-huit sections de la capitale, que la question de la déchéance du roi soit mise à l'ordre du jour ; mille pétitions violentes expriment le même vœu ; l'assemblée fixe au 9 août cette terrible discussion ; et, dans le cas où elle hésiterait à rendre la décision qu'on attend d'elle, les chefs du parti populaire préparent, pour le 10, un mouvement qui soit la réalisation des projets dont le 20 juin avait été la menace. Il fallait fuir alors : les amis les plus sincères de la constitution, et les serviteurs les plus dévoués du trône réunissaient leurs instances et leurs efforts, offraient leur fortune et leurs bras, promettaient le succès. Louis XVI adopte leurs plans, s'engage à suivre leurs conseils; puis il se rétracte, ne voulant pas, dit-il, donner, par son évasion, le signal de la guerre civile. Ce n'était pas sa

---

[1] Mémoires de madame Campan, t. II, p. 230.

propre volonté, c'était celle d'autrui que le faible prince exprimait encore : les courtisans avaient repris courage à la nouvelle de la prochaine arrivée du duc de Brunswick, et Marie-Antoinette avait manifesté une invincible répugnance à recevoir les secours des constitutionnels. Rien ne pouvait plus détourner le péril, et la tempête annoncée pour le 10 août éclata. Les destinées pouvaient changer encore cependant si, dans cet assaut où les assaillants paraissaient fort irrésolus, Louis XVI avait trouvé en lui cette fière énergie que montrait la reine; mais ce prince ne possédait qu'un inerte courage : il refusait de passer le gilet plastronné que l'on avait préparé pour lui [1]; mais il ne savait pas prendre hardiment l'offensive, rattacher à lui ceux qui hésitaient encore, se servir enfin de l'arme que Marie-Antoinette lui avait si noblement présentée. La résistance était déjà devenue impossible lorsque le roi, suivant les plus sages conseils, se retira avec sa famille au sein de l'assemblée législative; et là, placé dans la loge du journaliste chargé de recueillir les séances, il entendit le terrible décret qui le suspendait provisoirement de la royauté et convoquait une convention nationale. Le samedi, 11 août, la famille royale était transportée dans l'ancienne abbaye des Feuillants, où elle devait momentanément occuper quatre cellules; la femme du concierge remplaçait seule auprès des princesses le nombreux cortége de domestiques titrées qui la veille encore se disputait le soin et l'honneur de leur service. On voudrait voir à Louis XVI, dans un pareil moment, cette noble attitude que donnent quelquefois aux plus vulgaires natures les grandes infortunes; mais il faut bien s'en rapporter au témoignage des contemporains, de ceux-là surtout qui ne sauraient être suspects d'aucune animosité, et madame Campan s'exprime ainsi : « La reine nous dit qu'elle souffrait beaucoup de la tenue du roi depuis qu'il était aux Feuillants, que son habitude de ne pas se contraindre et son fort appétit l'avaient fait manger comme dans son palais, que ceux qui ne le connaissaient pas comme elle ne jugeaient pas tout ce qu'il y avait de pieux et de grand dans sa résignation, et que cela produisait un si fâcheux effet que les députés qui lui étaient dévoués l'en avaient fait prévenir; mais qu'il n'y avait rien à faire à cela [2]. »

Le 20 août, Louis XVI, sa femme, sa sœur et ses deux enfants furent transférés au Temple et commencèrent cette captivité qui devait, bien mieux que l'éclat du trône, mettre en relief leurs qualités. Au Temple, Louis XVI n'était plus roi; les faiblesses, les torts du prince, il ne les avait plus; sous la gêne des précautions les plus vexatoires, sous le poids des plus basses vengeances et des plus grossiers outrages, il conservait ces calmes et pures vertus, cette résignation pieuse, cette inaltérable bonté qui surprirent et

---

[1] Mémoires de madame Campan, t. II, ch. XXI, p. 239-240.
[2] Mémoires de madame Campan, t. II, ch. XXI, p. 256.

touchèrent jusqu'aux plus acharnés de ses ennemis. Mais les qualités de l'homme ne pouvaient pas réparer, aux yeux du peuple, les égarements passés du souverain. Ces armées étrangères que Louis XVI avait appelées contre la France venaient de franchir notre frontière; elles avaient pris Longwy, elles investissaient Verdun; en quelques marches elles pouvaient être à Paris; et alors à quelles vengeances ne faudrait-il pas s'attendre? Le peuple effrayé ne voyait partout que conspirateurs royalistes d'accord avec les étrangers qu'ils attendaient. La terreur se changea en une sorte de rage qui produisit les effroyables scènes de septembre. On égorgeait les royalistes dans les prisons; épargnerait-on le roi? La situation, il est vrai, était changée : la convention nationale s'était réunie le 21 septembre 1792, et le même jour le président, sur la déclaration unanime de l'assemblée, avait proclamé que la royauté était abolie en France. L'immortelle campagne de l'Argonne, la canonnade de Valmy avaient sauvé la France de l'invasion, et la république, se faisant envahissante à son tour, avait porté ses armes victorieuses en Belgique, aux Alpes, sur le Rhin. Mais on voulait une rupture éclatante avec le passé, on voulait frapper les vieilles institutions dans l'homme qui en était la plus haute personnification, creuser un abîme entre la monarchie et la révolution, et jeter la tête de Louis XVI comme gage de défi aux souverains qui naguère avaient menacé la France. Le procès du roi s'instruisit, et sa condamnation fut prononcée. Les conseils de Louis XVI avaient été habiles cependant, et son défenseur aussi éloquent que dévoué. On avait longuement disserté sur l'inviolabilité royale, sur les mutuels engagements du pays et du prince, sur la réalité des attentats attribués à Louis contre la liberté des citoyens et la sûreté générale de l'État.... mais étaient-ce bien là les meilleurs moyens de défense pour le prince accusé? Pour nous, chargé de sauver sa tête, nous aurions mieux aimé mettre sous les yeux des juges son caractère, ses habitudes, ses goûts, ses occupations; nous aurions apporté ce journal que le roi écrivit de sa main jour par jour, sans en manquer un seul, depuis le 1er janvier 1766 jusqu'au 31 juillet 1792, et nous y aurions lu, en choisissant les époques les plus capables de fixer l'attention du prince :

Juillet 1789.

Mercredi, 1er : rien. Députation des États.
Samedi, 4 : chasse du chevreuil au butard ; pris et tué 29 pièces.
Dimanche, 5 : vêpres et salut.
Samedi, 11 : rien. Départ de M. Necker.
Mardi, 14 : rien. (Le jour de la prise de la Bastille!)
Mardi, 28 : rien. Le mauvais temps m'a empêché de sortir.
Mercredi, 29 : rien. Retour de M. Necker.
Vendredi, 31 : rien. La pluie m'a empêché de sortir.

Octobre 1789.

Lundi, 5 : tiré à la porte de Châtillon. Tué 81 pièces. Interrompu par les événements. Aller et revenir à cheval.

Mardi, 6 : départ pour Paris à midi et demi. Visite à l'Hôtel-de-Ville. Soupé et couché aux Tuileries.

Juin 1791.

Dimanche, 19 : vêpres et salut.

Mardi, 21 : départ à minuit de Paris. Arrivé et arrêté à Varennes en Argonne, à 11 heures du soir.

Mardi, 28 : rien. J'ai pris du petit-lait [1].

Nous aurions retracé ensuite le tableau des incontestables vertus que Louis XVI possédait, des turbulentes intrigues qui s'agitaient autour de lui; nous aurions rappelé cette parole qu'il avait prononcée lorsque Malesherbes, vaincu par les obstacles, se retira du ministère : « Ah ! que ne puis-je comme vous quitter ma place! » et nous aurions demandé au plus vindicatif de ses ennemis s'il se sentait le courage de condamner un tel homme placé dans une telle situation? La Convention prononça cependant le terrible arrêt; et sans doute un grand nombre des juges qui portèrent cette condamnation perdirent de vue l'homme inoffensif et vertueux dont ils faisaient tomber la tête, pour ne songer qu'à une irrévocable rupture avec les traditions du passé. Le monarque infortuné qu'ils offraient en sacrifice aux principes révolutionnaires montra jusqu'au dernier instant un calme et noble courage qui aurait racheté, si elles avaient pu l'être, les fautes et les faiblesses de son règne [2]. D'innombrables victimes allaient suivre bientôt cette victime royale, et faire peser une bien lourde responsabilité sur la mémoire de ceux qui, ayant le pouvoir de tenter une réforme nécessaire, avaient bravé, en s'y refusant, les redoutables chances d'une révolution.

Léopold Monty,

Professeur d'histoire à la faculté de Rennes.

---

[1] Revue rétrospective, t. v, p. 116.

[2] Journal de Cléry, p. 131-151. — Dernières heures de Louis XVI, par M. Edgeworth de Firmont, p. 173-179.

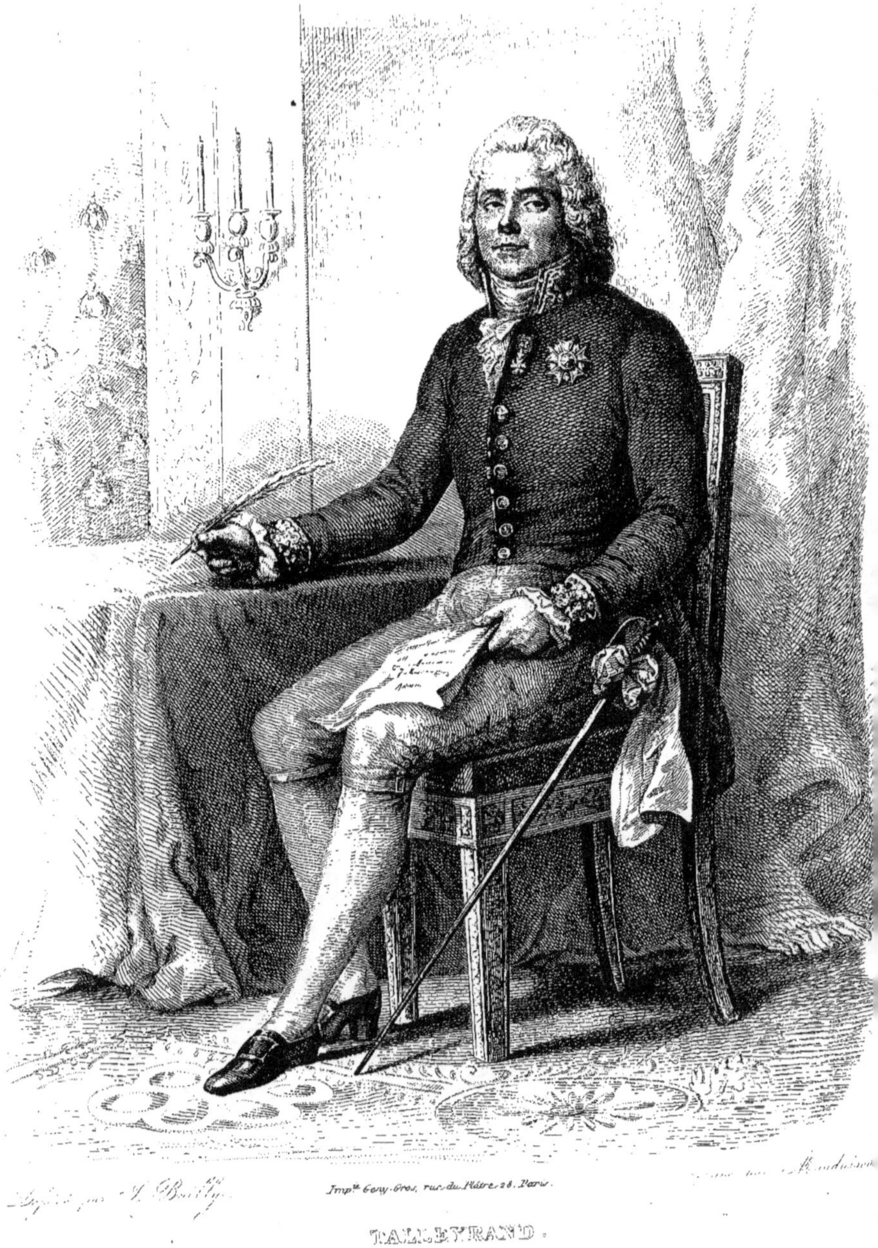

Impie Geny-Gros, rue du Plâtre 28. Paris.

TALLEYRAND.

LE PRINCE DE TALLEYRAND

NÉ EN 1754, MORT EN 1838.

Il est des renommées soumises à des controverses qui les perpétuent sans les fixer. Les contemporains et les générations continuent de les débattre en se les transmettant, et elles ressemblent fort à ces procès héréditaires dans certaines familles, lesquels s'éternisent par les efforts même de la justice pour les terminer.

Parmi toutes ces réputations disputées, et pourtant éclatantes, douteux héritage des cinquante dernières années de nos annales, il n'y en a pas eu de plus contestée et il n'y en a pas de plus incontestable, par la variété des succès, que celle de M. de Talleyrand. Comment se pourrait-il que l'impartialité fût déjà venue pour un homme d'État qui a beaucoup agi, et qui n'a écrit de sa pensée que ce qu'il en a voulu cacher aux témoins qui pourraient le contredire? Le moyen de se tenir droit dans les sinuosités d'une si longue et si ondoyante carrière; le moyen de tout voir et de tout approfondir dans l'existence, à la fois si publique et si mystérieuse, d'un gentilhomme qui avait déposé ses parchemins sur le bureau de l'Assemblée constituante, en conservant avec la poudre les manières et toute la délicatesse de l'esprit français; de ce diplomate profond qui a été le parrain de deux révolutions et le fondateur de deux monarchies; de ce prêtre malgré lui, qui, dans les ordres, a renié l'Église; de ce prélat marié qui a été veuf assez à temps pour pouvoir, sans renier la philosophie, mourir dans le sein de l'Église catholique, sa première épouse?

La controverse d'une pareille renommée ne s'arrête pas même devant le tombeau. Elle s'y ravive, et se prolonge jusqu'à ce que le vulgaire des contemporains ait lui-même disparu. M. de Talleyrand, qui a su vivre jusqu'à quatre-vingt-quatre ans, et qui a calculé si juste tout ce qu'il avait à attendre des événements et des hommes, M. de Talleyrand, qui était la prévoyance et l'impartialité même, s'est bien gardé de croire à celle des autres, et s'est ajourné au décès certain des spectateurs de ses œuvres pour être jugé. En fixant dans son testament l'époque de la publication de ses Mémoires à trente ans d'ici, il a parfaitement pris ses mesures avec la longévité des passions politiques qui devaient lui survivre ; en désappointant la curiosité publique malignement impatiente de ses révélations, il a très-poliment, comme il faisait toute chose, décliné la justice contemporaine. C'est le *j'attendrai* d'un autre prélat diplomate, le cardinal de Bernis, mis en action vis-à-vis de notre siècle, avec une patience de cœur et une fermeté de sens des plus piquantes.

La réputation d'esprit attachée à ces Mémoires déjà fameux, quoique inconnus, sera bien certainement un des préjugés qui auront le plus de cours jusqu'à ce qu'ils paraissent. Ceux qui en ont eu l'avant-goût par quelque furtive communication, ceux surtout qui ont pénétré M. de Talleyrand par l'intuition de l'intelligence, ne craignent pas d'affirmer que ses Mémoires contiendront de tout, de la conscience même plutôt que de l'esprit, de cet esprit de saillie que l'opinion commune attribuait à M. de Talleyrand, de celui qui lui a été prêté par des chroniqueurs de petit monde, et qui, par cela, ne pouvait pas être le sien.

La vie de ce personnage, si grand par les grandes choses qu'il a touchées, cette vie si variée par l'apparente mobilité des opinions et si égale par l'unité du caractère, ne saurait être racontée ici ni ailleurs, tant elle serait diffuse, ayant été si pleine et si longue. La vie de M. de Talleyrand ? Mais ce serait l'histoire de la révolution de 1789, de l'ancienne société et en même temps de tous les gouvernements nouveaux et successifs ; ce serait l'histoire même de notre France et de l'Europe depuis cinquante ans.

Après avoir soumis aux considérations d'une analyse générale cette singulière figure historique, pour la saisir peut-être convient-il de justifier l'appréciation prime-sautière et vraie qui nous échappe tout d'abord sur le caractère et l'esprit de M. de Talleyrand, en ramassant sans commentaire les traits matériels de la carrière publique qu'il a parcourue.

Né à Paris en 1754, d'une maison presque souveraine, dans laquelle on retrouve la filiation de la fameuse princesse des Ursins, cette fée diplomatique, comme l'appelle Saint-Simon, M. de Talleyrand dut à un accident de n'être point élevé pour les armes comme l'y appelait sa naissance, et reçut au sein de l'Église, et de l'étude forcée de la théologie, le génie d'une autre carrière, et, on peut le dire, la vocation des affaires les plus étrangères à la foi. Aussi, dans cette ancienne société avec laquelle, en cadet de grande famille, il avait dû s'arranger pour une fortune contraire à ses goûts mais conforme à son ambition, le voyons-nous déjà agent général du clergé et évêque d'Autun avant trente ans. Partisan des idées nouvelles, il est prêt pour leur règne qui s'avance. Député de son ordre à l'Assemblée constituante, il fut un des plus actifs collaborateurs de son œuvre réformatrice, qu'il bénit ensuite comme officiant à la fête de la Fédération. Libéral et modéré, M. de Talleyrand eût voulu que la liberté s'arrêtât à la monarchie représentative, et quand on voit l'étroite intimité politique qui pendant long-temps l'avait uni à Mirabeau, il n'est guère permis de douter que le grand orateur populaire n'eût aussi, dans sa pensée, borné à cette conquête l'élan d'ailleurs disproportionné qu'il avait imprimé à la Révolution.

La mort réconcilia les deux amis, entre lesquels une publication indiscrète avait jeté quelque froideur, et, après avoir assisté aux derniers moments de Mirabeau, M. de Talleyrand devint en quelque sorte son exécuteur testamentaire, en venant lire à la tribune de l'Assemblée constituante le discours que le tribun avait préparé sur l'égalité de partage dans les successions et le droit de testament.

C'est ici le lieu de remarquer en passant que les triomphes oratoires ne tiennent aucune place dans la vie de M. de Talleyrand. Membre de plusieurs assemblées, il n'aborda que rarement la tribune, et sa parole n'y jeta aucun éclat; d'autre part, aucune œuvre n'est restée de lui qui puisse le poser comme un écrivain. Son illustration a donc cela d'étrange qu'elle fut tout entière causée ou agie ; il fut un puissant homme d'État à la manière d'une autre époque, alors que la science des affaires sans le concours de l'éloquence et du style d'apparat suffisait seule, avec l'énergie de la volonté, à faire les grands conducteurs de nations. De nos jours, nous avons changé tout cela ; la parole, pour peu qu'elle soit présente, sans qu'on regarde à sa portée et à sa profondeur, suffit à détenir le pouvoir : ministre disert et vide, on est d'autant mieux dans la condition d'être sonore et de retentir au loin.

L'Assemblée constituante ayant terminé ses travaux, dans lesquels M. de Talleyrand prit une part peu active parce qu'elle fut surtout une assemblée de théorie, il entra dans la sphère de l'action en se rendant à Londres avec une mission secrète auprès du gouvernement anglais, qui paraissait immédiatement destiné à devenir le modèle de notre constitution. Mais l'ardeur révolutionnaire ayant énormément dépassé ce rêve de sage réforme, M. de Talleyrand, comme représentant d'un peuple qui paraissait admettre l'infini dans la liberté, devint suspect au cabinet de Saint-James, et reçut l'ordre de quitter le territoire de la Grande-Bretagne. Ce ne fut que quarante ans plus tard, et quand la France, par un grand détour, eut passé par toutes les phases de la révolution anglaise, l'établissement de 1688 compris, qu'il fut donné au persévérant diplomate de reprendre son œuvre interrompue et de l'accomplir; l'alliance de la France et de l'Angleterre, constituée en 1830, avait été la pensée de toute la vie de M. de Talleyrand, et durant sa longue carrière nous le verrons constamment sacrifier à cette idée.

L'atmosphère sanglante et l'action brutale de 1793 n'étaient point un élément où le génie de M. de Talleyrand pût penser se trouver à l'aise ; la terreur gouvernant, les manches retroussées, avec l'argument de la guillotine, n'avait point affaire de diplomates, et il pensa qu'il lui convenait de s'ajourner. Il voulut être absent, mais ne voulut pas émigrer, et une retraite en Amérique, pays de démocratie et de liberté, lui parut à la fois un asile contre le présent et une réserve pour l'avenir. Là il apprit un peu de négoce et de jeu, et surtout il apprit le malheur, science pour laquelle il avait moins de goût, et qu'il aima mieux venir pratiquer sous le ciel encore bien orageux de la patrie. La période sanglante de la Révolution avait passé, et la guerre commençait à pacifier la place publique, lors de son retour en France. Le Directoire, Barras, madame de Staël, ses amis, ses anciens services et sa capacité lui firent promptement sa place dans le gouvernement républicain, où il devint ministre des relations extérieures. Il sut deviner et servir la pensée politique du 18 brumaire et du héros qui allait traduire la révolution française en dictature réparatrice au dedans et victorieuse au dehors. Ministre des relations extérieures sous le Consulat comme il l'avait été sous le Directoire, il se trouva enfin en présence de négociations qui affectaient les formes réelles de la diplomatie, et en même temps que son habileté, par plusieurs traités heureux, assurait pour un temps le repos de l'Europe, il restaurait la science des relations internationales, dont la démagogie de la Convention et le déshabillé mal appris du Directoire avaient suspendu toutes les traditions.

Le dernier acte de la vie politique de M. de Talleyrand, comme nous le dirons plus tard, fut une négociation avec la cour de Rome touchant son salut et le repos de sa conscience : à l'époque dont nous parlons, une diplomatie pareille l'occupa un moment. De concert avec le premier Consul, qui, en rétablissant le culte catholique, ne voulait pas laisser subsister au sein de son gouvernement une vivante violation de la règle de l'Église, il sollicita et obtint de Pie VII, durant la négociation du Concordat, d'être relevé de ses vœux et sécularisé. Poussant à outrance les conséquences de la liberté qu'il avait obtenue pour le ministre de son gouvernement, le premier Consul exigea qu'une ancienne liaison à laquelle l'habitude avait déjà donné la force d'une légitimité tacite fût officiellement consacrée et reçût en mariage la double sanction civile et religieuse qui lui avait jusque-là manqué : avoir mieux aimé régulariser cet attachement que de le rompre est un acte honorable de la vie de M. de Talleyrand, car son amour-propre eut quelque chose à souffrir de ce dénoûment.

Quoiqu'une défiance assez prononcée ait presque toujours présidé aux relations du premier Consul avec son ministre des relations extérieures, auquel, entre autres griefs, il reprochait son inaltérable prédilection pour l'alliance anglaise, dès les premiers jours de l'Empire M. de Talleyrand reçut le titre de grand-chambellan, distinction qu'il dut à l'éclat d'une de ces hautes naissances que Napoléon aimait à faire refléter sur son trône de fraîche date.

Un rôle important fut joué par M. de Talleyrand dans les négociations qui précédèrent et suivirent la paix de Presbourg, cette paix par laquelle fut si profondément modifiée l'existence politique de l'Allemagne. Après avoir puissamment contribué à établir la confédération du Rhin, il reçut le titre de prince de Bénévent qui lui constitua une véritable souveraineté indépendante sous le protectorat de la France. L'Empire le compta donc dans ses premiers dignitaires, et on peut ajouter qu'il en fut un des fondateurs. Napoléon fit les conquêtes, et le prince de Bénévent fit toute la diplomatie de cette époque. C'était celle de la force, que M. de Talleyrand tâcha de rendre en même temps celle de la modération. Un de ses amis, M. de Barante, a parfaitement caractérisé ces glorieuses années, en disant que l'Empereur était devenu le maître du monde, et que M. de Talleyrand en était devenu l'oracle. Quelques années plus tard, le maître voulut se passer d'oracle, ou l'oracle commença à douter du maître : ce qu'il y a de certain, c'est que M. de Talleyrand n'appartient plus, dans la seconde phase du régime impérial poussé à ses dernières conséquences, qu'à ses dignités honorifiques, à sa position et à son influence personnelle. A la chute de l'Empire, il était vice-grand-électeur... triste et mécontent, comme en 1830 il était grand-chambellan... dans l'opposition.

La crise de 1814, la restauration de la branche aînée des Bourbons et le congrès de Vienne élevèrent encore la position de M. de Talleyrand, et forment à elles seules une histoire d'homme d'État qu'il n'est permis de toucher que par des dates, quand on ne peut l'approfondir comme un livre. Chose inouïe, exemple unique de la valeur individuelle, c'est comme simple citoyen, puissant par la capacité et l'influence, que lui échut ce singulier rôle d'arbitre des souverains et de distributeur de couronnes.

Soit que M. de Talleyrand eût dès long-temps prévu la catastrophe impériale, et qu'il eût préparé de loin l'avenir d'une restauration de la maison de Bourbon, soit qu'il ait conçu cette pensée sous l'inspiration du moment, toujours est-il qu'il fut le principal instrument de cette révolution, pour laquelle les souverains alliés se montrèrent d'abord assez froidement disposés.

En homme qui sait faire servir à ses desseins les volontés les plus opposées, ce fut à l'aide des vieux débris du parti républicain qu'il entama l'œuvre de la résurrection de l'ancienne monarchie. Croyant travailler pour leur cause, les Brutus qui, en attendant des jours meilleurs, s'étaient laissé travestir en sénateurs, prononcèrent à son instigation la déchéance de Napoléon, et firent ainsi place nette pour reconstruire l'édifice du passé. Mis en délibération dans le conseil des rois de l'Europe, qui se trouvèrent réunis dans l'un des salons de l'hôtel Talleyrand, les Bourbons y furent adoptés sur les instances du prince de Bénévent, qui disposa ainsi un instant d'un des plus beaux trônes de l'univers.

Au retour de Louis XVIII, M. de Talleyrand devint premier ministre avec le portefeuille des affaires étrangères; la paix fut signée, et toutes les questions de diplomatie générale demeurèrent réservées pour être traitées dans un congrès qui se réunit à Vienne, et où M. de Talleyrand représenta la France en qualité d'ambassadeur extraordinaire. Quoique parlant au nom d'une puissance que la grandeur de ses désastres avait fait déchoir de son rang, l'illustre diplomate sut se ménager dans toutes les négociations une influence de premier ordre. Poursuivant avec une imperturbable persévérance sa constante préoccupation de l'alliance anglaise, il n'hésita pas à lui sacrifier l'amitié de la Russie, qui cependant, par le poids décisif dont elle avait pesé dans la question, avait emporté la restauration bourbonnienne. Au sein même du congrès, où l'attitude de la France paraissait devoir être toute défensive, il sut persuader à l'Autriche et à la Grande-Bretagne les dangers de la politique envahissante de la Russie, et un traité limitatif de l'extension de cette puissance venait d'être signé sous les yeux et à l'insu des diplomates russes entre lord Castlereagh, M. de Metternich et M. de Talleyrand, au moment où le retour de l'île d'Elbe vint faire une si étrange diversion aux négociations qui se poursuivaient.

Après la bataille de Waterloo, M. de Talleyrand, rentré en France avec les Bourbons, reprit la direction des affaires étrangères; mais le bruit de quelques ouvertures qu'il aurait accueillies durant le congrès de Vienne touchant l'avénement possible de la branche d'Orléans à la couronne, avait mal disposé Louis XVIII en sa faveur; joints à cela l'influence de l'empereur Alexandre, auquel la diplomatie anti-russe du négociateur de Vienne avait étrangement déplu, et l'ingrat déchaînement des passions aristocratiques qui, plus catholiques que le pape, n'avaient pas amnistié l'ancien évêque d'Autun de la part et du rôle qu'il avait eus dans la Révolution, et l'on s'expliquera la substitution de M. de Richelieu, qui lui succéda au ministère.

En se privant des services de M. de Talleyrand, Louis XVIII essaya d'aviser au reproche d'ingratitude que pouvait lui faire encourir l'éloignement du principal auteur de la Restauration. La dignité de grand-chambellan, avec un traitement de cent mille francs, fut conférée au ministre dépossédé, et dans cette circonstance M. de Talleyrand fit preuve d'une fermeté d'âme qui n'est guère à l'usage du commun des hommes, et qui avait, du reste, été la règle de toute sa vie.

Rien n'est simple et facile, pour échapper au malheur, comme le suicide, et nulle opinion n'est plus fausse en général que celle qui attribue aux caractères forts cette résolution. Si ceci est vrai du suicide physique, il faut à bien plus forte raison le dire du suicide moral, contre lequel l'horreur naturelle de la mort ne vous défend pas. La plupart du temps, quand un homme est rudement frappé dans ses intérêts d'amour-propre, il semble prendre parti contre lui-même, et, cherchant à se retirer sur la gloire d'une sorte de stoïcisme, il déserte sa propre fortune et achève de la démolir de ses mains. Cette sotte tendance·à aller dans la persécution de son *moi*, au delà même de ce qu'avaient voulu des ennemis déclarés, est fort plaisamment résumée dans cette anecdote qui nous représente Voltaire prenant parti avec le parterre contre sa tragédie d'*Œdipe*, et s'amusant à porter la queue de la robe du grand-prêtre pour contribuer par cette bouffonnerie à faire tomber sa pièce.

On comprend la grande commodité qu'aurait eue M. de Talleyrand à faire fi du dédommagement que le roi son obligé lui offrait en le dépossédant des affaires. Tout comme un autre il eût goûté l'amer plaisir de garder à sa disgrâce toute sa nudité, et de montrer à l'Europe dans sa personne le parfait spectacle des ingratitudes royales ; mais c'est là une joie d'un jour à la suite de laquelle on est niaisement rejeté hors de la sphère du mouvement et de l'influence, et pour laquelle on abdique les meilleures chances d'une revanche ; loterie à laquelle on ne saurait plus gagner parce qu'on a retiré son enjeu. Comme un homme qui sent sa force et qui sait bien qu'on n'osera jamais aller avec lui à de certaines extrémités, M. de Talleyrand accepta ironiquement la magnifique humiliation qui lui était offerte ; il aima mieux, quoi qu'il pût en coûter à sa vanité, rester exilé à côté du fauteuil royal où sa charge marquait sa place, que d'aller s'enivrer hors de la cour d'une vaine fumée de désintéressement et de martyre ; il pensa que pour conspirer, comme du reste pouvait conspirer un homme de sa trempe, il ne serait jamais si bien placé que joignant le trône. Courtisan impassible à toutes les froideurs, retranché dans les droits de son titre, il ne fit pas la faute de dégrever le roi de ses mains de sa présence, et cependant à la Chambre des Pairs il prit toutes les libertés légales de l'opposition, transportant au compte des intérêts publics le chapitre spécial de ses mécontentements privés ; de cette manière, s'il ne travailla pas directement au renversement de la branche aînée, qui du reste mit à cette œuvre une conclusion dont l'aveuglement ne nécessita le concours de personne, il se trouva prêt pour l'avénement de la branche cadette, et fut maître de la part qu'il voudrait se laisser supposer dans la production de ce grand événement. Un autre, moins habile et moins patient que lui, se fût trouvé à ce quart d'heure enfoui dans une disgrâce déclarée où les rayons du soleil levant auraient eu à faire un grand détour pour aller le chercher ; resté, quoique *in partibus*, un des personnages principaux de l'État, il fut le premier objet qui frappa les regards de la royauté nouvelle, espèce de Janus ayant un visage tourné vers les monarchies qui s'en vont, et un autre visage souriant aux monarchies qui arrivent. Il apparut comme le fossoyeur des dynasties mortes et le consécrateur des pouvoirs nouveaux. Ne voulant pas se commettre avec les passions du dedans, M. de Talleyrand choisit la mission d'aller cautionner au dehors les énergiques instincts de pouvoir dont était animé l'établissement de Juillet; et l'intervention de sa personnalité dans cette grande crise fut assez puissante pour empêcher les souverains de l'Europe de se précipiter dans les belliqueuses résolutions que leur conseillaient leur surprise et leur épouvante. Le rêve de sa vie, l'alliance de la France et de l'Angleterre, se trouvait alors devenir la seule chance de prévenir une conflagration européenne; et, réalisée avec autant d'habileté que de bonheur, cette pensée procura à la civilisation menacée par une guerre de la plus terrible espèce, la guerre de principes et de propagande, sinon une solution pacifique, au moins une trêve à long terme et qui peut durer encore aujourd'hui.

Ce fut là le sixième jour de M. de Talleyrand, après lequel il se reposa, résolu de durer le plus long-temps qu'il lui serait possible : le soigneux vieillard se replia tout entier sur cet intérêt, et demanda à sa vie publique de laisser enfin le repos à sa vie privée.

Durant les derniers jours de sa longue carrière, M. de Talleyrand eut une fantaisie étrange, ce fut celle d'établir la théorie de la science à la pratique de laquelle sa longue vie avait été consacrée[1], et ce ne fut pas pour le vulgaire un médiocre étonnement de l'entendre proclamer, lui que l'opinion des masses s'était habituée à considérer comme le type de la rouerie intelligente, que la grande habileté de la diplomatie consiste dans la droiture et dans la franchise. Les uns prirent son affirmation pour un remords, les autres pour un capricieux paradoxe, d'autres enfin pour l'avare souci d'un riche qui veut enterrer avec lui son trésor, et qui, par une confidence adroitement menteuse, cherche à dépayser ses héritiers dans la recherche des richesses de sa succession. Nous sommes de ceux qui ont pris au sérieux la leçon de M. de Talleyrand, à la condition que la droiture sera prudemment réservée, la franchise intelligente et adressée en bon lieu.

Ce qui dominait en M. de Talleyrand, c'était le bon sens, ce bon sens supérieur qui, appliqué aux affaires, en est le génie même. Nul doute que dans une si haute et si heureuse existence il n'ait été contraint de mettre à tout beaucoup d'esprit, mais uniquement parce qu'avant d'agir et avant de parler il avait le goût et le temps de penser beaucoup; mais nous tenons à le redire, parce que cela nous paraît le secret même de sa capacité, il ne faisait point état de son esprit. Homme de méditation, de paresse et de plaisir, il discutait, il causait, il résumait naturellement avec une simplicité pénétrante et une raison pleine de grandeur; il avait un charme infini par la mesure et la clarté : voilà ce qui donnait une autorité si irrésistible à sa parole dans les affaires, ce qui rendait si précieux ses entretiens à l'inti-

---

[1] Dans l'*Éloge de M. Reinhard*, lu à l'Académie des Sciences morales et politiques.

mité, ce qui laissera à ses Mémoires une valeur bien plus rare que tous les prétendus bons mots qu'on a débités sous son nom : genre d'escrime dont il s'est si peu occupé, contre l'opinion générale, qu'il n'a pas même songé à en démentir un seul durant sa vie. Disons tout, M. de Talleyrand s'est occupé trop sérieusement de son testament et de ses œuvres posthumes pour qu'il ait pu laisser d'ingénieuses bagatelles à ses héritiers et à la postérité.

Mais cette belle intelligence, élevée en pleine terre du dix-huitième siècle, aux derniers rayons de Voltaire, aimait prodigieusement cet ancien esprit français qu'il a rencontré mieux qu'un autre et comme par droit de naissance, mais qu'il ne cherchait jamais. Il l'aimait en grand seigneur, en courtisan, en diplomate, les trois états pour lesquels il était né, et qu'il a exercés en conscience, sous tous les régimes, dans toutes les vicissitudes de sa vie publique et privée, et jusqu'à son dernier souffle. Il avait trop vu que l'esprit était une puissance pour négliger le plaisir, le devoir ou l'intérêt qu'il y avait pour lui à rechercher le commerce ou l'appui de tout ce qui, aux diverses époques, s'élevait et brillait par cette qualité; accueillant avec sa politesse de bonne maison ceux des gens d'esprit qui venaient à lui, flattant avec goût les puissants en ce genre, négociant de bonne heure avec ceux qui pouvaient le devenir, et les captivant tous, rien que par cette divination qui a fait plus d'une fortune. C'est ainsi que, dès les premiers éclairs de l'Assemblée constituante, il se trouvait être l'ami de Mirabeau, ce roi de la tribune; il se trouvait être l'ami de Champfort et de beaucoup d'autres, roitelets du pamphlet et du journalisme. Dans cet échange, tour à tour débiteur et créancier, il prêtait des idées et il empruntait des phrases pour se soutenir à côté du maître. Après sa première ambassade à Londres de 1791, pendant son exil adroit en Amérique, qui ne fut pas, comme les exils de ceux de sa noble caste, une émigration, M. de Talleyrand écrivait peu à sa famille qui était d'ailleurs dispersée et alors peu contente de lui, mais il écrivait beaucoup aux gens d'esprit qui avaient eu le courage de rester ou de rentrer en France. Aussi ce fut un homme de lettres, Chénier (Marie-Joseph), qui fit rapporter le décret de proscription dont la Terreur l'avait frappé comme *ex-prêtre* et comme *ex-noble*, et qui cautionna le patriotisme de l'habile fugitif par ses démarches, ses discours, et même par ces deux vers, qui équivalaient alors à un certificat de civisme :

> Talleyrand méconnu dans l'exil a gémi ;
> Il était malheureux, je devins son ami.

Madame de Staël, Benjamin-Constant sous le Directoire, Fontanes sous l'Empire, MM. Royer-Collard, Guizot, Villemain, de Barante et Bertin de Vaux au commencement de la Restauration, MM. Thiers et Mignet à la fin, quand ils écrivaient leur histoire jumelle de la première révolution, ont été tour à tour recherchés, cultivés par M. de Talleyrand. Ce goût de l'esprit et des lettres ne lui a jamais été à perte; car si son intimité était un charme et un patronage pour les talents qu'il accueillait, on peut dire que cet entourage lui a été non moins profitable à lui-même comme moyen politique, comme ressource de diplomatie, et surtout comme secret de perpétuité flatteuse pour son rang, pour ses titres et pour son esprit.

On a dit d'un côté que M. de Talleyrand avait créé, servi et sauvé tous les gouvernements de son pays depuis cinquante ans; on a dit de l'autre qu'il ne les avait tous embrassés que pour les trahir et les renverser à son heure. Éloge exagéré, censure injuste et cruelle, hyperbole gratuite des deux parts. M. de Talleyrand, dans l'infinie mobilité d'une influence puissante, mais secondaire, n'a fait que rester le même, tout comme le pays, tout comme la France, qui se sont successivement donnés et retirés, dans leurs alliances avec tous les principes, tous les systèmes, toutes les dynasties. M. de Talleyrand n'a eu ni tant de génie, ni tant de malheur. Pour lui d'abord, mais aussi pour l'honneur de son pays, où il était né grand et où il est redevenu et resté supérieur, il s'était attaché à toutes ses fortunes.

Dans toutes ses actions, comme nous l'avons dit, on le retrouve fidèle à lui-même, doucement conduit par la loi d'un aimable et intelligent égoïsme, portant avec une dignité inaltérable ce triple caractère d'un grand seigneur qui n'a jamais cessé de l'être, même sous le règne de la philosophie qu'il sert et de l'égalité qu'il proclame; d'un courtisan de la fortune et du succès, qui se retourne quelquefois, mais jamais n'abdique, qui, par prévoyance des temps et par facilité de tempérament, se replace toujours de lui-même à côté et tout auprès de quelque royauté de droit, de fait ou d'intelligence, à laquelle il veut plaire et il plaît; d'un politique supérieur enfin, dont la clairvoyante patience excelle aux choses de la paix, qui croit plus à la raison qu'à la force dans l'arrangement des affaires humaines, noble croyance qui le met à part des petits Machiavels de bas lieu qu'on voit à la queue de toutes les révolutions et à la tête de toutes les tyrannies; d'un politique qui ne pense pas déroger quand il se modère, qui prévoit de bonne heure et se décide tard, qui aime la régularité dans les pouvoirs et le décorum dans les habitudes; d'un diplomate qui ne s'est jamais arrêté dans son art, même quand il s'est démis de sa dernière ambassade, car c'est alors qu'il a négocié avec le pape son plus grand intérêt dans ce monde-ci et dans l'autre, sa réconciliation avec l'Église.

On sait maintenant que cette réconciliation, il se l'était ménagée depuis long-temps, et comme une négociation suprême avec la terre et avec le ciel, non par faiblesse, mais au contraire par fermeté de tête, par respect de lui-même et des autres, pour éviter d'être dérangé à son convoi comme une actrice, pour épargner à *sa maison*, dont la devise, datée des croisades, disait si bien que les Bozon de Périgord ne reconnaissaient *el re que de Diou*, le chagrin de ne pas le voir mourir *en homme comme il faut*. Ses protocoles avec le pape, commencés depuis long-temps, ont occupé et adouci ses derniers jours; ils se seraient encore prolongés, s'il ne se fût point fait courageusement avertir par ses médecins de l'arrivée prochaine et précise de la mort. La rétractation de ses énormités envers l'Église romaine était, on le comprend, aussi difficile à proposer qu'à faire accueillir, et tout l'homme se peint dans la façon dont M. de Talleyrand s'y prit pour la préparer de bonne heure et ne l'obtenir qu'à la dernière extrémité, la traitant absolument comme une affaire qui avait deux intéressés au même degré, et y mêlant les formes de la diplomatie à celles de la foi. En toutes choses il aimait mieux arranger les affaires que les finir, et en cela il l'a bien fait paraître, car le fond de sa rétractation une fois arrêté par lui et convenu avec l'autorité spirituelle, on y a trouvé quelques mots inachevés, quelques expressions encore en litige avec Sa Sainteté. Cependant, le jour de sa mort, il ne restait plus que trois mots à débattre. Il n'y a donc point, pour la petite philosophie, à mettre cette conversion d'un grand pécheur sur le compte de son affaiblissement physique : en cette dernière circonstance comme en toutes autres, ceux qui ont bien connu M. de Talleyrand peuvent donner pour certain qu'il n'a jamais fait que ce qu'il a voulu et comme il l'a voulu, avec une parfaite égalité d'humeur et une imperturbable présence d'esprit.

Trois quarts d'heure seulement avant de rendre le dernier souffle, il causait encore de cette grosse voix qui accentuait si bien sa pensée. Quand il lui a été impossible de parler, son œil affaissé s'ouvrait encore par intervalles avec tous les signes de la vitalité intellectuelle. Son dernier regard a été un dernier trait de politesse et de caractère. Les prêtres récitaient dans la chambre la prière des agonisants, que le mourant semblait ne pas entendre, ne plus comprendre du moins : mais quand ils en vinrent à l'invocation de saint Charles et de saint Maurice, patrons du défaillant, le moribond rendit l'âme dans un sourire expressif parti de ces yeux qui allaient s'éteindre, et qui semblaient dire aux assistants : « Je comprends, et je remercie. »

A. MALITOURNE.

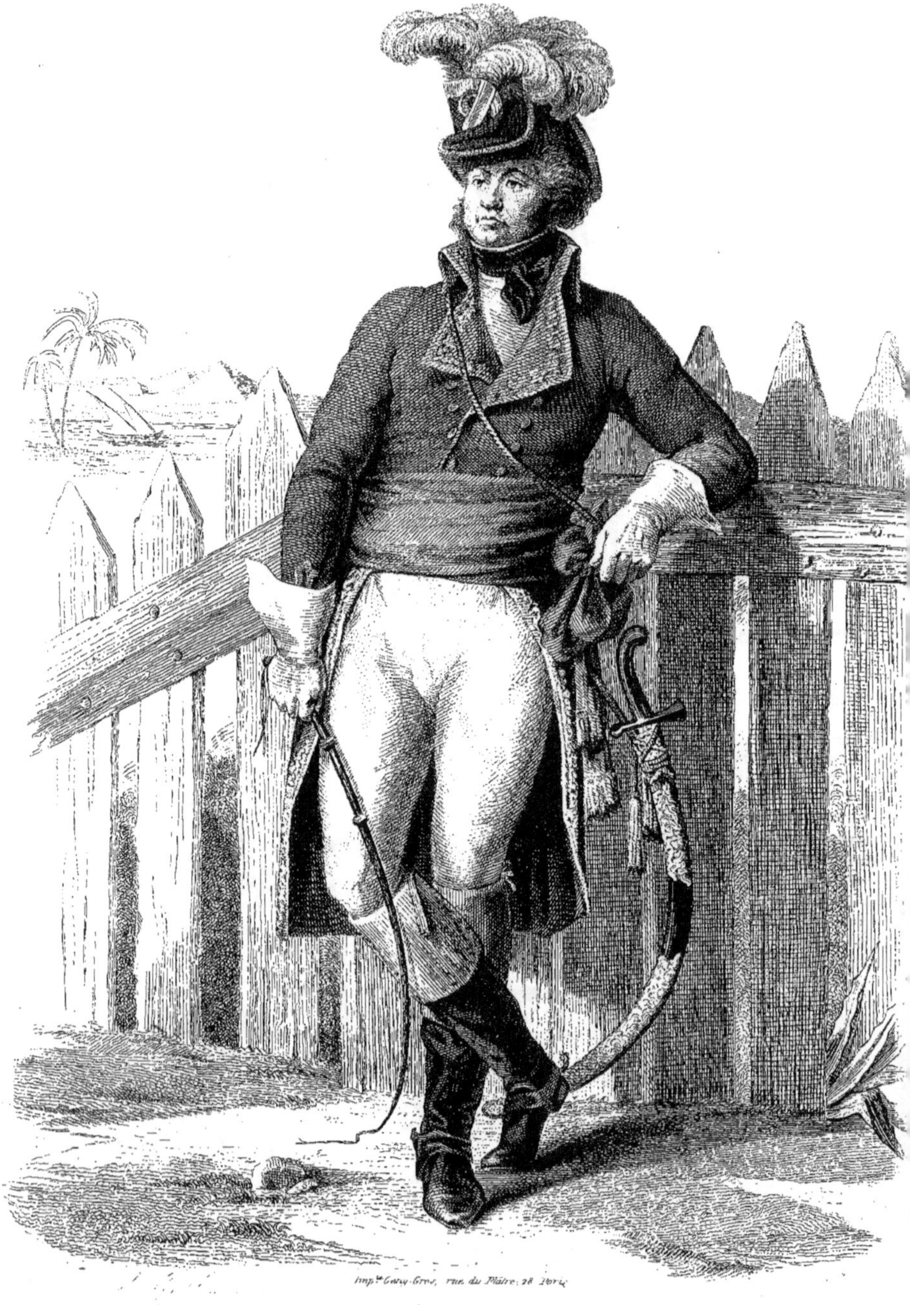

Imp. Geny-Gros, rue du Plâtre, 28 Paris

KLÉBER

NÉ EN 1754, MORT EN 1800.

Tous les Français qui illustrèrent leur pays durant cette longue période révolutionnaire que les États-généraux ouvrirent en 1789, et dont la chute de Napoléon fut le terme, tous les Français qui saturèrent la France de gloire, tous ces êtres énergiques qui lui valurent une malheureuse ou une honorable célébrité, naquirent pendant les dernières années du règne de Louis XV, c'est-à-dire à une époque de désorganisation morale, de relâchement général; à une époque où il n'était plus possible de jeter sans pitié les yeux sur l'avenir, et où les rares individus bien intentionnés que le roi appelait à son conseil ne se montraient que pour y faire preuve d'impuissance. Or, à cette époque, si un homme eût annoncé la véritable destinée de cette génération au berceau, et, la séparant en deux catégories, celle des grands et celle des petits, celle des riches et celle des pauvres, s'il eût dit aux uns, vous serez renversés, aux autres, vous serez tout-puissants; s'il eût fait de ceux-ci des législateurs, des conquérants, des rois, de ceux-là des maîtres d'école, des artisans, des valets; je vous le demande, n'aurait-on pas enfermé cet homme dans une maison de fous, ou tout au moins dans un des cabanons de la Bastille? Nouveau Jérémie, n'aurait-il pas appelé sur lui le mépris des esprits forts, les persécutions des esprits faibles? Et cependant il eût fait de l'histoire par anticipation; il eût préconisé un peuple qui, au milieu de la corruption de ses gouvernants, avait su conserver toute sa force, toute sa probité, tout son amour de la patrie.

Entre les fortunes qui se firent alors par la voie des armes, la fortune de Jean-Baptiste Kléber nous apparaît comme une des plus brillantes, des plus inattendues, et des mieux méritées.

Il naquit à Strasbourg en 1754. Son père était ouvrier en terrassements, attaché à la maison du cardinal de Rohan; ouvrier laborieux et courageux, mais ne possédant au monde que l'estime de ses maîtres, l'amour d'une femme qui l'aidait à bien faire, et les jeunes caresses de l'enfant qu'elle lui avait donné. Plus tard il fut assez heureux pour joindre à tout cela le fruit de quelques économies, et cette petite aisance lui permit de songer à un établissement pour son fils. Oh! si l'honorable artisan eût pu prévoir la haute destinée de ce fils, s'il eût pu deviner qu'il commanderait un jour des armées, qu'il éteindrait presque entièrement la plus cruelle guerre de partisans que la France ait jamais connue, qu'il vaincrait sur toute la frontière du Nord les ennemis coalisés contre elle, et volerait ensuite partager la gloire dont la miraculeuse campagne d'Égypte couvrit le nom de Bonaparte, sans doute il l'eût envoyé à Paris sans regret, et n'eût point hésité à compromettre son avoir pour lui faire prendre un état.

Jean-Baptiste Kléber était un beau jeune homme, à l'allure franche et décidée, bien fait de sa personne, fort et haut de taille, ne démentant en aucune manière cette apparence de vigueur et de santé qui distingue les enfants de l'Alsace.

Les premières années de son séjour dans la capitale furent consciencieusement employées par lui à l'étude; les sacrifices que ses parents faisaient pour son éducation le touchaient profondément, et il avait à cœur de ne point se montrer ingrat.

Peu d'hommes savent borner leur ambition aux jouissances matérielles que procure l'argent; il leur faut en outre, pour compléter leur bonheur, les avantages moraux d'un avancement personnel. Ceux qui n'ont point assez de constance pour rechercher cette double fortune, la veulent ordinairement pour leurs enfants. C'est pourquoi il est rare de voir un père laissant continuer à son fils la profession ou le métier dans l'exercice duquel il s'est enrichi lui-même. La vanité semble régir toutes les classes de la société, et quoique cette ardeur d'élévation cause parfois de grands désastres dans les familles, elle offre cependant, quand elle est mesurée, des résultats favorables.

Le père de Kléber dut obéir à la loi commune; mais en renfermant son ambition pour son fils dans une spécialité, il fit preuve de sens et de raison. Le fils d'un terrassier lui paraissait propre à devenir architecte, et c'était pour l'initier à l'art des Philibert Delorme, des Mansart et des Perrault, qu'il le tenait à Paris. L'application que le jeune homme montra d'abord fut d'un bon augure pour toutes les personnes qui le suivaient d'un œil bienveillant, et il aurait probablement comblé leurs espérances, si la fatalité, ou plutôt la Providence, ne fût venue les renverser brusquement.

Deux gentilshommes bavarois, que Jean-Baptiste n'avait jamais connus, mais qu'il avait eu la générosité de défendre un jour contre les insultes de quelques misérables, le conduisirent à Munich vers l'année 1776, et le firent admettre presque aussitôt à l'école militaire de cette ville. Tout porte à croire que le guerrier s'était révélé aux deux étrangers durant l'intimité du voyage, puisque Kléber, sans qu'on le consultât d'une manière directe, fut ainsi lancé dans une nouvelle carrière, et qu'il s'empressa de souscrire aux désirs et aux démarches de ses protecteurs. Dès lors il devint l'objet constant de leur sollicitude, jusqu'au moment où le général Kaunitz, frappé de son intelligence et de sa bonne mine, sembla vouloir se charger seul de son sort, le fit venir à Vienne, et lui donna une sous-lieutenance dans un régiment. Mais là s'arrêtèrent ses bienfaits.

Pendant sept ans, Jean-Baptiste Kléber resta au service des Autrichiens; il se signala dans plusieurs campagnes qu'ils entreprirent contre les Turcs, sans obtenir la moindre récompense ni le moindre encouragement. On avait cessé de le distinguer à mesure qu'il s'était rendu digne de distinction. Dégoûté de la politique d'un gouvernement qui n'accordait rien qu'à la naissance ou à l'extrême faveur, oublié par ceux qui n'étaient plus assez puissants pour le faire avancer malgré l'obscurité de son extraction, désireux surtout de revoir sa patrie, il donna sa démission en 1783, et se retira en France, dans la ville de Béfort. Il obtint la place d'inspecteur des bâtiments publics, et, désormais attaché à l'administration civile, il reprit le cours de ses anciennes études. Ses amis purent revenir à la première opinion qu'ils avaient eue de lui; ils purent croire qu'il vivrait et mourrait architecte, et qu'au lieu d'un grand général, la France compterait un grand artiste de plus. C'était à la Révolution de tromper encore leur attente, en arrachant notre jeune Alsacien à ses travaux, et en le plaçant enfin sur la voie de sa véritable mission.

Kléber joignait à un esprit élevé, à un jugement sain, à une conduite probe et irréprochable, cet amour ardent du bien et du vrai qui est le mobile des belles actions. Cependant il aurait passé inaperçu dans la foule, s'il n'avait eu de plus, et comme corollaire de toutes ces qualités, une indépendance extrême qui ne lui permettait point de supporter l'injustice, de quelque côté qu'elle vînt. En 1775, à Paris, il prit parti pour deux Allemands qu'on injuriait en sa présence; en 1789, on le vit soutenir les officiers municipaux de Béfort, que le régiment Royal-Louis voulait opprimer, repousser ce régiment à la tête du peuple, et défier son colonel. Plus tard, en 1792, quand le territoire de son pays fut menacé de toutes parts, il s'engagea comme simple grenadier dans les volontaires du Haut-Rhin, et combattit bravement à Brisach sous le général Wimpfen.

Avec un pareil caractère et des antécédents de cette nature, Kléber devait se faire remarquer partout où il se présenterait. Wimpfen le nomma adjudant-major d'un bataillon qui rejoignait l'armée du général Custine; il fit en cette qualité le siége de Mayence, et gagna dans cette affaire le grade d'adjudant-général (21 octobre 1792). On avançait vite dans ce temps-là, parce qu'on était dix contre cent, et que les officiers comme les soldats payaient de leur personne sur le champ de bataille.

Après les faits d'armes de Biberach et de Marienborn, où il commanda lui-même et exécuta des sorties très-habiles, l'ex-volontaire du Haut-Rhin fut appelé à Paris en témoignage contre Custine, que le tribunal révolutionnaire avait mandé à sa barre. Dans cette occasion, il fit encore preuve de conscience et de courage; il déposa en faveur de l'accusé. Sa noble franchise et son profond respect pour tout ce qui lui paraissait équitable, lui suscitèrent des ennemis dans le sein même de la Convention, et il dut au besoin qu'on avait de ses services les prétendus ménagements de ceux qui pouvaient devenir ses juges. Peut-être voulut-on le perdre quand on l'envoya combattre les royalistes de la Vendée, dont les forces imposantes pouvaient le culbuter dans une première rencontre. Il était à la tête de quatre mille hommes avec six pièces de canon, pour faire face à une armée de vingt mille Vendéens. Mais dès qu'il s'agissait d'une commission qui lui semblait honorable, Kléber ne calculait jamais ni ses intérêts ni les périls dont il était menacé. Il fut blessé devant Torfou, entouré par l'ennemi, et contraint à la retraite. Alors le comité de salut public, qui lui avait fait conférer le grade de général de brigade dès l'ouverture de cette guerre déplorable, le destitua sans lui donner le temps de compléter ses opérations. Une seule raison pouvait excuser la mesure du comité, c'est qu'il avait besoin d'être victorieux au dedans comme au dehors; c'est que son existence était attachée à cette condition.

Cependant un jeune officier qui était à l'aurore d'une belle réputation, le brave et généreux Marceau, élevé au commandement, osa se charger d'adoucir la rigueur de l'ordonnance qui venait de frapper Kléber; il n'accepta que le titre de chef, et laissa toute l'autorité à ce dernier, dont la persévérance et le génie ne tardèrent pas à porter d'heureux fruits. Repoussé d'abord jusqu'à la Loire, il reprit l'avantage au combat du Mans, resserra les Vendéens entre la Loire et la Vilaine, et, voyant ses efforts couronnés d'un plein succès, s'écria en présence des insurgés : « C'est ici que je les atten-« dais. » En effet, il n'avait travaillé depuis plusieurs semaines que pour amener cette position, tantôt reculant devant l'ennemi pour lui laisser gagner du terrain, tantôt feignant de donner dans ses embûches afin de l'attirer dans les siennes.

Les commissaires de la Convention qu'il avait dans son camp furent d'avis de commencer l'attaque de nuit, et en donnèrent même l'ordre; mais Kléber s'y opposa, en disant qu'il était bon de voir clair dans une affaire sérieuse, et que celle-ci devait se décider au grand jour. Elle fut sérieuse, en effet, et tellement décisive, que les royalistes ne purent jamais depuis réorganiser une armée redoutable.

Nantes ouvrit ses portes au vainqueur, et lui donna une fête splendide. Bientôt elle lui décerna une couronne, car il avait rendu la paix à son territoire, et ramené la tranquillité dans ses murs sans répandre de sang inutile, et sans avoir recours à ces horribles représailles dont on avait déjà vu de si fréquents exemples.

Cette modération et cette humanité ne furent point comprises des hommes fanatiques qui tenaient les rênes de l'État. Ils soupçonnèrent celui qui venait de vaincre pour la république, d'avoir des opinions incertaines, parce qu'il cherchait à réduire un parti autrement que par son extermination ; ils le soupçonnèrent d'être l'ennemi de la liberté, parce qu'il réprimait le désordre et l'indiscipline. Aussi vit-on l'orage qui depuis quelque temps grondait sur sa tête éclater tout à coup, et le comité de salut public condamner à l'exil un de ses plus braves défenseurs. Tout autre eût peut-être payé plus cher les bienfaits dont il était coupable et la récompense que les Nantais lui avaient accordée. Mais tel était alors l'état de la France, qu'elle avait besoin de tous les bras qui se dévouaient à elle : Kléber fut rappelé, et ne se vengea de ses détracteurs qu'en augmentant de plus en plus l'importance et le nombre de ses services. On l'envoya à l'armée du Nord, puis à celle de Sambre-et-Meuse, comme général de division. Il passa la Sambre en présence des troupes alliées ; et, opposé aux régiments du prince d'Orange, qu'il arrêta au pont de Marchiennes, il contribua puissamment à la victoire de Fleurus ; continuant ensuite sa marche sur Mons, il força le camp retranché du mont Panisel, passa la Roër à la tête de trois divisions, et rejeta l'ennemi sur la rive droite du Rhin. Maëstricht se rendit à lui après vingt-trois jours de tranchée ouverte et quarante-huit jours de bombardement.

Toute cette campagne ne fut pour le nouveau général que le prélude d'une série de faits beaucoup plus remarquables. Il joignit l'aile gauche de l'armée de Jourdan, dirigea le fameux passage du Rhin devant Dusseldorf, en octobre 1795, et, s'avançant hardiment jusque sur le Mein, effectua une des plus belles retraites qu'on eût encore vues. En 1796, il battit le prince de Wurtemberg sur les hauteurs d'Altenkirchen, résista avec vingt mille hommes aux colonnes nombreuses des puissances alliées, et sut prendre des dispositions telles qu'il ne fut point entamé. La défaite du général Kray à Kaldieck, et celle du prince Wartensleben à Friedberg, ajoutèrent encore à sa gloire ; il fut jugé digne du commandement en chef, par intérim, dans les premiers jours du mois d'août. C'est alors qu'il fit son entrée dans Francfort, et tenta une communication avec l'armée de Rhin-et-Moselle, qui, sous les ordres de Moreau, avait pénétré en Bavière après la journée de Neresheim, si fatale aux Autrichiens de l'archiduc Charles. Malheureusement ce projet ne se réalisa point, l'archiduc et Wartensleben s'étant réunis eux-mêmes, et ayant remporté sur les Français deux avantages signalés. Mais Kléber n'en était plus responsable : il avait remis ses pouvoirs avant la bataille de Wurtzbourg, et les conséquences de cette affaire appartiennent à la fortune du général en chef. On sait que celui-ci fut contraint de restituer la ville de Francfort avec la Franconie, et de conclure un armistice indéfini, applicable seulement aux soldats de Sambre-et-Meuse.

La disgrâce encourue par le général Jourdan devait-elle atteindre les généraux de division qui lui avaient obéi, et, parmi ces derniers, l'homme qui avait déjà fait preuve de tant d'intelligence, qui récemment encore venait de s'élever à la hauteur des capitaines les plus expérimentés? Oui, sans doute, si l'on considère que le Directoire, de qui dépendaient alors tous les emplois, avait hérité de la méfiance de la Convention et du comité de salut public. D'ailleurs, Kléber, moins que tout autre, pouvait espérer d'être épargné, car les mêmes sentiments qui l'avaient en quelque façon mis à l'index, sous le régime précédent, devaient aussi lui aliéner les esprits des nouveaux maîtres du pouvoir, désormais accessibles à la plus basse flatterie.

Tout entier dévoué à son pays et n'ayant jamais en vue que le triomphe de la liberté, Kléber ne dévia point de ses principes; il ne mérita en aucune manière cette demi-persécution dont on le poursuivit. Protestant toujours par son silence contre les injustices, et toujours prêt à oublier ces injustices lorsqu'on faisait appel à son courage, il supporta encore une fois, sans se plaindre, l'ingratitude des siens. Les bulletins de nos armées cessèrent de mettre sous les yeux des lecteurs avides un nom qui leur était familier, et le vainqueur de la Vendée, retiré aux environs de Paris, dans une maison de campagne dont il avait fait l'acquisition, sembla de son côté avoir déposé sa prodigieuse activité pour se livrer tout entier aux douceurs de la vie civile. En 1797, on le proposa pour le commandement de l'armée qu'il avait quittée l'année précédente, et les journaux annoncèrent même sa nomination. Peut-être eût-il bien fait d'appuyer et d'encourager par quelques démarches personnelles les démarches de ceux qui avaient su l'apprécier; mais il n'en fit rien, précisément parce qu'il ne voulait rien devoir à la faveur. Le général Hoche l'emporta sur lui. Cette nouvelle déception frappa son esprit de telle sorte qu'il s'enferma de plus en plus dans sa retraite, et qu'il entreprit d'écrire des mémoires comme un homme qui croirait sa carrière achevée. Cette carrière pourtant, déjà si honorable et si glorieuse, devait prochainement se compléter dans l'expédition la plus extraordinaire des temps modernes.

En composant son armée d'Orient, le conquérant de l'Italie ne négligea rien pour y faire entrer tout ce que la France possédait d'hommes intrépides et déterminés, et, quoique jeune encore, il fit preuve de ce discernement qu'on a regardé depuis comme une de ses plus grandes qualités acquises. Ce fut lui qui vint trouver Kléber et qui le décida à le suivre sur la terre d'Égypte. Ce fut lui qui le nomma pour son successeur, lorsque, harcelé de toutes parts et ne recevant aucun secours de France, il abandonna ses compagnons d'armes pour venir effectuer à Paris le prodigieux coup d'état du

18 brumaire. Mais, dans cette occasion, on dit qu'il céda plutôt à la crainte de mécontenter l'armée expéditionnaire en lui laissant un autre chef, qu'au besoin de se voir remplacer dignement : on dit qu'il commençait à redouter l'influence toujours croissante du général qui partageait ses fatigues, et que, témoin de l'estime et du dévouement dont les soldats l'honoraient, il en était devenu jaloux. Kléber, en effet, était à la fois homme d'action et homme de conseil ; il possédait pour organiser autant de talent qu'il en montrait pour détruire : il était seul capable de balancer l'autorité du favori de la victoire.

Placé à la tête de l'avant-garde lors du débarquement sur la côte d'Alexandrie, il entra de vive force dans cette place, et fut blessé le premier sur le théâtre des exploits d'Alexandre et de César. L'ambition qui dominait Bonaparte, et l'emportait souvent au delà de ce qu'il convenait de faire, agissait autrement sur le cœur de Kléber. Il voulait aussi le triomphe de nos armes, mais il le voulait exclusivement pour la France et nullement pour lui-même. Il prévoyait avec une égale sagacité le côté favorable et le côté dangereux d'une entreprise, il ne songeait à de nouvelles conquêtes qu'après avoir assuré les conquêtes commencées. Ses hauts faits en Orient eurent cela de particulier, qu'ils donnèrent aux combinaisons du général en chef un éclat qu'elles n'auraient point obtenu sans eux.

Après la bataille décisive des Pyramides qui nous livra la ville du Caire et nous rendit maîtres de la Basse-Égypte, le général Desaix fut envoyé à la poursuite de Mourad bey, et Kléber reçut ordre de prendre la route de la Syrie pour y saisir les trésors et renverser la puissance du sanguinaire pacha d'Acre[1]. Il prit Larich, Gaza et Jaffa, battit les Turcs dans plusieurs rencontres, et ne s'arrêta que sous les forteresses de l'ancienne Ptolémaïs. Pendant le siége de cette capitale, il fut détaché du camp et chargé de protéger les trop lentes opérations nécessitées par un semblable coup de main. Malgré toute son habileté, on peut même dire tout son bonheur, — car, avec un corps de troupes toujours inférieur en nombre, il fut toujours victorieux, à Tabarieh, au mont Thabor et jusque sur les rives du Jourdain — on sait quelle fut l'issue malheureuse de cette attaque. Ni lui, ni Bonaparte, ne purent empêcher les ravages de la peste. Ce fléau décima l'armée et la força de s'éloigner, au grand contentement des Osmanlis et du commodore Sidney Smith, qui les approvisionnait depuis long-temps par la voie de mer.

Le siége de Saint-Jean-d'Acre durait depuis soixante jours, lorsque les Français se retirèrent épuisés de fatigue et vaincus par la maladie. Ils reprirent la route de l'Égypte, et Kléber, sur qui avait pesé principalement le fardeau de cette excursion meurtrière, après avoir, par la prudence de sa marche et la sûreté de ses coups, facilité leur entrée en Syrie, sut en-

---

[1] Le fameux Djezzar, surnommé *le Carnassier*.

core, par sa grande présence d'esprit, diminuer les dangers de leur retraite. Il fut aussi nécessaire alors, en commandant l'arrière-garde, qu'il l'avait été deux mois auparavant en servant d'éclaireur à l'armée.

La victoire d'Aboukir (25 juillet 1799), remportée sur dix-huit mille Turcs, prouva bientôt à ceux qui auraient pu craindre le découragement de nos troupes qu'il leur restait encore assez d'énergie pour faire face aux périls sans nombre dont elles étaient entourées, et pour maintenir la population égyptienne[1]. Mais il n'est point de bataille, si heureuse qu'elle soit, qui ne coûte aux vainqueurs. Le succès de celle-ci ne produisit point en raison de son importance; il nous fit perdre beaucoup d'hommes, et fut seulement, au moral, une revanche éclatante, prise contre les indigènes, de l'échec désastreux que les Anglais nous avaient fait éprouver sur les mêmes parages.

C'est alors que Bonaparte quitta l'Égypte, léguant à celui qui lui succédait toutes les difficultés d'une lutte inégale et tous les embarras résultant de l'affaiblissement de nos forces et de la désorganisation d'un pays à moitié conquis.

Kléber accepta courageusement une responsabilité que l'on semblait décliner, et ne désespéra point de suffire aux nombreuses nécessités d'une position aussi critique. Ce n'était plus des moyens ordinaires qu'il convenait d'employer quand l'armée d'Orient était réduite d'un tiers, quand il était dû douze millions, quand la Sublime Porte, l'Angleterre et la Russie agissaient de concert pour nous forcer d'évacuer l'Égypte. Il fallait frapper des coups rapides, mettre à profit la stupéfaction dans laquelle la défaite d'Aboukir venait de jeter les Turcs, et se maintenir ainsi jusqu'à l'arrivée prochaine d'un renfort. Kléber, ne s'inspirant que de son courage, aurait fait des prodiges; mais l'attrait de la gloire certaine dont il se fût couvert, en supposant même que les événements eussent mal répondu aux calculs de son héroïsme, ne suffit pas pour l'entraîner dans cette voie. Il consulta davantage les pressants besoins de l'armée, il envisagea l'énormité des souffrances qu'elle devait endurer dans tous les cas, et, moins téméraire que son prédécesseur, faisant la part de l'insouciance du Directoire pour une entreprise qu'il semblait avoir abandonnée, il se décida à poursuivre certaines négociations déjà entamées avec la flotte anglaise.

Ces négociations, repoussées long-temps par le général victorieux aux Pyramides, avaient enfin trouvé accès auprès de lui, non point par suite des désastres de la campagne de Syrie, mais bien par suite du complot de famille qui le détermina à prendre subitement la route de France. Or, comme il s'éloigna sans avoir rien terminé, on est porté à croire qu'il agit

---

[1] C'est pendant cette journée que Kléber, dans un moment d'enthousiasme, dit à Napoléon : « Général, vous êtes grand comme le monde. »

sous l'influence exclusive d'un sentiment ambitieux, ou qu'il eut la pensée de se soustraire aux désagréments d'une capitulation.

Sous une influence différente, c'est-à-dire toute désintéressée et toute généreuse, Kléber affronta les mêmes désagréments. Il fit une entière abnégation de ses susceptibilités personnelles, et se contenta de satisfaire, par le traité d'*El-Arich*, aux exigences de l'honneur, envers sa patrie, et de l'humanité, envers les soldats dont il lui devait compte.

Dans ce traité, signé le 24 janvier 1800 par les représentants du général français et par l'anglais Sidney Smith, qui se posa comme ministre plénipotentiaire de l'Angleterre auprès de la Porte avec pouvoir d'agir au nom de cette puissance, il fut convenu que l'armée de la république abandonnerait sa conquête, qu'elle livrerait préalablement aux troupes turques les places de Salaheih, Damiette, Balbéïs, etc., et que, munie des sauf-conduits et des convois nécessaires, elle serait transportée à Toulon, tant sur ses propres bâtiments que sur les bâtiments du Grand-Seigneur. Mais quand, d'un côté, la mauvaise foi préside à des arrangements de cette nature, la part de la loyauté est facile à faire; elle ne peut qu'être dupe ou affronter les chances d'une énergique et active indignation. Des événements postérieurs au traité d'El-Arich prouvèrent à la Grande-Bretagne qu'il nous était trop favorable, et elle inventa des motifs, dirai-je spécieux, pour le rompre. L'amiral Keith, chargé de cette tâche, écrivit que son gouvernement ne jugeait pas convenable de ratifier les négociations du *plénipotentiaire* Sidney Smith, que ce dernier avait dépassé ses pouvoirs, et que lui Keith, commandant général de l'escadre anglaise, n'avait ordre de stipuler aucune capitulation si les Français ne mettaient bas les armes. Or, la lettre en question parvint à Kléber lorsqu'il eut livré les forts de la Haute-Égypte et les villes les plus importantes du Delta; elle lui parvint lorsque déjà un armistice de trois mois avait permis aux milices des Mamelucks de reprendre haleine, lorsqu'une armée de soixante mille hommes, envoyée par le Sultan et conduite par le grand-vizir en personne, touchait aux portes du Caire.

L'histoire nous apprend quelle fut la réponse du général français ; il fit répandre un grand nombre de copies de la missive de lord Keith, en y ajoutant ces mots : « Soldats! aux armes! Vous répondrez à l'insulte par » des victoires! » Les soldats obéirent.

Dès ce moment la conquête de l'Égypte fut, littéralement, recommencée. Kléber conduisit sa petite armée dans les plaines de Coubé, prit le village de Matarieh, où était retranchée l'avant-garde des Turcs, et rencontra bientôt leurs nombreux régiments. Le 20 mars 1800 fut pour lui ce que le 21 juillet 1798 avait été pour Bonaparte, Héliopolis prêta son nom à une journée aussi glorieuse et non moins décisive que la journée des Pyramides, à une journée qui détermina de nouveau le mouvement ascendant de notre fortune. Toutes les places abandonnées ou rendues à la suite du traité d'El-Arich furent successivement reprises, le Caire et Boulac révoltés plièrent de nouveau sous le joug des vainqueurs.

Pour subvenir à toutes ses dépenses, et en même temps pour châtier les deux villes rebelles, Kléber les frappa d'une contribution de guerre ; ce qui, joint au produit de l'immense butin trouvé dans le camp des Osmanlis, lui permit de payer d'un seul coup les douze millions de dettes dont on l'avait laissé chargé. Mais là ne s'arrêtèrent point ses prévisions et sa sollicitude. On le vit prendre une foule de mesures propres à affermir, à assurer notre domination : il composa des légions grecques et coptes sur le modèle des légions françaises, disposa toutes ses forces avec la plus grande habileté, forma un comité administratif.

La tranquillité qu'il avait en perspective, et dont il commençait même à jouir, ne ralentit point sa surveillance. Il voulut que ses troupes goûtassent le repos qu'elles avaient acheté si cher, mais avec la ferme résolution de ne s'y livrer lui-même qu'après l'avoir solidement assuré. Inflexible pour tout ce qui touchait au devoir ou à la discipline, aucun général cependant n'eut plus à cœur de soulager le soldat, aucun n'en rechercha les moyens avec plus de sollicitude. Aussi fut-il l'objet constant de sa vénération. Ne favorisant jamais un corps aux dépens d'un autre corps, il dispensait les récompenses et les faveurs avec une égale justice ; enfin, malgré sa prédilection pour des compatriotes, pour des hommes qui avaient depuis deux ans couru les mêmes dangers, participé aux mêmes triomphes, jamais un passe-droit en leur faveur ne trompa l'espérance des soldats indigènes, jamais une fausse complaisance ne le trouva sourd aux plaintes raisonnables des Égyptiens soumis.

En quelques mois, Kléber organisa l'Égypte sous le double rapport militaire et administratif; il rendit la confiance à tous ses habitants; mais, hélas! il ne parvint point à désarmer leur fanatisme. C'est qu'il existe des améliorations que les années seules doivent opérer, et pour lesquelles l'impatiente volonté de l'homme ne peut rien. Aujourd'hui que les habitants du Caire sont un peu plus instruits, le temps est arrivé pour eux de contempler sans passion des événements qui appartiennent à l'histoire, de maudire le gouvernement des Turcs, et de laisser voir leurs sympathies pour les Français : aujourd'hui les jeunes Égyptiens, par le raisonnement, les vieux, par l'expérience, se trouveraient également disposés à obéir aux hommes qu'on regardait, il y a trente-sept ans, dans leur pays, comme des *chiens maudits*.

Ce retour sur une croyance profondément enracinée est un bien bel éloge que le temps se réservait de faire de la conduite de Kléber ; car en gouvernant les Arabes par des actes d'une sévérité consciencieuse, en leur offrant toutes les garanties d'une administration paternelle, en leur prouvant, par tant de marques de générosité et de courage, que les soldats chrétiens n'étaient pas moins dignes du nom d'homme que les soldats de Mahomet, il a, pour ainsi dire seul, préparé le temps où tous les Européens devaient jouir de la liberté de visiter l'Égypte et l'immensité du désert. Autrefois on regardait un voyage aux Pyramides comme une chose merveilleuse, comme un exploit presque fabuleux. Les rares individus qui étaient allés fouler de leurs pieds les sables sur lesquels reposent ces tombes gigantesques étaient rangés avec ceux qui avaient effectué un voyage autour du globe. Depuis le séjour de l'armée française dans la capitale de l'empire des califes, non-seulement on visite sans danger les Pyramides, mais on se promène même dans toute l'étendue de la vaste presqu'île égyptienne comme dans les provinces de nos contrées les plus civilisées.

Vivre assez pour devenir témoin de cette espèce de miracle eût été, nous n'en doutons pas, pour celui qui en fut le premier auteur, une douce récompense. Mais tel ne devait pas être le prix de ses travaux et de ses fatigues. Jean-Baptiste Kléber fut assassiné le 14 juin 1800, par un jeune fanatique appelé Soliman. Il avait passé une grande revue de ses troupes dans l'île de Raouda, et venait de rentrer au Caire, lorsqu'il se sentit frapper de quatre coups de poignard. L'assassin, arrêté sur-le-champ, confessa son crime avec une assurance imperturbable : ce malheureux croyait avoir par là mérité le ciel [1].

Kléber, transporté dans sa maison, place de l'Esbékir, expira peu d'instants après qu'on eut visité ses blessures...

Le deuil fut grand parmi les soldats, et le découragement dans lequel ils tombèrent, les défaites qui furent la suite de ce découragement, nous en donnent la mesure. On sait ce que devint alors la conquête d'Égypte, on connaît toutes les humiliations que subit l'armée française sous le général Menou : mais qui pourrait calculer la somme de grandeur et de gloire que le puissant génie de Kléber lui promettait! Peu de jours avant sa mort, il avait fait un voyage dans l'intérieur des terres et sur les bords du Nil. Il était sur le point de conclure avec les Turcs, séparés des Anglais, un traité de paix dont les résultats devaient être immenses. En le perdant, la France a perdu du même coup une des plus riches colonies qu'il soit permis à une nation européenne d'envier, et l'Égypte un maître comme elle en souhaiterait, comme elle en chercherait un maintenant, s'il lui revenait assez d'énergie pour secouer le joug progressivement tyrannique de ses pachas.

L'oraison funèbre de Jean-Baptiste Kléber fut prononcée à Paris par le sénateur Garat [2], sur la place des Victoires, où on devait lui ériger une statue :

---

[1] Le squelette de Soliman est à Paris, au Jardin du Roi, cabinet d'anatomie comparée.

[2] *Éloge funèbre des généraux Kléber et Desaix* (Desaix était mort le même jour en Italie), par le sénateur Garat. Paris, an IX.

elle n'a jamais été achevée. Ses dépouilles mortelles, rapportées à Marseille après l'évacuation de l'Égypte, et déposées au château d'If, furent recueillies en 1818, par l'ordre de Louis XVIII, et transportées à Strasbourg. Un monument national lui a été élevé au milieu de ses concitoyens, dans la ville qui l'avait vu naître ; mais la France, ne se croyant pas encore quitte envers l'une de ses plus belles illustrations, vient de placer l'effigie de Kléber sur le fronton du Panthéon, à côté de l'effigie de Napoléon Bonaparte.

Jules Amic.

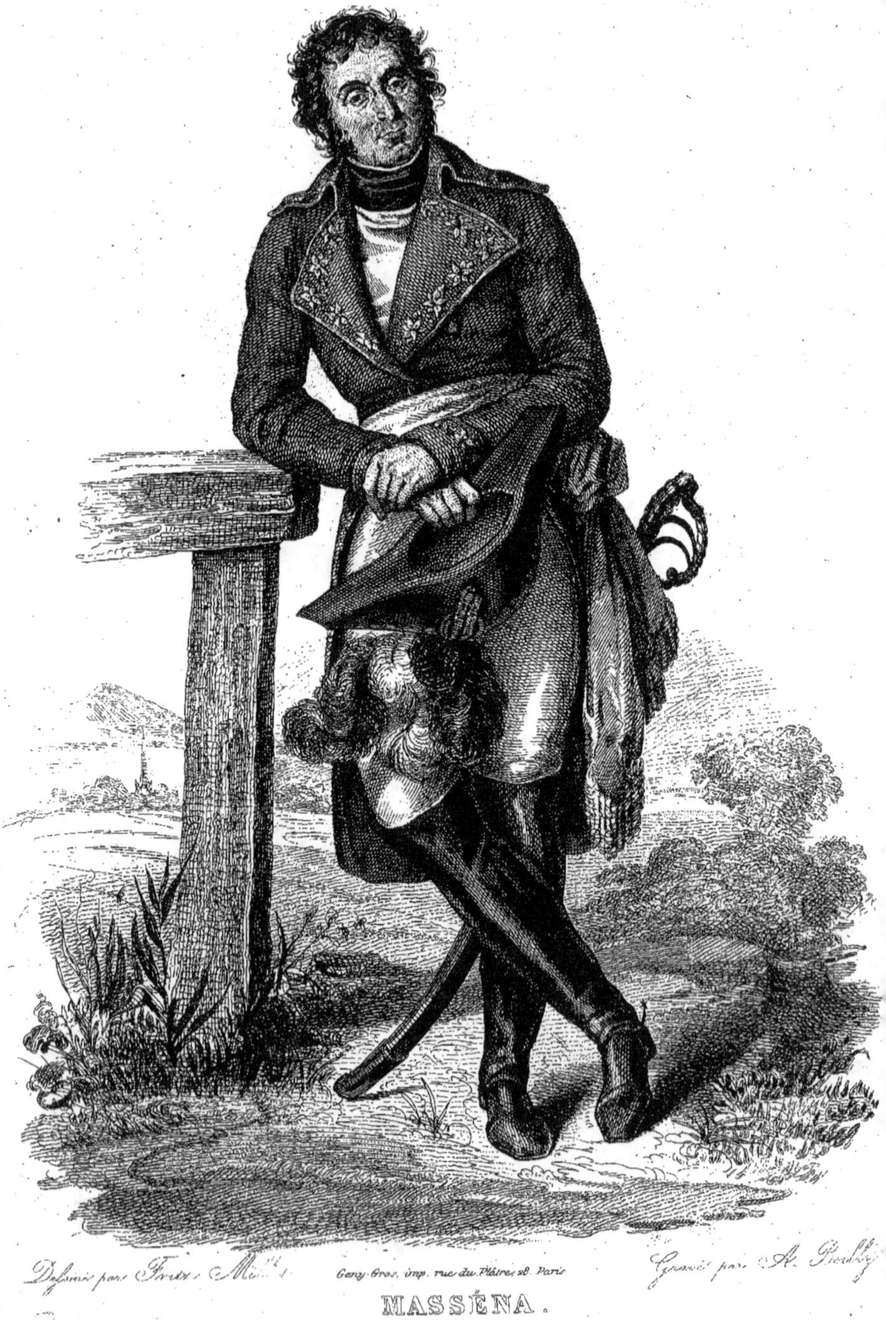

Dessiné par Fritz Müller — Geny-Gros, imp. rue du Plâtre, 28. Paris — Gravé par A. Pirodon

MASSÉNA.

MASSÉNA

NÉ EN 1758, MORT EN 1817.

André Masséna, duc de Rivoli, prince d'Essling, naquit à Nice, d'une famille de petits commerçants. *L'enfant chéri de la Victoire* débuta dans la marine ; à treize ans il s'embarqua sur un navire marchand, et à seize ans il avait déjà fait trois campagnes, lorsqu'il se dégoûta du métier et quitta la mer. C'est alors (1775) qu'il entra au service de France dans le régiment Royal-Italien. Un de ses oncles y était capitaine ; mais cette circonstance servit peu à son avancement ; il ne put franchir les bas grades, et, au bout de quatorze années d'attente, le futur vainqueur de Zurich n'avait pas obtenu l'épaulette d'officier. Rentré dans la vie privée, Masséna était marié depuis peu à Antibes, lorsque le cri de guerre de 1792 vint réveiller ses goûts militaires. Chaque département envoyait aux frontières des bataillons de volontaires conduits par des chefs de leur choix : Masséna fut élu adjudant-major, puis, bientôt après, commandant du deuxième bataillon du Var.

La coalition envahissait déjà nos provinces du nord, et nous menaçait dans le midi par l'accession récente du roi de Sardaigne. Anselme, chargé, sous les ordres de Montesquiou, de l'occupation du comté de Nice, mit fin, sans coup férir, à cette expédition, grâce en partie à la connaissance que Masséna avait du pays. Nommé colonel, le commandant des volontaires du Var se fit bientôt remarquer de Biron, qui venait d'être placé à la tête de l'armée des Alpes, devenue armée d'Italie, et obtint de lui le grade de général de brigade. Cependant l'affaiblissement de nos forces dans les Alpes, par suite des renforts qu'il fallut alors diriger sur le midi pour réduire Lyon et s'emparer de Toulon, rendit l'assurance aux Sardes. Ils reprirent l'offensive, et menaçaient déjà de nous repousser en deçà du Var, lorsque Masséna, les débusquant avec cinq cents hommes seulement des hauteurs presque imprenables de Castel-Gineste et du Brec, les força à rétrograder. Ses efforts amenèrent encore la reddition d'Oncille, et cette conquête importante fut pour lui le prélude de nouveaux succès.

Conduisant toujours l'avant-garde, il se porte sur Loano et s'en empare. Arrêté à Ponte-di-Nave par les difficultés du terrain et des retranchements bien défendus, il franchit le Tanaro malgré cet obstacle, et se rend bientôt maître d'Ormea et de Garessio. L'occupation de Saorgio est résolue ; il y prend encore une part glorieuse, et, dans la dernière affaire de cette campagne, le combat de Cairo, qui décide la retraite des Autrichiens, le général en chef Dumerbion lui attribue lui-même une grande partie du succès.

L'année suivante, Kellermann, à la tête des deux armées des Alpes et d'Italie, continua cette guerre défensive, éclipsée alors par nos brillants faits d'armes dans le nord, mais qui pourtant fut l'école glorieuse où se formèrent tant de grands capitaines. Partout, à Spinardo, à Murseco, à Vado, nos troupes, ayant en tête un ennemi trois fois plus nombreux, surent toujours résister et souvent attaquer avec avantage. Dans cette dernière position, Masséna, avec quinze cents hommes, enleva à la baïonnette le poste de Melogno, défendu par trois mille Autrichiens, et montra dans cette périlleuse entreprise autant de talent que d'audace. A Borghetto, la résistance de la droite, qu'il commandait, força à la retraite le général Devins, qui avait concentré toutes ses forces sur ce point important.

Vers la fin de 1795, la guerre changea de face. Les renforts amenés d'Espagne par Schérer permirent enfin à l'armée d'Italie de se porter en avant. Les Austro-Sardes, maîtres d'une suite de positions fortifiées de Loano à Settepani, nous fermaient la route de Gênes, et empêchaient ainsi nos communications par mer avec Nice et la France. Schérer sentait la nécessité de renverser par un coup décisif cet obstacle, qui rendait impossible toute espèce d'approvisionnement ; mais, entièrement étranger au pays, il se défia de ses forces et fit, avec une modestie qu'on ne saurait trop louer, l'abandon d'une partie de son autorité en faveur de Masséna. De ce jour, on peut le dire, date pour celui-ci une nouvelle ère de gloire. Livré pour la première fois à ses inspirations, il se fit admirer par l'habileté et la précision de ses manœuvres. Les Autrichiens, battus le 24 novembre, furent le 25 surpris de nouveau par lui dans leur retraite, et culbutés dans la vallée de la Bormida, avec une perte de quatre mille hommes tués et de cinq mille prisonniers : encore ne fut-ce là que le moindre résultat de ces deux brillantes journées ; Final, Vado et Savone tombèrent en notre pouvoir, et nous livrèrent d'immenses approvisionnements. Enfin, la victoire de Loano, en nous ouvrant le Milanais, promettait pour l'année suivante la conquête de l'Italie au successeur de Schérer, — Bonaparte.

Entre tant de généraux illustres qui entourèrent celui-ci pendant cette mémorable campagne de 1796, Masséna tient le premier rang. Il prit part, et souvent d'une manière décisive, à cette suite non interrompue de victoires qui, dans l'espace de treize mois, conduisirent les Français aux portes de Vienne.

A Montenotte, il s'empare du poste de Bric-de-Meneau, et enfonce la ligne des Autrichiens. Millesimo, Dego sont témoins de cette audace bien dirigée, qui, éclatant toujours à propos, assure le succès sans jamais le compromettre. L'avant-garde de l'armée pénètre à Cherasco, c'est lui qui la conduit. A Lodi, une artillerie formidable défend un pont étroit; trente pièces, vomissant la mitraille, arrêtent un instant nos grenadiers. Il s'élance à leur tête avec l'élite des officiers, franchit l'Adda, et passe sur le corps de l'ennemi. Le lendemain il est maître de Pizzighittone; Milan, effrayée, ouvre ses portes; il y entre le premier, et bientôt après occupe Vérone, qu'il ne fait que traverser, pour aller écraser les débris de l'armée de Beaulieu. Pour réparer tant d'échecs, la cour de Vienne lève une seconde armée commandée par Wurmser; Masséna reçoit son premier choc dans la position de la Corona, qu'il est contraint d'abandonner devant des forces bien supérieures aux siennes. Mais à Lonato et à Castiglione, il prend sur son ennemi une revanche complète, le bat de nouveau à Peschiera, et lui enlève les postes de Montebaldo et de la Corona quatorze jours après les avoir perdus. Wurmser se retire avec la moitié de son armée sur Roveredo; il y est vaincu dans un combat sanglant, où la division Masséna fait des prodiges, bientôt renouvelés au passage de la Brenta, à Bassano, à Cerca et à Saint-Georges. Le vieux maréchal, après avoir perdu en deux mois soixante-quinze pièces de canon, trente généraux et vingt drapeaux, se renferme dans Mantoue, heureux encore de n'être pas prisonnier; le hasard seul l'a fait échapper aux savantes combinaisons de Bonaparte et à la poursuite infatigable du héros de Roveredo.

Malgré tous ces revers, l'Autriche ne s'avoue pas encore vaincue. Plus tranquille du côté de l'Allemagne, par la retraite de Jourdan et de Moreau, l'Empereur redouble d'efforts pour reprendre l'Italie, et y envoie Alvinzi, qui, débouchant du Tyrol avec quarante mille hommes, doit secourir Mantoue et délivrer Wurmser. Masséna rencontre son avant-garde dans les gorges de la Brenta, et n'obtient sur elle qu'un succès douteux. Plus heureux encore à Caldiero, Alvinzi, maître du champ de bataille, a pu croire un instant qu'il ramènerait la fortune sous les drapeaux autrichiens. Mais à Arcole, la victoire, disputée pendant trois jours, reste à nos armes; bientôt après, le combat de Saint-Michel, les batailles de Rivoli, de Saint-Georges et de la Favorite, achèvent la ruine du feld-maréchal, et nous livrent Wurmser et Mantoue. A chacune de ces brillantes affaires le nom de Masséna se rattache d'une manière glorieuse, ainsi qu'à toutes celles de la campagne suivante, Tarvis, la Chiusa, Villach, Neumarck et Hundsmarck, où toute la science militaire du prince Charles n'a pu arrêter un seul instant la marche victorieuse des Français : ils sont à vingt lieues de Vienne, et l'Empereur signe enfin les bases d'un traité de paix.

Chargé, comme le plus digne, de porter au Directoire les préliminaires de Leoben, Masséna fut reçu avec de grands honneurs. Une fête nationale eut lieu ; il en fut le héros, et, dans le Conseil des Cinq-Cents, de nombreux suffrages le désignèrent pour remplacer Letourneur au Directoire. Les événements de fructidor le trouvèrent à Paris : loin de profiter de l'influence politique que lui donnaient, dans un pareil moment, sa réputation militaire et le républicanisme exalté des troupes de sa division, le général, mal à l'aise au milieu de ce monde d'intrigues et de proscriptions, se hâta de partir pour Rome, où il était appelé à remplacer Berthier. Il n'y resta que quelques jours ; une insurrection, fomentée au milieu de son corps d'armée, et qu'il ne put réprimer, le força à se démettre de son commandement.

Cette malheureuse affaire a donné lieu à des accusations sévères, et, selon nous, faites avec trop de légèreté. Les troupes de Rome, depuis long-temps victimes de la rapacité des fournisseurs, en étaient venues, bien avant l'arrivée de leur nouveau chef, à un état d'exaspération que l'inflexibilité de son caractère était peu propre à calmer : la discipline des armées se ressentait d'ailleurs du laisser-aller de l'époque. Avant de salir du reproche d'avidité une de nos plus grandes gloires militaires, a-t-on recherché avec assez d'attention jusqu'à quel point ces différentes circonstances furent mises à profit par les partisans du gouvernement pontifical ? Aucun peuple, pas même le nôtre, n'a trop de noms illustres à vénérer ; et c'est mal le servir que de lui enlever sans motifs bien avérés les objets de son culte.

L'Autriche ne traitait pas de bonne foi au congrès de Rastadt. Pendant deux années de repos apparent, elle n'avait pas cessé d'armer, et les cabinets de Londres et de Saint-Pétersbourg la trouvèrent toute prête à recommencer la guerre, de concert avec eux et le roi de Naples, apôtre tant soit peu ridicule de cette croisade. Bonaparte, poursuivant en Orient sa carrière aventureuse, n'était plus là pour tenir tête à une seconde coalition. Heureusement la France avait encore à lui opposer le bras de Masséna. Chargé d'abord du commandement de l'armée d'Helvétie sous les ordres de Jourdan, il fit prisonnier le major-général d'Auffenberg avec son corps d'armée, et sut, par la ténacité de son caractère, maintenir dans les Alpes, même en face de l'archiduc Charles, la supériorité de nos armes.

Quand, après la funeste journée de la Stokach, Jourdan eut donné sa démission, l'armée du Danube fut réunie à l'armée d'Helvétie. Masséna, mis à leur tête, attendit d'abord pour agir que nos troupes eussent repris l'offensive en Italie ; mais, trop inférieures en nombre, elles n'éprouvèrent, malgré tous les talents de Moreau et la bravoure de Joubert, qu'une suite non interrompue de revers. Battues à Magnano, à Cassano, à la Trebia et à Novi, elles furent contraintes de reculer, livrant passage aux bandes de Suwarow. Si le héros du Nord avait pu faire sa jonction avec les Russes de Korsakoff et le corps autrichien de Hotze, la France était infailliblement envahie; les trente-sept mille hommes de Masséna n'eussent pu arrêter cent mille Austro-Russes, qui, une fois maîtres de la chaîne du Jura, débouchaient par le plateau de la Côte-d'Or. Le péril était imminent, plus encore qu'à l'époque de Valmy et de Fleurus : par ses habiles dispositions Masséna parvint à l'éloigner. Profitant du moment où un ordre maladroit du conseil aulique le débarrassait du prince Charles, et sans attendre que Suwarow eût passé les Alpes, il sut d'abord isoler Korsakoff et l'enfermer dans Zurich, où il lui tua la moitié de son monde. En même temps, Hotze, attaqué sur un autre point, tombait mort d'un coup de feu, et son armée battait en retraite. Débarrassé de Korsakoff et de Hotze, Masséna courut, avec deux divisions, au-devant de Suwarow, qu'il atteignit dans la vallée de Muttenthal. Un pont jeté sur le torrent de la Mutten séparait seul les deux armées. Ce fut au milieu d'une mêlée affreuse, où l'on combattit littéralement corps à corps, et où le fusil ne servait que par la crosse, que les Français se rendirent maîtres de cet étroit passage, et forcèrent les Russes à la retraite. Les deux généraux se trouvèrent en face l'un de l'autre à moins de quarante mètres de distance, et l'orgueilleux barbare put contempler avec rage le héros qui lui ravissait une conquête certaine à ses yeux [1].

La victoire de Zurich, le plus beau fleuron de la couronne militaire de Masséna, sauva la France, en mettant entre les Autrichiens et les Russes une animosité qui amena la rupture de la coalition. Toutefois, nous avions bien déchu depuis Campo-Formio, et Bonaparte, débarquant à Fréjus, trouva l'Italie perdue en aussi peu de temps qu'il en avait mis à la conquérir. Maître du pouvoir après le 18 brumaire, ses premiers soins furent pour l'armée des Alpes, que le Directoire avait laissée dans l'état le plus misérable ; la désertion, la faim, l'épidémie éclaircissaient de jour en jour ses rangs : elle avait affaire cependant à quatre-vingt mille Autrichiens soudoyés par l'or de l'Angleterre. Choisi par le premier Consul pour affronter ce nouvel orage, Masséna dut, avec vingt-cinq mille hommes seulement, défendre Gênes, le cours du Var, les portes de la Provence et les défilés du Piémont. Cette courte campagne de l'Apennin, dans laquelle vaincre était impossible, n'en fut pas moins illustrée par des faits éclatants. Mais avec des forces aussi inégales, les succès mêmes se changeaient en revers ; aussi, après des efforts inouïs pour disputer pied à pied chaque position, et mal-

---

[1] Suwarow avait écrit à Korsakoff et à Yellachich, battus par Lecourbe et Molitor : « Je viens réparer vos fautes, tenez bon comme des murailles ; vous me répondez sur votre tête de chaque pas que vous ferez en arrière. »

gré les pertes essuyées par l'ennemi à Montefaccio, à Voltri et à Settepani, le général en chef, séparé par Mélas de son aile gauche, aux ordres de Suchet, dut se borner à la défense de Gênes.

Le siége de Gênes est un fait unique dans les annales militaires. Bloqué par les quarante mille hommes du général Ott, que soutiennent des bandes de paysans révoltés et les canons de la flotte anglaise, Masséna a encore à combattre l'insurrection des Génois, et surtout l'abattement que causent à ses soldats la famine et la contagion. Mais il est de ces hommes dont les obstacles redoublent la constance et les talents. Aux uns il rappelle avec habileté le joug odieux des Anglais, qui les menace de nouveau, et leur inspire une résignation sublime; aux autres il rend la confiance et le courage par de fréquentes sorties où on le voit se jeter dans la mêlée, et exposer noblement sa vie comme le moindre de l'armée.

Le 30 avril (1800), attaqué à la fois par terre et par mer, il charge lui-même à la tête de quatre compagnies, dégage une de ses colonnes fortement compromise, et fait échouer les savantes combinaisons des assaillants. Le 10 mai, il répond à une insolente communication du général Ott par une nouvelle bataille et un nouveau succès. Cependant l'énergie de la garnison est épuisée, et deux nouvelles sorties n'ont pas de résultat. Privé des deux tiers de ses troupes et de ses meilleurs généraux, il repousse toutes les ouvertures qui lui sont faites, et subit un nouveau bombardement. A tant de maux vient se joindre le feu de la révolte, qui menace de gagner ses troupes. Une fois encore il essaie de les rappeler au devoir et de les ramener à la victoire : ses officiers seuls s'enflamment à sa voix; les soldats n'y répondent plus que par les cris du désespoir ou le silence de la mort. Enfin, forcé de rendre la place, il traite d'égal à égal avec son vainqueur; à chaque difficulté que celui-ci soulève, il répond fièrement par la menace d'en appeler aux armes, et, à force d'adresse et d'opiniâtreté, en obtient les conditions les plus honorables. « Votre résistance, lui dit l'amiral Keith, a » été trop héroïque pour que l'on puisse rien vous refuser. »

Ce fut le 4 juin qu'eut lieu la remise de Gênes aux mains des Autrichiens. En retenant soixante jours leur armée devant ses murs, Masséna avait donné au premier Consul le temps de les surprendre par la marche miraculeuse du mont Saint-Bernard, et de les foudroyer à Marengo. La convention d'Alexandrie, provoquée par Mélas lui-même, fut la suite de cette bataille mémorable. Appelé, par la reconnaissance de Bonaparte, au commandement en chef de l'armée d'Italie, Masséna, dont tant de fatigues avaient altéré la santé, le remit l'année suivante au général Brune, pour aller siéger au Corps-Législatif. Sa conduite n'y fut rien moins que servile, et malgré cela, en montant sur le trône, Napoléon l'appela des premiers au partage des faveurs impériales, en le nommant maréchal et grand-aigle de la Légion-d'Honneur.

Lorsqu'en 1805 l'Angleterre eut appelé de nouveau toute l'Europe aux armes, l'Empereur lui confia encore la défense de l'Italie, menacée par l'armée du prince Charles. Le maréchal reparut avec un nouvel éclat sur l'ancien théâtre de sa gloire. Ses habiles manœuvres sur l'Adige et l'Isonzo, en occupant long-temps les forces nombreuses de son adversaire, favorisèrent sur le Danube nos triomphes, couronnés par l'immortelle victoire d'Austerlitz. Les affaires de Caldiero, de Vicence, de Bassano, de la Brenta, du Tagliamento, de la Piave et de Castel-Franco, rehaussèrent encore le nom de Masséna, illustré déjà dans les mêmes lieux dix années auparavant. L'archiduc ne put arrêter sa marche victorieuse, ni empêcher sa jonction avec l'armée d'Allemagne à Clagenfurth.

En 1806, Masséna porta la guerre jusque dans le midi de la Péninsule. Il s'agissait de punir les nombreux manques de foi du roi des Deux-Siciles, et de placer sur le trône de Naples le frère aîné de l'Empereur. A son approche, les princes de la maison de Bourbon, délaissés des Anglo-Russes, s'embarquèrent pour Palerme, abandonnant leur capitale au roi Joseph. De toutes les places fortes, Gaëte seule, commandée par le prince de Hesse, fit une vigoureuse résistance. Maître de cette ville jusqu'alors réputée imprenable, Masséna eut encore à combattre les populations soulevées de la Calabre, et les hordes de brigands auxquels le gouvernement napolitain avait ouvert les portes des prisons et donné des armes. Les Anglais, qui n'avaient pas rougi d'avouer de pareils auxiliaires, furent bientôt forcés de se rembarquer; les bandes, traquées sur tous les points, se dispersèrent, et la partie éclairée de la nation applaudit aux succès d'un ennemi qui la débarrassait d'aussi dangereux défenseurs.

Une année avait suffi aux cours du Nord pour oublier leur désastre d'Austerlitz. L'Empereur, après avoir puni à Iéna la provocation insolente de la Prusse, courut en Pologne au-devant des Russes. Masséna l'y rejoignit, prit le commandement de l'aile droite de son armée, combattit les Russes à Wirtoza, Pultusk, Ostrolenka, et contint les mauvaises dispositions de l'Autriche, qui n'attendait qu'un moment favorable pour se déclarer contre nous.

Rendu au repos par la paix de Tilsitt, le duc de Rivoli (le maréchal venait de recevoir ce titre) ne reparut aux armées qu'environ deux ans après, dans la campagne de 1809. Il partagea avec les maréchaux Davoust, Lannes, Bessières et Lefebvre, la gloire des affaires d'Abensberg, Landshut, Eckmühl et Ebersberg; à Essling, il n'eut pas de rivaux. Pendant les deux jours de combats livrés autour de ce petit village, qui fut pris et repris jusqu'à treize fois, il fit l'admiration de l'armée. La rupture des ponts, au moment où une partie seulement des troupes françaises avait passé le Danube, rendit inutiles ces héroïques efforts, et Napoléon vit avec désespoir tant de sang répandu sans résultat. Forcé de faire un mouvement rétrograde, il confia au duc de Rivoli le commandement de la rive gauche du fleuve et des îles. « Masséna, lui dit-il, tu vas achever ce que tu as si » brillamment commencé. Il n'y a que toi qui puisses imposer assez à l'ar- » chiduc pour le retenir immobile devant nous. » Quelques jours après, dans une tournée d'inspection, il l'appelait son *bras droit*, et confirmait ce bel éloge en lui décernant le titre glorieux de prince d'Essling.

Il se passa plus d'un mois avant que les deux armées rentrassent en lutte; le maréchal employa ce temps à fortifier l'île de Lobau et à tout disposer pour un nouveau passage du fleuve : il préparait ainsi le triomphe de Wagram. Quoique meurtri d'une chute récente, il dirigea les mouvements de notre gauche et soutint un combat acharné contre le prince Charles, qui, dans l'espoir de le séparer du reste de l'armée et de l'isoler de nos ponts sur le Danube, réunit contre lui toutes ses masses sans pouvoir l'entamer. L'archiduc, vaincu, se retira sur Znaïm; Masséna se mit à sa poursuite, s'empara de Hollabrün et de Guntersdorf, et arriva devant Znaïm. Ses colonnes avaient franchi un pont qui défendait les accès de la ville, elles étaient maîtresses d'une partie des faubourgs, quand la conclusion de l'armistice vint les arrêter.

Déjà trompé si souvent, Napoléon ne put cette fois se méprendre sur les intentions de l'Autriche. La disgrâce de l'archiduc, signataire de cette trêve, et les menées du cabinet de Vienne à Londres pendant qu'il traitait avec nous à Altenbourg, annonçaient assez une agression prochaine; il s'y prépara. Dans le plan de campagne qu'il avait tracé, Masséna devait, avec quatre-vingt mille hommes, envahir la Bohême. Les événements changèrent ces projets : l'attitude de plus en plus menaçante du Nord ne permettant pas à l'Empereur d'aller lui-même, comme il l'avait espéré, chasser les Anglais du Portugal, il chargea le prince d'Essling de cette mission, dans laquelle Junot et Soult avaient échoué. Masséna ne fut pas plus heureux que ses devanciers : il est vrai que tant de fatigues l'avaient vieilli avant le temps. On reconnaissait toujours en lui la même intrépidité, le même coup d'œil, le même sang-froid dans le péril, le même talent à profiter des circonstances les plus inattendues, toutes les qualités enfin auxquelles il devait son élévation, mais ses forces physiques l'avaient abandonné. Retenu dans sa voiture par la douleur, ne pouvant tout voir par ses propres yeux, il dut parfois se tromper, et c'est ce qui arriva, notamment à Bussaco, où il perdit trois mille hommes en attaquant, avec des forces bien inférieures, Wellington dans une position presque imprenable, position qu'il tourna le lendemain sans coup férir, quand il eut reconnu lui-même le terrain. Disons aussi qu'un malheureux concours de circonstances, indépendantes de sa volonté, s'opposa au succès de son expédition de Portugal. La division se mit entre les chefs ; Ney refusa d'obéir à ses ordres, et des secours en hommes et en munitions, long-temps promis et long-temps attendus, n'arrivèrent pas. Néanmoins, avec quarante mille hommes seulement, le prince d'Essling eut encore la gloire d'en tenir pendant huit mois cent vingt mille en échec, et cela au milieu de populations soulevées contre nous, et dans un pays que les Anglais avaient complétement dévasté, sacrifiant ainsi à leur vengeance politique la vie de quatre cent mille de leurs alliés. Enfin la prise d'Almeïda, les combats de Rio-Mayor et de Fuentès d'Onoro, sont des affaires dont tout capitaine pourrait s'enorgueillir, et l'éclat qui en rejaillit sur toute la campagne aurait dû arrêter les commentaires de l'envie et de la haine, quand la vie entière du vieux maréchal n'aurait pas été là pour leur imposer silence.

Il n'en fut pas ainsi, et ses dernières années furent empoisonnées par toutes sortes de dégoûts. Tandis que, sentant sa fin prochaine, il se faisait transporter de Nice à Paris pour revoir cette France dans laquelle, disait-il, il avait bien gagné le droit de mourir, croirait-on que certains hommes ne rougirent pas de contester la qualité de Français au prince d'Essling?.... Hâtons-nous de dire que la postérité a fait justice de pareilles attaques, et placé Masséna au premier rang des défenseurs de la patrie.

Th. Millet.

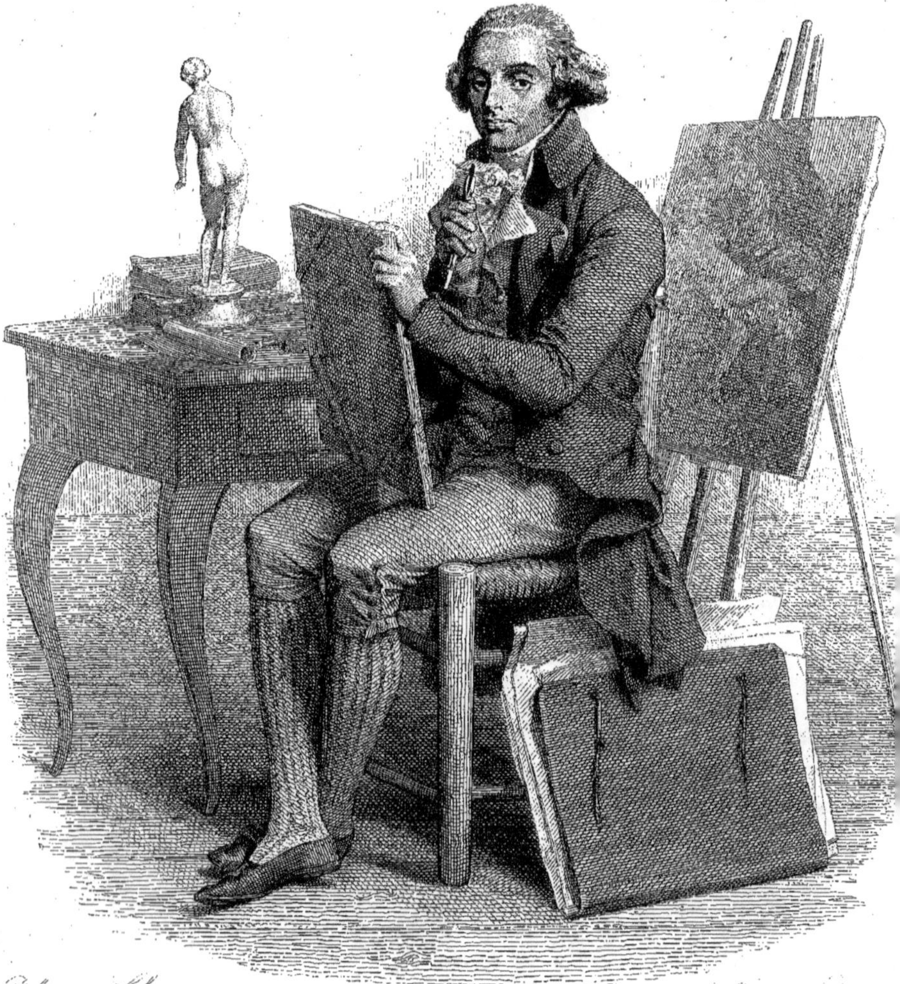

Imp.ie Geny-Gros, rue des Plâtres 28. Paris

PRUDHON.

PRUDHON

NÉ EN 1759, MORT EN 1823.

Nous ne croyons pas remplir une lacune en publiant une notice sur le célèbre Prudhon. Plusieurs travaux très-recommandables ont fait connaître depuis long-temps les particularités de sa vie, et le goût croissant du public pour ses ouvrages a encore augmenté l'intérêt qui s'attache à ces détails. Nous n'avons point voulu enchérir sur tout ce qui peut le faire connaître davantage, mais simplement élever une voix de plus à la louange de cet homme inspiré dont les ouvrages furent la critique naïve des écoles de peinture de son temps, écoles dont l'influence dure encore malgré des transformations apparentes. Le pédantisme du contour, le goût de l'archaïsme substitué à celui de l'antique, une haine bizarre des moyens pittoresques dans la peinture, telles ont été les entraves dans lesquelles Prudhon s'est débattu victorieusement, et c'est en présence des mêmes écarts du goût que ses ouvrages demeurent comme des exemples capables de ramener à la vraie simplicité et à la vraie élégance.

Nous rougirions de chercher à augmenter l'intérêt que présente une vie si pure en insistant outre mesure sur des particularités biographiques qu'il est toujours facile d'interpréter ou de poétiser au gré des imaginations. C'est une espèce de profanation dont les modernes ne se sont pas assez garantis, quand ils se sont mis à faire agir et parler les hommes célèbres qu'ils ont voulu faire connaître par des écrits : il est audacieux de prêter des idées et des sentiments à des hommes qui ont vécu surtout par leurs sentiments et par leurs idées.

La vie de Prudhon offre cette particularité, qu'il n'a été apprécié et même connu que fort tard, quoi qu'il ait excellé de très-bonne heure dans son art. Son talent semble n'avoir pas eu d'enfance, et, en examinant tout ce qui a été recueilli de ses ouvrages, on ne voit presque point de transition entre les informes essais de l'écolier et les productions achevées du maître. On trouve dans les cahiers sur lesquels il dessinait au sortir de l'école le germe de ses plus belles inventions. Son exécution même n'a point varié depuis ses premières études, et c'est un caractère de plus qui le place à côté des grands maîtres. On verra avec étonnement ce talent, formé de si bonne heure, se consumer jusqu'à l'époque de l'âge mûr dans des travaux obscurs, indignes de lui, mais qu'il a relevés à force de mérite.

Prudhon était le treizième enfant d'un maître maçon de Cluny. Il était né le 6 avril 1759[1], et avait reçu les noms de Pierre-Paul : ce sont ceux de Rubens et de Puget. Cet émule des plus grands maîtres devait naître et mourir dans la pauvreté, et c'est un triste rapport de plus avec un grand nombre d'entre eux. Sa mère sut deviner son âme tendre et rêveuse, et contribua, malgré les embarras d'une si nombreuse famille, à développer en lui de nobles instincts. Il reçut chez les moines de Cluny une instruction qui, bien que sommaire, contribua encore à élever sa pensée. La vue des tableaux bons ou mauvais qui décoraient cette retraite éveillait en même temps dans son imagination le goût de la peinture. Peut-être, parmi tous les objets qui frappèrent ses regards dans un âge si tendre, il suffit d'un seul pour allumer la passion de toute sa vie. Cette espèce d'initiation est frappante chez tous les grands artistes. Il en est beaucoup qui n'ont rencontré que fort tard ce lambeau de poésie, ce tableau souvent médiocre et dépourvu d'attrait pour le vulgaire dans lequel ils ont trouvé leur vocation écrite. C'est le premier et indispensable aliment destiné à développer les germes de facultés qui s'ignorent. Souvent le génie a été chercher dans le fatras d'une production ridicule ce *coin de grandeur* qui éveille l'enthousiasme pour toujours. Prudhon se plaisait à raconter que, saisi de cette impatience soudaine à donner un corps à ses idées, sans doute à la vue de quelque chef-d'œuvre ignoré, il avait fabriqué lui-même, à l'âge de quatorze ans, des couleurs et des pinceaux. Il n'en fallait pas tant, en province surtout, pour faire croire à l'avenir de son talent. L'évêque de Mâcon fut informé par les solitaires de Cluny de l'aptitude présumée du jeune Prudhon. Ce prélat l'envoya à Dijon, dont l'école de peinture était célèbre, et qui continue encore aujourd'hui les traditions de plusieurs peintres remarquables qui en sont sortis et au premier rang desquels il faut placer le célèbre Doyen.

Le professeur qui dirigeait alors cette école était M. Devosge, artiste de mérite dont l'exemple et les conseils furent très-utiles au jeune Prudhon. Nous avons dit que les premiers objets qui frappèrent ses regards décidèrent de sa vocation; nous pourrions ajouter que la vue des ouvrages de son

---

[1] Toutes les biographies font naître Prudhon en 1760. Des recherches faites récemment sur les registres de sa paroisse natale ont fait connaître qu'il est né en 1759. Sur ce registre, son nom est écrit *Prudon*. Il est plus que probable que c'est par erreur. Il a signé également *Prudhon* et *Prud'hon*.

maître eut sur son style une influence qu'il est impossible de méconnaître. Nous avons sous les yeux deux estampes gravées d'après ce professeur, et dont le sentiment particulier se retrouve complétement dans presque toutes les parties du talent de Prudhon, agrandi à la vérité ou simplifié, comme on peut le croire. C'est une gloire modeste sans doute, mais c'est encore une gloire que d'avoir imprimé à une aussi belle imagination un caractère et comme une marque qui le signale dans tous ses ouvrages.

Les biographes ne montrent presque point d'intervalle entre les moments qu'il consacra à ses premières études et ceux qui le virent s'engager dans les liens d'une union mal assortie si l'on considère l'indignité de l'objet qui fixa son choix; mais dans un âge si tendre, et avec l'irréflexion qui accompagne souvent les élans d'une sensibilité extrême, il put se faire illusion sur les suites de sa démarche et sur la nature des sentiments qu'il allait trouver dans sa compagne. Cet engagement téméraire, contracté à dix-neuf ans, fut la source de tous ses chagrins et assurément la cause qui le retint si long-temps dans l'obscurité.

La ville de Dijon décernait tous les trois ans un prix de peinture fondé par les États de Bourgogne. Prudhon concourut à ce prix, qui consistait dans l'envoi à Rome avec une pension. L'histoire de ce concours fait autant d'honneur à son bon cœur qu'à son talent. Comme il était occupé à terminer son tableau, il entendit dans la cellule voisine de celle où il travaillait les plaintes d'un camarade, son concurrent, qui désespérait de venir à bout de son travail. Prudhon, trouvant alors le moyen de communiquer avec lui par une ouverture pratiquée dans la cloison, se met en devoir d'achever le tableau de son rival, et y réussit si bien, que le prix est adjugé à l'ouvrage qui n'était pas le sien. L'honnêteté du concurrent fit heureusement redresser ce jugement; le jeune homme fit connaître l'obligation qu'il avait à Prudhon et le fit couronner à sa place.

Arrivé à Rome, il se lie avec Canova, qu'une conformité de génie et de caractère ne tarda pas à lui rendre cher. Le sculpteur avait déjà conquis une partie de cette faveur qui devait conduire au plus haut point sa fortune et sa renommée. Il fit à son ami les offres les plus séduisantes pour le retenir à Rome, lorsque des nécessités de plus d'une espèce le rappelèrent à Paris. Prudhon avait éprouvé à Rome, malgré l'encouragement qu'il trouvait dans l'amitié de Canova, les extrémités les plus étroites du besoin. Sa fierté l'avait empêché de découvrir à son ami l'excès de sa gêne. Mais ce qu'il allait retrouver à Paris, c'étaient les mêmes embarras sans les consolations qu'il tirait de son séjour au milieu des objets les plus propres à plaire à son esprit. Les liens qu'il avait formés à la légère avant son départ pour l'Italie devinrent à son retour une chaîne pesante. Les soucis de la paternité, les horreurs du ménage, et d'un ménage pauvre, allaient fondre sur lui. Il lui fallut donc se multiplier dans des besognes rebutantes qui renvoyaient bien loin ses projets de gloire et d'avenir.

Il faut admirer qu'au milieu de ces obscurs travaux l'étincelle divine ne l'ait pas abandonné tout à fait. Au contraire, on retrouve quelque chose de lui dans presque tous les ouvrages de cette époque qui ont pu être sauvés. Croira-t-on que cet homme admirable, forcé de composer jusqu'à des adresses et des vignettes pour des confiseurs et des bijoutiers, imagine, dispose, dessine avec tout le charme qu'il a porté dans ses ouvrages les plus célèbres? Un grand nombre de vignettes placées en tête des brevets, des actes du gouvernement, des lettres des préfets et autres fonctionnaires du temps de la république et du consulat, sont de la main de Prudhon. On n'a pas besoin de dire que ces vénérables monuments occupent un rang distingué dans les collections; on en trouverait encore un grand nombre dans les archives des ministères.

Quelques-unes de ses compositions mythologiques estimées datent de cette époque. Un comte d'Harlay, amateur des dessins, lui en demanda quelques-uns. Prudhon fit pour lui sa *Cérès* et *l'Amour réduit à la raison* avec son pendant. Les libraires lui commandèrent également des dessins pour des éditions de luxe. De ce nombre furent ceux qui ornent les éditions de Didot et qui contribuèrent le plus à lui donner quelque réputation.

Le sort n'était pas si attaché à le persécuter qu'il ne lui eût accordé une bonne fortune bien rare pour un peintre. Connu à peine, il avait trouvé des graveurs. Deux hommes surtout, Copia et Roger, ont semblé prédestinés à reproduire ses inspirations, et leur talent, appliqué à rendre avec toutes leurs grâces ses productions les plus légères, n'a pas peu contribué à attirer sur ses petits chefs-d'œuvre l'attention des amateurs et des artistes.

Il avait entrepris, en 1794, un voyage en Franche-Comté dans le dessein d'y faire quelques portraits au pastel qui augmentèrent effectivement ses ressources. Il devait y faire une connaissance fort précieuse dans la personne de M. Frochot, depuis préfet de la Seine, dont l'amitié le suivit et l'encouragea dans les difficultés de sa carrière.

Le peu d'importance apparente des travaux de Prudhon n'avait pas encore attiré sur son nom le dangereux éclat d'une grande renommée. Il était pour tout le monde dans ces conditions de paisible médiocrité à l'ombre desquelles on permet à un homme d'exister. Un dessin qu'il exposa et qui lui valut un prix d'encouragement vint fixer plus particulièrement l'attention jalouse de ses confrères. Ce dessin représentait : *La Vérité descendant des cieux et conduite par la Sagesse*. Une faveur plus signalée devait suivre ce premier succès ; un logement lui fut accordé au Louvre avec un atelier pour exécuter en grand sa composition. Cette distinction le mettait au rang de ce qu'on est convenu d'appeler les *peintres d'histoire*. Cette classe choisie ne le vit pas entrer avec plaisir dans ses rangs. Ses confrères allèrent jusqu'à le plaindre des suites probables de la témérité qui lui faisait quitter le genre limité auquel il devait ses premiers succès pour aborder les sommets escarpés de l'art. Il avait un tort plus grave aux yeux de ses rivaux. Son talent était comme sorti de terre tout d'un coup; il avait trouvé dans son imagination et n'avait emprunté à personne ses divinités, ses nymphes, ses génies. Cet olympe dont il était le maître ne relevait aucunement des types alors à la mode; en un mot, il n'appartenait point à l'école.

On se ferait difficilement une idée de ce qu'était alors la toute-puissance du préjugé en faveur de David. Il est permis aujourd'hui, malgré tout le respect et toute l'admiration que mérite cet illustre maître, de s'étonner que cette admiration ait pu être portée à ce point de fanatisme. C'était une opinion parfaitement établie, et le public était ici dans la même persuasion que les artistes, que David passait de cent coudées les peintres les plus célèbres; le plus léger doute à cet égard eût révolté tout le monde. Sa couleur même était l'objet de l'admiration. Le gris de ses teintes était finesse ; le peu d'éclat de ses tableaux était sobriété admirable et l'effet même de la force, qui méprise l'exagération. Ce qu'on appelait *le style*, c'était le sien par excellence; et quand on disait d'un peintre qu'il avait du style, cela ne voulait pas dire qu'il eût une forme originale à lui, une manifestation de sa pensée empreinte de son génie particulier : cela signifiait qu'il avait le style antique fixé désormais par David et revivant dans sa peinture. Ce qui est fait pour étonner encore davantage, c'est que dans ce moment même le Louvre ne suffisait point à contenir et à mettre en lumière les chefs-d'œuvre nombreux de la peinture de toutes les écoles anciennes que la conquête avait amenés à Paris de l'Italie, de la Flandre et de l'Espagne. Le Luxembourg n'avait pas été dépouillé de la superbe suite des tableaux de Rubens, de *la Vie de saint Bruno* de Lesueur, des ports de Vernet, réunis maintenant au musée pour remplir des vides, hélas! irréparables. On n'y voyait pas cette foule de tableaux de troisième et de quatrième ordre, tirés du garde-meuble et qui devraient y rentrer. Pour ne citer que les principaux, la plus grande partie des chefs-d'œuvre de Rubens, aujourd'hui retournés à Anvers, à Bruxelles, à Malines, à Gênes, à Florence, *la Transfiguration*, la *Sainte Cécile*, les madones admirables, les admirables portraits de Léon X et vingt autres de Raphaël de la première force, le *Saint Jérôme*, la *Léda* du Corrège, son *Christ au pied de la croix* de Parme, le *Saint Pierre* du Titien, le *Saint Marc* du Tintoret, en un mot tout ce que la peinture avait produit de plus parfait pendant trois siècles, tout était là, excepté ce qu'on n'avait pu arracher aux murailles.

Cette réunion de merveilles, telle que l'œil des hommes n'en verra jamais de semblable, étalée sous les yeux d'une génération indifférente, n'avait pu tempérer cette étrange furie d'antique dont tous les artistes étaient possédés : et les talents ne manquaient pas ; on voyait au premier rang Girodet, Guérin, Gérard et Gros lui-même, ce fils de Rubens, qui eut bien le triste courage de résister à toute cette magie, vers laquelle il inclinait en secret. L'admirable Gros, malgré l'éclat de ses succès, était alors considéré comme une espèce d'hérétique au milieu de ses confrères. Les bons sujets de l'école l'accusaient de ne point dessiner et de manquer de style. A les entendre, il ne savait peindre que des uniformes, et, à force de se l'entendre répéter, le grand peintre avait eu la bonhomie de prendre au sérieux cette tactique de l'envie et de la sottise. Il revint même sur ses pas autant qu'il le put, et durant les dernières années de sa vie il s'efforçait encore de rentrer dans la voie que son aveugle respect pour son maître lui faisait prendre pour la meilleure.

On concevra facilement, par ce qui précède, l'espèce d'isolement où Prudhon se trouvait placé vis-à-vis de la foule des artistes imbus de la manière de David. Heureusement il s'était acquis quelques protecteurs puissants qui ne le laissèrent pas manquer de travaux. Il eut l'occasion de décorer pour un riche particulier un hôtel de la rue Cerutti, qui est devenu depuis la propriété de la reine Hortense. Bien que sa fierté non moins que sa timidité naturelle l'empêchât de se produire et d'employer les moyens ordinaires d'attirer l'attention, le zèle des personnes distinguées dont il s'était fait des amis par ses qualités aimables, vint le chercher dans sa retraite et lui donner des occasions d'employer son talent. Ces encouragements lui eussent fait la situation la plus conforme à ses désirs, sans la cause constante de ses embarras et de ses soucis. Il arrivait souvent à sa femme de l'abandonner brusquement après avoir épuisé les minces ressources qu'il tirait d'un travail assidu. En le délivrant de sa présence, et en même temps de ses importunités, de ses reproches et de ses emportements, elle le laissait au milieu de ses marmots et chargé de tous les soins de sa maison. Ses amis l'ont trouvé souvent à son chevalet avec ses enfants sur ses genoux et l'étourdissant de leurs jeux et de leurs cris. Un de ces amis, qui a écrit une notice sur sa vie, le surprit un jour au milieu de ces paternels embarras. Il s'extasie bonnement devant cette scène de ménage, et ajoute cette réflexion, que Prudhon dut tirer sans doute un excellent parti pour son art de la variété et du charme de ces groupes enfantins.

« La peinture, disait Michel-Ange, est une maîtresse jalouse : elle veut un homme tout entier. » L'infortuné Prudhon devait faire chèrement l'expérience de cette vérité, car ce fut au prix de son repos pendant sa vie presque tout entière. Ces tracasseries insupportables avaient agi à tel point sur son esprit naturellement mélancolique, que ses amis craignirent avec raison qu'il ne se portât contre lui-même aux plus funestes extrémités pour s'affranchir de ses chagrins. Les années s'écoulaient sans fruit pour sa réputation. Au milieu des angoisses d'un état qu'il semblait que rien ne pût changer, il évitait des plaintes inutiles ; mais sa profonde tristesse trahissait assez son découragement. On l'engagea donc à une séparation, comme le seul remède à ses maux, et cette séparation fut enfin consommée, grâce à la pension qu'il s'engageait à payer à sa femme. L'éducation de ses enfants allait lui devenir moins pénible par l'éloignement de leur affreuse mère, et le peintre allait vivre enfin pour son art et pour lui-même.

Chose étrange! ce grand peintre était arrivé presque au déclin de l'âge qu'il n'avait donné sa mesure que dans des productions où brillaient à la vérité toute sa grâce et toute son originalité, mais dont l'importance semblait secondaire. En un mot, il n'avait guère exécuté à l'huile et en grand que ce plafond de *la Vérité descendant du ciel*, dans lequel son style n'a pas toute sa fermeté. Il était à ce moment de la vie où la verve se refroidit chez le commun des artistes, où l'ardeur pour l'étude, où la passion de la renommée les abandonnent, et la faveur avec elles. Arrivé à cette période critique, l'artiste, se comparant à lui-même, ou s'effraie de la verve qui animait ses premiers ouvrages, ou se répète, mais sans passion et sans la confiance de ses jeunes années: il se retire insensiblement de l'arène, et, ne se retrouvant plus lui-même, il s'étonne toutefois que le public ne l'accueille plus avec autant de complaisance. Prudhon allait éprouver les effets de la réputation et leurs chances diverses, et presque au même moment le sort lui ménageait un triomphe bien plus doux, et qui n'est pas plus que l'applaudissement de la multitude le privilège des gens qui vieillissent. Un ami l'avait sollicité vivement de donner des leçons à mademoiselle Mayer, élève de Greuze. Elle venait de perdre son maître, mort en 1802 ou 1803. Prudhon, devenu d'une sauvagerie extrême, ne voyait dans cette obligation qu'un ennui ajouté à tous les autres. Il fallut presque de l'importunité pour vaincre sa répugnance ; mais la grâce aimable de cette jeune personne surmonta peu à peu cette résistance, et l'artiste consentit à l'accueillir. L'attachement profond qui naquit de leurs rapports mutuels contribua non-seulement à arracher Prudhon au sentiment de ses infortunes passées, mais à l'échauffer aux grandes entreprises et à le soutenir au milieu de ses travaux. Ce n'est guère là l'effet ordinaire d'une semblable liaison, surtout à l'âge où Prudhon était parvenu. Son activité, au lieu de s'endormir, ne fit que s'accroître, et son esprit, dégagé des plus cruelles entraves, allait prendre tout son essor.

Il faut rapporter à cette époque l'exécution de son beau plafond de *Diane implorant Jupiter*, qui décore l'une des salles des antiques au Musée. Prudhon est là tout entier : la noblesse et la légèreté de la déesse, la disposition savante, la beauté de ce fond sur lequel on entrevoit les divinités de l'Olympe noyées dans une lumineuse vapeur, tout cela est d'un maître achevé. La conservation et la fraîcheur de ce morceau sont parfaites. Ces dernières qualités ne sont pas inutiles à noter dans l'œuvre de Prudhon. L'emploi de procédés particuliers appropriés à sa manière d'exécuter a eu quelquefois des résultats fâcheux pour ses ouvrages, et particulièrement pour ceux auxquels il travailla le plus. Sa manière habituelle consistait à ébaucher son sujet avec un ton uniforme, ordinairement gris, qui lui permettait de se rendre compte de l'effet de l'ombre et de la lumière avant d'en venir aux finesses de la couleur et du contour. Il revenait sur cette préparation avec des glacis ou de légers empâtements qui la voilaient en quelque sorte, mais sans la faire entièrement disparaître. L'emploi de ces moyens, dit M. Quatremère dans sa notice, lui donnait la « facilité de retoucher, de laisser, de reprendre son ouvrage à chaque accès d'un sentiment qui, trop vif pour être durable, agissait chez lui par intermittence. » Cette explication, qui nous paraît rendre très-bien sa manière de travailler, donne aussi la raison de la lenteur qu'il mit souvent à achever ses ouvrages. Avec un esprit aussi amoureux du sublime, il ne devait atteindre à la perfection de son ouvrage qu'après de nombreux tâtonnements. On voit aussi dans l'emploi de cette méthode, la raison des altérations que le temps a pu amener dans ses tableaux ; ces travaux successifs et l'emploi de siccatifs destinés à les faciliter ont contribué à altérer quelques parties de ses peintures. Il est arrivé aussi que le ton gris des dessous a reparu à travers les glacis trop légers, qui avaient paru suffisants au moment de l'exécution. Vers la fin de sa vie, il usa moins de cette manière de procéder; celle qu'il adopta, particulièrement pour ses portraits, était presque entièrement opposée, car il peignait sur un fond de couleur roussâtre avec des tons francs dans la lumière qu'il dégradait jusqu'à l'ombre, en diminuant l'empâtement de la couleur.

On ne sait pas assez tout ce que les hasards de l'exécution, ou l'emploi de pratiques dont les effets ne se font sentir souvent qu'après un grand nombre d'années, peuvent ajouter ou ôter de valeur au plus bel ouvrage en peinture. Tout le génie du monde ne peut empêcher un vernis de jaunir, un frottis de s'évaporer. Quand l'écrivain a peint la blonde Vénus, et qu'il est satisfait de son portrait, tous les siècles écoulés ne changeraient point l'effet de ses périodes; mais quel œil reconnaîtrait la mère des amours sur une toile enfumée et sous des teintes jaunies? La fragile peinture a pour ennemis tous les éléments, l'air et le soleil, le sec et l'humide : ce ne sont pas encore là les plus cruels : un retoucheur ignorant vient souvent achever d'un seul coup l'œuvre de destruction que des siècles n'ont point consommée.

On trouve dans les nombreux dessins de Prudhon, lesquels offrent moins de prise à ces influences perverses, avec tout le charme de ses inventions, la démonstration claire de sa manière de peindre. Ils sont presque tous sur papier bleu, au crayon noir et blanc. Ses premiers traits présentent seulement les masses confuses de son idée, mais l'effet de l'ombre et de la lumière est arrêté tout de suite, et, sur ces masses, il achève peu à peu et arrive aux dernières finesses.

Ces ravissants dessins, qui font aujourd'hui l'ornement des collections[1], donnent peut-être plus que ses tableaux eux-mêmes une idée complète de la richesse et de la variété de son imagination. Ses tableaux, au reste, sont en petit nombre; on a vu que la nécessité de vivre et de soutenir sa famille l'avait forcé, obscur encore et inconnu, à se livrer à toutes sortes de travaux qui l'avaient éloigné de la peinture. Il faudrait citer comme autant de chefs-d'œuvre ses compositions pour *l'Art d'aimer*, pour le Racine, et pour l'*Aminte* du Tasse. Une grande partie a été exécutée pour des ouvrages dont les titres mêmes sont une énigme pour les curieux à la recherche de ces origines. Un poème ou roman de Lucien Bonaparte a fourni le sujet de plusieurs vignettes de trois pouces de haut qui sont des ouvrages admirables. On trouve un mystérieux plaisir, et j'allais dire un plaisir plus pur et plus dégagé de toutes les impressions étrangères à la peinture, dans la contemplation de ces scènes dont les sujets sont sans explication; la peinture seule y triomphe, comme la musique dans une symphonie. L'une d'elles représente un lieu désert et au milieu des ruines. Un homme vient de violer un tombeau pour en tirer des trésors; sous ses pieds, et lui servant comme de marchepied, se débat une femme presque étouffée qui presse un enfant contre son sein. Au-dessus du tombeau, et étendue dans une espèce de linceul, une figure de vieillard penche la tête sur cette scène impie et la contemple sans s'émouvoir. Un autre cadre de la longueur du petit doigt présente la scène suivante. Une divinité farouche siége sur un trône qui est lui-même un composé de figures accroupies et dans l'attitude de la souffrance. Au pied de ce trône ou plutôt de ce sinistre piédestal, une jeune femme, prosternée sur le sol, la tête cachée dans la poussière, semble implorer convulsivement cette idole sourde et cruelle. Dans le fond, vague et obscur, on voit s'agiter des génies. Tout le monde connaît sa charmante composition de *Phrosine et Mélidor*, dont l'eau-forte a été gravée de sa main. Cette invention seule le place à côté du Corrège.

Enfin parut, en 1808, le tableau de *la Justice et la Vengeance divine poursuivant le Crime*. C'est l'ouvrage le plus important de Prudhon. Dans cette composition, le mélange des caractères vigoureux et des beautés touchantes le présentait avec tous les avantages possibles : la franchise de l'effet, la décision des lignes, tout y est frappant et attachant. Ce fut un rude coup pour ses adversaires et un objet de surprise pour cette masse inhabile qui, incapable par elle-même de porter un jugement quelconque,

---

[1] La plus complète sans doute est celle de M. Marcille, amateur enthousiaste du talent de Prudhon, et dont le goût éclairé a su réunir une quantité étonnante de dessins de sa main, et des plus précieux. Il est l'heureux propriétaire de la charmante esquisse de *Vénus et Adonis*, et du beau tableau de *l'Ame*, dont il sera parlé plus loin.

est toujours disposée à s'en rapporter à celui de la haine. Napoléon, supérieur aux cabales et frappé de l'excellence de l'ouvrage, donna au peintre la décoration. Accordée spontanément par l'empereur et à cette époque féconde en miracles, cette distinction était immense ; elle tirait à l'instant de la foule des artistes et plaçait au premier rang un homme presque obscur la veille. Ses ennemis, et il comptait dans ce nombre tous les peintres, lui reprochèrent d'avoir peint le Crime avec des traits trop repoussants ; à leur gré, il eût fallu de la grâce jusque dans la figure du brigand teint de sang, marchant sur l'innocente victime dont il emporte les dépouilles.

On l'avait chargé peu de temps auparavant de peindre un tableau destiné à orner les salles de l'Université, et qui devait être de grande dimension. Le dessin composé à cet effet existe encore ; c'est une pensée analogue à celle de *l'École d'Athènes* : les diverses facultés y sont représentées avec leurs emblèmes respectifs. Il est difficile de connaître précisément la raison qui empêcha Prudhon de donner suite à ce projet. Il était souffrant à cette époque, et sans doute mal disposé pour une vaste entreprise. Peut-être, à l'aspect de cette grande toile toute prête pour recevoir son idée, manqua-t-il de confiance ; peut-être fallait-il, pour le confirmer dans le sentiment de sa force, le succès de son tableau de *la Justice et la Vengeance divine*.

Ce dernier ouvrage avait été commandé à Prudhon par le préfet de la Seine Frochot, qu'on a vu déjà encourager ses essais. On raconte que Prudhon avait conçu la disposition de son tableau au moment où, dînant chez M. Frochot, il avait entendu ce dernier citer comme offrant un sujet remarquable les vers d'Horace : *Raro antecedentem*, etc. Prudhon se serait levé à l'instant pour aller, dans le cabinet même du préfet, tracer à la hâte les lignes principales de sa composition. Si l'anecdote est vraie, et que Prudhon se soit en effet emparé de cette belle idée pour en faire le sujet de son tableau, tout porte à croire que la composition célèbre qu'il a exécutée n'est pas celle qui s'était offerte à son esprit dans le premier moment. Il existe de lui sur le même sujet un dessin remarquable, mais entièrement différent, et qu'il a bien fait d'abandonner. Ce serait, contrairement au préjugé établi, une nouvelle preuve de l'insuffisance ordinaire du premier jet, et de la nécessité qu'il y a de mûrir une idée et de la retourner de plusieurs manières. Le dessin dont nous parlons rappelle un peu, pour la disposition, *la Calomnie* de Raphaël. On y voit la Justice assise à un tribunal et un ange vengeur qui traîne devant elle deux coupables, un homme et une femme. La figure de la femme, qui se débat et résiste à la main qui l'a saisie, est d'une pantomime terrible ; quant à l'action de l'homme, son complice, elle est vulgaire. La victime n'est plus cette touchante figure de jeune homme tombé sur le devant du tableau, les bras mollement allongés, et beau encore dans le sein de la mort. C'est une jeune femme massacrée, jetée au pied du tribunal avec son enfant mort comme elle. Ce triste corps ramassé sur lui-même et étendu là comme le mouton sur l'étal du boucher est d'une invention si naïve et si frappante à la fois, que le peintre a dû regretter de l'abandonner avec le reste de la composition ; mais l'ensemble était mal ordonné, et n'avait pas cette harmonie dans les lignes et cette unité de conception qui distinguent si éminemment l'autre tableau. Ce tribunal placé sur l'un des côtés de la scène, et qui se présente de travers à cause de la perspective, ôte à la figure de la Justice et à celles qui l'accompagnent l'assiette et par conséquent le caractère d'impassibilité que l'esprit voudrait leur trouver. Quand le Poussin a représenté *le Jugement de Salomon*, il a placé en face du spectateur, et au milieu de la toile, la figure de son jeune sage. La tête même n'incline ni à droite ni à gauche, et un seul doigt levé, le regard tourné à peine, indiquent suffisamment l'arrêt du juge.

On vit successivement paraître aux salons de 1810 et de 1812 les tableaux de *Psyché enlevée par les Zéphyrs*, *Vénus et Adonis*, la *Tête de Vierge*, le *Zéphyr se balançant sur les eaux*. Nous ne décrirons pas plus que le tableau de *la Justice et la Vengeance divine* ces divers ouvrages connus de tout le monde, au moins par le moyen de la gravure ; on y voit briller à des degrés différents les mérites principaux de Prudhon. La Psyché et le jeune Zéphyr obtinrent un succès plus général que la Vénus. La figure de la déesse fut admirée, il est vrai ; elle était parfaitement belle ; mais l'Adonis fut critiqué amèrement, et ces critiques furent sensibles à l'artiste. Les journaux, qui ne pouvaient pas se mêler de beaucoup de choses dans ce temps-là, s'étendirent sur les défauts de l'ouvrage ; ils n'y étaient pas médiocrement portés par l'opinion bien connue de leurs peintres favoris. D'autres tracasseries vinrent enchérir sur ces piqûres. Prudhon avait été choisi pour donner des leçons de peinture à l'impératrice Marie-Louise ; ce poste lui fut envié, et les intrigues qui furent mises en œuvre pour le lui faire retirer n'honorent point la mémoire de ceux qui les employèrent. Peut-être les envieux prêtaient-ils au grand artiste des sentiments semblables à ceux dont ils étaient eux-mêmes animés, et supposaient-ils qu'il ferait servir son influence à nuire à ses ennemis ou à les supplanter. On va voir un exemple du parti que cet homme si simple savait tirer d'un poste envié. Plusieurs peintres, ses rivaux, avaient été chargés, concurremment avec lui, de faire le portrait de la jeune impératrice. Il n'est pas besoin de dire qu'il était important de montrer du zèle à s'acquitter de cette tâche. Il arriva que ses émules l'avaient achevée depuis long-temps et qu'ils avaient recueilli tout le fruit de leur empressement, que Prudhon en était encore à l'ébauche de sa peinture : non pas qu'il eût apporté à son travail la moindre négligence ; mais, amoureux de la perfection comme à son ordinaire, il mettait à cet ouvrage autant de temps qu'il en fallait pour l'achever de manière à se satisfaire. La même raison lui fit refuser plus tard d'entreprendre le plafond qui décore le grand escalier du Musée. C'eût été un ouvrage capital pour les dimensions, et la place avait de quoi tenter ; mais on lui fixa malheureusement pour l'exécution de ce travail un terme qui ne lui parut pas suffisant, et il renonça à s'en charger.

Suivrons-nous dans cette notice incomplète l'exemple de la plupart des biographes, qui sont bien plutôt de purs panégyristes des hommes célèbres dont ils entreprennent de décrire les actions ou les ouvrages? Amoureux de leur héros, ils admirent tout indistinctement, ils louent tout pour faire contre-poids au blâme ou aux critiques de ceux que ces hommes remarquables ont eus pour adversaires. Ils commettent la plus grande injustice avec la meilleure intention du monde. En admirant sans raison les parties faibles, ils rabaissent nécessairement celles qui méritent l'admiration. Il est inutile de parler des défauts qui ont été reprochés à Prudhon par ses contemporains et par ses rivaux. Ces reproches éternels de convention et de manière sont de ceux qu'on a adressés de tout temps aux artistes qui sortaient de la manière et de la convention reçues. Écoutons la remarque d'un homme qui a écrit sur lui quelque temps après sa mort, et qui se montre d'ailleurs son partisan déclaré : « Les critiques qu'on fit de ses ouvrages, dit-il, semblent avoir quelque fondement sous le rapport du genre de dessin adopté par cet artiste, qui, *loin d'imiter l'antique* qu'il avait cependant étudié à Rome, n'en avait adopté ni les formes, ni le goût, ni les principes. »

Ce critique, tout bien intentionné qu'il est, pourrait bien n'avoir connu ni ce goût, ni ces principes dont il parle. Il ne sait pas assez que, l'antique ne nous étant connu que par les statues et par les bas-reliefs, il a pu prendre pour ce qu'il appelle les principes de l'antique ceux qui s'appliquent seulement à la sculpture, comme l'isolement des figures, la sécheresse des draperies collées sur le nu, etc., etc. Ce sont là les conditions presque nécessaires de cet art. Prudhon, au contraire, est peintre d'abord, c'est-à-dire que sur un champ auquel il donne avant tout la profondeur, il dispose des groupes entourés d'air et de lumière. Il s'attaque à la plus grande difficulté de son art, qui est d'obtenir la saillie. Ce qui caractérise l'antique, c'est l'ampleur savante des formes combinée avec le sentiment de la vie, c'est la largeur des plans et la grâce de l'ensemble. Le véritable esprit de l'antique ne consiste pas à donner à toute figure isolée l'apparence d'une statue ; ce même esprit ne réside pas davantage dans la disposition en bas-relief, quand il s'agit de rendre une scène composée de plusieurs figures.

On ne refusera pas à Prudhon une grande partie des mérites qui sont ceux de l'antique. Dans la moindre étude sortie de sa main, on reconnaît un homme profondément inspiré de ces beautés. Il serait hardi sans doute de dire qui les a égalées dans toutes leurs parties. Il eût retrouvé à lui seul, parmi les modernes, ce secret du grand, du beau, du vrai et surtout du simple qui n'a été connu que des seuls anciens. Il faut avouer que la grâce chez lui dégénère quelquefois en afféterie. La coquetterie de sa touche ôte souvent du sérieux à des figures d'une belle invention. Entraîné par l'expression et oubliant souvent le modèle, il lui arrive d'offenser les proportions. Mais il sait presque toujours sauver habilement ces faiblesses.

Sa couleur est plus séduisante que vraie, mais on ne peut en concevoir une autre plus appropriée à son dessin. D'ailleurs le sentiment de l'harmonie est chez lui si dominant que l'esprit ne demande pas autre chose que ce qu'il voit. Il a fait de très-beaux portraits, mais idéalisés toujours. Le choix des fonds, la manière dont il les éclaire en font des espèces de poèmes comme ses tableaux. Nous n'en citerons qu'un seul, qui résume les qualités de tous les autres : c'est celui de l'impératrice Joséphine. Il a su joindre à une ressemblance parfaite un sentiment d'élévation exquis dans la pose, dans l'expression et dans les accessoires. Elle est assise sous les bosquets de la Malmaison. La mélancolie de l'expression fait pressentir ses malheurs. La tête, les bras, la robe sont admirables. Il semble que la toile a trop d'étendue pour la figure; on voudrait surtout retrancher dans la partie supérieure: à part ce défaut, et peut-être un peu de sécheresse dans le châle et quelques parties secondaires, ce portrait est un de ses chefs-d'œuvre.

Le véritable génie de Prudhon, son domaine, son empire, c'est l'allégorie. Sur ce terrain, il retrouve ses mérites dans toute leur force. Les défauts de sa manière y sont moins sensibles et deviennent presque des qualités. Comme parmi ces allégories il préfère ordinairement celles qui présentent des images gracieuses, le charme de son exécution fait oublier et les incorrections du dessin et la monotonie des teintes. Ce ton vaporeux, cette espèce de crépuscule dans lequel il enveloppe ses figures, s'empare de l'imagination et la conduit sans effort dans un monde qui est de l'invention du peintre.

L'allégorie est fastidieuse quand le peintre, qui devrait avoir des ailes pour nous emporter dans des régions supérieures, se colle timidement aux détails de l'imitation et n'ose quitter le terre-à-terre de son sujet. Il arrive aussi que ce sujet peut être si ridicule et si mal choisi, qu'il enchaîne à son tour l'imagination la plus fertile. Diderot se moque très-justement du peintre Hallé, qui représente dans un tableau immense *Minerve conduisant la Paix à l'Hôtel-de-Ville de Paris*. Voici sa description en abrégé : « Imaginez au milieu d'une grande salle une table carrée, sur cette table une petite écritoire de cabinet et un portefeuille d'académie : autour, le prévôt des marchands, tout l'échevinage, tout le gouvernement de la ville, une multitude de longs rabats, de perruques effrayantes, de volumineuses robes rouges et noires, tous ces gens debout, parce qu'ils sont honnêtes, et les yeux tournés vers l'angle supérieur droit de la scène, où Minerve descend accompagnée d'une toute petite Paix que l'immensité du lieu et des personnages achève de rapetisser, et qui laisse tomber d'une corne d'abondance, etc., etc. Pour vaincre, ajoute-t-il, la platitude de tous ces personnages, il aurait fallu l'idéal le plus étonnant, le faire le plus merveilleux, » et il a raison, car M. Hallé n'a ni l'un ni l'autre.

Mais que Rubens, ouvrant les portes du temple de Janus, en fasse sortir le terrible Mars foulant aux pieds les Arts, les Grâces en deuil, dont il disperse les attributs; qu'entraîné par les monstres de la Discorde et de l'aveugle Fureur, dont les torches se réfléchissent dans son armure en lueurs sinistres, il s'arrache aux bras de Vénus éplorée, tandis que la Paix, non la petite Paix de M. Hallé, mais une vraie immortelle, s'élance après lui, tendant vers le ciel, à travers ses longs crêpes, ses beaux bras impuissants, l'âme s'arrache facilement, pour suivre le peintre, aux vulgaires réalités; elle est à l'aise et charmée au milieu de ces êtres dont l'action et les proportions la transportent pourtant si loin de tout ce qui lui est familier.

Si Prudhon montre Bonaparte vainqueur et pacificateur, il le place sur un char; la Sagesse et la Gloire veillent sur lui et couronnent son front; des divinités aimables le précèdent et se jouent parmi les coursiers qui conduisent son triomphe.

Ce qui fait que M. Hallé est plat et ridicule, tandis que Rubens et Prudhon sont admirables, c'est que les uns idéalisent véritablement les êtres surnaturels dans des scènes où les êtres humains prennent eux-mêmes des proportions idéales, tandis que l'autre ne fait que rapprocher dans une sotte action, dont il ne sait montrer que le côté invraisemblable, des êtres humains de l'espèce la plus triste et de piteuses divinités encore plus maussades. Le secret qui manque à Hallé et aux peintres qui lui ressemblent, c'est celui de la force et de l'audace, mais de celle qui sait s'arrêter précisément aux limites au delà desquelles l'imagination ne vous suit plus et ne reconnaît plus rien.

J'ai sous les yeux une estampe flamande qui fait partie d'une suite des *Métamorphoses d'Ovide* composée par des élèves de Rubens. Voici des hommes qui, tout pleins de la manière et des habitudes de style de ce grand maître, sont insipides, parce qu'il leur manque ce faire, cet idéal, ce souffle, dont Rubens est plein. On a représenté dans cette estampe Orphée attirant à lui les bêtes par le son de son archet. Le violon est ici substitué à la lyre consacrée; mais cet anachronisme ne choquait pas à cette époque. Au son de cet archet et de ce violon, des animaux de toute espèce se sont rassemblés. Mais comment le peintre animera-t-il cette réunion étrange? Vous fera-t-il voir les oiseaux fendant les airs à tire-d'aile pour se percher le plus près possible de l'enchanteur? Les cerfs timides, étonnés d'être attirés hors de leurs retraites, dresseront-ils l'oreille tout inquiets? Les panthères se rouleront-elles aux pieds du musicien dans de petites convulsions presque voluptueuses, en suivant du regard le divin archet et les sons qui s'envolent? Tout cela peut se passer dans l'imagination du lecteur sur l'énoncé de ce beau sujet; mais, à coup sûr, Ovide l'avait vu dans la sienne, et ses vers charmants ne laissent à cet égard que bien peu de choses à inventer à la pensée la plus féconde. Rien de tout cela n'a frappé le Flamand. Dans une plaine tout unie, il réunit une foule paisible d'animaux, comme on les voit dans la basse-cour ou dans une foire de bestiaux; des moutons, des bœufs, des ânes, et jusqu'à des dindons, imités à merveille, à la vérité, et chacun dans leur allure, se mêlent tranquillement à quelques bêtes sauvages dont la contenance offre la même tranquillité et la même modestie. La biche, le lièvre, y coudoient les lions et les tigres; tout ce monde semble venu là pour y prendre sa place comme au concert, pendant que le singe se tient auprès du musicien, attentif à lui tourner les feuillets de son livre de musique.

Nous avons vu Prudhon arrivant à la renommée au moment où les forces manquent ordinairement pour la poursuivre. Pendant le temps assez court qui suivit les longues années de son obscurité et de son abandon, il produisit ses ouvrages les plus remarquables; leur supériorité ne les mit pas à l'abri de la controverse et même des critiques violentes. Cette place accordée si tardivement dans l'estime publique ne l'était pas sans de nombreuses réserves. Sans parler des rivaux qu'il trouvait dans l'école, il avait à vaincre, et il n'y était pas parvenu, la disposition chagrine de ces connaisseurs intraitables sur tout ce qui s'écarte de la tradition. Il répugnait à cette classe de juges de reconnaître sa parenté avec les grands maîtres et de l'appeler le Corrège français comme le gros du public, qui, à vrai dire, le faisait sans trop savoir la différence qu'il y a entre Corrège et les autres peintres. On persistait à l'accuser de monotonie, d'incorrection, et à blâmer presque unanimement la répétition des mêmes airs de tête. On ne prenait pas garde que ces défauts sont communs à presque tous les maîtres et souvent la condition inévitable qui compense leurs beautés.

Les hommes sont ainsi faits. Ils voient sans s'émouvoir des efforts merveilleux et demandent encore des merveilles. Avec quelle froideur n'a-t-on pas accueilli de nos jours, et presque dans le même temps, les ouvrages étonnants qui ont marqué la carrière si courte de l'illustre et à jamais regrettable Géricault! Tant de verve, tant de nouveauté n'avait concilié à *la Méduse*, au *Hussard*, au *Cuirassier* que l'admiration enthousiaste de quelques jeunes gens : toute la grâce, toute la finesse, toute l'abondance du génie de Prudhon n'avaient pu surmonter le préjugé qui lui était contraire.

La restauration ne prodigua ni à l'un ni à l'autre les encouragements. Quant à Prudhon, retiré dans son atelier et fidèle à sa réserve, il concentrait dans son amour pour le travail et dans la société de ses amis tous ses sentiments et toutes ses pensées. Au contraire, presque tous les peintres que l'opinion plaçait en tête de l'école se montrèrent empressés auprès de ce nouveau pouvoir qui avait proscrit leur illustre maître David et défendu même à ses cendres le retour dans une patrie honorée par ses talents. On a pu voir Prudhon, dans les dernières années de sa vie, employant toutes ses soirées dans l'atelier de son élève, M. Trezel, à dessiner d'après nature comme s'il eût été lui-même un élève. Il ne se trouvait pas mal à l'aise le porte-crayon à la main et dans la société de jeunes gens. Sa complaisance pour ces derniers était inépuisable. Beaucoup d'artistes faits ont eu également à se louer de lui. Il a bien souvent négligé ses travaux pour apporter à un confrère embarrassé l'aide de ses conseils et de sa savante main.

Ses ouvrages devinrent plus rares. Les fatigues de l'âge et bientôt d'horribles chagrins vinrent faire une diversion fatale à son amour pour l'étude. *L'Assomption de la Vierge*, qui orne aujourd'hui la chapelle des Tuileries, a été son dernier ouvrage exposé de son vivant. Cette composition fut estimée assez universellement, mais n'excita aucune critique passionnée. Les palmes de l'Institut n'avaient verdi que fort tard pour l'illustre maître. A mesure que le calme s'était fait autour de productions devenues moins fréquentes, il semblait que l'Académie se fût réchauffée au souvenir d'un mérite oublié si long-temps. Elle avait épuisé, ou à peu près, la liste des noms qui se recommandaient à elle par des succès d'école ou par des liens de confraternité. « Il n'avait appartenu, » dit naïvement le secrétaire perpétuel dans l'éloge public prononcé deux ans après la mort de Prudhon, « il n'avait appartenu ni à l'Académie ni à aucune école; il était donc étranger à ces liaisons d'élèves contemporains qui établissent dans la suite une *sorte de devoir d'aider les autres à parvenir* [1]. »

Mais, à supposer qu'une si tardive distinction l'ait trouvé sensible, de quel intérêt allaient devenir pour lui et les distinctions et la gloire même et son art dont il avait fait jusqu'alors sa consolation! La mort tragique de mademoiselle Mayer vint tout à coup renverser toutes les espérances qu'il avait pu former pour le repos de ses dernières années. Cet événement le surprit au milieu de la vie calme et retirée où nous venons de le montrer. Cette malheureuse femme se tua dans un accès de noire mélancolie ou plutôt de folie portée à son comble. Ce dernier motif paraît le seul vraisemblable. Un certain égarement, des manières singulières et tout à fait

---

[1] *Notice historique sur la Vie et les Ouvrages de M. Prudhon*, lue à la séance de l'Académie des Beaux-Arts, le 20 octobre 1824, par M. Quatremère de Quincy, secrétaire perpétuel.

inaccoutumées chez elle, eussent pu faire pressentir cette catastrophe. On voulut éloigner Prudhon avant de lui apprendre l'affreuse nouvelle, mais on ne put y parvenir, et il pénétra dans l'appartement de mademoiselle Mayer, où il la trouva baignée dans son sang. Que ceux qui ont vu devant leurs yeux et pressé dans leurs bras le corps inanimé d'un objet chéri et ravi à jamais se rappellent leur propre douleur, et ils auront une idée de celle de ce malheureux qui, se jetant sur ce corps insensible et dans l'égarement de ses esprits, cherchait à le ranimer et à refermer l'horrible blessure. Il fallut l'entraîner tout couvert de sang. Avec ces tristes restes allaient disparaître ses dernières joies et presque ses derniers sentiments.

Il est inutile de chercher les causes d'une résolution si cruelle. Chez certaines natures, de sombres idées naissent souvent au sein d'une situation qui présente les apparences du calme. Une exaltation passagère peut bien donner à de tels mouvements, nourris et envenimés en secret et dans des heures funestes, une intensité et un emportement capables de porter l'âme aux dernières extrémités. Est-il un seul sentiment de quelque violence qui ne touche à la démence par quelque point, et dans un esprit bouleversé et hors de soi quelles bornes assigner au désespoir, même quand il n'est fondé que sur des motifs qui semblent frivoles? Gros, au comble de la réputation, et quand il n'avait plus qu'à jouir de sa gloire, se tue pour quelques articles de journaux. En 1806, au moment où allait paraître la *Bataille d'Aboukir*, il fut sur le point de prendre ce parti désespéré, parce qu'on lui avait demandé brusquement de substituer dans son tableau le personnage de Napoléon à celui de Murat, projet qui, heureusement pour Gros lui-même comme pour son tableau, ne fut pas mis à exécution.

Quelques amis supposèrent que l'infortunée mademoiselle Mayer avait envisagé avec une espèce de terreur la situation où la placerait vis-à-vis de Prudhon la nécessité de quitter l'appartement qu'elle occupait à la Sorbonne. Ce logement, qu'elle avait obtenu à titre d'artiste, était entièrement indépendant, de sorte que les convenances ne semblaient pas tout à fait mettre obstacle à leur réunion. Or, ces logements venaient d'être redemandés par l'Université, qui voulait à leur place installer les cours publics qu'on y voit encore aujourd'hui. On a parlé aussi d'une femme de la société de mademoiselle Mayer, qui, sous le voile de l'amitié, se serait entremise charitablement pour lui donner des scrupules tardifs sur sa liaison, et surtout au point de vue des inconvénients qui en pourraient résulter pour Prudhon. Comment, s'il en fut ainsi, mademoiselle Mayer ne pensa-t-elle pas que le chagrin mortel qu'elle allait lui causer était un malheur auprès duquel tous les inconvénients possibles n'étaient rien? comment cette idée si naturelle ne vint-elle pas la détourner de son dessein? Rien ne prouverait plus clairement qu'elle avait perdu la raison.

Quels que fussent les motifs capables de porter cette âme troublée à sa cruelle résolution, cette mort devenait pour l'infortuné resté seul le dernier trait du sort dans une vie déjà si éprouvée. A partir de cette catastrophe, la vie devint pour lui un poids insupportable. Ses pensées, ses discours revenaient sans cesse vers ce point fixe, et son courage, pour résister à tant de maux, n'était plus qu'une morne résignation. Il s'élançait à l'avance vers le moment qui le réunirait à ce qu'il avait aimé. Il prit un triste plaisir à finir les tableaux commencés par la malheureuse femme. *La Famille dans la désolation*, l'un de ses derniers ouvrages exposés, est de ce nombre. Le Christ auquel il travaillait presqu'en mourant est comme la dernière lueur de son âme. Mécontent de cet ouvrage, qu'il laissait imparfait, il suppliait ses amis de le faire disparaître après sa mort. On voit dans la collection de M. Marcille un tableau de grande dimension qui est l'un des tristes fruits de ses travaux de cette époque, lesquels, loin de tromper ses souvenirs, l'y ramenaient, comme on voit, de plus en plus. Il a représenté dans cette peinture l'âme quittant la terre pour rejoindre les cieux. Une mer sombre et qui semble grossir sans cesse se brise contre un écueil. Une belle figure s'élance de ce bord funeste en tendant les bras vers une céleste patrie. Elle est nue, elle a quitté ce lourd manteau de la vie mortelle ; cette dépouille qui tombe à ses pieds est souillée encore par la vague fangeuse, et marque la dernière trace d'un triste passage. Cette belle âme détachée de sa chaîne s'élève avec langueur, et dans ses beaux yeux un faible espoir se mêle à l'amer sentiment des douleurs passées. Ce tableau n'est pas achevé : il ne devait pas l'être. Sans doute qu'en travaillant à cet ouvrage, dans lequel il résumait ses cruelles pensées, il ne fût point parvenu à en exprimer toute l'amertume et à se satisfaire.

Peu de temps après la mort de mademoiselle Mayer, l'un de ces amis rares et dont le nom mérite d'être conservé, M. de Broisfremont, peintre, et élève de Prudhon, le prit avec lui pour l'entourer de soins. Rien ne pouvait distraire complétement une pareille douleur ; mais les pieux empressements de cette amitié si pure l'aidaient en quelque sorte à vivre. C'est dans la maison et dans l'atelier de M. de Broisfremont que ses derniers ouvrages ont été peints, et qu'on a exposé après sa mort ceux qu'il laissait inachevés, ainsi que ses études et ses dessins, dont la vente produisit à cette époque d'indifférence une bien faible somme, si on la compare aux prix élevés que le temps a mis depuis à ses ouvrages. C'est dans cette maison et dans les bras de son ami qu'il mourut, le 16 février 1823. Il s'éteignit en prononçant ces paroles touchantes : « Mon Dieu, je te remercie ; la main d'un ami fidèle me ferme les yeux. » Il n'avait pas survécu deux ans à l'objet aimé ; il en parlait encore sans cesse, quand le trait fatal l'atteignit lui-même.

La faveur générale qui s'attache aujourd'hui aux ouvrages de Prudhon est-elle l'effet d'un simple caprice et de cet esprit de réaction que nous voyons, dans l'histoire des arts, élever ou rabaisser les réputations? Il est malheureusement trop certain que la supériorité du talent ne suffit pas pour mettre la gloire elle-même à l'abri des variations de l'opinion et de la mode. Il est des talents privilégiés qui ont été entourés tout de suite d'une admiration à laquelle le temps n'a fait qu'ajouter. Les grands artistes qui ont brillé par la grâce, par le charme et par la noblesse de leurs inventions, ont peut-être conquis plus rapidement l'unanimité des suffrages. Raphaël, Léonard de Vinci, Paul Véronèse, Cimarosa, n'ont pas attendu longtemps cette justice de l'opinion. Au contraire, les génies austères qui sondent les abimes de l'âme et qui saisissent plus volontiers dans leurs peintures le côté terrible et pathétique des choses humaines exercent un empire plus restreint et plus contesté. La violence ou la singularité de leurs inspirations les isole des sentiments ordinaires et fait que leurs qualités mêmes sont destinées à être l'objet d'une discussion éternelle. Ainsi d'un Puget, ainsi d'un Rubens. Cent ans après la mort de ce dernier, de Piles, dans ses *Entretiens sur la Peinture*, prend sa défense comme s'il s'agissait d'un homme encore vivant, dont les détracteurs et les partisans passionnés seraient encore en présence. « Certaines personnes, dit-il, s'étaient contentées de suivre aveuglément l'opinion des personnes qui les trompaient, ou par *malice* ou par ignorance. D'autres en assez grand nombre, qui n'avaient vu de ce rare génie que les tableaux qui étaient à Paris, *ont suspendu leur jugement* entre l'opinion des peintres vulgaires et *celle que j'ai tâché d'établir en faveur de Rubens* jusqu'à ce qu'ils eussent vu par eux-mêmes si les ouvrages dont je parlais étaient des preuves suffisantes pour justifier tout le bien que je disais de leur auteur... Ils les ont vus aujourd'hui et sont des premiers à parler de lui avec éloge et *des plus attachés à son parti*. »

Si nous ne sommes point trompé par notre partialité en faveur de Prudhon, nous croyons que les qualités de cet aimable génie sont de celles qui doivent assurer dès à présent sa renommée. Il est même inutile de s'appuyer à cet égard sur ce grand argument auquel rien ne résiste ordinairement aux yeux des contemporains, c'est-à-dire la valeur excessive à laquelle ses ouvrages sont récemment parvenus. On peut aller jusqu'à la trouver exagérée, au moins quant à ce qui concerne des ouvrages faibles signés de lui, pour lesquels on offre encore des prix excessifs. Il n'est pas inutile de dire que le même honneur a été accordé à des contrefaçons et à des copies par suite du caprice des amateurs vulgaires, dont le dédain et l'engouement sont également aveugles. Il nous reste à faire des vœux pour que nos collections nationales suivent un peu ce beau mouvement et se montrent à leur tour plus empressées à acquérir et à mettre en lumière un plus grand nombre de productions de Prudhon. Il est peu de cabinets qui ne soient plus riches en estampes gravées d'après ses compositions, ou en tableaux et dessins de sa main, que ne sont le Musée et la Bibliothèque. Dans le premier de ces établissements, on n'a placé au nombre de ses dessins que deux ou trois pastels ébauchés, et pas une de ses compositions caractéristiques, telles que sujets mythologiques, bacchanales, etc., dans lesquelles il excellait. Quant aux deux seules peintures de Prudhon qu'on y voie figurer, bien que l'une d'elles soit son célèbre tableau de *la Justice et la Vengeance divine* et l'autre *le Christ*, son dernier ouvrage, on regrette de n'avoir à juger de son talent que dans des productions qui brillent plutôt par la sévérité du sujet et de la manière que par cette suavité et cette grâce qui resteront les caractères particuliers de son talent.

EUGÈNE DELACROIX.

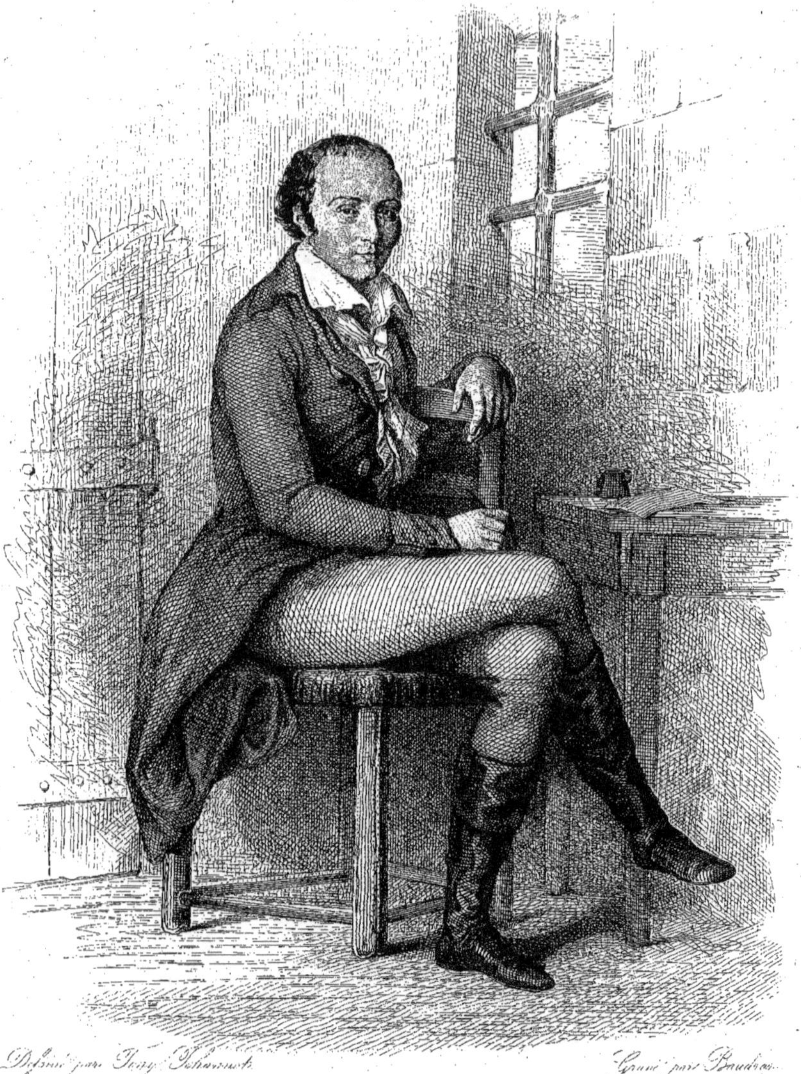

Dessiné par Tony Johannot. *Gravé par Baudran.*

ANDRÉ CHÉNIER.

Impr.ie Gény-Gros, rue du Plâtre, 28. Paris

ANDRÉ CHÉNIER

NÉ EN 1762, MORT EN 1794.

Marie-André de Chénier, troisième fils de M. Louis de Chénier, consul-général de France dans le Levant, naquit à Constantinople le 29 octobre 1762; sa mère était une Grecque non moins renommée par son esprit que par sa beauté. Il ne devait démentir ni ce beau sang ni ce poétique berceau. Tout jeune encore, on l'envoya chez une sœur de son père qui habitait la ville de Carcassonne, dans le Languedoc. C'est là qu'il passa toute sa première enfance. Il avait neuf ans lorsque son père, de retour en France, le conduisit à Paris, et le fit entrer au collége de Navarre. Les habitudes de ce laborieux séjour, dont la présence de ses frères lui adoucissait un peu l'ennui, contrastaient assez durement avec l'insouciante et paresseuse liberté dont il venait de jouir sous le ciel du Languedoc. André se consola du mieux qu'il put en se livrant à l'étude avec toute l'ardeur de son âge et d'un tempérament passionné. Son goût pour la poésie se développa en même temps que son amour pour l'antiquité grecque et latine; et l'on raconte que dès l'âge de seize ans il s'essaya aux labeurs poétiques en traduisant en vers une ode de Sapho. Cette pièce, qui porte déjà, nous dit-on, « le caractère d'un talent très-original, » a été néanmoins tenue secrète comme indigne de voir le jour. Il y a un peu trop de délicatesse dans ce scrupule. Les premiers essais, même informes, d'un grand poète appartiennent au public; et ce n'est pas diminuer sa gloire que de montrer l'humble point d'où il est parti pour s'élever, à force de volonté et de persévérance, aux plus sublimes hauteurs de l'art.

A peine sorti du collége, André Chénier fut nommé sous-lieutenant au régiment d'Angoumois, et il alla rejoindre son corps en garnison à Strasbourg. Mais la vie de garnison n'était guère son fait : après six mois passés au régiment, il déposa l'épée et revint à ses chères études. Il se lia dès lors avec Lebrun, avec Palissot, avec l'illustre et malheureux Lavoisier, avec le peintre David, dont il devait répudier plus tard la sanglante amitié.

Les deux Trudaine, ses amis d'enfance, qui lui survécurent d'un jour, les deux de Pange, Brazais, Marie-Joseph Chénier son plus jeune frère, et le poëte Roucher, son compagnon de mort, complétaient à peu près toute son intimité. C'est dans cette société choisie qu'il puisa l'ambition et l'espoir d'une renommée qui ne devait pas, hélas! consoler sa dernière heure. Doué d'un caractère ardent et opiniâtre, il se livra à l'étude, et aussi, il nous le dit lui-même, à de plus fatigantes veilles, avec un abandon qui mit sa vie en péril. Dès qu'il fut rétabli, les frères Trudaine l'arrachèrent à Paris, à ses études, et à plus d'une souffrance. — Vous restez, écrivait-il aux frères de Pange, vous restez ;

> Moi, l'espoir du repos et du bonheur peut-être,
> Cette fureur d'errer, de voir et de connaître,
> La santé que j'appelle et qui fuit mes douleurs
> (Bien sans qui tous les biens n'offrent point de douceurs),
> A mes pas inquiets tout me livre et m'engage.
> . . . .
> Je suivrai des amis ; mais mon âme, d'avance,
> Vous, mes autres amis, pleure de votre absence,
> Et voudrait, partagée en des penchants si doux,
> Et partir avec eux et rester près de vous.
> . . . .
> Quand Phœbus, que l'hiver chasse de vos remparts,
> Va de loin vous jeter quelques faibles regards,
> Nous allons sur ses pas visiter d'autres rives,
> Et poursuivre au midi ses chaleurs fugitives.
> Nous verrons tous ces lieux dont les brillants destins
> Occupent la mémoire ou les yeux des humains :
> Marseille, où l'Orient amène la fortune ;
> Et Venise, élevée à l'hymen de Neptune ;
> Le Tibre, fleuve roi ; Rome, fille de Mars,
> Qui régna par le glaive et règne par les arts ;
> Athènes qui n'est plus, et Byzance ma mère ;
> Smyrne, qu'habite encor le souvenir d'Homère.
> Croyez, car en tous lieux mon cœur m'aura suivi,
> Que partout où je suis vous avez un ami.

On voudrait citer d'un bout à l'autre ces touchants adieux, où la grâce de l'expression vient partout relever l'exquise délicatesse du sentiment. Quelques fragments épars marquent çà et là son passage dans ces contrées fameuses, non sans rappeler la lente blessure dont son cœur saigne encore.

Chénier ne revint que pour s'éloigner de nouveau. Soit l'inquiétude de son âme, soit le besoin de suppléer à la modicité de sa fortune, il suivit en Angleterre M. de La Luzerne notre ambassadeur. Il trouva à Londres, pendant les trois années qu'il y passa, encore plus d'ennuis que de chagrins en France. La tristesse du climat, la morgue des habitants, une dépendance et des occupations rebutantes, lui inspirèrent pour ce pays un dégoût qu'il a énergiquement exprimé dans plusieurs fragments de vers et de prose. Enfin il le quitta en 1790, et se fixa définitivement à Paris.

Mais il ne retrouva pas la même France qu'il avait laissée. Plus de priviléges, plus de noblesse, on pourrait ajouter plus de royauté : la royauté avait passé du roi au peuple, le roi s'intitulait modestement le représentant héréditaire de la nation. En un mot, l'ancien régime était couché sous les décombres de la Bastille, et vainqueurs et vaincus travaillaient avec plus ou moins d'ardeur et de bonne foi à l'établissement du régime nouveau. Ce n'était pas le temps des paisibles études, de la tranquille et sereine poésie. Quel que fût l'entrainement de Chénier vers les travaux purement littéraires, il ne pouvait appartenir à un cœur aussi généreux et aussi passionné que le sien de se tenir en dehors du mouvement qui emportait alors les esprits même les plus timides. Il mit de côté ses livres, ses études, ses travaux commencés, et se lança dans le tourbillon. Mais, s'il était doué d'un cœur ardent, il avait reçu du ciel un esprit ferme et sûr : sa route une fois choisie, il ne dévia point, et l'exemple même d'un frère qu'il aimait et qu'il admirait sincèrement ne put l'entraîner au delà du but qu'il avait marqué d'abord. Ce but impossible, que poursuivait avec tant d'ardeur et de courage l'Assemblée constituante, dont les travaux excitèrent toute la sympathie d'André Chénier, c'était l'union de la révolution et de la royauté. Le respect de la royauté, le culte ardent de la vraie liberté, tel fut le périlleux programme dont Chénier ne s'écarta jamais. Plein d'enthousiasme pour une révolution où il n'avait rien à gagner et risquait de tout perdre, il devait un jour exposer sa vie pour le salut d'un roi dont nulle faveur n'avait d'avance payé son dévouement. Enfin, ce qu'on ne saurait trop admirer, les excès même sous lesquels il succomba n'ébranlèrent jamais ses convictions : il ne recula point ; il ne répudia point les principes, en haine des violentes conséquences que de sanglants sophistes en tirèrent ; il mourut fidèle à la Révolution qui l'étouffait.

André Chénier tenta d'abord d'unir la politique à la poésie. L'ode qu'il adressa au peintre du *Jeu de Paume*, Louis David, fut un essai malheureux. Cette pièce, démesurément longue, écrite dans un rhythme qui pourrait passer pour l'absence de tout rhythme, n'est pas moins condamnable pour la diffusion, le vide et l'obscurité des idées, que pour sa forme tantôt pénible et rocailleuse, tantôt trainante et monotone, tantôt guindée, emphatique. La brièveté de la phrase est souvent prise pour la concision. L'enjambement est prodigué sans raison, sans utilité, sans qu'il en résulte d'autre effet qu'une excessive fatigue pour le lecteur. A chaque pas, des expressions forcées, torturées, des tours maniérés, de lourdes périphrases. En un mot, à part quelques vers, deux ou trois passages fermement touchés, cette pièce est inférieure de tout point à telle autre pièce composée bien auparavant, notamment aux admirables adieux que nous citions tout à l'heure. On ne saurait expliquer cette infériorité, sinon par l'insuffisance du sujet, la maladresse du plan, et par une complète inexpérience de la forme lyrique. Cette inexpérience est manifeste; et sans doute un poète fameux de nos jours s'était oublié dans la lecture du *Jeu de Paume* lorsqu'il écrivit que Chénier n'eut « aucune connaissance du véritable mécanisme de la poésie française. »

Chénier ne tarda point à quitter les vers pour la prose. Aussi bien les événements couraient, et qui voulait les suivre ne devait pas s'arrêter à polir des hémistiches. Un premier écrit, publié dans le quatorzième numéro du *Journal de la Société de* 89, appela sur André Chénier l'attention du parti constitutionnel. Ce long article, intitulé *Avis aux Français sur leurs véritables ennemis*, eut un succès immense. Réimprimé, traduit en plusieurs langues, il valut à Chénier, entre autres suffrages, celui du roi Stanislas de Pologne. S'il est loin d'avoir le mérite littéraire des écrits sortis plus tard de la même plume, il a du moins celui de poser nettement le rôle que Chénier s'apprêtait à jouer dans la Révolution. Ce n'est autre chose qu'un manifeste du club schismatique des Feuillants contre les agitateurs du club des Jacobins : on dit même que ce manifeste fut discuté et résolu au sein de la Société de 89, qui en confia la rédaction à André Chénier. Dès long-temps la Constitution n'avait point de plus dangereux ennemis que les *Amis de la Constitution* séant aux Jacobins. Les véritables constitutionnels, La Fayette et Bailly à leur tête, avaient d'abord essayé d'élever club contre club, autel contre autel. Mais ce n'est pas la modération qui fait vivre une société populaire : la *Société de* 89, qui se réunissait aux Feuillants, mourut pour ainsi dire avant de naître, et il ne resta aux constitutionnels qu'une seule arme, la presse, pour attaquer cette terrible assemblée qui avait créé une représentation en dehors de la représentation, qui devait engendrer chaque jour une révolution dans la révolution, et ne s'arrêter que là où l'anarchie ne trouverait plus de drapeau. Parmi les hommes dont le regard entrevit d'abord cette terrible fin, les Jacobins n'eurent pas d'ennemi plus acharné, mais ils n'en eurent pas de plus désintéressé que Chénier. A ses ardentes convictions il devait tout sacrifier, plus que sa gloire, plus que sa vie, plus que ses plus chères amitiés, il devait rencontrer un frère dans cette lutte. Le jour où Chénier s'y engagea il savait quelle pouvait en être l'issue : « S'ils succombent, disait-il, il sera honorable d'avoir, ne fût-ce qu'un peu, contribué à leur chute. S'ils triomphent, ce sont gens par qui il vaut mieux être pendu que regardé comme ami. » Dans ses deux premiers écrits, dont le fond est quelquefois noyé sous une forme verbeuse et embarrassée, on rencontre des passages d'une grande élévation de pensée et de style : « La révolution qui s'achève parmi nous, dit-il quelque part, est, pour ainsi dire, grosse des destinées du monde. Les nations qui nous environnent ont l'œil fixé sur nous et attendent l'événement de nos combats intérieurs avec une impatience intéressée et une curieuse inquiétude ; et l'on peut dire que la race humaine est maintenant occupée à faire sur nos têtes une grande expérience. » Souvent il donne à sa pensée une tournure familière et d'autant plus incisive : « Certes, dit-il à propos des sanglantes promenades de la populace, il est incontestable que, tout pouvoir émanant du peuple, celui de pendre en émane aussi ; mais il est bien affreux que ce soit le seul qu'il ne veuille pas exercer par représentants. » Ou bien, parlant des émigrés et des nobles : « Ces gens-là se repaissent de l'absurde espérance que l'univers entier se réunira pour venir exterminer un pays où ils ne sont plus marquis, et où on ne les encense plus dans l'église de leur village. » Un écrit qui suivit de près ceux-là, et dans lequel il unit tout d'un coup la plus grande force de pensée à la plus grande habileté de style, c'est sa lettre à l'abbé Raynal. Ce morceau, qu'il faudrait citer tout entier, peut donner la mesure du talent avec lequel André Chénier eût manié la prose. Il y passe, avec une rare souplesse, de la plus haute éloquence à la plus fine raillerie ; et il est impossible d'unir à une plus juste sévérité une plus délicate convenance. Il ne fallait pas moins pour faire passer cette rude leçon, donnée par un jeune homme, et un homme sans nom, à un vieillard, à Thomas Raynal.

Plusieurs lettres adressées au *Moniteur*, entre autres un examen de l'acte constitutionnel et un manifeste sur les nouvelles élections, signalèrent le nom d'André Chénier aux suffrages du département de la Seine. Sa candidature ayant échoué, il dut chercher exclusivement dans le journalisme la part d'influence qu'il avait espéré conquérir dans la nouvelle assemblée. Il ne laissa pas toutefois d'envoyer à celle-ci de sévères conseils : « En vain, lui disait-il dans une adresse énergique, en vain des clubs vous adresseront-ils des félicitations et des louanges. En vain, pour récompenser ces éloges, vous rempliriez vos procès-verbaux de *mentions* que vous déclareriez *honorables*. Quand une assemblée accueille des discours coupables et pernicieux, quand elle consacre, par des éloges, des noms méprisés et méprisables, ses procès-verbaux ne sont point pour eux des monuments d'honneur, et sont pour elle des monuments d'infamie. »

A quelque temps de là, il publiait ce nerveux pamphlet, *les Autels de la Peur*, dont le tour vif et original a peut-être montré la route au *Vieux Cordelier*. « Des peuples anciens, dit-il, avaient élevé des temples et des autels à la *Peur*. Mais nous pouvons dire que jamais la *Peur* n'eut de plus véritables autels qu'elle n'en a dans Paris ; que jamais elle ne fut honorée d'un culte plus universel ; que cette ville entière est son temple ; que tous les gens de bien sont devenus ses pontifes, en lui faisant journellement le sacrifice de leur pensée et de leur conscience. — Le simple sens de ce mot *aristocrate* engourdit un homme public et attaque chez lui jusqu'au principe du mouvement : il veut le bien de tout son cœur ; il s'y porte avec zèle ; il y sacrifierait toute sa fortune ; il est toujours prêt à marcher : au milieu de son action, qu'il entende prononcer contre lui ces cinq funestes syllabes, il se trouble, il pâlit, le glaive de la loi lui tombe des mains. Or, il est bien clair que Cicéron ne sera jamais qu'un *aristocrate* au dire de Clodius et de Catilina ; si donc Cicéron a *peur*, que deviendrons-nous? — J'ai indiqué, dit-il en finissant, un bien petit nombre des sacrifices que chaque jour reçoit la *Peur;* je lui en ai peut-être fait plus d'un moi-même ; je ne lui ferai pas celui de dissimuler le nom de l'auteur qui vient de chanter cet hymne à sa louange. »

Ce n'étaient encore là que les préludes de la guerre audacieuse que Chénier allait livrer aux chefs des sociétés populaires. Condorcet, Cabanis, Sieyès et Garat ayant quitté la rédaction du *Journal de Paris*, que les feuilles patriotiques, c'est-à-dire républicaines, accusaient d'être vendu à la liste civile, au *Comité autrichien*, André Chénier et ses amis, Roucher, de Pange, Pastoret, etc., envahirent la rédaction. Chénier se mit alors à publier, dans le *Supplément*, des articles d'une hardiesse inconnue jusqu'à ce jour. Dans une première lettre, anonyme, il attaquait vivement le président de la Commune, Manuel, à propos du *Discours préliminaire* des Lettres de Mirabeau. Une deuxième lettre était terminée par ce *post-scriptum :* « Je vous prie, Messieurs les rédacteurs, de suppléer à une omission qui a eu lieu contre mon gré. Comme je crois que, dans la situation où nous sommes, tout bon citoyen doit se faire un devoir d'attaquer de front tout ce qu'il croit pernicieux, je ne veux point, en gardant l'anonyme, feindre de redouter le ressentiment de ceux dont la patrie doit redouter les mauvais conseils ou les mauvais exemples : je désire donc faire connaître que c'est moi qui suis l'auteur des réflexions que vous avez publiées, dans votre *Supplément* du 12 de ce mois, sur le Discours préliminaire des Lettres de Mirabeau. — J'ajouterai que j'ai dessein de vous adresser de temps en temps quelques articles que je signerai, et dans lesquels, me présentant sans ménagement et sans crainte à l'honorable inimitié des brigands à talons rouges et des brigands à piques, je tâcherai, autant qu'il sera en moi, de venger la justice, l'humanité, l'honnêteté publique, des outrages journaliers qu'elles reçoivent de cet abominable amas de brouillons qui vivent de la liberté, comme les chenilles vivent des arbres fruitiers qu'elles tuent. » Cette lettre dénonçait l'organisation des clubs, qui mettait toute la France dans la main des Jacobins de Paris ; elle dévoilait sans ménagement les espérances et les manœuvres du parti républicain, représenté par la Gironde. Elle souleva chez les Jacobins une clameur furieuse. Ce fut bien pis lorsque, non content d'attaquer la Société en masse, et passant aux plus violentes personnalités, Chénier apostropha tour à tour Brissot, le libelliste de l'ancien régime, le comédien Collot-d'Herbois, et ce *vertueux* maire de Paris, qui mettait, les jours d'émeute, une garde de sans-culottes à sa porte, feignant d'être le prisonnier de l'insurrection qu'il dirigeait. « Il est bon, écrivait-il dans son naïf et généreux enivrement, il est honorable, il est doux de se présenter, par des vérités sévères, à la haine des despotes insolents qui tyrannisent la liberté au nom de la liberté même. Et en supposant que l'exemple d'une courageuse franchise ne soit d'aucune utilité, démasquer sans aucun ménagement des factieux avides et injustes est un plaisir qui n'est pas indigne d'un honnête homme. » Puis il ajoutait une corde à sa lyre, et, retournant pour un jour à la muse délaissée, il flétrissait, dans un hymne amèrement ironique, Pétion, Robespierre, Collot-d'Herbois, tous les auteurs de la fête décernée aux Suisses révoltés de Châteauvieux.

On comprend quel soulèvement de haines, et de haines formidables, durent exciter de pareilles attaques, renouvelées chaque jour, pendant cinq mois, avec une croissante énergie. Mais il avait autant de mépris pour le danger que pour ses ennemis eux-mêmes : « Tout cet appareil menaçant, écrivait-il, ce pouvoir immense, ces dictatures, cet art d'entretenir la multitude dans les obscurités d'une agitation dont elle ignore la cause, et dont, par conséquent, il devient facile de diriger les effets ; et les prisons d'Orléans prêtes à s'ouvrir ; et les tables de proscription qui tapissent nos murailles ; tout cela ne fermera point la bouche aux vrais citoyens, déterminés à périr plutôt que de continuer à voir la France gémir dans l'agonie qui la tourmente. Ils n'en poursuivront pas moins leur noble tâche. C'est surtout quand les sacrifices qu'il faut faire à la Vérité, à la Liberté, à la Patrie, sont dangereux et difficiles, qu'ils sont accompagnés aussi d'inappréciables délices. »

Impuissants à l'effrayer, ses adversaires parvinrent du moins à blesser son cœur. Sa première lettre contre les clubs avait eu un retentissement funeste. Les Jacobins crièrent au fratricide, et excitèrent Marie-Joseph, un des plus exaltés du parti, à défendre contre un frère dénaturé la société et sa propre personne, attaquées du même coup. André se hâta de répéter, dans une nouvelle lettre, ce qu'il avait déjà dit dans la première, savoir, que parmi ceux qui hantaient les clubs il y en avait plusieurs qu'il savait être des hommes probes et sages, qui l'honoraient de leur amitié et qui mettaient du prix à la sienne. « Cette simple réflexion, disait-il, suffirait pour me justifier auprès de mon frère, qui, toutefois, connaît depuis trop long-temps et mon caractère et mes opinions pour que j'aie besoin de me justifier auprès de lui, et qui n'a jamais trouvé et ne trouvera jamais en moi que l'amitié qu'on doit à un frère et les égards qu'on doit aux talents, quoique je sois prêt à défendre mon sentiment même contre lui. » Et il ajoutait encore, avec quelque tristesse : « Je n'ignorais pas, quand j'ai pris la plume, à quelles inimitiés je m'exposais ; et le petit nombre de personnes dont je suis connu attestera qu'il n'y a que la conviction la plus intime du danger dont ces sociétés menacent la France qui ait pu me résoudre à interrompre une vie studieuse et retirée pour me présenter aux regards et me lancer dans cette carrière polémique que je savais être semée de dégoûts et d'amertumes. » Tout cela n'empêcha point que les Jacobins, attaqués sans relâche, n'entraînassent Marie-Joseph à se constituer contre son frère le défenseur de la Société. Il publia dans le *Moniteur* une lettre aussi froide, aussi calculée, que les attaques d'André Chénier étaient bouillantes, emportées, convaincues. Pleine d'ironie, de persiflage, d'allusions piquantes, de personnalités à peine voilées, elle dut froisser vivement André Chénier, dont l'ardente et franche conviction prenait plus haut ses armes. Sa réponse montra bien que son cœur saignait : il disait : — Dans la lettre où l'on me réfute, « *tous* les ennemis de la domination des clubs sont désignés en vingt endroits comme *des gens à chambre haute, qui attaquent l'égalité politique et la souveraineté du peuple*. Il n'est pas possible que mon frère, avec qui j'ai passé une partie de ma vie, prétende m'adresser de pareilles inculpations : si quelques lecteurs affectaient de me reconnaître dans cette peinture, c'est à lui que je les enverrais pour qu'il leur apprît que l'égalité des droits entre les hommes, la souveraineté du peuple, et tous ces principes éternels d'une société heureuse et libre, étaient dans mon cœur et sur ma bouche long-temps avant qu'ils fussent devenus la sainte base de nos lois... On peut, en attendant, continuer à m'inscrire parmi les ennemis de l'égalité, de la souveraineté du peuple, etc. Il faudrait cependant tâcher de ne pas trop ressembler au jésuite Hardouin, qui, dans ses *Grands Athées découverts*, comptait Arnauld, Pascal et tout le Port-Royal parmi ses athées. » Quant aux personnalités de Marie-Joseph, il y répondit par une seule ligne : « Certes, un parti bruyant et puissant, qui jette une immense quantité de rameaux, qui soutient tous ses amis, qui dispose, au moins pour un temps, des places, du crédit, de la faveur, de la réputation et même de cette partie des succès littéraires dont la nature est d'avoir besoin des applaudissements de la multitude, sera toujours beaucoup loué, même par plusieurs dont il ne sera pas beaucoup aimé. » Des deux parts la querelle s'envenimait. Une assez pauvre réponse de Marie-Joseph, dont la vanité bien connue fut blessée au vif, contenait cette lourde et inconvenante allusion : « Quant à *ces succès littéraires dont la nature est d'avoir besoin des applaudissements de la multitude*, suivant l'expression de mon frère, voici ce que je lui répondrai : si j'avais perdu deux ou trois années à composer des tragédies *impartiales* ou *insignifiantes*, et même deux ou trois matinées à écrire pour un journal quelques pamphlets *modérés*, j'aurais trouvé un grand nombre de prôneurs puissants et actifs ; et peut-être, en 1793, ils m'auraient consolé de n'avoir pu, en 1791, me glisser dans la foule des députés de Paris, et siéger à l'Assemblée nationale entre M. Robin-Léonard et M. Thorillon. » Là se borna cette fameuse querelle dont on a tiré plus tard de si monstrueuses conséquences. André Chénier avait annoncé qu'il répondrait à son frère ;

mais les sollicitations de sa famille et de ses amis obtinrent qu'il fît preuve d'une entière générosité en mettant fin de lui-même à une si triste polémique. Bientôt toute polémique dut cesser. La journée du 10 août mit la souveraine puissance aux mains de ceux que Chénier avait poursuivis avec le plus d'acharnement : le premier usage qu'ils en firent fut de briser les presses du *Journal de Paris*. Toutefois, les événements ne marchèrent pas avec tant de rapidité que Chénier n'eût encore le temps de jeter à la face de ses adversaires le plus virulent pamphlet qui fût sorti de sa plume. Cette lettre, datée du 26 juillet 1792, moins pleine encore de violence que de tristesse, de découragement, de pressentiments trop fondés, commençait par ces mots : « Le libelliste (Brissot) qui barbouille avec de la fange et du sang les premières pages du *Patriote français* a pris aujourd'hui un ton de victoire et de menace très-remarquable : il promet de *pulvériser la doctrine parricide des Suppléments*. » Puis elle continuait : « Il est bien clair que cet homme n'entend point par *pulvériser*, réfuter avec des raisonnements et avec des preuves. Les piques, les assassinats, les violences de toute sorte, sont les seuls moyens de *pulvériser* qui soient à l'usage de cette espèce de raisonneurs. L'espoir d'une domination sans bornes perce aujourd'hui plus que jamais dans l'arrogance de sa joie : l'auteur du *Patriote* ne doute plus de son succès. J'ai le malheur d'être en cela de son avis ; et, comme il faut que chacun reste fidèle à son caractère, puisqu'il a choisi ce moment de sa toute-puissance pour nous menacer du glaive, il faut de notre côté choisir ce même moment pour le poursuivre plus que jamais de ses affreuses vérités. Ainsi, pour le repos de sa conscience, et pour l'encourager, s'il en est besoin, lorsqu'il écrira ses tablettes de proscription, je veux qu'il sache que, parmi les auteurs des *Suppléments*, il en est sans doute plusieurs, mais au moins un, dont les méchants heureux n'intimideront jamais ni le cœur ni la bouche ; qui, dans les cachots et sous le fer des bourreaux, ne cesserait pas d'en appeler aux lois, aux autorités légitimes, à la justice, à l'humanité, et de dévoiler à l'exécration publique les tyrans déguisés sous le nom de patriotes ; qui est prêt à mourir pour cette doctrine, impudemment traitée de *parricide*, et qui mourra content de n'avoir plus sous les yeux l'avilissement d'une grande nation réduite par ses fautes à choisir entre Coblentz et les Jacobins, entre les Autrichiens et Brissot. »

Ce fut le dernier cri d'André Chénier. Pendant l'emprisonnement de Louis XVI, il offrit l'appui de son talent à ce malheureux roi, qu'il ne connaissait que par son infortune. Tant qu'on put espérer de soulever en faveur de cette vie si misérable, sinon l'opinion, du moins la pitié publique, Chénier remplit d'articles anonymes les journaux qui n'avaient point abandonné toute modération : et quand la bouche même de la Gironde, effrayée de son propre ouvrage, eut prononcé la sentence que réprouvait son cœur pusillanime, ce fut Chénier qui rédigea cette lettre digne et calme par laquelle Louis XVI appelait au peuple français du jugement des clubs de Paris. Dernier et inutile effort! Après le 21 janvier, il n'y avait plus de sûreté dans Paris pour l'ennemi de Marat et de Collot-d'Herbois : pour le défenseur de Louis XVI, il n'y avait qu'horreur et dégoût. Chénier quitta cette malheureuse ville, et se retira d'abord à Rouen, puis à Versailles, où le protégeait, dit-on, le nom de son frère, député à la Convention nationale par le département de Seine-et-Oise.

C'est là que, tour à tour obsédé par la maladie, par d'odieux spectacles et de poignants souvenirs, il essaya de retrouver dans l'étude un peu de repos et d'oubli. C'est là qu'en butte aux haines et aux délations, vivant au jour le jour, il écrivit, on peut dire sous le glaive, ces vers admirables dont les plus beaux peut-être ont péri. Il faut, sans nul doute, rapporter à cette époque la composition de ces chefs-d'œuvre inachevés, *l'Aveugle*, *le Mendiant*, *la Liberté*, *le jeune Malade*, et tant de merveilleux fragments dont la forme arrêtée marque un réel progrès sur la forme encore indécise des *Élégies*. Celles-ci, c'est-à-dire les pièces fort dissemblables de ton et de genre que l'on a imprimées sous ce titre, appartiennent pour la plupart à sa grande jeunesse, et précèdent immédiatement ses travaux politiques. Il suffirait de les lire pour s'en convaincre, quand bien même une foule de détails ne permettraient pas de fixer d'une manière certaine la date de plusieurs et des plus remarquables d'entre elles. A part quelques pièces presque sans défauts, et qui, sans doute, fussent devenues irréprochables avant de passer aux mains de l'imprimeur, ces compositions ne sont pas toujours exemptes de mollesse, de monotonie, de tours pénibles, d'expressions cherchées, d'incorrections même et d'épithètes commandées par la césure ou par la rime : bref, on n'y trouve pas encore ce parti pris, cette forme inflexible, trop inflexible souvent, qui caractérise la rénovation poétique silencieusement poursuivie par André Chénier. Il faut le voir plus tard lorsque, mieux pénétré des Latins et surtout des Grecs, plus maître d'eux et de lui-même, il prend corps à corps Homère, Virgile, Théocrite, et que, selon son audacieuse expression, il crée avec eux. Cette puissance de créer, ce don du génie, lui a été contestée par de grandes autorités poétiques de nos jours. Je ne pense pas que Racine la lui eût contestée. Au surplus Chénier lui-même s'est chargé de répondre en vers admirables à tous ceux qui voudraient ne voir en lui qu'un ingénieux traducteur : et d'ailleurs, quiconque possède, non pas le maniement, mais le moindre sentiment de la poésie, sait qu'il y a dans tel vers emprunté aux anciens par Racine ou La Fontaine plus de génie que dans maint poème *inventé* de nos jours. Racine et La Fontaine, tels furent, après Virgile et Homère, les véritables maîtres d'André Chénier, et l'élève a souvent rencontré ses maîtres ; ce serait trop dire égalé. Lors même qu'à leur exemple il s'inspire de l'antiquité, son infériorité est réelle. Ces deux prodigieux écrivains, Racine et

La Fontaine, semblent avoir poussé aux dernières limites du possible cette puissance d'assimilation qui fait des beautés étrangères leur propre bien. Chez eux, tout est transformé, francisé. Sous le vers d'André Chénier on sent encore le vers latin ou grec. Cette infériorité n'est pas manifeste seulement dans la forme ; elle existe encore au fond, dans la pensée même. Autant Racine, par exemple, a su élever à la hauteur des croyances et de la moralité modernes les emprunts qu'il a faits à la littérature antique, autant la passion de Racine est complète et actuelle, et par conséquent puissante sur nos âmes, autant la passion de Chénier est grecque, c'est-à-dire presque exclusivement matérielle, capable de nous charmer bien plus que de nous émouvoir. Entre la *Phèdre* de Racine et la *Phèdre* d'Euripide il y a deux mille ans et tout un monde. Quant à l'amant de Camille, quant à la blanche Lydé, leur amour est celui que chantaient, dans leurs jours de pureté, Sapho et Anacréon : à cela près néanmoins que la merveilleuse habileté, la singulière délicatesse de l'expression, viennent voiler çà et là ce que la nudité grecque aurait de trop offensant pour nos regards... Mais qui sait jusqu'où pouvait aller un jour, dans le sens de la poésie rêveuse et mélancolique, l'auteur de *la jeune Captive ?*

André Chénier a laissé un poème, *l'Invention*, et quelques fragments de poèmes, *Hermès*, *Suzanne*, *l'Amérique*, *l'Art d'aimer*, *la Superstition*, qui nous feraient douter que son génie fût de nature à aborder les travaux de longue haleine, si nous ne devions plutôt voir dans ces ébauches hâtées autant de projets d'une jeune et impatiente imagination, bientôt ajournés ou délaissés. Ces fragments, mis en regard des beaux récits de *l'Aveugle* et du *Mendiant*, peuvent éclairer la marche lente, pénible, mais constante, opiniâtre, infatigable, de ce génie d'abord plus laborieux qu'inspiré, qui sentait en lui le dieu, et ne pouvait encore le forcer à se répandre au dehors. Quand il ébaucha les poèmes dont nous parlons, quand il écrivit la plupart de ses élégies, Chénier n'avait pas encore assez familier ce mystérieux mécanisme de la langue et de la poésie dont il devait posséder un jour une si profonde, bien que tardive connaissance. Or, un puissant moyen de l'acquérir, c'est justement cette œuvre de traducteur vers laquelle il était poussé instinctivement par le culte de l'antiquité. C'est par là qu'il réussit à maîtriser la langue, à dompter cet instrument rebelle : c'est par là qu'il atteignit cette concision, cette sobriété, cette forme elliptique et hardie, qui feront l'éternelle grandeur de Racine et de La Fontaine, comme elles font la supériorité d'un poète de notre temps qui dut les rencontrer sans le secours des Grecs et des Latins. Sans doute ses œuvres de prose, dans lesquelles il semble procéder souvent de Jean-Jacques, parfois de Molière, contribuèrent aussi, par la dissemblance même du travail, au développement de sa puissance poétique. Quoi qu'il en soit, cette langue souple et nerveuse, pleine de fermeté, d'âpreté même et de véritable audace, pleine aussi de grâce, d'abandon, de douceur et de simplicité, cette langue divine, si long-temps perdue, que Chénier poursuivait avec tant de peines et d'ardeur, la langue de Racine en un mot, il l'avait retrouvée, lorsque la prison s'ouvrit pour étouffer sa voix. Eût-il égalé ce maître des maîtres? Je ne le crois pas. Et pourtant, si l'on songe que ses progrès furent tels, qu'ayant écrit en 1790 l'ode à Louis David, il écrivit en 1793 l'ode à Charlotte Corday, si l'on songe que la mort le frappa au moment où il venait de composer *la jeune Captive*, un des chefs-d'œuvre de la poésie française, osera-t-on encore assigner des limites au développement de ce beau génie ; osera-t-on dire, il se fût arrêté ici ou là?

Pendant la retraite d'André Chénier, la Révolution, comme l'avait prédit Vergniaud, dévorait l'un après l'autre ses propres enfants. Victime de sa violence et de sa faiblesse, victime de ses hésitations continuelles et de sa double conduite, un parti qui n'eut jamais ni le parfait sentiment de ses desseins ni le courage de son opinion, la Gironde, fut le premier englouti par l'abîme creusé de ses mains. Comme elle avait voté par peur la mort du roi, par peur on vota la sienne ; et le poison, la guillotine ou le poignard emportèrent presque tous les ennemis d'André Chénier. Le plus dangereux de tous, Collot-d'Herbois, vivait encore. L'*histrion* menait alors une terrible comédie ; sur un signe de sa main, la guillotine l'eût vengé de tous les outrages des *Suppléments* : mais ces outrages étaient alors bien loin de lui, et il fallut un affreux hasard pour que la proscription, dont le hasard était à peu près la seule loi, vint frapper l'auteur oublié de l'*Hymne aux Suisses de Châteauvieux*.

Le 17 nivôse an II (6 janvier 1794), Chénier apprend l'arrestation d'un de ses collaborateurs du *Journal de Paris*, M. de Pastoret. Il court à Passy, où demeurait la famille du détenu. Pendant qu'il lui offre de stériles consolations, un porteur d'ordre du comité de sûreté générale vient arrêter madame de Pastoret et juge à propos d'emmener avec elle André Chénier, contre lequel il n'avait aucun mandat. Refusé à la geôle du Luxembourg, Chénier fut écroué à Saint-Lazare.

Là, il vécut des mois sans qu'on parût se souvenir de lui. Sans doute l'irrégularité de son arrestation fut cause que son nom ne se trouva pas inscrit sur les listes de l'accusateur public, sans doute aussi Collot-d'Herbois n'en eut pas connaissance. A part la haine qui se fût acharnée contre l'auteur des *Suppléments*, le nom de Chénier n'était pas fait pour protéger le malheureux poète. Le Jacobin Marie-Joseph, devenu lui-même suspect au triumvirat, eut bien de la peine à sauver sa propre tête du coup qui avait frappé naguère Danton et Camille Desmoulins. Déjà sa voix ne pouvait plus sauver son frère, et elle pouvait le perdre. C'est pourquoi il s'abstenait de faire aucune démarche, souhaitant sur toute chose qu'André ne fût point appelé devant le tribunal. Dans ces temps orageux, où le lendemain emportait le pouvoir de la veille, un jour, une heure gagnée, ce pouvait être la vie. Aussi, lorsque M. Louis de Chénier, que dévoraient l'impatience et la crainte, parlait d'aller redemander son fils à Robespierre lui-même : « Ah ! s'écriait Marie-Joseph, faites plutôt qu'on l'oublie ! » Mais un père qui tremblait chaque matin de lire le nom de son fils dans le bulletin fatal, une mère dont le sang criait, pouvaient-ils comprendre cette affection calme et raisonnée? Un jour, poussé par le désespoir, ou plutôt par une aveugle espérance, M. de Chénier, à l'insu de Marie-Joseph, remit au comité de sûreté générale une note où il plaidait la cause et sollicitait l'élargissement de son fils. Ce fut cette note qui consomma sa perte.

Pour lui, pendant que sa vie était ainsi en jeu, il voyait disparaître tour à tour les tristes compagnons de sa captivité, et de nouveaux venus remplacer les premiers, comme un flot pousse un flot. Un jour les portes de la prison se refermèrent sur ses deux amis, les frères Trudaine. C'est avec eux, c'est avec le peintre Suvée, avec mademoiselle de Coigny, pour laquelle il écrivait, peu de jours avant sa mort, *la jeune Captive*, qu'il attendit son tour, remerciant parfois, accusant souvent sa lenteur. Chaque fournée qu'on enlevait sous ses yeux portait au comble l'irritation et la fièvre de son âme. C'est alors qu'il s'écriait :

> Vienne, vienne la mort ! que la mort me délivre !

Et puis il ajoutait, par un retour sublime :

> Ainsi donc, mon cœur abattu
> Cède au poids de ses maux? Non, non, puissé-je vivre!
> Ma vie importe à la vertu.
> S'il est écrit aux cieux que jamais une épée
> N'étincellera dans mes mains,
> Dans l'encre et l'amertume une autre arme trempée
> Peut encor servir les humains.
> Justice, vérité, si ma bouche sincère,
> Si mes pensers les plus secrets
> Ne froncèrent jamais votre sourcil sévère,
> Et si les infâmes progrès,
> Si la risée atroce, ou (plus atroce injure!)
> L'encens de hideux scélérats
> Ont pénétré vos cœurs d'une longue blessure,
> Sauvez-moi ; conservez un bras
> Qui lance votre foudre, un amant qui vous venge.
> Mourir sans vider mon carquois!
> Sans percer, sans fouler, sans pétrir dans leur fange
> Ces bourreaux barbouilleurs de lois,
> Ces tyrans effrontés de la France asservie,
> Égorgée!... O mon cher trésor,
> O ma plume! Fiel, bile, horreur, dieux de ma vie!

Par vous seuls je respire encor.
Quoi ! nul ne restera pour attendrir l'histoire
　　Sur tant de justes massacrés ;
. . . .
Pour consoler leurs fils, leurs veuves et leurs mères ;
　　Pour que des brigands abhorrés
Frémissent aux portraits noirs de leur ressemblance ;
　　Pour descendre jusqu'aux enfers
Chercher le triple fouet, le fouet de la vengeance,
　　Déjà levé sur ces pervers ;
Pour cracher sur leurs noms, pour chanter leur supplice !...
　　Allons, étouffe tes clameurs ;
Souffre, ô cœur gros de haine, affamé de justice.
　　Toi, Vertu, pleure si je meurs.

D'autres fois peut-être, rattaché à la vie par de plus douces pensées, par quelque tendre et secrète préoccupation, il chantait en lui-même avec sa belle captive :

O mort ! tu peux attendre ; éloigne, éloigne-toi ;
Va consoler les cœurs que la honte, l'effroi,
　　Le pâle désespoir dévore.
Pour moi Palès encore a des asiles verts,
Les amours des baisers, les muses des concerts ;
　　Je ne veux pas mourir encore.

Murmurait-il ces vers pleins d'une mélancolique espérance lorsque son nom retentit sous les voûtes de sa prison pour la dernière fois ? C'était le 7 thermidor (25 juillet 1794). Chénier parut au tribunal avec son ami Roucher et vingt-cinq autres détenus, tous prévenus d'avoir cherché à s'évader de prison pour « commettre les plus grands forfaits. » Chénier était encore accusé d'avoir, dans le *Supplément du Journal de Paris,* « sous l'apparence de soutenir de prétendus principes constitutionnels, préparé la contre-révolution ; » enfin d'avoir « secondé le plus adroitement qu'il avait pu les trahisons de l'infâme Dumouriez, dont il était l'adjudant général, et d'avoir *calomnié* les autorités de Breteuil dans un mémoire *calomnieux.* » Pour ces deux faits, M. Sauveur Chénier, son frère, le véritable adjudant général de Dumouriez, était détenu à la Conciergerie. André n'en fut pas moins condamné, comme il était d'usage, sans interrogatoire et sans défense, par le même verdict qui condamnait avec lui tous les autres prévenus à être exécutés dans les vingt-quatre heures sur la place publique de la barrière de Vincennes.

En sortant du tribunal il monta dans la charrette avec Roucher : et le même jour, 7 thermidor, à six heures du soir, la hache qui avait frappé notre science dans Lavoisier et Bailly, frappa dans Chénier notre poésie.

Vingt-six ans s'écoulèrent avant que la France connût tout ce qu'elle avait perdu d'irréparable dans cette funeste journée [1].

Deux jours après, le 9 thermidor, l'infortunée mère d'André Chénier comprenait enfin, bien tard hélas! les paroles de son autre fils : « Faites plutôt qu'on l'oublie! »

T. Hadot.

[1] Les poésies d'André Chénier furent publiées pour la première fois en 1819, par les soins de M. de Latouche. Le poète Marie-Joseph les avait-il trouvées indignes de voir le jour?

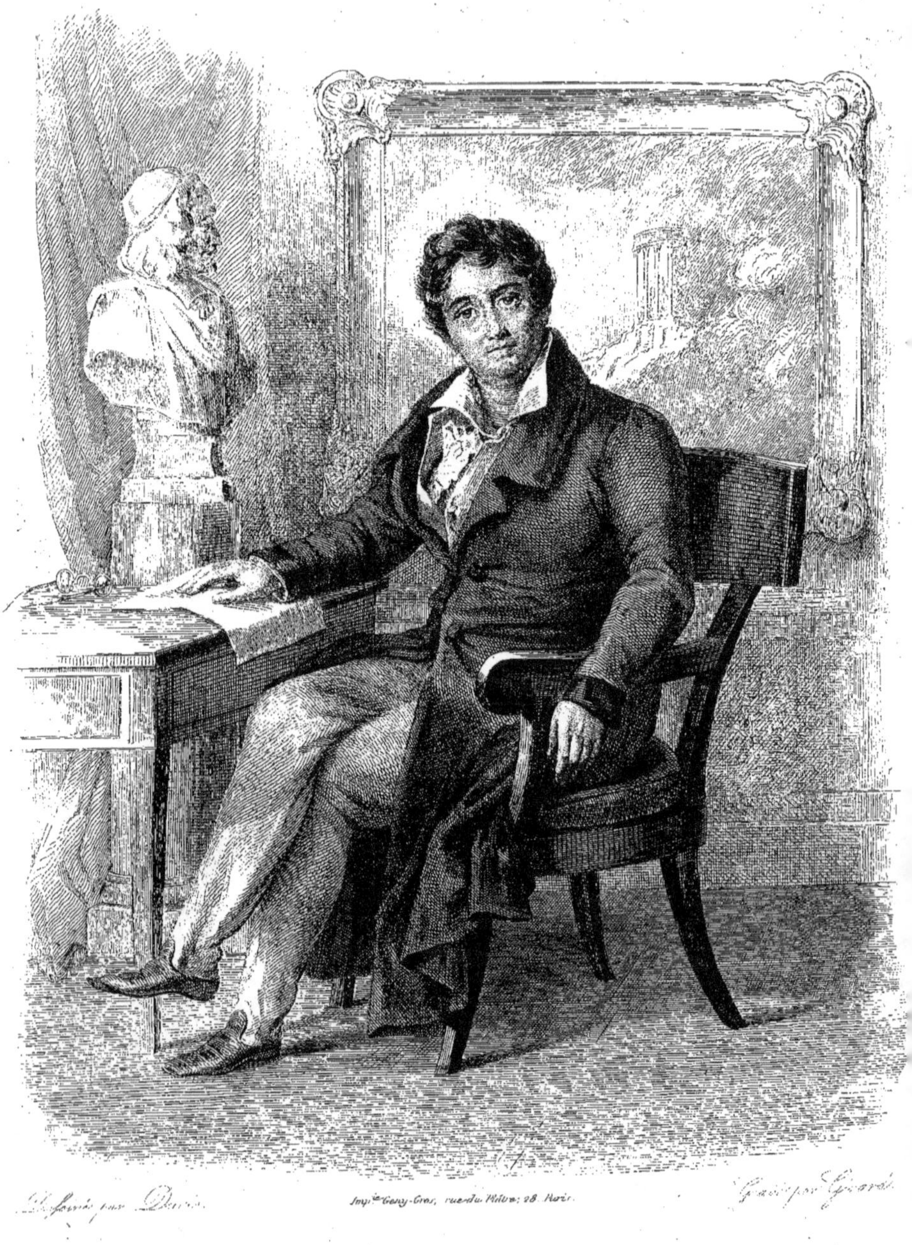

Imp.ie Geny-Gros, rue du Pldre 28 Paris

TALMA

NÉ EN 1763, MORT EN 1826.

François-Joseph Talma naquit en 1763; la même année que Méhul, un an après André Chénier; ayant plus loin derrière lui Laplace, David, Prudhon; précédant de bien peu Cuvier, Bichat, Gros, Chateaubriand, et le plus grand de tous, Napoléon.

Ainsi tous les hommes destinés à se poser haut dans les arts, les lettres, les sciences et la guerre, s'étaient, pour la gloire d'un siècle, donné rendez-vous dans ce monde. Ils y arrivaient à de courts intervalles, au temps nécessaire pour se trouver de jeunes hommes lorsque 89 ouvrirait la carrière. Toujours les ébranlements des empires ont favorisé les natures fortes, elles savent choisir leur place et la prendre; il est bon de le rappeler en parlant de Talma. Sans doute à toutes les époques l'accès de son art lui eût été facile; mais ses larges facultés ne se seraient point développées, car il fallait à ce hardi novateur, pour opérer une révolution sur la scène, que la société elle-même fût en révolution. Timide sous le respect des traditions, captif derrière Larive, Molé, Monvel, Saint-Prix, qu'aurait-il offert? une copie plus ou moins rapprochée de ces modèles, renommés à divers titres. Sa part était autre. Talma, pour être Talma et non pas Lafont, devait jeter en avant les clartés de sa pensée, et marcher vers des voies inconnues.

A Paris, son berceau ne se balança point sous les piliers des halles comme celui de Molière, mais près de là, dans la rue des Ménétriers : on le baptisa dans l'église de Saint-Nicolas-des-Champs, où reposaient les cendres de mademoiselle de Scudéry. Sa famille ne lui promettait ni bruit, ni gloire : son père et son oncle étaient dentistes. Ce nom de Talma, pour sortir de l'obscurité, semblait l'avoir attendu : il se prêtait de bonne grâce à la célébrité, il a quelque chose d'étranger, de poétique; Talma aimait à lui chercher une origine lointaine, il l'associait à l'écho des arcades dentelées de l'Alhambra; il avait été redit dans cette cour des califes où, près de douze lions de marbre baignés dans l'eau que versait leur gueule écumante, de belles reines venaient rafraîchir, à la brise du soir, le sang africain de leurs veines. Rêves brillants! mais ce sont des rêves ; rêves d'artiste et non point de vanité. En preuve de la simplicité de Talma, disons que le chef d'une famille noble, de ce nom de Talma, lui ayant écrit pour savoir s'il n'existait pas entre eux quelque parenté, reçut une réponse qui finissait ainsi : « Je suis plébéien, et trop plébéien pour avoir le moindre contact avec le » patriciat ; mon blason c'est le bouclier d'Achille, mes parchemins les af- » fiches du Théâtre-Français. »

Plébéien, il songea d'autant plus à se donner de bonne heure une instruction variée et solide, afin d'entrer, avec l'âge, dans l'aristocratie des intelligences, la plus belle de toutes, puisque celle-là vient de Dieu et non des hommes. Vous avez pu apprendre, par quelques propos de coulisses, que tel acteur applaudi a pris naissance dans une échoppe ou dans une loge de portier ; n'allez pas en conclure que la nature fait tout, l'éducation rien. Cela est vrai pour ces comédiens dont le talent est un instinct, mais non pour ces grands artistes qui deviennent l'œuvre de leur propre génie. Oh! ceux-là ont eu leur jeunesse absorbée par de fortes études. Entré dans un des colléges les plus célèbres de Paris, cet enfant qui doit un jour montrer Nicomède comme Corneille l'a conçu, qui doit faire comprendre que si le génie crée, c'est aussi le génie qui exécute, celui-là travaille. Comme on ignorait encore ce qu'il serait, on le préparait à tout ; avocat, médecin, professeur. Dans les lettres, dans les sciences, partout il aurait tenu sa place. A ce collége on représenta, selon l'usage, pendant les exercices publics, une tragédie intitulée *Tamerlan*, où le jeune Talma eut un rôle ; il y éprouva une émotion si vraie, si profonde, qu'il ne put continuer : *Manlius* venait de naître.

Comme les colléges, la cour et la ville avaient leurs jeux scéniques. Marie-Antoinette elle-même, à Trianon, cachait la reine sous le tablier des soubrettes ; des princes du sang, au Palais-Royal, remplissaient des rôles dans des pièces qu'on leur faisait exprès, pour qu'ils eussent la fraîcheur d'une première représentation. Le spirituel Collé était le Scribe de ces théâtres. Les classes moins riches se cotisaient pour jouer, elles aussi, la comédie et la tragédie ; de sorte que Talma, en quittant le collége pour suivre des cours de médecine, put retrouver *Tamerlan*. Servi par le goût ou, si l'on veut, les travers de son temps, Talma, à l'exemple de Lekain qui s'était formé sur ces théâtres d'amateurs, jouait le soir Égisthe, dans *Mérope*, et le matin, debout sur une table de la salle à manger, prenant pour spectateurs le porteur d'eau et la cuisinière ébahis de ce spectacle impromptu, il leur récitait Valère ou Damis. Ceci plaisait peu à son oncle, chez lequel il logeait, son père étant allé s'établir à Londres où il exerçait sa profession. Le fils était demeuré à Paris pour y terminer ses études, et devenir dentiste à son tour par droit héréditaire. L'oncle grondait, mais on le traitait en oncle de comédie ; on ne l'écoutait pas. Pour en finir, l'indocile neveu fut renvoyé à son père; on pensait, en outre, qu'il serait difficile de jouer la tragédie française avec des Anglais : mais il est de ces destinées qu'on ne peut combattre. Précisément, il y avait à Londres un théâtre d'amateurs, et ce théâtre était français! Talma fit merveille, avec un certain habit de soie rose que sa sœur s'amusa souvent à lui rappeler : dans quel rôle? le frère et la sœur l'avaient oublié; peut-être, disait Talma en riant, dans Lubin ou Colas. Vingt ans plus tard, l'habit rose fut remplacé par le magnifique costume venu tout exprès de l'Inde pour jouer Typpoo-Saëb.

Il faisait ainsi, mais sans projet pour l'avenir, un apprentissage; c'était, qu'on me passe l'expression, c'était son solfége. Un double hasard le servit; il alla voir *Hamlet*. Un nouvel univers dramatique s'ouvrit à ses yeux; il étudia l'anglais; Shakspeare fut son maître, ses œuvres son rudiment : d'un seul regard le jeune enthousiaste entrevit l'alliance de la tragédie antique et de la tragédie moderne; Hamlet, Oreste, n'est-ce pas le même personnage placé dans deux civilisations différentes? En même temps, son père étant lié avec un des plus savants anatomistes de l'Angleterre, celui-ci offrit généreusement d'initier le fils de son ami aux mystères du corps humain. Mais, tandis que l'un expliquait sur un cadavre disséqué comment la chirurgie et la médecine tirent secours de cette connaissance intime de notre organisation, l'autre cherchait à comprendre comment les passions, en remuant tous ces muscles, se peignent à l'extérieur, comment les traits reflètent l'âme. Cette étude, Talma la poursuivit toujours, mais sur l'homme lui-même, partout où il le rencontrait ému, agité, passionné. Déjà grand de renommée, il entendit un jour une querelle dans son escalier. C'était son valet de chambre et son cocher. Le valet de chambre bouillonnait de colère. Talma, accourant, s'arrête comme malgré lui, reste en extase, ne songe plus à mettre le holà, et ne peut qu'à la fin s'écrier : Que tu es beau! — il venait de prendre la nature sur le fait. Il la cherchait jusque dans les cachots. Un parricide, cédant à ses terreurs, s'était dénoncé lui-même; Talma obtint de le voir, il se fit effort pour supporter l'aspect de cette tête pâle et troublée. Quelques jours après il joua *Macbeth*; on se disait ce soir-là, et le lendemain tout Paris le sut, que jamais Talma n'avait offert l'assassin du roi Duncan avec une physionomie plus effrayante : où donc, se demandait-on, a-t-il appris à peindre ainsi le remords? — A la Conciergerie.

Retournons à Londres. Parvenu à cet âge où on le jugea capable enfin de se poser dans le monde, c'est-à-dire d'y arracher des dents, son père reçut ses adieux. Maître de son sort, libre de son oncle, logé dans un modeste quartier de Paris, ayant pour amis quelques-uns des pensionnaires de la Comédie-Française, connu de mademoiselle Sainval cadette, dont l'expérience et la raison ne lui dissimulaient pas les ennuis et les périls du théâtre, Talma vivait ignoré, lorsque le 21 novembre 1787 on lut sur les affiches : *Un nouvel acteur débutera par le rôle de Séide*. On n'indiquait pas alors le nom de ceux qui devaient jouer. Cette innovation, qui épargne au public de bien tristes mécomptes, est encore due à Talma.

Un début, dans ce temps-là, était un événement littéraire; et les lettres avaient le pas sur la politique. Les vieux amateurs, juges suprêmes en pareille matière, s'étaient réunis à l'orchestre; ils y avaient leurs places marquées, comme celles des conseillers l'étaient au Parlement. Ils virent un jeune homme d'une taille élégante, quoiqu'un peu frêle, à la voix douce, mais saisissante, à la physionomie sombre, mais expressive et belle. Certes personne ne put s'écrier, comme la duchesse du Maine à l'aspect de Lekain : C'est un monstre! Les amateurs l'écoutèrent et se dirent : « C'est à peu près comme Saint-Phal, comme tel autre; il connaît les traditions. » Ils en étaient là lorsque, du temple où Zopire vient d'être égorgé, Séide sort tout frissonnant de la fièvre du crime; plus de vers dans sa bouche, plus de rhythme mathématiquement cadencé, ce sont des mots à peine articulés, c'est la douleur avec cette voix qui n'est qu'à elle; les vieux amateurs se demandent ce que cela signifie. Ce n'est plus Saint-Phal, ni aucun autre. Comme pour se mettre à l'abri d'une surprise, ils se dirent : Attendons, voyons ce que cela deviendra.

Ceux qui ont assez vécu pour attendre et pour voir ont assisté longtemps après à une solennité dramatique complétement improvisée, unique dans les fastes du théâtre. Une assemblée magnifique remplissait les loges du Théâtre-Français; Talma pourtant ne devait pas jouer. Cette fête était pour mademoiselle Contat; indisposée elle ne put en jouir. On allait lever le rideau pour l'annoncer au public, lorsque Monvel dit à ses camarades : « N'y a-t-il aucun moyen de remplacer Contat sans qu'on s'en plaigne? Essayons. Toi, Lafont, tu joueras Mahomet, moi, Zopire; quant à Séide, ce sera toi, Talma. — Séide! je l'ai quitté depuis mes débuts, je n'en sais plus un seul vers. — Tu te trompes, reprit Monvel, va t'habiller, relis le rôle, et tu verras que les premiers vers entrés dans la mémoire n'en sortent jamais. » Le public averti approuve; la tragédie commence : Monvel est pathétique; Lafont brillant; puis arrive Talma. Par une soudaine illusion, Monvel, Lafont, et Talma lui-même, disparaissent devant un jeune Arabe, venu des bords du Saïbare, cherchant l'amour et ne trouvant que le parricide. Ce rôle de Séide, confié d'ordinaire aux débutants, produit tout ce que le talent mûri par l'âge et l'étude peut enfanter de sublime : non que Talma, toujours maître de lui au fort de ses hardiesses, l'agrandisse au delà des proportions convenables; il détruirait l'ensemble du tableau : mais dans ce Séide il y a du Pharan et de l'Hamlet. Ainsi l'Empereur à Montereau pointa lui-même une pièce d'artillerie : mais dans le coup d'œil d'aigle de ce canonnier improvisé, il y avait tout Napoléon.

Avant d'en venir là, que d'obstacles Talma eut à vaincre! On crut faire un acte de faveur ou de grande justice en le recevant pensionnaire à 1,200 livres.

Cependant ses débuts avaient été tous heureux. Il joua Nérestan dans *Zaïre*, le jeune bramine dans *la Veuve du Malabar*, Égisthe de *Mérope*, Saint-Albin du *Père de Famille*. Il écrivait à son ami Coupigny : « Depuis mon entrée » dans la carrière, le public m'a toujours témoigné beaucoup de bienveil- » lance; jamais je n'ai essuyé le désagrément du plus léger murmure. » N'importe, on ne lui en tint pas compte. Une fois admis, il se trouva emprisonné dans les règlements, il fut à la discrétion de deux ou trois chefs d'emploi, demeurés inconnus en cessant d'être sur un théâtre. Séide attendait leurs fatigues ou leurs caprices pour avoir permission de jouer, et il l'obtenait d'autant moins qu'il le méritait plus. On lui accordait la grâce de quelques petits rôles de comédie, peut-être les vingt lignes de l'amoureux dans *l'Avocat Patelin*. Par tous les moyens, la doublure de Saint-Phal et de quelques autres cherchait à se faire remarquer. Talma fréquentait alors l'atelier de David. Le goût de la peinture se trouva dans cette âme faite pour tous les arts. La révolution qui déjà s'opérait dans les corps politiques, parce qu'elle était depuis long-temps dans le corps social, avait pénétré l'esprit de ce maître et de là gagné son pinceau. La fade école de Boucher, où les personnages semblaient s'être nourris de roses, où les arbres étaient fleuris comme des bouquets, et les loups gentils comme des moutons, venait de faire place à la simplicité, noble et belle, des formes et des costumes de l'antiquité. David créait les Horaces et rêvait Léonidas. Talma vit là, dans leur vérité sévère, les fils du Capitole. Avec quel mépris il dut retrouver le soir sur la scène ces mêmes Romains cuirassés de taffetas! que fit-il? il dessina une figure romaine avec son vrai costume; il se posa l'original de cette copie. A une représentation de *Brutus*, on aperçut un Proculus avec la tunique et le manteau de laine, avec les bras nus et la coiffure antique ; c'était un échappé de quelque tableau de David : le public étonné l'applaudit : ceci le sauva, car infailliblement, s'il n'eût été absous par la salle, le théâtre lui aurait infligé une amende. L'acteur Vanhove lui demanda : « Où mettrais-tu ta tabatière si tu prenais du tabac comme moi? » Une jeune actrice le montra du doigt, et crut faire une épigramme en s'écriant d'un ton moqueur : « Il s'est habillé en statue. » Ce respect pour le costume, cette fidélité à l'histoire, il les poussait si loin, qu'il alla s'enfermer au Musée pendant tout un jour avec son tailleur, lorsqu'il se préparait à jouer dans une reprise de *Cinna*, pour tâcher de surprendre, sur quelque personnage de marbre, le secret des plis de la toge romaine. S'il consultait les statues, il était à son tour consulté. Lors des débuts de mademoiselle Georges dans le rôle de Didon, on vint lui demander ce qu'exigeait la vérité historique. Talma prend un livre dans sa bibliothèque, et lit le détail du vêtement carthaginois, jusqu'à la manière dont le manteau était porté. Quel était l'auteur de ce livre? un père de l'Église, Tertullien.

Nous avons dit que la révolution s'accomplissait dans l'atelier de David :

elle devait s'opérer aussi dans les lettres. Né pour être tragique de toutes les manières, Marie-Joseph Chénier ouvre nos annales, il fond sur Charles IX et le prend pour victime, comme si les rois vivants ne lui suffisaient pas. Ce rôle de Charles IX est offert à Saint-Phal, qui le refuse; l'honnête et chaste Hippolyte est tout effrayé de cette figure sanglante et terrible. Soit que Talma, qui avait une révolution théâtrale à faire, se trouvât lié avec Chénier comme il avait cherché à l'être avec David, soit que Chénier l'eût deviné, toujours est-il que le rôle de Charles IX lui fut livré. Dès ce moment tout est dit : dans les arts comme dans les batailles, les conquérants sont de même nature : ouvrez-leur le monde, ils iront jusqu'au bout.

C'était assurément chose neuve et hardie que d'introduire sur la scène, non la mort d'un personnage, mais le massacre d'un peuple, que de présenter à la France son histoire, que de lui faire juger ses rois. Eh bien! il y eut ce soir-là quelque chose de plus surprenant encore : on vit paraître au milieu de sa garde et de ses courtisans, à côté des princes de l'Église, entouré des chefs de la noblesse, le roi Charles IX lui-même ; c'était sa physionomie, si ce n'étaient ses traits; ainsi s'habillait le fils de Catherine; c'est bien là sa fraise, sa dague, son manteau, sa barbe, sa coiffure ; ainsi il marchait; telles étaient les habitudes de son corps et de son maintien. Talma s'étant procuré un portrait de ce prince, — et il l'a toujours conservé dans son cabinet, — n'avait pas cessé un seul jour, pendant tout le temps que la tragédie de Chénier fut en répétition, de le regarder, de l'étudier, de faire connaissance avec lui, de vivre dans son intimité. Grâce à Talma, la tragédie n'est plus dans une salle de spectacle, elle est au Louvre : et comment en douter, lorsque, après avoir entendu le beffroi meurtrier de Saint-Germain-l'Auxerrois, Charles IX, poursuivi par l'image sanglante de Coligny, pousse des cris si lamentables, jette autour de lui des regards si troublés, tombe si tremblant, si désespéré, sous les malédictions anticipées de la postérité, que ce n'est pas seulement la figure du roi de la Saint-Barthélemy que l'on a devant les yeux, mais sa voix, son âme et ses remords?

Que fallait-il à ce Génois, qui, pour aller chercher tout un monde à l'extrémité des mers, frappa si long-temps, sans être écouté, à la porte des cours de Madrid, de Lisbonne et de Londres? un vaisseau. Que manquait-il à Talma pour atteindre l'art théâtral qu'il entrevoyait au loin avec les yeux de sa pensée? un rôle. Il l'a : mais de même que le Génois, après sa découverte, au lieu d'un vaisseau, en obtint dix-sept, puis enfin toute une flotte, de même Talma, quand il eut créé Charles IX, vit en quelque sorte tous les rois du monde abonder dans son cabinet. Chaque peuple lui ouvrit ses annales; chaque poète, fanatisé par le jeune novateur, devint, par imitation, novateur à son tour. Arnault fait lever un voile noir et montre le cadavre d'un jeune homme étranglé [1]. Lemercier introduit le tutoiement parmi ses

---

[1] *Blanche de Montcassin.*

personnages; il transporte à Paris la comédie latine, et Talma joue Plaute. Plus téméraire encore, il se sert d'un changement de dynastie en Portugal pour créer, avec tous les ressorts de la tragédie, une œuvre comique en simple prose [1]. Legouvé lui-même, le chantre doucereux d'Abel et des Femmes, Legouvé dessine Néron, met la lâcheté d'un empereur aux prises avec le courage d'une courtisane. Mais voyez le bizarre arrangement des choses humaines! Chénier avait aidé Talma à substituer la tragédie nationale à la tragédie antique; voici maintenant qu'un homme se présente pour lui mettre dans les mains la tragédie anglaise. C'est Ducis, le compagnon de Shakspeare, de ce Shakspeare dont le génie a porté, à Londres même, le trouble dans les sens du jeune Talma. Avec Ducis, se dresse le cortége funèbre d'*Hamlet*, de *Macbeth* et d'*Othello*. *Hamlet* avait déjà paru; mais Ducis, dans la crainte de heurter le parterre, n'ayant d'ailleurs pour interprète que l'élégant Molé, avait été timide. Avec Talma, il refait *Hamlet*; jusqu'à la fin de sa vie il n'a cessé de le retravailler. Talma le pressait, le tourmentait pour qu'il lui livrât Shakspeare tout entier. Ducis, un soir, s'approchant du jeune acteur, lui avait écarté les cheveux sur le front, en lui disant d'un ton prophétique: *Il y a là de la fatalité* [2]! Dès ce moment Talma se considéra comme placé sous la protection de Ducis; il l'appela — mon parrain; et Ducis ne cessa jamais de le nommer — mon filleul. Ce fut, du reste, une chose consacrée dans la vie de Talma: tous les auteurs dont il a joué les ouvrages sont restés ses amis; ils devenaient des frères d'armes: en effet, ils avaient combattu ensemble. Fort ému à la première représentation de *Clytemnestre* [3], il dit à ses amis qui le rassuraient: « Je tremble pour deux; » — et bien à tort pourtant. Le poète mérita son succès; quant à l'acteur, il eut ce soir-là dans les veines du vrai sang des Atrides.

Au théâtre, comme dans la politique, comme dans la société, l'ancien régime était partout renversé; au point que Larive ayant voulu reparaître dans *Œdipe*, on le trouva ridicule: son manteau à paillettes fit rire, et sembla tout aussi étrange qu'un habit brodé qu'on aurait rencontré à cette époque dans les rues de Paris. Mais de même que deux partis, royalistes et républicains, se disputaient la France, de même parmi les sociétaires de la Comédie Française une scission violente éclata: ceux-ci, par leur position toute de privilége, par leur reconnaissance même pour les bienfaits de la cour, demeurèrent attachés au régime qui croulait; les autres, sans antécédents, n'ayant rien du passé, attendant tout de l'avenir, se livraient avec ardeur à toutes les opinions nouvelles. Cette guerre intestine dut amener un déchirement; deux troupes sortirent d'une seule, la Comédie Française

---

[1] *Pinto*.
[2] M. Ducis, neveu du poète, et beau-frère de Talma, a fait un tableau de cette anecdote.
[3] De Soumet.

se dédoubla, et l'on eut le Théâtre de la République. Talma en fut le dictateur, le Sylla : ne soyez donc pas étonnés si, lorsqu'on lui a offert le rôle de Sylla, il l'a joué avec tant de vérité.

Ce Théâtre de la République exprimait bien réellement les sentiments politiques de la plupart de ses acteurs. Talma était Girondin d'esprit et d'âme ; il était lié avec les Girondins ; c'est bien à tort qu'on voulut, dans un moment de réaction, le jeter dans le parti de la Montagne afin de le perdre. Il fit entendre un soir, du haut du théâtre, ces belles paroles au parterre mutiné contre lui : « Tous mes amis sont morts sur l'échafaud. » David l'ayant averti, par un billet, que ses démarches pour sauver ceux de ses camarades qui étaient en prison, ou que la prison menaçait, tendaient à le compromettre, il lui répondit : « J'aime mieux aller au tribunal révolutionnaire que d'être soupçonné de les y avoir laissé aller. » Mademoiselle Contat et Larive, chacun par une lettre insérée dans les journaux, rendirent un public témoignage à la conduite noble et courageuse de Talma : d'ailleurs, jamais il ne prit une part active à la Révolution ; il se bornait à en partager l'esprit et les idées. « C'est la Révolution qui m'a fait citoyen ; je n'étais auparavant que digne de l'être. » Ces paroles, consignées dans une réponse à un Mémoire de la Comédie Française, sous la date de 1790, expriment très-bien ses opinions. Une seule fois il fit une démarche politique, et ce fut pour s'indigner contre les assassinats juridiques du tribunal de Robespierre ; le 13 mai 1795, orateur d'une députation de la section du Mont-Blanc à la Convention, il vient demander le rapport de l'article 4 de la loi du 12 floréal. « Cet article, dit-il, viole la liberté de penser et d'écrire. » Non-seulement il plaidait ainsi en faveur de cette liberté qui, je ne crains pas qu'elle me démente, l'en remercie, mais il proclamait son éloge et ses bienfaits par ces seuls mots : « Sa compression rendit possible l'horrible usurpation de Robespierre ! » N'importe, malgré tous ces dires, malgré tous ces faits, on tourmenta sa vie par d'amers chagrins : que voulez-vous, quand une opinion triomphe elle ne sépare plus les nuances, même les plus tranchées, de l'opinion contraire, elle confond tout pour avoir plus d'adversaires à proscrire. Marat considérait si peu Talma comme l'un de ses sectaires, qu'un soir, il arriva chez lui à l'improviste, dans le salon même où quelques amis étaient rassemblés pour une fête ; sa présence fit horreur : lorsqu'il fut sorti de ce salon, où certes il n'avait point été invité, on brûla des parfums dans une cassolette pour purifier l'air. Les plaisanteries donnaient la mort dans ces temps de terreur. Talma se vit dénoncé le lendemain par *l'Ami du Peuple*. Mais le bourreau fut forcé de s'arrêter devant cette tête, quoiqu'il ne les distinguât plus à force d'en couper.

Éviter l'échafaud, ce n'était pas se sauver de tous les périls : la misère et la faim, ces deux sœurs jumelles, étaient partout ; sur la place publique, au foyer de chaque famille, tout souffrait. Nos armées marchaient sans souliers à la victoire ; nos artistes ne se nourrissaient plus guère que de renommée ; la foule allait au théâtre, mais la recette n'était que du papier. Plus d'un acteur, au sortir de la répétition, se promenait au Palais-Royal dans l'espoir de rencontrer quelqu'un qui lui offrît à dîner. Monvel, avec un ton de spirituelle insouciance, disait à ce sujet : « Comme Diogène, je vais chercher un homme ; je me contenterais de celui de Platon ! un coq plumé, et, ce qui serait mieux encore, rôti. » Il y avait alors un restaurateur bien modeste, établi dans la rue de la Michodière, où se réunissait toute la jeunesse studieuse ; elle payait peu, quelquefois pas du tout. Deux jeunes hommes s'y rencontrèrent ; un vieux professeur de mathématiques, qui les connaissait, leur servit de lien commun : d'un regard ils se comprirent. Il y a pour les intelligences supérieures un langage muet qui échappe au vulgaire ; dès la première vue, il semble qu'on se soit toujours vu ; elles sont au milieu de la foule comme des compatriotes venant à se rencontrer en pays étranger. Ils étaient à peu près du même âge ; d'une pâle figure, d'un corps maigre ; leur organisation, quoique forte, n'avait pas encore pris son développement. Rien de plus simple que leur costume : celui-ci, remarquable par une culotte de peau ; celui-là, par un habit vert devenu presque jaune. Leur repas n'allait pas au delà de trente-six sous par tête. Il y a loin de ce repas au banquet des rois, à ce banquet où le maître du monde, faisant les honneurs de sa table à tous les monarques qu'il a vaincus et relevés, les conduit ensuite le soir, dans une salle de spectacle splendidement décorée, pour que ces rois, assis au parterre, puissent battre des mains, émerveillés à l'aspect du plus grand acteur du siècle. Les reconnaissez-vous ces deux hommes ; l'un, le premier dans l'art tragique ; l'autre, le premier dans l'art des batailles ? vous les avez vus dîner ensemble dans la rue de la Michodière : c'est Talma et Napoléon.

Les dîners à trente-six sous cessèrent pour Talma avant qu'eût fini la misère publique. Chaque soir, lorsqu'il entrait en scène, le cœur d'une jeune femme à l'œil noir, au teint brun, battait au fond d'une loge ; elle demeurait suspendue aux lèvres de l'acteur ; son imagination la rendait tour à tour Édelmone et Saléma, pour mieux entendre les paroles brûlantes de l'Arabe ou du Maure : son sein renfermait à lui seul autant d'ivresse qu'il en régnait dans toute la salle. Cette femme occupait dans le monde une position exceptionnelle : riche au milieu d'un Paris pauvre, logée dans un hôtel quand tous les hôtels étaient déserts ; mêlée presque en souveraine à la politique, quoique les femmes n'eussent guère de place alors que sur l'échafaud, dans les prisons ou dans l'exil ; liée avec tous les chefs de parti, Mirabeau, d'abord, puis les Girondins, et en même temps recherchée par tout ce qu'offraient de célèbre les sciences et les lettres. Son salon ressemblait à une cour : on sait pourtant comment les cours, comment les salons étaient alors traités. Cette femme aurait été une seconde madame Roland à tous égards si, comme elle, le mariage eût honoré sa vie. Née pour être une Cornélie, le sort en fit une Épicharis. Elle se nommait Julie. Que d'un mot ou d'un regard elle se fût révélée à Talma, et la séduction s'opérait à l'instant. Habituée à commander l'amour, aurait-elle échoué précisément parce qu'elle en devenait esclave à son tour? Mais les femmes ont des délicatesses mystérieuses que nous autres hommes nous ne comprenons pas. Julie, par respect pour sa propre passion, pour l'éclat du nom de celui qui en était l'objet, Julie ne voulut point offrir ce qu'elle jugeait indigne. Qu'imagina-t-elle? de s'épurer en quelque sorte par Talma lui-même, de se donner, non comme amante, mais comme épouse, de sacrifier sa liberté, son plus précieux bien, d'enrichir celui qu'elle adorait de toute sa fortune qui était grande, de mettre devant lui, pour l'avenir, une conduite capable de faire pardonner le passé. Point de bonheur si ce n'est à ce prix : elle préférerait toutes les douleurs d'un amour étouffé. Cet amour est un culte, sa tendresse un encens; elle en appelle au mariage pour tout sanctifier. Ce projet par son côté romanesque plut à Talma; il devint le mari de Julie : son amour-propre contribua à l'entraîner, il put se dire : « Tout me vient, le public, la richesse, les femmes, la renommée; on va vite quand la fortune nous prend sur ses ailes. »

Il faut marquer ici la seconde période du talent de Talma : ce talent offre une trilogie. Dans la première, il a étudié la tragédie dans la rue, avec le peuple. Son jeu en prend le caractère, il est terrible, désordonné, bruyant, il exprime la passion par des gestes multipliés et par des cris. Dans la seconde, il rencontre la tragédie au milieu des salons de Julie, où se trouvaient les Girondins et les hommes dont la parole et l'action influent sur les événements. Il entend discuter sur la paix, sur la guerre, sur les lois, sur la société, et toutes ces discussions ont lieu d'un ton naturel. C'est de la conversation animée sans doute, mais une conversation où l'on ne crie pas, où l'on ne déclame pas; on parle. Aussi Talma sur le théâtre cessera de crier, il parlera; il sera plus sobre de gestes, son jeu deviendra plus vrai à force de simplicité. Dans la troisième, la tragédie se montrera à lui dans les palais, sous la pourpre de César; là, il pourra étudier de près le langage des maîtres du monde. Son jeu alors achèvera de se perfectionner; ce ne sera plus un héros de convention, mais un héros-homme, pour qui l'air habituel est celui des batailles, pour qui la destinée des empires est tout entière dans le calme ou la colère d'un regard. Talma suivit la marche ascendante des esprits supérieurs; d'abord avec le peuple, puis dans une région moyenne, enfin au-dessus de tous.

Souvent, dans le costume de son rôle, il venait donner au parterre des nouvelles de son ancien camarade de table, la culotte de peau. Ces nouvelles étaient datées de Castiglione, d'Arcole, de Rivoli. Avant de partir pour l'Italie, qu'il allait conquérir pour s'essayer à la guerre, Bonaparte s'était aussi marié. La veuve du marquis de Beauharnais l'avait fait entrer dans une ancienne famille. Cette femme devait être le lien mystérieux qui, plus tard, rapprocherait le présent du passé, qui aiderait à mettre la république dans la monarchie. Ainsi Clotilde conduisit tout doucement le Sicambre aux autels chrétiens, réconcilia les vainqueurs et les vaincus. Nous allons bientôt voir Talma prendre la même route. On applaudissait, à son théâtre, une jeune actrice élevée sous le charme et le jeu de mademoiselle Contat. C'était l'ancienne école, la comédie des salons de la haute aristocratie. Elle se nommait Petit-Vanhove. Elle plut à Talma par l'élégance de ses manières, par son bon ton, par son esprit distingué. Il venait près d'elle chercher des conseils; ce fut sa madame de Beauharnais. Julie devina ce qu'elle n'avait point encore surpris; la jalousie la rendit importune. Quand une femme est délaissée, son rôle devient difficile et demande un tact infini, une résignation pleine de douceur; si au contraire elle s'emporte, elle chasse celui qui n'ose partir. Aussi, à la suite d'une querelle violente, Talma prit la fuite, ne reparut plus, et, par une lettre, pria sa femme de donner son consentement à ce qu'entre eux vînt se placer la liberté; nos lois permettaient alors le divorce. La fierté tint lieu de courage à Julie; sa réponse est un chef-d'œuvre d'éloquence : on peut s'en faire une idée en lisant celle de Fanny Butler, elle est aussi belle. Talma contracta un second mariage. Alors, guidé par sa nouvelle compagne, pouvant concilier tout à la fois deux passions, son amour et son art, ayant un professeur dans son ménage, Talma essaya Orosmane et Zamore : il n'osa pas aller plus loin que Voltaire, qui était la transition de Chénier à Racine. Ces essais n'ajoutèrent rien à sa renommée, Othello écrasait Orosmane. Mademoiselle Contat, après l'avoir vu dans ce dernier rôle, dit : « C'est le Maure débarbouillé. »

Au milieu de ces études, il apprit que Julie languissait, atteinte d'une maladie dont les progrès étaient effrayants et rapides. Talma, troublé, prend la plume et lui demande avec instance d'aller auprès de son lit la voir. La réponse fut longue à venir : elle vient enfin; l'heure et le jour où l'on consent à le recevoir sont indiqués. Talma dévore le temps qu'il lui faut attendre : il sort agité; il arrive devant la maison qu'il a délaissée; de longs voiles de deuil la paraient tristement, et tombaient flottants sur un cercueil : Julie s'était là placée pour le recevoir. Talma s'est toujours rappelé ce spectacle affreux comme la cause d'une émotion nerveuse qui alors influa sur sa santé, et qui toute sa vie a laissé dans son âme un sentiment profond de terreur. Comme l'art chez lui profitait de tout, de ses joies comme de ses tristesses, il faut attribuer à cet événement ce que son jeu offrait de sombre et de mélancolique.

Une réaction invincible commençait à se prononcer en France : tout la subissait, la politique comme l'ordre social, les intérêts comme les idées. Le pouvoir, d'abord dispersé aux mille mains d'une convention, puis concentré dans cinq directeurs, avait fini, comme toujours, par aboutir à l'unité. Une épée gouvernait seule, en guise de sceptre; réduite à un vain mot, la république se faisait monarchie. La même influence atteignait la scène; toute la littérature de la révolution n'inspirant plus qu'une sorte de dégoût, Talma se soutenait avec peine au milieu de son répertoire qui tombait en ruine. Le public est cruel et terrible dans ses retours : quand ces sortes de reflux arrivent, ceux qui allaient en avant s'arrêtent tout à coup comme épuisés; alors ceux restés en arrière, reposés en quelque sorte dans l'adversité, qui de sa nature est passive, reparaissent et reprennent la voix : ils condamnent tout ce qu'ils ont laissé faire. Au milieu de cette disposition des esprits, un jeune homme, dont l'accent méridional dénonce le sol où il est né, frappe à la porte du Théâtre de la République, qui, soumis au mouvement réactionnaire, avait changé son nom, et était redevenu le Théâtre-Français à l'aide d'une réunion opérée entre les deux troupes. Quelques hautes protections font ouvrir la porte à ce jeune homme; les sociétaires se rassemblent un matin pour l'entendre, à l'exception de Talma qui, par congé, donnait des représentations à Marseille. Le jeune aspirant répète quelques scènes de l'Oreste d'*Iphigénie en Tauride*. On allait l'éconduire, lorsque Baptiste aîné, ayant autorité par son expérience et par son caractère, dit à ses camarades : « Ce n'est pas encore là du talent, sans doute, mais néanmoins, s'il débutait ce soir, nous aurions demain pour le voir tout Paris. » Ces mots appellent Dugazon; il s'approche en disant : « Je me charge de lui. » Dugazon avait dans sa tête tous les souvenirs de Lekain; il les transmit à son élève qui, peu de temps après, au moment où une nouvelle absence de Talma laissait la place vide, parut pour la première fois dans Achille, devant 800 francs de recette; à la seconde soirée, la recette s'éleva à 5,000 francs. Il continua ses heureux débuts par Orosmane, Tancrède, Vendôme, Gengis-Kan, Mahomet, tout le répertoire de Lekain. Les débris de l'ancienne société de Paris l'accueillent avec délire; ils retrouvent en lui tous leurs plaisirs passés, leur jeune âge, toute la tragédie telle qu'elle existait sous un régime qui plaisait à leur goût, à leurs opinions et à leurs habitudes, qui peut-être va revenir puisque l'ancien théâtre est revenu. Lafont, car c'était lui, est l'homme de la réaction dramatique.

Talma, son congé fini, assiste attentif dans le fond d'une loge, seul avec son esprit observateur, à une représentation de *Tancrède*. A la sortie du spectacle il prend Monvel par le bras, le conduit sous les galeries du Palais-Royal, et pendant cette promenade lui dit : « J'ai été Cromwell, il faut que
» je sois Guillaume d'Orange. Je me ferai le lien de tout ce qui a été fait
» dans mon art et de tout ce qui reste à faire. — Je te seconderai, lui ré-
» pond Monvel, j'ai vu Lekain. — J'y compte; Dugazon l'a transmis à ce
» jeune homme par la mémoire, toi tu me le donneras, ami, par ton intel-
» ligence. »

A dater de ce moment, il s'effaça, cédant la scène pour en faire les honneurs à celui que les plus modérés appelaient son rival. Mais chez lui, en silence, dans son cabinet rendu impénétrable, concentrant toute la puissance de sa réflexion sur les chefs-d'œuvre de notre théâtre, invoquant Corneille, Rotrou, Racine, Voltaire, Crébillon, La Harpe, Lafosse; demandant à Monvel comment Lekain les avait compris, s'imprégnant de leur esprit, ne vivant qu'avec l'histoire, qu'avec la poésie de l'antiquité, étudiant Achille et Néron dans Homère et dans Tacite, ayant l'air de se résigner au sort que le public lui faisait, il se bornait à dire à ses amis qui cherchaient, les uns à le consoler, les autres à exciter son zèle : « Laissons-le passer. »

Lafont s'enivrait de ses succès, et il le pouvait, car ils étaient grands; il comptait par triomphes chaque rôle de l'ancien répertoire : *Zaïre, vous pleurez;* — *il s'en présentera, gardez-vous d'en douter,* — tous les mots célèbres de Lekain étaient retrouvés. Mais voilà que tout à coup celui à qui l'on a voulu ravir sa renommée s'élance comme la lionne à qui l'on enlève ses petits; il arrive, il débute, oui, il débute, car c'est un homme inconnu, un talent jusqu'ici ignoré; c'est un acteur qui n'est rien encore et qui veut tout être. Il joue les deux Oreste, Néron, OEdipe, Rhadamiste, Achille, Cinna, Horace, le Cid, Abner, Tancrède, Vendôme, Gengis-Kan, Spartacus, Coriolan, Fayel, Bayard, Arsace, Ladislas, César, Brutus, Sévère, Antiochus, Nicomède; puis quand il a montré au public étonné, ravi, enthousiasmé, tout ce qu'il a trouvé de jeune dans ces vieux rôles, revenant sur lui-même, il reprend Macbeth, Hamlet, Othello, Pharan, non plus comme une composition ancienne, mais toute nouvelle. De même qu'il avait transporté le présent dans le passé, le voilà, par un effet contraire, qui transporte le passé dans le présent : il a mis Macbeth dans OEdipe, puis, par un prodige non moins inattendu, il met OEdipe dans Macbeth. Arnault, dans la coulisse, l'embrasse et lui dit devant un cercle nombreux et pendant que le public le redemandait à grands cris après Macbeth : « Tu devrais paraître en tenant d'une main Sophocle et de l'autre Shakspeare. »

Va-t-il se perdre d'orgueil au sein d'un tel triomphe? jugez-en : quand on lui parle de ce qu'il fait, il parle de ce qu'il compte faire; quand on le félicite d'avoir reculé les bornes de l'art, il les montre bien plus loin; il s'agit maintenant, dit-il, de les atteindre; et il dit cela d'un ton triste, comme s'il doutait de ses forces, il agrandit à dessein la carrière pour qu'on croie qu'il y entre à peine, qu'il en est aux premiers pas. Il se considère, à la lettre, comme un débutant. Si l'on énumère en sa présence quelques-unes des beautés neuves et hardies qu'il a introduites sur la scène; si, par exemple, on lui cite son jeu de physionomie, son geste, sa pose, son maintien dans Cinna, lorsque Auguste, informé de la conspiration, lui reproche d'être un ingrat, il répond : « Mais tout cela n'est point joué; Monvel est si

» vrai, il me transporte si bien à Rome, qu'il me fait Cinna lui-même. Il
» m'atterre, il m'accable, moi, confondu près de lui où je suis assis tout
» tremblant sous la sévérité de sa parole. En vain je veux me lever pour
» cacher ma honte sous une attitude fière, il m'oblige à retomber sur mon
» siége : il m'y cloue. » Si l'on analyse le sens profond qu'il donne à ce mot
pourtant si simple d'Achille, *Votre fille vivra!* il s'écrie : « Ne vous y
y trompez pas, c'est du Lekain, du Lekain tout pur. — Eh pardieu, mon
filleul, réplique vivement Ducis avec un petit ton charmant de colère, *Vous
y serez, ma fille*, est dans Euripide, et Racine n'en est pas moins Racine. »
La colère de Ducis ne change pas cette nature heureuse et modeste. Aussi
la foule se passionne pour ce travail qui produit toujours de nouvelles merveilles, la salle des Français n'est plus un lieu de délassement, un rendez-vous de frivole plaisir : on y accourt pour s'instruire, pour étudier; on y est comme à la bibliothèque royale en présence des chefs-d'œuvre de l'esprit humain. Chaque soir on se dit : Voilà le terme; le lendemain le terme est dépassé. Ainsi quand on venait voir travailler Michel-Ange, dans son atelier, à la statue de David presque achevée, on se disait : C'est parfait : on revenait une seconde fois, c'était tout autre chose, et pourtant rien ne semblait changé. Un coup de ciseau a créé le regard, et ce regard donné au marbre a fait un roi.

Entré dans ce fleuve de succès, par lequel Talma devait arriver à Manlius, création qui ne se trouve qu'une fois dans la vie d'un artiste, les plus douces, les plus vives émotions lui venaient de chaque bord. Héros au théâtre par fiction, un héros en réalité lui rappelait des souvenirs bien chers, et pour lui pleins d'orgueil. Quand il avait besoin d'un modèle, il regardait au cœur de l'Allemagne et de la Prusse, Austerlitz et Iéna. Napoléon lui rendait facile l'étude de l'antiquité, en réunissant dans lui seul tout Plutarque. On m'a raconté qu'à l'une des représentations d'*Iphigénie en Aulide*, dès la première scène, un supplément du Moniteur arrive annonçant le gain d'une bataille : laquelle? comment se le rappeler? chaque courrier en apportait une; les acteurs s'interrompent; on le lit au public dont il excite les transports; puis la tragédie ayant reçu son cours, ces deux vers retentissent :

> Mais qui peut dans sa course arrêter ce torrent!
> Achille va combattre et triomphe en courant.

On devine avec quelle vivacité le parterre saisit l'allusion. Alors Talma paraît; on crut voir Achille lui-même; plus encore qu'Achille, celui dont on venait de dire les exploits. Ainsi la présence de Talma se mêle à une victoire nationale. Le lendemain un de ses amis le rencontre et l'aborde par cette parole : « Tu as été beau comme le Moniteur. »

Achille pourtant n'avait pas encore atteint dans l'esprit de Talma toute sa perfection; il l'a travaillé pendant quinze ans. « J'ai été obligé, disait-il, de » lutter contre Racine lui-même, et quel lutteur! Heureusement Homère » m'a servi de second. Achille était, pour ma nature, trop Français, trop » chevaleresque; il ne m'allait pas très-bien; je l'ai ramené de force sous » les murs de Troie, où je suis plus à l'aise. » Il appliquait, du reste, ce travail plus ou moins long, mais également opiniâtre, à tous ses rôles. « Je » change, je corrige, je modifie sans cesse, mais tout cela dans le silence » et le secret de ma pensée, disait-il encore; puis le soir, au théâtre, je » remplis de mon âme cette composition idéale, et si l'inspiration m'arrive, » si je m'exalte, je me livre à moi-même, afin d'aller encore plus loin que » le travail de ma pensée. »

Le soin de sa renommée, l'amour de son art ne lui eussent-ils point suffi, son bon et son mauvais génie étaient là pour l'aiguillonner. Le mauvais génie, Geoffroy, relevait toutes ses fautes avec acharnement. Geoffroy s'était mis à la tête de la réaction littéraire, et, caressant Lafont, il déchirait tout à la fois Voltaire, comme philosophe, Talma, comme novateur. Son bon génie, au contraire, lui donnait des conseils pleins de goût, de raison et d'intelligence. Mais quel était-il? les contes de fées pourraient seuls nous le dire. Invisible, inconnu, ce génie, ange ou démon, pendant dix années et plus n'a pas cessé d'écrire à Talma, sans se nommer, et j'ignore si jamais il se fit connaître. Chaque fois que Talma jouait, il était sûr de recevoir le lendemain, par la poste, une lettre sans signature, qui le jugeait avec un sens profond. Ce correspondant mystérieux avait vu Lekain, et ses lettres, conservées dans les papiers de Talma, sont un parallèle plein de justesse et de science entre ces deux grands acteurs. On voit par ces lettres que les conseils qu'elles donnaient portaient leurs fruits. « Dans les » quatre premiers actes d'Oreste, vos progrès sont remarquables, dit l'une » de ces lettres; les défauts que je vous ai signalés ont disparu. Vous luttez » maintenant avec Lekain, et tous deux avec des qualités différentes vous » balancez la victoire; mais dans le cinquième acte, Lekain succombe; » comme vous il n'était pas descendu aux enfers, apparemment, car il ne » rendait pas, comme vous, les Euménides visibles. Ce sont là vos compa» gnes; elles le tuent. »

D'autres conseils lui venaient aussi et de bien haut : le lendemain d'une représentation de *la Mort de Pompée*, l'Empereur lui dit : « Je ne suis pas » complétement satisfait; vous fatiguez trop vos bras : les chefs d'empire » sont moins prodigues de mouvements; ils savent qu'un geste est un » ordre, qu'un regard est la mort : dès lors ils ménagent et le geste et le » regard. A moi, par exemple, combien de fois un signe du doigt ne m'a-t-il » pas suffi pour mettre en feu trois cents pièces de canon, et pour donner » à trois cent mille hommes tout un royaume à conquérir. Il est aussi un

» vers dont l'intention vous échappe ; vous le prononcez avec trop de
» franchise :

<blockquote>Pour moi qui tiens le trône égal à l'infamie.</blockquote>

» César ne dit point ce qu'il pense. Tant de batailles livrées ne lui ont pas
» donné le pouvoir souverain pour lui faire mépriser la royauté, qui, à la
» bien voir, est la puissance parvenue à son dernier terme ; mais il a besoin
» de flatter les vieilles idées de Rome, et de ne pas blesser ses soldats qui
» l'écoutent. Ne faites pas parler César comme Brutus. Quand l'un dit qu'il
» a les rois en horreur, il faut le croire ; mais non pas l'autre. Marquez
» cette différence. » Cette intimité, d'un côté chaque jour plus bienveillante, de l'autre toujours plus respectueuse, ajoutait à l'éclat de l'artiste. Aussi l'hiver ses salons s'ouvraient comme un rendez-vous pour les illustrations scientifiques, littéraires et artistiques, auxquelles se joignaient tous ces personnages de cour qui suivent la faveur du maître partout où elle se répand. Talma avait ce qu'à Paris on appelle un grand état de maison.

On lui a reproché, bien à tort, de la prodigalité ; elle venait uniquement d'une insouciance complète pour ses affaires, défaut habituel des artistes. Sa charmante villa de Brumoy, qu'il embellissait sans cesse, et que Ducis a célébrée en jolis vers, était la cause de ses plus grandes dépenses. On lui disait : « Vos arbres devraient pousser des feuilles d'or. » Mais où se vidait sa bourse, c'était dans les aumônes ; jamais un artiste pauvre ne fit un inutile appel à sa bienfaisance. Il reçut un jour à Bruxelles, où il donnait des représentations, la lettre d'un vieux comédien retiré, qui lui demandait un billet pour le voir jouer, n'ayant pas de quoi en payer le prix. Talma le lui envoya, en l'invitant à déjeuner pour le lendemain ; il vint. « Eh bien ! comment m'avez-vous trouvé ? » lui dit Talma en allant au-devant de lui. Le comédien répondit avec naïveté : « Bien beau ! — J'aime à vous croire, » on est toujours beau quand on fait une bonne action. Je jouais à votre » bénéfice, monsieur, la recette vous sera comptée ; ne me refusez pas, je » vous devais ce faible service : vous êtes mon ancien. »

Il aimait à montrer tous ses grands rôles aux Tuileries. La cour éclairée de Napoléon savait le comprendre, et de plus, Napoléon était là. Il disait un soir, après la représentation, à ceux qui le complimentaient : « Vos » éloges ajoutent à mon orgueil, et cet orgueil m'est bien permis ; jamais » acteur joua-t-il devant une telle assemblée ! De plus, j'étais l'interprète » de Corneille, et j'avais devant moi l'Empereur. » Cette cour, où on le traitait en enfant gâté, ne pouvait offrir aucun piège à son ambition toute renfermée dans son art ; car, même dans les plus simples conversations, il ne touchait jamais à la politique : d'autres piéges l'attendaient. Les Tuileries rassemblaient les plus belles femmes de l'empire ; les femmes sont attirées par la gloire et se rangent volontiers autour des Louis XIV et des Napoléon. Il y avait là, parmi elles, des reines et des princesses souveraines. Les Éléonores sont partout où se trouvent des âmes poétiques comme celle du Tasse; Talma ne devint pas fou, mais souvent il tremblait au souvenir d'Ovide; il se disait : « Mes yeux ont vu ce qu'ils n'auraient pas dû voir. » Sa prudence le mit à l'abri du soupçon et de ces colères qui renferment la foudre.

Un autre sentiment, l'amitié, lui offrait des charmes sans périls. A l'honneur de son caractère, il se trouva que, parmi ses amis les plus chers, se rencontraient des hommes d'une opinion politique contraire à la sienne. Il vécut dans la plus grande familiarité avec M. Bellard jusqu'au jour où, devenu magistrat, M. Bellard se laissa emporter par les événements. Ils avaient été camarades au collége; ils se tutoyaient. Il aimait comme un frère M. Gay de Montagnac, que la Restauration fit gouverneur du château de Pau. Ayant rencontré en voyage l'un de ces hommes dont le nom est chaque jour plus cher à la France, M. de Martignac, ils se lièrent, s'écrivirent; leurs lettres échangeaient à la fois la bienveillance, l'estime et l'esprit. Talma écrivait d'une manière remarquable. La preuve en est entière dans une notice sur Lekain, qu'il a publiée; petit chef-d'œuvre de raison, de clarté et de goût. Poète aussi, ses rôles, dans les ouvrages nouveaux, se corrigeaient sous son vers facile. Que d'auteurs ont dû leurs succès à ses conseils, que de scènes refaites d'après ses idées! C'est M. de Martignac qui lui rendit compte des débuts de Ligier à Bordeaux, et qui le lui recommanda. Ce début n'avait été qu'une espérance; mais peu de temps après, le secrétaire de M. de Martignac, ayant retrouvé Ligier à Poitiers et montant en diligence à ses côtés, lui dit : « Vos progrès sont si rapides, monsieur, qu'il vous faudra bientôt les honneurs de la chaise de poste. » Cette simple politesse est devenue une prophétie.

Il avait aussi beaucoup de penchant pour Alibert, premier médecin des rois Louis XVIII et Charles X. Alibert le fit trouver un jour chez lui avec M. de Boulogne, célèbre par son éloquence dans la chaire évangélique. Il les plaça près l'un de l'autre à table, l'évêque ne se doutant guère quel était son voisin. Il avait exprimé aux Tuileries, dans une conversation, ses regrets de ne connaître le talent de Talma que par l'enthousiasme public. Les plaisirs du théâtre lui étaient interdits, et s'il eût cherché à se trouver avec un acteur dans un salon, sa curiosité aurait pu paraître trop mondaine. Alibert voulut lui ménager une rencontre à son insu, et qui eût l'air d'être fortuite. Après le dîner, l'évêque s'approche du docteur. « Vous m'aviez placé, lui dit-il, près d'un convive charmant. Quel est-il? — Un Anglais, il joue un grand rôle au parlement. — C'est merveilleux qu'un étranger puisse parler notre langue avec cette pureté! J'aurais dû me douter, cependant, qu'il est Anglais, car dans sa causerie il se sert à propos des vers de Shakspeare, de Milton et de Pope.—Vous me donnez l'idée de lui en faire réciter. » Alibert s'approche du faux Anglais, semble le prier ; tout le monde se joint à lui, car tout le monde était dans la confidence. « Non, messieurs, dit Talma, point de Shakspeare ici, je reçois une hospitalité trop cordiale pour ne pas emprunter des vers à vos grands poètes. Je vais vous donner du Corneille. Tout homme lettré, en Angleterre, est familier avec vos chefs-d'œuvre. » Alors Talma se pose au milieu du salon ; on l'entoure ; on se tait. Avec un sentiment exquis des convenances, le grand tragédien choisit l'admirable défense des chrétiens, par Sévère, dans *Polyeucte*. A peine a-t-il dit les premiers vers, que l'évêque s'écrie : « Vous êtes Talma! »

Qui le croirait! dans toute la force de l'âge, Talma voulut s'emparer d'avance des rôles qu'il réservait pour sa vieillesse. Il joua Auguste dans *Cinna*. Cette représentation offrit un effet singulier. On sait que le rusé Octave affectait la simplicité, et le public, dont l'éducation n'était pas achevée, ne put comprendre un empereur romain sans or ni broderies, — car Talma, on le pense bien, était mis comme Octave ; — les journaux eux-mêmes se plaignirent. Talma fit une concession ; son manteau se colora de pourpre : mais point d'or, pas la moindre broderie ; il eut le courage de rester simple. Après cette tentative, ouvrant la Bible, il en fit sortir Joad. A l'aspect du successeur d'Aaron, orné de la tiare, le lieu profane devint le lieu saint, le théâtre se changea en tabernacle : ce fut la voix des prophètes lorsque d'un accent inspiré il s'écria :

Pécheurs, disparaissez! le Seigneur se réveille.

Cette malédiction, « pécheurs, disparaissez! » Talma l'accompagna d'un geste si terrible, d'un regard si plein de colère, que l'on crut voir la multitude pécheresse fuir épouvantée, qu'on l'entendit tomber, rouler et bondir jusqu'au fond des abîmes. Kean assistait à cette représentation. Pour louer Talma, et flatter en même temps l'orgueil de l'acteur anglais, on lui dit : « C'est Garrick. » Kean répliqua : « C'est Isaïe. » L'esprit d'un tel rôle poursuivait Talma à ce point, qu'un matin son beau-frère Ducis s'inquiétant de le trouver silencieux et rêveur, il lui répondit : « Quand je joue le soir Joad, je suis comme le prêtre qui se recueille avant de monter à l'autel. »

Enfin, il nous offrit le pauvre roi Charles VI, délaissé dans son vieux palais des Tournelles, n'ayant plus pour royaume que ses douleurs, pour couronne que ses cheveux blancs, et demandant, avec des accents doux et plaintifs, du pain. L'art ne pouvait aller plus loin, ni la vie de Talma non plus. Lekain mourut après s'être élevé à la plus grande hauteur dans Vendôme ; Talma expira après Charles VI. Il emporta, avec sa vie et sa pensée, la grande image d'Agamemnon qu'il rêvait et qu'il allait nous faire voir plus que jamais roi des rois. Ainsi Lekain et Talma disparurent en rassemblant, pour ainsi parler, dans leur dernier éclat tous les feux de leur gloire.

La tête de Talma offrait le type grec dans toute la pureté d'une médaille athénienne frappée au temps de Périclès. Sa physionomie se prêtait à toutes les impressions : naturellement mélancolique, elle devenait terrible lorsque le tragédien voyait, dans Oreste, les Euménides avec leurs cheveux sifflants, ou bien, dans Hamlet, le sceptre d'un père sortir du tombeau pour demander vengeance. Son bras charmant le servait à ravir pour harmoniser, sans travail, ses gestes, toujours empreints d'une grâce infinie. Sa voix pénétrait le spectateur jusqu'au fond des entrailles; il y avait dans cette voix une action magnétique; il savait, lorsqu'il lui fallait représenter Rhadamiste mourant sur des drapeaux ensanglantés, la changer, l'altérer, l'affaiblir graduellement, sans cesser, pour cela, d'être entendu de toute la salle, quoiqu'il semblât n'avoir plus, au lieu de la parole, qu'un souffle presque éteint. La science du costume, il la portait au plus haut degré; il était réellement grec ou romain. Avec la couronne de lauriers, et le manteau tout parsemé d'étoiles d'or, il n'y avait pas à s'y méprendre; c'était Néron.

Ceux qui ont essayé de découvrir l'un des secrets de son talent, ont cru le trouver dans l'accord admirable de son débit et de sa pantomime; le vers parlait à la fois par sa bouche et par toute sa personne. Quelquefois même il suppléait au génie du poëte. Il disait des choses admirables, et que le public comprenait à merveille, quoiqu'il n'eût pas un vers, pas un mot à dire. Il se passait de l'intermédiaire des paroles pour aller de l'âme à l'âme. Les grands rôles qui ont fait sa renommée, il les aimait avec passion; à l'exemple d'un amant, ils le rendaient jaloux, témoin celui d'Oreste qu'il ne jouait jamais sans se plaindre qu'Hermione fût un rôle plus beau, sans regretter qu'il eût été l'objet d'une prédilection toute particulière du poëte. « Racine, disait-il, m'a laissé trop à faire. » En général, dans tous ses grands rôles il s'élevait à une sphère d'où, une fois placé, il ne descendait plus : chaque représentation l'y montrait nouveau, car toujours l'inspiration lui amenait des beautés imprévues. Dans plusieurs autres rôles, il n'était pas sublime avec autant d'uniformité; quelques parties languissaient; mais tout à coup, comme s'échappant de ce sommeil, de cette nuit, il lançait des éclairs éblouissants, ce qui ferait croire que sa langueur provenait d'un calcul. Peut-être aussi le poëte n'ayant pas été égal, il avait par là interdit à son interprète la faculté de l'être. S'il nous fallait l'apprécier d'une manière générale, nous dirions : Talma, comme Tacite parmi les historiens, a été l'acteur de la pensée, Lekain celui de la passion amoureuse ou jalouse.

Je ne sais si je suis parvenu à donner une idée exacte de Talma à ceux trop jeunes pour l'avoir vu. Madame de Staël, sans doute, y réussira mieux. Elle lui écrivait : « Vous êtes, dans votre carrière, unique au monde, et » nul, avant vous, n'avait atteint ce degré de perfection où l'art se combine » avec l'inspiration, la réflexion avec l'involontaire, le génie avec la raison. » Eh bien, après tout ce que j'ai raconté dans mon office de narrateur, fort simple, mais scrupuleux, après les paroles de madame de Staël, auxquelles on ne peut refuser une autorité imposante, le lecteur, fût-il même frappé de surprise, il me resterait encore à lui dire comme l'orateur d'Athènes : « Que serait-ce donc si vous l'aviez entendu! »

AUDIBERT.

MÉHUL

MÉHUL

NÉ EN 1763, MORT EN 1817.

Aujourd'hui, lorsqu'il naît un enfant dans une famille, on ne fait plus tirer l'horoscope de cet enfant, on ne court plus le placer sous l'invocation d'un saint ou d'une madone; on dit seulement : Nous en ferons un soldat, un avocat, un médecin. Souvent le soldat devient curé, l'avocat se fait médecin, le médecin avocat; celui dont on a voulu déterminer l'avenir trompe nos espérances; il dédaigne ou quitte brusquement la route tracée; qu'importe? Sa supériorité ne consiste pas dans le plus ou le moins de soumission aux ordres d'une prétendue destinée, dans le plus ou le moins de confiance en l'autorité d'un saint ou d'une sainte, mais bien dans la persuasion où il vit que l'étude et le travail sont les principales bases de toute fortune.

L'homme que nous avons à faire connaître n'appartient pas à une de ces maisons dans lesquelles on se préoccupe long-temps à l'avance du sort de ceux qui sont chargés de les perpétuer. Vous verrez en lui une des meilleures preuves de la supériorité que nous signalons, quand vous saurez qu'il dut sa renommée de grand musicien aux efforts et à l'application du virtuose, et non aux inspirations du prédestiné.

On ignore quelle fut au juste la profession du père de Méhul. Les uns lui donnent le grade d'officier adjudant du génie, les autres le font tout simplement aubergiste dans la ville de Givet. Il est possible qu'il ait été l'un et l'autre. Cependant la dernière version a prévalu, par la raison que les biographes trouvent piquant de prendre à la charrue ou à l'étable le héros qu'ils doivent montrer plus tard sur un trône. Telle est du moins l'observation du critique Castil-Blaze, qui a beaucoup écrit sur la vie de Méhul, et qui certes eût volontiers confondu dans cette judicieuse observation portraitistes et biographes s'il avait su qu'un artiste moderne s'occupait de représenter le compositeur lui-même en habit de gâte-sauce, jouant du violon devant je ne sais quel personnage de la cour de Louis XVI [1].

Ce tableau est resté dans l'oubli comme tant d'autres; justice a été faite de l'erreur qu'il semblait près de propager. Il est certain que Nicolas Méhul ne vint à Paris qu'à l'âge de seize ans, qu'il y fut conduit par un colonel de la garnison de Charlemont, homme d'esprit et mélomane distingué, et que dans aucun temps il ne fut élevé comme devant succéder à son père.

Étienne-Nicolas Méhul était né le 24 juin 1763. Son enfance s'écoula bien tranquille et bien obscure; mais, comme il est convenu que tout homme de génie doit se révéler par un trait quelconque, voici celui que l'on prête au futur musicien. Se trouvant un jour parmi des militaires dont l'habitude était de venir *festiner* chez l'aubergiste de Givet, il sauta sur les genoux de l'un d'eux, s'empara de la croix de Saint-Louis fixée sur sa poitrine, et fit tout son possible pour en rester maître. L'historien de cette équipée assure que tous ceux qui en furent témoins prédirent à l'enfant un avenir glorieux, ce dont la mère conserva long-temps la mémoire; et il ajoute naïvement : « Jamais prédiction ne fut hasardée avec aussi peu de chances de succès : Méhul était loin d'avoir l'humeur belliqueuse; dans tout le cours de sa vie il ne monta pas une fois en voiture ou en bateau sans trembler; les cheveux lui dressaient sur la tête quand il pensait au danger qu'on court en allant à cheval; il ne comprenait pas qu'on pût tirer un coup de pistolet. »

Je souscris à tout cela volontiers, car celui qui l'avance fut l'ami de Méhul; mais je ne puis accepter la conclusion générale qu'il veut qu'on en tire, quand l'histoire est là pour prouver que plusieurs grands capitaines ont eu dans le caractère d'aussi ridicules faiblesses, et quand il reconnaît lui-même dans les productions de l'artiste une prodigieuse énergie et une puissance morale extraordinaire. Qui donc peut savoir ce que serait devenu Méhul, si, au lieu d'un organiste qui lui inspira le goût de la musique, le hasard lui eût fait rencontrer un sergent qui eût bien voulu prendre la peine de lui communiquer le goût des armes ?

La mère de Méhul, comme toutes les mères passionnément éprises de leurs enfants, voulut donner au sien un état qui l'éloignât peu de la maison paternelle. Elle avait décidé de lui faire apprendre l'horlogerie; mais, en attendant l'époque de son apprentissage, elle accepta les offres d'un joueur d'orgues, qui, en échange de quelques bouteilles de vin et de quelques plats d'écrevisses, s'engagea à dégrossir le petit Nicolas, et à lui ménager,

---

[1] Le même sort infligé à Jean-Baptiste Lulli enfant, trouverait au moins sa justification dans le séjour réel que fit l'artiste à la cuisine d'une princesse française, de Mademoiselle de Montpensier, pour qui on avait rapporté cette *curiosité* de Florence, comme dans un autre temps on lui aurait rapporté un épagneul de Londres.

disait-il, pour le reste de ses jours, les moyens d'une agréable et douce récréation.

Les anciens organistes étaient un peu de la famille des sonneurs. L'organiste de la paroisse de Givet ne formait point exception à la règle ; le sens nécessaire à l'appréciation des liquides se trouvait développé chez lui en raison de l'absence d'un autre sens dont il était complétement privé, celui de la vue. En tous points il se montra maître fort assidu, et les parents purent calculer l'instruction de leur fils d'après les vides de leur cave.

Bientôt Nicolas Méhul fut assez adroit pour jouer de petits airs sur le clavecin, et sa mère prenait plaisir à les lui faire répéter devant tout ce qu'elle pouvait trouver de gens de bonne volonté parmi ses connaissances. Il paraît que ce fut de tout temps une habitude, en province comme dans la capitale, dans le petit comme dans le grand monde, de mettre ainsi à l'épreuve la patience de ses amis. Méhul était très-docile ; il écorchait, par obéissance, les oreilles des bons habitants de Givet ; mais tout allait pour le mieux, parce que ces derniers n'avaient d'autre point de comparaison que le talent de leur aveugle. Heureusement le temps avait fui, et le jour approchait où Nicolas devait faire sa première communion. Pour consommer cet acte important, il fut conduit à la Val-Dieu, abbaye de Prémontrés située sur les bords de la Meuse, entre Givet et Charleville. C'est dans cette abbaye qu'il connut le célèbre Guillaume Hanser, et qu'il reçut de lui les premières notions de la science. Sur la simple garantie du contre-pointiste allemand, M. Lissoir, abbé de la Val-Dieu, se chargea d'élever l'enfant, de lui faire oublier, pour des études réelles et sérieuses, le déluge de chansons dont sa tête était remplie. Hanser lui apprit les règles du contre-point rigoureux ; il excita son émulation, remua sa jeune intelligence, et le rendit bientôt apte à toucher de l'orgue pendant les offices du matin. La mère de Méhul, informée de cet avancement, ressentit une joie bien vive. Elle ne voulut plus faire de son fils un horloger, mais un moine de l'abbaye la plus considérable de la contrée, mais un maître de chapelle entouré de considération et largement rétribué.

Suivant toute apparence, notre musicien devait se fixer à la Val-Dieu ; sa réputation semblait peu destinée à franchir les murailles du cloître. Un contemporain nous apprend cependant que Méhul y resta à peine deux années, et qu'il revint ensuite dans sa ville natale, où ses amis le proclamèrent le premier organiste de l'univers. On se demanda s'il demeurerait à Givet ou s'il retournerait chez les religieux ; le colonel *** décida la question en prenant avec lui la route de Paris.

Nicolas Méhul, livré à lui-même dès son entrée dans la capitale, fut contraint de donner des leçons pour subvenir à ses dépenses. La portion de bénéfices qu'un autre eût consacrée au plaisir, il l'employa, lui, à se perfectionner et à s'instruire ; il suivit les cours d'Edelman, qui ne tarda pas à le présenter à Gluck. C'était en 1780, époque à laquelle la gloire de ce prince de la musique chancelait, bruyamment attaquée par les fanatiques partisans de son rival d'outre-monts. Méhul ne prit aucune part dans la querelle des piccinistes et des gluckistes ; mais, toujours animé de la même ardeur, il étudia dans leurs œuvres les idoles encensées, et retira de ce travail plus d'un enseignement favorable à son ambition naissante.

Il n'avait encore publié qu'un recueil de sonates pour le piano ; un autre recueil allait paraître, il le laissa là pour s'essayer dans le genre dramatique. En 1782, dans un concert spirituel, on entendit son ode sacrée sur des paroles de Jean-Baptiste Rousseau, et, en 1786, son duo de *Zoroastre*, dédié à la Société des Enfants d'Apollon. Ces deux morceaux, qui eurent beaucoup de succès, devaient servir de prélude à des succès beaucoup plus grands, beaucoup plus dignes. Méhul, continuant d'essayer ses forces, composa trois opéras, *Psyché*, *Anacréon*, et *Lausus et Lydie* ; quelques amis seulement furent appelés à les juger. Après bien des encouragements, se sentant assez exercé pour soutenir l'épreuve d'une grande représentation, il écrivit *Alonzo et Cora*, qui fut reçu à l'Académie royale de Musique. Hélas ! combien savent, par expérience, qu'il y a loin d'une pièce reçue à une pièce jouée, quand une réputation déjà faite ne parle point en faveur de l'auteur, quand une volonté supérieure ne force point la main au directeur du théâtre. Méhul l'éprouva cruellement. Six années se passèrent sans qu'on songeât à réaliser à son égard des promesses et des engagements formels ; six années de sollicitude et d'ennuis, durant lesquelles il regretta plus d'une fois ces jours calmes et faciles passés dans le couvent des Prémontrés, où il consacrait au service religieux et à la culture des roses les heures qu'il dérobait à l'étude. Disons-le, parce qu'il n'y a ici ni bonne ni mauvaise honte, le courage de Méhul fut ébranlé. Son amour pour la musique, expansif et confiant comme tout amour de jeune homme, devint plus réfléchi, plus timoré, et son humeur, naturellement enjouée, reçut le contre-coup de cette métamorphose. D'ailleurs, la question de gloire n'était pas la seule qu'il eût à résoudre : voici une anecdote qui le prouve.

Peu de temps après sa présentation à Gluck, notre provincial obtint d'assister à la dernière répétition d'*Iphigénie en Tauride*. Curieux de voir comment le public en jugerait, et n'ayant pas d'argent pour revenir le lendemain au théâtre, il eut l'idée de se blottir dans le fond d'une loge, et d'attendre ainsi, sans boire ni manger, la prochaine levée du rideau. Par hasard un surveillant le découvre et le conduit devant Gardel, alors maître de ballets. Ce régisseur pouvait envoyer le coupable en prison ou lui donner une place gratis : il fut assez sensible pour se laisser toucher par des excuses franches et naïves, assez généreux pour faire le sacrifice de la place. Méhul s'en alla coucher dans son lit, mais à l'heure de la solennité il ne fut pas, on peut le croire, le dernier des spectateurs pour qui s'ouvrirent les portes de l'Opéra.

Iphigénie réussit au delà de toute espérance : on cria au chef-d'œuvre ; et Méhul, qui s'y était attendu, trouva à peine des paroles pour exprimer sa joie. Cette candeur naturelle, qui, à une certaine époque de la vie, nous fait aimer jusqu'au bonheur des autres, existait chez lui dans toute sa force. Il n'en fut pas de même quand les illusions de l'artiste eurent reçu quelques atteintes; on le vit un jour pleurer à la seule audition d'une pièce de clavecin, intitulée *la Coquette* [1], et s'écrier avec désespoir : « Jamais je n'atteindrai ce degré de perfection. » *La Coquette* existe encore, elle est surtout curieuse parce qu'elle donne la mesure de l'excessif découragement de Méhul alors qu'il venait d'achever l'ouvrage le plus remarquable de l'école française. *Euphrosine et Coradin*, exécuté par les sociétaires du Théâtre Favart le 4 septembre 1790, fut comparé à tout ce que l'on avait fait de beau. Voici les propres paroles de Grétry, qu'on sait avoir été fort jaloux de l'auteur.

« On était loin de s'attendre à des effets terribles sortant de l'orchestre
» de l'Opéra-Comique ; Méhul l'a tout à coup triplé par son harmonie vigou-
» reuse, et surtout propre à la situation. Je ne balance point à le dire, le
» duo d'*Euphrosine* est peut-être le plus beau morceau d'effet qui existe.
» Je n'excepte pas même les plus beaux morceaux de Gluck. Ce duo est
» dramatique. C'est ainsi que Coradin furieux doit chanter, c'est ainsi
» qu'une femme dédaignée doit s'exprimer. La mélodie en premier ressort
» n'était point ici de saison. Ce duo agite pendant toute sa durée; l'explo-
» sion qui est à la fin semble ouvrir le crâne des spectateurs avec la voûte
» du théâtre. Dans ce chef-d'œuvre Méhul est Gluck à trente ans. Après
» avoir bien entendu ce morceau, dont le mérite, à mon gré, est d'être
» vigoureux sans prétention et sans effort pour l'être, je destinai de bon
» cœur à mon ami Méhul l'épigraphe que Diderot avait jadis placée sous
» mon portrait :

Irritat, mulcet, falsis terroribus implet,
Ut magus.

» Il semble effectivement que c'était pour l'auteur du duo d'*Euphrosine*
» qu'Horace fit ces vers [2]. »

Le succès inespéré de Méhul décida l'Académie royale de Musique à faire représenter *Alonzo et Cora*. Mais cette production ne répondit pas à l'attente générale, soit qu'elle se ressentît de la faiblesse et de l'hésitation d'un compositeur encore trop jeune, soit que le public du Théâtre National ne

---

[1] Musique de Herman, très-appréciée dans ce temps-là.
[2] *Essai sur la Musique*, tome II, page 59.

pût croire au génie d'un compositeur du pays. Nous adoptons, nous, cette dernière hypothèse. Les connaisseurs néanmoins surent gré à *Alonzo* d'avoir servi de coup d'essai ; et il rentra dans les rayons dont il avait eu tant de peine à sortir.

M. Castil-Blaze fait remarquer, à ce sujet, que les deux hommes qui, dans les derniers temps, ont mis le plus d'élévation et le plus de vigueur dans leur style, Méhul et Cherubini, si souvent couverts de lauriers sur les théâtres lyriques secondaires, n'ont obtenu que de médiocres succès quand ils ont écrit pour l'Académie royale. Cette particularité, que l'écrivain constate sans en rechercher la cause, s'explique naturellement, quant à Méhul du moins, par un seul mot : Il était Français. On sait en effet que notre grand Opéra, malgré ses prétentions à la nationalité, est de tout temps resté ouvert aux compositeurs allemands et italiens, qu'il a maintes et maintes fois fait appel à leur talent, et que même, quand deux rivaux se sont présentés, l'un de Paris, l'autre de Milan ou de Vienne, c'est toujours au second qu'il a donné la préférence. Cette façon de procéder est encore de mode aujourd'hui. A d'autres le soin de la caractériser : nous dirons cependant qu'il a eu pour résultat fâcheux, non de vicier le goût en France, mais de le faire dévier au profit des musiciens étrangers : nous dirons que nous avons été enrôlés sous les bannières de Meyer-Beer et de Rossini, comme nos pères l'avaient été sous celles de Piccini et de Gluck, quoiqu'il existât une musique française, une musique naturelle, originale, qui a ses droits de bourgeoisie, et qui, sous un régime véritablement protecteur, saurait bientôt s'élever au niveau de notre littérature, dont le mérite n'est plus contesté.

Méhul était homme d'esprit autant que grand musicien : ne voulant pas soutenir contre l'administration une lutte inégale, il renonça au grand théâtre, pour se consacrer désormais à Favart et à l'Opéra-Comique. Là ses triomphes n'eurent pas tout le retentissement que l'autre scène leur eût valu ; mais ils furent si fréquents et si largement mérités, que les *dilettanti* les plus exclusifs reconnurent un troisième parti dans la dispute qui divisait le monde musical, et placèrent Méhul à la tête de ce parti. De fait, *Euphrosine et Coradin*, *Stratonice*, *Ariodant*, avaient déjà porté le virtuose au rang des premiers maîtres. *Uthal*, *l'Irato* et *Joseph* ajoutèrent à sa renommée, en ce sens qu'ils fournirent la preuve de la grande souplesse de son intelligence, également capable de réussir dans tous les genres. La partition d'*Uthal*, qui parut en 1805, n'est en réalité qu'un tour de force. Privée complétement du concours des violons, elle intéressa au plus haut point, quoiqu'elle fît dire à Grétry ce mot à double face : « Je donnerais un louis pour entendre une chanterelle. » La partition de *l'Irato* ou *l'Emporté* se recommande par un style purement imitatif, comme l'annonce son titre. Celle de *Joseph*, écrite sous l'influence de pensées graves et religieuses, est beaucoup plus dans le sentiment de l'école rivale. Elle mérita l'honneur d'être indiquée par la commission pour le prix décennal, et plus tard celui d'être exécutée, sous le nom d'*oratorio*, dans une fête célèbre donnée à Milan par le comte Castelbarco.

Le répertoire de Méhul se compose de quarante pièces dramatiques, de six symphonies à grand orchestre, d'un recueil de sonates pour le piano, et d'une foule d'hymnes et cantates de circonstance, telles que *le Chant du Départ*, *le Chant du Retour*, *le Chant de la Victoire*, l'air de Roland dans *Guillaume-le-Conquérant*, etc. ; citons encore, comme un de ses chefs-d'œuvre, l'admirable ouverture du *Jeune Henri*.

Deux de ses pièces disparurent du théâtre par ordre de l'autorité ; *Adrien*, pour avoir blessé certaines susceptibilités politiques ; *Phrosine et Mélidore*, pour avoir offensé la prétendue morale du temps. Toutes les autres furent reçues avec plus ou moins d'enthousiasme ; aucune n'a démenti les promesses d'*Euphrosine et Coradin*, les engagements de *Stratonice* ont été tenus.

Des esprits chagrins ou envieux lui ont reproché avec amertume d'avoir abusé des moyens d'effet au point de confondre le bruit avec l'énergie, de s'être laissé emporter par l'entraînement de la composition au delà des exigences de la scène, de s'être aussi parfois trop arrêté à caresser une idée heureuse et d'avoir reproduit cette idée jusqu'à satiété. Mais ces défauts, qu'il avouait d'ailleurs en les attribuant soit à l'exagération de l'époque, exagération dont il était obligé de faire la part, soit au besoin qu'il avait de produire, et à la prédilection qu'un auteur ne peut s'empêcher d'accorder à ses œuvres ; ces défauts, dis-je, ne diminuent en rien la gloire de Méhul. Beaucoup s'honoreraient d'avoir fait *la Dansomanie*, *les Aveugles de Tolède*, *la Journée aux Aventures* et deux ou trois autres pièces également censurées, quand bien même ils n'auraient pas à inscrire sur leur catalogue les titres d'une foule d'ouvrages irréprochables.

En général, le maître se distingue par une facture savante, par une force et une puissance de style que le chevalier Gluck posséda éminemment, mais qu'il ne sut pas toujours dépouiller de sa rudesse native. Méhul réunit encore à ces qualités une profonde connaissance de l'harmonie, et de plus une légèreté et une grâce dont le talent seul de Paesiello, au temps où ce compositeur était l'idole de l'Italie, put approcher.

Paesiello fut maître de chapelle du premier Consul. Forcé de retourner dans son pays, il laissa l'emploi vacant : tous les yeux se tournèrent vers l'homme du jour. Bonaparte aussi pensait à lui ; mais on raconte qu'ayant lu dans le *Journal de Paris* un article qui semblait dicter son choix, il fit écrire aussitôt à Lesueur pour lui annoncer sa nomination. Méhul reçut, dès cet instant, une pension de deux mille francs, et fut admis au nombre des habitués de la Malmaison.

Par la suite, l'Empereur eut une plus belle occasion de témoigner son estime à l'artiste. Visitant les places fortes du Nord, et s'étant arrêté à Givet, il accueillit ainsi un vieillard qui venait lui parler de son fils : « Méhul » est un grand musicien et un honnête homme ; je suis charmé de voir son » vieux père ; à mon retour à Paris, je m'empresserai de lui en donner des » nouvelles. »

En effet, Napoléon se rendit un soir à l'Opéra-Comique, fit venir Méhul dans la loge impériale, et s'acquitta de sa commission devant plusieurs témoins.

Celui-ci aurait pu exploiter la faveur dont il était l'objet ; il aurait pu, s'étayant sur l'autorité d'un mérite reconnu et d'une réputation justement acquise, demander des places, solliciter des récompenses. Loin de là, on le vit toujours sacrifier aux principes de la plus stricte probité, donner des preuves de désintéressement, et concourir, de tous ses moyens, à ce qu'il appelait le développement de l'art. Il publia un rapport sur l'état de la musique en France, et un autre sur les travaux des élèves pensionnaires du gouvernement à Rome.

Méhul introduisit le premier dans l'orchestre l'usage des instruments à vent [1], dont on a quelquefois abusé depuis. Il fut nommé, en 1797, inspecteur au Conservatoire. En 1815, cette institution étant modifiée et l'inspecteur supprimé, on le choisit pour diriger la classe de composition à l'Académie royale de Musique ; il appartenait déjà à l'Institut et était depuis long-temps membre de la Légion-d'Honneur.

Fidèle au caractère distinctif de la plupart des hommes de sa profession, il se montra jusqu'au dernier moment insouciant des biens de ce monde. Sa bourse fut la bourse de ses parents, celle de ses amis, de ses écoliers, de tous ceux enfin qui, sous le plus léger prétexte, se présentaient pour y puiser. Dans un voyage qu'il fit à Givet, il pria sa tante de venir habiter Paris avec lui. Comme elle y consentait non sans jeter des yeux remplis de larmes sur un jeune garçon qu'elle avait pris en affection : « Eh bien ! dit » Méhul, l'enfant sera du voyage. »

M. Daussoigne, dont Méhul venait de fixer ainsi la destinée, s'est constamment placé à la hauteur d'une généreuse et illustre protection. On le considère, après Hérold, comme le meilleur élève de Méhul. Sa reconnaissance et son dévouement furent sans bornes. Il exécuta, vers 1820, le travail nécessaire pour la reprise de *Stratonice* à l'Académie royale de Musique ; il acheva ensuite l'œuvre posthume de son maître, *Valentine de Milan*, qui fut représentée à Feydeau avec grande solennité le 28 novembre 1822. Quand les auteurs furent nommés, une couronne d'immortelles tomba sur le théâtre ; Ponchard la suspendit au buste de Méhul, et prononça d'une

---

[1] On ne les avait encore employés que pour des chœurs isolés.

voix émue trois couplets de circonstance, dont il ne faut considérer que le sens; ils se terminaient par ces vers :

> . . . . Des enfants du génie
> Le nom n'est jamais oublié,
> Et celui de Méhul s'allie
> Avec la gloire et l'amitié.

A Givet on agit tout différemment. Ayant à cœur de faire bien les choses, et ne voulant point, pour honorer la mémoire d'un compatriote si renommé, donner une pièce dont la musique ne fût pas de lui seul, la société philharmonique s'assembla dans la salle ordinaire de ses séances, et décréta qu'elle choisissait l'*Ariodant*. On se distribua les rôles, on se mit en campagne pour réunir les instrumentistes dispersés. Au jour de la cérémonie, la toile d'un théâtre improvisé se leva devant une foule avide d'émotions, parmi laquelle figurait, avec le maire de la ville, le sous-préfet de l'arrondissement. Un homme vêtu de noir vint faire trois saluts, et les paroles suivantes sortirent de sa bouche : « Messieurs, notre premier violon, » le notaire, vient d'être appelé auprès d'un malade; notre second violon, » le médecin, est parti, il y a une heure, pour dresser un acte de mariage; » notre troisième violon est en Belgique : nous n'exécuterons pas ce soir la » partition d'*Ariodant;* mais nous allons vous jouer le poème. »

Nicolas Méhul eut aussi ses jours de détresse. Il contracta mariage avec une demoiselle Gastaldi, qui se chargea de lui apprendre combien cet état convient peu au tempérament d'un poète. Mademoiselle Gastaldi, après avoir recueilli la part temporaire d'hommages réservée à ses attraits, crut, en persécutant son mari, lui inspirer un autre fanatisme, le fanatisme du ménage : il arriva que les époux se séparèrent.

D'un autre côté, les trop grandes libéralités de Méhul le jetèrent par moments dans un état de véritable misère. Nous connaissons une lettre écrite de sa main et adressée à Elleviou, dans laquelle il supplie ce chanteur de hâter certaine représentation, s'il ne veut pas que l'auteur de *Stratonice* et d'*Ariodant* soit exposé *à mourir de faim*.

Mais ce n'était pas de faim que devait mourir le grand compositeur : il devait succomber à une maladie pulmonaire, rebelle à tous les traitements. Les médecins l'envoyèrent, en désespoir de cause, respirer l'air de la Provence. « L'air qui me convient le mieux, écrivit Méhul à ses collègues de l'Institut, » est celui que je respire parmi vous. » Il quitta bientôt la petite ville d'Hyères, ses riants jardins, l'ombrage de ses orangers, et, chargé des ovations qu'on lui offrit partout sur son passage, revint à Paris se reposer sous des cyprès.

Il expira le 18 octobre 1817. Cent quarante musiciens exécutèrent en son honneur le *Requiem* de Jomelli : ils le suivirent, accompagnés d'un nombreux cortége, jusqu'à sa dernière demeure, au cimetière de l'Est, où l'attendait Grétry.

Nicolas Méhul était âgé de cinquante-quatre ans.

JULES AMIC.

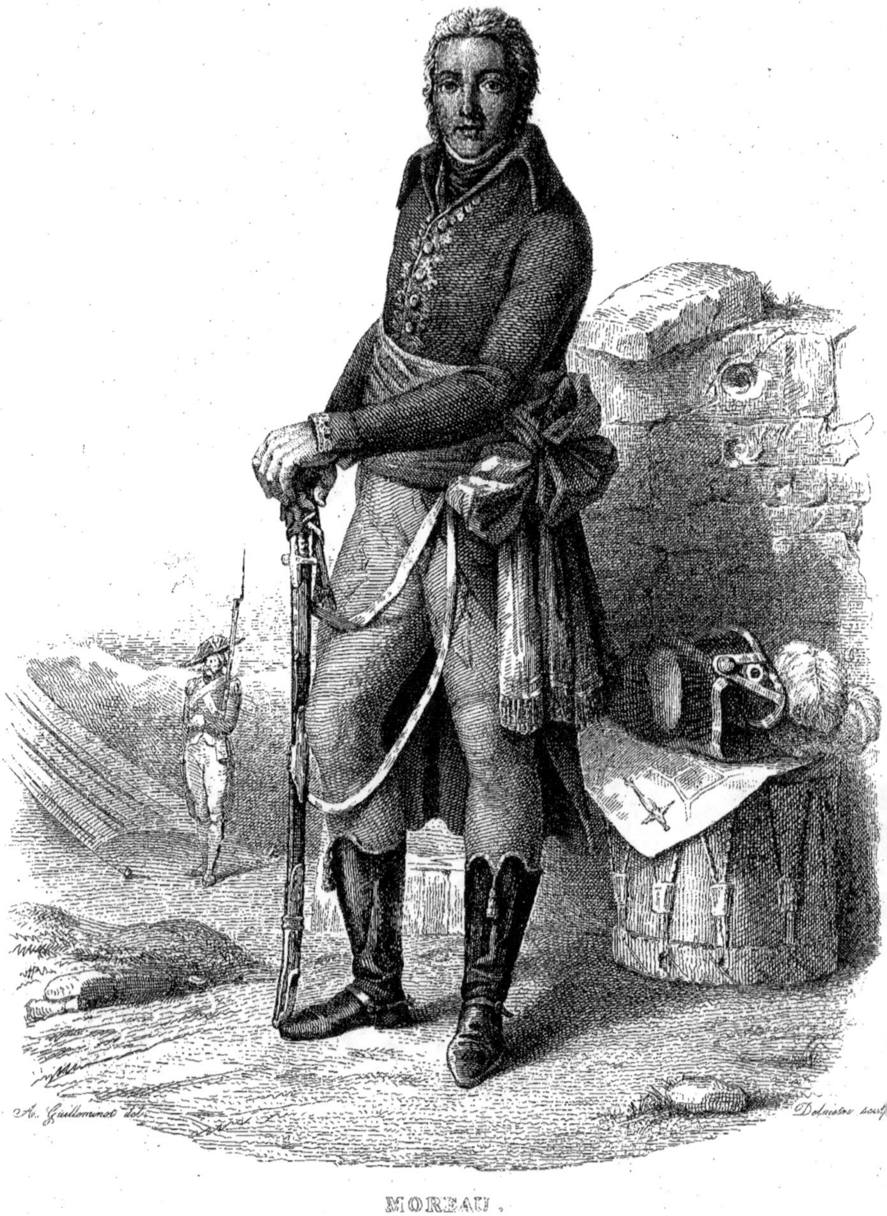

A. Guillominot del.   Delaistre sculp.

MOREAU.

Impie Gény-Gros, rue du Plâtre, 28 Paris

MOREAU

NÉ EN 1763, MORT EN 1813.

Jean-Victor Moreau naquit, le 11 août 1763, à Morlaix, en Bretagne. Fils d'un avocat, destiné lui-même au barreau, comment, après une des carrières militaires les plus glorieuses, devait-il passer par les États-Unis pour venir en Allemagne mourir dans l'état-major de l'empereur Alexandre?

Moreau n'avait pas dix-huit ans, lorsqu'oubliant l'exemple et le vœu paternels, il déserta l'étude du droit pour s'enrôler. Son père, ancien praticien, homme vénérable, que le peuple de Morlaix appelait le père des pauvres, ne découvrant pas, dans l'élève en droit, le général Moreau et l'émule d'un autre élève qui étudiait alors à l'école de Brienne, parvint à faire annuler l'engagement. Moreau, un instant soldat, reprit à Rennes l'étude du droit.

On eût dit que les troubles qui éclatèrent en Bretagne, quelques années avant la révolution, devaient offrir au jeune Moreau, revêtu de la dignité scolaire de prévôt de l'école de droit de Rennes, l'image de sa position future dans l'armée et dans l'état. Les événements commençaient à le porter; ils allaient renouer l'engagement que son père avait rompu.

Les troubles de la Bretagne avaient eu pour cause, dans cette province toute parlementaire, de grands changements que le cardinal Loménie de Brienne avait voulu imposer à la magistrature. Prévôt de l'école de droit, Moreau se trouvait naturellement à la tête de la jeunesse de Rennes, qui soutenait la magistrature dans son opposition. A la fois prudent et intrépide, deux qualités guerrières que, plus tard, il devait pousser si loin, Moreau mérita le nom de général du parlement. Son père, en le faisant rentrer dans la carrière judiciaire, lui avait préparé un rôle politique sans le prévoir, et il fallait que ce rôle, pour répondre à la première vocation du jeune homme, prît un caractère militaire.

L'attitude qu'il conserva pendant les troubles était habile, et propre à lui donner une influence qu'il obtint en effet. Lorsqu'il voit dans la ville de Rennes que le mécontentement arrive à l'état d'émeute menaçante, et que l'effusion du sang est à craindre, dans les journées du 26 et du 27 janvier 1787, il intervient comme médiateur, et montre le crédit qu'il s'est acquis, en pacifiant la ville. Le gouverneur, pensant peut-être que Moreau, qui semble tenir l'émeute dans ses mains, est plus gouverneur que lui, donne plusieurs fois l'ordre de l'arrêter. Le *général du parlement* se maintient dans sa position de chef de la résistance, et paraît tous les jours dans les rues et sur les places de Rennes avec une faible escorte d'étudiants : on n'ose pas mettre la main sur lui. Plus tard, en 1788, il montre l'esprit de conciliation qui lui était naturel ; il se rallie aux mesures modérées du gouvernement et les appuie, toujours sans titre particulier, mais avec le crédit dont il continue à jouir.

Déjà les affaires de Bretagne étaient liées à la situation générale de la France, et la promesse d'une prochaine convocation des états-généraux venait d'y retentir. Moreau et la jeunesse avaient donné toute leur adhésion à cette mesure immense qui déterminait l'avenir du pays, tandis que les anciens nobles et les parlementaires de la Bretagne y étaient opposés. Le mode de convocation des états-généraux ne leur convenait pas. Il convenait à la bourgeoisie, surtout aux jeunes gens. Moreau, en présence de cette scission, opta pour le parti de la bourgeoisie et de la jeunesse : il était jeune et bourgeois ; d'ailleurs, il suivait l'impulsion même donnée par le gouvernement.

La situation faisait avancer Moreau en grade ; au commencement de 1789, Moreau était à la tête des réunions armées que formèrent les villes de Rennes et de Nantes contre le parlement et les états de Bretagne. Ainsi, les ressorts de l'ancien gouvernement se dissolvaient, et ne pouvaient plus régler ni contenir les intérêts opposés et les idées ennemies. Au dedans et au dehors, ces idées cherchaient déjà leurs champs de bataille.

Une confédération générale de la jeunesse bretonne se forma à Pontivy en 1790. Moreau, l'ancien général du parlement, en fut nommé président : titre bizarre, alliance ou confusion du civil et du militaire, expression assez nette de la situation particulière de Moreau, qui devint en même temps commandant du premier bataillon de volontaires qui s'organisa dans le département du Morbihan. Il se rendit avec ses volontaires à l'armée du Nord, et sa carrière fut fixée.

Moreau est arrivé à l'armée. La révolution gronde, le 10 août approche. Moreau, libre enfin de satisfaire la passion de sa jeunesse pour l'art militaire, s'y abandonne tout entier. La révolution l'a fait soldat, voilà ce qu'il lui doit. Qu'elle marche, il ne s'en préoccupe pas : elle fait marcher les armées. Moreau, qui, même sous l'ancien régime, avait voulu s'engager avec la perspective lointaine et douteuse de quelque brevet de capitaine, se trouvait, par la révolution, à la tête d'un bataillon, et bientôt l'ami de Pichegru, son général. Ce qu'il y a de remarquable ici, c'est que l'enthousiasme militaire de Moreau n'est, au fond, que peu révolutionnaire, quoiqu'il lui soit toujours resté une certaine empreinte de 89, assez forte pour ajouter à l'irrésolution de son ambition politique. Il n'est pas même distrait par la pensée d'introduire quelques modifications dans le système que lui ont laissé Turenne et Condé, Turenne surtout : pour le jeune tacticien, pour l'amant de la science militaire en elle-même, il n'y a pas eu de révolution. La guerre des masses, la grande guerre de Napoléon, n'est pas la sienne. Non pas qu'avec la promptitude et le tact de son coup d'œil, qu'avec cette énergie de commandement, cette habileté qu'il a tant de fois montrée à disposer des hommes et du terrain, on ne doive penser que Moreau eût fait mouvoir les masses les plus imposantes; mais on dirait qu'il ne cherche pas même l'occasion d'innover dans un art qu'il aime. Esprit large, mais tempéré, n'ayant éprouvé qu'une seule ardeur bien vive, celle des armes : celle-là satisfaite, il reste fidèle à l'étude de la théorie et de la pratique militaires, telles qu'il les a trouvées.

Cette époque était éminemment propre à développer le génie militaire : la guerre était partout et continuelle. Les frontières de la France tendaient à se déplacer de tous côtés, et l'on ne savait pas où elles s'arrêteraient. Il y a à peine un an que Moreau est à l'armée, et déjà il s'est assez distingué pour qu'à la fin de 1793 Pichegru le fasse nommer général de brigade, et, peu de temps après, le 14 avril 1794, général de division. Dès lors, il commande un corps séparé, destiné à la Flandre maritime : et le tacticien, le disciple des anciennes théories militaires, se signale par une suite de siéges heureux. Menin, Ypres, Ostende, Bruges, Nieuport, le fort de l'Écluse se rendent à l'habileté consommée du nouveau général. Il débute ainsi par la prise de six places. Puis, dans cette grande campagne d'hiver de 1794, contre la Hollande, commandant l'aile droite de l'armée de Pichegru, le profond théoricien a des hardiesses presque révolutionnaires : pour le moment, l'époque l'entraîne. Il traverse avec ses troupes des fleuves et des bras de mer sur la glace, et, la conquête faite, il indique, avec une haute sûreté de vues, le plan qui peut la conserver.

C'est le premier acte de sa carrière militaire. Il est ensuite nommé au commandement en chef de l'armée du Rhin et de la Moselle.

On a de la peine à suivre Moreau dans cette campagne de 1796. Soit qu'il s'avance, soit qu'il se retire, soit qu'il fasse preuve de prudence ou d'audace, il bat toujours l'ennemi, et il a sous ses ordres des généraux comme Desaix. On reconnaît, sur ces mêmes lieux où Turenne fut si grand et abaissa si profondément l'Autriche, on reconnaît une guerre à la Turenne, mais aucune des témérités sublimes d'un Condé ou d'un Napoléon.

Resté seul après la retraite de Pichegru, il commence par forcer, aux environs de Franckenthal, le camp du général Wurmser, qui se réfugie à Manheim, seconde ville du grand-duché de Bade. A Kehl, il met en fuite les troupes autrichiennes, et fait un grand nombre de prisonniers. C'était s'ouvrir la porte de l'Autriche. Moreau marche alors contre la grande armée autrichienne, qui était cantonnée dans le Brisgau, et là il se trouve en présence de l'archiduc Charles, le meilleur général de l'ennemi. Par l'habileté de ses manœuvres, il force le prince à évacuer le Brisgau, et le pousse toujours vers l'intérieur de l'Allemagne. Puis, quand il a cru trouver l'occasion d'un succès, il l'attaque à Rastadt, le 7 juillet ; malgré la résistance opiniâtre du général autrichien, il le force à battre en retraite sur Ettlingen, et là, il remporte une victoire complète. Depuis le Brisgau, depuis Kehl, peut-être, Moreau cherchait cette victoire.

Après Ettlingen, Moreau avait toujours marché en avant, malgré les efforts d'un habile ennemi. L'archiduc Charles sentait que l'Autriche était menacée ; il se retirait, mais lentement. Les Autrichiens essuyèrent trois nouvelles défaites, à Constadt, à Berg et à Ettlingen. Ainsi, le même champ de bataille garde le souvenir d'une double victoire de Moreau.

Du Rhin, le général français était arrivé au second fleuve de l'Allemagne, au Necker. Il ne lui restait plus que d'aller au Danube, c'est-à-dire à Vienne ; Vienne, une des capitales de la coalition, et dont la prise, pour un général victorieux, était presque en France le pouvoir suprême ; Vienne, dont Bonaparte, alors en Italie, méditait déjà la conquête ! C'est alors que l'archiduc fait une tentative désespérée pour arrêter Moreau, et la lutte est si obstinée, qu'au moment où se retirent les Autrichiens, Moreau, qui reste vainqueur, songeait lui-même à la retraite.

L'archiduc avait dû aller s'appuyer sur le général Wartens Loben. Moreau se trouvait en face d'un nouvel ennemi, le général Latour, qui sans cesse recevait des renforts considérables. A Friedberg, Moreau est vainqueur, comme il l'a déjà été à Ettlingen. C'est encore une victoire décisive qui doit le porter sur le Danube, comme la première l'a porté sur le Necker. Après cette défaite du général Latour, Moreau voulait en effet passer le Danube et aller au secours de Jourdan, qui avait fait du côté de Ratisbonne une invasion parallèle à la sienne, mais qui venait d'être écrasé et mis en déroute par des forces supérieures. C'est alors que Moreau entreprit de toutes ses retraites la plus célèbre ; qu'il revint de l'Allemagne centrale aux frontières de France sans qu'un ennemi supérieur en forces réussît à l'entamer. Il le bat, au contraire, à plusieurs reprises. Il traverse la Forêt-Noire, et n'est point arrêté par les embuscades que lui cachent ses étroits et obscurs défilés : il se retire, mais toutes les fois que l'ennemi se présente, il le culbute. Il faut que sa retraite soit complète, et qu'on ne puisse pas dire qu'elle ressemble aucunement à une fuite. Il arrive intact sur le Rhin : alors il se retourne, et, s'appuyant sur Huningue et le fort de Kehl, il tient là en échec, pendant deux mois, toutes les forces de l'Autriche, deux fois plus nombreuses que les siennes. Puis, en février 1797, il se rend à Cologne et procède à la réorganisation de l'armée de Sambre-et-Meuse. Il en cède le commandement au général Hoche, et se porte encore sur le Haut-Rhin. C'est alors qu'eut lieu le mémorable passage de ce fleuve par Moreau, en présence de l'armée autrichienne, le 20 avril 1797. L'armée autrichienne est rangée en bataille sur l'autre rive ; Moreau passe le fleuve et met en déroute cette armée, à laquelle il fait quatre mille prisonniers. Vingt pièces de canon, nombre de drapeaux et d'équipages tombent au pouvoir du vainqueur. Enfin, il reprend le fort de Kehl, qui avait coûté à l'ennemi un siége de deux mois et ses meilleurs soldats.

C'est à cette époque que la situation générale du pays réagit sur la situation particulière de Moreau.

Il est temps d'examiner ce qu'était ce grand général à l'égard de la politique. Comme tant d'autres, il avait été porté par le mouvement de 1789 ; mais, pouvant choisir, s'il l'avait voulu, entre la carrière politique et la carrière militaire, c'était la dernière qu'il avait préférée. Avait-il pensé que plus tard elle le rendrait à la politique ? on ne peut le croire. La guerre était sa vocation ; la politique fut pour lui d'un intérêt secondaire : c'est pour cela qu'il y fut lui-même secondaire, sans cependant y rester étranger, comme tant d'autres généraux. Moreau, en 1792, est à l'armée du Nord : la nouvelle du 10 août y arrive, et, malgré sa modération naturelle, le trouve plein d'enthousiasme. La république est proclamée. Pendant qu'il commence à remporter ses grandes victoires, son père monte sur l'échafaud, à Brest, et succombe sous l'accusation banale de fédéralisme. Moreau ne se plaint pas, ne proteste pas, et reste à l'armée. Il semble que, sa part faite, et cette part c'était la guerre, il recule autant qu'il peut devant toute intervention dans la politique, même pour la mort d'un père. Enfin, le bruit de la chute des girondins, parmi lesquels il avait beaucoup d'amis, vient retentir jusque dans son camp, et il laisse échapper des expressions de regret et de mécontentement ; mais c'est là tout : il n'intervient pas ; il reste général.

Fatiguée du joug des assemblées, la France gravitait vers l'unité du pouvoir exécutif. Il fallait une halte, un repos après les convulsions révolutionnaires, avant de passer du présent à l'avenir. Cette période intermédiaire fut le Directoire. Mais les secousses avaient été si violentes, le principe de l'autorité était lui-même si décrié par une longue anarchie, et la révolution avait tant fait litière d'hommes supérieurs dans l'ordre politique, qu'il ne restait plus guère debout que les lâchetés et les corruptions qui ont formé le personnel du Directoire, cette impuissance constituée. Aussi, plus d'un général tenta-t-il d'appuyer sur sa position et son crédit militaires un changement politique.

Plusieurs faits autorisent à penser que Moreau, qui avait toujours montré une excessive prudence dans les affaires d'état, se souvenait de l'exemple de Dumouriez, et était bien loin d'imiter les incartades maladroites d'Augereau, qui ne cachait pas ses prétentions ridicules au pouvoir. D'un côté, il savait apprécier les difficultés mieux que les esprits ordinaires, et de l'autre, il n'avait pas cette énergie extraordinaire qui les fait surmonter. Enfin, Pichegru conspire contre le Directoire : c'est sa première conspiration. Il est avéré que Moreau en a eu pleine connaissance par une correspondance qui est tombée en son pouvoir; et lui-même, lorsqu'il voit la réaction du 18 fructidor et Pichegru déporté, il croit nécessaire d'envoyer au Directoire les pièces qui prouvent la conspiration et qui démontrent la culpabilité de Pichegru envers le gouvernement. Il publie même un ordre du jour où il accuse ce général devant l'armée, et où il qualifie sa conduite de trahison. Cette tardive accusation contre son ancien général mécontenta les royalistes et les républicains. Moreau fut mandé à Paris. Le Directoire ne se montra pas satisfait des explications d'un général qui ne lui révélait une conspiration que lorsqu'elle était connue, et qui attendait, pour éclairer le pouvoir sur ses dangers, que ces dangers fussent passés. On n'osa pas cependant lui faire le procès que Bonaparte lui fit plus tard. Seulement, comme tous les généraux dont les talents et la popularité militaires effrayaient la débilité directoriale, Moreau subit la disgrâce de ce même Directoire qui envoya Bonaparte en Égypte pour se débarrasser de lui. On n'accepta pas même ses plans pour la campagne prochaine : il demanda sa retraite, et s'établit solitairement dans une petite maison, près de Paris, avec son ami le général Kléber, également disgracié.

Moreau continua à se renfermer dans le rôle passif qu'il avait adopté. Le Directoire, jaloux de la gloire et de l'influence des grands généraux, aime mieux nous faire payer sa pusillanimité par des défaites que de recourir à leur épée; Moreau laisse ce pouvoir en proie aux incapacités par lesquelles on le remplace. Sans doute il attend toujours; son tour ne peut manquer de revenir. Tout le monde ne sent-il pas que le pouvoir tombe de lui-même? Ruiné à l'intérieur, le voilà vaincu en Italie, théâtre des brillantes victoires du général Bonaparte. Peut-être le Directoire redoute-t-il moins Moreau que Napoléon, ce génie peu temporiseur : dans sa détresse, il revient à Moreau, et le rappelle à l'activité en 1798.

La destinée de Moreau était de s'immortaliser par ses retraites. Mais, quelque glorieuses que soient ces opérations militaires, quelqu'immenses services qu'elles rendent au pays, ce sont toujours des retraites, et je ne crois pas qu'en France ce soit jamais le moyen d'arriver au pouvoir. Moreau arrivait au moment où Schérer perdait l'Italie, que le général Bonaparte avait si brillamment conquise. Il est assez bizarre que Moreau eût à sauver l'honneur de nos armes là où Bonaparte l'avait si victorieusement établi. Ainsi, le contraste de ces deux destinées paraissait dans les faits : là où la plus belle des conquêtes s'était offerte à Bonaparte, il ne restait plus à Moreau qu'une périlleuse retraite. Il la fit avec vingt-cinq mille hommes que lui avait laissés Schérer, et avec ces vingt-cinq mille hommes il échappa aux quatre-vingt-dix mille de Suwarow, qu'il battit plusieurs fois avant de sortir d'Italie. Aucun général n'avait l'œil plus topographique que Moreau. Au milieu d'une retraite, l'ennemi était tout surpris de lui voir reprendre l'offensive : c'est qu'il avait promptement calculé les avantages d'une position, et que, fort de son habile tactique, il devenait intrépide dans sa sagesse, audacieux dans sa prudence.

C'est à son retour d'Italie qu'on remarqua ses visites fréquentes chez le directeur Gohier. Il était question de relever le Directoire, qui déclinait tous les jours, en y introduisant Moreau. Il refusa, et il ne semble pas qu'on doive le blâmer de ce refus. S'associer au Directoire, qui tombait, eût été sans doute une faute : ne pas savoir se décider à temps, pour un ambitieux, en est une autre. Moreau perdit cette grande occasion de l'absence de Bonaparte et de ses revers en Égypte. Il avait, lui aussi, une énorme popularité militaire; il n'avait peut-être qu'à s'en servir pour devenir un Washington, seul rôle qui eût convenu à sa modération, et se faire proclamer président de la république française, comme il avait été, bien jeune encore, président de la confédération bretonne. Qu'on ne l'oublie pas, le point de départ du général Moreau était la révolution de 1789; et cette révolution, c'était la domination législative, le règne des assemblées. L'opinion publique, d'accord avec l'armée, avec les assemblées mêmes, eût fini peut-être par appeler Moreau au gouvernement s'il n'y avait pas eu un Bonaparte, et c'était sans doute ce qu'aurait voulu Moreau. Le pouvoir pris de vive force ne convenait pas à l'homme resté sous l'impression d'une révolution qui l'avait fait général. Bonaparte n'avait jamais vu, lui, dans cette révolution qu'un instrument. Elle l'avait trouvé, elle ne l'avait point fait soldat. Il n'avait pas pour elle un respect filial, et elle ne lui inspirait aucune terreur religieuse. De principe qu'elle était, il la traduisit en hommes. Cette traduction hardie, Moreau n'était pas capable de la faire. Ancien ami des girondins et général de la république, il ne lui était pas possible de se transformer assez lui-même pour transformer les autres. Produit d'une impulsion générale, il ne pouvait en donner lui-même une personnelle et opposée. En un mot, dans la politique il n'était pas homme d'initiative; il ne savait pas commander aux événements; il se contentait de les suivre.

On sait que Bonaparte était allé en Égypte pour ajouter à son nom un nouveau prestige, et renvoyer ce nom du sein de l'Orient, déjà antique et merveilleux, à travers l'espace. Il n'y avait pas loin de celui que les musulmans appelaient le sultan Bonaparte à l'empereur Napoléon. Le pied sur la terre classique du despotisme, il préparait le 18 brumaire ; il n'attendait plus que l'avilissement complet du Directoire, et le Directoire ne le fit guère attendre. Quand Bonaparte revint d'Égypte, l'opinion publique se porta vers lui avec l'enthousiasme de l'espérance. Moreau, las du Directoire comme tout le monde, dépassé par Bonaparte, qui savait agir en politique, se regarda peut-être comme l'héritier prudent des témérités de son jeune collègue, et il seconda efficacement le 18 brumaire. Mais on le vit bientôt réservé et froid à l'égard du premier Consul, dans lequel il commençait sans doute à reconnaître l'homme qui n'avait pris le pouvoir que pour le garder. Il est probable que Bonaparte, voulant écarter Moreau, et n'osant encore l'attaquer, aima mieux lui offrir l'occasion de nouvelles victoires que de le laisser dans une attitude d'opposition : il lui donna le commandement du Rhin et du Danube.

C'est la dernière et la plus brillante campagne de Moreau. Maeskirch, Eugen, Memmingen, Biberach, Hochstedt, Nedenheim, Northlingen, Oberhausen, enfin, Hohenlinden, grande et décisive victoire, Moreau et son armée à vingt-cinq lieues de Vienne quand les Autrichiens demandent la paix, voilà cette campagne. Encore Vienne sous sa main, et il la laisse échapper, et il laisse Vienne à Bonaparte! C'est qu'il devait lui laisser l'empire.

Tels sont les hommes positifs, spéciaux. La campagne était superbe sans Vienne ; Moreau craint sans doute de la gâter. Il ne comprend pas qu'il est déjà trop grand par sa gloire militaire pour ne pas le devenir plus encore ; il va se trouver plus que jamais en face du premier Consul, et ce que veut dire ce mot, en face, il ne le sent peut-être pas bien encore : pour le comprendre, il faudra qu'il ait vu le pouvoir, de faible et croulant qu'il était sous le Directoire, ne pas reculer devant un procès, même injuste, fait à un homme comme Moreau. Hohenlinden ne suffisait donc plus à Moreau, il lui fallait Vienne ; Vienne était sa campagne contre Napoléon ; c'était dans l'armée, à coups de victoires, qu'il fallait l'attaquer, puisque le pouvoir était dans l'armée, et que c'était par elle qu'on s'emparait de l'état.

Moreau venait cependant de compléter en Allemagne la grande campagne d'Italie du général Bonaparte, en donnant des lois à l'Autriche sur son propre territoire. Bonaparte comprit bien tout ce que Moreau avait fait, et tout ce qu'il aurait pu faire. Il lui offrit publiquement une magnifique paire de pistolets, enrichie de diamants, où « l'on regrettait, lui dit-il, que la place eût manqué pour y graver toutes ses victoires. »

Il ne borna point là ses démonstrations, toutes politiques, à l'égard de Moreau : il voulut lui faire épouser une de ses sœurs, celle qui fut plus tard la princesse Borghèse. Dès lors la destinée de Moreau était fixée : il eût été un de ces rois que Napoléon mit sur les trônes de l'Europe, bien supérieur qu'il était à Murat, à Bernadotte et aux frères de l'Empereur. Il voulut rester le général Moreau. Or, tel il ne pouvait rester vis-à-vis Bonaparte. Le procès qu'on lui fit devait lui être fait tôt ou tard ; procès à l'homme qui avait remporté cette grande et récente victoire de Hohenlinden, qui avait pu aller à Vienne, qui avait refusé la sœur du premier Consul, qui tournait en dérision la croix d'honneur ; qui, lorsque Bonaparte avait institué les sabres d'honneur, premier acheminement à la distinction presque nobiliaire de la croix, avait proposé ironiquement à l'état-major qui l'entourait, dans sa maison de campagne de Grosbois, de voter à son cuisinier, dont on vantait l'habileté, une casserole d'honneur ; propos de table qui allaient retentir jusqu'à la Malmaison. Plus Bonaparte tendait au pouvoir, à la monarchie, plus Moreau montrait la simplicité, la rigidité et l'indépendance républicaines.

Mais comment était-il venu à l'idée de ce Moreau, qui ne s'était pas encore prononcé en politique, de fronder ainsi publiquement le pouvoir du premier-Consul, du fond de sa solitude de Grosbois, et de lui faire une éclatante opposition par son absence constante des Tuileries, où il semblait vouloir méconnaître le soleil levant? C'est qu'un événement venait d'avoir lieu dans sa vie intime : il s'était marié. Moreau avait enfin trouvé, mais trop tard, dans l'âme de la jeune fille qu'il venait d'épouser, cette ambition qui éclate en saillies à la manière des femmes. La belle-mère de Moreau était peut-être encore plus ambitieuse que sa fille. Il suivit l'impulsion qu'on lui donnait, et qui sans doute flattait son penchant.

Moreau était dans ces dispositions quand la conspiration de Pichegru éclata. Bonaparte en profita pour accabler Moreau, ancien ami de Pichegru. Le procès fut inique : on viola toute légalité pour obtenir contre Moreau une condamnation capitale. Le ministère public, le gouvernement, demandaient la mort de Moreau comme exemple, ajoutant qu'il ne pouvait manquer d'avoir sa grâce; un des magistrats répondit : « Et qui nous accordera la nôtre ? » On obtint le plus étrange des arrêts, un arrêt inouï dans l'histoire judiciaire, qui déclarait Moreau *coupable* et en même temps *excusable*. Pendant ce procès, il y avait dans l'armée des rumeurs menaçantes. Le blâme même se fit jour aux Tuileries devant le premier Consul. C'était la popularité militaire du général Moreau qui élevait encore la voix. Ce vif sentiment d'admiration qu'il avait excité chez les troupes parlait pour lui. Ses glorieuses retraites, où il s'était montré si avare du sang de ses soldats ; ses victoires d'Allemagne, les dernières que la France eût remportées; le contraste de tant de gloire et de ce procès, et de cette prison de trois mois au Temple, et de cette hache suspendue sur une tête victorieuse, agissaient puissamment sur l'esprit du soldat. Chaque fois que Moreau, accusé, était mené au tribunal, le poste lui rendait les honneurs militaires; et l'on vit les soldats qui le gardaient lui tendre leurs armes, comme pour lui dire qu'elles étaient à lui, et qu'il n'avait qu'à commander.

Commander en politique, c'était ce que n'avait point su Moreau, et il était trop tard pour qu'il apprît.

Il fut condamné à une prison de deux ans. La belle-mère de Moreau obtint pour lui, à grand'peine, un ordre d'exil, la permission d'aller aux États-Unis, et elle resta en France pour vendre les biens du général, qui furent absorbés par les frais du procès.

Pendant que Napoléon devenait empereur et roi, entrait deux fois à Vienne, épousait une archiduchesse d'Autriche, le vainqueur de Hohenlinden paraissait vivre tranquille, simple particulier, aux États-Unis, dans une terre qu'il avait achetée, près de Morinville, au pied de la chute de la Delaware. Il y resta depuis 1805 jusqu'en 1813. C'est là que la Russie alla le chercher, et offrit à l'exilé, spectateur forcé des gloires de l'empire, une revanche personnelle contre Napoléon; et c'est alors que Moreau oublia qu'entre lui et Napoléon il y avait la France.

Du moment que la ruine de Napoléon était résolue, le nom du général Moreau se présentait comme le seul qu'on pût opposer au grand capitaine. Ce nom de Moreau, qui avait menacé les commencements de Napoléon, devait lui apparaître encore comme un augure funeste, en 1813, vers sa fin; mais, malheureusement pour Moreau, qu'une rivalité ancienne et un repos trop long lançaient sur les champs de bataille, c'était à la tête des armées russes qu'il venait comme le précurseur de la chute de Napoléon. La place de Moreau n'était point là; c'était rompre avec toute sa vie que d'avoir à commander ces armées étrangères qu'il avait tant de fois battues; le vainqueur de Suwarow ne pouvait être le *conseil* et l'*ami* de l'empereur Alexandre, pour parler comme cet empereur parlait de Moreau. Ce rôle de général en chef de la coalition, il ne devait pas le remplir : un boulet français le lui épargna dans la première reconnaissance qui eut lieu du côté de Dresde, le 27 août 1813. On allait voir l'ancienne guerre, pour ainsi dire, en face de la nouvelle, le génie studieux de Moreau en face du génie improvisateur de Napoléon, l'homme de la règle et l'homme de l'inspiration en présence. Cette grande lutte avec un homme qui n'avait pas voulu être le second des parvenus de l'épée, Bonaparte n'eut pas à la soutenir. L'épée de Moreau ne fit que menacer celle de l'Empereur; et ce fut toute la destinée de cet homme, dans l'État comme à la guerre : il manqua d'être le rival de Napoléon.

F. Nettement.

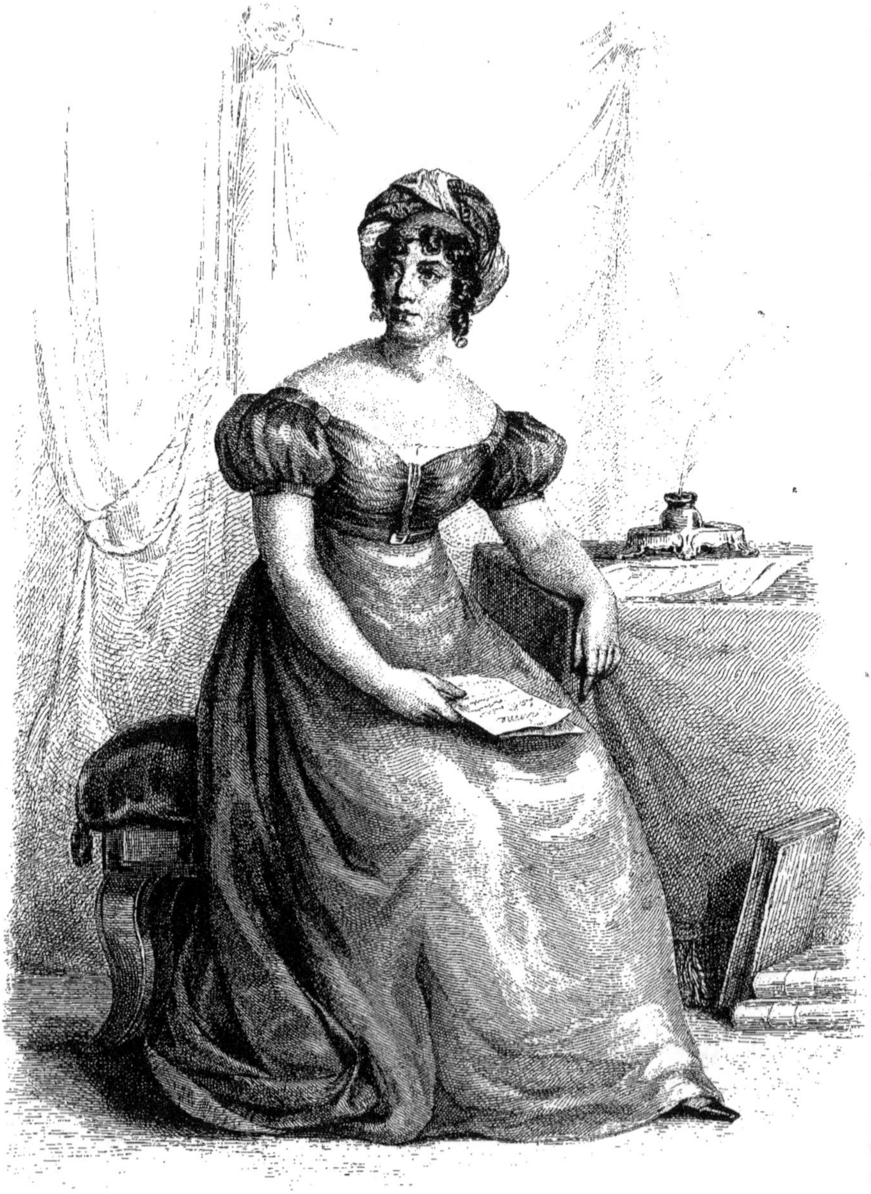

Dessiné par Lacloriek. Impie Geny Gros, rue du Plâtre 18. Paris

MADAME DE STAËL

NÉE EN 1766, MORTE EN 1817.

Le père de cette femme célèbre était simple commis chez le banquier Thélusson, lorsque naquit, à Paris, le 22 avril 1766, Anne-Louise-Germaine Necker; et rien ne faisait alors supposer la haute fortune où devait parvenir cet apprenti financier. Madame Necker, douée d'un esprit droit, studieux et positif, entreprit l'éducation de sa fille, et la suivit avec toute la rigidité d'une Genevoise pédante. Ce procédé, qui aurait tout au plus réussi à faire une sotte d'une jeune fille sans capacité, devait naturellement porter à la révolte une imagination ardente; aussi mademoiselle Necker, irritée des vains efforts que tentait sa mère pour enchaîner sa pensée vagabonde et la réduire à suivre méthodiquement la route académique, vint-elle bientôt demander protection à son père contre la tyrannie qui opprimait son génie. M. Necker, malgré son culte pour les vertus de sa femme, accueillit si bien les plaintes de la jeune insurgée, qu'à dater de ce moment lui seul eut de l'empire sur elle, et qu'elle éprouva pour sa mère un éloignement qui ne s'est jamais démenti. C'est le bonheur d'être comprise, d'être protégée par un esprit distingué, qui a fait naître dans le cœur de mademoiselle Necker cette passion filiale, peut-être la plus vive de toutes celles qu'elle a éprouvées. Son dévouement pour son père était tel, qu'à l'âge de dix ans, ayant entendu dire que la conversation de Gibbon, l'historien, était celle qu'il préférait, elle voulait l'épouser pour assurer à son père la société de l'ami qui l'amusait le plus; or, l'extrême laideur de Gibbon est aussi célèbre que ses livres.

Un des plaisirs de son enfance était de fabriquer des personnages tragiques avec des papiers de couleur, et de les faire parler selon le caractère que l'histoire leur donne; mais ce jeu, qui servait à développer son éloquence, elle ne s'y livrait qu'à l'insu de sa mère, qui, avec ses idées calvinistes sur le théâtre, aurait blâmé cet amusement avec sévérité. A part ce plaisir dramatique, mademoiselle Necker, à onze ans, n'en avait pas d'autre que d'écouter chaque soir, assise sur un petit tabouret près de sa mère, la conversation des gens d'esprit dont madame Necker aimait à s'entourer. Sa manière d'écouter était si intelligente, ses impressions si vives et si visibles, que souvent Grimm, Thomas, Marmontel, le marquis de Pezay, l'abbé Raynal, enfin les beaux esprits du salon de sa mère, ne dédaignaient point de lui adresser la parole, de la contrarier même, sur les sujets sérieux, pour mieux s'assurer qu'elle les comprenait ; et chaque jour ils s'étonnaient de voir leurs idées appréciées, et quelquefois dépassées, par cet enfant spirituel. On peut juger de l'indépendance de son imagination par la passion littéraire qu'elle conçut pour Jean-Jacques Rousseau, au milieu de gens qui, tels que Grimm, Marmontel et autres amis de Voltaire, passaient leur temps à médire de l'auteur d'*Émile*; mais les esprits supérieurs sont avertis du mérite d'un auteur par les efforts même de l'envie et sa joie à le décrier.

Madame Necker, plus sévère que vigilante, imposait à sa fille les lectures les plus austères, et ne veillait pas assez au choix de celles qui pouvaient l'amuser, l'intéresser, et dont son âme ardente recevait une impression profonde. Celle-ci a dit depuis « que l'enlèvement de Clarisse avait été un des événements de sa jeunesse. »

M. Necker n'aimait pas les femmes auteurs, et ne voulait faire de sa fille qu'une femme aimable ; mais sa mère, pour qui le savoir était tout, accablait son jeune cerveau d'études graves, et la forçait à écrire chaque soir un extrait des ouvrages qu'elle avait lus, ou des pièces qu'elle avait vu représenter. Cette habitude d'écrire une fois prise, mademoiselle Necker devait s'en servir pour épancher l'abondance de ses idées et pour s'inspirer de sa propre éloquence.

En 1781, lorsque le *Compte-rendu* fut publié, elle imagina d'écrire, à ce sujet, une lettre anonyme à son père. La lettre était remarquable ; il en reconnut le style. Elle fit, à quinze ans, des extraits de *l'Esprit des lois*, avec des réflexions.

Ces études, trop sérieuses et trop multipliées pour son âge, altérèrent sa santé : on fit appeler le docteur Tronchin, qui ordonna de la conduire immédiatement à la campagne et de suspendre toutes les études. Madame Necker se désola de cet arrêt, sans se douter que ces vacances accordées à l'esprit de sa fille tourneraient au profit de son imagination, et développeraient en elle cette puissance de rêverie, cette mélancolie sublime qui devaient donner à sa prose tout le charme de la poésie.

Cette oisiveté forcée la rapprocha de son père, qui se délassait de ses travaux politiques et financiers en causant avec elle, et fonda entre eux cette confiance mutuelle, absolue, qui ne s'altéra jamais. « Je dois à l'incroyable
» pénétration de mon père, disait-elle, la franchise de mon caractère et le
» naturel de mon esprit. Il démasquait toutes les affectations, et j'ai pris
» auprès de lui l'habitude de croire que l'on voyait clair dans mon cœur. »

Mademoiselle Necker, fille unique d'un ministre puissant, semblait devoir faire, jeune encore, un mariage brillant : il n'en fut point ainsi. Soit en haine de ses opinions politiques, soit en dédain de sa naissance, les familles nobles de France ne cherchèrent pas à s'allier à M. Necker; et, pour assurer à sa fille le rang qu'il ambitionnait, il fut contraint de la donner à un gentilhomme suédois sans fortune, M. de Staël-Holstein, qui, entré fort jeune dans la diplomatie, avait été envoyé à Paris, au commencement du règne de Gustave III, en qualité de conseiller d'ambassade. Présenté chez madame Necker par le parti philosophique, il épousa mademoiselle Necker en 1786. L'influence des opinions politiques de son beau-père et de l'esprit de sa femme le fit s'associer aux premiers événements de la Révolution avec tant de zèle, qu'il fut rappelé par sa cour en 1792 : il ne revint qu'après l'assassinat de Gustave III, deux mois après la mort de Louis XVI. Il fut alors le seul ambassadeur d'une monarchie auprès de la nouvelle république.

Pendant le rappel de son mari, madame de Staël n'avait point quitté Paris. Déplorant souvent les effets de cette révolution qu'elle avait d'abord regardée comme la régénération de la France, elle s'était occupée d'un projet d'évasion pour la famille royale : elle avait communiqué le plan à M. de Montmorin; mais elle voulait charger le comte Louis de Narbonne de l'exécution, et M. de Montmorin, redoutant la légèreté de M. de Narbonne, ne fit pas connaitre au roi le plan concerté pour sa délivrance. Tout le temps qui suivit l'arrestation du roi, ce temps si justement nommé *la Terreur*, madame de Staël le passa à implorer les bourreaux en faveur des victimes, et à sauver de l'échafaud plusieurs condamnés. Elle poussa le courage jusqu'à adresser au redoutable Comité de salut public une *Défense de la Reine*. On ne pouvait pardonner cette audace généreuse qu'à la femme d'un ministre étranger.

Après la chute de Robespierre, elle ouvrit son salon à tous les blessés de la Révolution et aux hommes qui, l'ayant faite, désiraient la voir tourner au profit de la liberté et de la grandeur de la France. Chénier, qui était du nombre, sollicité par madame de Staël, demanda et obtint le rappel de M. de Talleyrand. C'est encore elle qui, après le retour de M. de Talleyrand, le mit en rapport avec Barras et le fit nommer, par ses puissantes recommandations, au département des affaires étrangères; « car, disait-elle, M. de Talleyrand avait besoin qu'on l'aidât pour arriver » au pouvoir, mais il se passait ensuite très-bien des autres pour s'y » maintenir. »

De tels succès, obtenus par son influence, devaient naturellement amener madame de Staël à s'occuper d'affaires politiques. Entourée des auteurs du 18 fructidor, on l'accusa d'y avoir pris part; mais elle s'en défendit et l'on doit l'en croire; la preuve en est dans la manière généreuse dont elle s'est dévouée aux proscrits de cette fatale journée. Cela, toutefois, ne calma point les ressentiments, et fit dire à M. de Vaines : « C'est une excellente » femme qui noierait tous ses amis, pour avoir le plaisir de les pêcher à la » ligne. »

Des lettres sur Jean-Jacques Rousseau, écrites avec toute l'éloquence d'une admiration passionnée, furent le premier essai de madame de Staël dans cette littérature française qu'elle devait doter un jour de si beaux ouvrages. Ces lettres, où la hardiesse de l'expression est unie au feu de la pensée, furent accueillies à la fois par de vifs éloges et de piquantes épigrammes. M. de Champcenetz, l'un des élégants de l'époque, dont la plaisanterie était le caractère, la chanson le talent, et l'ironie le courage, M. de Champcenetz avait parodié plusieurs phrases de ces lettres de manière à les rendre fort ridicules : on attribue à ce premier outrage fait à son talent l'aversion qu'a toujours eue madame de Staël pour ce qu'elle appelait la *moquerie française* et ce penchant à sacrifier les plus nobles émotions au burlesque d'un jeu de mots ou d'une mauvaise plaisanterie.

La crainte de s'attirer de nouvelles critiques de cette espèce lui fit publier anonymes deux brochures : l'une intitulée *Réflexions sur la paix, adressées à M. Pitt et aux Français;* l'autre, *Réflexions sur la paix intérieure.* Le premier de ces écrits fut cité et loué avec chaleur au parlement d'Angleterre, par M. Fox. Une jeune femme, écrire sur des sujets aussi sérieux! pénétrer ainsi dans le domaine de la politique! c'était enfreindre tous les usages et cette loi du monde qui défendait alors aux femmes les plus spirituelles de dépasser les bornes de l'élégie ou du roman sentimental. Jusque-là les femmes auteurs n'avaient pu s'élever à une petite réputation littéraire sans qu'on les accusât de se faire aider dans leurs travaux par quelque auteur de leurs amis. Madame de Staël est la première que l'on ait jugée capable de faire ses livres, et pourtant elle était entourée des gens les plus supérieurs en esprit et en science; mais, dès qu'on l'avait entendue causer avec eux, on savait que sa richesse d'idées et d'expressions ne permettait pas qu'on lui fît l'aumône en ce genre.

Au printemps de 1802, le baron de Staël, se rendant à Copet avec sa femme, fut pris en route d'une fièvre violente à laquelle il succomba le cinquième jour. Madame de Staël passa le temps de son deuil chez son père. De retour à Paris, elle fit paraître son livre sur *l'Influence des passions :* un seul chapitre de ce volume, celui qui est intitulé *l'Esprit de parti*, suffirait pour le classer parmi les ouvrages qui renferment le plus de vérités, d'observations fines et d'idées nouvelles. A cette publication succéda son livre de *la Littérature considérée dans ses rapports avec les institutions sociales.* Cet ouvrage, où la perfectibilité de l'espèce humaine est mieux plaidée que prouvée, trop sérieux pour le plus grand nombre des lecteurs, obtint moins de succès en France qu'à l'étranger.

Le vif intérêt que madame de Staël portait aux affaires politiques la rapprocha nécessairement de ceux qui les conduisaient, et son salon, où se réunissaient chaque jour MM. de Talleyrand, Benjamin Constant, Pontécoulant, Chénier, Regnault de Saint-Jean-d'Angely, Lemercier, Andrieux, Daunou, Rœderer, Alexandre de Lameth, Garat, Chauvelin, etc., devint bientôt une sorte de club politique, où les projets, les discours se discutaient et se décidaient à l'avance. La répétition de ces plaidoyers en faveur de la liberté se faisait le soir, en causant avec madame de Staël. Le plus adroit de ces orateurs était celui qui lui dérobait le plus d'idées et de mots. La plupart sortaient de chez elle avec un discours tout fait, où la volonté du premier consul était souvent combattue et ses projets ambitieux souvent dévoilés.

Une telle puissance devait alarmer l'homme qui rêvait déjà le pouvoir suprême : Bonaparte parlait souvent avec humeur des délibérations, des mots piquants dont retentissait chaque jour le salon de madame de Staël. Joseph, le frère aîné du premier consul, crut devoir avertir madame de Staël de l'effet que produisaient les arrêts rendus chez elle, et lui demander, au nom de son propre intérêt, de ménager davantage une autorité que la victoire légitimait chaque jour davantage. « Enfin, lui dit Joseph, *que voulez-vous?* — Il ne s'agit pas de ce que je veux, répondit-elle, mais de ce que je pense; » et elle fit entendre que rien ne pouvait enchaîner l'indépendance de sa pensée. Cet avis maladroit refroidit tout à coup l'enthousiasme de madame de Staël pour les exploits de Bonaparte, et détruisit tout le plaisir qu'elle se promettait de son entrevue avec lui ; car ils étaient un mutuel objet de curiosité l'un pour l'autre, lorsque le général Berthier les réunit à une fête qu'il donnait en l'honneur des succès de l'armée. Madame de Staël était si préoccupée de la malveillance du premier consul à son égard, qu'elle avait préparé les réponses piquantes qu'elle comptait faire à ses attaques : cela fut inutile; Bonaparte ne lui adressa que quelques mots fort ordinaires, qui ne pouvaient inspirer la réponse que les admirateurs de madame de Staël attendaient. Cette malice, qui déjouait l'esprit brillant de madame de Staël, fut le premier motif de sa haine contre Napoléon ; sentiment cruel, étranger à son âme généreuse, et qui devait la rendre injuste envers la gloire d'un grand homme, et rabaisser ce héros au rôle mesquin de persécuteur d'une femme.

M. Necker venait de publier ses *Dernières vues* de politique et de finance, ouvrage qui faisait allusion aux desseins ambitieux du premier consul. Celui-ci en fut très-offensé et en exprima tout haut son mécontentement. Aussi tous les journaux en firent-ils la critique, et furent-ils plus sévères encore pour le roman que madame de Staël fit paraître quelque temps après. *Delphine* était un portrait moral de madame de Staël, dont l'esprit audacieux et le caractère noble et vrai bravaient trop souvent les petites considérations auxquelles l'opinion du monde attache tant d'importance. Par exemple, dédaigneuse de la conversation des femmes, elle ne cachait pas assez sa préférence pour celle des hommes; et ce tort, très-excusable dans une personne que les caquets sur les bals, les modes, les chiffons, ne pouvaient intéresser, lui fit autant d'ennemis que son talent lui faisait d'envieux. Tous se réunirent pour la dénoncer à Bonaparte, comme dangereuse pour le gouvernement qui cherchait à s'établir. Un homme dévoué au premier consul, mais spirituellement dévoué et désirant épargner à tous deux les suites d'un acte arbitraire, M. Regnault de Saint-Jean-d'Angely, vint prévenir madame de Staël que sa liberté était menacée; il lui offrit un asile chez une de ses parentes. Elle ne quitta cette maison hospitalière que pour accepter l'offre de madame Récamier, « cette femme si célèbre, dit-elle, par sa figure, et dont le caractère est exprimé par la beauté même. » Madame de Staël alla s'établir quelque temps chez madame Récamier, à Saint-Brice, puis elle loua une maison de campagne à dix lieues de Paris. Mais comme dans cette retraite elle était visitée souvent par ses amis, ennemis de Bonaparte, elle vit arriver un jour le commandant de la gendarmerie de Versailles, chargé de lui signifier, au nom du chef de l'État, l'ordre de s'exiler à quarante lieues de Paris, et cela dans les vingt-quatre heures.

Justement irritée contre cet ordre tyrannique, elle se décida à quitter la France, et partit pour l'Allemagne, « afin, dit-elle, d'opposer l'accueil bien-
» veillant des anciennes dynasties à l'impertinence de celle qui se préparait
» à subjuguer la France. » C'est à Weymar que madame de Staël apprit la langue et se livra à l'étude de la littérature allemandes, guidée par Goëthe, Wieland et Schiller. En 1804, elle se rendit à Berlin, où le roi et la reine l'accueillirent avec distinction. La mort presque subite de M. Necker rappela sa fille en Suisse. Rien ne peint mieux l'excès de sa douleur que ce qu'elle dit elle-même de son retour à Copet après ce malheur, le plus grand de sa vie : « La douleur, qui est le plus grand des prophètes, m'an-
» nonça que désormais je ne serais plus heureuse par le cœur comme je
» l'avais été quand cet homme, tout-puissant en sensibilité, veillait sur mon
» sort. Il ne s'est pas écoulé un jour, depuis le mois d'avril 1804, dans le-
» quel je n'aie rattaché toutes mes peines à celle-là. »

De tels regrets n'admettent point de distractions, et madame de Staël ne pensa qu'à les perpétuer en traçant le portrait de celui qu'elle venait de perdre, et en recueillant ses dernières pensées : à la fin de 1804, elle publia les manuscrits de son père avec une notice sur son caractère et sa vie privée. La tristesse ayant altéré sa santé, ses amis, son médecin l'engagèrent à aller respirer l'air du Midi : elle partit pour l'Italie. Là, inspirée par le beau ciel de Naples, elle conçut la première idée de *Corinne*. Le séjour de Rome, ses ruines si poétiques, ses temples si imposants, toutes les richesses des arts réunies à Florence, rien ne put faire oublier à madame de

Staël cette ville de Paris où elle était née, et où se trouvaient encore les amis qui la comprenaient le mieux. Elle avait la permission de s'en rapprocher jusqu'à la distance de quarante lieues : l'éducation de ses enfants, dont l'aîné étudiait alors pour entrer à l'École Polytechnique, et le désir qu'elle avait de les surveiller la déterminèrent à venir à Auxerre, dont le préfet était connu pour un homme plein de délicatesse et d'obligeance. D'Auxerre elle alla à Rouen; puis le ministre Fouché, qui n'aimait point à faire le mal inutile, la laissa venir à douze lieues de Paris, dans une terre appartenant à M. de Castellane. Ce fut là qu'elle termina *Corinne*, et en surveilla l'impression; mais à peine l'ouvrage eut-il paru, qu'un nouvel ordre d'exil la frappa. Elle revint à Copet, le cœur navré; et l'immense succès de *Corinne* ne la consola point de quitter pour long-temps, et peut-être pour toujours, cette France où régnait son superbe ennemi.

Madame Récamier, le comte de Sabran, Adrien de Montmorency, et plusieurs autres amis de madame de Staël osèrent quitter Paris pour aller la voir : le prince Auguste de Prusse, que la paix avait rendu à la liberté, vint la visiter à Copet; il la décida à faire un nouveau voyage en Allemagne pour achever le tableau de ce pays, qu'elle se proposait de publier, dans l'espoir que cette littérature rêveuse et métaphysique, si peu connue en France, amènerait quelques améliorations dans la nôtre, et pourrait affranchir notre théâtre de plusieurs entraves et de quelques préjugés nuisibles à l'art dramatique. Ce voyage accompli, elle revint en Suisse écrire ses réflexions sur l'Allemagne, et terminer l'ouvrage le plus remarquable qui soit sorti de sa plume.

C'est alors que, pour amuser les amis qui venaient partager son exil, elle imagina de composer et de faire jouer chez elle de petites pièces qui ont été imprimées depuis sous le titre d'*Essais dramatiques*. Ces représentations révélèrent le talent de madame de Staël pour la déclamation. Elle avait fait des observations profondes sur cet art, et Talma a souvent profité de ses conseils, comme on en peut juger par sa correspondance avec lui.

En 1810, elle se rapprocha de Paris pour être plus à portée de soigner l'impression de ses trois volumes sur l'Allemagne. Munie d'une lettre de son libraire, qui lui assurait que la censure avait autorisé la publication de son ouvrage, elle profita de l'invitation que lui avait faite le duc Matthieu de Montmorency de venir passer quelque temps dans une terre qu'il avait près de Blois : là, elle se livrait au bonheur d'être reçue et soignée par le meilleur, le plus respectable ami, lorsqu'une lettre de son fils vint lui apprendre que le ministre de la police[1] avait envoyé ses agents pour mettre en pièces les dix mille exemplaires qu'on avait imprimés de son livre sur l'Allemagne, et qu'il lui adressait de plus l'ordre de sortir

---

[1] Le duc de Rovigo.

de France sous trois jours. A cette nouvelle accablante, elle sentit son courage prêt à expirer ; mais l'intérêt de ses enfants lui rendit l'énergie nécessaire pour prendre un grand parti, et elle se décida à passer en Amérique. Elle obtint sept jours de sursis pour se préparer à son embarquement ; et, ce peu de temps ne pouvant suffire à régler les affaires de toute sa famille, avant d'entreprendre un si long voyage, elle alla se réfugier à Copet.

Lors de la suppression de son ouvrage, le préfet de Loir-et-Cher vint lui demander son manuscrit : elle lui livra une copie, et le manuscrit, confié à une amie, fut sauvé. Dans la préface de la seconde édition, faite à l'aide de ce manuscrit, madame de Staël s'est vengée avec toute la puissance de son esprit de la persécution qu'elle avait éprouvée de la part du duc de Rovigo et de son maître. Une telle persécution devait exciter la haine de madame de Staël pour l'empereur, et cette haine s'exhalait en bons mots, qui, cités imprudemment par ses amis à des étrangers, arrivaient par ceux-ci jusqu'à Napoléon. Il eut la faiblesse de vouloir s'en venger, et fit défendre à madame de Staël de s'éloigner de plus de deux lieues de Copet. C'était ériger son château en prison, et lui donner le désir d'en sortir à tout prix. Madame Récamier, M. Matthieu de Montmorency vinrent la voir, et reçurent un ordre d'exil pour punition de leur dévouement. Le comte de Sabran, Benjamin Constant, et plusieurs autres de ses amis, bravèrent la certitude de déplaire à l'empereur en allant consoler madame de Staël dans sa captivité. Le savant Schlegel, qui la secondait depuis huit ans dans l'éducation de ses fils, fut obligé de les quitter. L'idée de rendre ses amis victimes de son sort lui paraissant insupportable, elle résolut de se soustraire par la fuite à cette position : mais où se réfugier ? Napoléon régnait sur presque toute l'Europe : la Russie pouvait seule lui offrir un asile. Elle mit plus de six mois à préparer son évasion. Enfin, dans le printemps de 1812, elle sortit sous le prétexte d'une promenade, et, traversant à la hâte la Suisse et le Tyrol, elle arriva bientôt à Vienne : ne s'y croyant pas en sûreté, elle alla jusqu'à Saint-Pétersbourg. L'empereur Alexandre et les deux impératrices la reçurent avec empressement ; on lui donna des fêtes : car, l'amitié d'Alexandre pour Napoléon s'étant changée en haine, c'était déjà le combattre que de bien accueillir une personne dont il redoutait l'esprit.

A peine fut-elle à Saint-Pétersbourg, que les armées françaises entrèrent sur le territoire russe. Elle alla chercher un asile plus sûr en Suède, auprès de Bernadotte, de ce roi qu'elle avait connu si fier républicain. C'est là qu'elle écrivit le journal de ses *Dix années d'exil*, et commença son livre des *Considérations sur la Révolution française*, qui n'ont été publiées qu'après sa mort. Au bout de huit mois de séjour à Stockholm, elle partit pour aller faire imprimer à Londres la seconde édition de son ouvrage sur l'Allemagne. Le plaisir de causer avec lord Byron, Walter Scott et tant d'autres esprits supérieurs de l'Angleterre, lui fit attendre patiemment le moment où la chute de Napoléon lui permit de rentrer en France. Aux Cent jours, elle fut obligée de s'éloigner de nouveau, et se réfugia à Copet.

Pendant cette vie si cruellement agitée, madame de Staël ne cessa de s'occuper de l'éducation et du sort de ses enfants. Sa fille, belle, spirituelle, était particulièrement l'objet de ses soins. Peu de temps après la Restauration, dès que Louis XVIII eut fait rendre à madame de Staël les deux millions déposés autrefois au trésor royal par M. Necker, elle maria sa fille au duc de Broglie.

M. de Rocca, jeune homme d'une beauté remarquable, d'un caractère noble et d'un cœur ardent, ayant été présenté à madame de Staël pendant qu'elle était en Suisse, conçut pour elle une passion des plus vives. « Je l'aimerai tant, disait-il, qu'elle finira par m'épouser. » La prédiction s'accomplit; mais ce mariage est resté secret.

Madame de Staël commençait à jouir du bonheur de revivre dans ce Paris qu'elle avait tant regretté, entourée de tous les talents, de toutes les illustrations, qui venaient lui rendre hommage, lorsque sa santé s'altéra sérieusement. Les longues insomnies causées par ses malheurs lui avaient fait prendre l'habitude de l'opium, et l'on attribua à l'excès qu'elle en fit la maladie qui l'a tuée. C'est au moment où ses facultés intellectuelles étaient dans toute leur vigueur, où son talent mûri par l'expérience devait les diriger mieux encore, que la mort l'a frappée.

Le portrait de madame de Staël est difficile. Sa laideur était pour ainsi dire belle; ses yeux admirables, son regard scintillant de génie, fixaient tellement l'attention, qu'on ne prenait pas garde aux autres traits de son visage; elle avait les bras beaux et tenait presque toujours à la main une fleur, ou une branche de feuillage qu'elle roulait sans cesse dans ses doigts, tant elle avait de peine à rester inactive. Sa démarche était imposante; il y avait dans toute sa personne une sorte d'autorité qui provenait sans doute de la conscience de la supériorité de son esprit. M. de Chateaubriand parle ainsi d'elle :

« Nous nous plaisons à reconnaître dans madame de Staël une femme
» d'un esprit rare. Malgré les défauts de sa manière, elle ajoutera un nom
» de plus à la liste des noms qui ne doivent pas mourir. Pour rendre ses
» ouvrages plus parfaits, il eût suffi de lui ôter un talent moins brillant
» dans la conversation. Elle eût moins aimé le monde, et elle en eût ignoré
» les petites passions; ses écrits n'auraient point été entachés de cette poli-
» tique de parti qui rend cruel le caractère le plus généreux, faux le juge-
» ment le plus sain, aveugle l'esprit le plus clairvoyant; de cette politique
» qui donne de l'aigreur aux sentiments, et de l'amertume au style; qui
» dénature le talent, substitue l'irritation de l'amour-propre à la chaleur
» de l'âme, et remplace les inspirations du génie par les boutades de
» l'humeur. »

Cette critique est la seule qu'on puisse faire des ouvrages de madame de Staël; et le seul reproche qu'on puisse adresser à son caractère, ordinairement si généreux, est d'avoir conservé toute la ferveur de sa haine au delà de la chute de son persécuteur. Il y avait tant de gloire à s'être vu traiter comme une puissance ennemie par le plus puissant héros de son siècle! elle était si bien vengée de lui par le blâme public qu'inspirait cet acharnement du vainqueur de l'Europe contre une femme d'esprit! Il eût été plus noble et plus adroit à elle de lui pardonner et de le plaindre. Médire, même avec raison, d'un pouvoir déchu, déclamer contre un ennemi dans l'adversité, sont deux choses qui n'ont jamais eu de succès en France.

On pardonnera à la femme auteur de cet article de parler d'elle à propos de cette femme célèbre; une circonstance l'y autorise. Quelques mois avant sa mort, madame de Staël, étant trop souffrante pour supporter la promenade en voiture, désira louer un appartement attenant à un jardin, et exposé au midi. Le rez-de-chaussée de la maison[1] que j'habitais alors ayant toutes ces conditions, elle me fit prier de le lui céder. Je refusai d'abord, car le docteur Moreau, chargé de cette commission, ne me dissimula point que, d'après la consultation où il avait été appelé, il était certain que madame de Staël ne passerait pas l'année : mais le baron de Staël étant venu me prier de ne pas résister au désir de sa mère, je cédai à ses instances, malgré la certitude de n'avoir pas le courage d'habiter ma maison après qu'elle aurait été pour ainsi dire le premier tombeau de cette femme de génie. C'est donc chez moi, dans la chambre que j'habitai quinze ans, dans mon lit, qu'elle a rendu le dernier soupir! C'est là qu'elle a prononcé tant de paroles sublimes et touchantes. Un jour, en sortant d'un état de rêverie, elle dit : « Je crois savoir ce que c'est que le passage de la vie » à la mort, et je suis sûre que la bonté de Dieu nous l'adoucit. Nos idées » se troublent, et la souffrance n'est pas très-vive. »

« J'ai toujours été la même, triste et vive, » dit-elle à M. de Chateaubriand. » Puis citant ces paroles de Fontenelle, « Je suis Français, j'ai » quatre-vingts ans, et je n'ai jamais donné le moindre ridicule à la plus » petite vertu, » elle ajoutait : « Voilà ce que je puis dire de la plus petite » peine. »

« Avec une telle fortune de cœur, » disait-elle en montrant ses enfants et ses amis, « il est triste de quitter la vie. » Mais, le souvenir de son père étant toujours présent à sa pensée, elle ajoutait : « Mon père m'attend sur » l'autre bord. »

Elle a écrit dans son dernier ouvrage : « L'homme est réduit en pous- » sière par l'incrédulité. — La religion est la vie de l'âme. » Sa foi dans la

[1] Rue Neuve-des-Mathurins, n° 9.

miséricorde divine et dans l'immortalité de l'âme devait adoucir ses derniers moments. Elle avait souvent témoigné la crainte d'expirer la nuit, sans témoin; aussi sa fille, la duchesse de Broglie, et mademoiselle de Randall, son amie, la veillaient-elles sans cesse. La nuit du 13 au 14 juillet 1817, madame de Staël, éprouvant ce mieux qui précède presque toujours la mort, les engagea à prendre un peu de repos : mademoiselle de Randall s'étendit sur un canapé et madame de Broglie s'assit près du lit de sa mère, et toutes deux, accablées de fatigue, s'assoupirent un moment; mais à peine avaient-elles cédé au besoin de dormir, qu'un son plaintif les réveilla; elles s'élancent aussitôt au chevet de la malade... Hélas! elle n'était plus! et sa crainte de ne pas voir recueillir son dernier soupir s'était réalisée!

Rien ne saurait donner l'idée du désespoir que cette mort causa aux enfants, aux amis de madame de Staël, et aux pauvres qu'elle soutenait de ses aumônes. La cour de la maison était remplie des malheureux qu'elle secourait. Ce fut un spectacle déchirant. Les uns pleuraient son génie, les autres sa bonté. M. de Rocca, dont la douleur dépassait les forces, ne survécut que six mois à madame de Staël. — Nous redisons comme elle : « Avec une telle fortune de cœur, il est triste de quitter la vie. »

Madame de Staël eut trois enfants de son premier mariage. Le cadet mourut dans sa vingtième année; le baron de Staël a succombé jeune encore à une maladie de poitrine; et la duchesse de Broglie, cette digne fille d'une femme si supérieure, vient d'être enlevée à sa famille et aux nombreux admirateurs de ses vertus, de sa beauté et de son esprit.

Mme Sophie Gay.

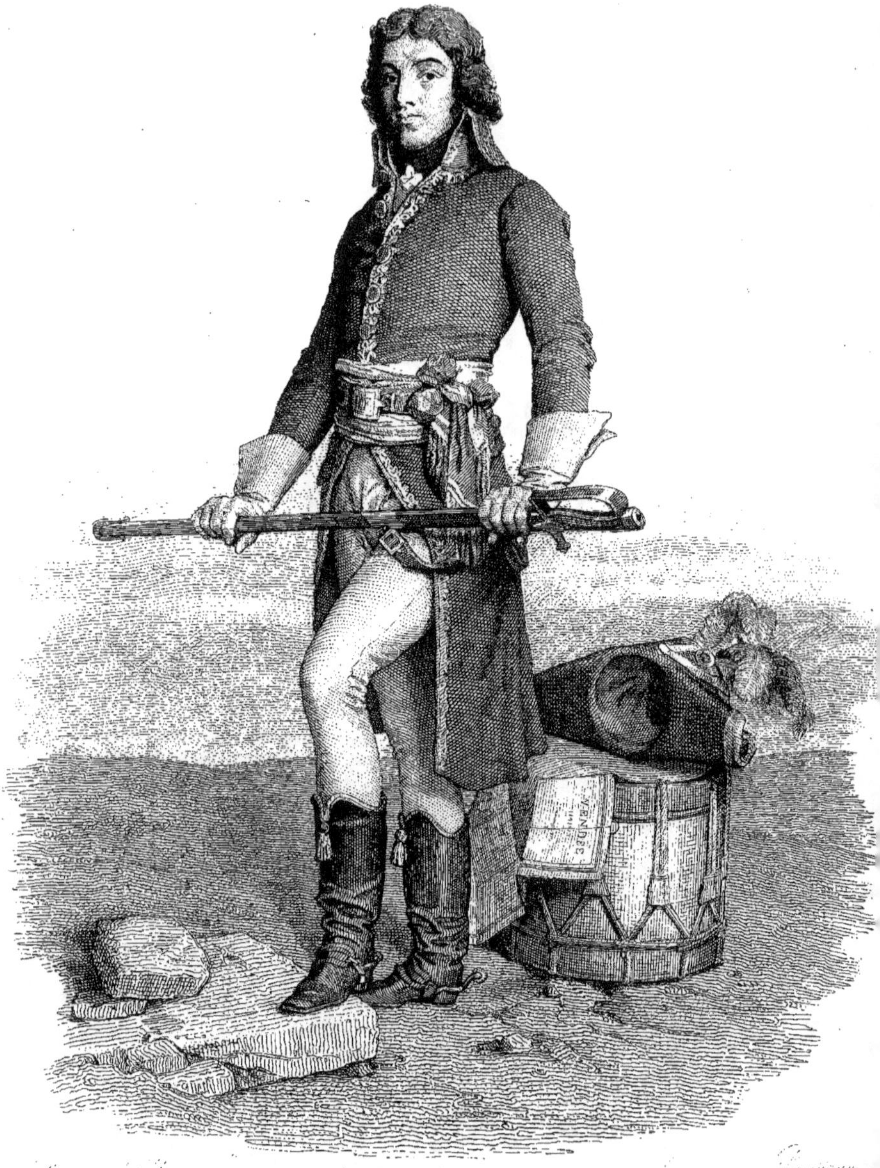

Impr. Geny-Gros, rue du Plâtre 28 Paris.

HOCHE

NÉ EN 1768, MORT EN 1797.

Sur l'une des places publiques de Versailles s'élève une statue de bronze autour de laquelle nous avons vu bien souvent des groupes de visiteurs arrêtés. Cette statue reproduit assez exactement la belle et noble figure de Hoche. Parmi les curieux occupés à contempler les traits du héros, nous avons rencontré toujours d'enthousiastes admirateurs de cette existence si dévouée, si pure, si courageuse, et si courte hélas! Mais, par un contraste que nous aurons peut-être occasion d'expliquer, à côté de ces admirations vives, sincères, éclairées, nous avons, presque toujours aussi, surpris plus d'un humble touriste auquel un cicerone complaisant était obligé de raconter que le héros était un général républicain et non quelque demi-dieu mythologique.

Pourquoi le nom de Hoche, en si grand honneur dans la classe instruite et intelligente, est-il presque ignoré parmi les enfants du peuple, qui devraient en être si fiers? Combien peu savent qu'à l'extrémité de cette même place qui s'enorgueillit aujourd'hui du bronze de sa statue, le pauvre enfant qui devait être la gloire la plus pure peut-être de la République, venait au monde pour ainsi dire dans une écurie, ou plutôt un chenil, un chenil royal, il est vrai, où son père remplissait les fonctions de garde. C'était le 24 juin 1768: la mère de Lazare Hoche mourut dans les douleurs de l'enfantement. La vie du pauvre orphelin fut long-temps incertaine et chétive; la misère et la mort, qui l'avaient accueilli à sa naissance, veillèrent long-temps autour de son berceau. C'est ainsi que souvent Dieu entoure de périls et conduit par les rudes sentiers de la pauvreté et de l'abandon les créatures d'élite qu'il destine à l'accomplissement de ses éternels desseins. Hoche subit dans toute leur rigueur ces dures épreuves, nécessaires sans doute au développement de son génie. Toutefois, privé des soins et de la tendresse de sa mère, il les trouve presque dans l'affection d'une excellente femme, sa tante, marchande de légumes au marché de Versailles. Celle-ci se passionne pour cet enfant que le ciel lui envoie, elle lui consacre ses faibles ressources, elle veut qu'il aille à l'école; car il faut que son petit Lazare sache lire et écrire, peut-être même lui enseignera-t-on à compter, si les bénéfices de l'éventaire le permettent.

Pour qui sait l'influence que les femmes exercent sur l'éducation et, par suite, sur la vie tout entière de chaque homme, il n'est pas douteux que la seconde mère de Hoche, que la pauvre et grossière marchande de légumes n'ait été une âme d'élite, un cœur d'or, comme dit le peuple dans sa langue imagée; ce fut elle qui, la première, éveilla et cultiva dans l'enfant les nobles sentiments, la droiture, la franchise, la hardiesse, la loyauté, la délicatesse, le tact exquis dont plus tard, pendant sa courte carrière, il donna tant de preuves. Elle fut d'abord récompensée de ses soins en voyant se développer cette intelligence déjà si nette, cet esprit déjà si grave et si fécond; mais qu'on juge de la joie et de l'orgueil de cette mère, mère par le dévouement et la tendresse, quand un jour, devant son humble étalage, des cavaliers s'arrêtent; l'un d'eux descend et se jette dans ses bras; c'était Hoche, qui, entouré de son état-major, à peine âgé de vingt-cinq ans et déjà général en chef, revenait de l'une de ses expéditions glorieuses, et donnait à sa vieille mère adoptive les prémices de sa gloire.

Hoche s'aperçut, en grandissant, des sacrifices, des privations que sa tante s'imposait non-seulement pour lui donner quelques bribes d'instruction, mais aussi pour lui procurer les livres qu'il désirait, pour ses plaisirs, ses fantaisies d'enfant. Cette précoce révélation ouvre à ses yeux un monde nouveau. La vie lui apparaît avec ses devoirs austères, ses obligations incessantes. Adieu les rêves de l'enfance et ses joies frivoles et son heureuse insouciance, doux trésors dont la misère elle-même ne sèvre pas complétement les enfants du pauvre! Le petit Lazare devient un homme en peu de temps. Le travail est la loi commune, il veut travailler aussi; il met son honneur à gagner sa vie, et, grâce à la protection d'un piqueur du château lié avec son père, il entre comme palefrenier dans les écuries du roi à Versailles. Quelques années plus tard, cette royauté antique, ce monarque tout-puissant, ce palais splendide, tout était emporté par le souffle des révolutions, et le palefrenier obscur, à la tête des armées françaises, sauvait nos frontières et délivrait nos provinces de l'ouest du fléau de la guerre civile attisé par l'étranger.

Toutefois l'état de palefrenier, ou plutôt la domesticité, ne pouvait être et ne fut pas long-temps du goût du jeune homme. Il avait quinze ans, il était robuste, vigoureux : son esprit acquérait tous les jours de nouvelles connaissances et se fortifiait surtout par la lecture des historiens romains: il lui sembla qu'il avait mieux à faire que de panser des chevaux. Une portion de la noblesse française, celle qui s'était inclinée sous le sceptre philosophique de Voltaire et de Jean-Jacques, allait alors saluer en Amérique, dans la personne de Washington, l'astre naissant de la liberté. Elle répandait ainsi le goût des lointains voyages, des explorations aventureuses. Hoche voulut, de compagnie avec deux jeunes gens de son âge, s'engager pour aller servir dans les possessions françaises aux Indes ; mais le racoleur jugea que c'était dommage d'envoyer mourir si loin un garçon de si belle venue, et au lieu d'être envoyé à Pondichéry, Hoche fut tout simplement enrôlé dans le régiment des gardes-françaises.

On a raconté qu'il arriva au régiment avec cent vingt-cinq livres tournois, prix de son engagement, et qu'il consacra cette somme à payer sa bienvenue à ses nouveaux camarades. Le fait est exact, mais il est incomplet : avant de donner à cette petite fortune la destination fort désintéressée dont nous venons de parler, Hoche avait songé à l'offrir à sa tante, à son père, qui ne l'acceptèrent point. On devine avec quelle rapidité s'évanouit le petit pécule.

Averti par un secret instinct, Hoche se livra avec ferveur à l'étude de l'état militaire. En un mois il a appris tout ce que les recrues mettent un an à apprendre : sa bonne tenue, son adresse, son intelligence, la beauté de ses traits le font remarquer de ses chefs ; son caractère doux et ferme le fait aimer de tous. Mais plus il s'élève et plus il regarde en lui-même : il reconnaît son ignorance, l'insuffisance de son éducation ; il veut acquérir ce qui lui manque, apprendre ce qu'il ignore : mais où? mais comment? Il lui fallait des livres, et il n'était pas facile de s'en procurer avec la paye que l'État mesure si parcimonieusement à ses défenseurs. C'était l'époque où les officiers de hussards brodaient au crochet, où les dragons composaient, à la façon de M. de Florian, des pastorales pomponnées de rubans, avec des moutons immaculés, des bergères mouchetées et satinées. Hoche se mit à broder aussi, mais pour acheter des livres : il plaçait lui-même ses petits ouvrages de broderie dans un café qui existe encore à l'entrée de la rue de la Harpe. C'est avec le produit de ces féminines occupations qu'il donnait à son intelligence la mâle nourriture dont elle était avide. Il est vrai que, par compensation, il allait quelquefois dans les jardins des environs de Paris puiser et transporter de l'eau ; rude travail pour un maigre salaire.

Hoche avait adopté pour règle de ses affections au régiment cet axiome à son usage : *Les plus braves sont les meilleurs.* Il était donc lié avec les plus braves, qui pouvaient bien être les meilleurs en effet, mais qui n'étaient pas les plus paisibles. Les gardes-françaises mettaient vite flamberge au vent ; et un jour, dans une rixe survenue entre eux et des bourgeois, l'un des meilleurs camarades de Hoche fut malheureusement tué. Hoche avait été jusque-là assez calme : mais, à la vue de ce cadavre, son sang bouillonne, il se met à la tête de ses amis, les exhorte à la vengeance, il pénètre dans la maison où s'était réfugié le meurtrier, et, ne le trouvant pas, il renverse les meubles, brise les portes, démolit presque la maison.

C'est là, je crois, le seul acte de violence brutale qu'on ait à reprocher à Hoche; et encore faut-il reconnaître qu'il avait pour principe un sentiment, exagéré sans doute, mais louable au fond.

Les bourgeois, qu'en ce moment Beaumarchais achevait d'émanciper, parvenaient déjà à se faire écouter. Sur leur réclamation, Hoche, désigné comme l'auteur principal et le promoteur du désordre, fut condamné à trois mois de cachot, et cette peine fut horriblement aggravée par la haine personnelle de l'officier rapporteur : il souffrit d'horribles privations. Plus tard, Hoche, devenu général, eut sous ses ordres ce même officier et le combla de bontés et de faveurs.

Pour en finir avec ces rares effervescences d'une jeunesse si studieuse et si réfléchie, disons un mot de la cicatrice que Hoche portait sur le front.

Il y avait au régiment un sous-officier, du nom de Serre, qui opprimait ses inférieurs, jalousait ses égaux et se faisait bien venir des chefs par un système infâme de délation. Tout le monde souffrait du voisinage de cet homme, qui déjà avait eu quelques duels heureux. Fatigué de voir tant d'audace et tant de méchanceté impunies, Hoche provoque en duel ce sous-officier : ils se battirent le dernier jour de décembre 1788, dans les carrières de Montmartre. Hoche fut blessé d'un coup de sabre entre les deux yeux, son adversaire reçut dans le ventre une blessure mortelle.

On touchait à l'heure solennelle, à ce grand éclat populaire que de sourds craquements annonçaient déjà depuis tant d'années. Le 14 juillet trouva Hoche parmi ces *soldats bleus* dont parle le poète [1], et qui prêtèrent un si énergique concours aux premiers efforts de la Révolution. Ici une carrière nouvelle, inattendue, s'ouvre aux regards du jeune homme. Depuis cinq ans il servait sous les drapeaux, il était réputé le meilleur instructeur du régiment, il avait patiemment cherché, étudié tout ce qui se rapportait à la science militaire, son esprit actif avait déduit de ces recherches laborieuses tout un ensemble théorique ; il était enfin, au dire de ses camarades, qui le chérissaient, le sujet le plus distingué de son corps, et la révolution le trouva.... caporal. Et ceci n'est pas seulement l'histoire de Hoche, c'est celle de toute cette phalange d'hommes éminents que le souffle de 89 fit éclore, pareil à ces vents de l'Afrique qui, en même temps qu'ils portent la désolation et l'effroi parmi les populations consternées, fécondent sur leur passage les amours des palmiers et préparent l'abondance et la vie là où ils semblaient ne devoir laisser que le deuil et la mort.

[1] Héros du peuple, un soldat bleu qui passe
Est salué du geste et de la voix.
BÉRANGER.

Une double cause entraînait donc vers ce monde nouveau, sorti tout à coup des débris du passé, ces chefs inconnus qu'attendait un baptême de gloire. Les mots de liberté, de patrie, de souveraineté populaire exerçaient alors sur les esprits et sur les cœurs un prestige dont les générations nouvelles ne sauraient se faire aucune idée. Jamais la fable antique des villes bâties au son de la lyre n'eut dans le monde une application plus littérale et plus vraie. Ces paroles merveilleuses qui agitaient dans ses profondeurs ce peuple si long-temps contenu, n'étaient-elles pas des notes jusque-là ignorées et qui faisaient tressaillir le monde? N'était-ce pas au son d'une musique tour à tour entraînante, sombre, farouche, que les armées surgissaient du sol pour le défendre, que les trônes s'écroulaient, que les fondements d'une société nouvelle se superposaient avec ordre au milieu du sang et des débris?

On sait avec quelle promptitude et quel ensemble l'Europe se coalisa contre la France révolutionnaire et avec quel enthousiasme la nation se leva pour la défense de son territoire et de ses droits. Soldats, généraux, administrateurs, diplomates, législateurs, tribuns, écrivains, poètes, tout s'improvisa avec une merveilleuse rapidité en présence de ce péril immense. La guerre allait devenir le nouveau mode d'activité extérieure de la nationalité française. Hoche le comprit dès le principe. Étranger aux mouvements des partis qui déjà se dressaient menaçants à l'intérieur, il s'attacha à perfectionner son éducation militaire, persuadé qu'il servirait plus efficacement sa patrie sur les champs de bataille qu'au forum : il se prépara à cette grande tâche, et, loin de toute intrigue, il attendit avec calme et dans l'obscurité que son heure fût venue.

Peu de temps après la prise de la Bastille, Hoche avait été incorporé dans le 104e régiment avec le grade d'adjudant-sous-officier. Ce fut à ce titre qu'il commanda le détachement des troupes qui escortèrent Louis XVI lorsque, aux 5 et 6 octobre, le peuple ramena de Versailles à Paris la royauté déjà captive. On a cité comme une prédiction le mot de l'une des dames de la reine, qui s'écria en voyant le jeune adjudant : « Ce jeune homme est fait pour être général ! » Il faut peut-être accepter le mot comme un compliment indirect adressé à la mâle et douce beauté de Hoche par le coup d'œil exercé d'une grande dame, mais c'est là tout : il y a bien assez de merveilleux déjà dans le simple récit de ces fortunes rapides, de ces élévations soudaines, sans qu'il soit besoin d'y introduire l'élément surnaturel de la divination.

Nous préférons, en fait de divination, celle de Servan, ministre de la guerre, qui le premier comprit la valeur de Hoche et lui ouvrit la carrière. C'était aux Champs-Élysées, un jour de grande manœuvre. Un commandant de peloton était absent, Hoche le remplace. Il fait exécuter tous les mouvements avec une précision, un calme tels que Servan le remarque. « Ce jeune homme n'est pas à sa place, » dit-il. Le même jour, Hoche reçoit son brevet de lieutenant au régiment de Rouergue ; et le 24 juin 1792, jour anniversaire de sa naissance, il quitte Paris pour rejoindre son corps à Thionville, où il fait ses premières armes avec éclat. De Thionville il passe à l'armée des Ardennes sous les ordres du général Leveneur, qui ne tarde pas à l'apprécier. Leveneur manquait de vivres, il confie à Hoche un régiment de hussards et le charge de trouver des approvisionnements dans le pays. Transformé en administrateur, le jeune officier s'acquitte de ses nouvelles fonctions avec une prudence, une sagacité rares : au bout de deux jours, l'armée a du pain, de la viande, des fourrages. Un mois plus tard, après la défaite d'Aldenhowen, Leveneur, abandonnant en hâte le siége de Maestricht, repasse la Meuse poursuivi par les escadrons ennemis. Les munitions, les blessés, le numéraire, tout était abandonné ; il fallait, pour les sauver, un coup de main hardi : c'est à Hoche encore que Leveneur confie cette mission périlleuse, et le succès couronne son habileté et ses efforts. Nommé capitaine aide-de-camp du général, il fait des prodiges de bravoure et de sang-froid pendant cette périlleuse retraite ; et c'est lui que Leveneur choisit encore pour venir à Paris éclairer le conseil exécutif sur les conséquences de la trahison de Dumouriez.

Le diplomate improvisé n'est pas moins heureux que l'administrateur et le soldat. Il ne se borne pas à signaler le péril, il indique le remède ; il trace le plan de campagne qui doit nous faire reprendre l'offensive. Sachant l'influence que Marat exerce par la publication de sa feuille sur les résolutions du conseil, il lui communique ses projets et les fait appuyer par *l'Ami du peuple*. Ses plans sont adoptés, et il retourne à l'armée du Nord avec le grade de chef de bataillon.

On a prétendu, en s'appuyant sur ses relations momentanées avec Marat, que Hoche avait été marattiste, et qu'il n'était pas resté étranger aux manœuvres des factions. Ceci ne mérite pas d'être réfuté sérieusement ; la vie tout entière de Hoche répond à de si absurdes calomnies.

A peine de retour auprès du général Leveneur, il prépare et dirige la reprise des hostilités, il visite et étudie les lignes ennemies. Tout à coup Leveneur est arrêté comme suspect ; Hoche s'indigne ; on travestit ses paroles, et lui-même, accusé à son tour d'incivisme, est appelé devant le tribunal révolutionnaire de Douai, qui reconnaît bientôt son innocence et le renvoie à ses travaux et à ses périls.

Au point où nous sommes arrivés, la carrière de Hoche présente quatre divisions principales : la défense de Dunkerque, le commandement de l'armée de la Moselle, la pacification de la Vendée, et le commandement de l'armée de Sambre-et-Meuse ; glorieux épisodes, que partagent la persécution et l'emprisonnement, et que la mort couronne.

C'est à Dunkerque que Hoche peut, pour la première fois, déployer les rares qualités de son esprit et de son cœur. Quoique sous les ordres du général Souham, il est l'âme de la défense, c'est lui qui la dirige, prenant les mesures les plus vigoureuses, et adressant aux habitants pour les rassurer, aux matelots de l'escadre pour les faire rentrer dans la discipline et le devoir, aux soldats pour les encourager, un langage simple et ferme à la fois.

L'ennemi est nombreux; l'Angleterre a débarqué sur les côtes dix-huit mille hommes; vingt-deux mille Autrichiens sont venus se joindre à eux. La situation était périlleuse; une des clefs de la France était près de tomber au pouvoir de l'étranger, car la place, qui, au dire de Hoche lui-même [1], « n'est, à proprement parler, qu'un camp retranché, demanderait quinze à dix-huit mille hommes et n'en compte en réalité que sept mille. » Voici d'ailleurs comment Hoche raconte l'état où il trouva Dunkerque ainsi menacé [2] :

« Je reçus l'ordre d'aller sur-le-champ m'enfermer dans Dunkerque, ce que j'exécutai avec la plus vive satisfaction. Cette place était absolument sans défense, les troupes désorganisées et harassées de fatigues par le désordre qui régnait dans l'armée. Je suis arrivé ici avec le général de brigade Souham. Enfin, à force de travail, nous commençons à nous reconnaître. Pitt avait ici des agents. Des papiers incendiaires ont été répandus, des signaux donnés à la flotte ennemie, mouillée à trois quarts de lieue de la ville. Les matelots, frappés d'une terreur panique, s'étaient insurgés; ces hommes égarés avaient forcé leurs chefs à quitter la station et voulaient rentrer dans le port; je leur ai écrit dans le style franc d'un républicain. »

Telle est l'activité qu'il déploie, l'audace et la vigueur de ses sorties, qu'au bout de huit jours l'armée anglo-autrichienne bat en retraite. Dès le lendemain, avide, non de récompenses, mais de nouveaux périls, Hoche écrivait au général Barthélemy :

« Général, j'ai été envoyé par vous à Dunkerque *provisoirement*. Ai-je fait mon devoir? ai-je rempli vos intentions? Je crois l'avoir fait : les ennemis ne sont plus devant Dunkerque. Veuillez bien tenir votre promesse et m'employer où besoin sera. Le repos est une peine pour moi. Je préfère être à portée de servir utilement la République, et vous prie de me rappeler où mon devoir m'appelle. »

Hoche est nommé général, et, bientôt après, le Comité de salut public lui confie le commandement en chef de l'armée de la Moselle. Il a vingt-cinq ans à peine; il trouve une armée désorganisée, sans discipline; mais il ne doute pas de lui un seul instant. « L'armée de la Moselle, écrit-il au ministre de la guerre [3], répandue sur une lisière d'environ vingt-cinq lieues,

---

[1] Lettre de Hoche au citoyen Audouin, adjoint au ministre de la guerre, 1er septembre 1793.
[2] Même lettre.
[3] 13 brumaire, an II.

est sans force ni consistance et bien faiblement organisée. Les troupes, éparses çà et là sans aucune règle militaire, connaissent à peine leurs chefs, qu'elles voient rarement. Je vais m'occuper de leur organisation. Cette armée semble être abattue par les revers, et je dois y faire renaître la confiance. »

Il nous semble que ce récit est d'une simplicité antique, et nous n'y voudrions rien ajouter. Laissons parler Hoche le plus souvent possible : « J'arrive de Phalsbourg, où j'avais donné rendez-vous au général Pichegru, qui ne s'y est pas trouvé. Cette place est assez importante pour être mise en état de défense ; je l'ai donc fait déclarer en état de siége et j'ai ordonné les réparations nécessaires.

« L'avoine nous manque ; les chevaux sont réduits à demi-boisseau, ce qui n'est pas suffisant.

« J'ai le plus grand besoin de souliers et de chemises, veuillez m'en faire passer.

« Je suis si peu secondé que je vous prierais de me rendre à mes anciennes fonctions, si je n'espérais rétablir l'ordre sous très-peu de temps. »

Puis il adresse une instruction aux officiers-généraux sous ses ordres : « Veillez à ce que les lois soient suivies scrupuleusement. Accueillez avec bonté les plaintes du soldat ; faites-y droit : cette classe respectable est la plus pure de l'armée. La baïonnette étant la seule arme qui convienne à la bravoure française, faites-en usage le plus possible. Il est sans doute bien malheureux d'avoir à verser le sang humain, mais il s'agit de la liberté de notre pays : *Salus populi suprema lex.* Le seul sang de nos soldats doit être considéré. »

Qui donc avait révélé au pauvre palefrenier des écuries du roi ce noble et simple langage ?

Les nouvelles de Landau deviennent de plus en plus alarmantes. Hoche sent chaque jour la nécessité de marcher au secours de cette importante place. Pichegru, qui doit se joindre à lui, hésite, retarde ; Hoche lui écrit lettres sur lettres pour le presser. « J'attaquerais demain, écrit-il à Audouin, adjoint au ministre de la guerre, le 21 brumaire an II, si les troupes de l'armée du Rhin m'eussent joint. J'espère que lorsque tu recevras cette lettre la jonction sera effectuée et la République sauvée. Veuille le Génie de la Liberté être propice à nos armes ! Les mesures sont prises, et, si j'en crois mes pressentiments, la meilleure cause triomphera. Je survivrais avec peine à un revers ; si j'avais ce malheur pourtant, j'enverrais à Paris nos dépouilles sanglantes. Patriotes ! montrez-les au peuple, qu'il se lève en masse, et que son suprême effort soit le coup de grâce des tyrans ! »

Il écrit au général Vincent placé sous ses ordres : « Je te défends de correspondre avec Kalkreuth autrement qu'à coups de canon ou de baïonnettes. Je me ferai connaître à lui sur le terrain. Lis la constitution du peuple français, et tu verras que la République ne traite avec ses ennemis que lorsqu'ils sont vaincus et hors de son territoire. »

Le succès couronne ses efforts : il est partout à la fois calme et ferme, donnant ses ordres avec une netteté et une précision que ses inférieurs admirent, encourageant les soldats, leur montrant le premier l'exemple de la résignation, de la bravoure et du patriotisme. A l'attaque d'un fort, qui, s'il était pris, devait avoir pour résultat de faire lever le blocus de Landau, et où toutes les forces prussiennes s'étaient portées, il donne le signal du combat en s'élançant au-devant de l'ennemi : « Vive la République! » s'écrie-t-il d'une voix tonnante et en jetant en l'air son chapeau. On devine l'enthousiasme avec lequel l'armée s'élance sur les traces de son jeune général.

Le 15 frimaire il écrit au ministre : « Plus le danger est imminent, plus je redouble de constance. Mes préparatifs de défensive en imposent à l'ennemi ; s'il s'endort, il est perdu. Je verse chaque jour des larmes de sang de me voir arrêté par le défaut de munitions. Je suis loin de désespérer du salut de la patrie. »

Il avait raison, car quelques jours plus tard, le 2 nivôse, il rendait compte ainsi du succès de ses opérations : « J'ai fait attaquer à onze heures, à midi les redoutes des ennemis ont été emportées; ils y ont laissé canons et caissons. Je les poursuis. C'est à la baïonnette que nous avons chassé les ennemis de leurs retranchements. Demain je continuerai. »

Citons un trait vraiment sublime et qu'au point de vue humain nous préférons à vingt victoires. Pichegru commandait l'armée du Rhin, et, loin de seconder Hoche, comme celui-ci l'en priait, comme il aurait dû le faire, il apportait dans tous ses mouvements une lenteur et une indécision funestes. Pichegru, forcé d'expliquer sa conduite, se plaint des rivalités existant entre les deux armées, et demande, pour les faire cesser, que Hoche sacrifie son plus habile lieutenant, le général Lefèvre. Nous ne résistons pas au plaisir de citer les belles et simples paroles écrites à ce sujet par Hoche aux représentants du peuple en mission :

« Pichegru m'assure qu'il existe de la rivalité entre les deux armées, et, pour la détruire, il me mande que j'aie à me défaire du seul officier-général sur lequel je puisse compter pour garder mon flanc droit, et ce, parce que Lefèvre lui a tenu, dit-il, quelques propos.

« Je ne dirai pas qu'il existe de la rivalité entre les deux armées, ce qui les ferait faire à qui mieux mieux. Je crains la basse jalousie. Citoyens! au nom de la République et de ses plus chers intérêts, détruisez-la! Je vous supplie de donner à Pichegru, par un acte authentique, le commandement en chef des deux armées.

« Je ne conçois rien à la construction des phrases, et n'en ferai point pour vous convaincre. L'intérêt de la chose publique parle. Je suis sans cesse à ma besogne et ne m'occupe point d'inspecter celle des autres. Je servirai ma chère patrie, parce que je suis républicain par goût et soldat par état. »

Heureusement pour la République, ce fut lui, et non Pichegru, qui réunit le commandement des deux armées. Son activité, son génie semblent grandir avec sa responsabilité et ses devoirs. Il envoie à Pichegru, à Championnet, à Jacopin, à Moreau, à Desaix, à Simon, des ordres d'une netteté, d'une concision énergiques. « Songe bien, écrit-il à Desaix, qu'avec des baïonnettes et du pain nous pouvons vaincre toute l'Europe. »

Le 7 nivôse il se rend maître de Weissembourg, où il trouve un riche butin; le lendemain il délivre Landau, et voit ainsi couronner, par un éclatant triomphe, son plan de campagne et ses combinaisons. On voulait tirer le canon en réjouissance de cet éclatant fait d'armes : « C'est inutile, dit Hoche, les républicains ne s'amusent pas comme les esclaves. Notre poudre ne doit servir que pour vaincre les ennemis. » « Landau est libre, écrit-il au ministre de la guerre; tes ordres sont exécutés, fais-m'en passer d'autres. Je me battrai jusqu'à ce qu'on me le défende. Landau serait libre depuis long-temps sans la lâcheté d'hommes qui ne savent qu'écrire. » Ceci était une allusion aux coupables lenteurs de Pichegru, dont l'armée (celle du Rhin) était dans un déplorable état de désordre et d'anarchie. Dans une dépêche fort remarquable qu'il adresse au ministre de la guerre, en date du 11 nivôse, il indique les moyens de réorganiser cette armée : « Ils se plaignent qu'ils manquent de chevaux, et ils en nourrissent quinze cents par jour qui leur sont inutiles. » Il indique le mode d'artillerie qu'il lui paraît convenable d'adopter. « Lorsqu'on se battra à trois cents toises, dit-il, comme à Weissembourg, l'ennemi fuira, et votre calibre sera toujours assez fort. Lorsque l'épée est courte, on fait un pas de plus. » Les proclamations de Napoléon n'ont pas un trait plus sublime.

Cependant, malgré ses triomphes, ou plutôt à cause d'eux, l'envie, les basses passions s'agitent autour du héros; on l'abreuve de dégoûts. « Tu es bien heureux, écrit-il à l'un de ses anciens camarades du régiment : je le serais encore si j'étais avec toi sergent des grenadiers. Ah! quelle vie horrible! le plus chétif marchand de chiffons de ton quartier est plus tranquille que moi. »

Mais ces velléités de découragement ne sont que passagères et ne sauraient ralentir son zèle d'un instant. Il adresse aux sept généraux de brigade placés sous ses ordres une instruction admirable de clarté, de bon sens et surtout de cœur, où l'on trouve ces belles paroles : « N'attendez pas les besoins du soldat, mais prévenez-les; il vous aimera. S'il vous est attaché, vous êtes sûrs de vaincre. » Le 5 pluviôse il fait une chute et se démet le bras et l'épaule. Forcé de garder le lit, et au milieu d'atroces douleurs, il donne à Moreau ses instructions générales; mais il ne cesse pas de diriger tous les mouvements, de veiller à l'exécution de ses ordres. Archien, le commissaire-général de son armée, met de la lenteur dans ses livraisons de vivres. « Je te préviens, écrit-il au ministre de la guerre, que sous peu je ferai arrêter Archien pour sa négligence : le service manque par sa faute. Il est plus patriote que commissaire-général. » A pareille époque, ce dernier mot de Hoche valait ses plus beaux traits de courage. Il tint parole.

N'admirera-t-on pas encore avec nous cette modestie charmante. Au milieu de ses victoires il écrit à Audouin, adjoint au ministre de la guerre : « Veuille continuer à me donner des instructions. Je suis bien jeune et j'ai bien peu d'expérience ; si je faisais une faute j'en mourrais de douleur. Mon Dieu! elle serait involontaire ; enfin elle serait faite, et le châtiment devrait la suivre! » Combien les temps sont changés! Trouverait-on aujourd'hui dans l'armée un sous-lieutenant qui consentît à faire si bon marché de ses talents et de sa personne?

Mais c'est en vain qu'il lutte contre l'intrigue et la calomnie, sa gloire brille d'un trop vif éclat pour ne pas blesser des yeux jaloux. Les membres du Comité de salut public, Saint-Just surtout, n'aimaient pas ce cœur droit, cette loyauté inflexible, ce patriotisme calme et sans démonstrations bruyantes. L'arrestation de Hoche fut décidée, et telle était l'affection dont on le savait entouré parmi ses soldats, que le Comité, n'osant le faire arrêter à la tête de son armée, eut recours à un honteux subterfuge : Hoche fut arrêté à Nice, au moment où il croyait aller prendre le commandement de l'armée d'Italie.

Hoche était alors sur le point de se marier, à Thionville, avec mademoiselle Déchaux, fille d'un garde-magasin, sans fortune. Le père hésita à accepter l'honneur d'une pareille alliance : « Général, dit-il, songez à mon humble position. — J'étais soldat hier, » répond Hoche en souriant.

Sa captivité fut longue, eu égard du moins à la brièveté de sa carrière. Ces quelques mois, durant lesquels la physionomie de Hoche a dû se révéler sous ses plus intimes aspects, pourraient à eux seuls faire l'objet d'une intéressante étude. Les prisons alors étaient l'asile de tout ce que la France avait de femmes distinguées, d'esprits délicats, de mœurs polies ; les prisons étaient devenues des salons, qui, pour avoir la guillotine en perspective, n'en étaient pas moins gais et spirituels ; et, n'en eussions-nous pour preuve que le chant immortel de notre André Chénier, l'amour n'en était pas exclu. Hoche eut du succès parmi les prisonnières. Joséphine Beauharnais était du nombre : il la remarqua. Les femmes n'ont d'autre moyen de remarquer un homme que de se laisser complaisamment remarquer par lui. C'est ce que fit Joséphine. Hâtons-nous de dire qu'ils étaient à distance respectueuse et correspondaient ensemble au moyen d'une glace. Le geôlier, qui avait sans doute mission de représenter la pudeur publique à la Conciergerie, les sépara brutalement. N'est-ce pas un rapprochement au moins bizarre que cette rencontre, et ce sourire de Hoche à travers les barreaux à l'aimable femme qui devait être un jour impératrice des Français et reine d'Italie!

Hoche avait encore de grandes choses à faire. Le bourreau l'oublia, et le 9 thermidor lui rendit sa liberté. Il sortit de prison, pauvre, sans aucun secours. Le héros qui avait sauvé Dunkerque, délivré Landau, gagné dix batailles, en était réduit à solliciter un emploi, que, par jalousie, on lui refusait. Les périls publics cependant étaient loin d'être conjurés. La coalition, pareille à l'hydre de la fable, relevait toujours sa tête abattue; le gouvernement thermidorien, succédant à l'énergique dictature du Comité de salut public, laissait aux agitations des partis une liberté dangereuse : les compagnies du *Soleil* désolaient le midi de la France ; l'émigration, secondée par l'Angleterre, entretenait sur nos côtes de l'ouest une fermentation et des hostilités jusque-là invincibles. De tous les commandements, le plus ingrat, le moins éclatant, le moins recherché était celui des forces que la République dirigeait contre les provinces révoltées. Aussi, ces opérations, conduites jusque-là par des hommes ordinaires, étaient-elles restées sans résultat, et le mal s'aggravait de jour en jour. On crut donc désobliger Hoche au fond, et se donner en même temps l'apparence d'utiliser ses services, en lui confiant le commandement de l'armée des côtes de Brest et de Cherbourg. Ses ennemis ne se doutaient pas qu'ils lui fournissaient au contraire l'occasion d'une gloire à laquelle aucune des gloires militaires de cette époque ne saurait être comparée.

Hoche accepta, l'âme blessée : il allait avoir des Français, des enfants du peuple à combattre.

Le 19 fructidor an II il prend possession de son commandement. Il se dévoue tout entier à l'œuvre qui lui est dévolue, il étudie le pays dont la pacification lui est confiée, les populations qu'il a à combattre; mais chaque coup de canon tiré sur les Autrichiens, les Prussiens ou les Russes fait détourner tristement sa tête vers ces lointains champs de bataille où toute gloire est pure, car on y combat l'étranger. « Je chanterai vos succès, écrit-il à Lacoste. Je te prie d'embrasser Jourdan et sa brave armée; je désire que l'on s'y souvienne encore qu'autrefois j'y servais aussi. » Cependant la Vendée, la Bretagne s'émeuvent à travers leurs haies, dans leurs châteaux, dans leurs églises. Hoche voit dans les *blancs* des frères égarés; les *blancs* ne voient dans les *bleus* que des ennemis. Il adresse aux populations des paroles fermes et touchantes, que nous voudrions pouvoir citer, en même temps qu'il prend des dispositions énergiques ; mais, comme il le dit lui-même, c'est une guerre où il faut plus de proclamations que de canons, où la persuasion est la première arme dont on doive faire usage.

Le plan de sa double campagne, stratégique et morale, est bientôt tracé. Il répartit son armée en trois corps, le premier à Nantes, le second à Ancenis, le troisième à Saumur, et il marchera vers la mer. « L'austère discipline, la probité, toutes les vertus républicaines doivent être mises en vigueur. Joindre à la fermeté la clémence envers les hommes faibles, préserver l'habitant de toute espèce de vexation militaire, respecter scrupuleusement les propriétés, sont les moyens à employer pour réussir. »

Il réussit en effet. Les représentants du peuple demandent pour lui le commandement des deux armées. Il n'a pas oublié encore que c'est pour avoir accepté à l'armée de la Moselle le commandement de celle du Rhin qu'il a vu sa gloire ternie, ses intentions calomniées, qu'il a été destitué, emprisonné. Instruit de la demande des représentants du peuple, il écrit à Carnot pour le prier de refuser, et c'est là, il faut bien le dire, un acte faible dans la vie de Hoche, le seul peut-être qui altère la grandeur des proportions sous lesquelles nous sommes habitués à l'envisager.

Il accepte cependant, il donne à cette armée tous ses soins, tout son temps. « L'armée de la Moselle, dit-il dans une lettre intime, était une grande fille que j'aimais comme une maîtresse ; celle-ci est un enfant chéri que j'élève pour en faire hommage à la patrie. » Je ne sais rien, en effet, de plus paternel que ces instructions, ces conseils mille fois répétés. « N'oublie jamais, écrit-il à Morisset, que ce sont des Français que tu vas arrêter, et que tu ne dois les traiter en ennemis que lorsqu'ils t'y contraignent par leur rébellion. J'attends que tu mettras dans cette expédition toute la décence et l'humanité qui caractérisent les républicains. » Il termine ainsi une circulaire aux officiers généraux : « Ne perdez jamais de vue que la politique doit avoir infiniment de part à cette guerre. Employons tour à tour l'humanité, la vertu, la probité, la force, la ruse, et toujours la dignité. » Dans cette *guerre politique* il est admirable. Ces deux lignes, qu'il écrit au général Lebley, ne rappellent-elles pas le fameux mot de Henri IV : « Courage, mon bon ami, lui dit-il, que la religion ne t'arrête pas! fais dire la messe et assistes-y s'il est nécessaire. »

La maladie même n'interrompt pas ses travaux. Ce n'est point assez encore pour son activité : il suit un à un tous les mouvements des armées du Nord, et il communique au Comité ses idées et ses plans sur cette guerre. Nous trouvons une lettre adressée au général Mermet où il lui demande des livres : Gilbert et Beaumarchais, les œuvres de Condillac, la Henriade, la Mort de César. Il aimait les poètes et les sentait. Il avait lu Rousseau avec enthousiasme : cette phrase, qu'il écrivait au général Varin, ne semble-t-elle pas empruntée au vicaire savoyard : « Il est de la morale et de la politique d'accorder la liberté de conscience à tout être pensant. Une religion quelconque tient quelquefois lieu à l'homme le moins instruit des affections les plus chères. »

Le jour même où il signait la paix, premier triomphe de sa prudence et de son habileté, la Convention lui retirait le commandement de l'une de ses armées. Mais la paix ne fut pas de longue durée. L'émigration, à laquelle on reprochait en 1815 de n'avoir rien appris ni rien oublié, en était à ses premières, à ses plus coupables folies. Hoche, dont l'activité ne s'était pas endormie, reprit les hostilités avec le même calme, le même désir d'épargner le sang français. Son humanité ne suffisait pas à empêcher de barbares représailles. Des soldats républicains promènent la tête d'un chouan au bout d'une baïonnette. « Je suis indigné, écrit-il à l'adjudant-général Crublier, de la conduite de ceux qui ont souffert que l'on promenât la tête d'un ennemi vaincu. Il est malheureux que vous ne vous soyez pas trouvé là pour empêcher ce que je regarde comme un crime envers l'honneur, l'humanité, la générosité française. Sans perdre un moment, vous voudrez bien faire arrêter les officiers qui commandaient le détachement des grenadiers et ceux d'entre eux qui ont coupé ou promené la tête du cadavre de Boishardy. »

Cependant, l'expédition de Quiberon se prépare. Les émigrés débarquent ; une population nombreuse vient se joindre à eux dans cette anse fatale. Hoche les tient à la pointe de son épée. On lui conseille un massacre général. « Il est impossible, écrit-il au représentant du peuple Grenot, il est impossible, cruel et impolitique de songer à détruire six à sept mille familles qui ont été entraînées à Quiberon par la terreur ou le prestige. » Toujours, on le voit, la politique de Hoche est subordonnée à la générosité de son cœur.

La journée de Quiberon, si désastreuse pour les royalistes, loin de mettre un terme à la guerre civile, ne rendit que plus actifs les efforts du parti. Hoche ne se rebuta point, mais sa grande âme s'affligeait en présence de ces populations égarées dont il ne rêvait que le bonheur, et qui, trompées, fanatisées par les agents de l'Angleterre, restaient sourdes à sa voix. Malade de dégoût et d'ennui, il voulut prendre quelque repos ; il lui semblait qu'un plus long séjour lui serait funeste. Le 14 ventôse an IV, il sollicite de nouveau du Directoire un congé ou son rappel. Revenu à Paris, son repos ne fut pas de longue durée. Qui donc d'ailleurs eût pu le remplacer utilement ? Le Directoire lui confia le commandement de toutes les forces de l'Ouest, réunies sous le titre d'armée des côtes de l'Océan. Il se remit à cette œuvre ingrate avec le même zèle, animé des mêmes sentiments. L'ordre du jour dans lequel il expose à ses lieutenants ses intentions, son plan de campagne, ses projets, est un modèle d'éloquence, de lucidité, de sens droit ; ce sont des pages qu'un grand écrivain ne désavouerait pas.

Dès le début, ses opérations sont heureuses, et lui, si modeste, écrit au ministre de la guerre pour l'assurer du succès ; il avait confiance en son génie : la pacification de la Vendée fut en effet son œuvre glorieuse. Cependant il y a une vaste conception, un fait immense, qui, à nos yeux, domine non-seulement cette période de la vie du héros, mais encore son existence tout entière. Nous voulons parler du projet de débarquement en Irlande et de l'expédition qui eut de si funestes résultats.

Ce fut sur le champ de bataille de Quiberon que Hoche, depuis longtemps préoccupé de la pensée de frapper au cœur la puissance de l'Angleterre, conçut le projet de descente en Irlande. Les Anglais, se dit-il, ont attaché à nos flancs la Vendée royaliste, pourquoi n'attacherions-nous pas aux leurs une Vendée républicaine? Ils agissent contre nous au nom et sous le masque des grands principes d'autorité, de légitimité, de tradition, pourquoi la France régénérée n'agirait-elle pas contre eux avec la même énergie au nom de la liberté, de la fraternité humaine?... Après qu'il eut déjoué les projets et les intrigues de l'émigration, Hoche crut le moment favorable à l'exécution de son vaste plan. D'accord avec Truguet, il étudia les bases, il prépara les éléments de cette expédition avec une activité, une intelligence, une sûreté de coup d'œil qui ne restent pas au-dessous des grandes qualités que Bonaparte déploya dans les préparatifs de l'expédition d'Égypte.

Mais déjà le doigt de Dieu avait marqué son élu. L'expédition d'Irlande semblait réunir toutes les chances de succès : l'ordre, la prudence avaient présidé à tous les détails ; la petite armée avait confiance en son jeune général, l'Irlande, frémissante d'impatience, attendait les bras ouverts ses libérateurs. Tout échoua. La tempête dispersa la flottille, le débarquement fut impossible, et les débris de l'expédition eurent peine à regagner les côtes de France.

Cette sorte de fatalité, qui frappe d'impuissance les combinaisons du génie, les plans les mieux conçus, serait inexplicable, si les desseins éternels de Dieu n'étaient rendus éclatants par ces grands revers imprévus. Le temps n'est plus où l'on peut effacer les peuples de la carte du monde, surtout quand ces peuples occupent une place importante dans l'organisation du globe. L'expédition d'Irlande, le camp de Boulogne, le blocus continental, ces vastes conceptions avortées, ne l'ont-elles pas prouvé jusqu'à l'évidence! Mais il serait injuste de contester le côté poétique et sublime de ces rêves. Je ne sais pas de champ de bataille où Hoche apparaisse plus grand que sur le vaisseau délabré qui le ramène seul de cette expédition si malheureuse.

Il ne se crut pas vaincu pourtant. Il reprit son projet, ses plans, et prépara une seconde expédition, qui cette fois ne fut pas tentée. Les intrigues de la contre-révolution le retinrent en France, à la tête de l'armée de Sambre-et-Meuse : nommé ministre de la guerre, il refusa cet honneur pour rester parmi ses frères d'armes. Absent de Paris pendant la journée du 18 fructidor, qui déjoua les plans des royalistes, il avait cependant, de concert avec Marbot, Barras et La Réveillère, préparé ce mouvement de réaction républicaine ; l'assurance de son concours, l'influence de son nom, ne contribuèrent pas peu aux résultats de cette journée.

Hoche portait dès lors dans son sein le germe de la maladie qui devait l'enlever sitôt à la France. Une flamme intérieure le dévorait : « On m'a revêtu, disait-il à ses amis, de la robe de Nessus. » Le troisième jour complémentaire de l'an v (septembre 1797), il mourut parmi ses lieutenants, dans les bras de sa jeune femme, qui l'avait accompagné à l'armée de Sambre-et-Meuse. L'autopsie de son cadavre et le rapport des médecins confirmèrent l'opinion générale, qui attribua au poison cette mort si rapide et si douloureuse. Mais, quelque large part qu'il faille faire à l'aveuglement, au désordre des passions et des haines politiques, on ne peut cependant rejeter sur les partis des crimes si odieux tant que les faits ne sont pas irrécusables.

Quelle qu'en fût la cause, cette mort déplorable priva la France de l'un de ses plus nobles enfants. De toutes les grandes physionomies que la Révolution a mises en relief, il n'en est pas dont le contour soit plus net, la ligne plus vigoureuse et plus antique, l'ensemble plus irréprochable. Il est impossible de n'être pas frappé des analogies qui existent entre Hoche et Bonaparte. L'un est le précurseur de l'autre; vrai précurseur, qui salue le prophète et lui trace la voie jusqu'au dernier instant. La coopération de Hoche au 18 fructidor fut une leçon que Bonaparte n'avait pas oubliée le 18 brumaire. Ces deux génies si identiques pouvaient-ils coexister? Hoche n'eut jamais un moment de jalousie contre Bonaparte : il l'aimait et l'admirait sincèrement, profondément. Peu de temps avant sa mort, à l'occasion de l'anniversaire du 10 août, fête nationale qu'il fit célébrer dans son camp avec une pompe toute républicaine, Hoche était à table, entouré de tous ses lieutenants, Lefèvre, Championnet, d'Hautpoul, Chevin, Ney, Soult, etc. Championnet porta un toast à l'armée d'Italie. « A Bonaparte! s'écria un autre général, puisse-t-il... — A Bonaparte tout court, reprit Hoche en l'interrompant : son nom dit tout. »

Le corps de Hoche fut porté à Coblentz et placé à côté de celui de Marceau : les drapeaux ennemis s'inclinèrent avec respect devant le funèbre cortége du héros.

La mort de Hoche fut un deuil public. Son nom demeurera l'une des hautes gloires de notre patrie.

Louis Jourdan.

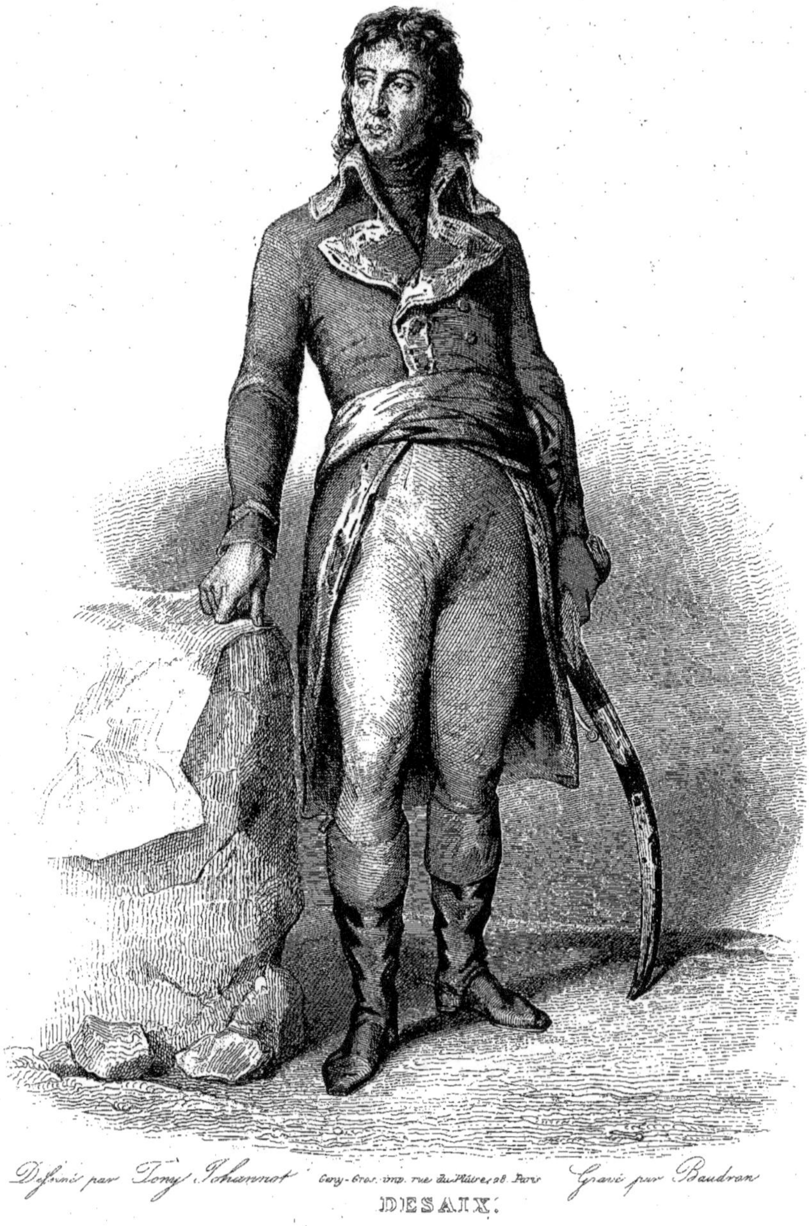

Dessiné par Tony Johannot Geny-Gros. imp. rue du Plâtre, 28. Paris Gravé par Baudran

DESAIX.

DESAIX

NÉ EN 1768, MORT EN 1800.

Louis-Charles-Antoine Desaix de Voygoux naquit le 17 août 1768, d'une famille noble, à Saint-Hilaire d'Ayat, dans le voisinage de Riom, en Auvergne. Destiné à la carrière des armes, que ses parents avaient eux-mêmes suivie depuis plusieurs générations, il fut élevé à l'école militaire d'Effiat, où son jeune courage s'échauffa de préférence à la lecture des hauts faits et des traits de vertu par lesquels tant de grands hommes ont illustré les républiques de la Grèce et de Rome.

A l'âge de quinze ans, Desaix entra, en qualité de sous-lieutenant, dans le régiment de Bretagne, et s'y fit remarquer par un caractère grave et studieux. Quelques années plus tard, les guerres de la révolution, en l'appelant sur les frontières de l'Allemagne, lui fournirent une brillante occasion de signaler ses talents et sa bravoure militaires. Le général Victor de Broglie se l'attacha comme aide-de-camp; Custine le nomma capitaine-adjoint au corps d'état-major.

A la reprise des lignes de Weissembourg par les troupes républicaines, Desaix commandait, en qualité de général de brigade, la droite de l'armée du Rhin : il marcha sur Lauterbourg et s'en empara après avoir fait preuve d'une rare intrépidité.

Lorsque Moreau fut choisi pour remplacer Pichegru dans le commandement de l'armée du Rhin et de la Moselle, ce général, appréciant le mérite de Desaix, qui n'avait cessé de prendre une part brillante à toutes les actions qui honorèrent le plus les armes de la république sur le Rhin, pendant les campagnes de 1794 et 1795, le fit nommer général de division (1796), et lui confia le commandement de l'aile gauche de son armée.

La cinquième campagne de la liberté venait de s'ouvrir. Dans l'intention d'opérer une invasion en Allemagne, Moreau avait porté toute son armée, forte de soixante et onze mille hommes, sur la rive droite du Rhin, à la hauteur de Strasbourg : il se trouvait au pied des montagnes de la Forêt-Noire. On se rappelle que des succès constants accompagnèrent ses pas à travers les défilés de ces montagnes et des Alpes de la Souabe. Poussant devant lui les troupes impériales commandées par l'archiduc Charles, il arriva tour à tour sur les rives du Necker, sur celles du Danube et jusqu'aux environs de Munich. Forcé bientôt ensuite, par des circonstances impérieuses, de renoncer à sa marche sur Vienne, il exécuta cette savante et glorieuse retraite, trop vantée peut-être, mais toujours admirable, qui le reporta, sans aucune perte, du milieu de la Bavière jusqu'aux bords du Rhin. Dans cette double opération, le général Desaix se montra, par la sagesse de ses conseils, la précision et la hardiesse de ses mouvements, le digne lieutenant de Moreau ; chaque fois que l'occasion s'offrit de s'engager contre les Autrichiens, il le fit avec autant d'habileté que de vigueur, et ne rencontra partout que des triomphes.

De retour sur le Rhin, Moreau lui confia la défense de Kehl, dont l'archiduc Charles pressait le siége avec opiniâtreté. Enfermé dans ce fort presque détruit, Desaix y déploya les plus rares talents militaires ; sa bravoure, son sang-froid, les savantes dispositions qu'il prit arrêtèrent pendant près de trois mois tous les efforts d'une armée nombreuse. Lorsque la place se rendit enfin (9 janvier 1797), l'archiduc, en y entrant, prit possession d'un monceau de ruines.

Quelques mois après, Desaix tenta une des actions les plus hardies qui aient été racontées dans les annales de la guerre. Ayant reçu du général en chef, alors absent, l'autorisation de franchir le Rhin avec toute l'armée, il choisit, pour exécuter ce passage, un endroit du fleuve au-dessous de Strasbourg. Quatre-vingt mille Autrichiens et cent canons défendaient la rive opposée. Nos bataillons se précipitent sur les pas de leur général ; ils apportent des rames, des câbles, des bateaux. Desaix vient d'abord s'échouer, avec ses troupes, sur une île de gravier. Tandis qu'on travaille, sous une pluie de bombes, à jeter deux ponts sur le fleuve, nos chevaux, lancés à la nage, entraînent des groupes de soldats suspendus à leur crinière. On aborde enfin l'ennemi sur la rive droite : Desaix, le sabre à la main, culbute et désarme les premiers rangs de l'infanterie autrichienne. Atteint d'une balle, qui lui traverse la cuisse au moment où il va saisir un officier ennemi, il voit se dresser vingt baïonnettes contre le soldat qui l'a blessé ; il rassemble aussitôt ses forces, il s'élance, et lui sauve la vie en le déclarant son prisonnier.

Pendant vingt-quatre heures, exposé à être jeté dans le Rhin, il lutta contre toute l'armée impériale pour se maintenir dans des taillis et des marécages, et attendre que les ponts achevés ouvrissent un chemin à ses troupes. Enfin le passage s'était opéré, on avait poursuivi les Autrichiens dans les Montagnes-Noires, on s'était emparé d'une partie de leurs administrations, quand la nouvelle des préliminaires de Léoben vint arrêter nos soldats au milieu de leurs succès.

Durant cette suspension d'armes, Desaix, guéri de ses blessures, impatient de connaître l'audacieux vainqueur des Alpes, se rendit en Italie. A son arrivée, Bonaparte lui témoigna son estime par un accueil digne de tous les deux et par un ordre du jour conçu en ces termes : « Le général » en chef avertit l'armée d'Italie que le général Desaix est arrivé de l'armée » du Rhin, et qu'il va reconnaître les positions où les Français se sont im- » mortalisés. »

Après la paix de Campo-Formio, dans le temps où Bonaparte, conduit par la gloire à des projets d'ambition, vivait retiré dans sa maison de la rue Chantereine, Desaix fut compté en première ligne parmi les trois ou quatre généraux qu'il admettait, en société d'un petit nombre de savants et d'artistes, aux secrets de son intimité.

Desaix fut appelé, au même titre sans doute, à partager les dangers et la gloire de l'expédition d'Égypte (1798). Tandis que Bonaparte s'emparait d'Alexandrie, Desaix, avec sa division d'avant-garde, s'avançait sur la route du Caire, à travers le désert de Damanhour, vaste plaine de sable mouvant, brûlée par le soleil, sans eau ni ombre. A Damanhour, il fut rejoint par le reste de l'armée. On se remit en marche; on atteignit le Nil. Trois jours après (13 juillet), fut livré le combat de Chébreïss, où, pour la première fois, nos soldats luttèrent contre les mameluks et leur brave chef Mourad-Bey, qui lança vainement sur nos carrés immobiles, partout hérissés de baïonnettes, partout entourés de feu et de mitraille, ses intrépides cavaliers.

A la suite d'une première victoire, dans laquelle Desaix donna de nouvelles preuves de ses talents et de sa bravoure, l'armée marcha plusieurs jours sans relâche. Elle approchait du Caire. Le 21 juillet, aux premiers rayons du soleil, elle découvrit enfin, à sa gauche, de l'autre côté du fleuve, les hauts minarets de cette grande capitale, et à sa droite, dans le désert, les gigantesques pyramides. — C'était là que devait se livrer la bataille décisive. Mourad-Bey nous y attendait. Un gros village, appelé Embabeh, assez mal fortifié et défendu par des batteries immobiles, lui servait de camp retranché. Il y avait placé vingt-quatre mille fellahs et quelques mille janissaires ou spahis. Il avait rassemblé, dans la plaine qui s'allonge entre le Nil et le désert, dix mille mameluks, brillants d'or et d'acier.

Dès que Bonaparte eut donné le signal, Desaix, qui formait l'extrême droite, se mit le premier en marche. Le carré qu'il commandait, engagé dans les palmiers, ne parvint à se former qu'à l'instant où les mameluks l'abordèrent. Qu'on se figure la masse énorme de huit mille cavaliers, montés sur des chevaux arabes, galopant à la fois, et se précipitant avec une furie extraordinaire. La division Desaix les avait attendus avec calme ; elle les reçut à bout portant, faisant éclater sur eux un feu terrible de mousqueterie et de mitraille. Les mameluks s'arrêtèrent, puis flottèrent quelque temps autour de nos rangs, qui leur offraient alors l'image d'une citadelle enflammée. Quelques-uns des plus braves se précipitèrent avec acharnement sur les baïonnettes, puis, retournant leurs chevaux et les renversant sur nos fantassins, réussirent à faire brèche ; trente ou quarante vinrent de cette sorte expirer aux pieds de Desaix, au centre même du carré. Partout repoussées, assaillies à leur tour et mises en désordre, les troupes de Mourad-Bey nous abandonnèrent enfin la victoire. Leur chef, le visage tout sanglant, s'échappa du champ de bataille avec les débris de sa cavalerie, et se retira vers la Haute-Égypte. Desaix reçut l'ordre de le poursuivre et de le tenir en échec. Il porta sa division, forte d'environ trois mille hommes, à quatre lieues en avant de Giseh, et l'y établit dans un camp retranché.

Un mois après, tandis que Bonaparte établissait notre puissance au Caire, le général Desaix, chargé de conquérir la Haute-Égypte contre les restes de l'armée de Mourad-Bey, s'embarquait pour cette expédition sur quelques bâtiments équipés en guerre. Après douze jours de navigation, parvenu à Abou-Girgeh, il apprit que douze djermes, chargées de vivres et de munitions, sous la conduite d'une faible escorte, se trouvaient à Richnésé. Il fit aussitôt débarquer un bataillon, et, malgré les obstacles que présentait un pays inondé, il atteignit le convoi au moment où il entrait dans le canal de Joseph, dispersa les mameluks, et s'empara de leurs vivres et de trois pièces de canon. Il continua ensuite à remonter le fleuve, chassant toujours devant lui la flottille ennemie, et il arriva à la hauteur de Siout. Informé que de forts détachements occupaient les environs, Desaix se mit à leur poursuite : mais il ne put les gagner de vitesse ; ils allèrent se joindre à Mourad-Bey, qui, ayant rassemblé dans le Fayoum quatre mille mameluks et huit mille Arabes, se disposait à marcher à la rencontre des Français. Ceux-ci lui épargnèrent la moitié du chemin. Le moment de frapper les grands coups était venu : l'automne avait amené la baisse des eaux du Nil ; nos soldats pouvaient se battre en plaine.

Le septième jour d'octobre éclaira la bataille de Sédiman. Mourad-Bey avait pris position au village de ce nom, défendu par des retranchements garnis de fellahs : les mameluks s'étendaient dans la plaine. Desaix se présenta avec son corps de bataille, formé sur deux carrés : deux autres carrés plus petits, de deux cents hommes chacun, placés sur ses ailes, étaient destinés à amortir le choc de la cavalerie ennemie. Les mameluks s'élancent, enveloppent les carrés et les chargent sur toutes les faces ; mais leur rage est impuissante contre la froide intrépidité de nos soldats, contre le feu d'artillerie et de mousqueterie qui sort de nos rangs. Pour la première fois, cependant, notre infanterie fut rompue : le peloton de droite, attaqué avec plus de fureur, est accablé par le nombre; mais ces admirables soldats, guidés par leur seul instinct, se jettent aussitôt contre terre, afin que les grands carrés puissent faire feu sans les atteindre. Les mameluks, passant sur leur corps, chargèrent les grands carrés avec furie pendant plusieurs heures de suite, et les plus braves d'entre eux vinrent se jeter en désespérés sur les baïonnettes.

Reconnaissant qu'il lui serait impossible d'enfoncer cette redoutable infanterie, Mourad-Bey ordonne à ses mameluks de se retirer ; il démasque en même temps plusieurs pièces de canon, placées sur un monticule de sable, et qui font d'abord un grand ravage dans l'épaisseur de nos rangs. Desaix n'a qu'un moyen d'échapper au danger : par son ordre, nos carrés s'ébranlent à leur tour, ils marchent au pas de charge sur la batterie. Profitant de ce mouvement, les mameluks décrivaient cependant un quart de conversion : ils vinrent égorger les blessés sur les derrières. A cette vue, nos soldats, transportés de fureur, se précipitent sur les batteries, massacrent impitoyablement ceux qui les défendent, et s'emparent de l'artillerie et des bagages. Les mameluks épouvantés allèrent demander un refuge au désert.

A la suite de cette bataille, la plus acharnée et la plus sanglante que les Français aient livrée en Égypte, l'armée de Mourad-Bey se trouva entièrement dispersée. Affaibli de son côté par des pertes nombreuses, Desaix jugea prudent de ne rien entreprendre avant d'avoir reçu des renforts. Il se mit à organiser administrativement les provinces conquises, leva des impôts pour acquitter la solde des troupes, et prépara des magasins de subsistance.

Trois cents hommes d'infanterie et douze cents chevaux qui lui furent amenés du Caire, avec six pièces d'artillerie et six djermes armées, portèrent bientôt sa division à quatre mille hommes, et lui permirent de se remettre à la poursuite de Mourad-Bey sans trop affaiblir ses postes sur le Nil.

Mourad-Bey n'était pas resté oisif : il avait employé toutes les ressources de son activité et de son audace à rallier ses troupes et à faire soulever en sa faveur toutes les tribus de la Haute-Égypte. Après s'être rapproché du Nil, il se crut assez fort pour prendre l'offensive, et s'avança sur Girgeh, où les Français avaient pris position. Instruit de ses intentions, Desaix marcha à sa rencontre, et, le 23 janvier 1798, les deux partis se trouvèrent en présence auprès de Samanhoud.

Desaix avait disposé son infanterie en deux carrés, sous les ordres des généraux Friant et Belliard. La cavalerie, commandée par Davoust et formant elle-même un carré, était placée dans l'intervalle des deux autres, de manière à être protégée et flanquée par leur feu. Les Arabes d'Yambo et les

Mecquains, postés dans un large fossé entre Samanhoud et le carré de Belliard, engagèrent le combat par une vive fusillade. Desaix dirigea contre eux quelques compagnies d'élite, tandis qu'un escadron de hussards les tournait du côté du village. Cette double manœuvre, exécutée avec autant de précision que de bravoure, eut pour résultat de culbuter l'ennemi et de le repousser au delà de Samanhoud. Mourad avait cependant achevé ses dispositions : il fit charger le carré de Belliard par toute son infanterie, et celui de Friant par les mameluks; mais, accueillis à demi-portée de pistolet par un feu terrible d'artillerie et de mousqueterie, ils s'arrêtèrent un moment incertains. Les Arabes d'Yambo, qui étaient parvenus à se rallier, obtenaient aussi peu de succès dans leurs tentatives contre le village. Desaix, voyant toutes ces masses déjà ébranlées, saisit cet instant pour lancer sur elles sa cavalerie : dès ce moment, mameluks, Arabes et fellahs se dispersèrent en fuyant dans toutes les directions.

A la suite de cette brillante affaire, où nous avions perdu seulement quelques hommes, Desaix suivit les traces de Mourad-Bey, qui remontait le Nil avec les débris de son armée. Il laissa à Esneh la brigade Friant, et, poussant toujours les mameluks devant lui, il entra, le 2 février, à Sleime, où il apprit que Mourad avait franchi les cataractes et gagné les déserts de la Nubie. Jugeant inutile de le poursuivre plus long-temps, il chargea Belliard de l'observer avec deux bataillons, et revint à Esneh avec sa cavalerie.

L'hiver se passa tout entier en une longue suite de combats. Soit par ses lieutenants, soit par lui-même, Mourad, qui reparut en Égypte, renouvelait ses attaques avec une incroyable opiniâtreté. Partout il fut repoussé.

Maître enfin de la Haute-Égypte, Desaix, qui voyait les shérifs solliciter son amitié, put désormais s'occuper de l'organisation civile du pays dont le gouvernement lui était confié. Il établit un système d'impôt régulier; il rendit au commerce de l'Égypte avec l'Arabie son ancienne activité. Il protégeait en même temps les savants et les artistes : il fit fouiller les ruines de Thèbes et les débris du temple de Tyntira; il trouva, à Antinoé, la statue pédestre d'Antinoüs. Il visita tous les lieux où les Pharaons ont laissé des monuments qui témoignent de la civilisation et de la splendeur de leurs règnes. Il les parcourait, suivi de son armée, lorsque ses regards tombèrent sur une vaste enceinte, qui embrasse, couchés dans le sable, des colonnes et des temples détruits; le nom de Thèbes-aux-cent-Portes circule aussitôt dans les rangs, et nos soldats inclinent avec respect leurs armes victorieuses devant cette ville qui fut jadis le séjour des rois et la capitale d'un grand empire.

La sagesse de Desaix, son désintéressement, sa modération et sa clémence lui avaient gagné l'affection des habitants, qui ne l'appelaient que *le Sultan juste*. Il commençait à recueillir les fruits de son heureuse administration, quand les intrigues des Anglais réussirent à rallumer la guerre dans le Delta.

Kléber, auquel Bonaparte, en quittant l'Égypte, avait confié le commandement de l'armée d'Orient, appela Desaix auprès de lui. Bientôt après fut signé le traité d'El-Arich. En vertu de ce traité, il fut permis à Desaix de s'embarquer sur un navire neutre qui faisait voile pour la France. Cependant, à peine arrivé à Livourne, il fut retenu prisonnier par l'amiral anglais Keith, qui, joignant l'insulte à la violation du droit des gens, offrit au général français de donner vingt sous par jour à lui et à chacun des soldats français prisonniers. L'amiral ajoutait, avec une lâche ironie, que l'égalité, proclamée en France, voulait qu'il ne fût pas mieux traité qu'eux.

« Je ne vous demande rien, lui répondit Desaix, que de me délivrer de
» votre présence. Faites, si vous le voulez, donner de la paille aux blessés
» qui sont avec moi. J'ai traité avec les mamelucks, les Turcs, les Arabes
» du grand désert, les Éthiopiens et les noirs de Darfour : tous respectaient
» la foi jurée, et ils n'insultaient pas au malheur. »

Desaix revit enfin les rivages de France. Il apprit alors que Bonaparte, devenu premier Consul, était en Italie ; il lui écrivit aussitôt : « Ordonnez-
» moi de vous rejoindre ; général ou soldat, que m'importe, pourvu que je
» combatte à côté de vous. »

Arrivé le 11 juin à l'armée d'Italie, Desaix reçut le commandement des deux divisions de la réserve. On était à la veille de la journée de Marengo. Dans la soirée du 13, il fut chargé de se porter sur Rivalta, pour éclairer la route de Novi. Des témoins affirment qu'il ne se rendit point à cet ordre sans essayer de le faire révoquer, et que, dans la prévision d'une bataille prochaine, il ne l'accomplit qu'avec une extrême lenteur.

Bonaparte, qui allait avoir en tête toutes les forces autrichiennes, ne tarda pas à s'apercevoir qu'en effet il avait beaucoup trop disséminé les siennes. Il sentit alors la nécessité de les rappeler à lui, et plusieurs officiers furent expédiés à Desaix pour accélérer son retour.

Ces ordres étaient arrivés un peu tard. La bataille de Marengo était déjà livrée, et nous l'avions aux trois quarts perdue : les Autrichiens, se croyant sûrs de la victoire, ne songeaient plus qu'à en recueillir les fruits. Il était près de quatre heures du soir. Ce fut à ce moment que Desaix déboucha enfin, avec sa division, vers San-Giuliano. Malgré dix lieues d'une marche forcée, ses soldats arrivaient au pas de course. Son entrée en ligne rétablit un peu l'équilibre des forces ; mais les troupes avaient tellement souffert que Bonaparte songea un moment à profiter des renforts qui lui arrivaient pour protéger la retraite de l'armée. On assure qu'il allait prendre ce parti, lorsque Desaix lui représenta que rien n'était encore perdu, puisqu'on pouvait disposer d'une excellente réserve, tandis que celle des Autrichiens avait été déjà engagée, et lui conseilla de tenter de nouveau le sort des armes.

Une fois sa résolution fixée, Bonaparte, entouré de son état-major, parcourut rapidement le front des divisions, jetant aux soldats quelques-unes de ces paroles qui commandaient la victoire : « C'est assez reculer pour aujourd'hui, leur dit-il; vous savez que je couche toujours sur le champ de bataille. »

Cependant l'avant-garde autrichienne, persuadée qu'il s'agit uniquement de recueillir des trophées déjà conquis, approchait de San-Giuliano, quand une batterie de douze pièces de réserve éclate tout à coup et vomit la mitraille dans ses rangs : en même temps, Desaix débouche rapidement du village, à la tête de ses bataillons formés en colonnes d'attaque. Frappés de terreur à l'aspect d'une masse aussi considérable, qui se montre à l'improviste sur un point où l'on n'apercevait naguère que des fuyards, les Autrichiens croient avoir donné dans un piége et fuient en désordre.

Ce fut au moment de son triomphe, à l'instant où il sauvait l'armée, que Desaix fut frappé d'une balle mortelle. Il tomba aux yeux de ses soldats, qui, remplis de douleur à ce spectacle, ne la témoignèrent d'abord que par leur fureur contre l'ennemi, et il expira en prononçant ces paroles qui peignent sa grande âme : « Allez dire au premier Consul que je meurs avec
» le regret de n'avoir pas assez fait pour vivre dans la postérité. »

Quand on vint annoncer à Bonaparte cette funeste nouvelle : « Ah! s'é-
» cria-t-il, pourquoi ne m'est-il pas permis de pleurer! »

De toutes les pertes qui nous atteignirent dans cette mémorable journée, la mort de Desaix fut la plus sensible : cette mort enlevait à l'armée un grand général, à la France un de ses plus vertueux citoyens.

Desaix avait conservé jusqu'à sa mort une grande simplicité d'extérieur et de mœurs. Il était de haute taille. Ses traits étaient beaux et réguliers. Sa physionomie était pensive, son visage pâle. Un sang-froid inaltérable, un courage peu commun rehaussaient l'éclat de ses grands talents militaires. Il ne se faisait pas moins distinguer par sa modestie, sa franchise et sa loyauté. Son désintéressement sans bornes lui mérita souvent les naïfs éloges du soldat. La caisse d'un prince de l'empire était une fois tombée en son pouvoir : elle fut portée dans sa tente, et il donna ordre de la remettre aux mains du payeur général. Les soldats avaient beaucoup de peine à la soulever; et comme Desaix les gourmandait de leur lenteur, ils la laissèrent tomber en lui disant : « Général, c'est parce qu'elle sort de vos mains qu'elle est si lourde. »

Le corps du général Desaix, d'abord conduit à Milan, y fut embaumé; puis il fut transporté à l'hospice du Grand Saint-Bernard, où un monument a été érigé en son honneur. »

M.-L. Boutteville.

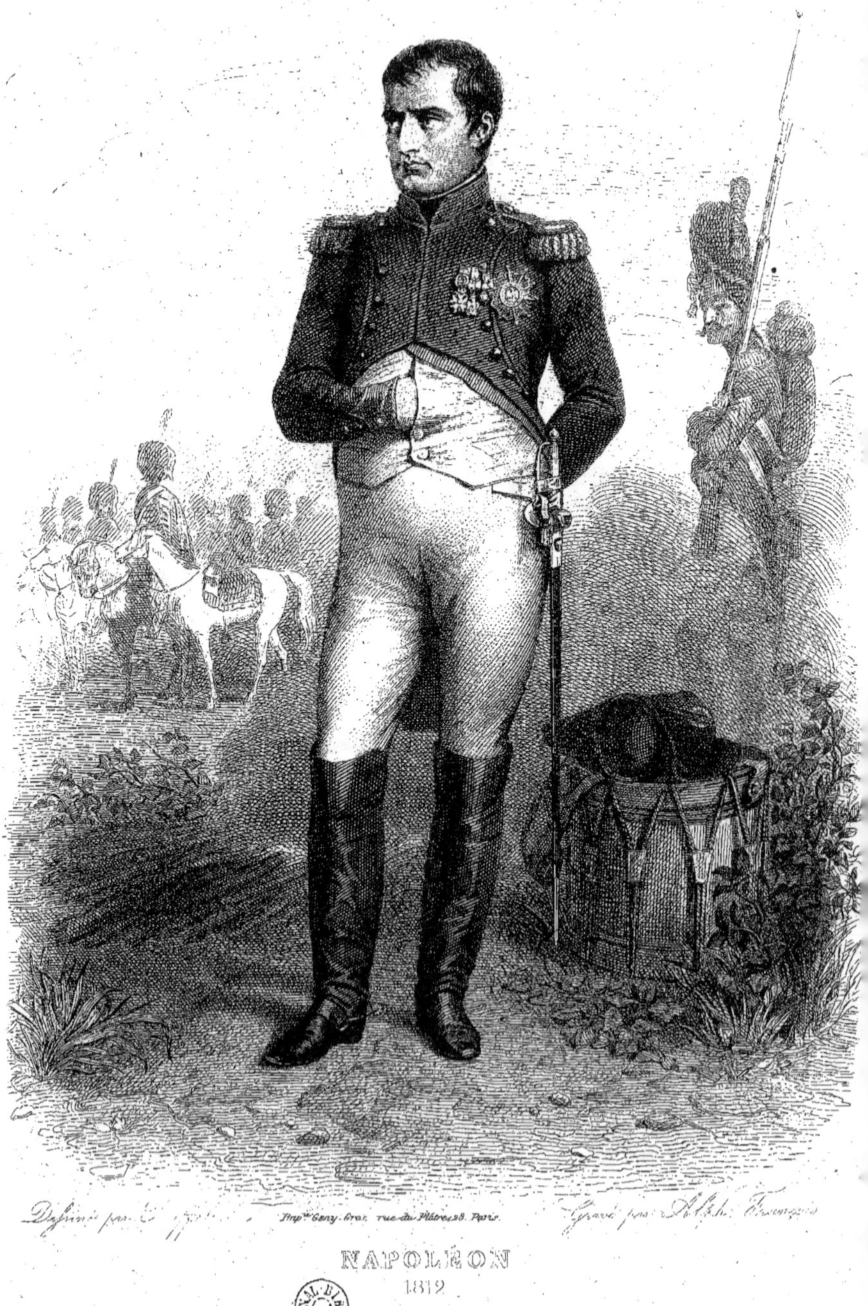

Dessiné par [illegible] Impr. Geny-Gros, rue du Plâtre 28. Paris. Gravé par Alph. François

NAPOLÉON
1812

NAPOLÉON BONAPARTE

NÉ EN 1769, MORT EN 1821.

Le 15 août 1769 naquit à Ajaccio un enfant qui reçut de ses parents le nom de Buonaparte, et du ciel celui de Napoléon.

Les premiers jours de sa jeunesse s'écoulèrent au milieu de cette agitation fiévreuse qui suit les révolutions : la Corse, qui depuis un demi-siècle rêvait l'indépendance, venait d'être moitié conquise, moitié vendue, et n'était sortie de l'esclavage de Gênes que pour tomber au pouvoir de la France. Paoli, vaincu à Ponte-Nuovo, allait chercher avec son frère et ses neveux un asile en Angleterre, où Alfieri lui dédiait son *Timoléon*. L'air que respira le nouveau-né était chaud de haines civiles, et la cloche qui sonna son baptême toute frémissante encore du tocsin.

Charles de Buonaparte son père, et Lætitia Ramolino sa mère, tous deux de race patricienne et originaires de ce charmant village de San-Miniato, qui domine Florence, après avoir été les amis de Paoli, avaient abandonné son parti, et s'étaient ralliés à l'influence française. Il leur fut donc facile d'obtenir de M. de Marbœuf, qui revenait comme gouverneur dans l'île où dix ans auparavant il avait abordé comme général, sa protection pour faire entrer le jeune Napoléon à l'école militaire de Brienne. La demande fut accordée, et, quelque temps après, M. Berton, sous-principal du collége, inscrivait sur ses registres la note suivante :

« Aujourd'hui, 23 avril 1779, Napoléon de Buonaparte est entré à l'École royale militaire de Brienne-le-Château, à l'âge de neuf ans, huit mois et cinq jours. »

Le nouveau venu était Corse, c'est-à-dire d'un pays qui, de nos jours encore, lutte contre la civilisation avec une force d'inertie telle qu'il a conservé son caractère à défaut de son indépendance : il ne parlait que l'idiome de son île maternelle ; il avait le teint brûlé du Méridional, l'œil sombre et perçant du montagnard. C'était plus qu'il n'en fallait pour exciter la curiosité de ses camarades et augmenter sa sauvagerie naturelle, car la curiosité de l'enfance est railleuse et manque de pitié. Un professeur, nommé Dupuis, prit en compassion le pauvre isolé, et se chargea de lui donner des leçons particulières de langue française : trois mois après il était déjà assez avancé dans cette étude pour recevoir les premiers éléments de latinité. Mais dès l'abord se manifesta chez lui la répugnance qu'il conserva toujours pour les langues mortes, tandis qu'au contraire son aptitude pour les mathématiques se développa dès les premières leçons; il en résulta que, par une de ces conventions si fréquentes au collége, il trouvait la solution des problèmes que ses camarades avaient à résoudre, et ceux-ci, en échange, lui faisaient ses thèmes et ses versions, dont il ne voulait pas entendre parler.

L'espèce d'isolement dans lequel se trouva pendant quelque temps le jeune Bonaparte, et qui tenait à l'impossibilité de communiquer ses idées, éleva entre lui et ses compagnons une espèce de barrière qui ne disparut jamais complétement. Cette première impression, en laissant dans son esprit un souvenir pénible qui ressemblait à une rancune, donna naissance à cette misanthropie précoce qui lui faisait chercher des amusements solitaires, et dans laquelle quelques-uns ont voulu voir les rêves prophétiques du génie naissant. Au reste, plusieurs circonstances, qui dans la vie de tout autre seraient restées inaperçues, donnent quelque fondement aux récits de ceux-là qui ont essayé de faire une enfance exceptionnelle à cette merveilleuse virilité. Nous en citerons deux.

Un des amusements les plus habituels du jeune Bonaparte était la culture d'un petit parterre entouré de palissades, dans lequel il se retirait habituellement aux heures des récréations. Un jour, un de ses jeunes camarades, qui était curieux de savoir ce qu'il pouvait faire ainsi seul dans son jardin, escalada la barricade, et le vit occupé à ranger dans des dispositions militaires une foule de cailloux dont la grosseur indiquait les grades. Au bruit que fit l'indiscret, Bonaparte se retourna, et, se voyant surpris, ordonna à l'écolier de descendre; mais celui-ci, au lieu d'obéir, se moqua du jeune stratégiste, qui, peu disposé à la plaisanterie, ramassa le plus gros de ses cailloux et l'envoya au beau milieu du front du railleur, qui tomba aussitôt assez dangereusement blessé.

Vingt-cinq ans après, c'est-à-dire au moment de sa plus haute fortune, on annonça à Napoléon qu'un individu qui se disait son camarade de collége demandait à lui parler. Comme plus d'une fois des intrigants s'étaient servis de ce prétexte pour arriver jusqu'à lui, l'ex-écolier de Brienne ordonna à l'aide-de-camp de service d'aller demander le nom de cet ancien condisciple; mais ce nom n'ayant éveillé aucun souvenir dans l'esprit de Napoléon : « Retournez, dit-il, et demandez à cet homme s'il ne pourrait pas me citer quelque circonstance qui me remît sur sa voie. » L'aide-de-camp accomplit son message et revint en disant que le solliciteur, pour toute réponse, lui avait montré une cicatrice qu'il avait au front. « Ah! cette fois je me le rappelle, dit l'empereur; c'est un général en chef que je lui ai jeté à la tête!... »

Pendant l'hiver de 1783 à 1784, il tomba une si grande quantité de neige que toutes les récréations extérieures furent interrompues. Bonaparte, forcé de passer les heures qu'il donnait ordinairement à la culture de son jardin au milieu des amusements bruyants et inaccoutumés de ses camarades, proposa de faire une sortie, et, à l'aide de pelles et de pioches, de tailler dans la neige les fortifications d'une ville, qui serait ensuite attaquée par les uns et défendue par les autres. La proposition était trop sympathique pour être refusée. L'auteur du projet fut naturellement choisi pour commander un des deux partis. La ville, assiégée par lui, fut prise après une héroïque résistance de la part de ses adversaires. Le lendemain la neige fondit; mais cette récréation nouvelle laissa une trace profonde dans la mémoire des écoliers. Devenus hommes, ils se souvinrent de ce jeu d'enfant, et ils se rappelèrent les remparts de neige que battait en brèche Bonaparte en voyant les murailles de tant de villes tomber devant Napoléon.

A mesure que Bonaparte grandit, les idées primitives qu'il avait en quelque sorte apportées en germe se développèrent et indiquèrent les fruits qu'un jour elles devaient porter. La soumission de la Corse à la France, qui lui donnait à lui, son seul représentant, l'apparence d'un vaincu au milieu de ses vainqueurs, lui était odieuse. Un jour qu'il dînait à la table du père Berton, les professeurs, qui avaient déjà plusieurs fois remarqué la susceptibilité nationale de leur élève, affectèrent de mal parler de Paoli. Le rouge monta aussitôt au front du jeune homme, qui ne put se contenir.

— « Paoli, dit-il, était un grand homme, qui aimait son pays comme un vieux Romain; et jamais je ne pardonnerai à mon père, qui a été son aide-de-camp, d'avoir concouru à la réunion de la Corse à la France : il aurait dû suivre la fortune de son général et tomber avec lui. »

Cependant, au bout de cinq ans, le jeune Bonaparte était en quatrième et avait appris de mathématiques tout ce que le père Patrault avait pu lui en montrer. Son âge était l'âge désigné pour passer de l'école de Brienne à celle de Paris; ses notes étaient bonnes; et ce compte-rendu fut envoyé au roi Louis XVI par M. de Keralio, inspecteur des écoles militaires :

« M. de Buonaparte (Napoléon), né le 15 août 1769, taille de quatre pieds dix pouces dix lignes, a fait sa quatrième; de bonne constitution; santé excellente; caractère soumis, honnête, reconnaissant, conduite très-régulière; s'est toujours distingué par son application aux mathématiques. Il sait très-passablement son histoire et sa géographie; il est assez faible pour les exercices d'agrément et pour le latin, où il n'a fait que sa quatrième. Ce sera un excellent marin. Il mérite de passer à l'École militaire de Paris. »

En conséquence de cette note, le jeune Bonaparte obtint son entrée à l'École militaire de Paris; et le jour de son départ cette mention fut inscrite sur les registres :

« Le 17 octobre 1784 est sorti de l'École royale de Brienne M. Napoléon de Buonaparte, écuyer, né en la ville d'Ajaccio, en l'île de Corse, le 15 août 1769, fils de noble Charles-Marie de Buonaparte, député de la noblesse de Corse, demeurant en ladite ville d'Ajaccio, et de dame Lætitia Ramolino; suivant l'acte porté au registre, f° 31 ; et reçu dans cet établissement le 23 avril 1779. »

On a accusé Bonaparte de s'être vanté d'une noblesse imaginaire et d'avoir faussé son âge; les pièces que nous venons de citer répondent à ces deux accusations.

Bonaparte arriva dans la capitale par le coche de Nogent-sur-Seine.

Aucun fait particulier ne signale le séjour de Bonaparte à l'École militaire de Paris, si ce n'est un Mémoire qu'il envoya à son ancien sous-principal, le père Berton. Le jeune législateur avait trouvé dans l'organisation de cette école des vices que son aptitude naissante à l'administration ne pouvait passer sous silence. Un de ces vices, et le plus dangereux de tous, était le luxe dont les élèves étaient entourés; aussi Bonaparte s'élevait-il surtout contre ce luxe : « Au lieu, disait-il, d'entretenir un nombreux domestique autour des élèves, de leur donner journellement des repas à deux services, de faire parade d'un manége très-coûteux, tant pour les chevaux que pour les écuyers, ne vaudrait-il pas mieux, sans toutefois interrompre le cours de leurs études, les astreindre à se servir eux-mêmes, moins leur petite cuisine, qu'ils ne feraient pas; leur faire manger du pain de munition ou d'un autre qui en approcherait; les habituer à battre leurs habits et à nettoyer leurs souliers et leurs bottes? Puisqu'ils sont pauvres et destinés au service militaire, n'est-ce pas la seule éducation qu'il faudrait leur donner? Assujettis à une vie sobre, à soigner leur tenue, ils en deviendraient plus robustes, sauraient braver les intempéries des saisons, supporter avec courage les fatigues de la guerre, et inspirer un respect et un dévouement aveugles aux soldats qui seraient sous leurs ordres. » Bonaparte avait quinze ans et demi lorsqu'il proposait ce projet de réforme : vingt ans après il fondait l'École militaire de Fontainebleau.

En 1785, après des examens brillants, Bonaparte fut nommé sous-lieutenant en second au régiment de La Fère, alors en garnison dans le Dauphiné. Après être resté quelque temps à Grenoble, où son passage n'a laissé d'autre trace qu'un mot apocryphe sur Turenne, il vint habiter Valence : là, quelques lueurs du soleil de l'avenir commencent à se glisser dans le crépuscule du jeune homme ignoré. Bonaparte, on le sait, était pauvre; mais, si pauvre qu'il fût, il pensa qu'il pouvait venir en aide à sa famille, et appela en France son frère Louis, qui était de neuf ans plus jeune que lui.

Tous deux logeaient chez mademoiselle Bou, Grande-Rue, n° 4. Bonaparte avait une chambre à coucher, et au-dessus de cette chambre le petit Louis habitait une mansarde. Chaque matin, fidèle à ses habitudes de collège, dont il devait se faire plus tard une vertu des camps, Bonaparte éveillait son frère en frappant le plancher d'un bâton, et lui donnait sa leçon de mathématiques. Un jour le jeune Louis, qui avait grand'peine à se faire à ce régime, descendit avec plus de regret et de lenteur que de coutume : aussi Bonaparte allait-il frapper le plancher une seconde fois, lorsque l'écolier tardif entra enfin.

« Eh bien! qu'y a-t-il donc ce matin, il me semble que nous sommes bien paresseux? dit Bonaparte.

— Oh! frère, répondit l'enfant, je faisais un si beau rêve.

— Et que rêvais-tu donc?

— Je rêvais que j'étais roi.

— Et qu'étais-je donc alors, moi?... empereur? dit en haussant les épaules le jeune sous-lieutenant. Allons! à la besogne. »

Et la leçon journalière fut, comme d'habitude, prise par le futur roi, et donnée par le futur empereur [1].

Bonaparte était logé en face du magasin d'un riche libraire nommé Marc-Aurèle, dont la maison, qui porte, je crois, la date de 1530, est un bijou de renaissance. C'est là qu'il passait à peu près toutes les heures dont son service militaire et ses leçons fraternelles le laissaient maître. Ces heures n'étaient point perdues, comme on va le voir.

Le 7 octobre 1808, Napoléon donnait à dîner, à Erfurth ; ses convives étaient l'empereur Alexandre, la reine de Westphalie, le roi de Bavière, le roi de Wurtemberg, le roi de Saxe, le grand-duc Constantin, le Prince-Primat, le prince Guillaume de Prusse, le duc d'Oldenbourg, le prince de Mecklembourg-Schwerin, le duc de Weymar et le prince de Talleyrand. La conversation tomba sur la bulle d'or, qui, jusqu'à l'établissement de la confédération du Rhin, avait servi de constitution et de règlement pour l'élection des empereurs et le nombre et la qualité des électeurs. Le Prince-Primat entra dans quelques détails sur cette bulle, et en fixa la date à 1409.

« Je crois que vous vous trompez, dit en souriant Napoléon ; la bulle dont vous parlez a été proclamée en 1336, sous le règne de l'empereur Charles IV.

— C'est vrai, Sire, répondit le Prince-Primat, et je me le rappelle maintenant ; mais comment se fait-il que Votre Majesté sache si bien ces choses-là ?

— Quand j'étais simple lieutenant en second dans l'artillerie, » dit Napoléon.....

---

[1] Cette scène se passa devant M. Parmentier, médecin du régiment où Bonaparte était lieutenant en second.

A ce début, un mouvement d'étonnement si vif se manifesta parmi les nobles convives que le narrateur fut forcé de s'interrompre; mais au bout d'un instant :

« Quand j'avais l'honneur d'être simple lieutenant en second d'artillerie, reprit-il en souriant, je restai trois années en garnison à Valence. J'aimais peu le monde et vivais très-retiré. Un hasard heureux m'avait logé près d'un libraire instruit et des plus complaisants. J'ai lu et relu sa bibliothèque pendant ces trois années de garnison, et je n'ai rien oublié, même des matières qui n'avaient aucun rapport avec mon état. La nature, d'ailleurs, m'a doué de la mémoire des chiffres; il m'arrive très-souvent, avec mes ministres, de leur citer le détail et l'ensemble numérique de leurs comptes les plus anciens. »

Ce n'était pas le seul souvenir que Napoléon eût conservé de Valence.

Parmi le peu de personnes que voyait Bonaparte à Valence était M. de Tardiva, abbé de Saint-Ruf, dont l'ordre avait été détruit quelque temps auparavant; il rencontra chez lui mademoiselle Grégoire du Colombier, et en devint amoureux. La famille de cette jeune personne habitait une campagne située à une demi-lieue de Valence et appelée *Bassiau*; le jeune lieutenant obtint d'être reçu dans la maison et y fit plusieurs visites. Sur ces entrefaites se présenta de son côté un gentilhomme dauphinois, nommé M. de Bressieux : Bonaparte vit qu'il était temps de se déclarer, s'il ne voulait pas être gagné de vitesse; il écrivit en conséquence à mademoiselle Grégoire une longue lettre, dans laquelle il lui exprimait tous ses sentiments pour elle, et qu'il l'invitait à communiquer à ses parents : ceux-ci, placés dans l'alternative de donner leur fille à un militaire sans avenir, ou bien à un gentilhomme possédant quelque fortune, optèrent pour le gentilhomme. Bonaparte fut éconduit, et la lettre remise aux mains d'une tierce personne, qui voulut la rendre, ainsi qu'elle en avait été chargée, à celui qui l'avait écrite; mais Bonaparte ne voulut pas la reprendre. « Gardez-la, dit-il à la personne, elle sera un jour un témoignage à la fois et de mon amour et de la pureté de mes sentiments envers mademoiselle Grégoire. » La personne garda la lettre et la famille la conserve encore.

Trois mois après mademoiselle Grégoire épousa M. de Bressieux.

En 1806, madame de Bressieux fut appelée à la cour avec le titre de dame d'honneur de l'impératrice, son frère envoyé à Turin en qualité de préfet, et son mari nommé baron et administrateur des forêts de l'état.

Les autres personnes avec lesquelles Bonaparte se lia pendant son séjour à Valence furent MM. de Montalivet et Bachasson, lesquels devinrent, l'un ministre de l'intérieur, et l'autre inspecteur des approvisionnements de Paris. Le dimanche, ces trois jeunes gens se promenaient presque toujours ensemble hors de la ville, et là s'arrêtaient quelquefois à regarder un bal en plein air que donnait, moyennant deux sous par cavalier et par contredanse, un épicier de la ville, qui, dans ses moments perdus, exerçait l'état de ménétrier. Ce ménétrier était un ancien militaire qui, retiré en congé à Valence, s'y était marié, et y exerçait en paix sa double industrie : mais comme elle était encore insuffisante, il sollicita et obtint, lors de la création des départements, une place de commis expéditionnaire dans les bureaux de l'administration centrale. Ce fut là que les premiers bataillons de volontaires le prirent, en 1790, et l'entraînèrent avec eux. — Cet ancien soldat, épicier, ménétrier et commis expéditionnaire, fut depuis le maréchal Victor, duc de Bellune.

Bonaparte quitta Valence laissant trois francs dix sous de dettes chez son pâtissier, nommé Coriol.

Que nos lecteurs ne s'étonnent point de nous voir rechercher de pareilles anecdotes : lorsqu'on écrit la biographie d'un Jules-César, d'un Charlemagne ou d'un Napoléon, la lanterne de Diogène ne sert plus à chercher l'homme ; l'homme est trouvé par la postérité, et apparaît aux yeux du monde radieux et sublime ; c'est donc le chemin qu'il a parcouru avant d'arriver à son piédestal qu'il faut suivre, et plus les traces qu'il a laissées en certains endroits de sa route sont légères, plus elles sont inconnues, et par conséquent plus elles offrent de curiosité.

Bonaparte arrivait à Paris en même temps que Paoli. L'Assemblée constituante venait d'associer la Corse au bénéfice des lois françaises ; Mirabeau avait déclaré à la tribune qu'il était temps de rappeler les patriotes fugitifs qui avaient défendu l'indépendance de l'île, et Paoli était revenu. Bonaparte fut accueilli en fils par l'ancien ami de son père : le jeune enthousiaste se trouva en face de son héros ; celui-ci venait d'être nommé lieutenant-général et commandant militaire de la Corse.

Bonaparte obtint un congé, et en profita pour suivre Paoli et revoir sa famille, qu'il avait quittée depuis six ans. Le général patriote fut reçu avec délire par tous les partisans de l'indépendance, et le jeune lieutenant assista au triomphe du célèbre exilé : l'enthousiasme fut tel que le vœu unanime de ses concitoyens porta en même temps Paoli à la tête de la garde nationale et à la présidence de l'administration départementale. Il y demeura quelque temps en parfaite intelligence avec la Constituante ; mais une motion de l'abbé Charrier, qui proposait de céder la Corse au duc de Parme en échange du Plaisantin, dont la possession était destinée à indemniser le pape de la perte d'Avignon, devint pour Paoli une preuve du peu d'importance qu'attachait la métropole à la conservation de son pays. Ce fut sur ces entrefaites que le gouvernement anglais, qui avait accueilli Paoli dans son exil, ouvrit des communications avec le nouveau président ; Paoli, au reste, ne cachait pas la préférence qu'il accordait à la constitution britannique sur celle que préparait la législature française. De cette époque date la dissidence entre le jeune lieutenant et le vieux général ; Bonaparte resta citoyen français, Paoli redevint général corse.

Bonaparte fut rappelé à Paris au commencement de 1792. Il y retrouva Bourrienne, son ancien ami de collége, lequel arrivait de Vienne, après avoir parcouru la Prusse et la Pologne. Ni l'un ni l'autre des deux écoliers de Brienne n'étaient heureux ; ils associèrent leur misère pour la rendre moins lourde : l'un sollicitait du service à la guerre, l'autre aux affaires étrangères ; on ne répondait à aucun des deux, et alors ils rêvaient des spéculations commerciales que leur défaut de fonds les empêchait presque toujours de réaliser. Un jour ils eurent l'idée de louer plusieurs maisons en construction dans la rue Montholon, pour les sous-louer ensuite ; mais les prétentions des propriétaires leur parurent si exagérées qu'ils furent forcés d'abandonner cette spéculation par le même motif qui leur en avait fait abandonner tant d'autres : en sortant de chez le constructeur, les deux spéculateurs s'aperçurent non-seulement qu'ils n'avaient point dîné, mais encore qu'ils n'avaient point de quoi dîner. Bonaparte remédia à cet inconvénient en mettant sa montre en gage.

Sombre prélude du 10 août, le 20 juin arriva. Les deux jeunes gens s'étaient donné rendez-vous pour déjeuner chez un restaurateur de la rue Saint-Honoré ; ils achevaient leur repas lorsqu'ils furent attirés à la fenêtre par un grand tumulte et les cris *ça ira, vive la nation, vivent les sans-culottes, à bas le veto!* C'était une troupe de six à huit mille hommes, conduite par Santerre et le marquis de Saint-Hurugues, descendant des faubourgs Saint-Antoine et Saint-Marceau, et se rendant à l'assemblée. « Suivons cette canaille, » dit Bonaparte, et les deux jeunes gens se dirigèrent aussitôt vers les Tuileries, et s'arrêtèrent sur la terrasse du bord de l'eau ; Bonaparte s'appuya contre un arbre et Bourrienne s'assit sur un parapet.

De là ils ne virent point ce qui se passait, mais ils devinèrent facilement ce qui s'était passé, lorsqu'une fenêtre donnant sur le jardin s'ouvrit, et que Louis XVI parut coiffé du bonnet rouge qu'un homme du peuple venait de lui présenter au bout d'une pique.

« *Coglione! coglione!* » murmura en haussant les épaules et dans son idiome corse le jeune lieutenant qui, jusque-là, était resté muet et immobile.

« Que voulais-tu qu'il fît? dit Bourrienne.

— Il fallait en balayer quatre ou cinq cents avec du canon, répondit Bonaparte, et le reste courrait encore. »

Pendant toute la journée il ne parla que de cette scène, qui avait fait sur lui une des plus fortes impressions qu'il eût jamais ressenties.

Bonaparte vit ainsi se dérouler sous ses yeux les premiers événements de la révolution française. Il assista en simple spectateur à la fusillade du 10 août et aux massacres du 2 septembre ; puis, voyant qu'il ne pouvait obtenir de service, il résolut de faire un nouveau voyage en Corse.

Les intrigues de Paoli avec le cabinet anglais avaient pris, en l'absence de Bonaparte, un tel développement qu'il n'y avait plus à se tromper sur ses projets. Une entrevue que le jeune lieutenant et le vieux général eurent ensemble chez le gouverneur de Corte se termina par une rupture; les deux anciens amis se séparèrent pour ne plus se revoir que sur le champ de bataille. Le même soir un flatteur de Paoli voulut dire devant lui du mal de Bonaparte : « Chut! lui dit le général en portant le doigt à ses lèvres, c'est un jeune homme taillé sur l'antique! »

Bientôt Paoli leva ouvertement l'étendard de la révolte. Nommé le 26 juin 1793, par les partisans de l'Angleterre, généralissime et président d'une consulte à Corte, il fut, le 17 juillet suivant, mis hors la loi par la Convention nationale. Bonaparte était absent, il avait enfin obtenu sa mise en activité tant de fois demandée. Nommé commandant de la garde nationale soldée, il se trouvait à bord de la flotte de l'amiral Truguet, et s'emparait, pendant ce temps, du fort Saint-Étienne, que les vainqueurs furent bientôt forcés d'évacuer. Bonaparte, en rentrant en Corse, trouva l'île soulevée; Salicetti et Lacombe Saint-Michel, membres de la Convention, chargés de mettre à exécution le décret rendu contre le rebelle, avaient été forcés de se retirer à Calvi; Bonaparte alla les y rejoindre, et tenta avec eux sur Ajaccio une attaque qui fut repoussée : le même jour un incendie se manifesta dans la ville; les Bonaparte virent leur maison brûlée; quelque temps après un décret les condamna à un bannissement perpétuel. Le feu les avait faits sans asile, la proscription les faisait sans patrie; ils tournèrent les yeux vers Napoléon, et Napoléon vers la France : toute cette pauvre famille proscrite s'embarqua sur un frêle bâtiment, et le futur César mit à la voile, protégeant de sa fortune ses quatre frères, dont trois devaient être rois, et ses trois sœurs, dont l'une devait être reine.

Toute la famille s'arrêta à Marseille, réclamant la protection de cette France pour laquelle elle était proscrite; le gouvernement entendit ses plaintes : Joseph et Lucien obtinrent de l'emploi dans l'administration de l'armée, Louis fut nommé sous-officier, et Bonaparte passa comme lieutenant en premier, c'est-à-dire avec avancement, dans le 4º régiment d'infanterie; peu de temps après il monta, par droit d'ancienneté, au grade de capitaine dans la deuxième compagnie du même corps, alors en garnison à Nice.

L'année au chiffre sanglant, 1793, était arrivée; la moitié de la France luttait contre l'autre; l'Ouest et le Midi étaient en feu; Lyon venait d'être pris, après un siège de quatre mois; Marseille avait ouvert ses portes à la Convention; Toulon avait livré son port aux Anglais.

Une armée de trente mille hommes, composée des troupes qui, sous le commandement de Kellermann, avaient assiégé Lyon, de quelques régiments tirés de l'armée des Alpes et de l'armée d'Italie, et de tous les réquisitionnaires levés dans les départements voisins, s'avança contre la ville vendue.

La lutte commença aux gorges d'Ollioules : le général Dutheil, qui devait diriger l'artillerie, était absent; le général Dommartin, son lieutenant, fut mis hors de combat dans cette première rencontre; le premier officier de l'armée le remplaça de droit : ce premier officier était Bonaparte. Cette fois le hasard était d'accord avec le génie, en supposant que pour le génie le hasard ne s'appelle point la Providence.

Bonaparte reçoit sa nomination, se présente à l'état-major, et est introduit devant le général Cartaux, homme superbe et doré des pieds jusqu'à la tête, qui lui demande ce qu'il y a pour son service; le jeune officier lui présente le brevet qui le charge de venir, sous ses ordres, diriger les opérations de l'artillerie : « L'artillerie, répond le brave général, nous n'en avons pas besoin ; nous prendrons ce soir Toulon à la baïonnette et nous le brûlerons demain. »

Cependant, quelle que fût l'assurance du général en chef, il ne pouvait pas s'emparer de Toulon sans le reconnaître ; aussi eut-il patience jusqu'au lendemain : mais au point du jour il prit son aide-de-camp, Dupas, et le chef de bataillon Bonaparte, dans son cabriolet, afin d'inspecter les premières dispositions offensives; sur les observations de Bonaparte, il avait, quoiqu'avec peine, renoncé à la baïonnette et en était revenu à l'artillerie ; en conséquence, des ordres avaient été donnés directement par le général en chef, et c'étaient ces ordres dont il venait vérifier l'exécution et hâter l'effet.

Les hauteurs desquelles on découvre Toulon, couché au milieu de son jardin demi-oriental et baignant ses pieds à la mer, à peine dépassées, le général descend de cabriolet avec les deux jeunes gens, et s'enfonce dans une vigne au milieu de laquelle il aperçoit quelques pièces de canon rangées derrière une espèce d'épaulement. Bonaparte regarde autour de lui, et ne devine rien à ce qui se passe; le général jouit un instant de l'étonnement de son chef de bataillon, puis se retournant avec le sourire de la satisfaction vers son aide-de-camp :

« Dupas, lui dit-il, sont-ce là nos batteries?

— Oui, général, répond celui-ci.

— Et notre parc?

— Il est à quatre pas.

— Et nos boulets rouges?

— On les chauffe dans les bastides voisines. »

Bonaparte n'avait pu en croire ses yeux, mais il est obligé de croire à ses oreilles. Il mesure l'espace avec l'œil exercé du stratégiste, et il y a une lieue et demie au moins de la batterie à la ville. D'abord il croit que le général a voulu, ce qu'on appelle en termes de collège et de guerre, tâter son jeune chef de bataillon ; mais la gravité avec laquelle Cartaux continue ses dispositions, ne lui laisse plus aucun doute : alors il hasarde une observation sur la distance et manifeste la crainte que les boulets rouges n'arrivent pas jusqu'à la ville.

« Crois-tu? dit Cartaux.

— J'en ai peur, général, répond Bonaparte : au reste, on pourrait, avant de s'embarrasser de boulets rouges, essayer à froid pour bien s'assurer de la portée. »

Cartaux trouve l'idée ingénieuse, fait charger et tirer une pièce, et tandis qu'il regarde sur les murailles de la ville l'effet que le coup produira, Bonaparte lui montre, à mille pas à peu près devant lui, le boulet qui brise les oliviers, sillonne la terre, ricoche, et s'en va mourir, en bondissant, au tiers à peine de la distance que le général en chef comptait lui voir parcourir.

La preuve était concluante, mais Cartaux ne voulut pas se rendre, et prétendit que c'étaient « ces aristocrates de Marseillais qui avaient gâté la poudre. »

Cependant, comme, gâtée ou non, la poudre ne porte pas plus loin, il faut recourir à d'autres mesures : on revient au quartier-général; Bonaparte demande un plan de Toulon, le déplie sur une table, et, après avoir étudié un instant la situation de la ville et des différents ouvrages qui la défendent, depuis la redoute bâtie au sommet du Mont-Faron, qui la domine, jusqu'aux forts Lamalgue et Malbousquet, qui protégent sa droite et sa gauche, le jeune chef de bataillon pose le doigt sur une redoute nouvelle, élevée par les Anglais, et dit avec la rapidité et la concision du génie :

« C'est là qu'est Toulon. »

C'est Cartaux à son tour qui n'y comprend plus rien; il a pris à la lettre les paroles de Bonaparte, et se retournant vers Dupas, son fidèle :

« Il paraît, lui dit-il, que le *capitaine Canon* n'est pas fort en géographie. »

Ce fut le premier surnom de Bonaparte; nous verrons comment lui est venu depuis celui de petit caporal.

En ce moment le représentant du peuple Gasparin entra : Bonaparte en avait entendu parler, non-seulement comme d'un vrai, loyal et brave patriote, mais encore comme d'un homme d'un sens juste et d'un esprit rapide. Le chef de bataillon va droit à lui :

« Citoyen représentant, lui dit-il, je suis chef de bataillon d'artillerie. Par l'absence du général Dutheil et par la blessure du général Dommartin, cette arme se trouve sous ma direction. Je demande que nul ne s'en mêle que moi, ou je ne réponds de rien.

— Eh! qui es-tu pour répondre de quelque chose? demande le représentant du peuple, étonné en voyant un jeune homme de vingt-trois ans lui parler d'un pareil ton et avec une semblable assurance.

— Qui je suis? reprend Bonaparte en le tirant dans un coin et en lui parlant à voix basse, je suis un homme qui sais mon métier, jeté au milieu de gens qui ignorent le leur. Demandez au général en chef son plan de bataille, et vous verrez si j'ai tort ou raison. »

Le jeune officier parlait avec une telle conviction que Gasparin n'hésita pas un instant : « Général, dit-il en s'approchant de Cartaux, les représentants du peuple désirent que dans trois jours tu leur aies soumis ton plan de bataille.

— Tu n'as qu'à attendre trois minutes, répondit Cartaux, et je vais te le donner. »

Effectivement le général s'assit, prit une plume, et écrivit sur une feuille volante ce fameux plan de campagne qui est devenu un modèle du genre. Le voici :

« Le général d'artillerie foudroiera Toulon pendant trois jours, au bout
» desquels je l'attaquerai sur trois colonnes et l'enlèverai.

» Cartaux. »

Le plan fut envoyé à Paris et remis aux mains du comité du génie. Le comité le trouva beaucoup plus gai que savant : Cartaux fut rappelé, et Dugommier envoyé à sa place.

Le nouveau général trouva en arrivant toutes les dispositions prises par son jeune chef de bataillon : c'était un de ces siéges où la force et le courage ne peuvent rien d'abord, et où le canon et la stratégie doivent tout préparer. Pas un coin de la côte où l'artillerie n'eût affaire à l'artillerie. Elle tonnait de tous côtés comme un immense orage dont se croisent les éclairs; elle tonnait du haut des montagnes et du haut des murailles; elle tonnait de la plaine et de la mer : on eût dit à la fois une tempête et un volcan.

Ce fut au milieu de ce réseau de flammes que les représentants du peuple voulurent faire changer quelque chose à une batterie établie par Bonaparte; le mouvement était déjà commencé lorsque le jeune chef de bataillon arriva et fit tout remettre en place; les représentants du peuple voulurent faire quelques observations : « Mêlez-vous de votre métier de député, leur répondit Bonaparte, et laissez-moi faire mon métier d'artilleur. Cette batterie est bien là, et je réponds d'elle sur ma tête. »

L'attaque générale commença le 16. Dès lors le siège ne fut plus qu'un long assaut : le 17 au matin les assiégeants s'emparaient du Pas-de-Leidet et de la Croix-Faron; à midi ils débusquaient les alliés de la redoute Saint-André, des forts des Pomets et des deux Saint-Antoine; enfin, vers le soir, éclairés à la fois par l'orage et par le canon, les républicains entraient dans la redoute anglaise, et là, parvenu à son but, se regardant comme maître de la ville, Bonaparte, blessé d'un coup de baïonnette à la cuisse, dit au général Dugommier, blessé de deux coups de feu, l'un au genou, l'autre au bras, et tombant à la fois d'épuisement et de fatigue : « Allez vous reposer, général, nous venons de prendre Toulon, et vous pourrez y coucher après-demain. »

Le 18, les forts de l'Aiguillette et de Balaguier sont pris, et des batteries dirigées sur Toulon : à la vue de plusieurs maisons qui prennent feu, au sifflement des boulets qui sillonnent les rues, la mésintelligence éclate parmi les troupes alliées : alors les assiégeants, dont les regards plongent dans la ville et sur la rade, voient l'incendie se déclarer sur plusieurs points qu'ils n'ont pas attaqués : ce sont les Anglais, qui, décidés à partir, ont mis le feu à l'arsenal, aux magasins de la marine et aux vaisseaux français qu'ils ne peuvent emmener. A la vue des flammes, un cri général s'élève : toute l'armée demande l'assaut; mais il est trop tard, les Anglais commencent à s'embarquer sous le feu de nos batteries, abandonnant ceux qui avaient trahi la France pour eux, et qu'ils trahissaient à leur tour. La nuit vient sur ces entrefaites. Les flammes qui se sont élevées sur plusieurs points s'éteignent au milieu de grandes rumeurs; ce sont les forçats qui ont brisé leurs chaînes et qui étouffent l'incendie allumé par les Anglais.

Le lendemain 19, l'armée républicaine entra dans la ville, et le soir, comme l'avait prédit Bonaparte, le général en chef couchait à Toulon.

Dugommier n'oublia pas les services du jeune chef de bataillon, qui, douze jours après la prise de la ville, reçut le grade de général de brigade.

C'est ici que l'histoire le prend pour ne plus le quitter.

Nous allons maintenant, d'un pas précis et rapide, accompagner Bonaparte dans la carrière qu'il a parcourue comme général en chef, consul, empereur et proscrit; puis, après l'avoir vu, rapide météore, reparaître et briller un instant sur le trône, nous le suivrons sur cette île où il est allé mourir, ainsi que nous avons été le prendre dans cette île où il était né.

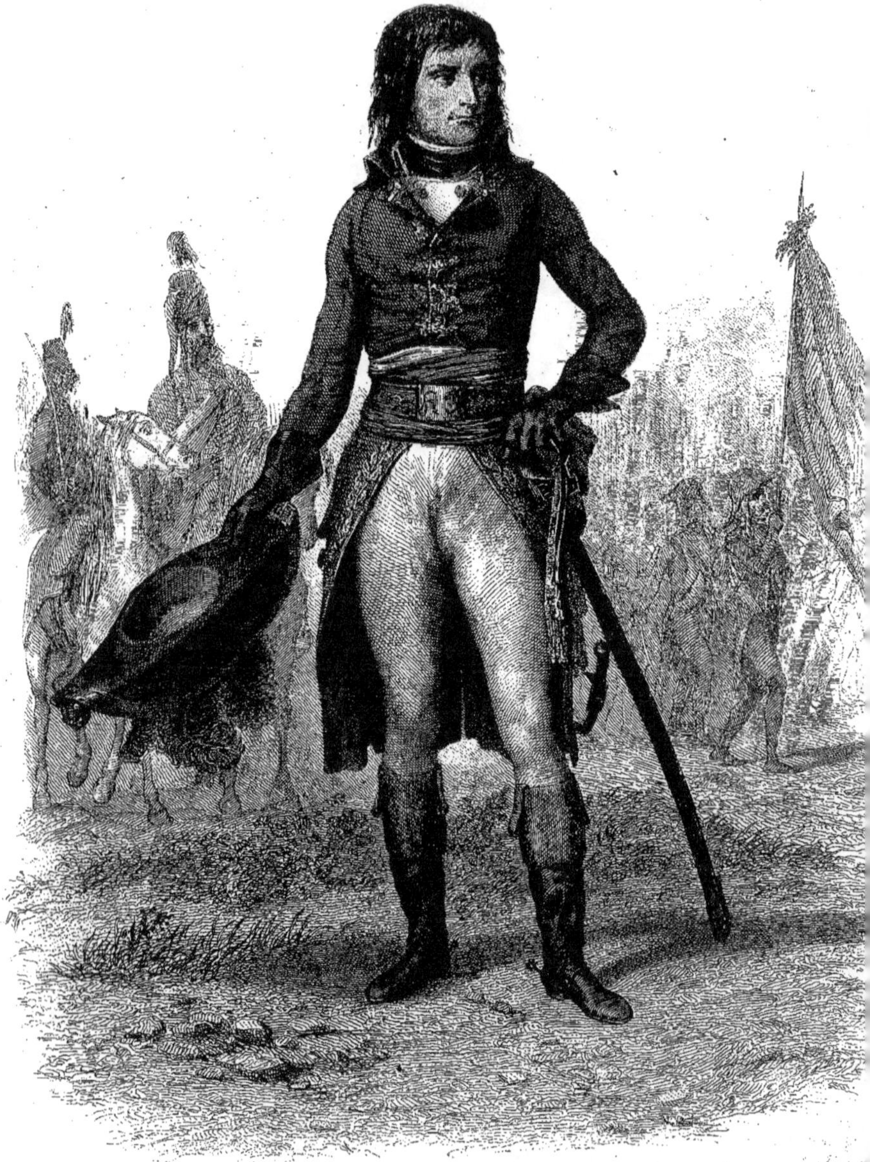

Gény-Gros, imp. rue du Plâtre, 28. Paris

BONAPARTE GÉNÉRAL.

BONAPARTE GÉNÉRAL.

Bonaparte avait été, comme nous venons de le dire, nommé général d'artillerie à l'armée de Nice, en récompense des services rendus à la république devant Toulon. Ce fut là qu'il se lia avec Robespierre le jeune, qui était représentant du peuple à cette armée. Rappelé à Paris quelque temps avant le 9 thermidor, ce dernier fit tout ce qu'il put pour décider le jeune général à le suivre, lui promettant la protection directe de son frère; mais Bonaparte s'y refusa constamment : le temps n'était pas encore venu où il devait prendre parti.

Puis, peut-être aussi un autre motif le retenait-il, et cette fois encore était-ce le hasard qui protégeait le génie? S'il en était ainsi, le hasard s'était fait visible, et avait pris la forme d'une jeune et jolie représentante du peuple, qui partageait à l'armée de Nice la mission de son mari : Bonaparte avait pour elle une affection sérieuse, qu'il manifestait par des preuves d'une galanterie toute guerrière. Un jour qu'il se promenait avec elle dans les environs du col de Tende, il vint à l'idée du jeune général de donner à sa belle compagne le spectacle d'une petite guerre, et il ordonna une attaque d'avant-postes : une douzaine d'hommes furent victimes de ce divertissement, et Napoléon a plus d'une fois avoué à Sainte-Hélène que ces douze hommes, tués sans motif réel et par pure fantaisie, lui étaient un remords plus grand que la mort des six cent mille soldats qu'il avait semés dans les steppes neigeuses de la Russie.

Ce fut sur ces entrefaites que les représentants du peuple près l'armée d'Italie prirent l'arrêté suivant :

« Le général Buonaparte se rendra à Gênes pour, conjointement avec le chargé d'affaires de la république française, conférer avec le gouvernement de Gênes sur les objets portés dans ses instructions.

» Le chargé d'affaires de la république de Gênes le reconnaîtra et fera reconnaître par le gouvernement de Gênes.

» Loano, le 25 messidor an II de la république. »

Le véritable but de cette mission était de faire voir au jeune général, de ses propres yeux, les forteresses de Savone et de Gênes, de lui offrir les moyens de prendre sur l'artillerie et les autres objets militaires tous les renseignements possibles, enfin de le mettre à même de recueillir tous les faits qui pouvaient déceler les intentions du gouvernement génois relativement à la coalition.

Pendant que Bonaparte accomplissait cette mission, Robespierre marchait à l'échafaud, et les députés terroristes étaient remplacés par Albitte et Salicetti. Leur arrivée à Barcelonnette fut signalée par l'arrêté suivant : c'était la récompense qui attendait Bonaparte à son retour.

« Les représentants du peuple près l'armée des Alpes et d'Italie ;

» Considérant que le général Buonaparte, commandant en chef l'artillerie de l'armée d'Italie, a totalement perdu leur confiance par la conduite la plus suspecte et surtout par le voyage qu'il a dernièrement fait à Gênes, arrêtent ce qui suit :

» Le général de brigade Buonaparte, commandant en chef l'artillerie de l'armée d'Italie, est provisoirement suspendu de ses fonctions ; il sera, par les soins et sous la responsabilité du général en chef de ladite armée, mis en état d'arrestation et traduit au comité de salut public de Paris sous bonne et sûre escorte : les scellés seront apposés sur tous ses papiers et effets, dont il sera fait inventaire par des commissaires qui seront nommés sur les lieux par les représentants du peuple Salicetti et Albitte, et tous ceux desdits papiers qui seront trouvés suspects seront envoyés au comité de salut public.

» Fait à Barcelonnette, le 19 thermidor an II de la république française une, indivisible et démocratique.

» *Signé* ALBITTE, SALICETTI, LAPORTE.

» Pour copie conforme, le général en chef de l'armée d'Italie,

» *Signé* DUMERBION. »

L'arrêté fut mis à exécution ; Bonaparte, conduit à la prison de Nice, y resta quatorze jours, après lesquels, par un second arrêté signé des mêmes hommes, il fut remis provisoirement en liberté.

Cependant Bonaparte ne sortit d'un danger que pour tomber dans un dégoût. Les événements de thermidor avaient amené un remaniement dans les comités de la Convention : un ancien capitaine, nommé Aubry, se trouva diriger celui de la guerre, et fit un nouveau tableau de l'armée, où il se porta comme général d'artillerie. Quant à Bonaparte, en échange de son grade qu'on lui prenait, on lui donnait celui de général d'infanterie dans la Vendée : Bonaparte, qui trouvait trop étroit le théâtre d'une guerre civile dans un coin de la France, refusa de se rendre à son poste, et fut, par un arrêté du comité de salut public, rayé de la liste des officiers généraux employés.

Bonaparte se croyait déjà trop nécessaire à la France pour n'être point profondément frappé d'une pareille injustice; cependant, comme il n'était point encore arrivé à l'un de ces sommets de la vie d'où l'on voit tout l'horizon qui reste à parcourir, il avait déjà des espérances, il est vrai, mais point encore de certitudes. Ces espérances furent brisées : il se crut, lui plein d'avenir et de génie, condamné à une inaction longue, sinon éternelle; et cela dans une époque où chacun arrivait en courant. Il loua provisoirement une chambre dans un hôtel de la rue du Mail, vendit pour six mille francs ses chevaux et sa voiture, réunit le peu d'argent qu'il se trouvait posséder, et résolut de se retirer à la campagne. Les imaginations exaltées bondissent toujours d'extrêmes en extrêmes : exilé des camps, Bonaparte ne voyait plus rien que la vie rurale; ne pouvant être César, il se faisait Cincinnatus.

Ce fut alors qu'il se souvint de Valence, où il avait passé trois ans, si obscur et si heureux; ce fut de ce côté qu'il dirigea ses recherches, accompagné de son frère Joseph, qui retournait à Marseille. En passant à Montélimart, les deux voyageurs s'arrêtent : Bonaparte trouve le site et le climat de la ville à sa convenance, et demande s'il n'y a pas dans les environs quelque bien de peu de valeur à acheter. On le renvoie à M. Grasson, défenseur officieux, avec lequel il prend jour pour le lendemain : il s'agissait de visiter une petite campagne appelée Beauserret, et dont le seul nom, qui dans le patois du pays signifie Beauséjour, indique l'agréable situation. En effet, Bonaparte et Joseph visitent cette campagne : elle est en tout point à leur convenance; ils craignent seulement, en voyant son étendue et son bon état de conservation, que le prix n'en soit trop élevé; ils hasardent la question, — trente mille francs, — c'est pour rien.

Bonaparte et Joseph reviennent à Montélimart en se consultant : leur petite fortune réunie leur permet de consacrer cette somme à l'acquisition de leur futur ermitage : ils prennent rendez-vous pour le surlendemain. C'est sur les lieux mêmes qu'ils veulent terminer, tant Beauserret leur convient : M. Grasson les y accompagne de nouveau, ils visitent la propriété plus en détail encore que la première fois : enfin Bonaparte, étonné que l'on donne pour une somme si minime une si charmante campagne, demande s'il n'y a pas quelque cause cachée qui en ait fait baisser le prix.

« Oui, répond M. Grasson, mais sans importance pour vous.

— N'importe, répond Bonaparte, je voudrais la connaître.

— Il y a eu un assassinat de commis.

— Et par qui?

— Par un fils sur son père.

— Un parricide! s'écria Bonaparte en devenant plus pâle encore que d'habitude : partons, Joseph. »

Et saisissant son frère par le bras il s'élança hors des appartements, remonta en cabriolet, et, arrivé à Montélimart, demanda des chevaux de poste et repartit à l'instant même pour Paris, tandis que Joseph continuait sa route vers Marseille.

Il y allait pour épouser la fille d'un riche négociant nommé Clary, qui devint aussi depuis le beau-père de Bernadotte.

Quant à Bonaparte, repoussé encore une fois par le destin vers Paris, ce grand centre des grands événements, il y reprit cette vie obscure ou cachée qui lui pesait tant. Ce fut alors que, ne pouvant supporter son inaction, il adressa une note au gouvernement dans laquelle il exposait qu'il était de l'intérêt de la France, au moment où l'impératrice de Russie venait de resserrer son alliance avec l'Autriche, de faire tout ce qui dépendait d'elle pour accroître les moyens militaires de la Turquie : en conséquence il s'offrait au gouvernement pour passer à Constantinople avec six ou sept officiers de différentes armes, qui pussent former aux sciences militaires les milices nombreuses et braves, mais peu aguerries, du sultan.

Le gouvernement ne daigna pas même répondre à cette note, et Bonaparte resta à Paris : que fût-il arrivé du monde, si un commis du ministère eût mis au bas de cette demande le mot « accordé » — Dieu seul le sait.

Cependant, le 22 août 1795, la constitution de l'an III avait été adoptée : les législateurs qui l'avaient rédigée y avaient stipulé que les deux tiers des membres qui composaient la Convention nationale feraient partie du nouveau corps législatif : c'était la chute des espérances du parti opposé, qui espérait, par le renouvellement total des élections, l'introduction d'une majorité nouvelle représentant son opinion. Ce parti opposé était surtout soutenu par les sections de Paris, qui déclarèrent qu'elles n'accepteraient la constitution qu'autant que la réélection des deux tiers serait annulée. La Convention maintint le décret dans son intégrité; les sections commencèrent à murmurer; le 25 septembre quelques troubles précurseurs se manifestèrent; enfin, dans la journée du 4 octobre (12 vendémiaire) le danger devint si pressant que la Convention pensa qu'il était temps de se mettre sérieusement en mesure : en conséquence, elle adressa au général Alexandre Dumas, commandant en chef de l'armée des Alpes, et alors en congé, la lettre suivante, dont la brièveté même démontrait l'urgence :

« Le général Alexandre Dumas se rendra à l'instant même à Paris pour y prendre le commandement de la force armée. »

L'ordre de la Convention fut porté à l'hôtel Mirabeau; mais le général Dumas était parti trois jours auparavant pour Villers-Coterets, où il reçut la lettre le 13 au matin.

Pendant ce temps, le danger croissait d'heure en heure; il n'y avait pas moyen d'attendre l'arrivée de celui qui était mandé : en conséquence, pendant la nuit, le représentant du peuple Barras fut nommé commandant en chef de l'armée de l'intérieur ; il lui fallait un second, il jeta les yeux sur Bonaparte.

Le destin, comme on le voit, avait déblayé sa route : cette heure d'avenir qui doit sonner, dit-on, une fois dans la vie de tout homme, était venue pour lui : le canon du 13 vendémiaire retentit dans la capitale.

Les sections, qu'il venait de détruire, lui donnèrent le nom de *Mitrailleur*, et la Convention, qu'il venait de sauver, le titre de général en chef de l'armée d'Italie.

Mais cette grande journée n'allait pas influer seulement sur la vie politique de Bonaparte : sa vie privée devait en dépendre et en ressortir. Le désarmement des sections venait d'être opéré avec une rigueur que nécessitaient les circonstances, lorsqu'un jour un enfant de dix à douze ans se présenta à l'état-major, suppliant le général Bonaparte de lui faire rendre l'épée de son père, qui avait été général de la république. Bonaparte, touché de la demande et de la grâce juvénile avec laquelle elle lui était faite, fit chercher l'épée, et l'ayant retrouvée, la lui rendit : l'enfant, à la vue de cette arme sainte qu'il croyait perdue, baisa en pleurant la poignée qu'avait touchée si souvent la main paternelle ; le général fut touché de cet amour filial, et témoigna tant de bienveillance à l'enfant que sa mère se crut obligée de venir le lendemain lui faire une visite de remercîments.

L'enfant était Eugène, et la mère Joséphine.

Le 21 mars 1796, Bonaparte partit pour l'armée d'Italie, emportant dans sa voiture deux mille louis : c'était tout ce qu'il avait pu réunir, en joignant à sa propre fortune et à celle de ses amis les subsides du Directoire ; c'est avec cette somme qu'il part pour aller conquérir l'Italie : c'était sept fois moins que n'emportait Alexandre pour aller conquérir l'Inde.

Il se rend à Nice, où il trouve une armée sans discipline, sans munitions, sans vivres, sans vêtements. En arrivant au quartier-général il fait distribuer aux généraux, pour les aider à entrer en campagne, la somme de quatre louis : puis aux soldats, en leur montrant l'Italie : « Camarades, dit-il, vous manquez de tout au milieu de ces rochers : jetez les yeux sur les riches plaines qui se déroulent à vos pieds, elles nous appartiennent ; allons les prendre. »

C'était à peu près le discours qu'Annibal avait tenu à ses soldats il y avait dix-neuf cents ans : et depuis dix-neuf cents ans, il n'avait passé entre ces deux hommes qu'un seul homme digne de leur être comparé : — c'était César !

Les soldats à qui Bonaparte adressait ces paroles étaient les débris d'une armée qui dans les roches stériles de la rivière de Gênes se tenaient péniblement depuis deux ans sur la défensive, et qui avaient devant eux deux cent mille hommes des meilleures troupes de l'empire et du Piémont :

Bonaparte attaque cette masse avec trente mille hommes à peine, et en onze jours il la bat cinq fois, à Montenotte, à Millesimo, à Dego, à Vico et à Mondovi ; puis, ouvrant les portes des villes d'une main, tandis qu'il gagne les batailles de l'autre, il s'empare des forteresses de Coni, de Tortone, d'Alexandrie et de la Ceva : en onze jours, les Autrichiens sont séparés des Piémontais, Provera est pris, et le roi de Sardaigne est forcé de signer une capitulation dans sa propre capitale. Alors Bonaparte s'avance sur la haute Italie, puis, devinant les succès à venir par les succès passés, il écrit au Directoire : « Demain je marche sur Beaulieu, je l'oblige à repasser le Pô, je le passe immédiatement après lui, je m'empare de toute la Lombardie, et avant un mois j'espère être sur les montagnes du Tyrol, y trouver l'armée du Rhin, et porter de concert avec elle la guerre dans la Bavière. »

En effet Beaulieu est poursuivi. Il se retourne vainement pour s'opposer au passage du Pô, le passage est effectué : il se met à l'abri derrière les murs de Lodi, un combat de trois heures l'en chasse : il se range en bataille sur la rive gauche de l'Adda, défendant de toute son artillerie le passage du pont qu'il n'a pas eu le temps de couper ; l'armée française se forme en colonne serrée, se précipite sur le pont, renverse tout ce qui s'oppose à elle, éparpille l'armée autrichienne et poursuit sa marche en lui passant sur le corps. Alors Pavie se soumet, Pizzighitone et Crémone tombent, le château de Milan ouvre ses portes, le roi de Sardaigne signe la paix, les ducs de Parme et de Modène suivent son exemple, et Beaulieu n'a que le temps de se renfermer dans Mantoue.

Ce fut dans ce traité avec le duc de Modène que Bonaparte donna la première preuve de son désintéressement en refusant quatre millions en or que le commandeur d'Est lui offrait au nom de son frère, et que Salicetti, commissaire du gouvernement auprès de l'armée, le pressait d'accepter.

Ce fut aussi dans cette campagne qu'il reçut le nom populaire qui lui rouvrit en 1815 les portes de la France : voici à quelle occasion : sa jeunesse, lorsqu'il vint prendre le commandement de l'armée, avait inspiré quelque étonnement aux vieux soldats, de sorte qu'ils résolurent de lui conférer eux-mêmes les grades inférieurs dont il semblait que le gouvernement l'eût dispensé ; en conséquence, ils se réunissaient après chaque bataille pour lui donner un grade, et lorsqu'il rentrait au camp, il était reçu par les plus vieilles moustaches, qui le saluaient de son nouveau titre. Ce fut ainsi qu'il fut fait caporal à Lodi. De là le surnom de petit-caporal qui resta toujours à Napoléon.

Cependant Bonaparte n'a fait qu'une halte d'un instant, et dans cette halte l'envie l'a rejoint : le Directoire, qui a vu dans la correspondance du soldat la révélation de l'homme politique, craint que le vainqueur ne se constitue l'arbitre de l'Italie, et s'apprête à lui adjoindre Kellermann. Bonaparte l'apprend et écrit :

« Réunir Kellermann à moi, c'est vouloir tout perdre. Je ne puis pas servir volontiers avec un homme qui se croit le meilleur tacticien de l'Europe : d'ailleurs, je crois qu'un mauvais général vaut mieux que deux bons. La guerre est, comme le gouvernement, une affaire de tact. »

Puis il fait son entrée solennelle à Milan, où, tandis que le Directoire signe à Paris le traité de paix négocié par Salicetti, à la cour de Turin, que les négociations entamées avec Parme se terminent, et que celles avec Naples et Rome s'ouvrent, il se prépare à la conquête de la haute Italie.

La clef de l'Allemagne c'est Mantoue, c'est donc Mantoue qu'il faut enlever. Cent cinquante pièces de canon, prises au château de Milan, sont dirigées sur cette ville : Serrurier en emporte les dehors ; le siége commence.

Alors le cabinet de Vienne sent toute la gravité de la situation : il envoie au secours de Beaulieu vingt-cinq mille hommes sous les ordres de Quosnadowich, et trente-cinq mille sous ceux de Wurmser. Un espion milanais est chargé des dépêches qui annoncent ce renfort, et s'engage à pénétrer dans la ville.

L'espion tombe dans une ronde de nuit commandée par l'aide-de-camp Dermoncourt, et est amené au général Dumas. Vainement on le fouille, on ne trouve rien sur lui. On est prêt à lui rendre la liberté, lorsque, par une de ces révélations du destin, le général Dumas devine qu'il a avalé ses dépêches : l'espion nie ; le général Dumas ordonne qu'il soit fusillé : l'espion avoue ; il est remis à la garde de l'aide-de-camp Dermoncourt, qui, au moyen d'un vomitif administré par le chirurgien-major, devient possesseur d'une boulette de cire de la grosseur d'une bille de grès. Elle renferme la lettre de Wurmser, écrite sur parchemin avec une plume de corbeau. Cette lettre donne les plus grands détails sur les opérations de l'armée ennemie. La lettre est envoyée à Bonaparte. Quosnadowich et Wurmser se sont divisés : Quosnadowich marche sur Brescia, Wurmser sur Mantoue. C'est la même faute qui a déjà perdu Provera et d'Argentan. Bonaparte laisse dix mille hommes devant la ville ; se porte avec vingt-cinq mille au-devant de Quosnadowich, qu'il rejette dans les gorges du Tyrol après l'avoir battu à Salo et à Lonato, puis aussitôt se retourne vers Wurmser, qui apprend la défaite de son collègue par la présence de l'armée qui l'a vaincu. Attaqué avec l'impétuosité française, il est battu à Castiglione. En cinq jours les Autrichiens ont perdu vingt mille hommes et cinquante pièces de canon. Cette victoire a donné le temps à Quosnadowich de se rallier : Bonaparte revient à lui, le bat à San-Marco, à Serravalle et à Roveredo ; puis il revient, après les combats de Bassano, de Rimolano et de Cavalo, mettre une seconde fois le siége devant Mantoue, où Wurmser est entré avec les débris de son armée.

Là, pendant que les travaux s'accomplissent, des états se forment autour de lui et se consolident à sa parole. Il fonde les républiques cispadane et transpadane, chasse les Anglais de la Corse, et pèse à la fois sur Gênes, Venise et le Saint-Siége, qu'il empêche de se soulever. C'est au milieu de ces vastes combinaisons politiques qu'il apprend l'approche d'une nouvelle armée impériale conduite par Alvinzi; mais il y a une fatalité sur tous ces hommes : la même faute commise par ses prédécesseurs, Alvinzi la commet à son tour. Il divise son armée en deux corps : l'un composé de trente mille hommes qui, guidés par lui, doivent traverser le Véronais et gagner Mantoue; l'autre composé de quinze mille hommes qui, sous le commandement de Davidowich, s'étendra sur l'Adige. Bonaparte marche à Alvinzi, le joint à Arcole, lutte trois jours corps à corps avec lui, et ne le lâche qu'après lui avoir couché cinq mille morts sur le champ de bataille, fait huit mille prisonniers et pris trente pièces de canon; puis, tout haletant, d'Arcole s'élance entre Davidowich, qui sort du Tyrol, et Wurmser, qui sort de Mantoue, rejette l'un dans ses montagnes, l'autre dans sa ville; apprend sur le champ de bataille qu'Alvinzi et Provera vont faire leur jonction, met Alvinzi en déroute à Rivoli, réduit par les combats de Saint-Georges et de la Favorite Provera à rendre les armes; enfin, débarrassé de tous ses adversaires, revient vers Mantoue, la cerne, la presse, l'étouffe et la force à se rendre, au moment où une cinquième armée, détachée des réserves du Rhin, s'avance conduite par un archiduc. Aucun affront ne peut échapper à l'Autriche : les défaites de ses généraux vont remonter jusqu'au trône. Le 10 mars 1797, le prince Charles est battu au passage du Tagliamento : cette victoire nous ouvre les états de Venise et les gorges du Tyrol. Les Français s'avancent au pas de course par la voie qui leur est ouverte, triomphent à Lavis, à Trasmis et à Clauzel; entrent dans Trieste, enlèvent Tarvis, Gradisca et Villach; s'acharnent à la poursuite de l'archiduc, qu'ils n'abandonnent que pour occuper les routes de la capitale de l'Autriche, et enfin pénètrent jusqu'à trente lieues de Vienne. Là, Bonaparte fait une halte pour attendre les parlementaires. Il y a un an qu'il a quitté Nice, et dans cette année il a détruit six armées, pris Alexandrie, Turin, Milan, Mantoue, et planté le drapeau tricolore sur les alpes du Piémont, de l'Italie et du Tyrol. Autour de lui ont commencé de briller les noms de Masséna, d'Augereau, de Joubert, de Marmont, de Berthier. La pléiade se forme, les satellites tournent autour de leur astre, le ciel de l'empire s'étoile !

Bonaparte ne s'était pas trompé : les parlementaires arrivent. Léoben est fixé pour le siége des négociations. Bonaparte n'a plus besoin des pleins pouvoirs du Directoire. C'est lui qui a fait la guerre, c'est lui qui fera la paix. « Vu la position des choses, écrit-il, les négociations même avec l'empereur sont devenues une opération militaire. » Néanmoins cette opération traîne en longueur; toutes les astuces de la diplomatie l'enveloppent et le fatiguent. Mais un jour arrive où le lion se lasse d'être dans un filet. Il se lève au milieu d'une discussion, saisit un magnifique cabaret de porcelaine, le brise en morceaux et le foule aux pieds; puis, se retournant vers les plénipotentiaires stupéfaits : « C'est ainsi que je vous pulvériserai tous, leur dit-il, puisque vous le voulez. » Les diplomates reviennent à des sentiments plus pacifiques; on donne lecture du traité. Dans le premier article, l'empereur déclare qu'il reconnaît la république française : « Rayez ce paragraphe, s'écrie Bonaparte; la république française est comme le soleil sur l'horizon : aveugles sont ceux-là que son éclat n'a point frappés! »

Ainsi, à l'âge de vingt-sept ans, Bonaparte tient d'une main l'épée qui divise les états, et de l'autre la balance qui pèse les rois. Le Directoire a beau lui tracer sa voie, il marche dans la sienne; s'il ne commande pas encore, il n'obéit déjà plus. Le Directoire lui écrit de se rappeler que Wurmser est un émigré : Wurmser tombe entre les mains de Bonaparte, qui a pour lui tous les égards dus au malheur et à la vieillesse. Le Directoire emploie vis-à-vis du pape des formes outrageantes, Bonaparte lui écrit toujours avec respect et ne l'appelle que le très-Saint-Père. Le Directoire déporte les prêtres et les proscrits, Bonaparte ordonne à son armée de les regarder comme des frères et de les honorer comme des ministres de Dieu. Le Directoire essaie d'exterminer jusqu'aux vestiges de l'aristocratie, Bonaparte écrit à la démocratie de Gênes pour blâmer les excès auxquels elle s'est portée à l'égard des nobles, et lui fait savoir que si elle veut conserver son estime, elle doit respecter la statue de Doria.

Le 15 vendémiaire an VI, le traité de Campo-Formio est signé, et l'Autriche, à laquelle on laisse Venise, renonce à ses droits sur la Belgique et à ses prétentions sur l'Italie. Bonaparte quitte l'Italie pour la France; et, le 15 frimaire de la même année (5 décembre 1797), il arrive à Paris.

Bonaparte était resté absent deux ans, et dans ces deux ans il avait fait cent cinquante mille prisonniers, prix cent soixante-dix drapeaux, cinq cent cinquante pièces de canon, six cents pièces de campagne, cinq équipages de pont, neuf vaisseaux de 64 canons, douze frégates de 32, douze corvettes et dix-huit galères; de plus, après avoir, comme nous l'avons dit, emporté de France deux mille louis, il y avait à plusieurs reprises envoyé près de cinquante millions : contre toutes les traditions antiques et modernes, c'était l'armée qui avait nourri la patrie.

Avec la paix, Bonaparte avait vu arriver le terme de sa carrière militaire. Ne pouvant rester en repos, il ambitionne la place de l'un des deux directeurs qui allaient sortir. Malheureusement il n'avait que vingt-huit ans : c'était une violation si grande et si prompte de la Constitution de l'an III qu'on n'osa pas même en faire la proposition. Il rentra donc dans sa petite maison de la rue Chantereine, luttant d'avance, par les combinaisons de son génie, contre un ennemi plus terrible que tous ceux qu'il avait combattus jusqu'alors, l'oubli. « On ne conserve à Paris le souvenir de rien, disait-il; si je reste long-temps oisif, je suis perdu. Une renommée, dans cette grande Babylone, en remplace une autre; et l'on ne m'aura pas vu plus de trois fois au spectacle qu'on ne me regardera même plus. »

C'est pour cela qu'en attendant mieux, il se fit nommer membre de l'Institut.

Enfin, le 29 janvier 1798, il dit à son secrétaire : « Bourrienne, je ne veux pas rester ici, il n'y a rien à faire; ils ne veulent entendre à rien. Je vois que, si je reste, je suis coulé dans peu. Tout s'use ici : je n'ai déjà plus de gloire. Cette petite Europe n'en fournit pas assez; c'est une taupinière. Il n'y a jamais eu de grands empires et de grandes révolutions qu'en Orient, où vivent six cent millions d'hommes. Il faut aller en Orient, toutes les grandes renommées viennent de là. »

Ainsi, il lui faut dépasser toutes les grandes renommées. Il a déjà fait plus qu'Annibal, il fera autant qu'Alexandre et César; et son nom manque aux Pyramides, où sont inscrits ces deux grands noms.

Le 12 avril 1798, Bonaparte fut nommé général en chef de l'armée d'Orient.

Il n'a déjà, comme on le voit, qu'à demander pour obtenir; en arrivant à Toulon, il va donner la preuve qu'il n'a qu'à commander pour être obéi.

Un vieillard de quatre-vingts ans vient d'être fusillé la surveille du jour où il arrive dans cette ville. Le 16 mai 1798, il écrit la lettre suivante aux commissions militaires de la neuvième division, établies en vertu de la loi du 19 fructidor.

« Buonaparte, membre de l'Institut national.

» J'ai appris, Citoyens, avec la plus grande douleur, que des vieillards âgés de soixante-dix à quatre-vingts ans, de misérables femmes enceintes ou environnées d'enfants en bas âge, avaient été fusillés comme prévenus d'émigration.

» Les soldats de la liberté seraient-ils donc devenus des bourreaux?

» La pitié, qu'ils ont portée jusqu'au milieu des combats, serait-elle donc morte dans leurs cœurs?

» La loi du 19 fructidor a été une mesure de salut public; son intention a été d'atteindre les conspirateurs, et non de misérables femmes, et non des vieillards caducs.

» Je vous exhorte donc, Citoyens, toutes les fois que la loi présentera à votre tribunal des vieillards de plus de soixante ans, ou des femmes, de déclarer qu'au milieu des combats vous avez respecté les vieillards et les femmes de vos ennemis.

» Le militaire qui signe une sentence contre une personne incapable de porter les armes est un lâche.

» Buonaparte. »

BONAPARTE GÉNÉRAL.

Cette lettre sauva la vie à un malheureux compris dans cette catégorie. Bonaparte s'embarque trois jours après. Ainsi son dernier adieu à la France est l'exercice d'une prérogative royale, le droit de grâce.

Malte était achetée d'avance ; Bonaparte se la fait livrer en passant ; et, le 1er juillet 1798, il touche la terre d'Égypte, près du fort Marabout, à quelque distance d'Alexandrie.

Dès qu'il apprit cette nouvelle, Mourad-Bey, que l'on venait chercher comme un lion dans son antre, appela à lui ses mamelouks, laissa aller au courant du Nil une flottille de djermes, de canges et de chaloupes armées en guerre, et la fit suivre sur les bords du fleuve par un corps de douze à quinze cents cavaliers, que Desaix, qui commandait notre avant-garde, rencontra le 14 au village de Minieh-Salam. C'était la première fois, depuis le temps des croisades, que l'Orient et l'Occident se retrouvaient face à face.

Le choc fut terrible : cette milice couverte d'or, rapide comme le vent, dévorante comme la flamme, chargeait jusque sur nos carrés, dont elle hachait les canons de fusil avec ses sabres trempés à Damas; puis, lorsque le feu partait de ces carrés, comme d'un volcan, elle se déroulait, pareille à une écharpe d'or et de soie, visitait au galop tous ces angles de fer dont chaque face lui envoyait sa volée, et, lorsqu'elle voyait toute brèche impossible, elle fuyait enfin comme une longue ligne d'oiseaux effarouchés, laissant autour de nos bataillons une ceinture mouvante encore d'hommes et de chevaux mutilés, et elle allait se reformer au loin pour revenir tenter une nouvelle charge inutile et meurtrière comme l'autre.

Au milieu de la journée, ils se rallièrent une dernière fois, mais, au lieu de revenir sur nous, ils prirent la route du désert et disparurent à l'horizon dans un tourbillon de sable.

Ce fut à Gyzeth que Mourad apprit l'échec de Chebreisse : le même jour des messagers furent envoyés au Saïd, au Fayoum, au désert. Partout, beys, cheiks, mamelouks, tout fut convoqué contre l'ennemi commun; chacun devait venir avec son cheval et ses armes : trois jours après, Mourad avait autour de lui six mille cavaliers.

Toute cette troupe, accourue au cri de guerre de son chef, vint camper en désordre sur la rive du Nil, en vue du Caire et des Pyramides, entre le village d'Embabeth, où elle appuyait sa droite, et Gyzeth, la résidence favorite de Mourad, où elle étendait sa gauche : quant à celui-ci, il avait fait planter sa tente auprès d'un sycomore gigantesque, dont l'ombre couvrait cinquante cavaliers : c'est dans cette position, qu'après avoir mis un peu d'ordre dans sa milice, il attendit l'armée française, qui remontait le Nil.

Le 23, au lever du jour, Desaix, qui marchait toujours à l'avant-garde, aperçut un parti de cinq cents mamelouks envoyés en reconnaissance, et qui se replièrent sans cesser d'être en vue. A quatre heures du matin,

Mourad entendit de grandes acclamations : c'était l'armée tout entière qui saluait les Pyramides.

A six heures, Français et mamelouks étaient en présence.

Que l'on se figure le champ de bataille. C'était le même que Cambyse, l'autre conquérant qui venait de l'autre bout du monde, avait choisi pour écraser les Égyptiens. Deux mille quatre cents ans s'étaient écoulés : le Nil et les Pyramides étaient toujours là; seulement, le sphinx de granit que les Perses mutilèrent au visage n'avait plus que sa tête hors du sable. Le colosse dont parle Hérodote était couché, Memphis avait disparu, le Caire avait surgi. Tous ces souvenirs, distincts et présents à l'esprit des chefs français, planaient vaguement au-dessus de la tête des soldats, comme ces oiseaux inconnus qui passaient autrefois au-dessus des batailles et qui présageaient la victoire.

Quant à l'emplacement, c'est une vaste plaine de sable comme il en faut à des manœuvres de cavalerie : un village, nommé Bekir, s'élève au milieu; un petit ruisseau la limite un peu en avant de Gyzeth : Mourad et toute sa cavalerie étaient adossés au Nil, ayant le Caire derrière eux.

Bonaparte vit, à cette disposition du terrain et de ses ennemis, qu'il lui était possible, non-seulement de vaincre les mamelouks, mais encore de les exterminer; il développa son armée en demi-cercle, formant de chaque division des carrés gigantesques, au centre desquels était placée l'artillerie. Desaix, habitué à marcher en avant, commandait le premier carré, placé entre Embabeth et Gyzeth; puis venaient la division Régnier, la division Kléber, privée de son chef, blessé à Alexandrie, et commandée par Dugua; puis la division Menou, commandée par Vial; enfin, formant l'extrême gauche, appuyée au Nil et la plus rapprochée d'Embabeth, la division du général Bon.

Tous les carrés devaient se mettre en mouvement ensemble, marcher sur Embabeth, et, village, chevaux, mamelouks, retranchements, tout jeter dans le Nil.

Mais Mourad n'était pas homme à attendre derrière quelques buttes de sable. A peine les carrés eurent-ils pris place que les mamelouks sortirent de leurs retranchements en masses inégales, et, sans choisir, sans calculer, se ruèrent sur les carrés qu'ils trouvèrent le plus près d'eux : c'étaient les divisions Desaix et Régnier.

Arrivés à la portée du fusil, les assaillants se divisèrent en deux colonnes : la première marchait tête baissée sur l'angle gauche de la division Régnier, la seconde sur l'angle droit de la division Desaix; les carrés les laissèrent approcher à dix pas, puis ils éclatèrent : chevaux et cavaliers se trouvèrent arrêtés par une muraille de flammes; les deux premiers rangs des mamelouks tombèrent comme si la terre eût tremblé sous eux; le reste de la colonne, emporté par sa course, arrêté par ce rempart de fer et de feu, ne pouvant ni ne voulant retourner en arrière, longea, ignorant qu'il était, toute la face du carré Régnier, dont le feu le rejeta sur la division Desaix. Celle-ci, se trouvant alors prise entre ces deux trombes d'hommes et de chevaux qui tourbillonnaient autour d'elle, leur présenta le bout des baïonnettes de son premier rang, tandis que les deux autres s'enflammaient, et que ses angles en s'ouvrant laissaient passer les boulets impatients de se mêler à cette sanglante fête.

Il y eut un moment où les deux divisions se trouvèrent complétement entourées et où tous les moyens furent mis en œuvre pour ouvrir ces carrés impassibles et mortels. Les mamelouks chargeaient jusqu'à dix pas, recevaient le double feu de la fusillade et de l'artillerie, puis, retournant leurs chevaux, qui s'effrayaient à la vue des baïonnettes, ils les forçaient d'avancer à reculons, les faisaient cabrer et se renversaient avec eux, tandis que les cavaliers démontés se traînaient sur leurs genoux, rampaient comme des serpents, et allaient couper les jarrets de nos soldats. Il en fut ainsi pendant trois quarts d'heure que dura cette horrible mêlée. Nos soldats, à cette manière de combattre, ne reconnaissaient plus des hommes, ils croyaient avoir affaire à des fantômes, à des spectres, à des démons. Enfin, mamelouks acharnés, cris d'hommes, hennissements de chevaux, flammes et fumée, tout s'évanouit, comme si un tourbillon l'emportait : il ne resta entre les deux divisions qu'un champ de bataille sanglant, hérissé d'armes et d'étendards, jonché de morts et de mourants, se plaignant et se soulevant encore comme une houle mal calmée.

En ce moment, tous les carrés, d'un pas régulier comme celui d'une parade, avançaient enfermant Embabeth dans leur cercle de fer : tout à coup la ligne du bey s'enflamma à son tour, trente-sept pièces d'artillerie croisèrent sur la plaine leurs réseaux de bronze; la flottille bondit sur le Nil, secouée par le recul des bombardes, et Mourad, à la tête de trois mille cavaliers, s'élança à son tour pour voir s'il ne pourrait pas mordre à ces carrés infernaux : alors, la colonne qui avait donné d'abord, et qui avait eu le temps de se reformer, le reconnut, et de son côté aussi elle revint contre ses premiers et mortels ennemis.

Ce dut être une chose merveilleuse à voir, pour l'œil d'aigle qui planait au-dessus du champ de bataille, que ces six mille cavaliers, les premiers du monde, montés sur des chevaux dont les pieds ne laissaient pas de trace sur le sable, tournant comme une meute autour de ces carrés immobiles et enflammés, les étreignant de leurs replis, les enveloppant de leurs nœuds, cherchant à les étouffer quand ils ne pouvaient les ouvrir, se dispersant, se reformant pour se disperser encore, changeant de face comme des vagues qui battent un rivage, puis revenant sur une seule ligne, et pareils à un serpent gigantesque dont on voyait parfois la tête, conduite par l'infatigable Mourad, se dresser jusqu'au-dessus des carrés. Tout à coup les batteries des retranchements changèrent d'artilleurs ; les mamelouks entendirent tonner leurs propres canons et se virent enlevés par leurs propres boulets; leur flottille prit feu et sauta. Tandis que Mourad usait ses griffes et ses dents contre nos carrés, les trois colonnes d'attaque s'étaient emparées des retranchements, et Marmont, commandant la plaine, foudroyait, des hauteurs d'Embabeth, les mamelouks acharnés contre nous.

Alors Bonaparte ordonna une dernière manœuvre, et tout fut fini : les carrés s'ouvrirent, se développèrent, se joignirent et se soudèrent comme les anneaux d'une chaîne; Mourad et ses mamelouks se trouvèrent pris entre leurs propres retranchements et la ligne française. Mourad vit que la bataille était perdue ; il rallia ce qui lui restait d'hommes, et entre cette double ligne de feux, au galop aérien de ses chevaux, il s'élança tête baissée dans l'ouverture que la division Desaix laissait entre elle et le Nil, passa comme un tourbillon sous le dernier feu de nos soldats, s'enfonça dans le village de Gyzeth, et reparut un instant après au-dessus de lui, se retirant vers la Haute-Égypte avec deux ou trois cents cavaliers, restes de sa puissance.

Il avait laissé sur le champ de bataille trois mille hommes, quarante pièces d'artillerie, quarante chameaux chargés, ses tentes, ses chevaux, ses esclaves. On abandonna cette plaine couverte d'or, de cachemires et de soie, aux soldats vainqueurs, qui firent un butin immense, car tous ces mamelouks étaient couverts de leurs plus belles armures, et portaient sur eux tout ce qu'ils possédaient en bijoux, en or et en argent.

Bonaparte coucha le même soir à Gyzeth, et le surlendemain entra au Caire par la porte de la Victoire.

A peine est-il au Caire que Bonaparte rêve, non-seulement la colonisation du pays dont il vient de s'emparer, mais encore la conquête de l'Inde par l'Euphrate. Il rédige pour le Directoire une note dans laquelle il demande des renforts, des armes, des équipages de guerre, des chirurgiens, des pharmaciens, des médecins, des fondeurs, des liquoristes, des comédiens, des jardiniers, des marchands de marionnettes pour le peuple, et une cinquantaine de femmes françaises; il envoie à Typpo-Saeb un courrier pour lui proposer une alliance contre les Anglais; puis, bercé de cette double espérance, il se met à la poursuite d'Ibrahim, le plus influent des beys après Mourad, le culbute à Saheley'h, et, pendant qu'on le félicite de cette victoire, un messager lui apporte la nouvelle de la perte entière de sa flotte. Nelson a écrasé Brueys ; la flotte a disparu comme dans un naufrage : plus de communications avec la France, plus d'espoir de conquérir l'Inde. Il faut rester en Égypte ou en sortir grands comme les anciens.

Bonaparte revient au Caire, célèbre l'anniversaire de la naissance de Mahomet et la fondation de la république. Au milieu de ces fêtes, le Caire se révolte, et, tandis qu'il le foudroie du haut du Mokattam, Dieu lui vient en aide et lui amène l'orage : tout s'apaise en quatre jours. Bonaparte part pour Suez, il veut voir la mer Rouge et mettre le pied en Asie à l'âge d'Alexandre. Il manque de mourir comme Pharaon : un guide le sauve.

Maintenant ses yeux se tournent vers la Syrie. L'époque d'un débarquement en Égypte est passée, et ne doit plus revenir qu'au mois de juillet suivant ; mais il reste à craindre une expédition par Gaza et El-Arych, car Djezzar-Pacha, surnommé *le boucher*, vient de s'emparer de cette dernière ville. Il faut détruire cette avant-garde de la Porte-Ottomane, renverser les remparts de Jaffa, de Gaza et d'Acre, ravager le pays et en détruire toutes les ressources, afin de rendre impossible le passage d'une armée par le désert. Voilà le plan connu ; mais peut-être cache-t-il quelqu'une de ces expéditions gigantesques comme Bonaparte en garde toujours au fond de sa pensée : nous verrons.

Il part à la tête de dix mille hommes, divise l'infanterie en quatre corps, qu'il met sous les ordres de Bon, de Kléber, de Lannes et de Régnier, donne la cavalerie à Murat, l'artillerie à Dammartin et le génie à Cafarelli-Dufalga. El-Arych est attaqué et pris le 1er ventôse ; le 7, Gaza est occupé sans résistance ; le 17, Jaffa, emporté d'assaut, voit sa garnison, composée de cinq mille hommes, passée au fil de l'épée ; puis la route continue triomphale. On arrive devant Saint-Jean-d'Acre, et le 30 du même mois la brèche est ouverte : c'est là que doivent commencer les revers.

C'est un Français qui commande la place, un ancien camarade de Napoléon : examinés ensemble à l'École militaire, ils ont été le même jour envoyés à leurs corps respectifs. Attaché au parti royaliste, Phelippeaux fait évader Sydney-Smith du Temple, le suit en Angleterre, et le précède en Syrie : c'est contre son génie bien plus que contre les remparts d'Acre que Bonaparte vient se heurter : aussi, au premier coup d'œil, il voit que la défense est conduite par un homme supérieur ; un siège en règle est impossible, il faut emporter la ville : trois assauts successifs sont donnés sans résultat. Pendant un de ces assauts, une bombe tombe aux pieds de Bonaparte ; deux grenadiers se jettent aussitôt sur lui, le placent entre eux deux, élèvent leurs bras au-dessus de sa tête et le couvrent de toutes parts ; la bombe éclate, et, comme par miracle, ses éclats respectent leur dévouement, personne n'est blessé. Un de ces grenadiers s'appelle Daumesnil : il sera général en 1809, perdra une jambe à Moscou en 1812, et commandera Vincennes en 1814.

Cependant des secours arrivent de tout côté à Djezzar ; les pachas de Syrie ont réuni leurs forces et marchent sur Acre ; Sydney-Smith accourt avec la flotte anglaise ; enfin la peste, cet auxiliaire plus terrible que tous les autres, vient en aide au bourreau de la Syrie. Il faut d'abord se débarrasser de l'armée de Damas. Bonaparte, au lieu de l'attendre ou de reculer à son approche, marche au-devant d'elle, la joint et la disperse dans la plaine du mont Thabor, puis revient tenter encore cinq autres assauts, inutiles comme les premiers. Saint-Jean-d'Acre est pour lui la ville maudite, il ne la dépassera pas.

Chacun s'étonne qu'il s'acharne ainsi à la prise d'une bicoque, qu'il y risque chaque jour sa vie, qu'il y perde ses meilleurs officiers et ses plus braves soldats; chacun le blâme de cette tenacité qui semble sans but : le but, le voici, il l'explique lui-même, après un de ces assauts infructueux où Duroc a été blessé, car il a besoin que quelques grands cœurs comme le sien sachent qu'il ne joue pas un jeu d'insensé : — « Oui, dit-il, je vois que cette misérable bicoque m'a coûté bien du monde et pris bien du temps, mais les choses sont trop avancées pour ne pas tenter un nouvel effort. Si je réussis, je trouverai dans la ville les trésors du pacha et des armes pour trois cent mille hommes; je soulève et j'arme la Syrie, qu'a tant indignée la férocité de Djezzar, dont, à chaque assaut, la population demande la chute à Dieu; je marche sur Damas et Alep; en avançant dans le pays, je grossis mon armée de tous les mécontents; j'annonce au peuple l'abolition de la servitude et du gouvernement tyrannique des pachas; j'arrive à Constantinople avec des masses armées, je renverse l'empire turc, je fonde dans l'Orient un nouvel et grand empire qui fixe ma place dans la postérité, et je reviens à Paris par Andrinople et par Vienne, après avoir anéanti la maison d'Autriche. » — Puis, poussant un soupir, il continue : — « Si je ne réussis pas dans le dernier assaut que je veux tenter, je pars sur-le-champ; le temps me presse. Je ne serai point au Caire avant la mi-juin : les vents sont alors favorables pour aller du nord en Égypte : Constantinople enverra des troupes à Alexandrie et à Rosette, il faut que j'y sois. Quant à l'armée qui viendra plus tard par terre, je ne la crains pas cette année. Je ferai tout détruire jusqu'à l'entrée du désert; je rendrai impossible le passage d'une armée d'ici à deux ans : on ne vit pas au milieu des ruines. »

C'est ce dernier parti qu'il est forcé de prendre. L'armée se retire sur Jaffa : Bonaparte y visite l'hôpital des pestiférés; ce sera la plus belle composition du peintre Gros. Tout ce qui est transportable est évacué par mer sur Damiette, et par terre sur Gaza et El-Arych : une soixantaine restent, qui n'ont plus qu'un jour à vivre, mais qui dans une heure tomberont aux mains des Turcs. La même nécessité au cœur de bronze qui a fait passer au fil de l'épée la garnison de Jaffa, élève encore la voix. Le pharmacien R*** fait distribuer, dit-on, une potion aux mourants : au lieu des tortures que leur réservent les Turcs, ils auront au moins une douce agonie.

Enfin, le 26 prairial, après une marche longue et pénible, l'armée rentre au Caire : il était temps. Mourad-Bey, échappé à Desaix, menace la Basse-Égypte; une seconde fois il atteint les Français au pied des Pyramides : Bonaparte ordonne tout pour une bataille : cette fois c'est lui qui prend la position des mamelouks et qui s'adosse au fleuve ; mais le lendemain au matin Mourad-Bey a disparu ; Bonaparte s'étonne ; le même jour tout lui est expliqué ; la flotte qu'il avait devinée a débarqué à Aboukir juste à l'époque qu'il a prédite ; Mourad, par des chemins détournés, est allé rejoindre le camp des Turcs.

En arrivant, il trouve le pacha plein de hautaines espérances : lorsqu'il a paru, les détachements français, trop faibles pour le combattre, se sont repliés pour se concentrer. « Eh bien ! dit Mustapha-Pacha au bey des mamelouks, ces Français tant redoutés, dont tu n'as pu soutenir la présence, je me montre, et les voilà qui fuient devant moi.

— Pacha, répondit Mourad-Bey, rends grâce au prophète qu'il convienne aux Français de se retirer, car s'ils se retournaient tu disparaîtrais devant eux comme la poussière devant l'aquilon. »

Il prophétisait, le fils du désert : à quelques jours de là Bonaparte arrive ; après trois heures de combat les Turcs plient et prennent la fuite ; Mustapha-Pacha tend d'une main sanglante son sabre à Murat ; deux cents hommes se rendent avec lui, deux mille restent sur le champ de bataille, dix mille sont noyés ; vingt pièces de canon, les tentes, les bagages, tombent entre nos mains ; le fort d'Aboukir est repris ; les mamelouks sont rejetés au delà du désert, et les Anglais et les Turcs ont cherché un asile sur leurs vaisseaux.

Bonaparte envoie un parlementaire au vaisseau amiral ; il doit traiter du renvoi des prisonniers, qu'il est impossible de garder et inutile de fusiller comme à Jaffa ; en échange, l'amiral envoie à Bonaparte du vin, des fruits et la *Gazette de Francfort* du 10 juin 1799.

Depuis le mois de juin 1798, c'est-à-dire depuis plus d'un an, Bonaparte est sans nouvelles de France ; il jette les yeux sur le journal, le parcourt rapidement et s'écrie : « Mes pressentiments ne m'ont pas trompé, l'Italie est perdue ; il faut que je parte ! » En effet, les Français en sont arrivés au point où il les désire, assez malheureux pour le voir arriver, non pas comme un ambitieux, mais comme un sauveur.

Gantheaume, appelé par lui, arrive aussitôt : Bonaparte lui donne l'ordre de préparer les deux frégates *le Muiron* et *la Carrère*, et deux petits bâtiments, *la Revanche* et *la Fortune*, avec des vivres pour quatre à cinq cents hommes et pour deux mois. Le 22 août, il écrit à l'armée : « Les nouvelles d'Europe m'ont décidé à partir pour la France ; je laisse le commandement au général Kléber : l'armée aura bientôt de mes nouvelles. Je ne puis en dire davantage. Il m'en coûte de quitter les soldats auxquels je suis le plus attaché ; mais ce ne sera que momentanément. Le général que je leur laisse a la confiance de l'armée et la mienne. »

Le lendemain il s'embarque sur *le Muiron*. Gantheaume veut prendre la haute mer ; Bonaparte s'y oppose. « Je veux, dit-il, que vous longiez autant que possible les côtes d'Afrique : vous suivrez cette route jusqu'au sud de la Sardaigne. J'ai une poignée de braves ; j'ai un peu d'artillerie ; si les Anglais se présentent, je m'échoue sur les sables ; je gagnerai par terre Oran, Tunis ou un autre port, et là je trouverai le moyen de me rembarquer. »

Pendant vingt-un jours, les vents de l'ouest et du nord-ouest repoussent Bonaparte vers le port d'où il vient de sortir. Enfin, on sent les premières brises d'un vent d'est ; Gantheaume lui ouvre toutes ses voiles : en peu de temps on dépasse le point où fut autrefois Carthage ; on double la Sardaigne, dont on longe la côte occidentale ; le 1er octobre, on entre dans le port d'Ajaccio, où l'on change pour 17,000 francs de sequins turcs contre de l'argent français : c'est tout ce que Bonaparte rapporte d'Égypte : enfin, le 7 du même mois, on quitte la Corse et l'on fait voile sur la France, dont on n'est plus qu'à soixante-dix lieues. Le 8 au soir, on signale une escadre de quatorze vaisseaux ; Gantheaume propose de virer de bord et de retourner en Corse : « Non, s'écrie impérieusement Bonaparte, faites force de voiles ; tout le monde à son poste ; au nord-ouest, au nord-ouest, marchons ! » Toute la nuit se passe en inquiétudes ; Bonaparte ne quitte pas le pont ; il fait préparer une grande chaloupe, y met douze matelots, ordonne à son secrétaire de faire un choix de ses papiers les plus importants, et prend vingt hommes, avec lesquels il se fera échouer sur les côtes de la Corse. Au jour, toutes ces précautions deviennent inutiles, toutes les terreurs se dissipent, la flotte fait voile vers le nord-est. Le 8 octobre, au point du jour, on aperçoit Fréjus ; à huit heures on entre en rade. Aussitôt le bruit se répand que l'une des deux frégates porte Bonaparte ; la mer se couvre d'embarcations ; toutes les mesures sanitaires que Bonaparte se proposait de violer sont oubliées par le peuple, en vain lui fait-on observer le danger qui le menace : « Nous aimons mieux, répond-il, la peste que les Autrichiens. » Bonaparte est conduit, entraîné, porté ; c'est une fête, une ovation, un triomphe. Enfin, au milieu de l'enthousiasme, des acclamations, du délire, César met le pied sur cette terre où il n'y a plus de Brutus.

Six semaines après, la France n'a plus de directeurs, mais trois consuls ; et parmi ces trois consuls il y en a un, au dire de Sieyès, qui sait tout, qui fait tout, qui peut tout.

Nous sommes arrivés au 18 brumaire.

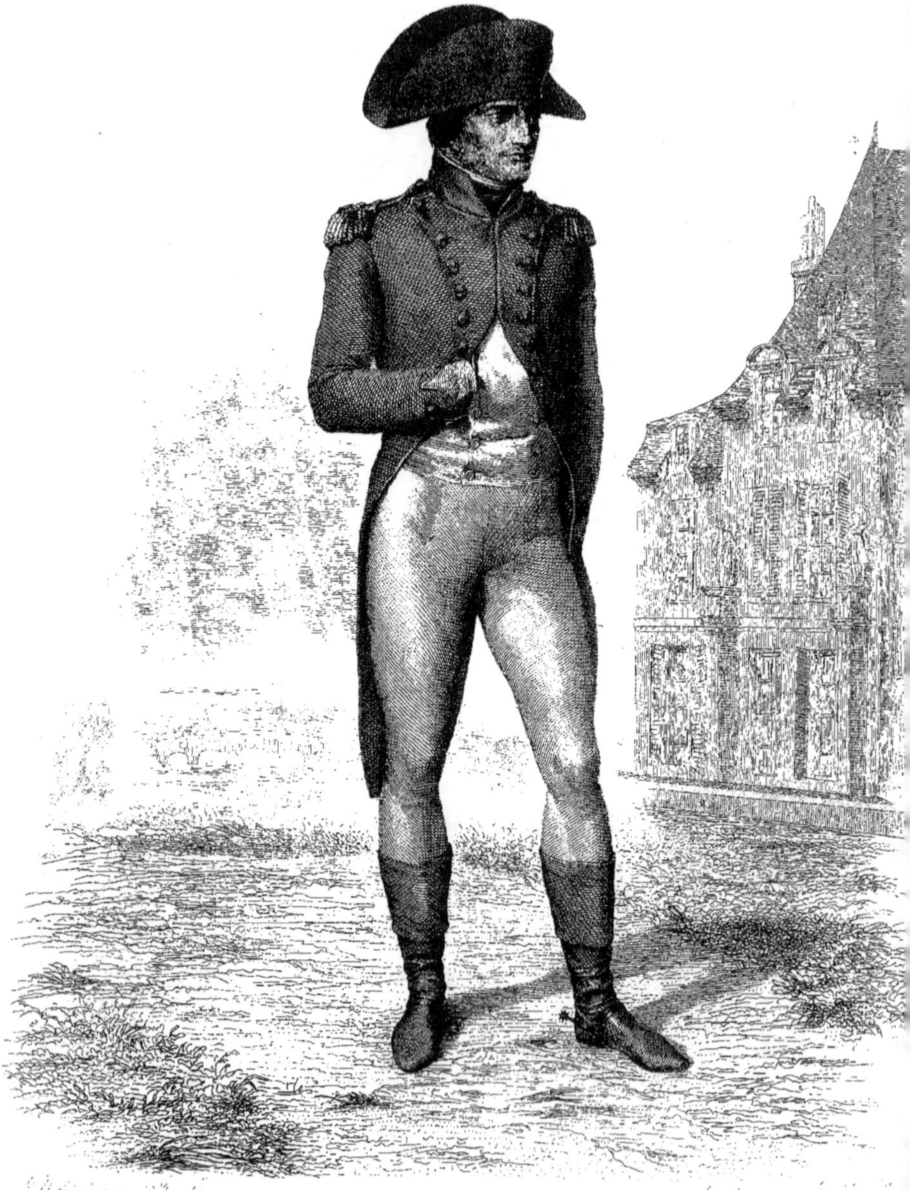

Dessiné par [illegible] — Geny-Gros, imp. rue du Plâtre, 28. Paris — Gravé par [illegible]

BONAPARTE PREMIER CONSUL.

BONAPARTE PREMIER CONSUL.

Le premier soin de Bonaparte, en arrivant à la suprême magistrature d'un État tout saignant encore de la guerre civile et étrangère, et tout épuisé de ses propres victoires, fut de tenter d'asseoir la paix sur des bases solides : en conséquence, le 5 nivôse, an VIII de la république, mettant de côté toutes les formes diplomatiques dont les souverains enveloppent d'habitude leur pensée, il écrivit directement et de sa main au roi Georges III, pour lui proposer une alliance entre la France et l'Angleterre. Le roi resta muet, Pitt se chargea de répondre : c'est dire que l'alliance fut refusée.

Bonaparte, repoussé par Georges III, se tourna vers Paul Ier. Connaissant le caractère chevaleresque de ce prince, il pensa qu'il fallait vis-à-vis de lui agir en chevalier; il rassembla dans l'intérieur de la France les troupes russes prises en Hollande et en Suisse, il les fit habiller à neuf et les renvoya dans leur patrie sans leur demander ni rançon ni échange. Bonaparte ne s'était pas trompé en comptant sur cette démarche pour désarmer Paul Ier. Celui-ci, en apprenant la courtoisie du premier consul, retira les troupes qu'il avait encore en Allemagne, et déclara qu'il ne faisait plus partie de la coalition.

La France et la Prusse étaient en bonne intelligence, et le roi Frédéric-Guillaume avait scrupuleusement observé les conditions du traité de 1795. Bonaparte envoya Duroc auprès de lui pour le déterminer à étendre le cordon de ses troupes jusque sur le Bas-Rhin, afin d'avoir une ligne moins considérable à défendre. Le roi de Prusse y consentit, et promit d'employer son intervention auprès de la Saxe, du Danemark et de la Suède, pour qu'ils observassent la neutralité.

Restait donc l'Angleterre, l'Autriche et la Bavière. Mais ces trois puissances étaient loin d'être prêtes à recommencer les hostilités. Bonaparte eut donc le temps, sans les perdre de vue, de jeter les yeux sur l'intérieur.

Le siége du nouveau gouvernement était aux Tuileries. Bonaparte habitait le palais des rois, et peu à peu les anciens usages de la cour reparaissaient dans ces appartements dont les avaient chassés les conventionnels :

au reste, il faut le dire, le premier des priviléges de la couronne que s'arrogea Bonaparte fut celui de faire grâce. M. Defeu, émigré français pris dans le Tyrol, avait été conduit à Grenoble et condamné à mort. Bonaparte apprend cette nouvelle, fait écrire par son secrétaire sur un bout de papier — *Le premier Consul ordonne de suspendre le jugement de M. Defeu* — signe cet ordre laconique, l'expédie au général Firino, et M. Defeu est sauvé.

Puis commence à se faire jour cette passion qui tient chez lui la première place après celle de la guerre, la passion des monuments : d'abord il se contente de faire balayer les échoppes qui encombrent la cour des Tuileries ; bientôt, en regardant par une des fenêtres, offusqué qu'il est de l'interruption du quai d'Orsay, où la Seine, en débordant tous les hivers, empêche les communications avec le faubourg Saint-Germain, il écrit ces mots : « Le quai de l'École de Natation sera achevé dans la campagne prochaine, » et les envoie au ministre de l'intérieur, qui se hâte d'obéir. Le concours journalier des personnes qui traversent la Seine sur des batelets, entre le Louvre et les Quatre-Nations, indique en cet endroit la nécessité d'un pont : le premier consul envoie chercher MM. Percier et Fontaine, et le pont des Arts s'étend d'une rive à l'autre comme une construction magique. La place Vendôme est veuve de la statue de Louis XIV : une colonne fondue avec les canons conquis sur les Autrichiens, dans une campagne de trois mois, la remplacera. La halle aux blés incendiée sera reconstruite en fer : des lieues entières de quais retiendront d'un bout à l'autre de la capitale les eaux de la rivière dans leur lit : un palais sera bâti pour la Bourse : l'église des Invalides sera rendue à sa destination primitive, brillante comme au jour où elle étincela pour la première fois au feu du soleil de Louis XIV : quatre cimetières, qui rappelleront les Nécropoles du Caire, seront placés aux quatre points cardinaux de Paris : enfin, si Dieu lui prête temps et puissance, une rue sera percée, qui s'étendra de Saint-Germain-l'Auxerrois à la barrière du Trône ; elle aura cent pieds de large ; elle sera plantée d'arbres comme les boulevards, et bordée d'arcades comme la rue de Rivoli ; mais pour cette rue il faut qu'il attende encore, car cette rue doit s'appeler la rue *Impériale*.

Pendant ce temps, la première année du dix-neuvième siècle préparait ses merveilles guerrières; la loi du recrutement s'exécutait avec enthousiasme, un nouveau matériel militaire s'organisait, les levées d'hommes, à mesure qu'elles s'opéraient, étaient dirigées depuis la rivière de Gênes jusqu'au Bas-Rhin. Une armée de réserve se réunissait au camp de Dijon, et se composait en grande partie de l'armée de Hollande, qui venait de pacifier la Vendée.

De leur côté, les ennemis répondaient à ces préparatifs par des armements pareils. L'Autriche pressait l'organisation de ses levées, l'Angleterre prenait à sa solde un corps de douze mille Bavarois, et l'un de ses plus habiles agents recrutait pour elle dans la Souabe, dans la Franconie et dans l'Odenval; enfin six mille Wurtembergeois, les régiments suisses, et le corps noble d'émigrés sous les ordres du prince de Condé, passaient du service de Paul Ier à la solde de Georges III. Toutes ces troupes étaient destinées à agir sur le Rhin : l'Autriche envoyait ses meilleurs soldats en Italie, car c'était là que les alliés avaient l'intention d'ouvrir la campagne.

Le 17 mars, au milieu d'un travail sur l'institution des écoles diplomatiques fondées par M. de Talleyrand, Bonaparte se retourne tout à coup vers son secrétaire, et avec un sentiment de gaieté visible :

« Où croyez-vous que je battrai Mélas? lui demande-t-il.

— Je n'en sais rien, lui répond le secrétaire étonné.

— Allez dérouler dans mon cabinet la grande carte d'Italie, et je vous le ferai voir. »

Le secrétaire s'empresse d'obéir : Bonaparte se munit d'épingles à têtes de cire rouge et noire, se couche sur l'immense carte, pique son plan de campagne, place sur tous les points où l'ennemi l'attend ses épingles à têtes noires, aligne ses épingles à têtes rouges sur toute la ligne où il espère conduire ses troupes, puis il se retourne vers son secrétaire, qui l'a regardé faire en silence :

« Eh bien ! lui dit-il.

— Eh bien ! lui répond celui-ci, je n'en sais pas davantage.

— Vous êtes un nigaud. Regardez un peu. Mélas est à Alexandrie, où il a son quartier général; il y restera tant que Gênes ne sera pas rendue. Il a dans Alexandrie ses magasins, ses hôpitaux, son artillerie, ses réserves, — indiquant le Saint-Bernard, — je passe les Alpes ici, je tombe sur ses derrières avant qu'il se doute que je suis en Italie, je coupe ses communications avec l'Autriche, je le joins dans les plaines de la Scrivia, — plaçant une épingle rouge à San Giuliano, — et je le bats ici.

C'était le plan de bataille de Marengo que le premier Consul venait de tracer. Quatre mois après il était accompli en tout point ; les Alpes étaient franchies, le quartier général était à San Giuliano, Mélas était coupé, il ne restait plus qu'à le battre ; Bonaparte venait d'écrire son nom à côté de ceux d'Annibal et de Karl-le-Grand.

Le premier consul avait dit vrai. Il avait roulé du sommet des Alpes comme une avalanche : le 2 juin il était devant Milan, où il entrait sans résistance, et dont incontinent il bloquait le fort: le même jour Murat était envoyé à Plaisance et Lannes à Montebello ; tous deux allaient combattre, sans s'en douter encore, l'un pour une couronne, l'autre pour un duché.

Le lendemain de l'entrée de Bonaparte à Milan, un espion qui l'a servi dans ses premières campagnes d'Italie se fait annoncer : le général le reconnait au premier coup d'œil : il est au service des Autrichiens, Mélas l'envoie pour surveiller l'armée française ; mais il veut en finir avec le métier dangereux qu'il exerce, et demande mille louis pour trahir Mélas : en outre, il lui faut quelques renseignements exacts à rapporter à son général.

« Qu'à cela ne tienne, dit le premier consul, peu m'importe que l'on connaisse mes forces et ma position, pourvu que je connaisse les forces et la position de mon ennemi : dis-moi quelque chose qui en vaille la peine, et les mille louis sont à toi. »

Alors l'espion lui dit le nombre des corps, leur force, leur emplacement, les noms des généraux, leur valeur, leur caractère ; — le premier consul suit sa parole sur la carte qu'il crible d'épingles ; — au reste, Alexandrie n'est pas approvisionnée, Mélas est loin de s'attendre à un siége, il a beaucoup de malades et manque de médicaments. En échange, Berthier remet à l'espion une note à peu près exacte sur la situation de l'armée française. Le premier consul voit clair dans la position de Mélas, comme si le génie des batailles l'avait fait planer au-dessus des plaines de la Scrivia.

Le 8 juin, dans la nuit, un courrier arrive de Plaisance ; c'est Murat qui l'envoie. Il est porteur d'une lettre interceptée. La dépêche est de Mélas ; elle est adressée au conseil aulique de Vienne ; elle annonce la capitulation de Gênes, qui a eu lieu le 4 : après avoir mangé jusqu'aux selles de ses chevaux, Masséna a été forcé de se rendre.

On réveille Bonaparte au milieu de la nuit, en vertu de son précepte — *Laissez-moi dormir pour les bonnes nouvelles, réveillez-moi pour les mauvaises.* — « Bah, vous ne savez pas l'allemand, » dit-il d'abord à son secrétaire ; puis, forcé de reconnaître que celui-ci a dit la vérité, il se lève, passe le reste de la nuit à donner des ordres et à envoyer des courriers, et à huit heures du matin tout est prêt pour parer aux conséquences probables de cet événement inattendu.

Le même jour le quartier général est transporté à Stradella, où il reste jusqu'au 12 et où Desaix le rejoint le 11. Le 13, en marchant sur la Scrivia, le premier consul traverse le champ de bataille de Montebello, et trouve les églises encore pleines de morts et de blessés.

« Diable ! dit-il à Lannes, qui lui sert de cicérone, il paraît que l'affaire a été chaude.

— « Je crois bien, répond celui-ci, les os craquaient dans ma division comme la grêle qui tombe sur les vitrages. »

Enfin, le 13 au soir, le premier consul arrive à Torre di Galifolo. Quoiqu'il soit tard et qu'il soit écrasé de fatigue, il ne veut point se mettre au lit qu'on ne se soit assuré si les Autrichiens ont un pont sur la Bormida. A une heure du matin l'officier chargé de cette mission revient et répond qu'il n'en existe pas. Cet avis tranquillise le premier consul ; il se fait rendre un dernier compte de la position des troupes, et se couche, ne croyant pas à un engagement pour le lendemain.

Nos troupes occupaient les positions suivantes :

La division Gardanne et la division Chambarliac, formant le corps d'armée du général Victor, étaient campées à la cassine de Pedra-Bona, en avant de Marengo, et à distance égale du village et de la rivière.

Le corps du général Lannes s'était porté en avant du village de San Giuliano, à droite de la grande route de Tortone, à six cents toises à peu près du village de Marengo.

La garde des consuls était placée en réserve derrière les troupes du général Lannes, à une distance de cinq cents toises environ.

La brigade de cavalerie aux ordres du général Kellermann, et quelques escadrons de hussards et de chasseurs, formaient la gauche, et remplissaient sur la première ligne les intervalles des divisions Gardanne et Chambarliac.

Une seconde brigade de cavalerie, commandée par le général Champeaux, formait la droite et remplissait sur la seconde ligne les intervalles de l'infanterie du général Lannes.

Enfin le 12ᵉ régiment de hussards et le 21ᵉ régiment de chasseurs, détachés par Murat, sous les ordres du général Rivaud, occupaient le débouché de Sale, village situé à l'extrême droite de la position générale.

Tous ces corps, réunis et échelonnés obliquement, la gauche en avant, formaient un effectif de dix-huit ou dix-neuf mille hommes d'infanterie et de deux mille cinq cents chevaux, auxquels devaient se joindre dans la journée du lendemain les divisions Mounier et Boudet, qui, d'après les ordres du général Desaix, occupaient en arrière, et à dix lieues à peu près de Marengo, les villages d'Acqui et de Castel-Novo.

De son côté, pendant la journée du 13, le général Mélas avait achevé de réunir les troupes des généraux Haddik, Kaim et Ott. Le même jour il avait passé le Tanaro, et était venu bivouaquer en avant d'Alexandrie avec trente-six mille hommes d'infanterie, sept mille de cavalerie, et une artillerie nombreuse, bien servie et bien attelée.

A cinq heures, Bonaparte fut réveillé par le bruit du canon.

Au même instant, et comme il achevait de s'habiller, un aide-de-camp du général Lannes accourt à grande course de cheval, et lui annonce que l'ennemi a passé la Bormida, qu'il a débouché dans la plaine, et que l'on se bat.

L'officier d'état-major ne s'était pas assez avancé : il y avait un pont sur la rivière.

Bonaparte monte aussitôt à cheval, et se rend en toute hâte sur le point où la bataille est engagée.

Il y trouve l'ennemi formé sur trois colonnes : l'une, celle de gauche, composée de toute la cavalerie et de l'infanterie légère, se dirige vers Castel-Ceriolo par le chemin de Sale, tandis que les colonnes du centre et de la droite, appuyées l'une à l'autre, et composées des corps d'infanterie des généraux Haddik, Kaim, O'Reilly, et de la réserve des grenadiers aux ordres du général Ott, s'avancent par la route de Tortone et par le chemin de Fragarolo en remontant la Bormida.

Aux premiers pas que ces deux colonnes avaient faits, elles étaient venues se heurter aux troupes du général Gardanne, postées, comme nous l'avons dit, à la ferme et sur le ravin de Pedra-Bona. C'était le bruit de la nombreuse artillerie qui marchait devant elles, et à la suite de laquelle elles déployaient des bataillons trois fois supérieurs en nombre à ceux qu'elles attaquaient, qui avait réveillé Bonaparte, et qui attirait le lion sur le champ de bataille.

Il arrivait au moment où la division Gardanne, écrasée, commençait à se replier, et où le général Victor faisait avancer à son secours la division Chambarliac. Protégées par ce mouvement, les troupes de Gardanne opèrent leur retraite en bon ordre, et viennent couvrir le village de Marengo.

Alors les troupes autrichiennes cessent de marcher en colonne, et, profitant du terrain qui s'élargit devant elles, se déploient en lignes parallèles, mais numériquement bien supérieures à celles des généraux Gardanne et Chambarliac. La première de ces lignes était commandée par le général Haddik, la seconde par le général Mélas en personne, tandis que le corps de grenadiers du général Ott se formait un peu en arrière, à la droite du village de Castel-Ceriolo.

Un ravin, creusé comme un retranchement, formait un demi-cercle autour du village de Marengo. Le général Victor y établit en ligne les divisions Gardanne et Chambarliac, qui vont être attaquées une seconde fois. Elles sont à peine rangées en bataille que Bonaparte leur fait donner l'ordre de défendre Marengo le plus long-temps possible; le général en chef avait compris que la bataille devait porter le nom de ce village.

Au bout d'un instant, l'action s'engage de nouveau sur tout le front de la ligne, des tirailleurs se fusillent de chaque côté du ravin, et le canon gronde, se renvoyant la mitraille à portée de pistolet. Protégé par cette artillerie terrible, l'ennemi, supérieur en nombre, n'a qu'à s'étendre pour nous déborder. Le général Rivaud, qui commande l'extrême droite de la brigade Gardanne, se porte alors en avant, place hors du village, sous le feu le plus ardent de l'ennemi, un bataillon en rase campagne, et lui ordonne de se faire tuer sans reculer d'un pas : c'est un point de mire pour l'artillerie autrichienne dont chaque boulet porte; mais pendant ce temps le général Rivaud forme sa cavalerie en colonne, tourne le bataillon protecteur, tombe sur trois mille Autrichiens qui s'avancent au pas de charge, les repousse, et, tout blessé qu'il est par un biscaïen, les force, après les avoir mis en désordre, à aller se reformer derrière leur ligne; puis il vient se remettre en bataille à la droite du bataillon, qui est resté ferme comme une muraille.

En ce moment, la division du général Gardanne, sur laquelle s'épuise depuis le matin tout le feu de l'ennemi, est rejetée dans Marengo où la première ligne des Autrichiens la suit, tandis que la seconde ligne empêche la division Chambarliac et la brigade Rivaud de lui porter du secours : d'ailleurs, repoussées elles-mêmes, elles sont bientôt forcées de battre en retraite de chaque côté du village. Derrière lui elles se rejoignent : le général Victor les reforme, et, leur rappelant l'importance que le premier consul attache à la possession de Marengo, il se met à leur tête, pénètre à son tour dans les rues que les Autrichiens n'ont pas eu le temps de barricader, reprend le village, le reperd, le reprend une fois encore, puis enfin, écrasé sous la supériorité du nombre, il est forcé de l'abandonner une dernière fois, et, appuyé par les deux divisions de Lannes qui arrive à son secours, il reforme sa ligne parallèlement à l'ennemi qui, à son tour, débouche de Marengo et se développe, présentant un immense front de bataille. Aussitôt Lannes, voyant les deux divisions du général Victor ralliées et prêtes à soutenir de nouveau le combat, s'étend sur la droite, au moment où les Autrichiens vont nous déborder. Cette manœuvre le met en face des troupes du général Kaim, qui viennent d'emporter Marengo : les deux corps, l'un exalté par son commencement de victoire, l'autre tout frais de son repos, se heurtent avec rage, et le combat, un instant interrompu par la double manœuvre des deux armées, recommence sur toute la ligne, plus acharné que jamais.

Après une lutte d'une heure, pied à pied, baïonnette à baïonnette, le corps d'armée du général Kaim plie et recule : le général Champeaux, à la tête des 1ᵉʳ et 8ᵉ régiments de dragons, charge sur lui et augmente son désordre; le général Watrin, avec le 6ᵉ léger, les 22ᵉ et 40ᵉ de ligne, se met à leur poursuite, et les rejette à près de mille toises derrière le ruisseau de la Barbotta. Mais le mouvement qu'il vient de faire l'a séparé de son corps d'armée, les divisions du général Victor vont se trouver compromises par sa victoire même, et il est obligé de revenir prendre le poste qu'il a laissé un instant découvert.

En ce moment Kellermann faisait à l'aile gauche ce que Watrin venait de faire à l'aile droite; deux de ses charges de cavalerie avaient percé à jour la ligne ennemie; mais après la première ligne il en avait trouvé une seconde, et n'osant s'engager, à cause de la supériorité du nombre, il avait perdu le fruit de cette victoire momentanée.

A midi, cette ligne, qui ondulait comme un serpent de flamme sur une longueur de près d'une lieue, fut enfoncée vers son centre, après avoir fait tout ce qu'il était humainement possible de faire, et se mit en retraite, non pas vaincue, mais foudroyée par le feu de l'artillerie, et écrasée par le choc des masses. Le corps, en reculant, découvrait les ailes : les ailes furent donc forcées de suivre le mouvement rétrograde du centre, et le général Watrin, d'un côté, le général Kellermann, de l'autre, donnèrent l'ordre à leurs divisions de reculer.

La retraite se fit aussitôt par échiquier, sous le feu de quatre-vingts pièces d'artillerie qui précédaient la marche des bataillons autrichiens. Pendant deux lieues, l'armée tout entière, sillonnée par les boulets, décimée par la mitraille, broyée par les obus, recula sans qu'un seul homme quittât son rang pour fuir, exécutant les divers mouvements commandés par le premier consul avec la régularité et le sang-froid d'une parade. En ce moment la première colonne autrichienne qui, ainsi que nous l'avons dit, s'était dirigée sur Castel-Ceriolo et n'avait point encore donné, parut, débordant notre droite. C'eût été trop d'un pareil renfort, Bonaparte se décida à utiliser la garde consulaire qu'il avait gardée en réserve avec deux régiments de grenadiers. Il la fit avancer à trois cents toises de l'extrême droite, lui ordonna de se former en carré, et d'arrêter Elsnitz et sa colonne, *comme une redoute de granit.*

Le général Elsnitz fit alors la faute dans laquelle Bonaparte avait espéré qu'il tomberait. Au lieu de négliger ces neuf cents hommes, qui n'étaient pas à craindre sur les derrières d'une armée victorieuse, et de passer outre pour venir en aide aux généraux Mélas et Kaim, il s'acharna après ces quelques braves, qui usaient toutes leurs cartouches presqu'à bout portant, sans être entamés, et qui, lorsqu'ils n'eurent plus de munitions, reçurent l'ennemi sur la pointe de leurs baïonnettes.

Cependant, cette poignée d'hommes ne pouvait tenir long-temps ainsi, et Bonaparte allait leur faire donner l'ordre de suivre le mouvement rétrograde du reste de l'armée, lorsque l'une des divisions de Desaix, celle du général Mounier, apparut sur le derrière de la ligne française. Bonaparte frémit de joie, c'était la moitié de ce qu'il attendait. Aussitôt il échange quelques paroles avec le général Dupont, chef de l'état-major; le général Dupont s'élance au-devant d'elle, en prend le commandement, se trouve un instant enveloppé par la cavalerie du général Elsnitz, passe à travers ses rangs, va heurter d'une atteinte terrible la division du général Kaim qui commençait à entamer le général Lannes, pousse l'ennemi jusqu'au village de Castel-Ceriolo, y jette une de ses brigades aux ordres du général Carra Saint-Cyr, qui en débusque les chasseurs tyroliens et les chasseurs du loup, pris à l'improviste par cette brusque attaque, lui ordonne, au nom du premier consul, de se faire tuer là avec tous ses hommes plutôt que de reculer, puis, dégageant au retour le bataillon de la garde consulaire et les deux régiments de grenadiers qui ont fait aux yeux de toute l'armée une si belle défense, il se joint au mouvement rétrograde qui continue de s'opérer avec le même ordre et la même précision.

Il était trois heures du soir. Des dix-neuf mille hommes qui avaient commencé à cinq heures du matin la bataille, il restait à peine, sur un rayon de deux lieues, huit mille hommes d'infanterie, mille chevaux et six pièces de canon en état de faire feu : un quart de l'armée était hors de combat, et plus de l'autre quart, par le défaut de voitures, était occupé à transporter les blessés que Bonaparte avait donné l'ordre d'abandonner. Tout reculait, à l'exception du général Carra Saint-Cyr, qui, isolé dans le village de Castel-Ceriolo, se trouvait déjà à plus d'une lieue du corps d'armée : une demi-heure encore, et il était évident pour tous que la retraite allait se changer en déroute, lorsqu'un aide de camp, envoyé au-devant de la division Desaix, sur laquelle reposent à cette heure non-seulement la fortune de la journée, mais les destinées de la France, arrive ventre à terre, annonçant que la tête de ses colonnes paraît à la hauteur de San Giuliano. Bonaparte se retourne, aperçoit la poussière qui annonce son arrivée, jette un dernier coup d'œil sur toute la ligne, et crie — halte!

Le mot électrique court sur le front de bataille : tout s'arrête.

En ce moment Desaix arrive, devançant d'un quart d'heure sa division : Bonaparte lui montre la plaine jonchée de morts et lui demande ce qu'il pense de la bataille. Desaix embrasse tout d'un coup d'œil : « Je pense qu'elle est perdue, » dit-il : puis tirant sa montre; « mais il n'est que trois heures et nous avons encore le temps d'en gagner une autre.

— C'est mon avis, répond laconiquement Bonaparte, et j'ai manœuvré pour cela. »

En effet, ici va commencer le second acte de la journée, ou plutôt la seconde bataille de Marengo, comme Desaix l'a appelée.

Bonaparte passe sur le front de la ligne, qui a pivoté en arrière, et qui s'étend maintenant de San Giuliano à Castel-Ceriolo :

« Camarades, s'écrie-t-il au milieu des boulets qui soulèvent la terre sous les jambes de son cheval, c'est avoir trop fait de pas en arrière, le moment est venu de marcher en avant : souvenez-vous que mon habitude est de coucher sur le champ de bataille. »

Les cris de vive Bonaparte! vive le premier consul! s'élèvent de tous côtés, et s'éteignent dans le bruit des tambours qui battent la charge.

Les différents corps d'armée étaient alors échelonnés dans l'ordre suivant :

Le général Carra Saint-Cyr occupait toujours, malgré les efforts que l'ennemi avait faits pour le reprendre, le village de Castel-Ceriolo, pivot de toute l'armée. Après lui venaient :

La seconde brigade de la division Mounier et les grenadiers et la garde consulaire, qui, pendant deux heures, avaient tenu seuls contre le corps d'armée tout entier du général Elsnitz :

Puis les deux divisions de Lannes :

Puis la division Boudet, qui n'avait pas encore combattu, et à la tête de laquelle se trouvait le général Desaix, qui disait en riant qu'il lui arriverait malheur, les boulets autrichiens ne le connaissant plus depuis deux ans qu'il était en Égypte :

Enfin les deux divisions Gardanne et Chambarliac, les plus maltraitées de toute la journée, et dont il restait à peine quinze cents hommes.

Toutes ces divisions étaient placées diagonalement en arrière les unes des autres.

La cavalerie se tenait sur la seconde ligne, prête à charger entre les intervalles des corps ; la brigade du général Champeaux s'appuyait à la route de Tortone ; celle du général Kellermann était au centre, entre le corps de Lannes et la division Boudet.

Les Autrichiens, qui n'ont pas vu les renforts qui nous sont arrivés, et qui croient la journée à eux, continuent d'avancer en bon ordre. Une colonne de cinq mille grenadiers, commandée par le général Zach, débouche par la grande route, et marche au pas de charge sur la division Boudet, qui couvre San Giuliano. Bonaparte fait mettre en batterie quinze pièces de canon qui viennent d'arriver et que masque la division Boudet : puis, par un même cri poussé sur une étendue d'une lieue, il ordonne à toute la ligne de marcher en avant : c'est l'ordre général ; voici les ordres particuliers :

Carra Saint-Cyr quittera le village de Castel-Ceriolo, renversera ce qui voudra s'opposer à lui, et s'emparera des ponts sur la Bormida pour couper la retraite aux Autrichiens ; le général Marmont démasquera l'artillerie lorsqu'on ne sera plus qu'à portée de pistolet de l'ennemi ; Kellermann, avec sa grosse cavalerie, fera dans la ligne opposée une de ces trouées qu'il sait si bien faire ; Desaix, avec ses troupes fraîches, anéantira la colonne de grenadiers du général Zach ; enfin Champeaux, avec sa cavalerie légère, donnera aussitôt que les prétendus vainqueurs battront en retraite.

Les ordres sont suivis aussitôt que donnés : nos troupes, d'un seul mouvement, ont repris l'offensive ; sur toute la ligne la fusillade éclate et le canon gronde, le terrible pas de charge se fait entendre, accompagné de la Marseillaise ; chaque chef, parvenu sur le revers du défilé, est prêt à entrer en plaine, la batterie démasquée par Marmont vomit le feu, Kellermann s'élance avec ses cuirassiers et traverse les deux lignes, Desaix saute les fossés, franchit les haies, arrive sur une petite éminence, et tombe au moment où il se retourne pour voir si sa division le suit. Sa mort, au lieu de diminuer l'ardeur de ses soldats, la double ; le général Boudet le remplace, s'élance sur la colonne de grenadiers, qui le reçoit à la baïonnette. En ce moment Kellermann, qui, comme nous l'avons dit, a déjà traversé les deux lignes, se retourne, voit la division Boudet aux prises avec cette masse immobile qu'elle ne peut faire reculer, la charge en flanc, pénètre dans son intervalle, l'ouvre, l'écartèle, la brise : en moins d'une demi-heure les cinq mille grenadiers sont enfoncés, culbutés, dispersés ; ils disparaissent comme une fumée, foudroyés, anéantis; le général Zach et son état-major sont faits prisonniers, c'est tout ce qu'il en reste.

Alors l'ennemi à son tour veut faire donner son immense cavalerie, mais le feu continuel de la mousqueterie, la mitraille dévorante et la terrible baïonnette l'arrêtent court. Murat manœuvre sur ses flancs avec deux pièces d'artillerie légère et un obusier qui lui envoient la mort en courant. En ce moment un caisson saute dans les rangs autrichiens et augmente le désordre; c'est ce qu'attend le général Champeaux avec sa cavalerie : il s'élance, cache son petit nombre par une manœuvre habile, et pénètre au plus profond des ennemis : les divisions Gardanne et Chambarliac, qui ont leur retraite de toute la journée sur le cœur, tombent sur eux avec toute l'ardeur de la vengeance : Lannes se met à la tête de ses deux corps d'armée, et les devance, en criant : Montebello! Montebello! Bonaparte est partout.

Alors tout plie, tout recule, tout se débande : les généraux autrichiens veulent vainement soutenir la retraite, la retraite se change en déroute, les divisions françaises franchissent en une demi-heure la plaine qu'elles ont défendue pied à pied pendant quatre heures : l'ennemi ne s'arrête qu'à Marengo, où il se reforme sous le feu des tirailleurs que le général Carra Saint-Cyr a jetés depuis Castel-Ceriolo jusqu'au ruisseau de la Barbotta. Mais la division Boudet, les divisions Gardanne et Chambarliac le poursuivent à son tour de rue en rue, de place en place, de maison en maison : Marengo est emporté, les Autrichiens se retirent vers la position de Pedra-Bona, où ils sont attaqués, d'un côté par les trois divisions acharnées après eux, et de l'autre par la demi-brigade de Carra Saint-Cyr. A neuf heures du soir la Pedra-Bona est emportée, et les divisions Gardanne et Chambarliac ont repris leur poste du matin. L'ennemi se précipite vers les ponts pour passer la Bormida; il y trouve Carra Saint-Cyr, qui l'y a précédé : alors il cherche des gués, traverse la rivière sous le feu de toute notre ligne, qui ne s'éteint qu'à dix heures du soir : les débris de l'armée autrichienne regagnent leur camp d'Alexandrie, l'armée française bivouaque devant les retranchements de la tête du pont.

La journée avait coûté aux Autrichiens quatre mille cinq cents morts, huit mille blessés, sept mille prisonniers, douze drapeaux et trente pièces d'artillerie.

Jamais peut-être la fortune ne s'était montrée dans la même journée sous deux faces si diverses : à deux heures de l'après-midi, c'était une défaite et ses désastreuses conséquences; à cinq heures, c'était la victoire redevenue fidèle au drapeau d'Arcole et de Lodi; à dix heures, c'était l'Italie reconquise d'un seul coup, et le trône de France en perspective.

Le lendemain matin le prince de Lichtenstein se présenta aux avant-postes : il apportait au premier consul les propositions du général Mélas. Elles ne convenaient pas à Bonaparte, qui lui dicta les siennes, qu'il remporta en échange. L'armée du général Mélas devait sortir libre, et avec les honneurs de la guerre, d'Alexandrie, mais aux conditions que tout le monde connait, et qui remettaient l'Italie tout entière sous la domination française.

Le prince de Lichtenstein revint le soir ; les conditions avaient paru dures à Mélas, qui, à trois heures, regardant la journée comme gagnée, avait abandonné le reste de notre défaite aux généraux, et était revenu se reposer à Alexandrie : mais aux premières observations que fit l'envoyé, Bonaparte l'interrompit.

« Monsieur, lui dit-il, je vous ai dit mes dernières volontés, portez-les à votre général, et revenez promptement, car elles sont irrévocables ; songez que je connais votre situation aussi bien que vous, je ne fais pas la guerre depuis hier ; vous êtes bloqués dans Alexandrie, vous avez beaucoup de blessés et de malades, vous manquez de vivres et de médicaments, j'occupe tous vos derrières, vous avez perdu, en tués ou en blessés, l'élite de votre armée ; je pourrais exiger davantage, et ma position m'y autorise, mais je modère mes prétentions par respect pour les cheveux blancs de votre général.

— » Ces conditions sont dures, monsieur, répondit le prince, surtout celle de rendre Gênes, qui a succombé il y a quelques jours à peine, après un si long siége.

— » Que ce ne soit pas cela qui vous inquiète, reprit le premier consul en montrant au prince la lettre interceptée, votre empereur n'a pas su la prise de Gênes, et il n'y aura qu'à ne pas la lui dire. »

Le même soir, toutes les conditions imposées par le premier consul étaient acceptées, et Bonaparte écrivait à ses collègues :

« Le lendemain de la bataille de Marengo, citoyens consuls, le général Mélas a fait demander aux avant-postes qu'il lui fût permis de m'envoyer le général Skal : on a arrêté dans la journée la convention que vous trouvez ci-jointe. Elle a été signée dans la nuit par le général Berthier et le général Mélas. J'espère que le peuple français sera content de son armée.

» Bonaparte. »

Ainsi se trouva accomplie la prédiction que le premier consul avait faite à son secrétaire, quatre mois auparavant, dans le cabinet des Tuileries.

Bonaparte revint à Milan, où il trouva la ville illuminée et dans la joie la plus vive. Masséna, qu'il n'avait pas vu depuis la campagne d'Égypte, l'y attendait, et reçut le commandement de l'armée d'Italie, en récompense de sa belle défense de Gênes.

Le premier consul revint à Paris au milieu des acclamations des peuples. Son entrée dans la capitale eut lieu le soir ; mais, lorsque, le lendemain, les Parisiens apprirent son retour, ils se portèrent en masse aux Tuileries avec de tels cris et un si grand enthousiasme que le jeune vainqueur de Marengo fut forcé de se montrer sur le balcon.

Quelques jours après, une nouvelle affreuse vint attrister la joie publique. Kléber était tombé au Caire, sous le poignard de Soliman el-Alebi, le même jour où Desaix tombait dans les plaines de Marengo sous les balles des Autrichiens.

La convention signée par Berthier et le général Mélas, dans la nuit qui suivit la bataille, avait amené un armistice conclu le 5 juillet, rompu le 5 septembre, et renouvelé après le gain de la bataille de Hohenlinden.

Pendant ce temps les conspirations marchaient. Ceracchi, Arena, Topino-Lebrun et Démerville avaient été arrêtés à l'Opéra, où ils s'approchaient du premier consul pour l'assassiner. La machine infernale avait éclaté, rue Saint-Nicaise, vingt-cinq pas derrière sa voiture, et Louis XVIII écrivait à Bonaparte lettres sur lettres pour qu'il lui rendît son trône [1].

---

[1] Une première lettre, datée du 20 février 1800, était ainsi conçue : « Quelle que soit leur conduite apparente, des hommes tels que vous, monsieur, n'inspirent jamais d'inquiétude. Vous avez accepté une place éminente, et je vous en sais gré. Mieux que personne vous savez ce qu'il faut de force et de puissance pour faire le bonheur d'une grande nation. Sauvez la France de ses propres fureurs, vous aurez rempli le vœu de mon cœur ; rendez-lui son roi, et les générations futures béniront votre mémoire. Vous serez toujours trop nécessaire à l'État pour que je puisse acquitter, par des places importantes, la dette de mon aïeul et la mienne. *Signé* Louis. » Cette lettre, étant demeurée sans réponse, fut suivie d'une autre que voici : « Depuis longtemps, général, vous devez savoir que mon estime vous est acquise. Si vous doutiez de la fusse susceptible de reconnaissance, marquez votre place, fixez le sort de vos amis. Quant à mes principes, je suis Français. Clément par caractère, je le serais encore par raison. — Non, le vainqueur de Lodi, de Castiglione, d'Arcole, le conquérant de l'Italie et de l'Égypte, ne peut pas préférer à la gloire une vaine célébrité. Cependant vous perdez un temps précieux. Nous pouvons assurer la gloire de la France. Je dis *nous*, parce que j'ai besoin de Bonaparte pour cela, et qu'il ne le pourrait sans moi. — Général, l'Europe vous observe, la gloire vous attend, et je suis impatient de rendre la paix à mon peuple. *Signé* Louis. » Bonaparte répondit, le 24 septembre suivant : « J'ai reçu, monsieur, votre lettre. Je vous remercie des choses honnêtes que vous m'y dites. — Vous ne devez pas souhaiter votre retour en France, il vous faudrait marcher sur cent mille cadavres. — Sacrifiez votre intérêt au repos et au bonheur de la France. L'histoire vous en tiendra compte. — Je ne suis point insensible aux malheurs de votre famille, et j'apprendrai avec plaisir que vous êtes environné de tout ce qui peut contribuer à la tranquillité de votre retraite. *Signé* Bonaparte. »

Rappelons ici, pour compléter l'histoire de ces négociations, la fameuse lettre par laquelle, trois ans plus tard, Louis XVIII maintenait ses prétentions au trône de France : « Je ne confonds point monsieur Bonaparte avec ceux qui l'ont précédé ; j'estime sa valeur, ses talents militaires; je lui sais gré de plusieurs actes d'administration, car le bien qu'on fera à mon peuple me sera toujours cher. Mais il se trompe s'il croit m'engager à transiger sur mes droits : loin de là, il les établirait lui-même, s'ils pouvaient être litigieux, par la démarche qu'il fait en ce moment. J'ignore quels sont les desseins de Dieu sur ma race et sur moi, mais je connais les obligations qu'il m'a imposées par le rang où il lui a plu me faire naître. Chrétien, je remplirai ces obligations jusqu'à mon dernier soupir; fils de saint Louis, je saurai, à son exemple, me respecter jusque dans les fers; successeur de François Iᵉʳ, je veux du moins pouvoir dire comme lui : « Nous avons tout perdu fors l'honneur. »

Enfin, le 9 février 1801, le traité de Lunéville fut signé; il rappelait toutes les clauses du traité de Campo-Formio, cédait de nouveau à la France tous les États situés sur la rive gauche du Rhin, indiquait l'Adige comme la limite des possessions autrichiennes, forçait l'empereur d'Autriche à reconnaître les républiques cisalpine, batave et helvétique, et enfin abandonnait la Toscane à la France.

La république était en paix avec le monde entier, excepté avec l'Angleterre, sa vieille et éternelle ennemie. Bonaparte résolut de lui imposer par une grande démonstration. Un camp de deux cent mille hommes fut réuni à Boulogne et une immense quantité de bateaux plats, destinés à transporter cette armée, furent rassemblés dans tous les ports du nord de la France. L'Angleterre s'effraya, et le 25 mars 1802 le traité d'Amiens fut signé.

Pendant ce temps, le premier consul marchait insensiblement vers le trône, et Bonaparte se faisait peu à peu Napoléon. Le 15 juillet 1801, il signait un concordat avec le pape; le 21 janvier 1802, il acceptait le titre de Président de la république cisalpine; le 2 août suivant, il était nommé Consul à vie; le 21 mars 1804, il faisait fusiller le duc d'Enghien dans les fossés de Vincennes.

Ce dernier gage donné à la Révolution, cette grande question fut posée à la France :

Napoléon Bonaparte sera-t-il Empereur des Français?

Cinq millions de signatures répondirent affirmativement, et Napoléon monta sur le trône de Louis XVI.

Cependant trois hommes protestaient au nom des lettres, cette éternelle république qui n'a pas de Césars, et ne reconnait pas de Napoléons.

Ces hommes étaient Lemercier, Ducis et Chateaubriand.

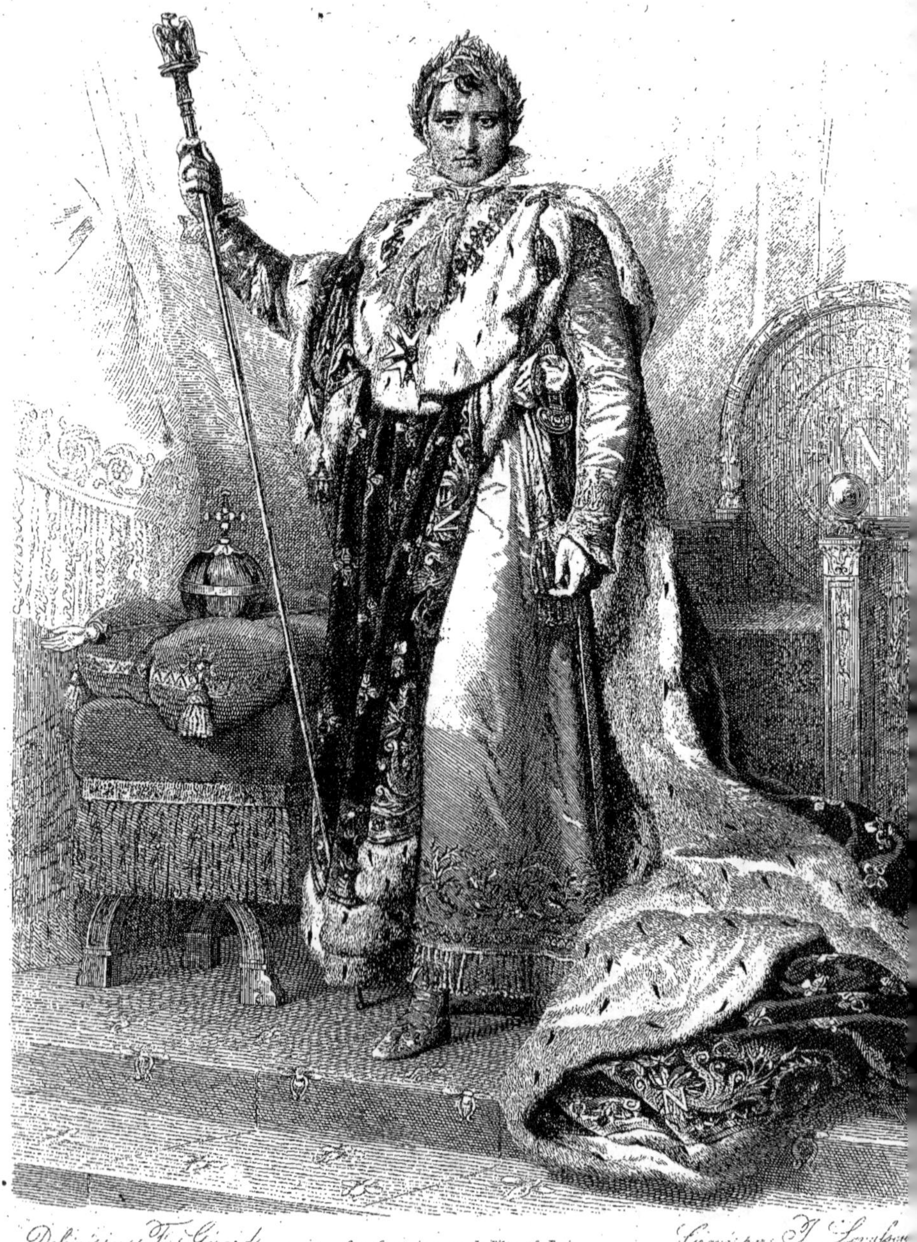

Dessiné par F. Gérard. Geny-Gros. imp. rue du Plâtre 28. Paris. Gravé par J. Serafson

NAPOLÉON EMPEREUR.

NAPOLÉON EMPEREUR.

Les derniers moments du consulat avaient été employés à déblayer les avenues du trône par des supplices ou par des grâces. Une fois arrivé à l'empire, Napoléon s'occupa de le réorganiser.

La noblesse féodale avait disparu, Napoléon créa une noblesse populaire : les différents ordres de chevalerie étaient tombés dans le discrédit, Napoléon institua la Légion-d'Honneur : depuis douze ans, la plus haute distinction militaire était le généralat, Napoléon créa dix-huit maréchaux.

Ces dix-huit maréchaux étaient les compagnons de ses fatigues : la naissance et la faveur ne furent pour rien dans leur nomination. Ils avaient tous pour père le courage et pour mère la victoire. Ces dix-huit élus étaient Berthier, Murat, Moncey, Jourdan, Masséna, Augereau, Soult, Bernadotte, Brune, Lannes, Mortier, Ney, Davoust, Bessières, Kellermann, Lefèvre, Pérignon et Serrurier. Après un intervalle de trente-neuf ans, trois vivent encore, qui ont vu se lever le soleil de la République et se coucher l'astre de l'Empire : le premier est, à l'heure où nous écrivons ces lignes, gouverneur des Invalides, le second, président du conseil des ministres, et le troisième, roi de Suède : seuls et derniers débris de la pléiade impériale, les deux premiers se sont maintenus à leur hauteur et le troisième a grandi encore.

Le 2 décembre 1804 le sacre eut lieu dans l'église de Notre-Dame ; le pape Pie VII était venu exprès de Rome pour poser la couronne sur la tête du nouvel empereur. Napoléon se rendit à l'église métropolitaine escorté par sa garde, traîné dans une voiture à huit chevaux, ayant près de lui Joséphine. Le pape, les cardinaux, les archevêques, les évêques et tous les grands corps de l'État l'attendaient dans la cathédrale, sur le parvis de laquelle il s'arrêta quelques instants pour écouter une harangue et y répondre. La harangue terminée, il entra dans l'église et monta sur un trône préparé pour lui, la couronne en tête et le sceptre à la main.

Au moment désigné dans le cérémonial, un cardinal, le grand-aumônier et un évêque, vinrent le prendre et le conduisirent au pied de l'autel ; le pape alors s'approcha de lui, et, lui faisant une triple onction sur la tête et sur les deux mains, il prononça à haute voix les paroles suivantes :

« Dieu tout-puissant, qui avez établi Hazaël pour gouverner la Syrie et qui avez fait Jéhu roi d'Israël en leur manifestant vos volontés par l'organe du prophète Élie, vous qui avez également répandu l'onction sainte des rois sur la tête de Saül et de David par le ministère du prophète Samuel, répandez par mes mains les trésors de vos grâces et de vos bénédictions sur votre serviteur Napoléon, que malgré notre indignité personnelle nous consacrons aujourd'hui empereur en votre nom. »

Alors le pape remonta lentement et majestueusement sur son trône. On apporta au nouvel empereur les saints Évangiles ; il étendit la main dessus et prêta le serment prescrit par la nouvelle constitution ; puis, aussitôt le serment prêté, le chef des hérauts d'armes cria d'une voix forte :

« Le très-glorieux et très-auguste empereur des Français est couronné et intronisé.

« Vive l'empereur ! »

L'église retentit aussitôt du même cri ; une salve d'artillerie y répondit de sa voix de bronze, et le pape entonna le *Te Deum*.

Tout était fini, à compter de cette heure, avec la république : *la Révolution s'était faite homme.*

Mais ce n'était assez d'une couronne : on eût cru que le géant ayant les cent bras de Géryon en avait aussi les trois têtes. Le 17 mars 1805, M. de Melzi, vice-président de la consulte d'État de la république cisalpine, vint lui offrir d'adjoindre le royaume d'Italie à l'empire français ; et le 26 mai il alla recevoir à Milan, dans le dôme dont Galéas Visconti avait posé la première pierre et dont lui-même devait sculpter les derniers fleurons, la couronne de fer des vieux rois lombards, qui avait été portée par Charlemagne et qu'il posa sur sa tête en disant : « Dieu me l'a donnée, malheur à qui la touche. »

De Milan, où il laisse Eugène avec le titre de vice-roi, Napoléon se rend à Gênes, qui renonce à sa souveraineté, et dont le territoire, réuni à l'Empire, forme les trois départements de Gênes, de Montenotte et des Apennins. La république de Lucques, englobée dans ce partage, devient principauté de Piombino : Napoléon se prépare, en faisant un vice-roi de son beau-fils et une princesse de sa sœur, à faire des rois de ses frères.

Au milieu de toute cette réorganisation des choses détruites, Napoléon apprend que, pour se soustraire à la descente dont elle est menacée, l'Angleterre a décidé de nouveau l'Autriche à faire la guerre à la France. Ce n'est pas tout. Paul Ier, notre chevaleresque allié, a été assassiné ; Alexandre a hérité de la double couronne de pontife et d'empereur. Un de ses premiers actes comme souverain a été de faire, le 11 avril 1805, un traité d'alliance avec le ministère britannique ; et c'est à ce traité, qui soulève l'Europe pour une troisième coalition, que l'Autriche a accédé, le 9 août.

Cette fois encore, ce sont les souverains alliés qui ont forcé l'empereur de déposer le sceptre, et le général de reprendre l'épée. Napoléon se rend au sénat le 23 septembre, obtient une levée de quatre-vingt mille hommes, part le lendemain, passe le Rhin le 1ᵉʳ octobre, entre le 6 en Bavière, délivre Munich le 12, prend Ulm le 20, occupe Vienne le 13 novembre, fait sa jonction avec l'armée d'Italie le 29, et le 2 décembre, anniversaire de son couronnement, il est en face des Russes et des Autrichiens dans les plaines d'Austerlitz.

Dès la veille, Napoléon avait reconnu la faute qu'avaient faite ses ennemis en concentrant toutes leurs forces sur le village d'Austerlitz pour tourner la gauche des Français. Vers le milieu du jour, il était monté à cheval avec les maréchaux Soult, Bernadotte et Bessières, et, parcourant les rangs de l'infanterie et de la cavalerie de la garde qui étaient sous les armes dans la plaine de Schlapanitz, il s'était avancé jusque sur la ligne des tirailleurs de la cavalerie de Murat qui échangeaient quelques coups de carabine avec ceux de l'ennemi. De là il avait observé, au milieu des balles, les mouvements des différentes colonnes; et, illuminé par une de ces révélations subites qui étaient une des facultés de son génie, il avait deviné le plan entier de Kutusoff. Dès ce moment Kutusoff fut battu dans sa pensée, et en rentrant dans la baraque qu'il s'était fait construire au milieu de sa garde, sur un plateau qui dominait toute la plaine, il dit en se retournant et en jetant un dernier regard sur l'ennemi : « Avant demain au soir toute cette armée sera à moi. »

Vers les cinq heures de l'après-midi, la proclamation suivante fut mise à l'ordre de l'armée :

« Soldats,

» L'armée russe se présente devant vous pour venger l'armée autrichienne d'Ulm : ce sont ces mêmes bataillons que vous avez battus à Hollabrünn, et que depuis vous avez constamment poursuivis jusqu'ici. Les positions que nous occupons sont formidables, et pendant qu'ils marcheront pour tourner ma droite, ils me présenteront le flanc.

» Soldats, je dirigerai moi-même vos bataillons. Je me tiendrai loin du feu, si, avec votre bravoure accoutumée, vous portez le désordre et la confusion dans les rangs ennemis; mais si la victoire était un moment indécise, vous verriez votre empereur s'exposer aux premiers coups; car la victoire ne saurait hésiter, dans cette journée surtout où il y va de l'honneur de l'infanterie française, qui importe tant à l'honneur de toute la nation.

» Que sous le prétexte d'emmener les blessés on ne dégarnisse point les rangs, et que chacun soit bien pénétré de cette pensée qu'il faut vaincre ces stipendiés de l'Angleterre, qui sont animés d'une si grande haine contre le nom français.

» Cette victoire finira notre campagne et nous pourrons reprendre nos quartiers d'hiver, où nous serons joints par les diverses armées qui se forment en France, et alors la paix que je ferai sera digne de mon peuple, de vous et de moi. »

La nuit venue, Napoléon voulut visiter les bivouacs et sortit à pied et incognito. Reconnu presque aussitôt, sa présence rappelle à ses soldats que c'est le lendemain l'anniversaire de son couronnement : quelques-uns d'entre eux, à défaut d'illuminations officielles, ont alors l'idée de prendre la paille de leurs lits et d'en faire des fanaux qu'ils placent au bout de leurs fusils : l'exemple est suivi et se communique avec une rapidité électrique ; toute la ligne s'enflamme, quarante mille torches brûlent à la fois, et quatre-vingt mille voix font retentir en même temps l'air du cri de *vive l'empereur !* L'ennemi étonné se réveille, regarde, et assiste, plongé dans la nuit, à cette bruyante promesse que font nos soldats de donner le lendemain à leur empereur un bouquet digne de lui.

En effet, le lendemain arrive et éclaire une de ces journées qui luisent comme un phare dans le passé de l'histoire. Vers huit heures du matin commença cette lutte de géants qui ne se termina qu'à la nuit. A la nuit il ne restait plus, des cent mille hommes que le matin nous avions devant nous, que quelques débris dispersés, chefs sans soldats, soldats sans chefs, essayant de se rallier à Hogieditz, à la voix de leurs deux empereurs vaincus : quarante mille hommes avaient disparu, foudroyés par notre artillerie ou engloutis dans les lacs ; trente mille autres étaient prisonniers avec onze officiers-généraux russes ou autrichiens.. Cent cinquante pièces de canon, quarante-cinq drapeaux, les étendards de la garde russe, les bagages des deux armées étaient en nos mains. Comme Napoléon l'avait dit, un seul coup de tonnerre venait de foudroyer la troisième coalition.

Le surlendemain l'empereur d'Autriche vint en personne redemander cette paix qu'il avait rompue : l'entrevue des deux empereurs eut lieu près d'un moulin, à côté de la grande route et en plein air.

« Sire, dit Napoléon en s'avançant au-devant de François II, je vous reçois dans le seul palais que j'habite depuis deux mois.

» — Vous tirez si bon parti de votre habitation qu'elle doit vous plaire, » répondit celui-ci.

Dans cette entrevue, on convint d'un armistice, et les principales conditions de la paix furent réglées : les Russes, que l'on pouvait écraser jusqu'au dernier, eurent part à la trêve sur la prière de l'empereur François et sur la simple parole de l'empereur Alexandre qu'il évacuerait l'Allemagne et la Pologne autrichienne et prussienne. La convention fut suivie, et il se retira par journées d'étape.

La victoire d'Austerlitz fut à l'empire ce que celle de Marengo avait été au consulat : la sanction du passé, la puissance de l'avenir. Le roi Ferdinand de Naples, avant violé pendant la dernière guerre le traité de paix avec la France, fut déclaré déchu de la royauté des Deux-Siciles, que Joseph reçut à sa place. La république Batave, érigée en royaume, fut donnée à Louis : Murat reçut le grand-duché de Berg : le maréchal Berthier fut fait prince de Neufchâtel, et M. de Talleyrand prince de Bénévent : la Dalmatie, l'Istrie, le Frioul, Cadore, Conegliano, Bellune, Trévise, Feltre, Bassano, Vicence, Padoue et Rovigo devinrent des duchés; et le grand empire, avec ses royaumes secondaires, ses fiefs, sa confédération du Rhin et sa médiation suisse, fut taillé en moins de deux années sur celui de Charlemagne.

Ce n'était plus un sceptre que Napoléon avait dans sa main, c'était un globe.

La paix de Presbourg dura un an à peu près. Pendant cette année, Napoléon fonda l'Université impériale et fit promulguer l'ensemble du Code de procédure civile. Interrompu au milieu de ces travaux administratifs par l'attitude hostile de la Prusse, dont la neutralité pendant les dernières guerres avait laissé les forces intactes, Napoléon est bientôt obligé de faire face à une quatrième coalition. La reine Louise a rappelé à l'empereur Alexandre qu'ils ont juré sur le tombeau du grand Frédéric une alliance indissoluble contre la France, l'empereur Alexandre oublie son second serment pour ne se souvenir que du premier; et Napoléon reçoit l'ordre, sous peine de guerre, de faire repasser le Rhin à ses soldats.

Napoléon fait venir Berthier et lui montre l'ultimatum de la Prusse.

« On nous donne un rendez-vous d'honneur, lui dit-il, un Français n'y a jamais manqué; et puisqu'une belle reine veut être témoin du combat, soyons courtois, et pour ne pas la faire attendre, marchons sans nous coucher jusqu'en Saxe. »

Et cette fois, par galanterie, il renouvelle et dépasse en rapidité la campagne d'Austerlitz. Commencée le 7 octobre 1806, par les corps de Murat, de Bernadotte et de Davoust, celle-ci se continue les jours suivants par les combats d'Austaëd, de Schelitz, de Saalfeeld, et se termine le 14 par la bataille d'Iéna. Le 16, quatorze mille Prussiens mettent bas les armes à Erfurth; le 25, l'armée française fait son entrée à Berlin. Sept jours ont livré la monarchie de Frédéric à ce grand faiseur et défaiseur de trônes, qui a donné des rois à la Bavière, au Wurtemberg et à la Hollande, qui a chassé les Bourbons de Naples et la maison de Lorraine de l'Italie et de l'Allemagne.

Pendant que le roi de Prusse, en vertu de l'armistice signé le 16 novembre, livre aux Français toutes les places qui lui restent, Napoléon fait halte, et se retourne vers l'Angleterre, qu'il frappe d'un décret à défaut d'autres armes. La Grande-Bretagne est déclarée en état de blocus; tout commerce et toute correspondance avec les îles britanniques sont interdits, aucune lettre en langue anglaise n'a plus cours à la poste; tout sujet du roi

Georges, de quelque état et de quelque condition qu'il soit, trouvé en France ou dans les pays occupés par nos troupes et par celles de nos alliés, est déclaré prisonnier ; tout magasin, toute propriété, toute marchandise, appartenant à un Anglais, sont reconnus de bonne prise ; le commerce des marchandises appartenant à l'Angleterre, ou provenant de ses fabriques ou colonies, est prohibé ; enfin, aucun bâtiment venant d'Angleterre ou des colonies anglaises ne sera reçu dans aucun port.

Puis, quand il a ainsi, pontife politique et suprême, frappé d'interdit un royaume tout entier, il nomme le général Hullin gouverneur de Berlin, conserve au prince d'Hazfeld son commandement civil, et marche au-devant des Russes, qui, comme à Austerlitz, accourent au secours de leurs alliés, et qui, comme à Austerlitz, arrivent quand ils sont anéantis. Napoléon ne prend que le temps d'envoyer à Paris, où ils sont déposés à l'Hôtel des Invalides, l'épée du grand Frédéric, son cordon de l'aigle noire, sa ceinture de général et les drapeaux que portait sa garde dans la fameuse guerre de sept ans ; et, quittant Berlin le 25 novembre, il marche au-devant de l'ennemi.

En avant de Varsovie, Murat, Davoust et Lannes rencontrent les Russes. Après un léger engagement, Benigsen évacue la capitale de la Pologne, et les Français y font leur entrée ; le peuple polonais se soulève tout en faveur des Français, offre sa fortune, son sang, sa vie, et ne demande en retour que son indépendance. Napoléon apprend ce premier succès à Posen, où il s'est arrêté pour faire un roi : ce roi est le vieil électeur de Saxe, dont il affermit la couronne.

L'année 1806 se termina par les combats de Pultusk et de Golymin, et l'année 1807 s'ouvrit par la bataille d'Eylau. Bataille étrange et sans résultat, dans laquelle les Russes perdirent huit mille hommes et les Français dix mille, où chacun des deux partis s'attribua la victoire, et où le tzar fit chanter un *Te Deum* pour avoir laissé entre nos mains quinze mille prisonniers, quarante pièces de canon et sept drapeaux. Mais aussi, c'était la première fois qu'il y avait lutte réelle entre lui et Napoléon : il avait résisté, donc il était vainqueur.

Ce mouvement d'orgueil fut court. Le 26 mai, Dantzig est pris ; quelques jours après, les Russes sont battus à Spanden, à Domitten, à Altkirchen, à Wolfesdorff, à Guustadt, à Heilsberg. Enfin, le 13 juin au soir, les deux armées se trouvent en bataille devant Friedland. Le lendemain matin, quelques coups de canon se font entendre, et Napoléon marche à l'ennemi en criant : « Ce jour est une époque heureuse : c'est l'anniversaire de Marengo ! »

Comme à Marengo, en effet, la bataille fut suprême et définitive. Les Russes furent écrasés : Alexandre laissa soixante mille hommes, couchés sur le champ de bataille, noyés dans l'Alle ou prisonniers : cent vingt pièces de canon et vingt-cinq drapeaux furent les trophées de la victoire ; et les débris de l'armée vaincue, n'espérant pas même résister, coururent se mettre à couvert en passant la Prégel et en détruisant tous les ponts.

Malgré cette précaution, les Français passèrent la rivière le 16, et marchèrent aussitôt sur le Niémen, dernière barrière que Napoléon eût à franchir pour porter la guerre sur le territoire même de l'empereur de Russie. Alors le tzar s'effraie, le prestige des séductions britanniques s'évanouit. Il est dans la même position qu'après Austerlitz, sans espoir de recevoir du secours; il prend la résolution de s'humilier une seconde fois. Cette paix, qu'il a refusée si opiniâtrément et dont il pouvait dicter les articles, il vient la demander lui-même, et recevoir les conditions de son vainqueur.

Dans la journée du 24 juin, le général d'artillerie La Riboissière fit établir sur le Niémen un radeau, et sur ce radeau un pavillon destiné à recevoir les deux empereurs : chacun devait s'y rendre de la rive qu'il occupait.

Le 25, à une heure de l'après-midi, l'empereur Napoléon, accompagné du grand-duc de Berg, Murat, des maréchaux Berthier et Bessières, du général Duroc et du grand-écuyer Caulaincourt, quitta la rive gauche du fleuve pour se rendre au pavillon préparé. En même temps, l'empereur Alexandre, accompagné du grand-duc Constantin, du général en chef Benigsen, du prince Labanow, du général Ouwarow et de l'aide-de-camp général comte de Liéven, quitta la rive droite.

Les deux bateaux arrivèrent en même temps. En mettant le pied sur le radeau, les deux empereurs s'embrassèrent.

Cet embrassement était le prélude de la paix de Tilsitt, qui fut signée le 9 juillet 1807.

La Prusse paya les frais de la guerre : les royaumes de Saxe et de Westphalie furent érigés, comme deux forteresses, pour la surveiller : Alexandre et Frédéric-Guillaume reconnurent solennellement Joseph, Louis et Jérôme comme leurs frères. Bonaparte premier consul avait créé des républiques, Napoléon empereur les changeait en fiefs. Héritier des trois dynasties qui avaient régné sur la France, il voulut augmenter encore la succession de Charlemagne; et l'Europe fut forcée de le regarder faire.

Le 27 juillet de la même année, après avoir terminé cette splendide campagne par un trait de clémence, Napoléon était de retour à Paris, n'ayant plus d'ennemie que l'Angleterre, sanglante et blessée il est vrai des défaites de ses alliés, mais toujours constante dans sa haine, mais toujours debout aux deux extrémités du continent, en Suède et en Portugal.

Par le décret de Berlin sur le blocus continental, l'Angleterre avait été mise au ban de l'Europe. Dans les mers du Nord, la Russie et le Danemark, dans l'Océan et dans la Méditerranée, la France, la Hollande et l'Espagne, lui avaient fermé leurs ports, et s'étaient engagés solennellement à ne faire aucun commerce avec elle. Restaient donc seulement, comme nous l'avons dit, la Suède et le Portugal; Napoléon se chargea du Portugal et Alexandre de la Suède. Napoléon décida, par un décret en date du 27 octobre 1807, que la maison de Bragance avait cessé de régner, et Alexandre, le 27 septembre 1808, s'engagea à marcher contre Gustave IV.

Un mois après, les Français étaient à Lisbonne.

L'envahissement du Portugal n'était qu'un acheminement à la conquête de l'Espagne, où régnait Charles IV, tiraillé par deux pouvoirs opposés, le favori Godoy et le prince des Asturies, Ferdinand. Offusqué d'un armement maladroit fait par Godoy, au moment de la guerre de Prusse, Napoléon n'avait jeté qu'un regard sur l'Espagne, regard rapide et inaperçu, mais qui lui avait suffi cependant pour y voir un trône à prendre. Aussi, à peine en possession du Portugal, ses troupes pénétrèrent dans la Péninsule, et, sous prétexte de guerre maritime et de blocus, occupèrent d'abord les côtes, puis les principales places, puis enfin formèrent autour de Madrid un cercle qu'elles n'avaient qu'à resserrer pour être en trois jours maîtresses de la capitale. Sur ces entrefaites, une révolte éclata contre le ministre, et le prince des Asturies fut proclamé roi, sous le nom de Ferdinand VII, à la place de son père : c'était tout ce que demandait Napoléon.

Aussitôt les Français entrent à Madrid; l'empereur accourt à Bayonne, appelle à lui les princes espagnols, force Ferdinand VII à rendre la couronne à son père et l'envoie prisonnier à Valençay. Bientôt le vieux Charles IV abdique en faveur de Napoléon et se retire à Compiègne : la couronne de Charles-Quint est décernée à Joseph par une junte suprême, par le conseil de Castille et par la municipalité de Madrid. Le trône de Naples est vacant par cette mutation : Napoléon y nomme Murat. Il y a cinq couronnes dans sa famille, sans compter la sienne.

Mais, en étendant son pouvoir, Napoléon étendait sa lutte. La Hollande compromise dans ses intérêts par le blocus, l'Autriche humiliée par la création des royaumes de Bavière et de Wurtemberg, Rome trompée dans ses espérances par le refus de restituer au Saint-Siége les provinces que le Directoire avait réunies à la république cisalpine, enfin l'Espagne et le Portugal violentés dans leurs affections nationales, étaient autant d'échos où retentissait à la fois l'appel incessant de l'Angleterre. Une grande réaction s'organisa de tous les côtés en même temps, quoiqu'elle n'éclatât qu'à des époques différentes.

Ce fut d'abord Rome qui donna l'exemple : le 3 avril, le légat du pape quitta Paris. Aussitôt, le général Miollis reçut l'ordre d'occuper militairement Rome. Le pape menaça nos troupes d'excommunication, et nos troupes lui répondirent en s'emparant d'Ancône, d'Urbin, de Macerata et de Camerino.

Puis l'Espagne : Séville, dans une junte provinciale, reconnut Ferdinand VII pour roi, et appela aux armes toutes les provinces espagnoles qui n'étaient pas occupées; les provinces s'insurgèrent, le général Dupont mit bas les armes, et Joseph fut forcé de quitter Madrid.

Puis le Portugal : les Portugais se soulevèrent le 16 juin à Oporto ; Junot, n'ayant pas assez de troupes pour conserver sa conquête, fut forcé de l'évacuer, par la convention de Cintra, et derrière lui Wellington l'occupa avec vingt-cinq mille hommes.

Napoléon jugea les choses assez graves pour nécessiter sa présence. Il savait bien que l'Autriche armait mystérieusement, mais elle ne pouvait pas être prête avant un an : il savait bien que la Hollande se plaignait de la ruine de son commerce, mais, tant qu'elle se bornerait à se plaindre, il était décidé à ne pas s'occuper d'elle; il lui restait donc plus de temps qu'il ne lui en fallait pour reconquérir le Portugal et l'Espagne.

Napoléon parut aux frontières de la Navarre et de la Biscaye avec quatre-vingt mille vieux soldats venus de l'Allemagne : la prise de Burgos fut le signal de son arrivée. Elle fut suivie de la victoire de Tudela; puis les positions de la Somma-Sierra furent emportées à la pointe de la lance; et le 4 décembre, Napoléon fit son entrée solennelle à Madrid, précédé de cette proclamation :

« Espagnols!

» Je ne me présente pas chez vous comme un maître, mais comme un libérateur. J'ai aboli le tribunal de l'inquisition, contre lequel le siècle et l'Europe réclamaient : les prêtres doivent guider les consciences, mais ne doivent exercer aucune juridiction extérieure et corporelle sur les citoyens. J'ai supprimé les droits féodaux, et chacun pourra établir des hôtelleries, des fours, des moulins, des madragues, des pêcheries, et donner un libre essor à son industrie : l'égoïsme, la richesse et la prospérité d'un petit nombre d'hommes nuisaient plus à votre agriculture que les chaleurs de la canicule. Comme il n'y a qu'un Dieu, il ne doit y avoir dans un État qu'une justice : toutes les justices particulières avaient été usurpées et étaient contraires aux droits de la nation; je les ai détruites. La génération présente pourra varier dans son opinion, trop de passions ont été mises en jeu : mais vos neveux me béniront comme votre régénérateur; ils placeront au nombre de vos jours mémorables ceux où j'ai paru parmi vous, et de ces jours datera la prospérité de l'Espagne. »

L'Espagne conquise était muette : l'inquisition répondit par ce catéchisme :

« Dis-moi, mon enfant, qui es-tu? — Espagnol, par la grâce de Dieu. — Que veux-tu dire par là? — Homme de bien. — Quel est l'ennemi de notre félicité? — L'empereur des Français. — Combien a-t-il de natures?

— Deux : la nature humaine et la nature diabolique. — Combien y a-t-il d'empereurs des Français? — Un véritable, en trois personnes trompeuses. — Comment les nomme-t-on? — Napoléon, Murat et Manuel Godoy. — Lequel des trois est le plus méchant? — Ils le sont tous trois également. — De qui dérive Napoléon? — Du péché. — Murat? — De Napoléon. — Et Godoy? — De la formation des deux. — Quel est l'esprit du premier? — L'orgueil et le despotisme. — Du second? — La rapine et la cruauté. — Du troisième? — La cupidité, la trahison et l'ignorance. — Que sont les Français? — D'anciens chrétiens devenus hérétiques. — Est-ce un péché que de mettre un Français à mort? — Non, mon père : on gagne le ciel en tuant un de ces chiens d'hérétiques. — Quel supplice mérite un Espagnol qui manque à ses devoirs? — La mort et l'infamie des traîtres. — Qui nous délivrera de nos ennemis? — La confiance entre nous autres et les armes. »

Cependant, l'Espagne, pacifiée en apparence, obéissait à peu près tout entière à son nouveau roi : les préparatifs hostiles de l'Autriche rappelaient d'ailleurs Napoléon à Paris. De retour le 23 janvier 1809, il fit aussitôt demander des explications à l'ambassadeur autrichien, et, quelques jours après les avoir repoussées comme insuffisantes, il apprit que, le 9 avril, l'armée de l'empereur François avait passé l'Inn et envahi la Bavière. Cette fois, c'était l'Autriche qui nous devançait et qui était prête avant la France : Napoléon fit un appel au sénat.

Le 14, le sénat répondit par une loi qui ordonnait une levée de quarante mille hommes; le 17, Napoléon était à Donawert au milieu de son armée; le 20 il avait gagné la bataille de Tann, le 21 celle d'Abensberg, le 22 celle d'Ekmühl, le 23 celle de Ratisbonne, et le 24 il adressait cette proclamation à son armée :

« Soldats !

» Vous avez justifié mon attente. Vous avez suppléé au nombre par votre bravoure; vous avez glorieusement marqué la différence qui existe entre les légions de César et les cohues armées de Xerxès. En quatre jours nous avons triomphé dans les batailles de Tann, d'Abensberg, d'Ekmühl et dans les combats de Peyssing, de Landshutt et de Ratisbonne. Cent pièces de canon, quarante drapeaux, cinquante mille prisonniers, voilà les résultats de la rapidité de votre marche et de votre courage. L'ennemi, enivré par un cabinet parjure, paraissait ne plus conserver aucun souvenir de vous : son réveil a été prompt; vous lui avez apparu plus terribles que jamais. Naguère il a traversé l'Inn et envahi le territoire de nos alliés : aujourd'hui, défait, épouvanté, il fuit en désordre; déjà mon avant-garde a dépassé l'Inn; avant un mois nous serons à Vienne. »

Le 27, la Bavière et le Palatinat étaient évacués; le 3 mai les Autrichiens perdaient le combat d'Ébersberg, le 9 Napoléon était sous les murs de Vienne, le 11 elle ouvrait ses portes, le 13 Napoléon y faisait son entrée.

C'était encore le temps des prophéties.

Cent mille hommes, sous les ordres du prince Charles, s'étaient retirés sur la rive gauche du Danube : Napoléon les poursuit et les atteint le 21, à Essling, où Masséna échange son titre de duc contre celui de prince. Pendant le combat, les ponts du Danube sont emportés par une crue subite : en quinze jours Bertrand y jette trois nouveaux ponts; le premier, de soixante arches, sur lequel trois voitures peuvent passer de front; le deuxième sur pilotis, et de huit pieds de largeur; le troisième enfin sur des bateaux; et le bulletin du 3 juillet, daté de Vienne, annonce qu'il n'y a plus de Danube, comme Louis XIV avait annoncé qu'il n'y avait plus de Pyrénées.

En effet, le 4 juillet le Danube est franchi, le 5 la bataille d'Enzersdorff est gagnée, enfin, le 7, les Autrichiens laissent quatre mille morts et neuf mille blessés sur le champ de bataille de Wagram, et vingt mille prisonniers, dix drapeaux, quarante pièces de canon, entre les mains de leurs vainqueurs.

Le 11, le prince de Lichtenstein se présenta aux avant-postes pour demander une suspension d'armes : c'était une ancienne connaissance : le lendemain de Marengo, il s'était déjà présenté, chargé d'une mission pareille. Le 12, cette suspension fut conclue à Znaïm. Aussitôt les conférences commencèrent; elles durèrent trois mois, pendant lesquels Napoléon habita Schœnbrunn, où il échappa comme par miracle au poignard de Staps. Enfin, le 14 octobre, la paix fut signée.

L'Autriche cédait à la France tous les pays situés à la droite de la Save, le cercle de Goritz, le territoire de Montefeltro, Trieste, la Carniole et le cercle de Villach; elle reconnaissait la réunion des provinces illyriennes à l'empire français, ainsi que toutes les futures incorporations que la conquête ou les combinaisons diplomatiques pourraient amener tant en Italie qu'en Portugal et en Espagne, et renonçait irrévocablement à l'alliance de l'Angleterre pour accepter le système continental avec toutes ses exigences.

Ainsi, tout commençait à réagir contre Napoléon, mais rien ne lui résistait encore : le Portugal avait communiqué avec les Anglais, il avait envahi le Portugal; Godoy avait manifesté des sentiments hostiles par un armement maladroit, mais peut-être inoffensif, il avait forcé Charles IV d'abdiquer; le pape avait fait de Rome le rendez-vous général des agents de l'Angleterre, il traita le pape comme un souverain temporel et le déposa; la nature refusait des enfants à Joséphine, il épousa Marie-Louise et eut un fils; la Hollande, malgré ses promesses, était devenue un entrepôt de marchandises anglaises, il déposséda Louis de son royaume et le réunit à la France.

Alors l'Empire eut cent trente départements; il s'étendit de l'Océan breton aux mers de la Grèce, du Tage jusqu'à l'Elbe, et cent vingt millions d'hommes, obéissant à une seule volonté, soumis à un pouvoir unique et conduits dans une même voie, crièrent *Vive Napoléon!* en huit langues différentes.

Le général est au zénith de sa gloire, et l'empereur à l'apogée de sa fortune. Jusqu'à ce jour nous l'avons vu monter sans cesse. Il va faire une halte d'un an au sommet de ses prospérités; car il faut bien qu'il prenne haleine pour redescendre.

Le 1er avril 1810, Napoléon épousa Marie-Louise, archiduchesse d'Autriche : onze mois après, cent un coups de canon annoncèrent au monde la naissance d'un héritier du trône.

Un des premiers effets de l'alliance de Napoléon avec la maison de Lorraine fut d'amener un refroidissement entre lui et l'empereur de Russie, qui, s'il faut en croire le docteur O'Méara, lui avait fait offrir sa sœur la grande-duchesse Anne. Dès 1810, ce dernier, qui voyait l'empire de Napoléon s'approcher de lui comme un océan qui monte, avait augmenté ses armées et renoué ses relations avec la Grande-Bretagne. Toute l'année 1811 se passa en négociations infructueuses, qui, au fur et à mesure qu'elles échouaient, rendaient une guerre prochaine de plus en plus probable : aussi chacun, de son côté, en commença-t-il les préparatifs, avant même qu'elle fût déclarée. La Prusse, par traité du 24 février, et l'Autriche, par traité du 14 mars, fournirent à Napoléon, l'une vingt mille et l'autre trente mille hommes : de leur côté, l'Italie et la confédération du Rhin coopérèrent à cette grande entreprise, l'une pour vingt-cinq mille et l'autre pour quatre-vingt mille combattants. Enfin, un sénatus-consulte divisa la garde nationale en trois bans, pour le service de l'intérieur : le premier de ces trois bans, affecté au service actif, mettait, outre l'armée gigantesque qui s'acheminait vers le Niémen, cent cohortes, de mille hommes chacune, à la disposition de l'empereur.

Le 9 mars, Napoléon partit de Paris, ordonnant au duc de Bassano de faire attendre au prince Kourakin, ambassadeur du tzar, ses passe-ports le plus long-temps possible : cette recommandation qui, au premier abord, avait l'apparence d'un espoir pacifique, n'avait d'autre but, dans le fait, que de laisser Alexandre incertain sur les véritables dispositions de son ennemi, afin que celui-ci pût le surprendre en tombant à l'improviste sur son armée. C'était la tactique habituelle de Napoléon, et cette fois, comme toujours, elle lui réussit. Aussi le Moniteur se contenta-t-il d'annoncer que l'empereur quittait Paris pour faire l'inspection de la grande armée réunie sur la Vistule, et que l'impératrice l'accompagnerait jusqu'à Dresde pour voir son illustre famille.

Après y être resté quinze jours, et y avoir fait jouer, selon la promesse qu'il leur avait faite à Paris, Talma et mademoiselle Mars devant un parterre de rois, Napoléon quitta Dresde, et arriva à Thorn le 2 juin : le 22, il annonça son retour en Pologne par la proclamation suivante, datée du quartier général de Wilkowski :

« Soldats !

» La Russie a juré éternelle alliance à la France et guerre à l'Angleterre, elle viole aujourd'hui ses serments; elle ne veut donner aucune explication de son étrange conduite, que les aigles françaises n'aient repassé le Rhin, laissant par là nos alliés à sa discrétion. Nous croit-elle donc dégénérés, ne serions-nous plus les soldats d'Austerlitz? Elle nous place entre le déshonneur et la guerre, le choix ne saurait être douteux. Marchons en avant, passons le Niémen, portons la guerre sur le territoire de la Russie : elle sera glorieuse aux armées françaises. La paix que nous conclurons mettra un terme à la funeste influence que le cabinet moscovite exerce depuis cinquante ans sur les affaires de l'Europe. »

L'armée à laquelle Napoléon adressait ces paroles était la plus belle, la plus nombreuse et la plus puissante à laquelle il eût jamais commandé. Elle était divisée en quinze corps, commandés chacun par un duc, par un prince ou par un roi, et elle formait une masse de quatre cent mille hommes d'infanterie, de soixante et dix mille cavaliers et de mille bouches à feu.

Il lui fallut trois jours pour traverser le Niémen : les 23, 24 et 25 juin furent employés à cette opération.

Napoléon s'arrêta un instant, pensif et immobile, sur la rive gauche de ce fleuve, où, trois ans auparavant, l'empereur Alexandre lui avait juré une amitié éternelle. Puis, le franchissant à son tour : « La fatalité entraîne les Russes, dit-il; que les destins s'accomplissent! »

Ses premiers pas, comme toujours, furent ceux d'un géant : au bout de deux jours d'une marche habile, l'armée russe, surprise en flagrant délit, était culbutée et voyait un corps d'armée tout entier séparé d'elle. Alors Alexandre, reconnaissant Napoléon à ces coups rapides, terribles et décisifs, lui fit dire que, s'il voulait évacuer le terrain envahi et retourner au Niémen, il était prêt à traiter : Napoléon trouva cette démarche si étrange qu'il n'y répondit qu'en entrant le lendemain à Wilna.

Là, il resta une vingtaine de jours, y établit un gouvernement provisoire, tandis qu'une diète se réunissait à Varsovie, pour s'occuper de reconstruire la Pologne : puis il se remit à la poursuite de l'armée russe.

Au second jour de marche, il commença de s'effrayer du système de défense adopté par Alexandre. Les Russes avaient tout ruiné dans leur retraite, moissons, châteaux, chaumières. Une armée de cinq cent mille hommes s'avançait dans des déserts qui n'avaient pu nourrir jadis Charles XII et ses vingt mille Suédois. Du Niémen à la Willia, on marcha à la lueur de l'incendie, sur des cadavres et sur des ruines. Dans les derniers jours de juillet, l'armée arriva à Witepsk, déjà étonnée d'une guerre qui ne ressemblait à nulle autre, dans laquelle on ne rencontrait pas d'ennemis, et où il semblait qu'on n'avait affaire qu'aux génies de la destruction. Napoléon, stupéfait lui-même de ce plan de campagne qui n'avait pas pu entrer dans ses prévisions, ne voyait devant lui que des déserts immenses, dont il lui faudrait une année pour atteindre le bout, et où chaque étape qu'il faisait l'éloignait de la France, puis de ses alliés, puis enfin de toutes ses ressources. En arrivant à Witepsk, il se jeta accablé dans un fauteuil; puis, faisant venir le comte Daru : « Je reste ici, lui dit-il ; je veux m'y reconnaître, y rallier, y reposer mon armée, et organiser la Pologne. La campagne de 1812 est finie, celle de 1813 fera le reste. Pour vous, monsieur, songez à nous faire vivre ici, car nous ne ferons pas la folie de Charles XII. — Puis, s'adressant à Murat : — Plantons nos aigles ici, ajouta-t-il ; 1813 nous verra à Moscou, 1814 à Saint-Pétersbourg : la guerre de Russie est une guerre de trois ans. »

Ce fut en effet la résolution qu'il parut avoir prise ; mais, effrayé à son tour de cette inaction, Alexandre lui montre enfin ces Russes, qui jusqu'alors lui ont échappé, pareils à des fantômes. Réveillé comme un joueur au bruit de l'or, Napoléon n'y peut tenir et s'élance à leur poursuite : le 14 août, il les joint et les bat à Krasnoï ; le 18, il les chasse de Smolensk qu'il laisse en flammes, et le 30, il s'empare de Viazma dont il trouve tous les magasins détruits.

Enfin, le 7, souffrant, fatigué, sans foi dans l'étoile de Marengo qui commence à pâlir dans ce ciel brumeux, il livre la bataille de la Moskowa, au milieu des murmures de ses généraux qui ne reconnaissent plus dans ses ordres cette sûreté de coup d'œil et cette rapidité de décision qui lui sont habituelles. En effet, la garde ne donne pas ; trente mille hommes restent l'arme au bras pendant toute une journée qui pouvait être décisive, et l'armée russe, qui devait être écrasée, se retire sur Mojaïsk, laissant vingt mille hommes sur le champ de bataille, et aux mains de son vainqueur trente mille prisonniers dont il ne sait que faire.

Quatre-vingt-deux généraux furent tués ou blessés dans cette terrible journée.

Le 14 septembre l'armée entra à Moscou.

Tout devait être sombre dans cette guerre, jusqu'aux triomphes : nos soldats étaient habitués à entrer dans des capitales, et non dans des nécropoles ; Moscou semblait une vaste tombe, partout déserte et partout silencieuse. Napoléon s'établit au Kremlin, et l'armée se répandit dans la ville : puis la nuit vint.

Au milieu de la nuit, Napoléon fut éveillé par le cri *au feu !* des lueurs sanglantes pénétraient jusqu'à son lit. Il courut à sa fenêtre : Moscou était en flammes. Érostrate sublime, Rotopschin avait à la fois immortalisé son nom et sauvé son pays.

Il fallut échapper à cet océan de flammes qui montait comme une marée. Le 16, Napoléon, entouré de ruines, enveloppé par l'incendie, fut forcé de quitter le Kremlin et de se retirer au château de Peteroskoï. Là commence sa lutte avec ses généraux, qui lui conseillent de se retirer pendant qu'il en est temps encore et d'abandonner sa fatale conquête. A ce langage étrange et inaccoutumé, il hésite et tourne alternativement les yeux vers Paris et vers Saint-Pétersbourg : cent cinquante lieues seulement le séparent de l'une, huit cents lieues de l'autre : marcher sur Saint-Pétersbourg, c'est constater sa victoire; reculer sur Paris, c'est avouer sa défaite.

Pendant ce temps, l'hiver arrive qui ne conseille plus, mais qui ordonne. Le 15, le 16, le 17 et le 18 octobre, les malades sont évacués sur Mojaïsk et Smolensk; le 22 Napoléon sort de Moscou; le 23 le Kremlin saute. Pendant onze jours la retraite s'opère sans trop grands désastres, quand tout à coup, le 7 novembre, le thermomètre descend de cinq degrés à dix-huit au-dessous de la glace; et le vingt-neuvième bulletin, en date du 14, apporte à Paris la nouvelle de désastres inconnus auxquels les Français ne croiraient pas s'ils ne leur étaient racontés par leur empereur lui-même.

A compter de ce jour, c'est un désastre qui égale nos plus grandes victoires : c'est Cambyse enveloppé dans les sables d'Ammon; c'est Xerxès repassant l'Hellespont dans une barque; c'est Varron ramenant à Rome les débris de l'armée de Cannes. De ces soixante et dix mille cavaliers qui ont traversé le Niémen, à peine peut-on former quatre compagnies de cent cinquante hommes chacune pour servir d'escorte à Napoléon. C'est le bataillon sacré : les officiers y prennent le rang de simples soldats, les colonels y sont sous-officiers, les généraux capitaines. Il a un maréchal pour colonel, un roi pour général; et le dépôt qui lui est confié, le palladium qu'il conserve, c'est un empereur.

Quant à l'armée, elle sema sur sa route deux cent mille hommes et cinq cents pièces de canon; puis elle vint aboutir à la Bérésina comme un torrent à un gouffre.

Le 5 décembre, tandis que les restes de l'armée agonisaient à Wilna, Napoléon, sur les instances du roi de Naples, du vice-roi d'Italie et de ses principaux capitaines, partit, en traineau, de Smorgoni pour la France. Le froid avait alors atteint vingt-sept degrés au-dessous de zéro.

Le 18, au soir, Napoléon se présentait, dans une mauvaise calèche, aux portes des Tuileries, qu'on refusa d'abord de lui ouvrir. Tout le monde le croyait encore à Wilna.

Le surlendemain, les grands corps de l'État vinrent le féliciter sur son arrivée.

Le 12 janvier 1813, un sénatus-consulte mit à la disposition du ministre de la guerre trois cent cinquante mille conscrits.

Le 10 mars, on apprit la défection de la Prusse.

Pendant quatre mois, la France tout entière fut une place d'armes.

Le 15 avril, Napoléon quittait de nouveau Paris, à la tête de ses jeunes légions.

Le 1er mai, il était à Lutzen, prêt à attaquer l'armée combinée, russe et prussienne, avec deux cent cinquante mille hommes, dont deux cent mille appartenaient à la France, et dont cinquante mille étaient Saxons, Bavarois, Westphaliens, Wurtembergeois, et du grand-duché de Berg. Le géant, que l'on croyait abattu, s'était relevé aussitôt : Antée avait touché la terre.

Comme d'habitude, ses premiers coups furent terribles et décisifs. Les armées combinées laissèrent sur le champ de bataille de Lutzen quinze mille hommes, tués ou blessés, et aux mains des vainqueurs deux mille prisonniers. Les jeunes recrues s'étaient mises, du premier coup, au niveau des vieilles troupes. Napoléon s'était exposé comme un sous-lieutenant.

Le lendemain, il adressa à son armée la proclamation suivante :

« Soldats !

» Je suis content de vous : vous avez rempli mon attente. La bataille de Lutzen sera mise au-dessus des batailles d'Austerlitz, d'Iéna, de Friedland et de la Moscowa. Dans une seule journée, vous avez déjoué tous les complots parricides de vos ennemis. Nous rejetterons les Tartares dans leurs affreux climats, qu'ils ne doivent pas franchir : qu'ils restent dans leurs déserts de glaces, séjour d'esclavage, de barbarie et de corruption, où l'homme est ravalé à l'égal de la brute. Vous avez bien mérité de l'Europe civilisée. Soldats, l'Italie, la France, l'Allemagne vous rendent des actions de grâces. »

La victoire de Lutzen rouvre au roi de Saxe les portes de Dresde. Le 8 mai, l'armée française l'y précède ; le 9, l'empereur fait jeter un pont sur l'Elbe, derrière lequel s'est retiré l'ennemi ; le 20, il l'atteint et le force dans la position retranchée de Bautzen ; le 21, il continue la victoire de la veille, et dans ces deux jours, où Napoléon développe les plus savantes manœuvres de la stratégie, les Russes et les Prussiens perdent dix-huit mille hommes, tués ou blessés, et trois mille prisonniers.

Le lendemain, dans une mauvaise affaire d'arrière-garde, le général Bruyère a les deux jambes emportées, le général de génie Kirgener et Duroc sont tués du même coup de canon.

L'armée combinée est en pleine retraite : elle a traversé la Neisse, la Queiss et la Bober, fouettée encore par le combat de Sprotteau, où Sébastiani lui prend vingt-deux canons, quatre-vingt caissons et cinq cents hommes. Napoléon la suit pied à pied, et ne lui donne pas un moment de relâche; ses camps de la veille sont nos bivouacs du lendemain.

Le 29, le comte Schuwalow, aide-de-camp de l'empereur de Russie, et le général prussien Kleist se présentent aux avant-postes, pour demander un armistice.

Le 30, une nouvelle conférence a lieu au château de Liegnitz, mais sans amener de résultat.

L'Autriche méditait un changement d'alliance. Afin de rester neutre le plus long-temps possible, elle se proposa comme médiatrice et fut acceptée : le résultat de sa médiation fut un armistice conclu à Plesswitz, le 4 juin.

Un congrès s'assembla aussitôt à Prague, pour négocier la paix; mais la paix était impossible. Les puissances confédérées demandèrent que l'empire fût restreint à ses frontières du Rhin, des Alpes et de la Meuse. Napoléon regarda ces prétentions comme une insulte : tout fut rompu, l'Autriche passa à la coalition, et la guerre, qui pouvait seule vider ce grand procès, recommença.

Les adversaires se présentèrent de nouveau sur le champ de bataille; les Français avec trois cent mille hommes, dont quarante mille de cavalerie, occupant le cœur de la Saxe, sur la rive droite de l'Elbe; les souverains alliés, avec cinq cent mille hommes, dont cent mille de cavalerie, menaçant sur les trois directions de Berlin, de la Silésie et de la Bohême. Napoléon, sans s'arrêter à calculer cette énorme différence numérique, reprend l'offensive avec sa rapidité ordinaire : il divise son armée en trois masses, pousse l'une sur Berlin, où elle doit opérer contre les Prussiens et les Suédois, laisse la seconde stationnaire à Dresde, pour observer l'armée russe de Bohême; enfin, de sa personne, marche avec la troisième contre Blücher, en laissant une réserve à Littaw.

Blücher est atteint et culbuté; mais, au milieu de la chasse qu'il donne à son ennemi, Napoléon apprend que les soixante mille Français qu'il a laissés à Dresde sont attaqués par cent quatre-vingt mille alliés. Il détache de son corps d'armée trente-cinq mille hommes; tandis qu'on le croit à la poursuite de Blücher, il arrive rapide comme l'éclair, mortel comme la foudre. Le 29 août, les alliés attaquent Dresde de nouveau et sont repoussés; le lendemain ils reviennent à la charge avec toutes leurs masses ; leurs masses sont brisées, rompues, anéanties; toute cette armée, qui combat sous les yeux d'Alexandre, est un instant menacée d'une destruction totale, et ne parvient à se sauver qu'en laissant quarante mille hommes sur le champ de bataille.

C'est à cette bataille que Moreau a les deux jambes emportées par un des premiers boulets tirés par la garde impériale, et pointé par Napoléon lui-même.

Alors s'opère la réaction habituelle : le lendemain de cette terrible boucherie, un agent de l'Autriche se présente à Dresde, porteur de paroles amies. Mais, tandis qu'on échange les premières négociations, on apprend que l'armée de Silésie, qu'on a laissée à la poursuite de Blücher, a perdu vingt-cinq mille hommes; que celle qui marchait sur Berlin a été battue par Bernadotte; enfin, que presque tout le corps du général Vandamme, qui poursuit les Russes et les Autrichiens avec une armée moindre d'un tiers que la leur, a été refoulé par cette masse, qui, s'étant arrêté un instant dans sa fuite, a reconnu l'infériorité de son ennemi.

Ainsi, cette fameuse campagne de 1814, où Napoléon doit être vainqueur partout où il sera, et vaincu partout où il ne sera pas, commence en 1813.

A ces nouvelles les négociations sont rompues.

Napoléon, remis à peine d'une indisposition que l'on croit un empoisonnement, marche aussitôt sur Magdebourg : son intention est de faire une pointe sur Berlin, et de s'en emparer en repassant l'Elbe à Wittemberg; plusieurs corps sont déjà arrivés dans cette ville, lorsqu'une lettre du roi de Wurtemberg annonce que la Bavière a changé de parti, et que, sans déclaration de guerre, sans avertissement préalable, les deux armées autrichienne et bavaroise, cantonnées sur les bords de l'Inn, se sont réunies; que quatre-vingt mille hommes, sous les ordres du général de Vrède, sont en marche vers le Rhin; enfin, que le Wurtemberg, toujours constant de cœur dans son alliance, mais contraint par une pareille masse, a été forcé d'y joindre son contingent. Dans quinze jours, cent mille hommes cerneront Mayence.

L'Autriche a donné l'exemple de la défection, et l'exemple est suivi.

Le plan de Napoléon, médité deux mois, et pour lequel tout était déjà disposé, forteresses et magasins, est changé en une heure : au lieu de rejeter les alliés entre l'Elbe et la Saale, en manœuvrant sous la protection des places et des magasins de Torgau, Wittemberg, Magdebourg et Hambourg, d'établir la guerre entre l'Elbe et l'Oder, où l'armée française possède Glogau, Custrin et Stettin, Napoléon se décide à se retirer sur le Rhin. Mais auparavant il faut qu'il batte les alliés, pour leur ôter la possibilité de le poursuivre dans sa retraite : aussi marche-t-il à eux au lieu de les fuir, et, le 16 octobre, il les rencontre à Leipsick. Les Français et les alliés se retrouvent en face, les Français avec cent cinquante-sept mille combattants et six cents pièces de canon, les alliés avec trois cent cinquante mille hommes et une artillerie double de la nôtre.

Le même jour, on se bat huit heures : l'armée française est victorieuse, mais un corps d'armée qu'on attend de Dresde, pour compléter la défaite des ennemis, n'arrive pas : nous n'en couchons pas moins sur le champ de bataille.

Le 17, l'armée russe et autrichienne reçoit un renfort.

Le 18, elle attaque à son tour.

Pendant quatre heures le combat se soutient avec avantage ; mais tout à coup, trente mille Saxons, qui occupent une des positions les plus importantes de la ligne, passent à l'ennemi et tournent contre nous soixante bouches à feu. Tout semble perdu, tant la défection est inouïe, tant le changement est terrible.

Napoléon accourt avec la moitié de sa garde, attaque les Saxons, les chasse devant lui, leur reprend une partie de son artillerie, et les foudroie avec les canons chargés par eux-mêmes. Les alliés font un mouvement rétrograde : ils ont perdu dans ces deux journées cent cinquante mille hommes de leurs meilleures troupes. Cette nuit encore, nous couchons sur le champ de bataille.

Le canon a, sinon rétabli un entier équilibre, du moins fait disparaître la grande disproportion, et une troisième bataille se présente avec toutes chances favorables, lorsqu'on vient annoncer à Napoléon qu'il ne reste plus dans les parcs que seize mille coups à tirer ; on en a tiré deux cent vingt mille pendant les deux dernières batailles : il faut songer à la retraite. Le résultat des deux victoires est perdu : on a sacrifié inutilement cinquante mille hommes.

A deux heures du matin, le mouvement rétrograde commence et est dirigé sur Leipsick : l'armée se retirera sur l'Elster, afin de se trouver en communication avec Erfurth, d'où elle attend les munitions qui lui manquent. Mais sa retraite ne s'est pas opérée si mystérieusement que l'armée alliée ne s'éveille au bruit ; elle croit d'abord qu'elle va être attaquée et se met sur ses gardes, mais bientôt elle apprend la vérité ; les Français vainqueurs se retirent : elle ignore pour quelle cause, mais elle profite de leur retraite. Au point du jour, les alliés attaquent l'arrière-garde, pénètrent avec elle dans Leipsick. Nos soldats se retournent, font face à l'ennemi, combattent pied à pied, pour donner le temps à l'armée de passer le seul pont de l'Elster sur lequel s'effectue la retraite. Tout à coup une détonation terrible se fait entendre : on s'inquiète, on s'informe, et l'on apprend qu'un sergent, sans en avoir reçu l'ordre de son chef, a fait sauter le pont. Quarante mille Français, poursuivis par deux cent mille Russes et Autrichiens, sont séparés de l'armée par une rivière torrentueuse : il faut qu'ils se rendent ou qu'ils se fassent tuer. Une partie se noie, l'autre s'ensevelit sous les décombres du faubourg de Ranstadt.

Le 20, l'armée française arrive à Weissenfels et commence à se reconnaître. Le prince Poniatowski, les généraux Vial, Dumoutier et Rochambeau, sont noyés ou tués ; le prince de la Moskowa, le duc de Raguse, les généraux Souham, Compans, La Tour-Maubourg et Friedrichs, sont blessés ; le prince Émile de Darmstadt, le comte de Hochberg, les généraux Lauriston, Delmas, Rozniecki, Krasinski, Valory, Bertrand, Dorsenne, d'Etzko,

Colomy, Bronikowski, Sliwowitz, Malakowski, Rautenstrauch et Stockhorn, sont prisonniers; nous avons laissé dans l'Elster et dans les faubourgs de la ville dix mille morts, quinze mille prisonniers, cent cinquante pièces de canon et cinq cents chariots.

Quant à ce qui restait encore de troupes de la confédération, elles avaient déserté dans le trajet de Leipsick à Weissenfels.

A Erfurth, où elle arriva le 23, l'armée française était réduite à ses propres forces, quatre-vingt mille hommes à peu près.

Le 28, en arrivant à Schluchtern, Napoléon obtient des renseignements positifs sur les mouvements de l'armée austro-bavaroise ; elle a fait des marches forcées, elle est arrivée sur le Mein.

Le 30, l'armée française la rencontre rangée en bataille devant Hanau, et interceptant le chemin de Francfort. Elle lui passe sur le ventre en lui tuant six mille hommes, et traverse le Rhin les 5, 6 et 7 novembre.

Le 9, Napoléon est de retour à Paris.

Là, les défections le poursuivent. De l'extérieur elles vont s'étendre à l'intérieur. Après la Russie l'Allemagne, après l'Allemagne l'Italie, après l'Italie la France.

La bataille de Hanau avait donné lieu à de nouvelles conférences. Le baron de Saint-Aignan, le prince de Metternich, le comte de Nesselrode et lord Aberdeen, s'étaient réunis à Francfort. Napoléon obtiendrait la paix en abandonnant la confédération du Rhin, en renonçant à la Pologne et aux départements de l'Elbe : la France resterait dans ses limites naturelles, les Alpes et le Rhin : puis on discuterait en Italie une frontière qui nous séparât de la maison d'Autriche.

Napoléon souscrivit à ces bases, et fit mettre sous les yeux du sénat et du corps législatif les pièces relatives aux négociations, déclarant qu'il était disposé à faire les sacrifices demandés. Le corps législatif, mécontent de ce que Napoléon lui avait imposé un président sans présentation de candidats, nomma une commission de cinq membres pour examiner ces actes. Ces cinq rapporteurs, connus par leur opposition au système impérial, étaient MM. Lainé, Gallois, Flaugergues, Raynouard et Maine de Biran. Ils firent une adresse dans laquelle ils laissèrent reparaître, après onze ans d'oubli, le mot de liberté : Napoléon déchira l'adresse, et renvoya le corps législatif. Pendant ce temps, les véritables intentions des souverains alliés se faisaient jour au milieu de leurs protocoles trompeurs. Ils n'avaient, comme à Prague, voulu que gagner du temps : ils rompirent de nouveau les conférences, en indiquant un prochain congrès à Châtillon-sur-Seine. C'était à la fois un défi et une insulte. Napoléon accepta l'un et s'apprêta à se venger de l'autre ; et, le 25 janvier 1814, il partit de Paris, laissant sa femme et son fils sous la protection des officiers de la garde nationale.

L'Empire était envahi par tous les points. Les Autrichiens s'avançaient en Italie; les Anglais avaient passé la Bidassoa et paraissaient sur la cime des Pyrénées; Schwartzemberg, avec la grande armée, forte de cent cinquante mille hommes, débouchait par la Suisse; Blücher était entré par Francfort, avec cent trente mille Prussiens; Bernadotte avait envahi la Hollande et pénétrait en Belgique avec cent mille Suédois et Saxons. Sept cent mille hommes, formés, par leurs défaites mêmes, à la grande école de la guerre napoléonienne, s'avançaient au cœur de la France, négligeant toutes les places fortes, et se répondant les uns aux autres par un seul cri: Paris! Paris!

Napoléon reste seul contre le monde entier. Il a cent cinquante mille hommes à peine à opposer à ces masses immenses. Mais il a retrouvé, sinon la confiance, du moins le génie de ses jeunes années : la campagne de 1814 sera son chef-d'œuvre stratégique.

D'un coup d'œil d'aigle, il a tout vu, tout embrassé, et, autant qu'il est au pouvoir d'un homme, il a paré à tout. Maison est chargé d'arrêter Bernadotte en Belgique; Augereau marchera au-devant des Autrichiens, à Lyon; Soult maintiendra les Anglais derrière la Loire; Eugène défendra l'Italie; pour lui, il se chargera de Blücher et de Schwartzemberg.

Il se jette entre eux avec soixante mille hommes, court d'une armée à l'autre, écrase Blücher à Champaubert, à Montmirail, à Château-Thierry et à Montereau. En dix jours, Napoléon a remporté cinq victoires, et les alliés ont perdu quatre-vingt-dix mille hommes.

Alors, de nouvelles négociations se renouent à Châtillon-sur-Seine : mais les souverains alliés, de plus en plus exigeants, proposent des conditions inacceptables. Ce n'était plus seulement les conquêtes de Napoléon qu'il s'agissait d'abandonner, c'était les limites de la république qu'il fallait échanger contre celles de la vieille monarchie.

Napoléon répondit par un de ces élans de lion qui lui étaient si familiers, Il bondit de Méry-sur-Seine à Craonne, de Craonne à Reims, et de Reims à Saint-Dizier. Partout où il rencontre l'ennemi, il le chasse, le culbute, l'écrase. Mais, derrière lui, l'ennemi se reforme, et, toujours vaincu, avance toujours.

C'est que partout où Napoléon n'est pas, sa fortune est absente. Les Anglais sont entrés à Bordeaux; les Autrichiens occupent Lyon; l'armée de Belgique, réunie aux débris de l'armée de Blücher, reparaît sur ses derrières. Ses généraux sont mous, paresseux, fatigués. Chamarrés de cordons, écrasés de titres, gorgés d'or, ils ne veulent plus se battre. Trois fois les Prussiens, qu'il croit tenir à sa merci, lui échappent; la première fois, sur la rive gauche de la Marne, par une gelée subite qui raffermit les boues au milieu desquelles ils devaient périr; la seconde fois, sur l'Aisne, par la reddition de Soissons, qui leur ouvre un passage en avant au moment où ils ne peuvent plus reculer en arrière; enfin, à Craonne, par la négligence du duc de Raguse, qui se laisse enlever une partie de son matériel par une surprise de nuit. Tous ces présages n'échappent point à Napoléon, qui sent que, malgré ses efforts, la France lui échappe des mains. Sans espoir d'y conserver un trône, il veut au moins y obtenir une tombe, et fait, mais inutilement, tout ce qu'il peut pour se faire tuer, à Arcis-sur-Aube et à Saint-Dizier. Il a fait un pacte avec les boulets et les balles.

Le 29 mars, il reçoit à Troyes, où il a poursuivi Wintzingerode, la nouvelle que les Prussiens et les Russes marchent en colonnes serrées sur Paris.

Il part aussitôt, arrive le 1ᵉʳ avril à Fontainebleau, et apprend que Marmont a capitulé la veille, à cinq heures du soir, et que, depuis le matin, les alliés occupent la capitale.

Trois partis lui restaient à prendre.

Il avait encore à ses ordres cinquante mille soldats, les plus braves et les plus dévoués de l'univers. Il ne s'agissait, pour être sûr d'eux, que de remplacer les vieux généraux, qui avaient tout à perdre, par les jeunes colonels, qui avaient tout à gagner : à sa voix, encore puissante, la population pouvait s'insurger. Mais alors, Paris était sacrifié ; les alliés le brûlaient en se retirant ; et il n'y a qu'un peuple comme les Russes que l'on puisse sauver par un pareil remède.

Le second parti était de gagner l'Italie, en ralliant les vingt-cinq mille ommes d'Augereau, les dix-huit mille du général Grenier, les quinze mille du maréchal Suchet, et les quarante mille du maréchal Soult. Mais ce parti n'amenait aucun résultat : la France restait occupée par l'ennemi, et les plus grands malheurs pouvaient résulter pour elle de cette occupation.

Restait le troisième, qui était de se retirer derrière la Loire, et de faire la guerre de partisans.

Les alliés vinrent fixer ses irrésolutions en déclarant que l'empereur Napoléon était le seul obstacle à la paix générale.

Cette déclaration ne lui laissait plus que deux ressources :

Sortir de la vie à la manière d'Annibal :

Descendre du trône à la manière de Sylla.

Il tenta, dit-on, la première : le poison de Cabanis fut impuissant.

Alors, il se décida à recourir à la seconde ; et, sur un chiffon de papier aujourd'hui perdu, il écrivit ces lignes, les plus importantes peut-être qu'une main mortelle ait jamais tracées :

« Les puissances alliées ayant proclamé que l'empereur Napoléon était le seul obstacle au rétablissement de la paix en Europe, l'empereur Napoléon, fidèle à son serment, déclare qu'il renonce pour lui et ses héritiers au trône de France et d'Italie, parce qu'il n'est aucun sacrifice personnel, même celui de la vie, qu'il ne soit prêt à faire à la France. »

Pendant un an le monde sembla vide.

NAPOLÉON A L'ILE D'ELBE.

LES CENT JOURS.

Napoléon était roi de l'île d'Elbe.

En perdant l'empire du monde, il n'avait voulu, d'abord, en rien conserver que son malheur. « Un petit écu par jour et un cheval, avait-il dit, voilà tout ce qui m'est nécessaire. » Aussi, forcé par les instances de ceux qui l'entouraient, lorsqu'il pouvait prendre l'Italie, la Toscane, la Corse, avait-il jeté les yeux sur le petit coin de terre où nous le retrouvons.

Mais en négligeant ses intérêts, il avait longuement débattu les droits de ceux qui l'accompagnaient. C'étaient d'abord les généraux Bertrand et Drouot, l'un grand-maréchal du palais, l'autre aide-de-camp de l'Empereur; c'était le général Cambronne, major du 1er régiment de chasseurs de la garde; c'étaient le baron Jermanowski, major des lanciers polonais, le chevalier Malet, les capitaines d'artillerie Cornuel et Raoul, les capitaines d'infanterie Loubers, Lamourette, Hureau et Combi, enfin les capitaines de lanciers polonais Balinski et Schoultz.

Ces officiers commandaient à quatre cents hommes, pris parmi les grenadiers et les chasseurs à pied de la vieille garde, qui avaient obtenu la permission d'accompagner en exil leur ancien empereur. En cas de retour en France, Napoléon avait stipulé pour eux la conservation de leurs droits de citoyen.

Ce fut le 3 mai 1814, à six heures du soir, que la frégate *the Undaunted* mouilla dans la rade de Porto-Ferrajo. Le général Dalesme, qui y commandait encore pour la France, se rendit à bord à l'instant même, pour rendre à Napoléon ses hommages respectueux. Le soir, toutes les autorités, le clergé et les principaux habitants vinrent en députation à bord de la frégate, et furent admis en présence de l'empereur.

Le lendemain, vers deux heures, Napoléon descendit à terre avec toute sa suite. Avant d'entrer dans la ville, il fut reçu par les autorités, le clergé et les notables, précédés du maire, qui lui présenta les clefs de Porto-Ferrajo sur un plat d'argent. Les troupes de la garnison étaient sous les armes et formaient la haie : derrière elles était entassée la population tout entière, non-seulement de la capitale, mais des autres villes et villages, qui était accourue de tous les coins de l'île. Ils ne pouvaient croire qu'ils eussent pour roi, eux, pauvres pêcheurs, l'homme dont la puissance, le nom et les exploits avaient rempli le monde. Quant à Napoléon, il était calme, affable et presque gai. Après avoir répondu au maire, il alla avec son cortége à la cathédrale, où l'on chanta un *Te Deum* : puis, à la sortie de l'église, il se rendit à l'hôtel de la mairie, provisoirement destiné à lui servir de demeure. Le soir, la ville et le port furent spontanément illuminés.

Le général Dalesme publia, le même jour, la proclamation suivante, rédigée par Napoléon :

« Habitants de l'île d'Elbe, les vicissitudes humaines ont conduit au milieu de vous l'empereur Napoléon : son propre choix vous le donne pour souverain. Avant d'entrer dans vos murs, votre nouveau monarque m'a adressé les paroles suivantes, que je m'empresse de vous faire connaître, parce qu'elles sont le gage de votre bonheur futur.

» Général, m'a dit l'empereur, j'ai sacrifié mes droits à l'intérêt de la patrie, et je me suis réservé la souveraineté et la propriété de l'île d'Elbe. Toutes les puissances ont consenti à cet arrangement. En faisant connaître aux habitants cet état de choses, dites-leur que j'ai choisi cette île pour mon séjour, en considération de la douceur de leurs mœurs et de leur climat ; assurez-les qu'ils seront l'objet constant de mon intérêt le plus vif. »

« Elbois, ces paroles n'ont pas besoin de commentaires, elles formeront votre destinée. L'Empereur vous a bien jugés : je vous dois cette justice et je vous la rends. Habitants de l'île d'Elbe, je m'éloignerai bientôt de vous, et cet éloignement me sera pénible ; mais l'idée de votre bonheur adoucit l'amertume de mon départ, et, en quelque lieu que je puisse être, je conserverai toujours le souvenir des vertus des habitants de l'île d'Elbe.
Dalesme. »

Les quatre cents grenadiers arrivèrent le 26 mai : le 28, le général Dalesme partit avec l'ancienne garnison. L'île était entièrement livrée à son nouveau souverain.

Napoléon ne pouvait rester long-temps inactif. Après avoir consacré les premiers jours aux travaux indispensables de son installation, il monta à cheval le 18 mai et visita l'île tout entière : il voulait s'assurer par lui-même de l'état où se trouvait l'agriculture, et quels étaient les produits plus ou moins certains de l'île, comme commerce, pêche, extraction de marbres et de métaux : il visita surtout avec une attention particulière les carrières et les mines qui en sont la principale richesse. De retour à Porto-Ferrajo, après avoir vu jusqu'au dernier village et avoir donné partout aux habitants des preuves de sa sollicitude, il s'occupa d'organiser sa cour, et d'appliquer les revenus publics aux plus pressants besoins. Ces revenus se composaient : des mines de fer, dont on pouvait tirer un million par an ; de la pêche du thon, qui était affermée de quatre à cinq cent mille francs ; des salines, dont l'exploitation accordée à une société pouvait rapporter à peu près la même somme ; enfin, de l'imposition foncière et de quelques droits de douanes. Tous ces produits, réunis aux deux millions qu'il s'était réservés sur le grand-livre, pouvaient lui constituer, à peu près, quatre millions et demi de revenu. Napoléon dit souvent qu'il n'avait jamais été si riche.

Il avait quitté l'hôtel de la mairie pour une jolie maison bourgeoise qu'il appelait pompeusement son palais de ville. Cette maison était située sur un rocher, entre le fort Falcone et le fort de l'Étoile, dans un bastion appelé le *Bastion des Moulins*; elle consistait en deux pavillons et un corps de logis qui les réunissait. De ses fenêtres on dominait la ville et le port couchés à ses pieds, de sorte qu'aucun objet nouveau ne pouvait échapper à l'œil du maître. Quant à son palais des champs, il était situé à San-Martino. Avant son arrivée ce n'était qu'une chaumière, qu'il avait fait reconstruire et meubler avec goût : au reste, l'empereur n'y couchait jamais : c'était un but de promenade, et voilà tout. Située au pied d'une montagne très-élevée, côtoyée par un torrent, environnée d'une prairie, elle embrassait la ville placée en amphithéâtre devant elle, au pied de la ville le port, et à l'horizon, au delà de la surface vaporeuse de la mer, les rivages de la Toscane.

On comprend qu'en retombant d'une activité si grande dans un repos si absolu, Napoléon avait eu besoin de se créer des occupations régulières. Aussi toutes ses heures étaient remplies. Il se levait avec le jour, s'enfermait dans sa bibliothèque, et travaillait à ses mémoires militaires jusqu'à huit heures du matin : alors il sortait pour inspecter les travaux, s'arrêtait pour interroger les ouvriers, qui presque tous étaient des soldats de sa garde : il faisait vers les onze heures un déjeuner très-frugal : dans les grandes chaleurs, lorsqu'il avait fait de longues courses ou beaucoup travaillé, il dormait après déjeuner une heure ou deux, et ressortait habituellement sur les trois heures, soit à cheval, soit en calèche, accompagné par le grand-maréchal Bertrand et par le général Drouot, qui dans cette excursion ne le quittaient jamais ; sur la route il écoutait toutes les réclamations qu'on pouvait lui adresser, et ne laissait jamais personne sans l'avoir satisfait : à sept heures il rentrait, dînait avec sa sœur qui habitait le premier étage de son palais de ville, admettait à sa table, tantôt l'intendant de l'île, M. de Balbiani, tantôt le chambellan Vantini, tantôt le maire de Porto-Ferrajo, tantôt le colonel de la garde nationale, enfin, quelquefois, les maires de Porto-Longone et de Rio. Le soir, on montait chez la princesse Pauline. Madame-Mère, qui était venue aussi rejoindre l'empereur, habitait une maison à part que le chambellan Vantini lui avait cédée.

Cependant l'île d'Elbe était devenue le rendez-vous de tous les curieux de l'Europe, et bientôt l'affluence des étrangers fut si grande que l'on fut obligé de prendre des mesures pour éviter les désordres inséparables de la réunion de tant d'individus inconnus, parmi lesquels se trouvaient bon nombre d'aventuriers venant chercher fortune. Les produits du sol furent bientôt insuffisants, il fallut s'en procurer sur le continent : le commerce de Porto-Ferrajo s'en accrut, et cet accroissement améliora la situation générale. Ainsi, dans son exil même, la présence de Napoléon était une source de prospérité pour le pays qui le possédait : son influence s'était étendue jusqu'aux dernières classes de la société : une atmosphère nouvelle enveloppait l'île.

Quoiqu'il suivît probablement de son regard d'aigle les événements européens, Napoléon était, en apparence, entièrement soumis à sa fortune. Personne même ne doutait qu'avec le temps il ne s'habituât à cette vie nouvelle, entouré comme il l'était par l'amour de tous ceux qui s'approchaient de lui, lorsque les souverains alliés se chargèrent eux-mêmes de réveiller le lion qui probablement ne dormait pas.

Napoléon habitait déjà depuis plusieurs mois son petit empire, s'occupant à l'embellir par tous les moyens que lui suggérait son génie ardent et inventif, lorsqu'il fut secrètement averti que l'on venait de débattre son éloignement. La France, par l'organe de M. de Talleyrand, réclamait à grande force, au congrès de Vienne, cette mesure, comme indispensable à sa sûreté, représentant sans cesse combien il était dangereux pour la dynastie régnante que Napoléon résidât si près des côtes d'Italie et de Provence. Elle faisait surtout remarquer au congrès que, s'il se lassait de son exil, l'illustre proscrit pouvait en quatre jours passer à Naples, et, de là, avec l'aide de son beau-frère Murat qui y régnait encore, descendre à la tête d'une armée dans les provinces de la haute Italie déjà mécontentes, les soulever au premier appel, et renouveler ainsi la lutte mortelle qui venait à peine de se terminer. Pour appuyer cette violation du traité de Fontainebleau, on arguait de la correspondance du général Excelmans avec le roi de Naples, correspondance qui venait d'être saisie, et qui faisait soupçonner une conspiration flagrante dont le centre était à l'île d'Elbe, et dont les ramifications s'étendaient en Italie et en France. Ces soupçons furent bientôt appuyés d'une autre conspiration que l'on découvrit à Milan, et dans laquelle se trouvaient impliqués plusieurs officiers généraux de l'ancienne armée italienne.

L'Autriche ne voyait pas non plus d'un œil tranquille ce dangereux voisinage : la *Gazette d'Augsbourg*, son organe, s'expliquait, au reste, ouvertement à cet égard : on y lisait textuellement ces paroles : « Si inquiétants que soient les événements de Milan, on doit néanmoins se tranquilliser, en pensant qu'ils pourront peut-être contribuer à éloigner le plus tôt possible un homme qui, sur le rocher de l'île d'Elbe, tenait dans ses mains les fils de ces trames ourdies par son or, et qui, aussi long-temps qu'il resterait à proximité des côtes d'Italie, ne laisserait pas les souverains de ces pays jouir tranquillement de leurs possessions. »

Cependant, le congrès, malgré la conviction générale, n'osait pas, sur des preuves si faibles, prendre une détermination qui se trouvait en contradiction manifeste avec les principes de modération si fastueusement émis par les souverains alliés : il décida que, pour n'avoir pas l'air de violer les traités existants, il serait fait des ouvertures à Napoléon, et qu'on tâcherait de le déterminer à quitter volontairement l'île d'Elbe, sauf, dans le cas où il s'y refuserait, à employer alors la violence. On s'occupa donc immédiatement du choix d'une autre résidence. Malte fut désignée, mais l'Angleterre y vit des inconvénients : le prisonnier Napoléon pouvait devenir grand-maître. Elle proposa Sainte-Hélène.

La première idée de Napoléon fut que ces bruits étaient répandus par ses ennemis eux-mêmes, afin de le porter à quelque acte de désespoir qui permît de violer vis-à-vis de lui les promesses faites. En conséquence, il fit partir à l'instant même pour Vienne un agent discret, adroit et fidèle, avec mission de découvrir quelle confiance il pouvait avoir dans les avis qu'on lui avait donnés. Cet homme était recommandé au prince Eugène Beauharnais, qui, se trouvant alors à Vienne et dans l'intimité de l'empereur Alexandre, devait savoir ce qui se passait au congrès. Cet agent se procura bientôt tous les renseignements nécessaires, et les fit parvenir à l'empereur. De plus, il organisa une correspondance active et sûre, à l'aide de laquelle Napoléon devait être mis au courant de tout ce qui se passerait. Outre cette correspondance avec Vienne, Napoléon avait conservé des communications avec Paris, et chaque nouvelle qui en arrivait lui indiquait une réaction puissante contre les Bourbons. Ce fut alors, placé qu'il était dans cette double position, que lui vinrent les premières idées du projet gigantesque qu'il mit bientôt à exécution.

Napoléon fit pour la France ce qu'il avait fait pour Vienne. Il envoya des émissaires munis d'instructions secrètes pour s'assurer plus positivement de la vérité, et nouer, s'il y avait lieu, des intelligences avec ceux de ses amis qui lui étaient restés dévoués et avec ceux des chefs de l'armée qui, se trouvant les plus maltraités, devaient être les plus mécontents. Ces émissaires, à leur retour, confirmèrent la vérité des nouvelles auxquelles Napoléon n'osait croire : ils lui donnèrent en même temps l'assurance qu'une sourde fermentation régnait dans le peuple et dans l'armée, que tous les mécontents, et le nombre en était immense, tournaient les yeux de son côté et imploraient son retour; enfin, qu'une explosion était inévitable, et qu'il était impossible aux Bourbons de lutter long-temps encore contre l'animadversion qu'avaient soulevée l'impéritie et l'imprévoyance de leur gouvernement. Il n'y avait donc plus de doute : d'un côté, le danger; de l'autre, l'espérance : une prison éternelle sur un rocher au milieu de l'Océan, ou l'empire du monde.

Napoléon prit sa résolution avec sa rapidité habituelle : en moins de huit jours tout fut décidé dans son esprit. Il ne s'agissait plus que d'aviser aux préparatifs d'une pareille entreprise sans éveiller les soupçons du commissaire anglais chargé de venir de temps à autre visiter l'île d'Elbe, et sous la surveillance indirecte duquel on avait placé toutes les démarches de l'ex-empereur. Ce commissaire était le colonel Campbell, qui avait accompagné l'empereur lors de son arrivée. Il avait à sa disposition une frégate anglaise, avec laquelle il allait incessamment de Porto-Ferrajo à Gênes, de Gênes à Livourne, et de Livourne à Porto-Ferrajo. Son séjour dans cette dernière rade était ordinairement d'une vingtaine de jours, pendant lesquels le colonel descendait à terre, et allait faire, en apparence, sa cour à Napoléon.

Il fallait aussi tromper les agents secrets qui pouvaient se trouver dans l'île, détourner l'instinctive et clairvoyante sagacité des habitants; enfin, donner entièrement le change sur ses intentions. A cet effet, Napoléon fit continuer avec activité les travaux commencés : il fit faire le tracé de plusieurs nouvelles routes qu'il se proposait d'établir dans tous les sens, en travers et autour de l'île : il fit réparer et rendre propre au roulage celle de Porto-Ferrajo à Porto-Longone; et, comme les arbres étaient fort rares dans l'île, il fit venir du continent une grande quantité de mûriers qu'il planta des deux côtés du chemin. Puis, il s'occupa activement de faire achever sa petite maison de San-Martino, dont les travaux s'étaient ralentis; il commanda en Italie des statues et des vases, y acheta des orangers et des plantes rares; enfin, il parut y donner tous ses soins, comme à une demeure qu'il devait habiter long-temps. A Porto-Ferrajo, il fit démolir les vieilles masures qui entouraient son palais et un long bâtiment qui servait de logement aux officiers jusqu'à la hauteur d'une terrasse dont les dimensions furent augmentées de manière à en faire une place d'armes, et à y passer en revue deux bataillons. Une ancienne église abandonnée fut accordée aux habitants pour la construction d'un théâtre où devaient venir les meilleurs acteurs d'Italie. Toutes les rues furent réparées. La porte de terre n'était praticable que pour des mules : on l'élargit, et, à l'aide d'une terrasse, la route devint facile au transport de toutes sortes de charrois.

Pendant ce temps, et pour donner plus de facilité encore à l'exécution de son projet, il faisait faire au brick *l'Inconstant*, qu'il s'était réservé en

NAPOLÉON A L'ILE D'ELBE.

toute propriété, et au chebec *l'Étoile*, qu'il avait acheté, de fréquents voyages à Gênes, à Livourne, à Naples, sur les côtes de Barbarie, et même en France, afin d'habituer à leur vue les croisières anglaise et française. En effet, ces navires parcoururent successivement, en tous sens et à plusieurs reprises, le littoral de la Méditerranée, avec le pavillon elbois, sans être aucunement inquiétés. C'était ce que voulait Napoléon.

Ce fut alors qu'il s'occupa sérieusement des préparatifs de son départ. Il fit porter la nuit et avec le plus grand secret, à bord de *l'Inconstant*, une grande quantité d'armes et de munitions : il fit renouveler les habits de sa garde, son linge et sa chaussure : il rappela les Polonais qui se trouvaient détachés à Porto-Longone et dans la petite île de la Pianosa, où ils gardaient le fort : il accéléra l'organisation et l'instruction du bataillon de chasseurs, qu'il formait avec des hommes recrutés seulement en Corse et en Italie. Enfin, dans les premiers jours de février, tout se trouva prêt pour profiter de la première occasion favorable qu'amèneraient les nouvelles que l'on attendait de France. Ces nouvelles arrivèrent enfin : c'était un colonel de l'ancienne armée qui en était porteur. Il repartit presque aussitôt pour Naples.

Malheureusement le colonel Campbell et sa frégate étaient en ce moment dans le port. Il fallut attendre, sans marquer la moindre impatience et en l'entourant des égards ordinaires, que le temps de sa station habituelle s'écoulât. Enfin, dans l'après-midi du 24 février, il fit demander la permission de présenter ses hommages à l'empereur : il venait prendre congé de lui et demander ses commissions pour Livourne. Napoléon le reconduisit jusqu'à la porte, et les gens de service purent entendre ces derniers mots qu'il lui adressa : « Adieu, monsieur le colonel ; je vous souhaite un bon voyage. Jusqu'au revoir. »

A peine le colonel était-il sorti que Napoléon fit demander le grand-maréchal : il passa une partie de la journée et de la nuit enfermé avec lui, se coucha à trois heures du matin, et se leva au point du jour. Au premier coup d'œil qu'il jeta sur le port, il vit la frégate anglaise occupée à appareiller. Dès lors, comme si une puissance magique avait enchaîné son regard à ce bâtiment, il ne le quitta plus des yeux : il lui vit déployer l'une après l'autre toutes ses voiles, lever son ancre, se mettre en marche, et, par un bon vent de sud-est, sortir du port et cingler vers Livourne. Alors, il monta sur la terrasse avec une lunette, et continua de suivre la marche du bâtiment qui s'éloignait : vers midi, la frégate ne sembla plus qu'un point blanc sur la mer ; à une heure, elle avait disparu tout à fait.

Aussitôt, Napoléon donna ses ordres. Une des principales dispositions fut un embargo de trois jours mis sur tous les petits bâtiments qui se trouvaient dans le port : les plus petits bateaux furent assujettis à cette mesure, qui fut exécutée à l'instant même. Puis, comme le brick *l'Inconstant* et le chebec *l'Étoile* n'étaient pas suffisants pour le transport, on traita avec les patrons de trois ou quatre navires marchands que l'on choisit parmi les meilleurs voiliers. Le soir même, tous les marchés étaient passés, et les bâtiments à la disposition de l'empereur.

Dans la nuit du 25 au 26, c'est-à-dire du samedi au dimanche, Napoléon convoqua les principales autorités et les plus notables habitants, dont il composa une espèce de conseil de régence; puis, nommant le colonel de la garde nationale, Lapi, commandant de l'île, il confia la défense du pays à ses habitants, en leur recommandant sa mère et sa sœur : enfin, sans indiquer précisément le but de l'expédition qu'il allait tenter, il rassura d'avance ceux auxquels il s'adressait sur le succès qu'elle devait obtenir, promit, en cas de guerre, d'envoyer des secours pour défendre l'île, et leur enjoignit de ne jamais la rendre à aucune puissance que sur un ordre émané de lui.

Le matin, il pourvut à quelques détails concernant sa maison, prit congé de sa famille, et ordonna l'embarquement. A midi, la générale battit. A deux heures, le rappel lui succéda. — Ce fut alors que Napoléon annonça lui-même à ses vieux compagnons d'armes à quelles destinées nouvelles ils étaient appelés. Au nom de la France, à l'espoir d'un prochain retour dans la patrie, un cri d'enthousiasme retentit, des larmes coulèrent : les soldats rompirent leurs rangs, se jetant dans les bras les uns des autres, courant comme des insensés, et se jetant à genoux devant Napoléon comme devant un dieu. Madame-Mère et la princesse Pauline regardaient, en pleurant, cette scène des fenêtres du palais.

A sept heures, l'embarquement était terminé. A huit heures, Napoléon passa du port sur un canot : quelques minutes après, il était à bord de *l'Inconstant*. Au moment où il y mit le pied, un coup de canon se fit entendre : c'était le signal du départ.

Aussitôt la petite flottille appareilla, et, par un vent sud-sud-est assez frais, sortit de la rade, puis du golfe, se dirigeant vers le nord-ouest, et longeant à une certaine distance les côtes d'Italie. Au moment même où elle mettait à la voile, des émissaires partaient pour Naples et Milan, tandis qu'un officier supérieur se dirigeait vers la Corse, afin d'y tenter un soulèvement qui préparerait un refuge à l'empereur, en cas de non-succès en France.

Le 27, au point du jour, chacun monta sur le pont pour s'assurer du chemin qu'on avait fait pendant la nuit. L'étonnement fut grand et cruel lorsqu'on s'aperçut qu'on avait fait tout au plus six lieues : à peine avait-on doublé le cap Saint-André que le vent avait molli, et qu'un calme désespérant lui avait succédé.

Lorsque le soleil eut éclairé l'horizon, on aperçut vers l'ouest, sur les côtes de la Corse, la croisière française, composée de deux frégates, *la Fleur de Lys* et *la Melpomène*. Cette vue répandit l'alarme sur tous les bâtiments : elle fut si grande sur le brick *l'Inconstant*, qui portait l'empereur, la position semblait tellement critique, le danger si imminent, que l'on commença d'agiter la question de retourner à Porto-Ferrajo et d'y attendre un vent favorable. Mais l'empereur fit à l'instant même cesser le conseil et l'indécision, en ordonnant de continuer la route, et en promettant que le calme cesserait. En effet, comme si le vent eût été à ses ordres, il fraîchit vers les onze heures, et, à quatre heures, on se trouva à la hauteur de Livourne, entre Capraja et la Gorgone.

Mais alors une nouvelle alarme plus sérieuse que la première se répandit par toute la flottille : on découvrit tout à coup au nord, sous le vent, à cinq lieues environ, une frégate ; une autre apparut en même temps sur les côtes de la Corse ; enfin, dans l'éloignement, on vit poindre un autre bâtiment de guerre qui venait vent arrière sur la flottille. Il n'y avait plus à tergiverser, il fallait sur-le-champ prendre un parti : la nuit allait venir, et l'on pouvait à la faveur de l'obscurité échapper aux frégates ; mais le bâtiment de guerre avançait toujours, et l'on ne tarda point à le reconnaître pour un brick français. La première idée qui se présenta alors à l'esprit de tout le monde fut que l'entreprise avait été découverte ou vendue, et qu'on allait se trouver en face de forces supérieures. L'empereur seul soutint que le hasard avait rassemblé ces trois bâtiments, étrangers l'un à l'autre, dans une position qui semblait hostile, certain qu'il était qu'une expédition conduite avec tant de mystère ne pouvait avoir été prévue assez à temps pour qu'on eût pu mettre une escadre tout entière à sa poursuite. Malgré cette conviction, il ordonna d'ôter les sabords, et décida qu'en cas d'attaque on irait droit à l'abordage, bien certain qu'avec son équipage de vieux soldats il enlèverait le brick d'emblée, et pourrait ensuite continuer sa route tranquillement, en se dérobant par une contre-marche de nuit à la poursuite des frégates. Cependant, toujours dans l'espoir que c'était le hasard seul qui avait réuni sur ce point les trois bâtiments que l'on avait en vue, il ordonna aux soldats et à toutes les personnes qui pouvaient éveiller les soupçons de descendre sous le pont : des signaux transmirent aussitôt le même ordre aux autres navires.

Ces dispositions prises, on attendit l'événement.

A six heures du soir les deux bâtiments se trouvèrent en présence et à portée de la voix : bien que la nuit commençât à descendre avec rapidité, on reconnut le brick français *le Zéphyr*, capitaine Andrieux. Au reste, il était facile de voir à sa manœuvre qu'il se présentait avec des intentions toutes pacifiques : ainsi se vérifiaient les prévisions de l'empereur. En se reconnaissant les deux bricks se saluèrent selon l'usage, et tout en continuant leur marche échangèrent quelques paroles. Les deux capitaines se demandèrent réciproquement quel était le lieu de leur destination. Le capitaine Andrieux répondit qu'il allait à Livourne ; la réponse de *l'Inconstant* fut qu'il allait à Gênes, et qu'il se chargerait volontiers de commissions pour ce pays. Le capitaine Andrieux remercia, et demanda comment se portait l'empereur : à cette question, Napoléon ne put résister au désir de se mêler à une conversation si intéressante pour lui, il prit le porte-voix des mains du capitaine Chotard, et répondit : *à merveille*. Puis, ces politesses échangées, les deux bricks continuèrent leur route, se perdant réciproquement dans la nuit.

On continua de marcher sous toutes voiles, et par un temps très-frais, de sorte que le lendemain, 28, on doubla le cap Corse. Ce jour encore, on reconnut un bâtiment de guerre de 74, au large, et se dirigeant sur Bastia : mais celui-là ne causa aucune inquiétude ; dès le premier moment, on reconnut qu'il n'avait point de mauvaises intentions.

Avant de quitter l'île d'Elbe, Napoléon avait rédigé deux proclamations ; mais lorsqu'il voulut les faire mettre au net, personne, pas même lui, ne les put déchiffrer : il les jeta alors à la mer et en dicta aussitôt deux autres, l'une adressée à l'armée, l'autre au peuple français ; tous ceux qui savaient écrire furent aussitôt transformés en secrétaires, tout devint pupitre, tambours, bancs, bonnets, et chacun se mit à l'ouvrage. Au milieu de ce travail, on aperçut les côtes d'Antibes : elles furent saluées par des cris d'enthousiasme.

Le 1ᵉʳ mars, à trois heures, la flottille mouilla au golfe Juan : à cinq heures Napoléon mit pied à terre, et le bivouac fut établi dans un bois d'oliviers, où l'on montre encore celui au pied duquel s'assit l'empereur. Vingt-cinq grenadiers et un officier de la garde furent, à l'instant même, envoyés à Antibes pour tâcher de rallier à eux la garnison : mais, entraînés par leur enthousiasme, ils entrèrent dans la ville en criant *vive l'empereur !* On ignorait le débarquement de Napoléon, on les prit pour des insensés, le commandant fit lever le pont, et les vingt-six braves se trouvèrent prisonniers.

Un pareil événement était un échec véritable : aussi quelques officiers proposèrent-ils à Napoléon de marcher sur Antibes et de l'enlever de vive force, afin de prévenir le mauvais effet que pourrait produire sur l'esprit public la résistance de cette place. Napoléon répondit que c'était sur Paris et non sur Antibes qu'il fallait marcher, et, joignant l'exemple à la parole, il leva le bivouac au lever de la lune.

La petite armée atteignit Cannes au milieu de la nuit, traversa Grasse vers les six heures du matin, et fit halte sur une hauteur qui domine la ville. A peine Napoléon y était-il établi qu'il fut entouré des populations environnantes, chez lesquelles le bruit de son miraculeux débarquement s'était déjà répandu : il les reçut comme il eût fait aux Tuileries, écoutant les plaintes, recevant les pétitions, promettant de faire justice. L'empereur croyait trouver à Grasse une route qu'il avait commandée en 1813, mais la route n'était pas faite ; il fallut donc qu'il se décidât à laisser dans la ville sa voiture et les quatre petites pièces d'artillerie qu'il avait amenées de l'île d'Elbe. On prit par des sentiers de montagnes encore couverts de neige, et le soir on alla coucher, après avoir fait vingt lieues, au village de Cérénon : le 3 mars, on arriva à Barême; le 4, à Digne; le 5, à Gap : dans cette ville on s'arrêta le temps nécessaire à l'impression des proclamations, que, dès le lendemain, on répandit par milliers sur la route.

Cependant l'empereur n'était pas sans inquiétude. Jusqu'alors il n'avait eu affaire qu'aux populations, et leur enthousiasme n'était pas douteux; mais aucun soldat ne s'était présenté, aucun corps organisé ne s'était rallié à la petite armée, et c'était avant tout sur les régiments envoyés à sa rencontre que Napoléon désirait que sa présence opérât. Le moment tant craint et tant désiré arriva enfin : entre Lamure et Vizille, le général Cambronne, marchant à l'avant-garde avec quarante grenadiers, rencontra un bataillon envoyé de Grenoble pour fermer la route : le chef du détachement refusa de reconnaître le général Cambronne, et celui-ci envoya prévenir l'empereur de ce qui arrivait. Napoléon suivait la route dans une mauvaise voiture de voyage que l'on s'était procurée à Gap, lorsqu'il apprit cette nouvelle : il fit aussitôt approcher son cheval, monta dessus et s'avança au galop jusqu'à cent pas à peu près des soldats qui formaient la haie, sans qu'un seul cri ni une seule acclamation saluassent sa personne.

Le moment de perdre ou de gagner la partie était venu. La disposition du terrain ne permettait pas de reculer : à gauche de la route, une montagne à pic; à droite, une petite prairie, de trente pas de large à peine, bordée par un précipice; en face, le bataillon sous les armes, s'étendant du précipice à la montagne.

Napoléon s'arrêta sur un petit monticule, à dix pas d'un ruisseau qui traverse la prairie, puis, se retournant vers le général Bertrand et lui jetant la bride de son cheval aux mains : — « On m'a trompé, lui dit-il ; mais n'importe, en avant! » — A ces mots il met pied à terre, traverse le ruisseau, marche droit au bataillon qui reste toujours immobile, et, s'arrêtant à vingt pas de la ligne, au moment où l'aide-de-camp du général Marchand tire son épée et ordonne de faire feu. — « Eh quoi! mes amis, leur dit-il, ne me reconnaissez-vous point? je suis votre empereur. S'il est parmi vous un soldat qui veuille tuer son général, il le peut, me voilà. » — Ces paroles étaient à peine prononcées que le cri de *vive l'empereur!* s'élance de toutes les bouches : l'aide-de-camp ordonne une seconde fois de faire feu, mais sa voix est étouffée au milieu des clameurs : en même temps, et tandis que quatre lanciers polonais se mettent à sa poursuite, les soldats se débandent, s'élancent en avant, entourent Napoléon, tombent à ses pieds, lui baisent les mains, arrachent la cocarde blanche, lui substituent la cocarde tricolore, et tout cela avec des cris, des acclamations, un délire qui font venir les larmes aux yeux de leur ancien général. Bientôt il se rappelle qu'il n'y a pas un seul instant à perdre, il ordonne de faire demi-tour à droite, prend la tête de la colonne, et, précédé de Cambronne et de ses quarante grenadiers, suivi du bataillon qu'on a envoyé pour lui fermer le passage, il arrive au haut de la montagne de Vizille, d'où il voit, une demi-lieue plus bas, l'aide-de-camp toujours poursuivi par les quatre lanciers sur lesquels il gagne, grâce à son cheval frais, s'enfoncer dans la ville, puis bientôt reparaître à l'autre extrémité, et ne leur échapper qu'en prenant un chemin de traverse où leurs chevaux, écrasés de fatigue, ne peuvent pas le suivre.

Cependant cet homme qui fuit et ces quatre hommes qui le poursuivent, en passant comme l'éclair à travers les rues de Vizille, ont tout dit par leur seule présence : le matin on a vu passer l'aide-de-camp à la tête de son bataillon, et voilà qu'il repasse seul et poursuivi ; ce qu'on a dit est donc vrai, Napoléon s'avance donc, entouré de l'amour du peuple et des soldats : chacun sort, s'interroge, s'excite : tout à coup on aperçoit le cortége au milieu de la côte de Lamure ; hommes, femmes, enfants, chacun s'élance au-devant de lui, la ville tout entière l'entoure avant qu'il soit arrivé à ses portes, tandis que les paysans descendent des montagnes, bondissant comme des chamois, et faisant retentir de rocher en rocher le cri de *vive l'empereur !*

Napoléon fait halte à Vizille. Vizille est le berceau de la liberté française : 1815 n'a pas été parjure à 1789 : l'empereur est reçu par une population ivre de joie. Mais Vizille n'est qu'une ville sans porte, sans murailles, sans garnison ; il faut marcher sur Grenoble : une partie des habitants accompagne Napoléon.

A une lieue de Vizille, on aperçoit sur la route un officier d'infanterie qui accourt, tout couvert de poussière ; comme le Grec de Marathon, il est prêt à tomber de fatigue : il apporte de riches nouvelles.

Vers deux heures de l'après-midi, le 7ᵉ régiment d'infanterie, commandé par le colonel Labédoyère, est parti de Grenoble pour s'avancer contre l'empereur. Mais, à une demi-lieue de la ville, le colonel, qui marchait à cheval en tête de son régiment, a fait tout à coup volte-face et a commandé une halte. Aussitôt un tambour s'est approché du colonel, lui présentant sa caisse : le colonel y a plongé la main, en a tiré une aigle, et, se levant sur ses étriers, afin que tout le monde pût le voir : « Soldats ! s'est-il écrié, voici le signe glorieux qui vous guidait dans nos immortelles journées. Celui qui nous conduisit si souvent à la victoire s'avance vers nous pour venger notre humiliation et nos revers. Il est temps de voler sous son drapeau, qui ne cessa jamais d'être le nôtre. Que ceux qui m'aiment me suivent ! Vive l'empereur ! » — Tout le régiment a suivi. L'officier a voulu être le premier à apporter cette nouvelle à l'empereur, et il a pris les devants, mais le régiment tout entier est derrière lui.

Napoléon pique son cheval et pousse en avant ; toute sa petite armée le suit, criant et courant. Arrivé au haut d'une colline, il aperçoit le régiment de Labédoyère qui s'avance au pas accéléré. A peine a-t-il été aperçu, que les cris de *vive l'empereur!* retentissent. Ces cris sont entendus par les braves de l'île d'Elbe, qui y répondent. Alors, personne ne conserve plus de rang, chacun court, chacun s'élance : Napoléon se jette au milieu du renfort qui lui arrive : Labédoyère s'élance à bas de son cheval pour embrasser les genoux de Napoléon ; celui-ci le reçoit dans ses bras, le presse sur sa poitrine : « Colonel, lui dit l'empereur, c'est vous qui me replacez sur le trône. » Labédoyère est fou de joie. Cet embrassement lui coûtera la vie, mais qu'importe? on a vécu un siècle quand on a entendu de telles paroles.

On se remet en route à l'instant, car Napoléon n'est pas tranquille tant qu'il n'est pas à Grenoble. Grenoble a une garnison qui, dit-on, doit tenir. Vainement les soldats répondent-ils à l'empereur de leurs camarades ; l'empereur, tout en paraissant convaincu comme eux, ordonne de marcher sur la ville.

Napoléon arrive à huit heures du soir sous les murs de Grenoble. Les remparts sont couverts par le 3ᵉ régiment du génie, composé de deux mille vieux soldats, par le 4ᵉ régiment d'artillerie de ligne, dans lequel Napoléon a servi, par deux bataillons du 5ᵉ de ligne et par les hussards du 4ᵉ. Au reste, la marche de l'empereur a été si rapide qu'elle a déjoué toutes les mesures ; on n'a pas eu le temps de couper les ponts : mais les portes sont fermées et le commandant refuse de les ouvrir.

Napoléon comprend qu'un moment d'hésitation le perd : la nuit lui enlève le prestige de sa présence : tous les yeux le cherchent sans doute, mais personne ne le voit. Il ordonne à Labédoyère de haranguer les artilleurs : alors le colonel monte sur un tertre et crie d'une voix forte :

« Soldats, nous vous ramenons le héros que vous avez suivi dans tant de batailles : c'est à vous de le recevoir et de répéter avec nous l'ancien cri de ralliement des vainqueurs de l'Europe : *Vive l'empereur!* »

En effet, ce cri magique est à l'instant même répété, non-seulement sur les remparts, mais encore dans tous les quartiers de la ville : chacun alors se précipite vers les portes ; mais les portes sont fermées, et le commandant en a les clefs. De leur côté, les soldats qui accompagnent Napoléon s'approchent : on se parle, on se répond, on se donne la main à travers les guichets, mais on n'ouvre pas. L'empereur frémit d'une impatience qui n'est pas sans inquiétude.

Tout à coup les cris *place! place!* se font entendre : c'est la population tout entière du faubourg Très-Cloître qui s'avance avec des poutres pour enfoncer les portes. Chacun se range : les béliers commencent leur office ; les portes gémissent, s'ébranlent, s'ouvrent : six mille hommes débordent à la fois. Ce n'est plus de l'enthousiasme : c'est de la fureur, c'est de la rage. Ces hommes se précipitent sur Napoléon comme s'ils allaient le mettre en pièces : en un instant, il est enlevé de son cheval, entraîné, emporté avec des cris frénétiques ; jamais, dans aucune bataille, il n'a couru danger pareil ; tout le monde tremble pour lui, car lui seul peut comprendre que le flot qui l'emporte est tout d'amour. Enfin, il s'arrête dans un hôtel : son état-major le rejoint et l'entoure. A peine chacun commence-t-il à respirer qu'on entend un nouveau tumulte : ce sont les habitants de la ville qui, ne pouvant lui en apporter les clefs, viennent lui en offrir les portes.

La nuit n'est qu'une longue fête pendant laquelle soldats, bourgeois et paysans fraternisent ensemble. Cette nuit, Napoléon l'emploie à faire réimprimer ses proclamations. Le 8 au matin, elles sont affichées et répandues de tous côtés; des émissaires sortent de la ville et les portent sur tous les points, annonçant la prise de possession de la capitale du Dauphiné, et la prochaine intervention de l'Autriche et du roi de Naples. C'est à Grenoble seulement que Napoléon est certain d'arriver jusqu'à Paris. Dans la journée, le clergé, l'état-major, la cour, les tribunaux et toutes les autorités civiles et militaires viennent offrir leurs félicitations à l'empereur. L'audience finie, il passe la garnison, forte de six mille hommes, en revue, et s'achemine aussitôt sur Lyon.

Le lendemain, après avoir rendu trois décrets qui signalent le retour entre ses mains du pouvoir impérial, il se remet en route, et va coucher à Bourgoin. La foule et l'enthousiasme vont toujours augmentant : on dirait que la France tout entière l'accompagne et s'avance avec lui vers la capitale.

Sur la route de Bourgoin à Lyon, Napoléon apprend que le duc d'Orléans, le comte d'Artois et le maréchal Macdonald veulent défendre la ville, et qu'on va couper le pont Morand et le pont de la Guillotière. Il rit de ces dispositions auxquelles il ne croit pas, car il connaît le patriotisme des Lyonnais, et ordonne au 4° hussards de pousser une reconnaissance jusqu'à la Guillotière. Le régiment est accueilli aux cris de *vive l'empereur!* Ces cris arrivent jusqu'à Napoléon, qui le suit à la distance d'un quart de lieue à peu près : il met son cheval au galop, et arrive seul et confiant, au moment où on l'attend le moins, au milieu de cette population dont il change par sa présence l'exaltation en folie. Dans le même instant, soldats des deux partis se jettent sur les barricades qui les séparent, et travaillent avec une égale ardeur à les démolir : au bout d'un quart d'heure, ils sont dans les bras l'un de l'autre.

A cinq heures du soir, la garnison tout entière s'élance au-devant de l'empereur. Une heure après, l'armée prend possession de la ville. A huit heures, Napoléon fait son entrée dans la seconde capitale du royaume. Pendant quatre jours qu'il y resta, il eut constamment vingt mille âmes sous ses fenêtres.

Le 13, l'empereur partit de Lyon et coucha à Mâcon. L'enthousiasme allait toujours croissant. Ce n'était plus seulement quelques individus isolés, c'étaient les magistrats qui venaient le recevoir aux portes des villes. Le 17, ce fut un préfet qui le reçut à Auxerre : c'était la première autorité supérieure qui hasardât une pareille démonstration. Dans la soirée, on annonça le maréchal Ney : il venait, honteux de sa froideur en 1814 et de ses serments à Louis XVIII, demander une place dans les rangs des grenadiers. Napoléon lui ouvrit les bras, l'appela *le brave des braves*, et tout fut oublié. Encore un embrassement mortel.

Le 20 mars, à deux heures de l'après-midi, Napoléon arriva à Fontainebleau. Ce château gardait de terribles souvenirs : dans une de ses chambres, il avait pensé perdre la vie; dans une autre, il avait perdu l'empire. Il n'y fit qu'une halte d'un instant, et continua sa marche triomphale sur Paris.

Il y arriva le soir, comme à Grenoble, comme à Lyon, à la fin d'une de ses longues journées, et à la tête des troupes qui gardaient les faubourgs. Il aurait pu, s'il eût voulu, y rentrer avec deux millions d'hommes.

A huit heures et demie du soir, il entra dans la cour des Tuileries. Là, on se précipite sur lui ainsi qu'on a fait à Grenoble; mille bras s'étendent, le saisissent, l'emportent, avec des cris et un délire dont on n'a point d'idée : la foule est telle qu'il n'y a pas moyen de la maîtriser; c'est un torrent auquel il faut laisser son cours. Napoléon ne peut dire que ces paroles : « Mes amis, vous m'étouffez! » Dans les appartements, Napoléon trouve une autre foule, foule dorée et respectueuse, foule de courtisans, de généraux, de maréchaux. Ceux-là n'étouffent point Napoléon : ils se courbent devant lui. « Messieurs, leur dit l'empereur, ce sont les gens désintéressés qui m'ont ramené dans ma capitale : ce sont les sous-lieutenants et les soldats qui ont tout fait; c'est au peuple, c'est à l'armée que je dois tout. »

La nuit même, Napoléon s'occupa de tout réorganiser. Cambacérès fut nommé à la justice, le duc de Vicence aux affaires étrangères, le maréchal Davoust à la guerre, le duc de Gaëte aux finances, Decrès à la marine, Fouché à la police, Carnot à l'intérieur; le duc de Bassano fut replacé à la secrétairerie d'État, le comte Mollien rentra au trésor, le duc de Rovigo fut nommé commandant général de la gendarmerie, M. de Montalivet devint intendant de la liste civile, Letort et Labédoyère furent faits généraux, Bertrand et Drouot furent maintenus dans leurs places de grand-maréchal du palais et de major général de la garde; enfin, tous les chambellans, écuyers, maîtres des cérémonies de 1814, furent rappelés.

Le 26 mars, tous les grands corps de l'empire furent appelés à exprimer à Napoléon les vœux de la France. Le 27 mars, on eût dit que les Bourbons n'avaient jamais existé, et toute la nation crut avoir fait un rêve!

Les événements qui suivirent sont tellement connus qu'il suffira d'indiquer leur date : il y a des époques où les chiffres et les noms sont pleins de souvenirs.

Le 1er juin, assemblée du Champ-de-Mai et ouverture des chambres;

Le 12 juin, Napoléon quitte Paris; il arrive à Avesnes le 13, après avoir visité les fortifications de Laon et de Soissons;

Le 14, ouverture de la campagne;

Le 16, bataille de Ligny;

Le 17, combat de Fleurus;

Le 18, Waterloo!

Napoléon est de retour à Paris le 21 : le 22, la chambre des pairs et la chambre des députés se déclarent en permanence, et déclarent traître à la patrie quiconque voudra les suspendre ou les dissoudre; le même jour, Napoléon abdique en faveur de son fils.

Le 8 juillet, Louis XVIII rentre à Paris.

Le 14, Napoléon, après avoir refusé l'offre du capitaine Baudin, aujourd'hui amiral, qui lui propose de le conduire aux États-Unis, passe à bord du *Bellérophon*, commandé par le capitaine Maitland, et écrit au prince-régent d'Angleterre :

« Altesse royale, en butte aux factions qui divisent mon pays, et à l'inimitié des plus grandes puissances de l'Europe, j'ai consommé ma carrière politique. Je viens, comme Thémistocle, m'asseoir au foyer du peuple britannique. Je me mets sous la protection de ses lois, que je réclame de votre altesse royale, comme celle du plus puissant, du plus constant, du plus généreux de mes ennemis.

» NAPOLÉON. »

Le 16 juillet, *le Bellérophon* fit voile pour l'Angleterre; le 24, il mouilla à Torbay, où Napoléon apprit que le général Gourgaud, porteur de sa lettre, n'avait pu communiquer avec la terre, et avait été forcé de se dessaisir de ses dépêches; le 26 au soir, *le Bellérophon* entra dans la rade de Plymouth. Là, les premiers bruits de déportation à Sainte-Hélène se répandirent : Napoléon ne voulut pas y croire. Le 30 juillet, un commissaire signifia à Napoléon la résolution relative à sa déportation à Sainte-Hélène. Napoléon, indigné, prit une plume et écrivit :

« Je proteste solennellement ici, à la face du ciel et des hommes, contre la violence qui m'est faite, contre la violation de mes droits les plus sacrés, en disposant par la force de ma personne et de ma liberté. Je suis venu librement à bord du *Bellérophon*; je ne suis pas le prisonnier, je suis l'hôte de l'Angleterre. J'y suis venu à l'instigation même du capitaine, qui a dit avoir des ordres du gouvernement de me recevoir, et de me conduire en Angleterre avec ma suite, si cela m'était agréable. Je me suis présenté de bonne foi, pour venir me mettre sous la protection des lois de l'Angleterre. Aussitôt assis à bord du *Bellérophon*, je fus sur le foyer du peuple britannique. Si le gouvernement, en donnant ordre au capitaine du *Bellérophon* de me recevoir ainsi que ma suite, n'a voulu que tendre une embûche, il a forfait à l'honneur et flétri son pavillon. Si cet acte se consommait, ce serait en vain que les Anglais voudraient désormais parler de leur loyauté, de leurs lois et de leur liberté : la foi britannique se trouvera perdue dans l'hospitalité du *Bellérophon.* J'en appelle à l'histoire : elle dira qu'un ennemi, qui fit long-temps la guerre au peuple anglais, vint librement, dans son infortune, chercher un asile sous ses lois : quelle plus grande preuve pouvait-il lui donner de son estime et de sa confiance? Mais comment répondit-on, en Angleterre, à une telle magnanimité? On feignit de tendre une main hospitalière à cet ennemi; et quand il se fut livré de bonne foi, on l'immola!

» NAPOLÉON, à bord du *Bellérophon*, en mer. »

Le 7 août, malgré cette protestation, Napoléon fut forcé de quitter *le Bellérophon* pour passer à bord du *Northumberland :* l'ordre ministériel portait d'ôter à Napoléon son épée; l'amiral Keith eut honte d'un pareil ordre, et ne voulut pas le mettre à exécution.

Le lundi, 7 août 1815, *le Northumberland* appareilla pour Sainte-Hélène. Le 16 octobre, soixante-dix jours après son départ de l'Angleterre, et cent dix jours après avoir quitté la France, Napoléon toucha le rocher dont il devait faire un piédestal.

Quant à l'Angleterre, elle accepta dans toute son étendue la honte de sa trahison : et, à compter du 16 octobre 1815, les rois eurent leur Christ et les peuples leur Judas.

NAPOLÉON A SAINTE-HÉLÈNE.

L'empereur coucha le même soir dans une espèce d'auberge où il se trouva fort mal. Le lendemain, à six heures du matin, il partit à cheval avec le grand-maréchal Bertrand et l'amiral Keith pour Longwood, maison que ce dernier avait arrêtée pour sa résidence, comme la plus convenable de l'île. En revenant, l'empereur s'arrêta à un petit pavillon dépendant d'une maison de campagne, appelé Briars, qui appartenait à un négociant de l'île, nommé M. Balcombe. C'était son logis temporaire, et il devait demeurer là tant que Longwood ne serait pas en état de le recevoir. Il avait été si mal la veille, que, quoique ce petit pavillon fût presque entièrement dégarni, il ne voulut pas revenir à la ville.

Le soir, quand Napoléon voulut se coucher, il se trouva qu'une fenêtre sans vitrages, sans contrevents et sans rideaux, donnait sur son lit. M. de Las-Cases et son fils la barricadèrent du mieux qu'ils purent, et gagnèrent une mansarde où ils se couchèrent chacun sur un matelas; les valets de chambre, enveloppés de leurs manteaux, s'étaient jetés en travers de la porte. Le lendemain, Napoléon déjeuna, sans nappe ni serviette, avec le reste du dîner de la veille. Ce n'était que le prélude de la misère et des privations qui l'attendaient à Longwood.

Cependant, peu à peu cette position s'améliora; on fit venir du *Northumberland* le linge et l'argenterie; le colonel du 53ᵉ avait fait offrir une tente, que l'on dressa en prolongement de la chambre de l'empereur : dès lors, Napoléon, avec sa régularité ordinaire, songea à mettre un peu d'ordre dans ses journées.

A dix heures, l'empereur faisait appeler M. de Las-Cases pour déjeuner avec lui : le déjeuner fini, et après une demi-heure de conversation, M. de Las-Cases relisait ce qui lui avait été dicté la veille; cette lecture achevée, Napoléon continuait de dicter jusqu'à quatre heures. A quatre heures, il s'habillait et sortait pour qu'on pût faire sa chambre, descendait dans le jardin, qu'il affectionnait beaucoup, et au bout duquel une espèce de berceau recouvert en toile, comme une tente, lui offrait un abri contre le soleil : il s'asseyait ordinairement sous ce berceau, où l'on avait apporté une table et des chaises; là, il dictait à celui de ses compagnons qui arrivait de la ville pour ce travail, jusqu'à l'heure du dîner, qui était fixée à sept heures. Le reste de la soirée, on lisait ou du Racine, ou du Molière, car on n'avait pas de Corneille : Napoléon appelait cela aller à la comédie ou à la tragédie. Enfin, il se couchait le plus tard qu'il pouvait, attendu que, lorsqu'il se couchait de bonne heure, il se réveillait au milieu de la nuit et ne pouvait plus se rendormir. En effet, quel est celui des damnés de Dante qui eût voulu troquer son supplice contre les insomnies de Napoléon?

Au bout de quelques jours, il se trouva fatigué et malade. On avait mis trois chevaux à sa disposition, et, pensant qu'une promenade lui ferait du bien, il arrangea avec le général Gourgaud et le général Montholon une cavalcade pour le lendemain : mais dans la journée il apprit qu'un officier anglais avait ordre de ne pas le perdre de vue; aussitôt il renvoya les chevaux, en disant que tout était calcul dans la vie, et que dès que le mal d'apercevoir son geôlier était plus grand que le bien que pouvait procurer l'exercice, c'était un gain tout clair que de rester chez soi. L'empereur remplaça cette distraction par des promenades de nuit qui duraient quelquefois jusqu'à deux heures du matin.

Enfin, le dimanche 10 décembre, l'amiral fit prévenir Napoléon que sa maison de Longwood était prête; et, le même jour, l'empereur s'y rendit à cheval. L'objet qui lui causa le plus vif plaisir, dans son nouvel ameublement, fut une baignoire en bois, que l'amiral était parvenu à faire exécuter, sur ses dessins, par un charpentier de la ville, une baignoire étant un meuble inconnu à Longwood; le même jour, Napoléon en profita. Le lendemain, le service de l'empereur commença à s'organiser; il se divisait en trois séries, chambre, livrée et bouche, et se composait de onze personnes. Quant à la haute maison, tout fut à peu près réglé comme à l'île d'Elbe : le grand-maréchal Bertrand conserva le commandement et la surveillance générale, M. de Montholon fut chargé des détails domestiques, le général Gourgaud eut la direction de l'écurie; et M. de Las-Cases surveilla l'administration intérieure.

La division de la journée était à peu près la même qu'à Briars. A dix heures, l'empereur déjeunait dans sa chambre sur un guéridon, tandis que le grand-maréchal et ses compagnons mangeaient à une table de service, où ils étaient libres de faire des invitations particulières. Comme il n'y avait pas d'heure fixe pour la promenade, la chaleur étant très-forte le jour, l'humidité prompte et grande le soir, et que les chevaux de selle et la voiture, qui devaient toujours venir du Cap, n'arrivaient jamais, l'empereur travaillait une partie de la journée, soit avec M. de Las-Cases, soit avec le général Gourgaud ou le général Montholon. De huit à neuf heures on dînait rapidement, la salle à manger ayant conservé une odeur de peinture insupportable à l'empereur : puis on passait au salon, où était préparé le dessert. Là, on lisait Racine, Molière ou Voltaire, en regrettant de plus en plus Corneille. Enfin, à dix heures, on se mettait à une table de reversis, jeu favori de l'empereur, et auquel on restait ordinairement jusqu'à une heure du matin.

Toute la petite colonie était logée à Longwood, à l'exception du maréchal Bertrand et de sa famille qui habitaient Hut's Gate, mauvaise petite maison située sur la route de la ville.

L'appartement de l'empereur était composé de deux chambres, chacune de quinze pieds de long sur douze de large et environ sept de haut : des pièces de nankin, tendues en guise de papier, les garnissaient toutes deux ; un mauvais tapis en couvrait le plancher. Dans la chambre à coucher était le petit lit de campagne où couchait l'empereur, un canapé, sur lequel il reposait la plus grande partie de la journée, au milieu des livres dont il était encombré ; à côté, un petit guéridon sur lequel il déjeunait et dînait dans son intérieur, et qui, le soir, portait un chandelier à trois branches recouvert d'un grand chapiteau. Entre les deux fenêtres, et à l'opposite de la porte, était une commode contenant le linge de l'empereur et sur laquelle était son grand nécessaire. La cheminée, surmontée d'une fort petite glace, était ornée de plusieurs tableaux. A droite était le portrait du roi de Rome, à cheval sur un mouton ; à gauche, et en pendant, était un autre portrait du roi de Rome, assis sur un coussin et essayant une pantoufle ; au milieu de la cheminée était un buste en marbre du même enfant royal ; deux chandeliers, deux flacons et deux tasses de vermeil, tirés du nécessaire de l'empereur, complétaient la garniture de la cheminée. Enfin, auprès du canapé, et précisément en face de l'empereur quand il y reposait étendu, était le portrait de Marie-Louise tenant son fils entre ses bras, peint par Isabey. En outre, sur la gauche de la cheminée, et en dehors des portraits, était la grosse montre d'argent du grand Frédéric, espèce de réveil-matin pris à Potsdam, et, en regard, la propre montre de l'empereur, celle qui avait sonné l'heure de Marengo et d'Austerlitz, recouverte en or des deux côtés, et portant la lettre B.

La seconde pièce, servant de cabinet, n'eut d'abord pour tout meuble que des planches brutes, posées sur de simples tréteaux, supportant bon nombre de livres épars et les divers chapitres écrits par chacun des généraux ou secrétaires sous la dictée de l'empereur : ensuite, entre les deux fenêtres, une armoire en forme de bibliothèque ; à l'opposite, un lit, semblable au premier, et sur lequel l'empereur reposait parfois le jour et se couchait même la nuit, après avoir quitté le premier, dans ses fréquentes et longues insomnies ; enfin, dans le milieu était la table de travail, avec l'indication des places qu'occupaient ordinairement l'empereur, lorsqu'il dictait, et MM. de Montholon, Gourgaud ou de Las-Cases, lorsqu'ils écrivaient.

Tels étaient la vie et le palais de l'homme qui avait tour à tour habité les Tuileries, le Kremlin et l'Escurial.

Cependant, malgré la chaleur du jour, malgré l'humidité du soir, malgré l'absence des choses les plus nécessaires à la vie commune, l'empereur eût supporté avec patience toutes ces privations, si l'on n'avait pris à tâche de l'entourer, de le traiter, non-seulement comme prisonnier dans l'île, mais encore comme prisonnier dans sa maison. On avait décidé, comme nous l'avons dit, que lorsque Napoléon monterait à cheval, un officier l'accompagnerait toujours : Napoléon avait pris le parti de ne plus sortir. Alors sa constance avait lassé ses geôliers, et on avait levé cette consigne, pourvu qu'il demeurât dans certaines limites ; mais, dans ces limites, il était enfermé par un cercle de sentinelles : un jour, une de ces sentinelles coucha l'empereur en joue, et le général Gourgaud lui arracha son fusil au moment où probablement elle allait faire feu. Cette enceinte ne permettait guère, au reste, qu'une demi-lieue de course, et comme l'empereur ne voulait pas la dépasser, pour s'épargner la compagnie de son gardien, il prolongeait sa promenade en descendant, par des chemins à peine frayés, dans des ravins profonds où il est incroyable qu'il ne se soit pas dix fois précipité.

Malgré ce changement dans ses habitudes, la santé de l'empereur se maintint assez bonne pendant les six premiers mois. Mais l'hiver suivant, le temps étant devenu constamment mauvais, l'humidité et la pluie ayant envahi les appartemens de carton qu'il habitait, il commença à éprouver de fréquentes indispositions qui se manifestaient par des lourdeurs et des engourdissements. Au reste, Napoléon n'ignorait pas que l'air était des plus insalubres, et qu'il était rare de rencontrer dans l'île une personne ayant atteint l'âge de cinquante ans.

Sur ces entrefaites, un nouveau gouverneur arriva et fut présenté par l'amiral à l'empereur : c'était un homme d'environ quarante-cinq ans, d'une taille commune, mince, maigre, sec, rouge de visage et de chevelure, marqueté de tâches de rousseur, avec des yeux obliques se fixant à la dérobée, ne regardant que rarement en face, et recouverts de sourcils d'un blond ardent, épais et fort proéminents. Il se nommait sir Hudson Lowe. A partir du jour de son arrivée, de nouvelles vexations commencèrent, qui devinrent de plus en plus intolérables. Son début fut d'envoyer à l'empereur deux pamphlets contre lui. Puis il fit subir à tous les domestiques un interrogatoire pour savoir d'eux si c'était librement et de leur pleine volonté qu'ils demeuraient avec l'empereur. Ces nouvelles contrariétés lui occasionnèrent bientôt une de ces indispositions auxquelles il devenait de plus en plus sujet : elle dura cinq jours, pendant lesquelles il ne sortit pas, mais cependant continua de dicter sa campagne d'Italie.

Bientôt les vexations du gouverneur s'augmentèrent encore : il porta l'oubli des plus simples convenances jusqu'à inviter à dîner chez lui *le général Buonaparte*, pour le faire voir à une Anglaise de distinction qui avait relâché à Sainte-Hélène. Napoléon ne répondit pas même à l'invitation. Les persécutions redoublèrent.

Personne ne put désormais écrire sans avoir préalablement communiqué la lettre au gouverneur, et toute lettre donnant à Napoléon le titre d'empereur était confisquée.

On fit signifier au général Bonaparte que la dépense qu'il faisait était trop grande, que le gouvernement n'avait entendu lui donner qu'une table journalière de quatre personnes au plus, une bouteille de vin par jour pour chaque personne, et un dîner prié par semaine : s'il y avait des dépenses excédantes, le général Bonaparte et les personnes de sa suite devaient les payer. L'empereur fit briser son argenterie et l'envoya à la ville : mais le gouverneur fit dire qu'il entendait qu'elle ne fût vendue qu'à l'homme qu'il présenterait ; l'homme qu'il présenta donna six mille francs du premier envoi qui avait été fait : c'était les deux tiers à peine de la valeur de cette argenterie prise au poids.

L'empereur prenait un bain tous les jours : on lui fit dire qu'il devait se contenter d'un bain par semaine, l'eau étant rare à Longwood. Il y avait quelques arbres sous lesquels il allait parfois se promener, et qui donnaient la seule ombre qu'il y eût dans la limite assignée à ses promenades : le gouverneur les fit abattre ; et comme l'empereur se plaignait de cette cruauté, il répondit qu'il ignorait que ces arbres fussent agréables au général Bonaparte, mais que, du moment qu'il les regrettait, *on en planterait d'autres*.

Alors, Napoléon avait parfois des mouvements d'emportement sublimes. Cette réponse en excita un. « Le plus mauvais procédé des ministres anglais, s'écria-t-il, n'est plus désormais de m'avoir envoyé ici, mais de m'y avoir placé en vos mains. Je me plaignais de l'amiral ; mais, au moins, il avait du cœur, lui : vous, vous déshonorez votre nation, et votre nom restera une flétrissure. »

Enfin, on s'aperçut, à la qualité de la viande, qu'on fournissait à la table de l'empereur des bêtes mortes et non tuées. On fit demander à les avoir vivantes : cette demande fut refusée.

De ce moment, l'existence de Napoléon n'est plus qu'une pénible agonie, qui cependant dure cinq ans : pendant cinq ans encore, le moderne Prométhée reste enchaîné sur le roc où Hudson Love lui ronge le cœur. Enfin, le 20 mars 1821, jour du glorieux anniversaire de la rentrée de Napoléon à Paris, Napoléon éprouva, dès le matin, une forte oppression à l'estomac et une sorte de suffocation fatigante à la poitrine ; bientôt une douleur aiguë se fit sentir à l'épigastre, dans l'hypocondre gauche, et s'étendit sur le côté du thorax jusqu'à l'épaule correspondante. Malgré les premiers remèdes, la fièvre continua, l'abdomen devint douloureux au tact et l'estomac se tendit.

Vers cinq heures de l'après-midi, il y eut un redoublement, accompagné d'un froid glacial, surtout aux extrémités inférieures, et le malade se plaignit de crampes. En ce moment, madame Bertrand étant venue lui faire une visite, Napoléon s'efforça de paraître moins abattu, et affecta même un peu de gaieté ; mais bientôt sa disposition mélancolique reprenant le dessus : « Il faut nous préparer à la sentence fatale : vous, Hortense et moi, sommes destinés à la subir sur ce vilain rocher. J'irai le premier, vous viendrez ensuite, Hortense vous suivra. Mais nous nous retrouverons tous les trois là haut. » Puis il ajouta ces quatre vers de *Zaïre* :

> Mais à revoir Paris je ne dois plus prétendre :
> Vous voyez qu'au tombeau je suis prêt à descendre.
> Je vais au roi des rois demander aujourd'hui
> Le prix de tous les maux que j'ai soufferts pour lui.

La nuit qui suivit fut agitée, les symptômes devinrent de plus en plus graves : une boisson émétisée les fit disparaître momentanément, mais ils reparurent bientôt. Une consultation eut lieu alors, presque malgré l'empereur, entre le docteur Antomarchi et M. Arnott, chirurgien du 20e régiment en garnison dans l'île. Ces messieurs reconnurent la nécessité d'appliquer un large vésicatoire sur la région abdominale, d'administrer un purgatif, et de verser d'heure en heure du vinaigre sur le front du malade. La maladie ne continua pas moins à faire des progrès rapides.

Un soir, un domestique de Longwood dit qu'il avait vu une comète : Napoléon l'entendit, et ce présage le frappa : « Une comète ! s'écria-t-il, ce fut le signe précurseur de la mort de César. »

Le 11 avril, le froid aux pieds devint excessif. Le docteur essaya des fomentations pour le dissiper. « Tout cela est inutile, lui dit Napoléon, ce n'est point là, c'est à l'estomac, c'est au foie qu'est le mal : vous n'avez point de remède contre l'ardeur qui me brûle, point de préparation, point de médicaments pour calmer le feu dont je suis dévoré. »

Le 15 avril, il commença à rédiger son testament, et ce jour-là l'entrée de sa chambre fut interdite à tout le monde, excepté à Marchand et au général Montholon qui restèrent avec lui depuis une heure et demie jusqu'à six heures du soir. A six heures, le docteur entra : Napoléon lui montra son testament commencé et chaque pièce de son nécessaire étiquetée du nom des personnes auxquelles elle était destinée. « Vous voyez, lui dit-il, je fais mes apprêts pour m'en aller. » Le docteur voulut le rassurer : Napoléon l'arrêta : « Plus d'illusion, ajouta-t-il ; je sais ce qu'il en est, et je suis résigné. »

Le 19 amena un mieux sensible qui rendit l'espérance à tout le monde, excepté à Napoléon : chacun se félicitait de ce changement : Napoléon les laissa dire, puis, en souriant : « Vous ne vous trompez pas, je vais mieux aujourd'hui, mais je n'en sens pas moins que ma fin approche. Quand je serai mort, chacun de vous aura la douce consolation de retourner en Europe. Vous reverrez, les uns vos parents, les autres vos amis. Moi, je retrouverai mes braves au ciel. Oui, oui, ajouta-t-il en s'animant et en élevant la voix avec un accent inspiré, oui, Kléber, Desaix, Bessières, Duroc, Ney, Murat, Masséna, Berthier, viendront à ma rencontre. Ils me parleront de ce que nous avons fait ensemble, je leur conterai les derniers événements de ma vie : en me revoyant, ils redeviendront tous fous d'enthousiasme et de gloire. Nous causerons de nos guerres avec les Scipion, les César, les Annibal, et il y aura plaisir à cela.... A moins, continua-t-il en souriant, qu'on ne s'effraie là-haut de voir tant de guerriers ensemble. »

Quelques jours après, il fit venir son chapelain Vignali. « Je suis né dans la religion catholique, lui dit-il, je veux remplir les devoirs qu'elle impose et recevoir les sacrements qu'elle administre. Vous direz tous les jours la messe dans la chapelle voisine, et vous exposerez le saint sacrement pendant les quarante heures. Quand je serai mort, vous placerez votre autel à ma tête, dans la chambre ardente, puis vous continuerez à célébrer la messe. Vous ferez toutes les cérémonies d'usage, et vous ne cesserez que lorsque je serai enterré. »

Après le prêtre, vint le tour du médecin. « Mon cher docteur, lui dit-il, après ma mort, qui ne saurait être éloignée, je veux que vous fassiez l'ouverture de mon cadavre, mais j'exige qu'aucun médecin anglais ne mette la main sur moi. Je souhaite que vous preniez mon cœur, que vous le mettiez dans de l'esprit-de-vin, et que vous le portiez à ma chère Marie-Louise : vous lui direz que je l'ai tendrement aimée, que je n'ai jamais cessé de l'aimer ; vous lui raconterez tout ce que j'ai souffert ; vous lui direz tout ce que vous avez vu ; vous entrerez dans tous les détails de ma mort. Je vous recommande surtout de bien examiner mon estomac, et d'en faire un rapport précis et détaillé que vous remettrez à mon fils. Puis, de Vienne, vous vous rendrez à Rome : vous irez trouver ma mère, ma famille ; vous leur rapporterez ce que vous avez observé relativement à ma situation ; vous leur direz que Napoléon, celui-là même que le monde a appelé *le Grand*, comme Charlemagne et comme Pompée, est mort dans l'état le plus déplorable, manquant de tout, abandonné à lui-même et à sa gloire. Vous leur direz qu'en expirant, il lègue à toutes les familles régnantes l'horreur et l'opprobre de ses derniers moments. »

Le 2 mai, la fièvre arriva au plus haut degré d'intensité qu'elle eût encore atteint : le pouls donna jusqu'à cent pulsations à la minute, et l'empereur eut le délire : c'était le commencement de l'agonie. Mais cette agonie eut encore quelques moments de relâche. Dans ces courts moments de lucidité, Napoléon revenait sans cesse à la recommandation qu'il avait faite au docteur Antomarchi : « Faites avec soin, lui disait-il, l'examen anatomique de mon corps, de l'estomac surtout. Les médecins de Montpellier m'ont annoncé que la maladie du pylore serait héréditaire dans ma famille; leur rapport est, je crois, dans les mains de Louis : demandez-le, comparez-le avec ce que vous aurez observé vous-même ; que je sauve au moins mon enfant de cette cruelle maladie !... »

La nuit fut assez bonne; mais le lendemain, au matin, le délire reparut avec une nouvelle force. Cependant, vers les huit heures, il perdit un peu de son intensité ; vers trois heures, le malade reprit sa raison. Il en profita pour appeler ses exécuteurs testamentaires, et leur recommanda, dans le cas où il viendrait à perdre complétement connaissance, de ne laisser approcher de lui aucun médecin anglais autre que le docteur Arnott. Puis il ajouta, dans toute la plénitude de sa raison et dans toute la puissance de son génie :

« Je vais mourir : vous allez repasser en Europe ; je vous dois quelques conseils sur la conduite que vous avez à tenir. Vous avez partagé mon exil, vous serez fidèles à ma mémoire, vous ne ferez rien qui puisse la blesser. J'ai sanctionné tous les principes, je les ai infusés dans mes lois, dans mes actes; il n'y en a pas un seul que je n'aie consacré. Malheureusement, les circonstances étaient graves : j'ai été obligé de sévir, d'ajourner ; les revers sont venus, je n'ai pu débander l'arc, et la France a été privée des institutions libérales que je lui destinais. Elle me juge avec indulgence, elle me tient compte de mes intentions, elle chérit mon nom, mes victoires ; imitez-la. Soyez fidèles aux opinions que vous avez défendues, à la gloire que nous avons acquise : il n'y a hors de là que honte et confusion. »

Le 5, au matin, le mal était parvenu à son comble : la vie n'était plus chez le malade qu'une végétation haletante et douloureuse; la respiration devenait de plus en plus insensible ; les yeux, ouverts dans toute leur grandeur, étaient fixes et atones. Quelques paroles vagues, dernière ébullition de son cerveau en délire, venaient de temps en temps mourir sur ses lèvres. Les derniers mots que l'on entendit furent ceux de *tête* et d'*armée*. Puis, la voix s'éteignit, toute intelligence parut morte, et le docteur lui-même crut que le principe de la vie était éteint. Cependant, vers les huit heures, le pouls se releva : le ressort mortel qui fermait la bouche du moribond sembla se détendre, et quelques soupirs profonds et suprêmes s'exhalèrent de sa poitrine. A dix heures et demie, le pouls était anéanti : à onze heures et quelques minutes, l'empereur avait vécu....

Vingt heures après la mort de son illustre malade, le docteur Antomarchi procéda à son ouverture, ainsi que Napoléon le lui avait si souvent recommandé ; puis il détacha le cœur, qu'il mit, selon les instructions reçues, dans de l'esprit-de-vin, afin de le rendre à Marie-Louise. Mais en ce moment les exécuteurs testamentaires survinrent avec le refus de sir Hudson Love de laisser sortir de Sainte-Hélène, non-seulement le corps, mais aucune partie du corps. Il devait rester dans l'île. Le cadavre était cloué à l'échafaud.

On s'occupa dès lors de choisir la place de la sépulture de l'empereur, et la préférence fut donnée à un lieu que Napoléon n'avait vu qu'une fois, mais dont il parlait toujours avec complaisance : sir Hudson Love consentit à ce que la tombe fût creusée en cet endroit.

L'autopsie terminée, le docteur Antomarchi réunit par une suture les parties séparées, lava le corps, et l'abandonna au valet de chambre, qui le revêtit du costume que l'empereur avait l'habitude de porter, c'est-à-dire d'une culotte de casimir blanc, de bas de soie blancs, de longues bottes à l'écuyère avec de petits éperons, d'un gilet blanc, d'une cravate blanche recouverte d'une cravate noire bouclée par derrière, du grand cordon de la Légion-d'Honneur, de l'habit de colonel des chasseurs de la garde, décoré des ordres de la Légion-d'Honneur et de la Couronne de fer, enfin, du chapeau à trois cornes. Ainsi vêtu, Napoléon fut enlevé de la salle, le 6 mai, à cinq heures trois quarts, et exposé dans la petite chambre à coucher que l'on avait convertie en chapelle ardente. Le cadavre avait les mains libres ; il était étendu sur son lit de campagne ; son épée était à son côté ; un crucifix reposait sur sa poitrine, et le manteau bleu de Marengo était jeté sur ses pieds. Il resta ainsi exposé pendant deux jours.

Le 8 au matin, le corps de l'empereur, qui devait reposer sous la colonne, et le cœur, qui devait être envoyé à Marie-Louise, furent déposés dans une caisse de fer-blanc, garnie d'une espèce de matelas et d'un oreiller recouverts de satin blanc. Le chapeau, ne pouvant, faute d'espace, rester à la tête du mort, fut placé à ses pieds. Autour de lui on sema des aigles et des pièces de toutes les monnaies frappées à son effigie pendant le cours de son règne : on y déposa encore son couvert, son couteau, et une assiette à ses armes. Cette première caisse fut enfermée dans une seconde caisse en acajou, que l'on mit dans une troisième en plomb, laquelle fut enfin placée dans une quatrième caisse en acajou, pareille à la seconde, mais de plus grande dimension : puis on exposa le cercueil à la même place où avait été exposé le corps.

A midi et demi, le cercueil fut transporté par les soldats de la garnison dans la grande allée du jardin, où le corbillard attendait : on le couvrit d'un velours violet, sur lequel on jeta le manteau de Marengo, et le cortége funèbre se mit en route.

La tombe était creusée à un quart de mille à peu près au delà de Hut's Gate. Le corbillard s'arrêta près de la fosse, et le canon commença à tirer cinq coups par minute.

Le corps fut descendu dans la tombe pendant que l'abbé Vignali disait les prières ; ses pieds tournés vers l'Orient, qu'il avait conquis ; sa tête tournée vers l'Occident, où il avait régné. Puis, une énorme pierre, qui devait servir à la nouvelle maison de l'empereur, scella sa demeure dernière, et passa du temps à l'éternité.

Alors, on apporta une plaque d'argent sur laquelle était gravée l'inscription suivante :

NAPOLÉON,

NÉ A AJACCIO, LE 15 AOUT 1769,

MORT A SAINTE-HÉLÈNE, LE 5 MAI 1821.

Mais, au moment où on allait la clouer sur la pierre, sir Hudson Lowe s'avança, et déclara, au nom de son gouvernement, que l'on ne pouvait mettre sur la tombe d'autre inscription que celle-ci :

LE GÉNÉRAL BUONAPARTE.

ALEXANDRE DUMAS.

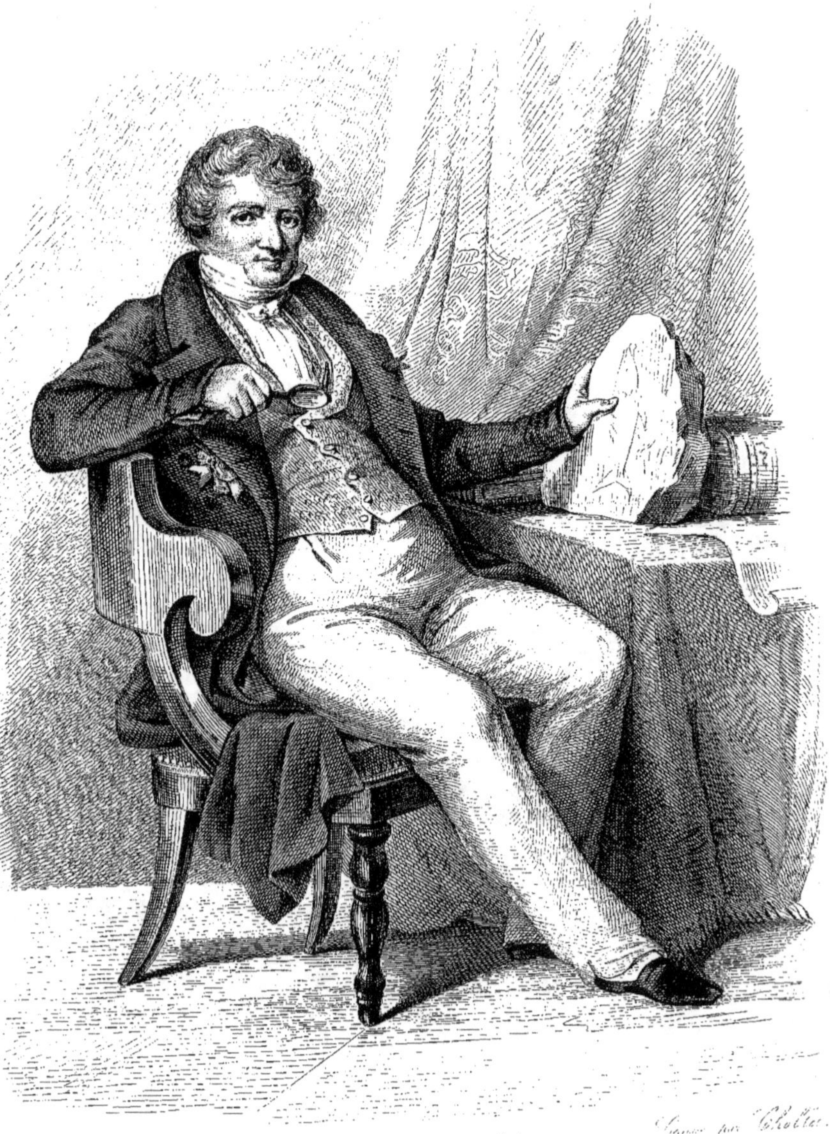

Gravé par Cholta.

Impie Geny-Gros, rue du Plâtre, 28. Paris.

CUVIER.

CUVIER

NÉ EN 1769, MORT EN 1832.

L'histoire de Cuvier est l'histoire même des sciences naturelles au dix-neuvième siècle. Avec les autres hommes, il faut compter par les découvertes dont ils ont enrichi les sciences; avec celui-ci, il faut compter par les sciences qu'il nous a données. Il a renouvelé la zoologie; il a fondé l'anatomie comparée; il a créé la science des *ossements fossiles;* il a perfectionné la méthode, et l'a si fort étendue, qu'il a réellement étendu, par elle, la portée de l'esprit humain et le domaine du génie.

 Georges Cuvier naquit le 23 août 1769, à Montbéliard, ville qui appartenait alors au duc de Wurtemberg, mais qui depuis a été réunie à la France.
 Sa famille était originaire d'un village du Jura, qui porte encore, aujourd'hui même, le nom de Cuvier. A l'époque de la réforme, elle s'établit dans la petite principauté de Montbéliard, où quelques-uns de ses membres ont occupé des charges distinguées.
 Le grand-père de Cuvier était d'une branche pauvre : il fut greffier de la ville. De deux fils qu'il eut, le second s'engagea dans un régiment suisse au service de France; et devenu, à force de bonne conduite et de bravoure, officier et chevalier de l'ordre du Mérite, il épousa à cinquante ans une femme encore assez jeune, et dont le souvenir sera cher à la postérité; car elle a été la mère de Cuvier, et de plus, son premier maître.
 Femme d'un esprit supérieur, et mère pleine de tendresse, l'instruction de son fils fit bientôt toute son occupation. Bien qu'elle ne sût pas le latin, elle lui faisait répéter ses leçons; elle le faisait dessiner sous ses yeux; elle lui faisait lire beaucoup de livres d'histoire et de littérature; et c'est ainsi qu'elle développa, qu'elle nourrit dans son jeune élève cette passion pour la lecture, cette curiosité de toutes choses, qui a été le ressort principal de sa vie.

On remarqua de bonne heure, dans cet enfant, cette prodigieuse aptitude à tous les travaux de l'esprit, qui a fait plus tard un des traits distinctifs de son génie. Tout réveillait, tout excitait son activité.

Un exemplaire de Buffon qu'il trouve, par hasard, dans la bibliothèque d'un de ses parents, allume tout à coup son goût pour l'histoire naturelle. Il s'applique aussitôt à en copier les figures et à les enluminer d'après les descriptions; travail qui, dans un goût naissant, révélait déjà une sagacité d'observation d'un ordre supérieur.

Le séjour du jeune Cuvier à l'Académie de Stuttgard est trop connu pour que je m'y arrête beaucoup ici.

Le souverain d'un petit État, Charles, duc de Wurtemberg, semblait s'être proposé de montrer dès lors à de plus grandes nations ce qu'elles pourraient faire pour l'instruction de la jeunesse.

Il avait réuni dans un magnifique établissement plus de quatre cents élèves qui y recevaient des leçons de plus de quatre-vingts maîtres. On y formait tout à la fois des artistes, des médecins, des militaires, des jurisconsultes, des diplomates, des professeurs dans toutes les sciences. Il y avait cinq facultés supérieures : le droit, la médecine, l'administration, l'art militaire et le commerce.

Le cours de philosophie terminé, les élèves de Stuttgard passaient dans une des cinq facultés supérieures. Cuvier choisit la médecine; et le motif qu'il en donne[1] doit être rapporté : « C'est, dit-il, que dans cette » faculté on s'occupait beaucoup d'histoire naturelle, et qu'il y aurait, » par conséquent, de fréquentes occasions d'herboriser et de visiter les » cabinets. »

Tout intéresse dans la vie d'un grand homme; mais on y recherche, avec une sorte d'avidité, ce qui peut jeter quelque jour sur la marche de ses travaux. On voudrait le suivre dans tous les progrès par où il a passé pour changer la face des sciences; on voudrait démêler, jusque dans ses premiers pas, quelque chose de la tournure de son esprit et du caractère de ses pensées.

Étant à Stuttgard, un de ses professeurs, dont il avait traduit les leçons en français, lui fait présent d'un Linnæus. C'était la dixième édition du *Système de la nature;* et ce livre fait à lui seul, pendant plus de dix ans, toute sa bibliothèque d'histoire naturelle.

Mais, à défaut de livres, il avait les objets; et cette étude directe, exclusive des objets les lui gravait bien mieux dans la tête que s'il avait eu à sa disposition beaucoup d'estampes et de descriptions. N'ayant, d'ailleurs, ni ces figures, ni ces descriptions, il les faisait lui-même.

---

[1] Dans des *Mémoires* qu'il a laissés et qui m'ont été confiés pour son *Éloge.* Voyez cet *Éloge,* dont cet article-ci est extrait, dans les *Mémoires de l'Académie des Sciences,* vol. XIV, et dans mon *Histoire des travaux de Cuvier* (2ᵉ édition, 1845, p. 1).

Cependant toutes ces excursions dans l'histoire naturelle n'avaient point nui aux études prescrites; il avait remporté presque tous les prix ; il avait obtenu l'ordre de chevalerie, qui ne s'accordait qu'à cinq ou six parmi tous ces jeunes gens; et, selon toutes les apparences, il devait promptement obtenir un emploi.

Mais la position de ses parents ne lui permettait pas d'attendre.

Il lui fallut donc prendre un parti : une place de précepteur lui étant offerte dans une famille de Normandie, au moment où il quittait Stuttgard, il se hâta de l'accepter, et il partit aussitôt pour Caen, où il arriva au mois de juillet 1788, âgé d'un peu moins de dix-neuf ans.

Dès ce moment, sa passion pour l'histoire naturelle prit un nouvel essor. La famille d'Hérici, qui l'avait accueilli, alla bientôt résider dans une campagne du pays de Caux, à une petite lieue de Fécamp. C'est là que notre jeune naturaliste passa les années de 91 à 94, entouré des productions les plus variées que la mer et la terre semblaient lui offrir à l'envi; toujours au milieu des objets, presque sans livres, livré seul à ses réflexions, qui, par là, n'en acquéraient que plus d'énergie et de profondeur.

C'est dès lors, en effet, que son esprit commence à s'ouvrir de nouvelles routes ; c'est dès lors qu'à la vue de quelques térébratules, déterrées près de Fécamp, il conçoit l'idée de comparer les espèces fossiles aux espèces vivantes ; c'est dès lors que la dissection de quelques mollusques lui suggère cette autre idée d'une réforme à introduire dans la distribution méthodique des animaux; en sorte que les germes de ses deux plus importants travaux, la comparaison des espèces fossiles aux espèces vivantes et la réforme de la classification du règne animal, remontent à cette époque.

Fontenelle a dit que c'était un bonheur pour les savants que leur réputation devait appeler à la capitale, d'avoir eu le loisir de se faire un bon fonds dans le repos d'une province.

Le fonds de M. Cuvier était si bon que, quelques mois après son arrivée à Paris, en 1795, sa réputation égalait déjà celle des plus célèbres naturalistes, et qu'en effet, dès cette année même, qui est celle de la création de l'Institut national, il fut immédiatement nommé pour être adjoint à Daubenton et à Lacépède, qui formaient le noyau de la section de zoologie.

Dès l'année suivante, il commença ses cours, devenus si rapidement célèbres, à l'école centrale du Panthéon.

En 1799, la mort de Daubenton lui laissa une chaire beaucoup plus importante, celle d'histoire naturelle au Collége de France. Enfin, en 1802, Mertrud étant mort, M. Cuvier devint professeur titulaire au Jardin des Plantes.

Les fonctions des secrétaires de l'Institut étaient d'abord temporaires.

M. Cuvier fut appelé, un des premiers, à remplir ces fonctions dans sa classe; et, bientôt après, en 1803, une nouvelle organisation de ce corps savant ayant rétabli la perpétuité de ces places, il fut nommé secrétaire perpétuel pour les sciences physiques ou naturelles, à la presque unanimité des voix.

Ce fut en cette nouvelle qualité de secrétaire perpétuel qu'il composa son mémorable *Rapport sur les progrès des sciences naturelles depuis* 1789. Delambre avait été chargé du rapport sur les sciences mathématiques; et chaque classe de l'Institut dut ainsi en présenter un sur les sciences ou sur les arts dont elle s'occupait.

On sait avec quel appareil l'empereur reçut ces rapports. Il exprima par un mot heureux la satisfaction particulière que lui fit éprouver celui de M. Cuvier. « Il m'a loué comme j'aime à l'être. » dit-il. « Cependant, re-» marque M. Cuvier [1], je m'étais borné à l'inviter à imiter Alexandre, et à » faire tourner sa puissance aux progrès de l'histoire naturelle. »

Mais cette sorte de louange est précisément celle qui devait le plus flatter un homme qui avait compris tous les genres de gloire que peut ambitionner le fondateur d'un empire, et qui eût voulu ne demeurer étranger à aucun. Il est permis de croire d'ailleurs que la louange, qui n'a d'autre but que de porter un souverain à faire de grandes choses, n'est point indigne d'un philosophe.

Telle a été la vie, fort simple, de M. Cuvier. Les vrais événements de cette illustre vie sont les grands travaux.

Ces grands travaux ont eu surtout pour objet, comme je l'ai déjà dit, la zoologie, l'anatomie comparée et la science des *ossements fossiles*. Nous allons voir ce qu'il a fait pour chacune de ces trois sciences.

Je commence par la zoologie.

Linnæus, celui de tous les naturalistes du dix-huitième siècle dont l'influence avait été la plus universelle sur les esprits, particulièrement en fait de méthode, divisait le règne animal en six classes : les *quadrupèdes*, les *oiseaux*, les *reptiles*, les *poissons*, les *insectes* et les *vers*.

Or, en cela, Linnæus commettait une première erreur générale; car, en mettant sur une même ligne ces six divisions primitives, il supposait qu'un même intervalle les séparait l'une de l'autre, et rien n'était moins exact.

D'un autre côté, presque toutes ces classes ou divisions, nommément la dernière, tantôt séparaient les animaux les plus rapprochés, tantôt réunis-

---

[1] *Mémoires* déjà cités.

saient les plus disparates. En un mot, la classification, qui n'a pourtant d'autre but que de marquer les vrais rapports des êtres, rompait presque partout ces rapports; et cet instrument de la méthode, qui ne sert l'esprit qu'autant qu'il lui donne des idées justes des choses, ne lui en donnait, presque partout, que des idées fausses.

Toute cette classification de Linnæus était donc à refondre, et le cadre presque entier de la science à refaire.

Or, pour atteindre ce but, il fallait d'abord fonder la classification sur l'organisation, car c'est l'organisation seule qui donne les vrais rapports; en d'autres termes, il fallait fonder la zoologie sur l'anatomie; il fallait ensuite porter sur la méthode elle-même des vues plus justes et surtout plus élevées qu'on ne le faisait alors.

Ce sont, en effet, ces vues élevées sur la méthode, ce sont ces études approfondies sur l'organisation qui brillent dès les premiers travaux de M. Cuvier : ressorts puissants au moyen desquels il est parvenu à opérer successivement la réforme de toutes les branches de la zoologie l'une après l'autre, et à renouveler enfin, dans tout son ensemble, cette vaste et grande science.

J'ai déjà dit que c'était surtout dans la classe des *vers* de Linnæus que régnaient le désordre et la confusion. Linnæus y avait jeté tous les animaux à sang blanc, c'est-à-dire plus de la moitié du règne animal.

C'est dès le premier de ses Mémoires, publié en 1795, que M. Cuvier fit remarquer l'extrême différence des êtres confondus jusque-là sous ce nom vague d'*animaux à sang blanc*, et qu'il les sépara nettement les uns des autres, d'abord en trois grandes classes :

Les *mollusques*, qui, comme le *poulpe*, la *seiche*, les *huîtres*, ont un cœur, un système vasculaire complet, et respirent par des branchies;

Les *insectes*, qui n'ont, au lieu de cœur, qu'un simple vaisseau dorsal, et respirent par des trachées;

Enfin, les *zoophytes*, animaux dont la structure est si simple qu'elle leur a valu ce nom même de *zoophytes*, d'*animaux-plantes*, et qui n'ont ni cœur, ni vaisseaux, ni organe distinct de respiration.

Et formant ensuite trois autres classes : des *vers*, des *crustacés*, des *échynodermes*, tous les *animaux à sang blanc* se trouvèrent compris et distribués en six classes : les *mollusques*, les *crustacés*, les *insectes*, les *vers*, les *échynodermes* et les *zoophytes*.

Tout était neuf dans cette distribution; mais aussi tout y était si évident qu'elle fut généralement adoptée, et dès lors le règne animal prit une nouvelle face.

D'ailleurs, la précision des caractères sur lesquels était appuyée chacune de ces classes, la convenance parfaite des êtres qui se trouvaient rapprochés dans chacune d'elles, tout dut frapper les naturalistes; et ce qui, sans doute, ne leur parut pas moins digne de leur admiration que ces résultats directs et immédiats, c'était la lumière subite qui venait d'atteindre les parties les plus élevées de la science ; c'étaient ces grandes idées sur la subordination des organes, et sur le rôle de cette subordination dans leur emploi comme caractères ; c'étaient ces grandes lois de l'organisation animale déjà saisies : que tous les animaux à sang blanc qui ont un cœur ont des branchies, ou un organe respiratoire circonscrit ; que tous ceux qui n'ont pas de cœur n'ont que des trachées ; que partout où le cœur et les branchies existent, le foie existe ; que partout où ils manquent, le foie manque, etc.

Assurément, nul homme encore n'avait porté un coup d'œil aussi étendu, aussi perçant sur les lois générales de l'organisation des animaux ; et il était aisé de prévoir que, pour peu qu'il continuât à s'en occuper avec la même suite, celui dont les premières vues venaient d'imprimer à la science un si brillant essor ne tarderait pas à en reculer toutes les limites.

M. Cuvier a souvent rappelé depuis, et jusque dans ses derniers ouvrages, ce premier Mémoire, duquel datent en effet les premiers germes et de la grande rénovation qu'il a opérée en zoologie, et de la plupart de ses idées les plus fondamentales en anatomie comparée.

Jamais le domaine d'une science ne s'était, d'ailleurs, aussi rapidement accru. A l'exception d'Aristote, dont le génie philosophique n'avait négligé aucune partie du règne animal, on n'avait guère étudié, à aucune époque, que les seuls animaux vertébrés, du moins d'une manière générale et approfondie.

Mais un principe que M. Cuvier venait d'employer devait le conduire plus loin encore. Ce principe est celui de la *subordination des organes* ou des *caractères*.

La méthode ne doit pas se borner, en effet, à représenter indistinctement les rapports de structure ; elle doit marquer, en outre, l'ordre particulier de ces rapports et l'importance relative de chacun d'eux ; et c'est à quoi sert précisément le principe de la *subordination des organes*.

Bernard et Laurent de Jussieu avaient déjà appliqué ce principe, aussi fécond que sûr, à la botanique ; mais les zoologistes n'avaient point encore osé en faire l'application à leur science, effrayés sans doute par ce grand nombre et par cette complication d'organes qui constituent le corps animal, et qui, pour la plupart, manquent aux végétaux.

Le principe de la subordination des organes ne pouvait s'introduire en zoologie que précédé par l'anatomie. Le premier pas à faire était de connaitre les organes ; la détermination de leur importance relative ne pouvait être que le second. Ces deux pas faits, il ne restait plus qu'à fonder les caractères sur les organes, et à subordonner ces caractères les uns aux autres, comme les organes sont subordonnés entre eux ; et tel a été proprement l'objet du *Règne animal distribué d'après son organisation*, ce grand ouvrage où la nouvelle doctrine zoologique de l'illustre auteur se montre enfin reproduite dans son ensemble, et coordonnée dans toutes ses parties.

C'est à compter de cet ouvrage que l'art des méthodes a pris une face toute nouvelle.

Linnæus n'avait guère vu dans cet art qu'un moyen de distinguer les espèces. M. Cuvier est le premier qui ait entrepris de faire de la méthode l'instrument même de la généralisation des faits.

Prise en elle-même, la méthode n'est, pour lui, que la subordination des propositions, des vérités, des faits, les uns aux autres, d'après leur ordre de généralité.

Appliquée au règne animal, c'est la subordination des groupes entre eux, d'après l'importance relative des organes qui forment les caractères distinctifs de ces groupes.

Or, les organes les plus importants sont aussi ceux qui entraînent les ressemblances les plus générales.

D'où il suit qu'en fondant les groupes inférieurs sur les *organes subordonnés*, et les groupes supérieurs sur les *organes dominateurs*, les groupes supérieurs comprendront toujours nécessairement les inférieurs, ou, en d'autres termes, que l'on pourra toujours passer des uns aux autres par des propositions graduées, et de plus en plus générales, à mesure qu'on remontera des groupes inférieurs vers les supérieurs.

La méthode, bien vue, n'est donc que l'expression généralisée de la science ; c'est la science elle-même, mais réduite à ses expressions les plus simples ; c'est plus encore : cet enchaînement des faits d'après leurs analogies, cet enchaînement des analogies d'après leur degré d'étendue, ne se borne pas à représenter les rapports connus ; il met au jour une foule de rapports nouveaux, contenus les uns dans les autres ; il les dégage les uns des autres ; il donne ainsi de nouvelles forces à l'esprit pour apercevoir et pour découvrir ; il lui crée de nouveaux procédés logiques.

Jusqu'ici M. Cuvier n'avait vu, dans chacune de ces trois grandes classes des *animaux sans vertèbres*, les *mollusques*, les *insectes* et les *zoophytes*, qu'un groupe pareil à chacune des quatre classes des *animaux vertébrés* : les *quadrupèdes*, les *oiseaux*, les *reptiles* et les *poissons*.

C'est qu'il n'avait considéré encore que les organes de la circulation.

En considérant le système nerveux qui est un organe beaucoup plus important, il vit que chacune des trois grandes classes des *animaux sans vertèbres* répondait ou équivalait non plus à telle ou telle classe des *animaux vertébrés*, prise à part, mais à tous ces *animaux vertébrés*, pris ensemble.

Une première forme du système nerveux réunit tous les *animaux vertébrés* en un seul groupe; une seconde forme réunit tous les *mollusques*; une troisième réunit les *insectes* aux *vers à sang rouge*, et les uns et les autres aux *crustacés*, c'est le groupe des *articulés*; une quatrième forme, enfin, réunit tous les *zoophytes*.

Il y a donc quatre plans, quatre types, dans le règne animal, quatre *embranchements*, comme M. Cuvier les appelle; ou, en termes plus clairs, et dépouillés de tout vague, il y a quatre formes générales du système nerveux, dans les animaux.

Dans les sciences d'observation et d'expérience, l'art suprême du génie est de transformer les questions, de simples questions de raisonnement, en questions de fait.

On disputait, depuis plus d'un siècle, sur la question de savoir s'il n'y a qu'un seul plan d'organisation dans les animaux, ou s'il y en a plusieurs. Cette question, jusque-là posée en termes si vagues, M. Cuvier la transforme en cette autre, positive et de fait, savoir, combien il y a de formes distinctes du système nerveux dans les animaux.

Or, il y en a quatre, comme je viens de le dire : une pour les *vertébrés*, une pour les *mollusques*, une pour les *articulés*, une pour les *zoophytes*; il y a donc quatre plans, quatre types, quatre formes dans le règne animal.

Telle est la lumière que le grand ouvrage qui nous occupe a répandue sur le règne animal entier, que, guidé par lui, l'esprit saisit nettement les divers ordres de rapports qui lient les animaux entre eux : les rapports d'ensemble qui constituent l'unité, le caractère du *règne*; les rapports plus ou moins généraux qui constituent l'unité des *embranchements*, des *classes*; les rapports plus particuliers qui constituent l'unité des *ordres*, des *genres*.

Je viens de jeter un coup d'œil rapide sur l'ensemble des grands travaux par lesquels M. Cuvier a renouvelé la zoologie : une réforme plus importante encore, et dont celle-ci n'est effectivement que la conséquence, c'est celle qu'il avait déjà opérée, ou qu'il opérait en même temps dans l'*anatomie comparée*.

On ne peut parler des progrès que l'*anatomie comparée* a dus à M. Cuvier, sans un respect plus profond encore : il ne parlait jamais lui-même de cette science qu'avec enthousiasme; il la regardait, et avec juste raison, comme la science régulatrice de toutes celles qui se rapportent aux êtres organisés; et la mort l'a surpris méditant ce grand ouvrage qu'il lui consacrait, et où, rassemblant toutes ses forces, ce génie si vaste eût enfin paru dans toute sa grandeur.

L'histoire de l'*anatomie comparée* compte trois époques nettement marquées : l'époque d'Aristote, celle de Claude Perrault, et celle de M. Cuvier.

Chacun sait avec quel génie Aristote a jeté les premiers fondements de l'*anatomie comparée* chez les anciens. Mais ce qui n'a pas été aussi remarqué, quoique non moins digne de l'être, c'est la puissance de tête avec laquelle Claude Perrault a recommencé toute cette science dès le milieu du dix-septième siècle, et l'a recommencée par sa base même, c'est-à-dire par les faits particuliers.

Les descriptions de Perrault sont le premier pas assuré qu'ait fait l'*anatomie comparée* moderne. Daubenton lui en fit faire un autre; car il rendit ces descriptions comparables.

Vicq-d'Azyr alla plus loin encore.

Riche des travaux de Daubenton, de Haller, de Hunter, de Monro, de Camper, de Pallas, Vicq-d'Azyr embrassa l'*anatomie comparée* dans son ensemble : il y porta ce génie profond qui voit dans les sciences le but à atteindre, et cet esprit de suite par lequel on l'atteint; et la grande réforme opérée en effet par M. Cuvier dans l'*anatomie comparée*, nul ne l'avait plus avancée que Vicq-d'Azyr.

Ce fut même un bonheur pour cette science que de passer immédiatement des mains de l'un de ces deux grands hommes dans les mains de l'autre.

Vicq-d'Azyr y avait porté le coup d'œil du physiologiste, M. Cuvier y porta plus particulièrement celui du zoologiste; et l'on peut croire qu'elle avait un égal besoin d'être considérée sous ces deux points de vue. On peut croire que sa réforme n'a été si complète, et son influence si générale que parce que, tour à tour étudiée et remaniée pour se prêter à la zoologie et à la physiologie, elle a pu devenir tout à la fois le guide et le flambeau de ces deux sciences.

Quoi qu'il en soit, l'*anatomie comparée* n'était encore qu'un recueil de faits particuliers touchant la structure des animaux. M. Cuvier en a fait la science des lois générales de l'organisation animale.

Ce même homme qui avait transformé la méthode zoologique, de simple nomenclature, en un instrument de généralisation, a su disposer les faits en *anatomie comparée* dans un ordre tel que, de leur seul rapprochement, sont sorties toutes ces lois admirables et de plus en plus élevées : par exemple, que chaque espèce d'organe a ses modifications fixes et déterminées; qu'un rapport constant lie entre elles toutes les modifications de l'organisme; que certains organes ont, sur l'ensemble de l'économie, une influence plus marquée et plus décisive, d'où la loi de leur *subordina-*

tion; que certains traits d'organisation s'appellent nécessairement les uns les autres, et qu'il en est, au contraire, d'incompatibles et qui s'excluent, d'où la loi de leur *corrélation* ou *coexistence;* et tant d'autres *lois*, tant d'autres *rapports généraux*, qui ont enfin créé et développé la partie philosophique de cette science.

Mais l'application la plus neuve et la plus brillante qu'il ait faite de l'*anatomie comparée*, est celle qui se rapporte aux *ossements fossiles.*

Tout le monde sait aujourd'hui que le globe que nous habitons présente presque partout des traces irrécusables des plus grandes révolutions.

Les productions de la création actuelle, de la nature vivante, recouvrent partout les débris d'une création antérieure, d'une nature détruite.

D'une part, des amas immenses de coquilles, et d'autres corps marins, se trouvent à de grandes distances de toute mer, à des hauteurs où nulle mer ne saurait atteindre aujourd'hui ; et de là sont venus les premiers faits à l'appui de toutes ces traditions de déluges, conservées chez tant de peuples.

D'autre part, les grands ossements découverts à divers intervalles dans les entrailles de la terre, dans les cavernes des montagnes, ont fait naître ces autres traditions populaires, non moins répandues et non moins anciennes, de races de géants qui auraient peuplé le monde dans ses premiers âges.

Les traces des révolutions de notre globe ont donc frappé de tout temps l'esprit des hommes ; mais elles l'ont frappé long-temps en vain, et d'un étonnement stérile.

Long-temps même l'ignorance a été portée à ce point qu'une opinion à peu près générale, et je ne parle plus d'une opinion populaire, je parle de l'opinion des savants et des philosophes, regardait les pierres chargées d'empreintes d'animaux ou de végétaux, et les coquillages trouvés dans la terre, comme des jeux de la nature.

« Il a fallu, dit Fontenelle, qu'un potier de terre, qui ne savait ni latin
» ni grec, osât, vers la fin du seizième siècle, dire dans Paris, et à la face
» de tous les docteurs, que les coquilles fossiles étaient de véritables co-
» quilles déposées autrefois par la mer dans les lieux où elles se trouvaient
» alors, que des animaux avaient donné aux pierres figurées toutes leurs
» différentes figures ; et qu'il défiât hardiment toute l'école d'Aristote d'at-
» taquer ses preuves. »

Ce potier de terre était Bernard Palissy, immortel pour avoir fait à peine un premier pas dans cette carrière, parcourue depuis par tant de grands hommes, et qui les a conduits à des découvertes si étonnantes.

A la vérité, les idées de Palissy ne pouvaient guère être remarquées à l'époque où elles parurent ; et ce n'a été que près de cent ans plus tard, c'est-à-dire vers la fin du dix-septième siècle, qu'elles ont commencé à se réveiller, et, pour rappeler encore une expression de Fontenelle, à faire la fortune qu'elles méritaient.

Mais, dès lors aussi, on s'est occupé avec tant d'activité, et à rassembler les restes des corps organisés enfouis sous l'écorce du globe, et à étudier les couches qui les recèlent ; et, sous ces deux rapports, les faits se sont tellement et si rapidement multipliés, que quelques esprits élevés et hardis n'ont pas craint, dès lors même, de chercher à en embrasser la généralité dans leurs théories, et d'essayer de remonter ainsi à leurs causes.

C'est, en effet, à partir de la fin du dix-septième siècle et de la première moitié du dix-huitième qu'ont paru successivement les systèmes fameux de Burnet, de Leibnitz, de Woodward, de Whiston, de Buffon ; tous systèmes prématurés, tous systèmes plus ou moins erronés sans doute, mais qui eurent du moins cet avantage d'accoutumer l'esprit humain à porter enfin une vue philosophique sur ces étonnants phénomènes, et à oser se mesurer avec eux.

Un autre avantage, et plus précieux encore, c'est que tous ces systèmes, excitant les esprits, amenèrent bientôt de toutes parts des observations plus nombreuses, plus précises, plus complètes, dont le premier effet fut de renverser tout ce que ces systèmes avaient d'imaginaire et d'absurde, et le second, de fonder sur leurs débris mêmes la véritable théorie, l'histoire positive de la terre.

Le dix-huitième siècle, qui a marché si vite en tant de choses, n'a rien vu peut-être de plus rapide que les progrès de la science qui nous occupe. Ce même siècle qui, dans sa première moitié, avait vu ou s'élever ou tomber tous ces systèmes dont je viens de parler, édifices brillants et fragiles, a vu poser, dans la seconde, par les mains des Pallas, des Deluc, des de Saussure, des Werner, des Blumenbach, des Camper, les premiers fondements du monument durable qui devait leur succéder.

Parmi ces progrès, je dois surtout rappeler ici ceux qui se rapportent aux dépouilles fossiles des corps organisés.

Ce sont, en effet, ces restes des corps organisés, témoins subsistants de tant de révolutions, de tant de bouleversements éprouvés par le globe, qui ont fait naître les premières hypothèses de la géologie fantastique ; et ce sont encore ces restes qui ont fini par donner, entre les mains de M. Cuvier, les résultats les plus évidents, les lois les plus assurées de la géologie positive.

Les recherches de M. Cuvier ont eu principalement pour objet les *ossements fossiles des quadrupèdes* : partie du règne animal jusqu'alors peu étudiée sous ce nouveau point de vue, et dont l'étude devait néanmoins conduire à des conséquences bien plus précises, bien plus décisives que celle de toute autre classe.

Daubenton avait déjà appliqué l'*anatomie comparée* à la détermination de ces *ossements;* mais, comme il l'avoue lui-même, cette science était loin d'être assez avancée encore pour donner dans tous les cas, et donner avec certitude, l'espèce ou le genre d'animal auquel un os inconnu, un os isolé, pouvait appartenir; et tel était pourtant le problème à résoudre.

Le Mémoire où Daubenton tentait, pour la première fois, la solution de ce problème important, est de 1762.

En 1769, Pallas publia son premier Mémoire sur les *os fossiles de Sibérie*. On n'y put voir sans étonnement la démonstration de ce fait que l'éléphant, le rhinocéros, l'hippopotame, tous animaux qui ne vivent actuellement que sous la zone torride, avaient habité autrefois les contrées les plus septentrionales de nos continents.

Le second Mémoire de Pallas dut beaucoup plus étonner encore; car il y rapporte ce fait, qui parut effectivement alors à peine croyable, d'un rhinocéros trouvé tout entier dans la terre gelée, avec sa peau et sa chair; fait qui s'est renouvelé depuis, comme chacun sait, dans cet éléphant découvert en 1806 sur les bords de la mer Glaciale, et si bien conservé que les chiens et les ours ont pu en dévorer et s'en disputer les chairs.

L'éveil une fois donné par Pallas, on trouva bientôt de ces dépouilles d'animaux du Midi, non-seulement dans les pays du Nord, mais dans tous les pays de l'ancien comme du nouveau monde.

Buffon se hâta d'en déduire son système du refroidissement graduel des régions polaires, et de l'émigration successive des animaux du Nord au Midi.

Mais le dernier fait observé par Pallas, et que je viens de citer, renversait déjà ce système. Ce fait démontre effectivement de la manière la plus formelle que le refroidissement du globe, loin d'avoir été graduel, a nécessairement été, au contraire, subit, instantané, sans aucune gradation; il démontre que le même instant qui a fait périr les animaux dont il s'agit a rendu glacial le pays qu'ils habitaient; car, s'ils n'eussent été gelés aussitôt que tués, il est évident qu'ils n'auraient pu nous parvenir avec leur peau, leur chair, toutes leurs parties, et toutes ces parties parfaitement conservées.

L'hypothèse du refroidissement graduel ne pouvant donc plus être soutenue, Pallas y substitua celle d'une irruption des eaux venues du sud-est; irruption qui, selon lui, aurait transporté dans le Nord les animaux de l'Inde.

Mais cette seconde hypothèse n'était pas plus heureuse que la première; car les animaux fossiles sont très-différents de ceux de l'Inde, et même de tous les animaux aujourd'hui vivants : dernier fait plus extraordinaire encore que tous ceux qui précèdent, et qu'il était réservé à M. Cuvier de mettre dans tout son jour.

Le 1ᵉʳ pluviôse an ɪᴠ, jour de la première séance publique qu'ait tenue l'Institut National, M. Cuvier lut, devant ce corps assemblé, son Mémoire sur les *espèces d'éléphants fossiles*, comparées aux *espèces vivantes*.

Il commençait ainsi cette brillante suite de recherches et de travaux qui l'ont occupé pendant tant d'années, et par lesquels il a constamment tenu éveillés, pendant tout ce temps, l'étonnement et l'admiration de ses contemporains.

Dans ce premier Mémoire, en effet, il ne se borne pas à démontrer que l'*éléphant fossile* est une espèce distincte des espèces actuelles, une espèce éteinte, une espèce perdue; il déclare nettement que le plus grand pas qui puisse être fait vers la perfection de la théorie de la terre, serait de prouver qu'aucun de ces animaux dont on trouve les dépouilles répandues sur presque tous les points du globe, n'existe plus aujourd'hui.

Il ajoute que ce qu'il vient d'établir pour l'*éléphant*, il l'établira bientôt d'une manière non moins incontestable pour le *rhinocéros*, pour l'*ours*, pour le *cerf fossiles*, toutes espèces également distinctes des espèces vivantes, toutes espèces également perdues.

Enfin, il termine par cette phrase remarquable, et dans laquelle il semblait annoncer tout ce qu'il a découvert depuis.

« Qu'on se demande, dit-il, pourquoi l'on trouve tant de dépouilles d'a-
» nimaux inconnus, tandis qu'on n'en trouve aucune dont on puisse dire
» qu'elle appartient aux espèces que nous connaissons, et l'on verra com-
» bien il est probable qu'elles ont toutes appartenu à des êtres d'un monde
» antérieur au nôtre, à des êtres détruits par quelques révolutions du globe,
» à des êtres dont ceux qui existent aujourd'hui ont rempli la place. »

L'idée d'une création entière d'animaux, antérieure à la création actuelle, l'idée d'une création entière détruite et perdue, venait donc enfin d'être conçue dans son ensemble! Le voile qui recouvrait tant d'étonnants phénomènes allait donc enfin être soulevé, ou plutôt, il l'était déjà; et le mot de cette grande énigme, qui, depuis un siècle, occupait si fortement les esprits, ce mot venait d'être dit.

Mais, pour transformer en un résultat positif et démontré cette vue si vaste et si élevée, il fallait rassembler, de toutes parts, les dépouilles des animaux perdus; il fallait les revoir, les étudier toutes sous ce nouvel aspect; il fallait les comparer toutes, et l'une après l'autre, aux dépouilles des animaux vivants; il fallait, avant tout, créer et déterminer l'art même de cette comparaison.

Or, pour bien concevoir toutes les difficultés de cette méthode, de cet art nouveau, il suffit de remarquer que les débris, que les restes des animaux dont il s'agit, que les *ossements fossiles*, en un mot, sont presque toujours isolés, épars; que souvent les os de plusieurs espèces, et des espèces les plus diverses, sont mêlés, confondus ensemble; que presque toujours ces os sont mutilés, brisés, réduits en fragments.

Il fallait donc imaginer une méthode de reconnaître chaque os, et de le distinguer de tout autre avec certitude; il fallait rapporter chaque os à l'espèce à laquelle il appartient; il fallait reconstruire enfin le squelette complet de chaque espèce, sans omettre aucune des pièces qui lui étaient propres, sans en intercaler aucune qui lui fût étrangère.

Que l'on se représente ce mélange confus de débris mutilés et incomplets, recueillis par M. Cuvier; que l'on se représente, sous sa main habile, chaque os, chaque portion d'os allant reprendre sa place, allant se réunir à l'os, à la portion d'os à laquelle elle avait dû tenir; et toutes ces espèces d'animaux, détruites depuis tant de siècles, renaissant ainsi avec leurs formes, leurs caractères, leurs attributs, et l'on ne croira plus assister à une simple opération anatomique, on croira assister à une sorte de résurrection, et, ce qui n'ôtera sans doute rien au prodige, à une résurrection qui s'opère à la voix de la science et du génie.

Je dis *à la voix de la science :* la méthode employée par M. Cuvier pour cette reconstruction merveilleuse n'est, en effet, que l'application des règles générales de l'*anatomie comparée* à la détermination des *ossements fossiles.*

Et ces règles elles-mêmes ne sont pas une moins grande, une moins admirable découverte que les résultats surprenants auxquels elles ont conduit.

On a vu plus haut comment un principe rationnel, celui de la *subordination des organes*, partout appliqué, partout reproduit dans l'établissement des groupes de la méthode, avait changé la face de la classification du règne animal.

Le principe qui a présidé à la reconstruction des espèces perdues, est celui de la *corrélation des formes*, principe au moyen duquel chaque partie d'un animal peut être donnée par chaque autre, et toutes par une seule.

Dans une machine aussi compliquée, et néanmoins aussi essentiellement une que l'est celle qui constitue le corps animal, il est évident que toutes les parties doivent nécessairement être disposées les unes pour les autres, de manière à se correspondre, à s'ajuster entre elles, à former enfin, par leur ensemble, un être, un système unique.

Une seule de ces parties ne pourra donc changer de forme sans que toutes les autres en changent nécessairement aussi. De la forme de l'une d'elles on pourra donc conclure la forme de toutes les autres.

Supposez un *animal carnivore*, il aura nécessairement des *organes des sens*, des *organes du mouvement*, des *doigts*, des *dents*, un *estomac*, des *intestins*, disposés pour apercevoir, pour atteindre, pour saisir, pour déchirer, pour digérer une proie ; et toutes ces conditions seront rigoureusement enchaînées entre elles ; car une seule manquant, toutes les autres seraient sans effet, sans résultat, l'animal ne pourrait subsister.

Supposez un *animal herbivore*, et tout cet ensemble de conditions aura changé. Les *dents*, les *doigts*, l'*estomac*, les *intestins*, les *organes du mouvement*, les *organes des sens*, toutes ces parties auront pris de nouvelles formes, et ces formes nouvelles seront toujours proportionnées entre elles, et relatives les unes aux autres.

De la forme d'une seule de ces parties, de la forme des *dents* seules, par exemple, on pourra donc conclure, et conclure avec certitude, la forme des *pieds*, celle des *mâchoires*, celle de l'*estomac*, celle des *intestins*.

Toutes les parties, tous les organes se déduisent donc les uns des autres ; et telle est la rigueur, telle est l'infaillibilité de cette déduction, qu'on a vu souvent M. Cuvier reconnaître un animal par un seul os, par une seule facette d'os, qu'on l'a vu déterminer des genres, des espèces inconnues, d'après quelques os brisés et d'après tels ou tels os indifféremment ; reconstruisant ainsi l'animal entier d'après une seule de ses parties, et le faisant renaître, comme à volonté, de chacune d'elles : résultats faits pour étonner, et qu'on ne peut rappeler, sans rappeler, en effet, toute cette première admiration, mêlée de surprise, qu'ils inspirèrent d'abord, et qui ne s'est point encore affaiblie.

Cette méthode précise, rigoureuse, de démêler, de distinguer les os confondus ensemble, de rapporter chaque os à son espèce, de reconstruire enfin l'animal entier d'après quelques-unes de ses parties, cette méthode une fois conçue, ce ne fut plus par espèces isolées, ce fut par groupes, par masses, que reparurent toutes ces populations éteintes, monuments antiques des révolutions du globe.

On put dès lors se faire une idée non-seulement de leurs formes extraordinaires, mais de la multitude prodigieuse de leurs espèces. On vit qu'elles embrassaient des êtres de toutes les classes : des quadrupèdes, des oiseaux, des reptiles, des poissons, des crustacés, des mollusques, des zoophytes.

Je ne parle ici que des animaux, et cependant l'étude des *végétaux fossiles* n'offre pas des conséquences moins curieuses que celles que l'on a tirées du règne animal lui-même.

Tous ces êtres organisés, toutes ces premières populations du globe, se distinguent par des caractères propres, et souvent par les caractères les plus étranges, les plus bizarres.

Parmi les quadrupèdes, par exemple, se présentent d'abord le *palæothe-*

rium, l'*anoplotherium*, ces genres singuliers de pachydermes, découverts par M. Cuvier dans les environs de Paris, et dont aucune espèce n'a survécu, dont aucune n'est parvenue jusqu'à nous.

Après eux venait le *mammouth*, cet éléphant de Sibérie, couvert de longs poils et d'une laine grossière; le *mastodonte*, cet animal presque aussi grand que le *mammouth*, et que ses dents, hérissées de pointes, ont fait regarder pendant long-temps comme un éléphant carnivore; et ces énormes paresseux, animaux dont les espèces actuelles ne dépassent pas la taille d'un chien, et dont quelques espèces perdues égalaient, par la leur, les plus grands rhinocéros.

Les *reptiles* de ces premiers âges du monde étaient plus extraordinaires encore, soit par leurs proportions gigantesques, car il y avait des *lézards* grands comme des baleines, soit par la singularité de leur structure, car les uns avaient l'aspect des *cétacés* ou *mammifères marins*, et les autres le cou, le bec des oiseaux, et jusqu'à des sortes d'ailes.

Et, ce qui est plus surprenant encore que tout cela, c'est que tous ces animaux ne vivaient point à une même époque; c'est qu'il y a eu plusieurs générations, plusieurs populations successivement créées et détruites.

M. Cuvier en compte jusqu'à trois nettement marquées.

La première comprenait des mollusques, des poissons, des reptiles, tous ces reptiles monstrueux dont je viens de parler; il s'y trouvait déjà quelques mammifères marins, mais il ne s'y trouvait aucun, ou presque aucun mammifère terrestre.

La seconde se caractérisait surtout par ces genres singuliers de pachydermes des environs de Paris, que je rappelais tout à l'heure; et c'est dès lors seulement que les mammifères terrestres commencent à dominer.

La troisième est celle des *mammouths*, des *mastodontes*, des *rhinocéros*, des *hippopotames*, des *paresseux gigantesques*.

Un fait remarquable, c'est que, parmi tous ces animaux, il n'y a presque aucun quadrumane, presque aucun singe.

Un fait bien plus remarquable encore, c'est qu'il n'y a aucun homme. L'espèce humaine n'a donc été la contemporaine, ni de toutes ces races perdues, ni de toutes ces catastrophes épouvantables qui les ont détruites.

Ainsi donc, après l'âge des reptiles, après celui des premiers mammifères terrestres, après celui des *mammouths* et des *mastodontes*, est venue une quatrième époque, une quatrième succession d'êtres créés, celle qui constitue la population actuelle, celle que l'on peut appeler l'*âge de l'homme*, car c'est de cet âge seulement que date l'espèce humaine.

La création du règne animal a donc éprouvé plusieurs interruptions, plusieurs destructions successives : et, ce qui n'est pas moins étonnant, quoique tout aussi certain, c'est qu'il y a eu une époque, et la première de toutes, où aucun être organisé, aucun animal, aucun végétal, n'existaient sur le globe.

Tous ces faits extraordinaires sont démontrés par les rapports des restes des êtres organisés avec les couches qui forment l'écorce du globe.

Ainsi, il y a eu une première époque où ces êtres n'existaient point, car les terrains primitifs ou primordiaux ne contiennent aucun de leurs restes; ainsi, les *reptiles* ont dominé dans l'époque suivante, car leurs restes abondent dans les terrains qui succèdent aux primitifs; ainsi, la surface de la terre a été plusieurs fois recouverte par les mers, et plusieurs fois mise à sec, car les restes d'animaux marins recouvrent tour à tour les restes d'animaux terrestres, et sont tour à tour recouverts par eux.

La science, guidée par le génie, a donc pu remonter jusqu'aux époques les plus reculées de l'histoire de la terre; elle a pu compter et déterminer ces époques; elle a pu marquer, et le premier moment où les êtres organisés ont paru sur le globe, et toutes les variations, toutes les modifications, toutes les révolutions qu'ils ont éprouvées.

Sans doute il serait injuste de laisser entendre ici que toutes les preuves de cette grande histoire ont été recueillies par M. Cuvier; mais il n'est pas jusqu'aux découvertes que d'autres ont faites après lui qui n'ajoutent encore à sa gloire, car c'est en marchant sur ses traces qu'on les a faites.

On peut même dire que plus ces découvertes sont précieuses, que plus toutes celles que l'on fera par la suite seront importantes, plus sa gloire s'en accroîtra, à peu près comme on a vu grandir le nom de Colomb, à mesure que les navigateurs venus après lui ont fait mieux connaître toute l'étendue de sa conquête.

Ce monde inconnu, ouvert aux naturalistes, est, sans contredit, la découverte la plus brillante de M. Cuvier.

Je n'hésite pourtant pas à placer à côté d'elle cette autre découverte, à mes yeux non moins importante, de la vraie méthode en histoire naturelle.

Le besoin des méthodes naît également pour notre esprit, et du besoin qu'il a de *distinguer* pour connaître, et du besoin qu'il a de *généraliser* ce qu'il connaît, pour pouvoir embrasser et se représenter nettement le plus grand nombre possible de faits et d'idées.

Toute méthode a donc un double but, savoir, la *distinction* et la *généralisation* des faits.

Or, jusqu'à M. Cuvier, la méthode s'était bornée à démêler et à distinguer; c'est lui qui en a fait, comme je l'ai déjà dit, un instrument de généralisation : par où il a rendu un service éternel, non-seulement à l'histoire naturelle, mais, j'ose le dire, à toutes les sciences.

Car la méthode, j'entends la vraie, est essentiellement une. Son objet est partout de s'élever jusqu'aux rapports les plus généraux, jusqu'à l'expression la plus simple des choses; et de telle sorte que tous ces rapports naissent les uns des autres, et tous des faits particuliers qui en sont l'origine et la source.

C'est là ce qu'entendait Bacon, quand il disait que toutes nos sciences ne sont que les faits généralisés : mot qui peint admirablement la marche suivie par M. Cuvier.

C'est, en effet, par cette puissante généralisation des faits qu'il a créé la science des ossements fossiles ; qu'il a renouvelé, dans leur ensemble, la zoologie et l'anatomie comparée; qu'il n'a jamais abandonné un ordre de faits sans remonter jusqu'à leur principe, et à leur principe le plus élevé : conduisant la classification zoologique jusqu'à son principe rationnel, la *subordination des organes ;* fondant la reconstruction des animaux perdus sur le principe de la *corrélation des formes ;* démontrant la nécessité de certains intervalles, de certaines interruptions dans l'échelle des êtres, par l'impossiblité même de certaines co-existences, de certaines combinaisons d'organes.

C'est dans cette habitude de son esprit de remonter, en toute chose, jusqu'à un principe sûr et démontré, qu'il faut chercher le secret de cette clarté si vive qu'il répand sur toutes les matières qu'il traite. Car la clarté résulte partout de l'ordre des pensées et de la chaîne continue de leurs dépendances.

C'est dans cette habitude encore que se trouve la raison pour laquelle ses opinions, en tout genre, sont si fermes, si arrêtées; c'est qu'il ne se borne jamais à quelques rapports isolés, fortuits; c'est qu'il remonte toujours jusqu'aux rapports nécessaires, et qu'il les embrasse tous.

Deux choses frappent également en lui : l'extrême précocité de ses vues; car, c'est dès son premier Mémoire sur la classe des vers de Linnæus qu'il réforme toute cette classe, et, par elle, la zoologie entière ; c'est dès son premier cours d'anatomie comparée qu'il refond toute cette science et la reconstitue sur une nouvelle base; c'est dès son premier Mémoire sur les *éléphants fossiles* qu'il jette les fondements d'une science toute nouvelle, celle des animaux perdus : et cet esprit de suite, de persévérance, cette constance à toute épreuve, par lesquelles il a développé, fécondé ses vues; consacrant une vie entière à les établir, à les démontrer, à les mûrir par l'expérience, à les transformer enfin, de simples vues, fruits d'une conception hardie, d'une inspiration soudaine, en vérités de fait et d'observation.

Si je suis cet homme célèbre dans les routes diverses qu'il s'est tracées, je retrouve partout ces qualités dominantes de son esprit, l'ordre, l'étendue, l'élévation des pensées, la netteté, la précision, la force des expressions.

On a beaucoup loué dans ses *Éloges historiques*, et l'on ne peut trop y admirer sans doute, cette verve, ce feu qui y répandent tant de mouvement et de vie; cet art de raconter une anecdote, un trait, d'une manière si piquante; cette vigueur de conception qui lie toutes les parties du discours en un ensemble si fortement construit qu'il semble avoir été créé d'un seul jet, cette singulière aptitude enfin à s'élever aux considérations les plus variées, et à peindre tant de personnages divers d'une manière également juste et frappante.

Ce qu'une observation un peu plus attentive y fait remarquer, avec peut-être plus de plaisir encore, c'est la même sagacité d'observation, la même finesse de rapprochements, le même art de comparer, de subordonner, de remonter à ce que les faits ont de plus général, portés dans un autre champ ; et, par-dessus tout, ces traits lumineux, profonds, qui saisissent tout à coup le lecteur, et le transportent dans un grand ordre d'idées.

M. Cuvier semble avoir été destiné à donner un nouveau caractère à tous les genres qu'il a cultivés. C'est lui qui a porté dans l'enseignement de l'histoire naturelle ces vues philosophiques et générales, qui jusque-là n'y avaient point pénétré encore.

Dans ses éloquentes leçons, l'histoire des sciences est devenue l'histoire même de l'esprit humain ; car, remontant aux causes de leurs progrès et de leurs erreurs, c'est toujours dans les bonnes ou mauvaises routes suivies par l'esprit humain qu'il trouve ces causes.

C'est là qu'il met, pour me servir d'une de ses expressions les plus heureuses, c'est là qu'il met *l'esprit humain en expérience* : démontrant, par le témoignage de l'histoire entière des sciences, que les hypothèses les plus ingénieuses, que les systèmes les plus brillants ne font que passer et disparaître, et que les faits seuls restent; opposant partout aux méthodes de spéculation, qui n'ont jamais produit aucun résultat durable, les méthodes d'observation et d'expérience, auxquelles les hommes doivent tout ce qu'ils possèdent aujourd'hui de découvertes et de connaissances.

Eh! dans quelle bouche ces grands résultats tirés de l'histoire des sciences, cette *théorie expérimentale* de l'esprit humain, si je puis ainsi dire, auraient-ils pu avoir plus d'autorité que dans la sienne? Qui s'est montré plus constamment attaché à l'observation, à l'expérience, à l'étude rigoureuse des faits, et qui néanmoins a jamais enrichi son siècle de vérités plus neuves et plus sublimes?

Depuis que les hommes observent avec précision et font des expériences suivies, c'est-à-dire depuis à peu près deux siècles, ils devraient avoir renoncé, ce semble, à la manie de chercher à *deviner* au lieu d'*observer* ; car, d'abord, on devrait se lasser, à la longue, de deviner toujours maladroitement ; et ensuite, c'est qu'on devrait avoir fini par reconnaître que ce qu'on *imagine* est toujours bien au-dessous de ce qui *existe*, et qu'en un mot, et à ne considérer même que le côté brillant de nos théories, le merveilleux de l'imagination est toujours bien loin d'approcher du merveilleux de la nature.

Le débit de M. Cuvier était en général grave, et même un peu lent, surtout vers le début de ses leçons ; mais bientôt ce débit s'animait par le mouvement des pensées ; et alors ce mouvement qui se communiquait des pensées aux expressions, sa voix pénétrante, l'inspiration de son génie peinte dans ses yeux et sur son visage, tout cet ensemble opérait sur son auditoire l'impression la plus vive et la plus profonde. On se sentait élevé, moins encore par ces idées grandes, inattendues, qui brillaient partout, que par une certaine force de concevoir et de penser que cette parole puissante semblait tour à tour éveiller, ou faire pénétrer dans les esprits.

Il a porté dans la carrière du professorat le même caractère d'invention que dans la carrière des recherches et des découvertes. Après avoir créé l'enseignement de l'*anatomie comparée* au Jardin des Plantes, il a fait, au Collége de France, d'une simple chaire d'histoire naturelle, une véritable chaire de la philosophie des sciences : deux créations qui peignent son génie, et qui, aux yeux de la postérité, doivent honorer notre siècle.

A toutes ces occupations d'historien des sciences, de secrétaire perpétuel, de professeur au Muséum et au Collége de France, M. Cuvier en joignait plusieurs autres. Il avait été nommé membre du conseil de l'Université en 1808, et maître des requêtes en 1813.

La Restauration sut respecter une grande renommée. M. Cuvier conserva sa position, et même il ne tarda pas à se voir revêtu de fonctions nouvelles. Nommé successivement conseiller d'État, président du comité de l'Intérieur, chancelier de l'Instruction publique, enfin, en 1831, pair de France, l'étendue de son esprit embrassait tous les ordres d'idées, et se prêtait à tous les genres de travaux.

Il était membre, comme on pense bien, de toutes les académies savantes du monde ; car quelle académie eût pu omettre d'inscrire un pareil nom sur sa liste? Et, ce qui est un honneur dont il y a eu peu d'exemples avant lui, il appartenait à trois académies de l'Institut, l'Académie française, celle des sciences, et celle des inscriptions et belles-lettres.

Sa grande renommée lui amenait, de toutes parts, tout ce qui se faisait d'observations et de découvertes. C'était d'ailleurs son esprit, c'étaient ses leçons, ses ouvrages qui animaient tous les observateurs et qui en suscitaient partout; et jamais on n'a pu dire d'aucun homme avec plus de vérité que de lui, que la nature s'entendait partout interroger en son nom.

Aussi rien n'est-il comparable à la richesse des collections qu'il a créées au Muséum, et qui toutes ont été mises en ordre par lui. Et quand on songe à cette étude directe des objets qui fut l'occupation principale de sa vie, et de laquelle il a fait sortir tant de résultats, on n'est point étonné de ce mot qu'il a répété souvent : « Qu'il ne croyait pas avoir été moins utile » à la science par ces collections seules que par tous ses autres ouvrages. »

Dans le cours d'une carrière si pleine de succès et de gloire, M. Cuvier avait été frappé des plus rudes coups. Il avait perdu ses trois premiers enfants, ou peu de jours, ou peu d'années après leur naissance; et cette douleur se renouvela, quelques années plus tard, avec bien plus d'amertume encore, quand il perdit sa fille, jeune personne de l'esprit le plus distingué, et qui, dans la tournure de cet esprit, ainsi que dans les traits de son visage, rappelait quelque chose de son père.

Quand on songe aux nombreux emplois de M. Cuvier, à tous ses travaux, à tous les ouvrages qu'il a produits, et à l'étendue, à l'importance de ces ouvrages, on est étonné qu'un seul homme y ait pu suffire. Mais, outre tant de facultés supérieures de son esprit, il avait une curiosité passionnée qui le portait, qui le poussait à tout; une mémoire dont l'étendue tenait du prodige; une facilité, plus prodigieuse encore, de passer d'un travail à un autre, immédiatement, sans effort : faculté singulière, et qui, peut-être, a plus contribué que toute autre à multiplier son temps et ses forces.

D'ailleurs, aucun homme au monde ne s'était jamais fait une étude aussi suivie, et, si je puis ainsi dire, aussi méthodique, de l'art de ne perdre aucun moment.

Chaque heure avait son travail marqué; chaque travail avait un cabinet qui lui était destiné, et dans lequel se trouvait tout ce qui se rapportait à ce travail : livres, dessins, objets. Tout était préparé, prévu, pour qu'aucune cause extérieure ne vînt arrêter, retarder l'esprit dans le cours de ses méditations et de ses recherches.

M. Cuvier avait une politesse grave, et qui ne se répandait point en paroles; mais il avait une bonté intérieure et une bienveillance qui allaient droit aux actions. On aurait dit qu'en ce genre encore il craignait aussi toute perte de temps.

G. Cuvier mourut le dimanche 13 mai 1832. Le mardi précédent, il avait fait encore, au Collége de France, une de ses plus belles leçons. Une mort si prompte, au milieu de tant de gloire, de renommée, d'influence philosophique, fut, pour la nation entière, le sujet d'une douleur profonde. Les obsèques eurent lieu le mardi 15. Tout ce qu'il y avait à Paris de savants, d'écrivains, d'hommes d'État illustres, entourait son cercueil. La jeunesse de nos écoles portait elle-même les restes du grand professeur au dernier asile. La France venait de perdre un de ces hommes dont le nom seul suffirait à la gloire d'une nation et d'un siècle.

Flourens,

De l'Académie française, secrétaire perpétuel
de l'Académie des sciences.

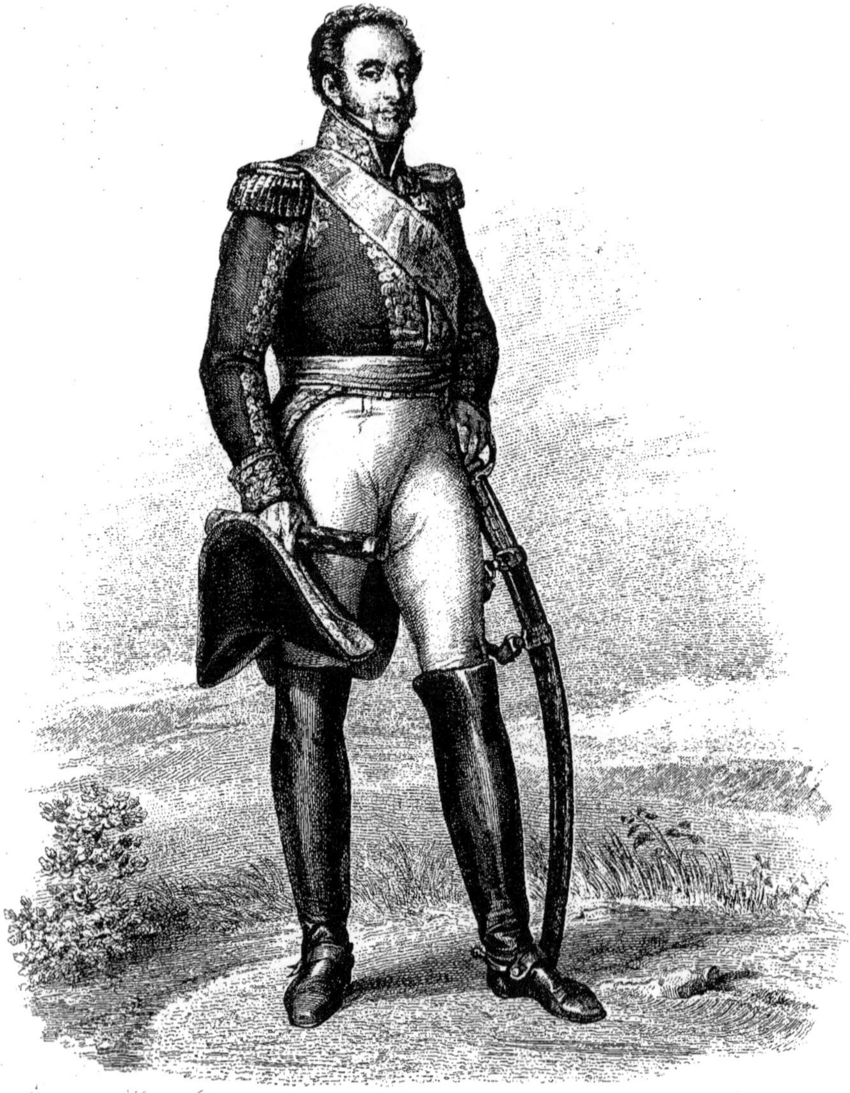

Peint par Horace Vernet. Impᵉʳⁱᵉ Geny Gros rue du Plâtre, 28. Paris

SUCHET.

SUCHET

NÉ EN 1770, MORT EN 1826.

On lit dans les Mémoires d'O'Méara : « J'ai demandé à Napoléon quel était le plus habile général français? — Cela est difficile à dire, a-t-il répondu, mais il me semble que c'est Suchet. »

Ces paroles de l'empereur, le meilleur juge possible en fait d'art militaire, suffiraient pour expliquer le choix que nous faisons ici du maréchal parmi tant de récentes illustrations militaires : ajoutons cependant que ses talents comme général ne sont pas les seuls titres de gloire du duc d'Albufera : ses vertus privées, son inflexible équité, en le faisant chérir des populations qu'il eut à combattre, leur donnèrent une haute idée de notre caractère national, et c'est en faisant honorer et aimer le nom français, qu'il a surtout bien mérité de la France.

Louis-Gabriel Suchet, issu d'une honorable famille de négociants, naquit à Lyon le 2 mars 1770. Il venait de finir ses études quand la première coalition éclata. Enrôlé parmi les volontaires de la république, il fit ses premières armes au siége de Toulon, à la tête du quatrième bataillon de l'Ardèche, et y prit une part glorieuse en faisant prisonnier le général anglais O'Hara.

A la fin de cette campagne, le bataillon de l'Ardèche, embrigadé dans le 18e de ligne, passa à l'armée d'Italie. A Loano, son jeune chef prit trois drapeaux aux Autrichiens. Il se fit remarquer à Dego, à Castiglione, à Lonato, à Rivoli, à Trente, à Bassano, à Arcole et à Cerea, où il fut, dit le bulletin du général en chef Bonaparte, « blessé glorieusement en combattant à la tête de son corps. » Après le passage du Tagliamento et les combats de Tarvis et de Neumarkt, nommé colonel sur le champ de bataille, il accompagna en Suisse le général Brune, qui le choisit pour porter au Directoire vingt-trois drapeaux pris à l'ennemi. Cette distinction, motivée sur ses services, lui valut des armes d'honneur et le brevet de général de brigade.

Désigné pour l'expédition d'Égypte, Suchet n'en fit cependant point partie. Des circonstances vinrent changer sa destination, et il dut se rendre à l'armée d'Italie en qualité de chef d'état-major. Ce poste important lui fournit l'occasion de faire briller les qualités qui le distinguaient, et Joubert, qui avait remplacé Brune appelé en Hollande, l'eut bientôt apprécié. Il demanda et obtint de le garder près de lui en Italie, comme un homme nécessaire : mais peu après, ayant froissé les commissaires du Directoire par l'indépendance de ses vues, il en fut puni dans la personne de son chef d'état-major. Suchet, rappelé à Paris, dut obéir ; Joubert résigna son commandement et fut remplacé par Schérer.

Le général Suchet n'avait pas eu de peine à faire tomber les frivoles accusations portées contre lui ; il fut envoyé à l'armée du Danube, devenue armée d'Helvétie, et reçut de Masséna le commandement d'une brigade détachée dans les Grisons. Là, il défendit successivement avec vigueur les positions de Davos, de Bergun et de Splugen. Après la reprise du fort de Luciensteig, il se trouva séparé de l'armée, entouré de forces supérieures, et menacé de rester sans retraite dans la vallée de Dissentis ; on le croyait perdu, quand, après plusieurs jours de manœuvres hardies, il rétablit les communications en traversant un lac glacé à Ober-Alp, et ramena sa troupe en ligne. Masséna, apprenant son retour, s'écria : « J'étais bien sûr que Suchet me ramènerait sa brigade. »

Chérin, chef de l'état-major général, ayant été tué, Suchet fut désigné par Masséna pour le remplacer. Quoique blessé, il se livra avec ardeur à ces fonctions difficiles. Mais sa destinée devait bientôt le rappeler au delà des Alpes.

Une révolution intérieure, celle qui a pris le nom du 12 floréal, vint changer une partie des membres du Directoire. Joubert, immédiatement replacé à la tête de l'armée d'Italie, avait demandé qu'on lui rendît Suchet avec le grade de général de division. Celui-ci accourut à Gênes auprès de son ami, qu'il eut la douleur de voir mourir quelques jours après, à la malheureuse affaire de Novi.

Moreau, quoique remplacé dans son commandement par Joubert, avait voulu rester près de lui jusqu'après la bataille. Sa présence fut un bonheur pour la France, et prévint un plus grand désastre. Aidé de Gouvion Saint-Cyr et de Suchet, Moreau rallia les débris de l'armée dispersée, et attendit pendant un mois l'arrivée de Championnet, successeur de Joubert. Pendant ce temps, il fut à même de reconnaître les talents de Suchet, et, en partant, il disait à un de ses amis : « Votre général est un des premiers chefs d'état-major de l'armée française. »

A peine arrivé, Championnet succomba à une maladie contagieuse, et laissa par sa mort Suchet sans destination. Il avait repris le chemin de Paris, quand il rencontra à Fréjus le vainqueur de Zurich : Bonaparte, en prenant au 18 brumaire les rênes du gouvernement, lui avait confié le commandement de l'armée d'Italie. Masséna retint sous ses ordres son ancien chef d'état-major, et lui donna à commander le centre de son armée, pendant que lui-même se chargeait de la défense de Gênes.

Cependant Suchet, nouvellement nommé lieutenant-général, était chargé, avec trois divisions formant à peine huit mille hommes, de tenir tête à quarante mille Autrichiens qui menaçaient nos frontières. Après un mois de lutte contre le général Elnitz, après plusieurs affaires brillamment disputées, il perdit plusieurs positions principales, et se vit forcé d'évacuer Nice. Mélas crut le moment venu de pénétrer en France, et s'avança jusqu'au Var. Suchet avait en face une grande partie de l'armée autrichienne, protégée par la flotte anglaise qui était venue s'embosser à l'embouchure du fleuve. Il fit promptement ses préparatifs de défense, et attendit de pied ferme l'ennemi. Repoussés dans trois attaques, les Autrichiens renoncèrent à emporter le passage, et reprirent la route du Piémont; Suchet se mit à leur poursuite, atteignit Elnitz, le battit, et lui prit six drapeaux, trente-trois pièces de canon, et près de quinze mille prisonniers.

La défense du Var, que le ministre de la guerre Carnot ne craignit pas de comparer à celle des Thermopyles, sauva le midi de la France, et contribua à l'immortelle victoire de Marengo; aussi le premier Consul, quittant l'armée pour se rendre à Paris, donna à Suchet une grande marque de confiance en le chargeant de la prise de possession de l'importante ville de Gênes, remise entre nos mains après la bataille.

L'année suivante le retrouve encore, à la tête des deux divisions du centre, au passage du Mincio. A cette affaire, où un contre-ordre arrivé trop tard vint suspendre les mouvements déjà commencés, le général Dupont, engagé seul avec la droite qu'il commandait, se trouvait compromis. Suchet, entraîné par un noble mouvement du cœur, brave la responsabilité qu'il peut encourir en cas d'échec, et ne voit que des Français en danger; il vole à leur secours, et non-seulement dégage Dupont, mais encore l'aide à repousser les Autrichiens, qui, quoique supérieurs en nombre, nous abandonnent le champ de bataille, quatre mille prisonniers, et une partie de leur artillerie.

Lieutenant-général avant trente ans, Suchet avait prouvé, dès ses débuts, avec quel bonheur les talents nécessaires à un général en chef étaient unis chez lui aux qualités si rares et si opposées qui font un bon major-général. Il savait toutefois que le commandement des troupes est la partie essentielle du métier de la guerre; et, prompt à saisir toutes les occasions de se distinguer et de mûrir un talent dont il sentait déjà toute la force, l'ancien chef d'état-major de Brune et de Joubert, de Moreau, de Championnet et de Masséna, après avoir rempli pendant la paix les fonctions d'inspecteur-général d'infanterie, oublia qu'il avait été l'égal de ses chefs, pour demander le commandement d'une division.

La division Suchet, forte de cinq régiments d'infanterie, après s'être fait remarquer au camp de Boulogne par sa tenue, sa discipline et son instruction, devint la première du 5ᵉ corps sous les ordres du maréchal Lannes, et soutint brillamment la réputation de son chef.

A Ulm, elle seconda puissamment l'habile manœuvre de Napoléon, en enlevant les retranchements du Michelsberg.

A Austerlitz, placée à la gauche de l'armée, elle soutint avec un admirable sang-froid le choc des cavaliers russes et autrichiens, qui pénétrèrent jusque dans les intervalles de ses bataillons, et, comme les Mamelouks en Égypte, succombèrent ou s'enfuirent devant cette infanterie inébranlable. A cette occasion, Suchet reçut le grand cordon de la Légion-d'Honneur.

A Saalfeld, ce fut lui qui, toujours à l'avant-garde, porta le premier coup à l'armée prussienne en battant le corps du prince Louis; et, trois jours après, à la bataille d'Iéna, il enfonça pour ainsi dire les portes du champ de bataille, en repoussant l'ennemi du plateau sur lequel on combattit ensuite.

La journée de Pultusk fut une de ces journées malheureuses où la valeur et l'habileté, même victorieuses, s'arrêtent devant les éléments et la fortune. La division de cavalerie du général Beker, et quatre régiments de la division Suchet, opposés pendant toute l'affaire à quarante mille Russes, parvinrent à contenir leurs nombreux ennemis.

A Ostrolenka, Suchet vint appuyer à propos la division Gazan, et décida par son arrivée le succès de la bataille [1].

La paix de Tilsitt, conclue le 25 juin 1807, donna quelque repos au 5ᵉ corps, qui ne fut appelé dans la Péninsule qu'à la fin de 1808. Alors seulement s'ouvrit pour Suchet une carrière entièrement digne de ses vastes talents. Il se trouva de nouveau sous les ordres du duc de Montebello. Ce maréchal, en partant pour la campagne d'Allemagne, où il devait trouver une mort glorieuse sur le champ de bataille d'Essling, le désigna lui-même à l'empereur comme le plus digne de commander en Aragon. Napoléon reconnut bientôt la bonté de ce choix, et plus tard on lui entendit répéter que « s'il avait eu deux maréchaux comme lui en Espagne, non-seulement il aurait conquis la Péninsule, mais il l'aurait conservée. »

Bien des difficultés cependant avaient arrêté, dès son début, le nouveau commandant en Aragon. Lui-même nous dit dans ses Mémoires quels regrets il éprouva en quittant sa belle division pour prendre le commandement du 3ᵉ corps. Là tout était à refaire : les cadres accusaient vingt mille

---

[1] Nous avons mis à contribution, pour ce qui précède, l'excellente notice placée en tête des Mémoires du maréchal Suchet.

hommes, à peine en trouva-t-il dix mille sous les drapeaux; encore était-ce pour la plupart des régiments de nouvelle formation, et composés de recrues. La mésintelligence entre les chefs de ces corps en avait achevé la désorganisation. C'était pourtant avec une pareille armée, manquant de tout, et n'ayant aucune discipline, qu'il fallait, non-seulement tenir tête aux troupes espagnoles, mais encore combattre et ramener à la soumission des populations fanatisées par la religion et l'amour du pays.

Suchet sentit tout le poids du fardeau qu'il s'était imposé, mais sa constance se roidit contre les obstacles et les surmonta bientôt. Au bout de quelques semaines, employées à son organisation, le 3ᵉ corps, malgré quelques revers de peu d'importance, avait en lui-même et en son chef une confiance que la double victoire de Maria et de Belchite vint bientôt justifier. Maître de l'Aragon, par la dispersion de l'armée de Blacke dans ces deux combats, Suchet s'en assura la possession par de bonnes mesures administratives. Les populations désarmées se réconcilièrent bientôt avec son gouvernement plein d'équité, et Saragosse, qui avait fait une défense si héroïque, fut la première à donner l'exemple de la soumission. Le général y fut reçu au milieu des fêtes et des démonstrations d'une joie spontanée : spectacle inattendu et bien digne de réflexion, au milieu des ruines encore fumantes du siége.

De tels commencements devaient lui faire espérer que pour pacifier le pays il n'avait plus qu'à mettre à profit l'influence locale qu'il avait acquise d'une manière si heureuse. Mais une réaction, merveilleusement secondée par les juntes insurrectionnelles des provinces et la junte centrale de Séville, se fit bientôt ressentir dans toute la Péninsule. Le nom de victoire donné par nous à la journée d'Essling ne trompa point les Espagnols, et la halte forcée de notre armée sur les bords du Danube, après la rupture des ponts, leur fit espérer sa destruction prochaine. Les débris de l'armée de Blacke allèrent renforcer les bandes déjà formées, et leur fournirent des chefs expérimentés. Dans ce nouveau genre de guerre que le général eut à soutenir, au milieu d'un pays couvert de montagnes et coupé par des défilés et des torrents, quel avantage n'avaient pas, contre une armée d'invasion, des guérillas composées d'hommes agiles, courageux, et connaissant parfaitement le pays! Nous attaquant à l'improviste, quand le moment leur semblait favorable, elles disparaissaient ensuite sans qu'on pût suivre leurs traces, ni prévoir dans quels lieux elles se reformeraient pour nous harceler de nouveau.

Sur la rive droite de l'Èbre, Villafranca, partisan actif, disposait de plus de trois mille hommes, et avait son avant-garde à sept ou huit lieues de Saragosse. Sur la rive gauche, Renovalès, à la tête des insurgés du Haut-Aragon, occupait les vallées qui avoisinent Jaca. Tout le pays entre cette ville et Lérida était parcouru par des partis nombreux qui arrêtaient nos convois et assassinaient nos soldats. D'un autre côté, Caro tenait Valence, et le général Blacke se disposait à aller, de Tarragone, secourir Girone assiégée. Ainsi entouré d'ennemis, et n'ayant pour les combattre qu'un corps peu nombreux, encore affaibli par la nécessité d'envoyer des renforts en Navarre, Suchet sut trouver dans son activité des ressources inespérées et multiplier ses soldats par la rapidité de ses mouvements. L'expédition contre Saint-Jean de la Peña lui fournit bientôt l'occasion de manifester ce respect pour les croyances des populations qui leur rendit sa domination si facile à supporter.

Ce couvent, qui renfermait dans son église les tombeaux de vingt-deux rois d'Aragon, n'était jamais tombé au pouvoir des Maures, et les Espagnols le regardaient comme le palladium de leur indépendance. Placé en face de Jaca, dans une position escarpée, il servait de refuge aux insurgés les plus dangereux. Suchet, qui avait d'ailleurs à venger sur Saint-Jean le massacre d'un de ses détachements, fit enlever cette position. Le couvent, qui avait été transformé en forteresse, fut brûlé ; mais il conserva l'église, et voulut qu'une fondation y assurât le service des sépultures royales.

Poursuivis partout, les chefs des guérillas ne trouvaient plus d'asile que dans les églises et les monastères, édifices pour la plupart vastes et solides qui leur offraient de grandes ressources pour la guerre défensive. Villacampa s'était enfermé dans le sanctuaire de Nuestra-Señora del Tremedal, situé sur une montagne presque inaccessible. Il fut forcé dans cette retraite, et prit la fuite avec les bandes de la rive droite de l'Èbre qui l'y avaient suivi. Bientôt après, la prise de Venasque, de Teruel et d'Albarracin, compléta l'occupation de l'Aragon par le 3ᵉ corps.

Le traité de Vienne, du 14 novembre 1809, ayant permis à l'empereur d'envoyer des renforts en Espagne, l'armée de Madrid en profita pour battre les Espagnols à Ocaña, pendant que Kellermann leur faisait subir un échec devant Salamanque. Girone avait capitulé, et l'année 1810 s'ouvrait pour nous avec des apparences favorables, malgré la résistance opiniâtre de Cadix. L'armée d'Aragon n'avait reçu que de faibles secours, et néanmoins cette province avait entièrement changé de face, nos partisans y étaient partout en majorité : mais les villes de Lérida, Mequinenza et Tortose en menaçaient continuellement les frontières, et servaient de refuge aux restes des guérillas.

Suchet pensait à entreprendre le siége de ces trois places, quand il reçut ordre de marcher contre Mina, jeune étudiant de Pampelune, qui était parvenu en quelques mois à soulever la Navarre entière. Les colonnes envoyées à sa poursuite le forcèrent bientôt à disperser sa troupe, et à fuir lui-même sous un déguisement.

Il est fâcheux pour un général de voir ses plans dérangés par des ordres venus de loin, et qui souvent ne sont plus exécutables quand ils lui parviennent; mais combien sa position est plus pénible encore, s'il lui faut obéir à deux impulsions qui se contrarient : c'est ce qui arriva à Suchet Malheureusement placé entre les instructions du prince de Neufchâtel et celles du roi Joseph, il se vit forcé par la cour de Madrid d'entreprendre contre Valence une expédition qu'il jugeait inopportune. Ses prévisions ne furent pas trompées, et le 3ᵉ corps, malgré le succès d'Alventosa et la soumission volontaire de Murviedro (l'ancienne Sagonte), fit une campagne infructueuse. Depuis, Suchet fut laissé à ses inspirations, et chacun de ses mouvements fut marqué par un succès.

Lérida fut investie, et O'Donnel, qui accourait à son secours, battu dans les plaines de Margalef et contraint de rétrograder. Malgré la bonté de sa position, la force de sa garnison et la belle défense de ses habitants, cette place, autrefois l'écueil du grand Condé, ne put tenir contre la vigueur de nos attaques ; après vingt-huit jours de siége, elle nous ouvrit ses portes, mettant en notre pouvoir d'immenses approvisionnements, et plus de sept mille prisonniers.

Nul ne savait mieux que Suchet user de la victoire, et profiter d'un succès pour en obtenir un autre. A peine entré dans Lérida, il fit partir des troupes qui s'emparèrent de Mequinenza, et ce fort était encore en train de capituler qu'il avait déjà l'œil sur Tortose et envoyait occuper Morella sur la frontière de Valence, d'Aragon et de Catalogne. Cette dernière contrée est d'une haute importance militaire, à cause du grand nombre de places fortes qu'elle renferme. Le 7ᵉ corps, sous les ordres de Macdonald, ne pouvait guère s'éloigner de Barcelone, menacée continuellement par O'Donnel, qui tenait Tortose et Tarragone. Ce fut contre ces deux villes que durent se diriger les efforts des deux généraux en chef. Une entrevue eut lieu entre eux à Lérida ; ils y convinrent de commencer par le siége de Tortose, et se promirent leurs secours mutuels pour cette opération.

Le blocus, continuellement inquiété par l'armée de Valence et les incursions de Villacampa, dura six mois, remplis de beaux faits d'armes et couronnés par une de ces résolutions hardies pour lesquelles l'audace ne suffit pas, le génie pouvant seul en pressentir l'opportunité.

Le 2 janvier 1811, l'ennemi, après treize jours de siége, avait demandé à capituler, et ne faisait que des propositions inadmissibles. Suchet apprend que la garnison, mutinée contre le gouverneur, refuse de lui obéir ; il s'approche de la brèche, se fait reconnaître par les sentinelles espagnoles, et pénètre presque seul dans le château, où la fermeté de ses paroles impose aux troupes ; elles consentent à écouter la voix de leurs chefs, et une capitulation, dressée à la hâte sur l'affût d'un canon, met en notre pouvoir Tortose, cent quatre-vingts bouches à feu, onze mille fusils, et plus de neuf mille prisonniers.

Trois marches seulement séparent Tortose de Tarragone ; mais bien des difficultés augmentaient cette distance pour le 3ᵉ corps. Tant de succès récents ne pouvaient balancer les suites de l'évacuation du Portugal par le prince d'Essling. L'insurrection espagnole, ranimée par cette nouvelle, s'opposa partout à la marche de l'armée, et ralentit les préparatifs du siége projeté.

Suchet profita de ces retards pour aller à Saragosse mettre la dernière main au sage système d'administration qu'il avait établi dans l'Aragon. A son arrivée dans cette province, vers le milieu de 1809, il l'avait trouvée décimée par les maux de la guerre; les récoltes et les troupeaux avaient disparu, le commerce et l'industrie étaient complétement ruinés. Forcé pourtant d'en tirer la subsistance et la solde de ses troupes, il était parvenu, par sa justice et son affabilité, à faire chérir son autorité des populations auxquelles il lui fallait imposer de si rudes charges. Sa réputation d'équité avait bientôt franchi les limites de son gouvernement; et beaucoup de provinces, encore au pouvoir des juntes, enviaient le sort des Aragonais, qui, de leur côté, disaient, en parlant des soldats du 3ᵉ corps, *los nuestros* (les nôtres), par préférence non-seulement aux autres armées françaises, mais encore aux troupes espagnoles elles-mêmes.

Cette influence lui fut bien utile, à l'époque dont nous parlons, pour combattre un système de famine dont l'armée était menacée par la régence et les juntes de Castille et de Valence. Sa présence à Saragosse, en mettant un frein à la cupidité, arrêta l'écoulement des grains hors du pays, et cette cause d'inquiétude ayant complétement cessé, il put donner tous ses soins au siége de Tarragone.

Tandis que l'empereur lui prescrit de hâter ses préparatifs, une surprise rend Figuières aux Espagnols. Le duc de Tarente presse Suchet d'accourir pour prévenir les suites de ce malheureux événement, et de toutes parts on l'engage à ajourner son expédition; lui seul en entrevoit le succès dans le désastre de Figuières. Il prévoit que Campoverde va se jeter de ce côté avec l'armée de secours, et lui laisser libre le chemin de la place; aussitôt sa résolution est prise : il refuse les secours que lui demande Macdonald, et arrive le 3 mai devant Tarragone. Malgré les seize mille hommes qui défendent la ville avec une nombreuse artillerie, malgré la protection de la flotte anglaise, Suchet n'hésite pas à en faire l'investissement avec cent canons et la moitié seulement de son armée. La défense fut héroïque. Sorties fréquentes, secours par mer, tentatives d'embauchement, rien ne fut épargné pour ralentir ou effrayer, pendant le blocus, l'ardeur de notre brave armée : le siége ne fut qu'une longue bataille qui coûta aux deux partis plusieurs milliers de morts. Après avoir ouvert neuf brèches, et livré avec succès cinq assauts, il nous fallut encore emporter de force la cathédrale et les maisons, pour triompher de cette généreuse cité. Mais cette victoire, si chèrement achetée, eut d'immenses résultats : onze mille prisonniers, vingt drapeaux, et plus de trois cents canons en furent les trophées.

Suchet s'empressa de mettre à profit l'effet produit par la prise de Tarragone, pour s'emparer de la position formidable de Montserrat. En terminant par ce coup de main, qui n'était pas du ressort de son commandement, la soumission de la Basse-Catalogne, il avait prévenu les ordres de l'empereur, qui lui parvinrent au milieu de son expédition, en même temps que la nouvelle de son élévation à la dignité de maréchal d'empire.

Cependant le duc de Tarente venait de reprendre Figuières, et l'aspect de nos affaires changeait dans l'est de la Péninsule. Le moment était venu de marcher sur Valence. Il fallait d'abord s'emparer d'Oropesa et des forts de Sagonte : la première opération fut faite dans peu de temps ; mais la seconde offrait de plus grandes difficultés. Un siége en règle pouvait durer long-temps et nous mettre aux prises avec l'armée de secours ; pour prévenir son arrivée, nos troupes tentent sans succès une escalade ; l'assaut échoue aussi devant la difficulté des lieux et la valeur des assiégés.

Sur ces entrefaites, le maréchal apprend que Blacke approche ; il comprend que le sort de Sagonte dépend de la bataille qui va se livrer, et marche à l'ennemi avec assurance. La victoire est vivement disputée ; Suchet, blessé, n'en continue pas moins à diriger l'attaque, et supplée à l'infériorité du nombre par la supériorité de sa manœuvre. Blacke est battu, et la garnison, témoin du haut de ses remparts de la défaite de son allié, capitule le lendemain et se rend prisonnière.

Valence renfermait les trésors de toute une province, et cette riche proie, promise au vainqueur, était pour le maréchal la moindre part des fruits qu'il attendait de cette conquête. Il espérait, en prenant la ville, faire prisonnière une armée entière, et il y réussit. En présence de trente mille Espagnols, l'armée d'Aragon franchit le Guadalquivir ; Blacke vaincu, et repoussé jusqu'au lac d'Albufera, courut avec vingt mille hommes s'enfermer dans la place. Là nos bombes le forcèrent bientôt à capituler, mettant en notre pouvoir vingt et un drapeaux, trois cent quatre-vingt-treize bouches à feu et dix-neuf mille prisonniers de guerre.

La modération du vainqueur après une telle victoire fut au-dessus de tout éloge. Il avait voulu éviter l'assaut de cette cité riche et populeuse : il prit toutes les précautions pour en empêcher le pillage. Lui-même donna l'exemple de rester au camp pendant trois jours, pour que personne ne fût tenté d'entrer, malgré ses ordres, dans Valence, avant que les sages dispositions qu'il avait fait prendre contre le désordre eussent reçu leur exécution. Le 14 janvier 1812, il fit son entrée à la tête des troupes, et fut reçu au milieu des acclamations des habitants.

Cette belle campagne valut au maréchal le titre de duc d'Albufera, en souvenir de la glorieuse journée du 24 décembre.

Par la prise de Denia et de Peniscola, que les soldats appelaient le petit Gibraltar, Suchet resta maître de tout le pays de Valence jusqu'aux portes d'Alicante. Là, comme en Aragon, il établit l'ordre et se fit également aimer et craindre. A cette époque, le départ des Polonais, appelés à faire la campagne de Russie, vint affaiblir son armée. Elle n'en continua pas moins ses succès en battant Joseph O'Donnel à Castella. Au mois d'août, elle reçut à Almanza l'armée du centre et le roi Joseph, que la perte de la bataille de Salamanque forçait de quitter Madrid. Cet événement rendit la confiance à nos ennemis, et l'armée espagnole, battue à Castella, se joignit, pour nous attaquer, aux troupes anglo-siciliennes débarquées à Alicante sous le commandement du général anglais Thomas Maitland. Repoussés à Xabea et à Denia, les Anglais furent encore battus à Yecla et Alcoy; apprenant alors l'échec de Wellington devant Burgos, ils reprirent le chemin de Salamanque, poursuivis par les quatre armées françaises du Midi, du Centre, du Portugal et du Nord, qui ne purent les atteindre.

A l'ouverture de la campagne de 1813, tout annonçait les nouveaux efforts de Wellington pour profiter de nos désastres de Russie et nous enlever l'Espagne. Menacé de tous côtés par les forces anglo-espagnoles, Suchet n'attend pas leur réunion et marche à la rencontre de Murray, successeur de Maitland; il s'empare de Villena, bat le corps espagnol à Yecla et l'avant-garde anglaise dans le défilé de Biar. Murray change alors de plan : il rembarque ses troupes, se porte sur Tarragone et entreprend de l'assiéger. Avec une rapidité prodigieuse, Suchet le suit par terre, et, secondé par un mouvement de l'armée de Catalogne, le force à reprendre la mer, abandonnant ses canons.

De retour à Valence, le maréchal, heureux des témoignages d'affection qu'il y recevait, se préparait à attaquer de nouveau l'armée d'Alicante, lorsqu'il reçut la nouvelle de la bataille livrée le 21 juin à Vittoria, à la suite de laquelle le roi Joseph avait été rejeté au delà des Pyrénées avec l'armée principale. Dès lors, il ne dut plus penser qu'à évacuer Valence. Sa retraite, opérée tranquillement au milieu même des témoignages de regret des Espagnols, fut encore marquée par un succès important obtenu sur les Anglais à Ordal.

Dans l'espoir d'un retour offensif, Suchet, avant de commencer son mouvement rétrograde, avait secouru Tarragone assiégée par l'armée anglo-espagnole, et assuré par de bonnes dispositions la conservation des principales villes de la Catalogne. Mais, dans le mois d'octobre, Wellington passa la Bidassoa, et, le 1er janvier 1814, la France, envahie sur toutes ses frontières, dut renoncer à toute idée de conquête. Bientôt, par le rétablissement de Ferdinand sur le trône d'Espagne, le rôle du maréchal fut entièrement changé; il ne pensa plus qu'à sauver les garnisons qu'il avait laissées derrière lui, et à secourir la patrie attaquée.

Dévoué comme il l'était à cette double tâche, quelle dut être sa douleur en voyant la trahison livrer aux Anglais Lérida, Mequinenza et Mouzon, où étaient restés les vétérans de sa belle armée d'Aragon, et en entendant calomnier sa conduite dans la défense de nos provinces du Midi, à l'époque de la bataille de Toulouse! Après cette malheureuse journée du 10 avril, qui ne fut pour la France qu'un glorieux mais inutile sacrifice, puisque le 30 mars les alliés étaient entrés dans Paris, Suchet s'empressait de rejoindre le duc de Dalmatie et d'aller se placer sous son commandement, quand il apprit à Narbonne l'abdication de l'empereur.

Ici se termine la carrière militaire de Suchet. Bien qu'appelé par les Bourbons au commandement en chef des armées du Midi, il n'eut plus occasion d'employer, pour la gloire de la France, son génie militaire et son épée illustrée dans tant de combats. Créé par Louis XVIII pair de France, le duc d'Albufera apporta dans la Chambre haute le même amour du pays et la même loyauté qui l'avaient toujours distingué. Le roi, qui professait pour son caractère une estime dont il n'était point prodigue, voulut qu'il assistât à la naissance du duc de Bordeaux.

Le maréchal employait les loisirs de la paix à écrire le récit de ses campagnes d'Espagne, quand une mort prématurée vint le surprendre (3 janvier 1826). Ses Mémoires, empreints d'une noble simplicité, reflètent à chaque page son âme juste et aimante. Il y parle avec la même franchise de ses succès et de ses revers; et en nommant tous ceux qui prirent part à ses exploits, il semble acquitter une dette de cœur et vouloir leur laisser un souvenir d'affection. Aussi jamais chef ne fut plus vivement regretté de ses compagnons d'armes; et ces justes sentiments de douleur qu'inspira sa perte, la France ne fut pas seule à les partager; ils se manifestèrent avec autant de force dans l'Aragon. Chez ces peuples qu'il avait vaincus, ses vertus avaient désarmé les haines politiques, et, dans les murs tant de fois ensanglantés de Saragosse, les habitants se réunirent pour faire célébrer en son honneur un service funèbre.

Le B^{on} Th. Millet.

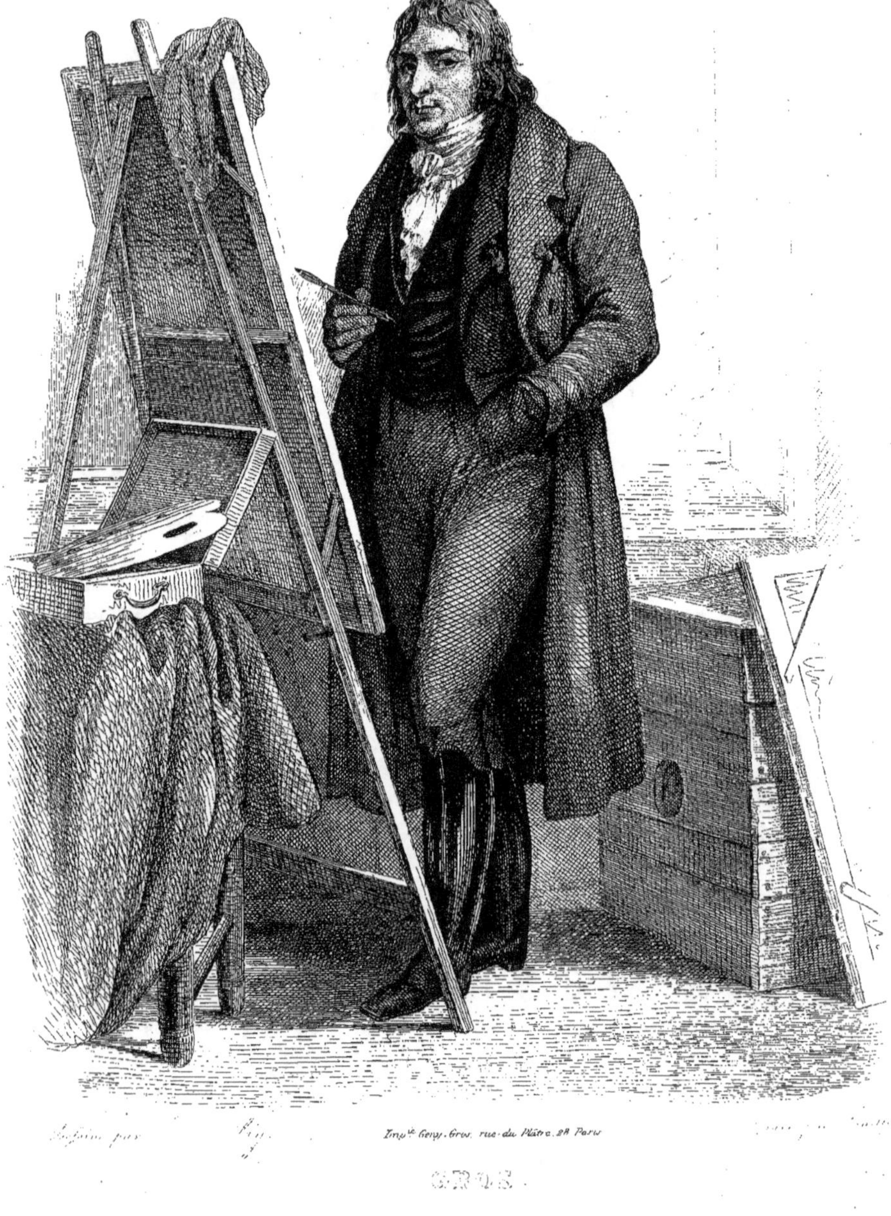

Imp. Geny-Gros, rue du Plâtre, 28 Paris

GROS.

GROS

NÉ EN 1771, MORT EN 1835.

La plupart des hommes célèbres reçoivent de quelque circonstance imprévue cette première impulsion, qui ne décide peut-être pas toujours de leur vocation, mais qui du moins les dirige rapidement vers le but qu'autrement ils auraient peut-être cherché long-temps sans l'atteindre. Souvent même une sorte de fatalité qu'on nomme le hasard, et qui n'est en effet qu'une loi générale dont le principe et la condition échappent à notre nature bornée, rapproche l'homme de génie de ce but, alors qu'elle semble l'en écarter davantage, et le prépare aux succès de l'avenir par les obstacles mêmes qu'elle lui suscite, et dont elle l'oblige à triompher. Où les âmes vulgaires s'oblitèrent et s'éteignent, les brillantes organisations se retrempent, se développent, et puisent le sentiment de toute leur valeur en même temps que le besoin de s'aider de toute leur énergie. On l'a dit depuis long-temps, la meilleure école est celle de l'adversité; mais elle ne profite qu'aux esprits doués de vigueur et d'intelligence : comme ces dures épreuves qu'un peuple de l'antiquité faisait subir à ses nouveaunés, l'adversité tue la faiblesse et ne protége que la force.

Antoine-Jean Gros, né à Paris le 16 mars 1771, fut un de ces hommes privilégiés. Il sortait à peine de l'adolescence, qu'il eut à lutter contre cette tourmente révolutionnaire dans laquelle vinrent s'éteindre en si grand nombre d'autres organisations brillantes, qui ne devaient point, hélas! contribuer à la gloire de leur pays. Plus heureux que tant de victimes de nos troubles civils, Gros parvint à dérober sa tête aux périls qui le menaçaient, et dans le premier mois de l'année 1793, il réussit à quitter la France et à passer en Italie.

Forcé d'interrompre des études qu'il suivait avec ardeur et durant lesquelles d'heureux essais avaient pu faire pressentir à quelle hauteur il devait s'élever un jour, le jeune artiste vit tout à coup s'ouvrir devant lui une nouvelle carrière. La jeunesse française était alors presque tout entière dans les armées. Les jeunes gens s'y précipitaient en foule, la plupart emportés par le patriotisme et la fièvre belliqueuse de leur âge, quelques autres par l'espoir, trop souvent trompé, que le prix de leur sang serait compté à leurs familles, et qu'il y aurait garantie de la vie et de la liberté pour les pères des défenseurs de la patrie. Qui pourrait dire combien de vocations ont expiré dans ce long et périlleux noviciat! Qui pourrait énumérer cette foule de jeunes hommes nés pour l'étude des lois, pour la culture des sciences abstraites ou des arts paisibles, et que l'entraînement de la guerre et les fumées de la victoire ont détournés de leur vrai chemin pour le reste de leur vie! Le jeune Gros fut exposé comme tant d'autres à cette tentation dangereuse; mais, heureusement pour la France, il en devait triompher. La France est riche en gloires militaires. Un nom de moins parmi ses généraux ne saurait l'appauvrir. Effacez celui de l'auteur de la *Peste de Jaffa* de la liste des grands artistes, et le dix-neuvième siècle va paraître déshérité d'une de ses plus grandes gloires.

Loin d'être nuisible au développement du talent de Gros, la vie des camps et le spectacle des champs de bataille exercèrent sur son génie la plus heureuse influence. Celui que la nature avait doué d'une si riche imagination et d'un sentiment si juste de la couleur, ne pouvait, quoi qu'il arrivât, demeurer confondu dans les rangs des artistes médiocres, et, quelles qu'eussent été les circonstances, la France devait compter en lui un grand peintre de plus; mais on ne peut nier que les obstacles qu'il eut à surmonter dès l'entrée de la carrière n'aient imprimé à son talent une direction favorable; on ne peut mettre en doute que cette vie inaccoutumée à laquelle il était appelé par une fortune contraire en apparence, en donnant un nouveau cours à ses réflexions, en présentant à ses yeux de nouvelles scènes dont la réalité vint saisir vivement son imagination, n'ait déterminé le choix des sujets qu'il traita par la suite avec le plus de complaisance, et développé tout ce qu'il y avait dans son organisation d'artiste, d'énergie, de puissance et d'éclat.

Le sacrifice inopiné qu'il dut faire des leçons et de l'exemple d'un grand maître qui l'avait pris en affection, et auquel il avait en retour voué la plus tendre reconnaissance, ne fut pas peut-être un incident moins heureux pour lui, quoiqu'il dût apparaître d'abord, à n'en juger que par la règle commune, comme un sinistre augure pour l'avenir de son talent. Privé des conseils de David à une époque où il semblait qu'ils lui fussent encore nécessaires, frustré du grand prix de peinture, qui ne pouvait manquer de devenir la récompense de ses efforts, tout autre que Gros eût désespéré sans doute de sa carrière d'artiste, et cédé au torrent qui semblait l'entraîner dans une direction contraire au but de ses études et de ses travaux. L'institution des concours pour le grand prix de Rome allait être détruite cette année même, et la lice ne devait se rouvrir qu'après plusieurs autres années d'incertitudes, de désordres et de tâtonnements; mais le sort, qui semblait ainsi fermer à Gros l'entrée de l'Italie, allait en effet l'y conduire par une voie plus courte, et le pousser plus rapidement vers cette terre classique où devaient s'offrir à ses yeux, indépendamment des chefs-d'œuvre de l'art antique et de l'art moderne, tant d'autres tableaux d'une autre nature, plus propres que les leçons d'un maître à révéler ce talent qui s'ignorait encore, et qui ne demandait pour se manifester que l'indépendance et la liberté.

Qui sait si dans des temps de calme, empêché dans les entraves de l'école et soumis à la doctrine un peu aride du régénérateur de l'art de la peinture en France, Gros n'aurait pas hésité long-temps avant de s'abandonner à cette verve qui caractérise ses ouvrages, et s'il se fût élevé d'un seul bond à cette hauteur où ses premiers tableaux l'ont placé? La plupart des peintres auxquels fut confié le soin de reproduire les hauts faits de l'empire n'eurent pour les guider que des bulletins ou des programmes incomplets : il leur fallut subordonner les inspirations de leur génie aux exemples du même genre que leur avaient laissés leurs devanciers, nul d'entre eux n'ayant vu seulement une attaque d'avant-postes ni assisté sur le terrain à un choc de cavalerie. Gros eut sur le plus grand nombre de ses concurrents ce précieux avantage, et l'on s'aperçoit aisément à la disposition de ses groupes, au sentiment qui anime ses figures, à l'ardeur des combattants, chevaux et hommes, qu'il avait vu de près les champs de bataille, et que le mouvement des combats lui était familier.

Les événements qui semblaient devoir l'enlever à l'étude de la peinture n'eurent donc d'autres résultats que de donner l'essor à son génie et de révéler en lui une aptitude que sans un concours de circonstances impérieuses il eût peut-être méconnu lui-même, ou que du moins il n'eût pas développé avec autant de rapidité et d'énergie. Une incomplète organisation aurait mal supporté cette épreuve; le talent de Gros, talent plein de vigueur et de sève, en devait sortir plus sûr de lui-même, plus hardi et plus nerveux. Au milieu du tumulte des camps, il sut trouver le temps de continuer ses études; lors même que sa main paraissait oisive, il travaillait par la réflexion, et son imagination, si facile à émouvoir, se meublait pour l'avenir.

Bientôt, sur ce nouveau théâtre où l'avaient lancé les commotions politiques, il devait rencontrer ce génie d'un autre ordre, que la Providence allait conduire à de si hautes destinées par la victoire, et qui exerça une si grande influence sur les événements et sur les hommes de son temps : dès lors se formèrent entre le général en chef de l'armée d'Italie et le jeune artiste, qui vint près de lui chercher un refuge, ces relations qui plus tard devaient être si fécondes pour la gloire de tous deux. La grandeur du conquérant exerça la plus puissante influence sur le talent de l'artiste, et celui-ci reconnut à son tour la protection du grand homme en contribuant par des chefs-d'œuvre à lui assurer l'immortalité. Supprimez par la pensée le nom de Gros de ce cortége d'hommes habiles que l'astre de Napoléon entraînait dans son tourbillon, et dites si quelques-uns des plus éclatants rayons de son auréole ne vont pas s'éteindre, si quelques vides obscurs n'apparaîtront pas sur son disque lumineux? Qu'il me soit permis, pour n'en citer qu'un exemple, de rappeler ici la *Peste de Jaffa*. Assurément, s'il est un fait contesté, c'est celui qui inspira l'une des plus belles pages de l'art moderne. A en croire certains récits, loin d'avoir donné cette éclatante marque d'un héroïsme plus difficile à atteindre que celui des combats, le vainqueur de l'Égypte aurait montré une fermeté d'âme d'une tout autre nature. Forcé de reculer, devant Jaffa, il s'agissait de traîner après lui quelques centaines de malades, qui ne pouvaient, en embarrassant sa retraite, que compromettre doublement le salut de l'armée; Bonaparte, dit-on, n'hésita pas à assumer la responsabilité d'un terrible et douloureux sacrifice. Les pestiférés lui semblaient dévoués à une mort certaine; il ne recula pas devant l'idée de hâter leur dernier moment.

Ce n'est point ici le lieu d'examiner ce qu'une pareille résolution peut avoir de conforme aux devoirs d'un général ou d'attentatoire à la loi divine; nous n'avons à constater que la puissance de l'art de la peinture et la valeur du poids que l'artiste jeta dans la balance en faveur de Napoléon. Assurément l'historien consciencieux, lorsqu'il lui faudra démêler la vérité au milieu des récits contradictoires de tant de faiseurs de mémoires ou de rédacteurs d'apologies, ne consultera pas le magnifique tableau de Gros comme une autorité irrécusable. Le peintre est dispensé de cette stricte exactitude qui fait le mérite du chroniqueur; on lui demande des émotions et non pas des documents historiques; et lorsqu'un fait arrive jusqu'à lui, dénaturé, mais poétique, dépouillé de son caractère de vérité, mais empreint d'un caractère de grandeur, il n'a pas besoin de faire d'autres recherches; ce n'est pas à lui qu'est réservée la tâche de discuter les preuves, de dissiper les doutes, de peser les témoignages, de déterminer les convictions. Qu'il émeuve, qu'il séduise, qu'il saisisse, sa part sera la plus belle encore et son triomphe le plus complet; car il s'adresse à la multitude, qui prend toujours au sérieux tout ce qui la frappe et la touche, et qui fait de l'histoire bien moins avec la réflexion qu'avec la passion. Combien peu d'hommes savent aujourd'hui que Bonaparte est accusé d'avoir eu recours au poison pour délivrer l'armée de plusieurs centaines de malades qui pouvaient gêner ses plans ou du moins embarrasser sa retraite? et combien moins encore le sauront dans vingt ans? Mais des générations entières sauront qu'un hôpital fut consacré aux pestiférés par le général en chef de l'armée d'Égypte; que lui-même, dans ce terrible séjour où la mort entassait ses victimes, où le médecin attaqué par la contagion tombait sur le malheureux auquel il donnait des soins, ne craignit point d'apparaître comme un père et comme un consolateur; qu'il toucha de sa main les signes effrayants d'un mal horrible, et que par cet acte de vertu sublime il rendit l'espérance aux malades et la confiance aux soldats. Voilà tout ce que le vulgaire saura, suivant toute apparence, du terrible épisode de la peste de Jaffa, et c'est au pinceau de Gros que la mémoire de Bonaparte devra d'être lavée d'une tache que peut-être l'éclat de vingt victoires n'aurait pu seul effacer.

Un tel service acquitte, et bien au delà, le grand peintre de ce qu'il a pu devoir au grand homme. Celui-ci sut démêler dans son germe la puissance du génie de l'artiste; il le couvrit de sa protection, l'attacha à son état-major avec un grade, l'honora de missions en rapport avec ses études : et lorsqu'ils se retrouvèrent plus tard dans la patrie commune, l'un à la tête du gouvernement et l'autre adonné tout entier aux travaux de son art, la bienveillance du chef de l'état ne fit point défaut à l'artiste; il applaudit à ses efforts, les encouragea par des commandes considérables, et lui décerna cette récompense alors enviée entre toutes, parce qu'on la donnait avec sobriété, avec discernement, et qu'en la voyant sur la poitrine d'un petit nombre d'hommes du premier ordre ceux qui l'avaient reçue pouvaient s'enorgueillir de cette communauté de gloire, admirable faisceau dans lequel chacun apportait un rayon. Voilà ce que fit Napoléon pour Gros, et Gros paya sa dette d'un seul coup par un chef-d'œuvre : il fit la *Peste de Jaffa*.

L'apparition de ce brillant ouvrage opéra une révolution dans l'art de la peinture. Guidée par un de ces hommes qui impriment un cachet à leur époque, l'École française, déchue rapidement depuis le siècle des Poussin, des Lesueur, des Lebrun, venait d'être retirée de l'abâtardissement où elle était naguère par un réformateur habile, mais entraîné, comme tous ceux qui accomplissent de semblables missions, à exagérer les conséquences, à porter au delà du but les effets de la réaction. Il en était résulté, dans ce qu'on appelait alors l'école de David, une sorte de manière systématique de peindre, dont on pouvait craindre que les élèves les mieux organisés ne parvinssent pas à s'affranchir. La *Peste de Jaffa* vint fort à propos ouvrir une route nouvelle; et il est à remarquer que celui des disciples de David qui professait la plus profonde admiration pour le talent de son maître, et qui plus tard devait recevoir de ses mains la direction de l'enseignement, fut précisément le premier qui s'écarta de la route dans laquelle se précipitait le flot des imitateurs, et qui courut à la gloire par un autre sentier que celui du maître.

Le rang que Gros venait de conquérir, il sut le conserver, et des ouvrages, sinon plus remarquables, du moins dignes en tout point de l'auteur de la *Peste de Jaffa*, vinrent ajouter successivement à sa réputation, et le recommander à la munificence du gouvernement impérial, que celui de la restauration, dirigé par un sentiment éclairé et par un esprit de justice digne d'éloges, se fit un devoir d'imiter. Il n'y eut pas de distribution de travaux, sous ces deux règnes, dans lesquelles Gros n'ait obtenu une large part. Je n'essaierai point de donner ici une nomenclature de ses divers ouvrages; elle pourrait paraître sèche; tout au moins ne serait-elle pas à sa place, et les bornes de cet article ne me permettent point un examen approfondi de cette quantité de vastes compositions, qui toutes témoignent de la fécondité autant que de la puissance du génie de l'artiste.

Il suffira d'indiquer ses œuvres les plus remarquables :

La *Bataille d'Aboukir*, qui, par le mouvement de la composition, le désordre admirable des groupes, la noblesse et l'ardeur des principaux personnages, jetés d'enthousiasme sur la toile, le prestige et l'éclat du coloris, restera comme un modèle d'un de ces combats à l'antique, où les règles de la stratégie moderne étaient inconnues, où des masses d'hommes se précipitaient les unes sur les autres, où les chefs se rencontraient dans la mêlée, s'attaquaient corps à corps, et fournissaient au peintre une occasion de représenter ces grands coups d'épée, moyen infaillible d'attirer et de saisir la multitude :

La *Bataille d'Eylau*, ou pour mieux dire le *lendemain de la bataille d'Eylau*, composition moins brillante peut-être, mais dans laquelle le grand artiste s'est distingué par des qualités d'une autre nature, et, comme dans sa *Peste de Jaffa*, a montré qu'il savait animer une toile par une de ces pensées philosophiques qui cherchent et remuent vivement l'âme du spectateur. Il ne s'agit plus en effet du choc de deux armées; il ne s'agit plus de suivre l'auteur dans les moyens qu'il emploie pour faire deviner de quel côté va se ranger la fortune. Les destins ont prononcé. Dès la veille le vainqueur est resté maître du champ de bataille : mais ce champ de bataille se prolonge sous un ciel triste et glacé; les frimas couvrent la campagne aussi loin que la vue peut s'étendre; l'éclat de la neige n'est terni que par de larges traînées de sang; des morts, des blessés, peuplent cette nature marâtre; et l'homme qui vient poursuivre la gloire jusque dans ces climats déshérités, semble, par le sombre éclair qui jaillit de ses yeux, et par l'expression de compassion et de tristesse qui se peint sur sa figure, reconnaître enfin à quel prix douloureux s'achète le renom de conquérant. En présence d'un tel tableau, c'est la profondeur de la pensée qu'on admire; à peine a-t-on le loisir de songer au peintre, et de rechercher par quels moyens il a pu rendre les vives impressions qu'il avait dans l'âme et par quels efforts de talent il a pu vaincre les difficultés de toute espèce qu'il avait à surmonter.

Après ces compositions énergiques et terribles, qui font vibrer ce qu'il y a de cordes généreuses et sensibles dans le cœur humain, citons un ouvrage d'un autre ordre; rappelons ce gracieux tableau de *François Ier conduisant Charles-Quint dans les caveaux de Saint-Denis*, peinture pleine d'éclat, de charme et d'harmonie, dans laquelle la pensée de l'artiste, se reposant de plus vastes travaux, put donner la mesure de ses ressources et de sa souplesse. En accordant à Gros une incontestable supériorité dans la représentation des scènes saisissantes et pathétiques, ses rivaux semblaient lui refuser la faculté d'amollir les inspirations de sa nature impétueuse et fière ; ils disaient que sa touche audacieuse, que son pinceau rebelle aux conseils de la grâce et du goût avaient besoin de la licence des camps et s'étaient trop identifiés avec le tumulte du champ de bataille, pour qu'ils ne parussent point empruntés, déplacés peut-être, dans la représentation de sujets plus aimables et plus doux : le grand peintre répondit par son *François Ier*, et prouva qu'il n'est point de difficulté insurmontable pour le talent qui plane dans les hautes sphères de l'intelligence [1].

Déjà l'auteur de la *Peste de Jaffa* avait pris rang dans un autre genre de peinture, classé avec raison sans doute au-dessous de la peinture d'histoire proprement dite, et dans lequel il est à remarquer pourtant que les peintres d'histoire les plus célèbres ont toujours excellé. Le véritable peintre de portraits n'est pas celui qui s'arrête à une ressemblance immobile et matérielle, qui croit avoir rempli sa tâche lorsqu'il a reproduit de fraîches carnations, rencontré une attitude gracieuse et rendu de belles étoffes ; mais bien celui qui poursuit la pensée de l'homme sous la forme, rude ou attrayante, riante ou sévère, que la nature lui a donnée. L'étude du cœur humain se combine chez le véritable peintre de portraits avec l'étude des procédés matériels de l'art : en même temps qu'il apprend la structure du corps, la disposition régulière des traits de la figure, en même temps qu'il étudie la magie du pinceau, les ressources de la palette, il pénètre dans les mystérieux replis de l'âme, il découvre les ressorts secrets de la pensée ; il jette un regard scrutateur dans l'abîme des passions, dont la trace, pour un œil exercé, se décèle dans les traits, dans les mouvements, dans les habitudes du visage, si justement dénommé le masque dans la langue artistique. Masque sans doute pour

---

[1] A la suite de ces chefs-d'œuvre énumérons seulement les toiles d'une importance secondaire où se retrouvent, avec moins d'égalité sans doute, les brillantes qualités de son pinceau. Ce sont les tableaux représentant : — *Bonaparte au pont d'Arcole*. — La *Reddition de Madrid*. — *Bonaparte, à cheval, donnant un sabre d'honneur à un grenadier*. — *Bonaparte montrant à ses soldats, avant la bataille, les pyramides de Memphis*. — *L'Entrevue de Napoléon et de l'empereur d'Autriche*. — *Louis XVIII quittant les Tuileries*. — La *Duchesse d'Angoulême partant de Bordeaux*, etc., etc. Mentionnons encore les travaux qu'il exécuta au Louvre.

l'artiste vulgaire, qui n'en sait pas traverser l'obstacle ni percer l'épaisseur ; mais enveloppe transparente pour celui qui a fait une étude sérieuse de l'homme intérieur, et qui sait en saisir le penchant irrésistible, la pensée dominante, dans un regard, dans un pli du front, dans une contraction presque imperceptible des lèvres, enfin jusque dans la contenance et dans le goût des vêtements même, toutes choses qui se tiennent par mille. rapports cachés et qui participent inévitablement de la nature morale du modèle.

C'est grâce à cette étude consciencieuse et infatigable de la nature humaine en général que le peintre d'histoire, digne de la mission qu'il s'est faite, reproduit avec tant de supériorité les traits et par-dessus tout l'expression de l'individu. Tel est le secret de la supériorité où sont parvenus dans le genre du portrait les Raphaël, les Titien, les Velasquez, les Van-Dyck et quelques autres encore nourris des mêmes études et soutenus des mêmes inspirations.

Ce genre de gloire ne pouvait manquer à l'auteur de tant de belles pages où se fait remarquer, entre tant d'autres espèces de mérites, la science du cœur humain. Aussi la réputation de quelques-uns des portraits de Gros vivra-t-elle aussi long-temps que celle de ses plus belles compositions historiques. Parmi les nombreux ouvrages de ce genre dont il enrichit successivement nos expositions, et dans lesquels on ne sait ce qu'il faut admirer le plus de la noblesse des attitudes et des airs de tête, de la perfection du dessin ou de l'éclat du coloris, les connaisseurs distinguèrent le portrait du général Lasalle, celui de Chaptal, et surtout deux portraits en pied, dans le même cadre, représentant le général Lariboissière et son fils, ouvrage de la plus haute distinction et qui cesse d'appartenir au genre du portrait, pour prendre rang parmi les conceptions les plus profondément senties et les plus admirablement exprimées. Dans cette scène d'adieux avant le combat, sur cette figure de père où se lit le funeste pressentiment du malheur qui va le frapper dans ses affections les plus chères, le peintre a su trouver le sujet du drame le plus noble et le plus. touchant. Exécuter ainsi le portrait, c'est encore peindre l'histoire.

Nous avons déjà vu que la Restauration s'était fait un devoir de prodiguer les honneurs et les travaux à Gros, et de le traiter avec la même bienveillance qu'elle accorda constamment à ses émules Girodet et Gérard. Cette juste prédilection est attestée par plus d'une belle page commandée à cette époque à l'auteur de la *Peste de Jaffa*. Parmi les divers travaux dont il fut chargé, je me contenterai de rappeler cette magnifique coupole de Sainte-Geneviève, dont la première pensée appartient au gouvernement impérial, mais dont, après la chute de l'œuvre colossale de Napoléon, le nouveau monarque assura l'exécution, en imposant seulement au peintre quelques changements nécessités par ceux qui étaient survenus dans les personnes et dans les choses politiques.

Ces dispositions arrêtées sous Louis XVIII ne furent conduites à terme que sous son successeur. Ce fut en 1824, le jour de la Saint-Charles, que la coupole de Sainte-Geneviève apparut pour la première fois aux regards du public, empressé de confirmer par un suffrage unanime les éloges que les connaisseurs, admis depuis quelque temps sur l'échafaudage où travaillait le peintre, lui avaient décernés à l'envi. Cet ouvrage est un des plus grandioses de la peinture moderne, et le génie de l'artiste a pleinement vaincu les difficultés de toute espèce que lui présentaient et la surface immense qu'il avait à couvrir de figures gigantesques, et la dignité des sujets. Le roi sanctionna l'admiration générale en payant à l'artiste le double du prix convenu pour ces vastes travaux : il y ajouta une distinction honorifique [1], et l'on pourrait dire que la grâce avec laquelle il voulut l'annoncer lui-même au célèbre peintre en doubla aussi la valeur.

Qui eût dit alors que cet homme qui semblait n'avoir plus devant lui qu'une carrière de jouissances, que ce grand peintre placé si haut par la faveur royale et par l'éclat de ses talents, aurait à subir avant peu d'années les injustices et les mépris de ses contemporains! Mais quelles grandeurs sont à l'abri des caprices de la fortune? Quelle espèce d'illustration peut mettre hors de l'atteinte des basses et jalouses passions?

Ce qui manque par-dessus tout aux générations qui se sont succédé depuis un demi-siècle, c'est la patience. Aucune ne veut attendre l'accomplissement des lois éternelles, aucune ne veut attendre son tour, et il ne s'en faut guère qu'on ne veuille remettre tout à l'heure en vigueur le code barbare de je ne sais plus quel peuple féroce, chez qui la vieillesse était rangée au nombre des charges inutiles à l'État, et punie de mort comme un crime. En attendant que quelque Lycurgue imberbe ressuscite cette sauvage législation, tout homme qui ne peut opposer à l'ardeur d'une jeunesse peu endurante qu'une vie de succès, que d'anciens travaux, qu'un savoir acquis par de longues études, doit s'attendre à être relégué parmi les monuments caducs d'un autre âge et pour ainsi dire frappé de mort civile, quand bien même il sentirait encore en lui la volonté d'entreprendre et le pouvoir d'exécuter.

Assurément l'auteur de la *Peste de Jaffa*, de *François Ier*, de la *Coupole de Sainte-Geneviève*, était jeune encore, et de main, et de tête, et de cœur, lorsqu'une cabale ignorante et passionnée ne rougit point d'insulter à sa gloire, et de flétrir ses couronnes. Le grand peintre, qui n'eut pas la

---

[1] Le titre de baron.

force de répondre à de lâches attaques par le mépris qu'elles méritaient, résolut de rentrer en jeune homme dans la lice et de reconquérir par un coup d'éclat le rang que d'envieux détracteurs osaient lui contester. Malheureusement, il se trompa de route; son dernier tableau, *Hercule et Diomède*, digne à bien des égards de l'estime des véritables connaisseurs, était conçu dans un système depuis long-temps dédaigné par la mode, et que lui-même avait peut-être contribué plus que personne à détrôner, alors qu'au lieu de se traîner dans l'ornière de la peinture mythologique, il avait ouvert à la génération d'artistes qui marchait sur ses traces une voie dans laquelle l'idéal de l'art, ainsi que l'avaient conçu les imitateurs de la Grèce antique, était sacrifié à une vérité plus facile à saisir, à la représentation d'une nature moins sublime, au développement de scènes plus voisines de la simple réalité.

Faire de la poésie antique dans un siècle tout novateur était d'ailleurs une idée peu réfléchie; Gros put s'en convaincre en voyant que le sujet, autant que les défauts de son dernier ouvrage, avait contribué à soulever contre lui les critiques les plus amères et les plus cruelles, et à faire oublier une vie entière de travail persévérant, de luttes opiniâtres et de glorieux succès. C'était trop déjà d'une pareille injustice pour une âme profondément sensible; il fallut encore que les distributeurs des travaux et des grâces y joignissent leurs rigueurs. Non-seulement le nom de Gros fut rayé des listes où depuis tant d'années il figurait en première ligne, mais à ce traitement immérité on joignit encore l'outrage des commentaires et la dureté des procédés. Ce dernier affront acheva de briser un cœur tout rongé d'amertume, et dès lors le malheureux Gros ne supporta plus qu'avec dégoût une existence qu'il crut déshonorée; il cessa de croire en lui-même; son passé lui devint à charge; il prit en aversion jusqu'aux souvenirs glorieux qui auraient dû le consoler.

Vers ce même temps les arts firent une perte douloureuse. Un peintre dans la force de l'âge et du talent [1], au milieu des succès éclatants qui le plaçaient au premier rang parmi ses émules, se prit tout à coup d'un découragement profond et trancha de sa propre main des jours que la fortune et la gloire semblaient devoir combler de faveurs. Quelqu'un s'étonnait devant Gros d'une aussi triste aberration de l'âme; on prétendait que l'étude des arts devrait plus que toute autre occupation préserver d'un pareil vertige celui qui les cultive; on ajoutait qu'avec leur secours, il était aisé de faire tête aux mécomptes de la vie et de les braver jusque dans l'isolement, jusque dans la misère. — Ah! s'écria le grand artiste déjà marqué du sceau de la fatalité, vous oubliez le plus cruel de tous les maux; vous ne parlez pas de l'horreur de se survivre à soi-même!

[1] Léopold Robert.

L'infortuné! des voix imprudentes ou coupables avaient dit que son génie était éteint; que peut-être bien l'homme végétait encore, mais que déjà l'artiste ne vivait plus; et il se tint pour condamné à cesser de vivre! Dans la journée du 26 juin 1835, par un ciel pluvieux, et sombre comme sa pensée, le baron Gros sortit de sa maison pour ne plus la revoir. — Où porta-t-il ses pas? — Demande, a dit une femme poète,

Demande au flot pesant de ce marais immonde.

Le Vte de Senonnes,
de l'Académie des Beaux-Arts.

Imp.^{ie} Geny Gros, rue du Pletre, 38 Paris

BICHAT

NÉ EN 1771, MORT EN 1802.

Il vécut assez pour sa gloire.

La vie de l'homme illustre que nous allons écrire n'est pas de celles qui débutent par des épreuves difficiles, qui poursuivent lentement, péniblement leur tâche, et ne l'achèvent qu'après de puissants efforts pour atteindre la renommée à leur dernier déclin. C'est une de ces existences qui apparaissent et s'élèvent dans le calme du bien-être, comme si elles n'avaient d'autre peine à prendre que de suivre les impulsions de leur génie pour parvenir, avant l'âge, au rang des plus hautes destinées. La vie sérieuse de Bichat commence à vingt ans et finit à trente : c'est pendant ces dix années à peine que par ses études, ses recherches, ses découvertes en médecine, par ses services rendus à l'art, au pays et à l'humanité, il assure à son nom une gloire impérissable. Et cette vie si calme et si laborieuse, si rapide et si pleine, s'est accomplie cependant au milieu d'une ère féconde en grands hommes qui devaient puiser leur célébrité dans les tourmentes intestines ou dans les conquêtes guerrières de la révolution française. Mais en respirant l'air vivifiant de cette grande époque, Bichat, sans doute, a senti son courage s'exalter, et, vaillant soldat de la science, il a combattu, il a brillé, il a péri sur un champ de bataille qui compte aussi ses héros et ses victimes.

Marie-François-Xavier Bichat est né le 11 novembre 1771, à Thoirette, village de la vallée de la Bresse, circonscrite alors dans le département du Jura et appartenant aujourd'hui au département de l'Ain. Sa famille avait quelque fortune et jouissait dans le pays de l'estime générale. Sa mère, pieuse et digne femme, avait mérité, par sa bienfaisance, d'être appelée la mère des pauvres. Son père, Jean-Baptiste Bichat, était médecin à Poncin en Bugey; il avait été reçu docteur à la Faculté de Montpellier, et montrait de la charité, du désintéressement dans la pratique de son art : il se recommandait par l'élévation de son esprit autant que de son savoir, et, sans être pénétré des idées philosophiques de son époque, il adoptait les vues de Jean-Jacques Rousseau sur l'éducation physique des enfants. Voulant en faire l'application à son premier-né, il commence par le plonger à plusieurs reprises dans l'eau d'un torrent, et continue, pendant quelques années, à le soumettre à cette épreuve un peu rude, mais faite pour le fortifier ; il l'exerce ensuite à gravir les roches escarpées du Jura, à supporter les fatigues de la marche, de la chasse, et développe en lui la vigueur et l'agilité du montagnard. C'est par cette mâle éducation du corps, trop souvent négligée, que le père de Bichat prépare l'éducation de l'esprit chez son fils aîné.

Après son enfance ainsi passée à Poncin, le jeune Bichat entre à dix ans au collège de Nantua, où, bien plus par sa facilité que par son goût pour apprendre, il obtient des couronnes dans toutes ses classes. Mais, en 1789, au moment où la révolution éclate, il est retiré du collège et placé dans un séminaire de Lyon pour y compléter ses études scolaires, selon les idées religieuses de sa famille, et d'après les conseils de l'un de ses oncles, jésuite d'un rare mérite et l'un des prédicateurs de Louis XVI. Il passe deux ans au séminaire et s'y distingue encore en soutenant une thèse savante de théologie. La littérature et la philosophie le disposent à des études plus sérieuses, et l'exemple, le conseil de son père, l'encouragent à choisir la médecine, en l'initiant de bonne heure au langage de cette vaste science dont les éléments sont si difficiles. C'est encore à son père qu'il doit de surmonter la répugnance naturelle qu'inspirent au début les travaux anatomiques, pour en comprendre l'intérêt et l'importance, comme s'il entrevoyait déjà tout ce qu'il pouvait promettre à l'art de guérir.

En 1791, Xavier Bichat est admis élève à l'Hôtel-Dieu de Lyon, et il y reste quelque temps sous la direction de Marc-Antoine Petit, qui lui donne les premières notions de la chirurgie pendant que Cartier lui fait faire de l'anatomie. Plein de zèle et d'amour pour sa vocation, il n'a d'autre pensée que celle de s'instruire afin de répondre dignement à l'attente de son père ; mais, ému des désastres du siége de Lyon, effrayé pour sa famille des sinistres événements de la terreur, au milieu desquels il se trouve lui-même engagé avec son frère et ses amis, il revient dans le pays natal, sans pouvoir y séjourner, car alors de toutes parts des levées de volontaires appellent les citoyens à la défense de la patrie en danger. Bichat répond à cet appel avec un généreux élan ; il a pressenti les sanglantes douleurs qu'il pourra soulager, il voudrait servir l'humanité en servant la nation, et se fait recevoir chirurgien de troisième classe dans les ambulances des armées de la république. On l'envoie à l'armée des Alpes; mais après avoir séjourné à Grenoble dans un repos incompatible avec son activité naturelle, il obtient la faveur d'être attaché à l'hôpital de Bourg, organisé alors en hôpital militaire, et il y passe cinq ou six mois sous les ordres de M. Buget, en formant son instruction pratique sur la chirurgie des camps.

Mais ce n'est pas assez pour Bichat, il faut à son ardeur un plus vaste champ d'observation. L'école de Paris, brillant de l'éclat imprimé à l'ensemble des connaissances médicales par l'esprit philosophique du dix-huitième siècle, s'honorait de posséder dans son sein des professeurs tels que Fourcroy pour la chimie, Chaussier pour la physiologie, Hallé pour l'hygiène, Pinel, Corvisart pour la médecine, Desault, Sabatier pour la chirurgie. C'est auprès de ces maîtres-là que Bichat veut s'instruire; c'est surtout à la suite des hommes marquants dans la chirurgie militaire qu'il veut marcher; et ceux qui avaient porté aux armées le dévouement de leur expérience, ceux qui avaient appartenu à la mémorable *Académie de chirurgie* en la faisant dépositaire de leurs travaux, Lapeyronie, Ledran, J.-L. Petit et son digne fils, Ravaton, Garengeot, Lafaye, Lamartinière, Lombard, Faure, Dufouart, Thomassin, Noël, Percy et d'autres, offraient à l'esprit de Xavier Bichat de grands souvenirs, et à son émulation de nobles modèles. Il part enfin, et, après quelques difficultés d'autorisation, il arrive à Paris en 1794.

Presque tous les jeunes gens qui étudiaient alors la médecine pour embrasser la carrière militaire, et dont la plupart appartenaient à l'école du Val-de-Grâce, suivaient en même temps les leçons du chirurgien en chef de l'Hôtel-Dieu, attirés à lui par la réputation de son savoir, par l'exemple de son dévouement, par la sagacité de son coup d'œil, par l'habileté de sa main, par l'autorité de sa parole : nommer Desault, c'est déjà placer Bichat auprès de lui; mais comment parler du disciple sans saluer le maître, dont le nom était célèbre à l'époque où de grands noms dans l'art de guérir retentissaient de toutes parts? C'étaient Camper et Gaubius en Hollande, Stoll en Allemagne, Fontana et Spallanzani en Italie, Haller et Tissot en Suisse, Cullen et les Hunter en Angleterre, Bordeu, Barthez, Vicq d'Azyr et ceux que nous avons déjà cités, en France.

Confondu d'abord dans la foule des élèves de Desault, Bichat restait ignoré de lui, lorsqu'un jour il offre de remplacer l'un de ses camarades pour lire le résumé de la leçon de la veille, selon l'usage établi alors à l'Hôtel-Dieu. Sa lecture est à peine commencée, qu'elle révèle toutes les qualités d'un esprit net et judicieux, le mérite d'une instruction solide et le talent du style le plus pur. Les assistants écoutent le nouveau disciple avec l'étonnement de l'attention et le silence du respect; il achève de lire, et il est salué par des applaudissements spontanés, par des éloges unanimes; on le présente à M. Desault, qui le félicite à son tour, l'interroge, et devine ce que ce jeune homme promet à l'avenir; il l'attache à lui par ses bienfaits comme il se l'était attaché déjà par ses leçons; il lui donne place dans sa maison, à sa table; il en fait son élève favori, son enfant adoptif, son second fils.

Bichat vient d'apparaître, il va bientôt se révéler tout entier : mais il n'appartient plus à la chirurgie militaire, qui doit s'honorer d'avoir possédé à ses débuts ce grand génie médical.

Digne de la confiance de Desault, Bichat lui voue dès ce moment un culte de tendresse et de reconnaissance; il partage avec lui les fatigues de son service à l'Hôtel-Dieu, les soins de sa clientèle et les relations de sa correspondance avec les savants de toute l'Europe, avec les malades qui le consultent de tous côtés; il se pénètre de ses idées, de ses doctrines, et le suit à la recherche des vérités de l'art; il consacre une partie de ses journées à des travaux d'anatomie, ses soirées à des leçons, à des conférences, et une partie de ses nuits à préparer ses cours, à rédiger ses notes, à écrire ses premières œuvres, en déployant cette prodigieuse activité qui lui permettra de faire tant de choses en si peu de temps.

Deux ans à peine se sont écoulés depuis que Desault a lié à son nom la destinée naissante de Bichat, lorsqu'il meurt subitement à l'âge de cinquante et un ans, en laissant à son élève désolé des regrets qui ne seront pas stériles, et à la chirurgie française un souvenir qui ne s'effacera pas.

Un marbre funéraire fut placé à l'Hôtel-Dieu par ordre du premier consul pour y conserver la mémoire du célèbre chirurgien, et dès que Bichat vit ce monument : « Je donnerais trente ans de ma vie, s'écria-t-il, pour » ressembler à ce grand homme! » Noble et fatal vœu qui devait trop tôt s'accomplir! Le maître était mort avant d'avoir vieilli, comme le disciple devait mourir presque avant d'avoir vécu.

Desault, qui avait rempli le monde médical de sa renommée, n'avait laissé de sa grande pratique que des observations éparses, un *journal* incomplet, Bichat s'empresse de le terminer, et y consigne les faits les plus intéressants de la clinique de l'Hôtel-Dieu; mais cela ne suffit pas à sa gratitude filiale envers celui qu'il aime comme son second père. Il recueille ses leçons, en rassemble tous les matériaux, les coordonne méthodiquement et en forme les *Œuvres chirurgicales de Desault*. Le savant chirurgien de l'Hôtel-Dieu n'aurait peut-être pas eu l'ambition ou le temps d'écrire, et, comme tant d'hommes d'une supériorité incontestable de leur vivant, il n'aurait laissé après sa mort qu'une tradition passagère de sa célébrité sans le pieux hommage que Bichat devait lui rendre.

Le *Discours préliminaire* de cet ouvrage est un des modèles de la littérature médicale, et l'*Éloge de Desault*, qui fait suite à ce discours, est la plus haute expression des pensées du cœur. C'est aussi un tribut de reconnaissance envers la veuve de son maître, dont il adopte le fils à son tour.

Bichat entreprend alors cette série de travaux qui doivent immortaliser son nom. Les études chirurgicales qu'il vient de faire sont le point de départ de ses découvertes en anatomie, en physiologie et en pathologie ; car c'est à la chirurgie qu'il attribue une part de ses succès en médecine. Voici comment il s'exprime dans le discours préliminaire des œuvres de Desault : « Livré depuis quelque temps à l'étude de la
» médecine, puis à la pratique des hôpitaux, je n'ai plus dû considérer
» la chirurgie que comme une base essentielle de toutes les connaissances
» médicales, que comme un moyen important d'analogie dans une foule
» de cas difficiles, et comme un guide sans lequel le médecin marche au
» hasard. »

Cependant Bichat n'a pu donner à la pratique de la chirurgie assez de temps pour faire accepter l'autorité de son expérience, mais l'autorité de son génie lui suffira pour ajouter à quelques vues ingénieuses sur la *ligature des polypes*, sur l'*opération du trépan*, sur le *bandage des fractures de la clavicule* et sur quelques autres points d'un intérêt secondaire, des idées plus larges, des applications plus étendues d'anatomie et de physiologie chirurgicales.

Suivons-le dans ses œuvres.

Bichat concentre d'abord son ardeur sur l'anatomie, devenue la source féconde de ses doctrines physiologiques. Des recherches attentives sur la texture des tissus lui font découvrir, en 1798, les *membranes synoviales* ; et il publie sur ce sujet un mémoire qui fait sensation dans l'école de Paris.

Sa découverte des membranes synoviales lui suggère le projet d'un travail d'ensemble ; il le met à exécution, et il produit le *Traité des Membranes*, livre entièrement nouveau, et qui jamais peut-être ne sera refait, parce qu'il est complet par l'exactitude des descriptions, par la multiplicité des détails, par l'importance des considérations générales, par l'utilité des applications pratiques et par le talent de l'exposition. « A mon père, à mon meilleur ami, » telle est sa dédicace, hommage touchant de ce cœur filial, reportant au sein paternel les prémices d'une gloire que, seul peut-être, il aurait ignorée, si elle n'eût été dès lors proclamée dans le monde médical de l'Europe.

Bientôt l'étendue de ses travaux s'agrandit avec le cercle de ses idées ; ce qu'il vient de faire pour l'anatomie et la physiologie des membranes, Bichat l'entreprend pour tous les tissus ; il les cherche et les découvre, les étudie et les analyse dans leurs formes, dans leur structure intime et leur développement, dans leurs fonctions et leurs propriétés vitales ; il assigne à chacun de ces tissus sa place respective et ses rapports selon les lois de l'organisme, et de cette classification méthodique, de cet ensemble parfait, résulte l'*Anatomie générale*, la plus grande conception de cette grande intelligence, et son plus beau titre à l'admiration de la postérité.

(Le *Traité d'anatomie générale*, désigné pour les grands prix décennaux de l'Empire, a été traduit dans toutes les langues.)

Pour compléter ses œuvres anatomiques, Bichat commence un *Traité d'anatomie descriptive*, celui de tous ses livres qui devait se ressentir le moins des qualités brillantes de son esprit, parce que non-seulement cette étude paraissait déjà bien faite et sa connaissance bien acquise, mais encore parce qu'elle est difficile à dégager des exigences de détails et des répétitions de langage. Et cependant cet ouvrage se distingue par le mérite d'une exposition claire, méthodique, plus rapide même que ne semble le comporter pareille matière; et, comme si son auteur pressentait que le temps ou la vie allaient lui manquer pour achever cette production nouvelle, il en laisse le soin au talent et à l'amitié de deux de ses plus fidèles élèves, Buisson et Roux, qui, en publiant le quatrième et le cinquième volume de l'*Anatomie descriptive*, méritent que leurs noms soient unis au sien.

Ce n'est pas assez pour Bichat d'avoir exploré, décrit la structure de tous les tissus, de tous les organes; ce ne sera pas assez pour lui, comme nous le verrons, d'avoir deviné ou établi les lois de l'organisation dans l'état de santé ou de maladie, il veut en connaître les conséquences matérielles après la mort; et il entreprend l'*anatomie pathologique* comme il a conçu et produit l'anatomie générale. Renouvelant les travaux de Morgagni, de Walter, de Sandifort, il veut les dépasser et doter la science d'une œuvre de plus; il s'enferme, il s'isole dans les amphithéâtres de dissection; vivant des journées entières au milieu de l'atmosphère des morts, il ouvre des centaines de cadavres, et, le scalpel à la main, il explore, il reconnaît, il poursuit les traces visibles des maladies, il indique leurs effets les plus appréciables aux sens, et prépare ainsi les travaux de Bayle, de Laënnec, de Dupuytren, de Cruveilhier; il observe et il démontre que chaque forme de lésions cadavériques se présente avec les mêmes caractères dans les organes d'un même système; et, par le principe de l'essentialité des lésions dans les différents tissus, il constate la localisation des phlegmasies et devient le précurseur de Broussais.

Mais, attristé de l'impuissance de l'art en présence de la mort, son esprit médite la recherche et l'analyse des moyens qui tendent à prolonger la vie; Bichat espère bien faire pour la thérapeutique ce qu'il a su faire pour l'anatomie et la physiologie, et il se livre à l'étude raisonnée de la *matière médicale* avec cette incomparable aptitude qui lui rendait faciles tous les labeurs et semblait exciter en lui des forces surnaturelles. Alors, en effet, la science des médicaments n'était qu'un amas informe des productions fournies à la médecine par les trois règnes de la nature. Voici ce que Bichat écrit quelque part sur cette matière médicale : « Incohérent
» assemblage d'opinions elles-mêmes incohérentes, elle est peut-être de
» toutes les sciences physiologiques celle où se peignent le mieux les tra-

» vers de l'esprit humain. Que dis-je? Ce n'est point une science pour un
» esprit méthodique, c'est un ensemble informe d'idées inexactes, d'obser-
» vations souvent puériles, de moyens souvent illusoires, de formules aussi
» bizarrement conçues que fastidieusement assemblées. » Pour débrouiller
ce chaos, ce n'est pas un stérile inventaire de toutes les substances de la
matière médicale qu'il veut dresser, ce n'est pas une nomenclature arbitraire qu'il veut établir, mais une classification méthodique fondée sur
les principes, sur les lois physiologiques qu'il aura institués. Ce qu'il
veut enfin, c'est d'assigner à chaque substance ses propriétés actives sur
chacune des propriétés vitales; et à peine engagé dans cette voie d'expérimentation clinique, il devance encore ceux qui devaient accomplir son
œuvre dernière à peine ébauchée : ce fut seulement un quart de siècle
après lui.

Ce qu'il n'a pas eu le temps de faire lui-même pour la matière médicale,
ni même pour l'anatomie tout entière, il l'a fait complétement pour la physiologie; il l'a fondée en France, et il en aurait été le créateur si l'histoire
ne devait pas tenir compte des travaux qu'il semblait ignorer. « Au moment
» où parut Bichat, dit l'un de ses plus dignes, de ses plus savants inter-
» prètes (M. le professeur Hippolyte Royer-Collard), la France avait rompu
» avec le reste du monde... En vain Haller en Suisse, J. Hunter en Angle-
» terre, Reil en Allemagne, venaient de constituer la physiologie sur la
» base éternelle de l'observation et de l'expérience, l'un avec son prodi-
» gieux savoir et son incomparable bon sens, les deux autres avec cette
» hauteur de vues et cette sagacité qui brillent dans toutes leurs œuvres.
» Ces progrès étaient presque entièrement perdus pour nous. La physiologie
» n'existait pas encore dans le pays qui avait donné Vicq d'Azyr à l'ana-
» tomie, Baillou et Fernel à la médecine, A. Paré et J.-L. Petit à la chi-
» rurgie. [1] »

Bichat vient donc alors; il porte les premières vues de son génie sur la
foule des êtres animés de la nature, et il établit les lois du vitalisme, en
s'appuyant sur la base solide de la physique et de l'anatomie. La méthode
expérimentale devient entre ses mains et par la puissance de son esprit la
pierre de touche de toutes les propriétés de l'organisme; il les étudie, les
analyse et les unit à des phénomènes d'ensemble qui, dans un ordre élevé,
représentent l'origine, le mécanisme, le développement et la cessation des
diverses fonctions de la vie.

Il s'attache à préciser leurs influences mutuelles et à fixer les rapports
qui existent entre la respiration, la circulation et l'action cérébrale, faisant,
comme on l'a dit, du poumon, du cœur et du cerveau une sorte de trépied
vital qui soutient le principe de l'être.

[1] Discours prononcé à Bourg, au nom de la Faculté de Médecine de Paris, pour l'inauguration de la statue de Bichat.

Il reconnaît que la faculté de sentir et celle de se mouvoir sont les conditions les plus générales de la vie, et il établit que les propriétés les plus simples des corps vivants sont la *sensibilité* et la *motilité*.

S'emparant des simples aperçus qu'Aristote, Buffon et d'autres n'avaient fait qu'indiquer, il assigne à l'existence de l'homme deux modes distincts, mais non séparés; l'un qui le rapproche des êtres inférieurs et le fait vivre à son insu ou malgré lui, c'est la vie de nutrition ou la vie organique; l'autre qui l'élève au-dessus des êtres de la création par le don de la pensée, par l'expression de l'intelligence, par la manifestation des idées, par l'accent de la parole, c'est la vie de relation ou la vie animale. Séparant ensuite l'une de l'autre cette vie organique et cette vie animale, il démontre leur dépendance réciproque, et expose leurs caractères distinctifs d'après les données de la science et les preuves de l'expérimentation. De là, ce beau livre qu'il faut lire, parce qu'il ne saurait être analysé dans une simple notice, et qui, malgré certaines assertions contestables, notamment sur la doctrine des propriétés vitales, malgré même quelques erreurs, dues à une précipitation de publicité, qu'un nouvel examen aurait effacées, représente avec autant de clarté que d'attrait la série des phénomènes de l'organisme révélés dans leurs principales manifestations.

Les *Recherches physiologiques sur la vie et la mort* seraient l'ouvrage d'un profond observateur et d'un grand philosophe, si elles n'étaient point l'œuvre d'un médecin qui n'avait pas alors vingt-huit ans!

Voilà comment Bichat est parvenu à cette renommée si légitime du plus grand physiologiste que la France ait jamais produit. Tant de hautes questions dans les sciences médicales ont été soulevées, résolues par lui, qu'une analyse de tous ses travaux exigerait, pour les apprécier à leur valeur, des considérations plus étendues, mais aussi un plus profond savoir que le nôtre.

Bichat lisait peu, il en convient lui-même, et comment aurait-il trouvé le temps de lire dans cette courte existence qui lui a permis de composer de si beaux livres? Et ces écrits, riches de faits avérés ou confirmés chaque jour, brillants par une méthode qui est devenue un modèle, ces écrits publiés dans l'espace de six années, ne resteront pas seulement comme les dépositaires de ses doctrines, mais comme les impérissables monuments de sa gloire.

Si le style est l'homme, le style de Bichat se caractérise par la clarté, l'élégance et la précision; sa phrase, nette et rapide comme sa pensée, a souvent cette allure hardie de l'invention qui ne s'arrête pas devant les mots, pour exprimer plus vite les idées. Sa prodigieuse facilité lui faisait livrer à l'impression, et sans jamais les recopier, les feuilles qu'il avait souvent de la peine à relire. Était-ce encore dans la fatale prévision que le temps lui manquerait pour revoir et compléter ses travaux!

Et tandis qu'il accomplit d'aussi grandes œuvres, Bichat trouve encore

gence ; son regard doux et bienveillant, son attitude presque timide et sa parole calme, mesurée, attiraient à lui toutes les sympathies et détruisaient les sentiments jaloux.

On a prétendu que Bichat était aussi entraîné par la passion du plaisir que par celle du travail; quelques écarts de jeunesse ont peut-être motivé ce reproche, mais des témoignages intimes nous assurent qu'il était à l'abri des séductions dangereuses.

Terminons cette notice en suivant les funérailles de Bichat, en saluant les monuments élevés à sa mémoire.

L'école de Paris, à laquelle il n'avait pas eu le temps d'appartenir comme professeur, mais qui le revendiquait comme le plus illustre de ses élèves, l'école de Paris, qui reconnaissait tout l'éclat que ses ouvrages devaient répandre un jour sur elle, s'empresse d'assister en corps aux obsèques du maître que cinq cents disciples accompagnent à sa tombe. C'est au nom de l'école de Paris que M. Hallé prononce l'éloge de Xavier Bichat; c'est au sein de l'école de Paris que M. Suc consacre la première séance de son cours d'histoire médicale à retracer la vie de ce martyr de la science.

Mais déjà ce n'est plus seulement au nom de l'école de Paris, c'est au nom de la France que le savant Corvisart écrit au premier consul ces mots mémorables : « Bichat vient de mourir à trente ans; il est tombé sur un » champ de bataille qui veut aussi du courage et qui compte bien des vic- » times : il a agrandi la science médicale : nul à son âge n'a fait tant de » choses et aussi bien... » Bonaparte, qui se connaissait en hommes et savait apprécier tous les mérites, toutes les vertus, répond à cette lettre en ordonnant qu'un monument soit élevé dans l'Hôtel-Dieu à la mémoire unie de Desault et de Bichat, comme s'il voulait honorer à la fois le grand chirurgien qui avait été aussi le maître de ses braves officiers de santé, et le grand médecin que la France venait de perdre [1].

L'image de Bichat figure dès lors dans tous les hôpitaux, dans toutes les écoles, dans toutes les académies de médecine, comme la plus digne expression de la majesté de l'art, et, empreinte sur les médailles de la Société médicale d'émulation de Paris, qui lui dédie ses Mémoires, cette noble effigie doit inspirer plus tard d'autres œuvres.

En 1818, le peintre Hersent expose au Salon les *Derniers moments de Bichat*, et la composition touchante de ce tableau fait regretter qu'il ne soit pas reproduit par la gravure.

---

[1] Voici l'inscription du monument :

« Ce marbre, dédié à la mémoire des citoyens Desault et Bichat, a été posé pour attester la reconnaissance de leurs contemporains pour les services qu'ils ont rendus : le premier à la chirurgie française, dont il est le restaurateur; le second à la médecine, qu'il a enrichie de plusieurs ouvrages utiles, et dont il eût agrandi le domaine, si l'impitoyable mort ne l'eût frappé dans sa trente et unième année. » (2 août 1802.)

à laquelle il avait voué l'attachement le plus respectueux, le plus tendre, et dont il était resté l'appui. Il n'avait pas accompli sa trente et unième année.

Ainsi la mort qu'il étudiait chaque jour, la mort, dont il voulait connaître tous les effets pour en mieux préserver l'humanité, la mort, en le frappant lui-même avant l'âge, semblait se montrer cruellement jalouse des secrets que lui avait arrachés une si courte existence. Mais quelle aurait été la destinée de Bichat s'il eût vécu au delà de ce terme fatal! N'aurait-il pas dépassé par son génie les extrêmes limites de l'art, ou bien cet homme illustre, déjà parvenu au sommet de sa gloire, n'avait-il plus un seul pas à faire pour monter plus haut? Personne ne le sait.

Bichat vient à peine de rendre le dernier soupir que tout l'Hôtel-Dieu en est ému; ses pauvres malades le pleurent; ses parents, ses amis, ses collègues, ses élèves, entourant son corps, lui rendent le pieux hommage de leur douleur; l'École de médecine est en deuil, et bientôt toute la médecine française ressent profondément la perte qu'elle vient de faire.

Et l'homme si regretté, l'homme si grand par ses œuvres, était encore le citoyen probe et honnête, le savant modeste et indulgent qui oublie le mal et méconnaît l'envie, car l'envie n'a pas manqué à sa gloire; il était aussi le disciple reconnaissant, le maître plein de bonté, le confrère ou le camarade le plus estimé, le plus aimé, l'ami le plus sincère; il était enfin le fils le meilleur, car le premier culte de ses affections appartenait à son père.

« Les plus aimables qualités morales, dit son cher neveu Buisson[1], rele» vèrent dans la personne de Bichat l'éclat de son mérite. Jamais on ne vit
» plus de franchise et de candeur, plus de facilité à sacrifier ses opinions,
» lorsqu'on lui proposait une objection solide. Incapable de colère et
» d'impatience, il était aussi accessible dans un moment où un travail
« pénible l'occupait, que dans ses moments de loisir. Sa générosité fut tou» jours une ressource assurée à ceux de ses élèves que l'éloignement de
» leurs familles mettait quelques moments dans l'indigence, ou que le
» défaut de moyens empêchait de se procurer ailleurs l'instruction néces» saire. Habile à distinguer les talents, il les encourageait de toutes les
» manières possibles dès qu'il les avait découverts. L'envie s'attacha quel» quefois à ses pas et chercha à lui ravir sa réputation, ne pouvant lui
» pardonner son mérite; mais il se contenta de mépriser de vaines attaques
» et ne se mit jamais en devoir de les repousser directement, toujours
» prêt à renouveler avec ses détracteurs une amitié qu'eux seuls avaient
» rompue. »

Quel plus beau témoignage pourrait-on accorder à sa vie morale!

Bichat était de moyenne taille, sa figure régulière avait de beaux traits et de l'expression, son front large et découvert annonçait une vaste intelli-

---

[1] Notice de l'Anatomie générale.

pour élever un tombeau à celui dont le nom a été si souvent proclamé dans son enceinte?

Enfin réparation va être faite et elle deviendra éclatante : le conseil municipal de la ville de Paris, dans sa séance du 6 février 1844, décide, d'après la proposition de MM. Thierry et Arago, qu'une concession perpétuelle de terrain serait faite au cimetière de l'Est pour y déposer les restes de Bichat.

Un congrès médical, assemblé l'année suivante pour la première fois et réunissant à Paris des médecins délégués de tous les départements, couronne la session de ses travaux en votant, à l'unanimité, la translation solennelle de ces précieux débris et l'érection à Paris d'un monument à sa mémoire [1]. Une commission est aussitôt nommée ; elle prépare, assure toutes les dispositions nécessaires, et assiste à l'exhumation le dimanche 16 novembre 1845, sous la présidence de M. le professeur Roux, qui, en déposant lui-même dans le cercueil la tête de Bichat, recouvre ses ossements d'une branche de laurier.

Le même jour, à midi, le congrès médical tout entier se rend à Notre-Dame, entoure le catafalque élevé dans la nef de la vaste métropole, et, après la cérémonie, ouvre la marche d'un cortége de dix mille personnes. Ce sont les représentants de toute la médecine de France, de hautes autorités de la ville de Paris, des délégués des sociétés savantes, des membres de l'Institut et de l'Académie de médecine, des professeurs de la Faculté et des écoles spéciales, des officiers de santé militaires, des médecins de la capitale, et la multitude enthousiaste des élèves, qui composent cet immense cortége et accompagnent à leur dernière sépulture les restes d'un homme mort depuis plus de quarante années. « C'est, comme l'a si bien » exprimé M. Malgaigne [2], la médecine tout entière qui rend hommage à l'un » de ses héros et de ses martyrs. » Noble et imposant spectacle pour la population, qui s'étonne et s'émeut sans savoir tout ce que veut dire ce seul nom, BICHAT, inscrit sur le char funèbre et entouré de couronnes d'immortelles. Saluez, passants, saluez-le en honneur de l'humanité, comme nous tous nous le saluons en honneur de l'art. Il va retrouver enfin auprès de lui, dans la nécropole des hommes célèbres, des noms chers au sien, Desault, Corvisart, Laënnec, Hallé, Portal, Béclard, Dupuytren, Larrey, noms vénérés que nous invoquons dans nos souvenirs, et qui nous répondent par les voix éloquentes des députés de la science réunis à ces grandes funérailles [3].

---

[1] L'initiative de cette proposition est due à M. le docteur Blatin.

[2] Rapport de la commission au congrès.

[3] Discours de MM. Serres, président du congrès; Roux, président de la commission Bichat; Gilette, président de la Société d'émulation; Rigal (de Gaillac), représentant les délégués des départements, etc.

En 1821, la Société d'émulation de l'Ain propose pour sujet de prix l'éloge de Bichat; c'est M. A. Miquel qui l'obtient, et nous lui devons plusieurs des documents que l'on vient de lire.

En 1833, la Société d'émulation du Jura fait placer à Thoirette un marbre noir avec cette inscription devant la maison :

ICI NAQUIT XAVIER BICHAT LE 11 NOVEMBRE 1771.

En 1837, le statuaire David d'Angers est chargé de faire le fronton du Panthéon, et sur l'édifice qui porte cette inscription sublime, *Aux grands hommes la patrie reconnaissante*, il représente Bichat qui succombe, la tête couronnée de lauriers, et tenant d'une main sa plume, de l'autre le manuscrit de son livre sur la vie et la mort.

Bientôt après, deux départements limitrophes dont la circonscription a été changée, le département du Jura et le département de l'Ain, s'attribuent l'honneur d'avoir donné naissance à Bichat, comme autrefois plusieurs villes de la Grèce s'étaient disputé le berceau d'Homère. Mais la gloire de Bichat est assez grande pour être partagée dans le pays qui a vu naître le général Joubert, l'astronome Lalande, le chimiste Sérullas, le chirurgien Percy et d'autres hommes célèbres. C'est d'abord le département du Jura, qui, le 5 mai 1839, fait inaugurer à Lons-le-Saulnier le buste de Bichat, dû au ciseau d'Huguenin, son compatriote, et surmontant une fontaine en marbre du pays. C'est ensuite le département de l'Ain : il veut avoir aussi un buste et le demande à David, qui lui donne une statue ; on l'élève sur la place de Bourg, et le 24 août 1843 toute la population, toutes les notabilités du département, des députations des villes voisines et des délégués des facultés, des écoles, des académies, des sociétés de médecine, assistent à l'inauguration du monument. Bichat, plaçant la main sur la poitrine d'un enfant, y cherche la vie, tandis qu'à ses pieds gît la mort enveloppée d'un linceul. C'est ainsi que le génie de l'art a fait revivre le génie de la science, en s'inspirant de la plus belle œuvre de Bichat.

Mais celui dont le nom est ainsi honoré, celui qui a légué tant de gloire à la médecine, est mort sans laisser à ses héritiers assez d'argent pour lui acheter une tombe. Son corps, déposé dans un coin de terre du cimetière Sainte-Catherine, a été cependant préservé de l'oubli par les soins pieux de quelques-uns de ses amis, Girault, Husson, Devilliers, Parizet. La Société d'instruction médicale, qui n'existe plus, a fait déposer une pierre sur ce cercueil, dont la place, à peine reconnaissable, sera bientôt effacée, car le cimetière va être détruit. Triste condition des destinées humaines les plus hautes, lorsqu'en se détachant de la terre elles laissent leurs restes mortels dans l'abandon! Faut-il rappeler que, dès l'année 1831, M. Devilliers a sollicité vainement une souscription de l'Académie de médecine

Un monument va donc s'élever à Paris pour y consacrer la mémoire de Bichat. Sa place semble marquée à la fois dans l'enceinte de l'École anatomique des hôpitaux, éclairée par ses œuvres, au fronton de l'Hôtel-Dieu, qui a vu naître et mourir ce brillant génie, et au sein de la Faculté de médecine, qui n'a pu l'appeler à elle pendant sa vie, mais qui doit lui accorder une place d'honneur après sa mort. C'est là qu'il faut représenter la grande figure de Bichat, parce que c'est là qu'est représentée sa gloire.

Et si la médecine entière, si la médecine française surtout a reçu des travaux de Bichat une impulsion qui puise toute sa force dans les études anatomiques, dans la méthode expérimentale, dans l'observation pratique en un mot, nulle école assurément plus que l'école de Paris n'a ressenti davantage cette influence, nulle plus qu'elle n'a reflété l'éclat de cette brillante lumière, qui, de là, rayonne de toutes parts; et les autres écoles, les académies, les sociétés médicales, les hôpitaux, les chaires de l'enseignement, les livres, les journaux, enfin tous les échos de la science, en proclamant le nom de Bichat par le monde, l'unissent pour toujours à l'école de Paris.

Oui, c'est là que nous verrons l'image du grand médecin dont nous avons essayé de raconter l'histoire; et lorsque cette nouvelle œuvre de David sera saluée d'acclamations unanimes, une voix peut-être dira aussi : Honneur à l'artiste national qui, dans les généreux élans de son génie et de son admiration pour les hommes illustres de la France, a, le premier, compris les vœux légitimes de notre art et ceux de l'humanité reconnaissante, en dotant le pays des statues de trois de ses grandes célébrités médicales : Ambroise Paré, Xavier Bichat, et celui que désigne le testament de Sainte-Hélène.

Hippolyte Bon Larrey,

Professeur au Val-de-Grâce, agrégé de la Faculté de médecine.

EUGÈNE DE BEAUHARNAIS

NÉ EN 1781, MORT EN 1824.

L'époque de Napoléon a cela de particulier, que devant une intelligence qui semble surhumaine, tout s'efface, tout disparaît. Le règne de Louis XIV, l'un des plus glorieux dont puisse s'honorer la France, a dû sa splendeur à beaucoup d'hommes illustres, qui, groupés autour du monarque, lui ont servi de piédestal, et l'ont grandi de la hauteur à laquelle eux-mêmes s'étaient élevés. Ainsi, des chefs pleins de science et de courage ont obtenu des triomphes dont l'éclat reflété lui a servi d'auréole : des magistrats d'un profond savoir lui ont prêté leur sagesse : des poètes immortels ont tressé les couronnes placées à jamais sur sa tête : des peintres habiles ont reproduit des faits que la postérité se rappellera en admirant leurs ouvrages. Mais Napoléon gagnait lui-même ses batailles, lui-même dictait les lois qui devaient régir son empire; et les beaux-arts, restés de son temps bien au-dessous de leur mission, n'avaient rien de ce grandiose que devaient leur inspirer des actions héroïques. Napoléon, semblable à ces météores lumineux devant lesquels s'évanouissent les objets qui les environnent, écrase ses contemporains du poids de sa renommée; et si, à ses côtés, ont pu briller encore quelques réputations, c'est comme pour proclamer la supériorité de son génie. Cependant, des talents supérieurs, de grands caractères, se signalèrent dans cette courte période, et, à ce titre, Eugène de Beauharnais mérite qu'on lui accorde une des premières places dans l'histoire.

Né à Paris, le 3 septembre 1781, il descendait d'une famille distinguée dans les armes. Son père, le vicomte Alexandre de Beauharnais, partisan des idées de réforme qui commencèrent à agiter le royaume en 1789, fut député de la noblesse de Blois aux états généraux; il présida deux fois l'Assemblée constituante, et le 30 mai 1793 il eut le commandement en chef de l'armée du Rhin. Mais ses opinions, quoique libérales, étant modérées et sages, ne pouvaient le protéger contre les exigences du moment :

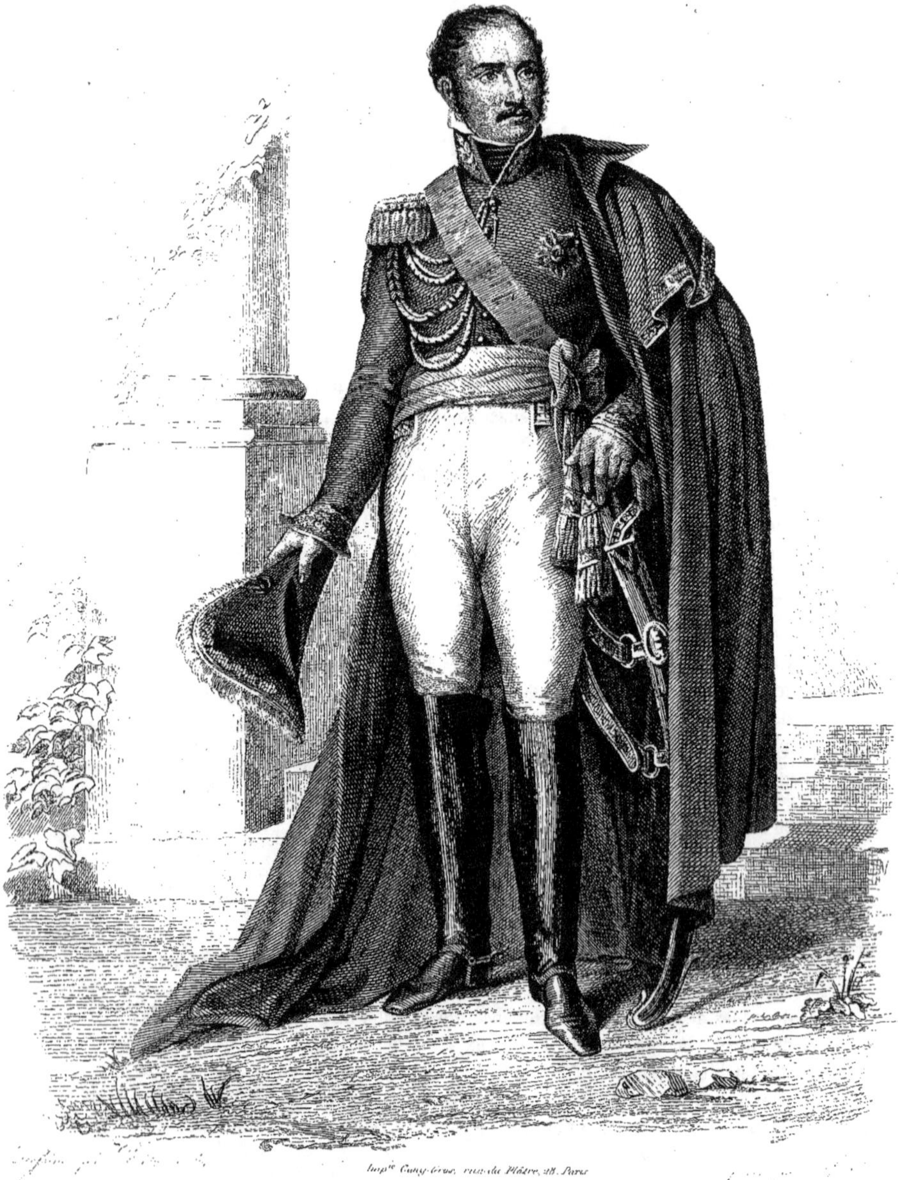

Impr^ie Cany-Gros, rue du Plâtre, 28, Paris

EUGÈNE DE BEAUHARNAIS.

Cependant, sur la fin de cette campagne miraculeuse qui vit trente mille braves décider du sort de la puissance autrichienne, le général Bonaparte appela le fils de Joséphine près de lui, et le général Masséna se chargea de le conduire à Milan. Fier d'aller partager de glorieux travaux, ce dut être pour Eugène un bien favorable augure que de se voir, pour ainsi dire, lancé dans la carrière par le vainqueur de Zurich, celui que ses succès avaient fait surnommer l'*Enfant chéri de la victoire*.

Promu sous-lieutenant et aide-de-camp du général en chef, Eugène, qui n'avait encore que dix-sept ans, se fit remarquer par son caractère ardent et généreux et par une raison qui savait triompher quand il le fallait de la légèreté de son âge. Ayant été choisi pour aller notifier la prise de possession des îles Ioniennes, que le traité de Campo-Formio mettait sous la domination de la république, il s'acquitta avec intelligence de cette tâche. A son retour, il eut occasion de donner aussi des preuves de son courage. Se trouvant à Rome au moment où le général Duphot venait de tomber sous les coups d'une populace soulevée contre Joseph Bonaparte, il courut relever le corps inanimé de son compatriote, et, malgré les balles qui pleuvaient autour de lui, il l'emporta dans ses bras jusqu'à l'hôtel de l'ambassade française.

Au commencement de 1798 eurent lieu les préparatifs de cette expédition célèbre qui devait troubler le silence des déserts et ébranler jusqu'à leur base les sépulcres des Pharaons. Dès qu'Eugène apprend qu'il fera cette campagne, qu'il verra l'Égypte, ce berceau des sciences, des religions et des lois, il n'a plus qu'une pensée, la crainte que quelque obstacle ne vienne renverser ses espérances. Mais ses vœux sont accomplis : le signal est donné; et plus de quatre cents voiles sillonnent une mer, qui, jusque-là peu favorable au pavillon tricolore, semble protéger maintenant les secrets desseins de la république.

Arrivé devant Malte, Eugène fut du nombre de ceux auxquels était réservée l'attaque de cette île importante, et à peine était-il débarqué, qu'il enleva de sa main un drapeau à l'ennemi. Cette action lui valut l'honneur d'être envoyé au général Bonaparte pour lui annoncer la prise de possession de la Cité-Valette. Mais un champ plus vaste devait bientôt s'ouvrir devant lui. Alexandrie, les Pyramides, le Caire, El-Arich, Jaffa et Aboukir, furent autant de lieux qui devinrent les témoins de son intrépidité peu commune. Blessé d'un éclat de bombe à l'assaut de Saint-Jean-d'Acre, il resta long-temps enseveli sous les décombres d'une muraille écroulée; plus tard, à la tête de l'avant-garde, il entra le premier à Suez, ce qui lui valut le grade de lieutenant. Quoique attaché au général en chef par des liens bien chers, ce n'est, comme on le voit, qu'après avoir fait ses preuves qu'Eugène obtenait de lui un des grades les moins importants, et pourtant que de dévouement et de zèle n'avait-il pas montré déjà!... Un

il périt sur l'échafaud le 22 juillet 1794, victime de sa conscience, et trop honnête homme pour être épargné par une démagogie effrénée.

Tandis que sa femme, Joséphine Tascher de la Pagerie, attendait à Paris, dans les prisons du tribunal révolutionnaire, un arrêt de délivrance ou de mort, ses enfants, Eugène et Hortense, se trouvaient à la merci des comités de sections, qui, en les faisant élever parmi des artisans, se flattaient d'effacer de leur souvenir jusqu'à leur nom et jusqu'à leur origine. Cependant, Hortense put rejoindre des parents qui la réclamèrent, et Eugène, d'après le vœu exprimé par son père la veille de sa condamnation, obtint d'être envoyé en Bretagne, auprès du général Hoche.

Si les passions ardentes qui fermentaient alors dans les têtes avaient banni de la société et l'amitié et la confiance, ces vertus existaient encore dans les rangs des soldats, où l'honneur du pays avait trouvé un refuge. Hoche reçut le fils d'un frère d'armes malheureux avec la plus sincère affection, et, malgré une surveillance ombrageuse, il le compta aussitôt au nombre de ses officiers d'ordonnance : mais Joséphine ayant obtenu sa liberté, Eugène renonça aux avantages que lui promettait sa position nouvelle pour voler sur-le-champ dans les bras de sa mère. C'est qu'en effet, lorsqu'on a connu l'infortune, c'est là seulement qu'on peut trouver consolation et bonheur.

Comme si le ciel voulût reconnaître un généreux sacrifice, cette circonstance, bien simple par elle-même, décida de l'avenir d'Eugène. Il ne faisait que d'arriver à Paris, quand un décret de la Convention prescrivit aux habitants de la capitale de remettre aux autorités les armes de toute nature qui se trouveraient entre leurs mains. Eugène, possesseur du sabre de son père, ne put supporter l'idée de se séparer de ce précieux héritage : il courut chez le général Bonaparte, et il employa près de lui tout ce que la piété filiale pouvait lui prêter d'éloquence pour obtenir de conserver un trésor plus cher à ses yeux que les biens possédés autrefois par sa famille. Ce trait, qui prouvait une âme élevée, émut vivement Bonaparte ; il embrassa le jeune homme, et non-seulement il lui accorda sa demande, mais il se rendit le lendemain chez sa mère pour la féliciter d'avoir un fils animé de si nobles sentiments. La simplicité de Joséphine, son amabilité, les grâces de sa personne, captivèrent celui qui n'était venu que pour rendre hommage à une action touchante, et l'alliance qui suivit bientôt cette visite donna à Eugène un protecteur dont le pouvoir ne devait point connaître de bornes.

Le général Bonaparte apporta d'abord un soin particulier à l'éducation du jeune Beauharnais, que les troubles de la révolution avaient laissée très-incomplète ; mais les événements marchaient avec une rapidité extrême, et, ayant été nommé au commandement de l'armée d'Italie, il dut abandonner son élève pour courir où l'attendaient de hautes destinées.

» la France et à celles de l'Italie, à demeurer près de vous l'organe de ses
» volontés, je ne puis vous offrir aujourd'hui que des espérances. Croyez-
» en, messieurs, les sentiments qui m'animent, ces espérances ne seront
» point trompées. Dès ce moment, j'appartiens tout entier aux peuples
» dont le gouvernement m'est confié. Aidé du concours de toutes les auto-
» rités, et particulièrement du zèle et des lumières du corps législatif;
» toujours dirigé par le vaste et puissant génie de notre souverain; plein
» des grandes leçons et des grands exemples que j'ai reçus de lui, je n'au-
» rai qu'un but et qu'un besoin, la gloire et le bonheur du royaume. »

Le prince Eugène justifia en effet la confiance de l'empereur. Se consacrant tout entier à ses devoirs, on le vit apporter dans ses travaux un jugement sûr et une sagacité remarquable. Napoléon, il est vrai, l'observait de son regard pénétrant, et, dans les occasions difficiles, ses conseils ne se faisaient pas attendre; mais il n'eut jamais qu'à se louer de son élève. En peu de temps, toutes les branches de l'administration reçurent une organisation qui offrait de grandes économies : les cours de justice, aussi bien que les tribunaux inférieurs, furent établies sur de meilleures bases : l'instruction publique adopta des principes plus larges, et l'on vit refleurir tout à coup les universités de Pavie, de Padoue et de Bologne : les établissements de bienfaisance, ramenés au véritable but de leur institution, s'accrurent en proportion des besoins : la mendicité, cette lèpre de l'Italie, disparut presque entièrement : le régime des prisons reçut les changements que réclamait l'humanité, et les vols, les assassinats et les querelles particulières furent réprimés avec rigueur.

Tant d'améliorations importantes ne firent pas négliger d'autres soins non moins utiles. Les beaux-arts, mis sous la protection spéciale du prince, brillèrent d'un éclat nouveau : le Musée de Bréra fut fondé : un Conservatoire de musique et de déclamation forma des sujets pour les théâtres : de grandes mosaïques, exécutées sur les dessins des meilleurs maîtres, firent renaître un art presque perdu : enfin, l'agriculture, l'industrie et le commerce devinrent l'objet d'encouragements de toutes sortes.

Le vice-roi, qui avait le commandement des troupes que l'empereur conservait en Italie, devait comprendre mieux que personne la nécessité de créer une force militaire nationale, en rapport avec les ressources du territoire et les besoins du royaume. Ami de ses officiers et père de ses soldats, il triompha de toutes les difficultés que présentait cette entreprise, et bientôt il eut organisé une armée en état de rivaliser avec les troupes de Napoléon, non-seulement pour la tenue et la discipline, mais encore pour l'instruction et la valeur.

Nous ferons remarquer à cette occasion que le prince Eugène se trouvait alors dans une position dont on n'a pas assez apprécié les embarras. Il ne pouvait rester sourd aux exigences des Français, ses anciens frères d'armes,

jour, après avoir rempli une mission pénible, il s'endormit debout, appuyé sur son sabre, tandis qu'on lisait les dépêches qu'il venait de remettre. Le général Bonaparte, ayant jeté les yeux de son côté, le fit remarquer à ceux qui se trouvaient près de lui en leur disant : « Bon jeune » homme! il tombe de fatigue ; » puis, il ajouta : « Eugène se distinguera ; » avant qu'il ait trente ans, il me fera honneur. » Ce fait a peu d'importance sans doute, mais il prouve la pénétration du génie, car jamais prédiction ne s'est plus exactement vérifiée.

Revenu en France avec son beau-père, Eugène était à Paris lorsque le Directoire se vit arracher les rênes de l'État, que ses mains débiles prétendaient retenir encore, et, peu après le 18 brumaire, il fut nommé capitaine dans les chasseurs à cheval de la garde des consuls.

Sur ces entrefaites, l'Autriche, qui n'attribuait ses revers qu'aux fautes d'un chef inhabile, voulut encore tenter le sort des armes, et son agression inopinée rappela le général Bonaparte sur le théâtre de ses premiers exploits. Eugène franchit avec lui le Saint-Bernard, et avec lui il assista à cette mémorable journée de Marengo, qui devait délivrer l'Italie et donner un maître à la France. C'est sur le champ de bataille même que le jeune Beauharnais fut nommé chef d'escadron. Cette récompense était d'autant plus flatteuse, que, pour l'obtenir, il avait dû se faire remarquer dans un corps d'élite, composé en entier de soldats éprouvés dès long-temps par le fer et par le feu.

Cependant le premier consul de la république devient empereur des Français, et ce titre, que dans son enthousiasme la nation reconnaissante lui confère, reçoit de Pie VII la consécration sainte. Mais bientôt ce sceptre paraît léger à la main formidable qui le porte ; Napoléon veut placer sur sa tête la couronne de fer des rois lombards, et, se rendant à Milan pour la cérémonie du sacre, il prescrit au jeune Beauharnais de le suivre. Déjà, sans doute, il avait pensé à se faire représenter au delà des Alpes par le fils de Joséphine ; car ce fut pendant ce voyage qu'Eugène, nouvellement promu au grade de colonel, apprit son élévation à la dignité de prince impérial. Il n'en fallait pas tant pour satisfaire une ambition qui jamais n'avait songé à la puissance! mais, quand il croyait que la fortune ne pouvait plus ajouter à ses faveurs, il s'entendit proclamer vice-roi d'Italie.

Quel est celui qui, après avoir éprouvé les injustices du sort, se verrait, à vingt-quatre ans, parvenu au faîte des honneurs et placé sur un trône, sans ressentir un mouvement d'orgueil, sans tirer quelque vanité de sa fortune?... Pourtant, le prince Eugène ne fut pas un seul instant ébloui de sa position nouvelle : ses manières restèrent affectueuses et son langage conserva sa franchise. La réponse qu'il adressa au corps législatif italien témoigne suffisamment de sa simplicité et de sa modestie :

« Appelé, bien jeune encore, par le héros qui préside aux destinées de

moment : « Voilà, messieurs, ce qu'a fait le prince Eugène! Je savais bien » à qui j'avais confié mon épée en Italie. »

C'est après la guerre de 1805, au milieu des transports d'ivresse de la population, qu'on vint annoncer au prince l'alliance projetée entre lui et la princesse Amélie de Bavière. Le vice-roi, à cette nouvelle, partit à l'instant même pour Munich, et quoique les montagnes du Tyrol fussent peu praticables à cette époque de l'année, son impatience ne lui permit pas de prendre une route plus facile. Ce mariage donna lieu à deux actes politiques qui eurent alors un long retentissement : Napoléon, pour la première fois, appela authentiquement le prince Eugène *son fils adoptif*, et, de l'autorité qu'il tenait de la victoire, il donna le titre de *roi* à l'électeur Maximilien de Bavière.

Les principales villes d'Italie, mais plus particulièrement celles que le traité de Presbourg venait d'arracher à l'Autriche, déployèrent à l'arrivée des nouveaux époux un luxe que l'on ne trouve que dans les rêves d'une imagination orientale. Venise surtout, Venise, qui elle-même semble une création fantastique, se distingua à cette occasion par des fêtes dont une baguette magique aurait difficilement surpassé les merveilles. C'étaient des milliers de barques parées des plus riches étoffes, des rameurs vêtus d'or et de soie, des palais resplendissants et couverts de tapis précieux, une pluie de fleurs et de couronnes, des mélodies harmonieuses émanant des ondes, des parfums qui répandaient dans une atmosphère embaumée la poésie et l'amour... Que de douces espérances une telle réception devait faire naître!

Malheureusement la paix fut de courte durée. La Prusse, qui jusqu'alors avait gardé une neutralité menaçante, se laissa enfin entraîner dans la lice, et l'empereur Alexandre, qui ne pensait qu'à faire oublier ses revers, n'hésita pas à embrasser sa cause. Mais à peine Napoléon s'était-il mis à la tête de ses troupes, que déjà la bataille d'Iéna lui avait ouvert les portes de Berlin, et quand les Russes se présentèrent à leur tour dans les champs d'Eylau et de Friedland, ils payèrent de leur défaite l'imprudence de Frédéric-Guillaume.

Pendant ces terribles tempêtes, si funestes à la monarchie prussienne, Eugène resta à Milan. Il lui fallait consolider son ouvrage et surtout observer l'Autriche, dont la conduite antérieure n'était pas de nature à inspirer beaucoup de confiance ; mais une partie de l'armée italienne prit part à cette glorieuse campagne, et si le vice-roi n'avait pu marcher avec ses troupes, elles reçurent à leur retour de nombreuses marques de sa reconnaissance. C'est à cette époque que s'élevaient par ses ordres les arcs de triomphe de Marengo et du Simplon, et que l'on mettait la dernière main à ce cirque monumental destiné à être tout à la fois un hippodrome et une naumachie : sur le même terrain où des chevaux et des chars venaient

quand il s'agissait de leur bien-être, et pourtant il devait se montrer le défenseur des peuples dont le gouvernement lui avait été confié. Ces deux intérêts opposés se trouvant sans cesse en présence, il fallait nécessairement, pour les concilier, savoir céder et résister à propos, user tout à la fois de ménagements, de vigueur et d'adresse.

D'un autre côté, ce n'était pas non plus une tâche facile que d'avoir à étudier le caractère d'une nation inquiète, jalouse de son honneur, fière de son indépendance, et que son exaltation habituelle dispose à la légèreté et même quelquefois à l'injustice. Mais le vice-roi, par son aménité constante, sut maintenir la bonne harmonie dans ses états, continuer à mériter l'estime des Français, et inspirer assez de confiance aux Italiens pour ne trouver parmi eux que des sujets dévoués et des serviteurs fidèles.

Parlerons-nous d'un autre écueil, plus dangereux peut-être, et que le prince sut éviter encore?... L'impartialité nous en fait un devoir ; car l'épreuve était difficile, et Tite-Live nous a appris où peuvent conduire les plaisirs et la mollesse. Obligé de recevoir à sa cour les notabilités du royaume, le vice-roi voyait réuni dans ses cercles brillants tout ce que l'Italie offrait de beautés et de grâces, et cependant, s'il succomba, jamais du moins, au milieu de tant de séductions puissantes, il n'oublia un seul jour ni sa dignité, ni sa gloire.

Tandis que la paix effaçait de sa douce influence les traces d'une lutte longue et acharnée, l'Angleterre, qui voyait s'accumuler la foudre sur les côtes de Boulogne, jetait son or à pleines mains pour armer de nouveau l'Europe contre la France. L'Autriche, que son conseil aulique perpétuait dans sa politique première, se chargea de détourner l'orage en l'attirant sur elle-même : mais Napoléon, averti par le vice-roi que François II approvisionnait secrètement ses places, se tenait sur ses gardes et eut ainsi les moyens de préparer sa vengeance.

On sait avec quelle rapidité l'aigle impérial vola des côtes de l'Océan aux plaines de la Moravie. Au moment de prendre son essor victorieux, Napoléon, instruit que l'archiduc Charles menaçait le Tyrol, voulut opposer à ce chef habile un général d'une vieille expérience, et ce fut sur Masséna que se fixa son choix. Bien loin d'être blessé de cette disposition, le vice-roi accueillit le lieutenant de l'empereur avec la déférence due à sa haute renommée, et il ne témoigna d'autre regret que de ne pouvoir servir sous ses ordres.

Masséna ayant chassé les Autrichiens devant lui, le prince se rendit à Bologne pour y réunir la garde nationale du royaume. Avec des éléments qui semblaient se prêter si peu à une organisation militaire, il parvint à former comme par enchantement une seconde armée, prête s'il l'eût fallu à aller renforcer la première. Napoléon, qui fut informé de ce résultat sur le champ de bataille d'Austerlitz, dit aux généraux qui l'entouraient en ce

pour la seconde fois la Bavière, et se livrait encore au hasard des batailles. Le commandement de toutes les troupes françaises qui se trouvaient en Italie ayant été confié au vice-roi, il se hâta de les organiser en corps d'armée; mais comme il manquait de généraux, il ne craignit pas de déplaire à Napoléon, en lui demandant Macdonald et Dessolle, qui tous deux étaient alors dans la disgrâce de l'empereur.

Le prince Eugène se voyait pour la première fois à la tête d'une armée. Il connaissait trop bien la guerre pour ne pas être effrayé de la responsabilité immense qui allait peser sur lui; mais s'il ne s'exagérait pas son mérite, il savait aussi ce que peuvent le courage et une volonté ferme. Il partit donc, sans hésiter, pour aller à la rencontre de l'archiduc Jean, qui s'avançait sur l'Isonzo avec des forces considérables. Il trouva les Autrichiens à Udine, et, reconnaissant qu'il n'était pas en mesure de les arrêter, il revint lentement à Sacile, sur la Livenza.

Il faut un sang-froid et une prudence que l'on a rarement à vingt-sept ans, pour se décider à se retirer devant un ennemi que souvent on a vu fuir, sans essayer de se mesurer avec lui. Dans cette circonstance, le prince se laissa entraîner par l'ardeur de son âge; il voulut combattre, et il fut vaincu. Accablé par le nombre, il dut se retirer rapidement sur l'Adige, où il rallia ses troupes. Cette faute, grande sans doute, et qui pouvait avoir des conséquences graves, fut pour le jeune prince une leçon qui devait profiter à son inexpérience. Au surplus, bien loin de chercher à cacher sa défaite, il disait hautement à ceux qui devant lui voulaient en atténuer les résultats : « Jamais bataille ne fut plus complétement perdue, » et jamais on ne l'a mieux mérité. »

La bataille de Sacile sembla avoir développé le génie militaire d'Eugène. Dès ce jour, il n'eut plus que des succès, et les brillantes affaires de la Piava, de Saint-Daniel, de Tarvis et de Saint-Michel, ne tardèrent pas à lui ouvrir les routes de la monarchie autrichienne. Dès que l'archiduc eut commencé à céder du terrain, le vice-roi le poussa sans lui laisser une heure de relâche, et il lui fit plus de prisonniers que l'armée d'Italie ne comptait d'hommes sous les drapeaux. Dans cette marche, très-remarquable sous le rapport stratégique, il obligea de mettre bas les armes le corps entier du général Jellachich, qui, chassé du Tyrol par le maréchal Lefèvre, eut la malheureuse présomption de prétendre lui barrer le passage.

Enfin le vice-roi arriva sur les hauteurs du Sommering, et là il se joignit aux avant-postes de l'armée d'Allemagne. Quand l'empereur le revit, il le tint long-temps serré dans ses bras, et, le présentant aux maréchaux et à son état-major, il s'écria : « Ce n'est pas seulement le courage qui » aurait amené ici Eugène! il n'y a que le cœur qui puisse opérer de pa- » reils prodiges. » Puis, il dicta au prince de Neufchâtel, son chef d'état-major, cette proclamation si connue, comparable à ce que l'antiquité nous

de se disputer la victoire, le prince avait eu la pensée de faire figurer aussi un combat naval, et cela en présence de plus de trente mille personnes commodément assises. Cette conception seule suffirait pour témoigner de la hardiesse de ses idées et de son goût pour les grandes choses.

Le traité de Tilsit contraignant la Russie et la Prusse d'entrer dans le système du blocus continental, le vice-roi dut, de son côté, surveiller plus attentivement les côtes de la Méditerranée et de l'Adriatique. Néanmoins, dans les mesures sévères qu'il fut obligé de prendre, il apporta tant d'impartialité et de justice, que ces actes rigoureux ne donnèrent lieu à aucune collision sérieuse.

Les discussions entre l'empereur et la cour de Rome, qui s'animaient de plus en plus, créèrent aussi d'assez grandes difficultés au vice-roi, car l'Italie voyait cette querelle avec peine; mais il sut calmer l'effervescence des esprits et il parvint même à gagner l'affection de Pie VII. Ce fut surtout lorsqu'il s'agit d'appliquer le concordat du royaume aux provinces vénitiennes, qu'il eut occasion de prouver à sa Sainteté toute la droiture de ses intentions. D'après ses conseils, le pape se décida à charger de ses intérêts le cardinal de Bayanne, homme de talent et de bien, qui serait sans doute parvenu à s'entendre avec Napoléon; mais à l'arrivée de ce légat à Paris, les territoires d'Ancône, de Macerata et de Fermo étaient déjà enlevés aux états de l'Église, et il n'y avait plus à revenir sur cette détermination.

Eugène commençait à jouir du fruit de ses efforts : les conquêtes nouvelles, que des intérêts différents et de vieux souvenirs portaient à se croire sacrifiées par leur réunion au trône lombard, avaient elles-mêmes reconnu les avantages d'une agglomération qui donnait enfin à la nation italienne une existence et de la force : le caractère conciliant du vice-roi, les mœurs si pures de la vice-reine, avaient achevé d'effacer les dissentiments, de fondre les opinions, et c'était avec la plus entière confiance que chacun s'abandonnait, joyeux, à ses destinées, lorsque de grands événements vinrent troubler tout à coup ce moment de tranquillité et de bonheur. Joseph Napoléon est appelé à régner sur les Espagnols, Joachim Murat le remplace sur le trône de Naples, et l'entrevue de Napoléon et d'Alexandre à Erfurt prouve clairement que d'importantes questions restent encore à résoudre. Le vice-roi, qui juge avec sagacité de la situation, n'a pas besoin d'autre avertissement pour s'occuper sans relâche de recruter ses régiments, d'approvisionner ses arsenaux, et de mettre ses places en état de défense. C'est dans ce but que, sous le prétexte d'aller assister à des manœuvres, il entreprit un voyage dans le Frioul. En effet, ses prévisions ne tardèrent pas à être justifiées. Enhardie par la guerre qui avait appelé une grande partie des forces de Napoléon dans la Péninsule ibérique, l'Autriche toujours vaincue, mais toujours prête à reprendre les armes quand elle croyait pouvoir le faire avec avantage, envahissait

parer de Joséphine... Non-seulement cette pensée fut pour Eugène le sujet d'une affliction profonde, mais, au lieu de pouvoir confier ses chagrins à une compagne digne de les comprendre et de les partager, il dut s'appliquer au contraire à les tenir soigneusement enfermés dans son sein ; car s'il cédait malgré lui à la toute-puissance des raisons d'état, il savait que la tendresse d'une femme ne se prête pas aux froids calculs de la politique, et que la vice-reine, élevée dans des principes religieux, ne reconnaîtrait à personne le droit de délier sur la terre ce que le ciel avait uni.

Il fallut cependant dévoiler ce fatal mystère, et cet aveu n'était pour le prince que le prélude de sacrifices plus difficiles encore. Nous ne dirons pas ce qu'eut de déchirant la première rencontre d'Eugène avec sa mère : certaines douleurs sont aisément comprises. Après cette entrevue, le vice-roi, sans s'inquiéter des conséquences de sa démarche, pria l'empereur de lui accorder une explication franche et positive en présence de l'impératrice. Cette demande fut accueillie et la réunion eut lieu.

Napoléon n'avait que l'intérêt de la France à présenter pour motif de sa conduite : devant cette considération puissante, Joséphine se tut et se résigna. Mais si la femme de César renonçait pour elle-même à la première couronne de la terre, elle ne pouvait sacrifier si facilement sa tendresse pour son fils : portant ses yeux remplis de larmes sur Eugène, elle dit à l'empereur : « Une fois séparés, mes enfants ne seront plus rien pour vous : » faites Eugène roi d'Italie, et votre politique, j'ose le croire, sera approu- » vée par toutes les puissances de l'Europe. » Le prince se hâta alors de prendre la parole : « Ma bonne mère, s'écria-t-il, qu'il ne soit nullement » question de moi dans cette triste occurrence : votre fils ne voudrait pas » d'une couronne qui semblerait être le prix de votre séparation. » L'empereur, touché de la noblesse de ce discours, saisit la main du vice-roi, la serra avec force, et répondit d'un ton grave mais pénétré : « Je reconnais » Eugène dans ces paroles : il a raison de s'en rapporter à ma tendresse. »

Ainsi se termina cette conférence, dont les suites trompèrent bien des prévisions et eurent peut-être une influence bien grande sur les destinées du monde!...

La séparation résolue, Napoléon assembla un conseil où fut discuté le choix de l'épouse qu'il devait prendre. Le vice-roi, dans une situation si pénible, ne se démentit pas un moment : au lieu de protester par son silence, il parla en faveur de Marie-Louise. Cette alliance lui paraissait offrir plus d'avantages que toute autre, et d'ailleurs il savait que déjà l'Autriche avait fait faire des propositions à cet égard, par l'intermédiaire du prince de Ligne et du comte de Narbonne. Cette puissance se rappelait l'ancien distique :

Bella gerant alii, tu felix Austria nube;
Nam quæ Mars aliis, dat tibi regna Venus.

a légué de plus beau en ce genre : « Soldats de l'armée d'Italie, soyez les
» bienvenus, » etc. A dater de ce jour, Napoléon compta son fils adoptif
au nombre de ses meilleurs généraux.

Tandis que l'empereur, trompé dans ses espérances à Essling, se préparait à franchir une seconde fois le Danube, il apprit que l'archiduc Jean, après avoir rallié les débris de son armée, opérait sa jonction en Hongrie avec l'archiduc palatin, qui avait soulevé les provinces, et que le général Chasteler, sorti du Tyrol, s'était jeté sur les derrières de l'armée d'Italie. Ces différentes circonstances l'engagèrent à envoyer sur-le-champ le vice-roi se remettre à la tête de ses troupes.

Le prince Eugène annonça son retour par deux actions brillantes, et, trouvant les archiducs réunis sous les murs de Raab, il leur offrit franchement le combat. La journée fut sanglante; le succès vivement disputé; mais l'habileté et le courage du prince lui donnèrent la victoire. Cette affaire ayant eu lieu le 14 juin, jour anniversaire de la défaite de Mélas en 1800, l'empereur, quand il en reçut la nouvelle, baptisa la bataille de Raab du nom de *petite fille de Marengo*. Peu de jours après, le vice-roi rejoignit l'armée de Napoléon, qui allait décider à Wagram des destinées de la maison d'Autriche.

Nous n'entrerons dans aucun détail sur une bataille dont les résultats ne sont ignorés de personne, nous dirons seulement que Napoléon fit à cette occasion le plus grand éloge du prince, et que plus tard, à Sainte-Hélène, quand le temps avait donné à ses souvenirs toute l'autorité de l'histoire, il a cité souvent Eugène comme ayant eu une part glorieuse à cette journée mémorable.

Après la bataille de Wagram, l'empereur, instruit que les frères du prince Charles se rapprochaient de Presbourg, ordonna au vice-roi de se porter sur cette ville. En effet, les archiducs avaient pensé à se réunir à la grande armée autrichienne; mais quand ils apprirent sa défaite et la marche du prince Eugène, ils s'empressèrent de rétrograder, et renoncèrent à toute entreprise.

La guerre terminée, l'empereur laissa au vice-roi le soin de pacifier le Tyrol. La tâche était difficile, car ce pays a conservé toujours un grand attachement pour la maison d'Autriche. Cependant l'esprit de justice du vice-roi, sa douceur, son humanité, lui valurent un succès aussi prompt que décisif.

Glorieux de la réputation militaire qu'il venait d'acquérir, fier de la prospérité du royaume dont le gouvernement lui était confié, heureux de se voir entouré de sa famille, Eugène, à cette époque de sa vie, se livrait avec délices aux charmes d'une existence que l'agitation du passé lui rendait plus douce encore, quand un coup, aussi cruel qu'imprévu, dissipa les illusions qui paraient à ses yeux l'avenir. Napoléon songeait à se sé-

trône de Suède. Duroc, ancien ami d'Eugène, employa tout ce qu'un attachement sincère pouvait lui inspirer de plus persuasif pour l'engager à accepter l'offre qui lui était faite; mais le prince lui répondit sans cesse qu'il était content de son sort et qu'il ne désirait rien. L'empereur, instruit de cette détermination, lui fit dire, le même jour « qu'il avait peut-être » raison, et qu'il ne lui savait pas mauvais gré de son refus. » Ces détails, dont l'exactitude ne saurait être révoquée en doute, prouvent d'une manière assez évidente que les Suédois s'en rapportaient à l'empereur pour le choix d'un souverain, et n'avaient émis aucun vœu à cet égard, comme on a voulu ensuite le faire croire.

De retour en Italie, le prince prépara secrètement un coup de main contre l'île de Lissa, où les Anglais avaient entassé une immense quantité de marchandises. L'attaque réussit complétement, et l'Angleterre éprouva dans cette circonstance une perte de plus de vingt-cinq millions de francs.

Peu après cette expédition, Eugène dut encore se rendre à Paris pour assister aux couches de Marie-Louise. L'empereur avait sans doute des raisons particulières pour vouloir que le prince fût témoin de toutes les cérémonies qui avaient trait à son mariage, mais c'était lui imposer une contrainte bien amère et le soumettre à une véritable torture.

Tandis que la capitale et les provinces se réjouissaient de la naissance du roi de Rome, le voile dont s'enveloppait la politique européenne semblait prendre à tous les yeux une teinte plus sombre. Eugène, prévoyant qu'une guerre contre la Russie ne pouvait manquer d'éclater, eut soin de tenir l'armée d'Italie prête à entrer en campagne, et effectivement, le jour où les ordres de l'empereur arrivèrent, elle se dirigea sur le Tyrol pour aller se réunir aux corps de la grande armée qui marchaient vers la Prusse et la Pologne.

Le prince n'avait négligé aucune précaution pour pourvoir aux besoins de ses troupes, mais il eut aussi l'attention de s'assurer les moyens de surveiller, du milieu des camps, les affaires intérieures du royaume. Enfin, le moment du départ venu, il prit le commandement du quatrième corps, et avec lui il se trouva bientôt sur la Vistule.

Dès que sa présence à Varsovie fut connue, la noblesse de cette ville s'empressa de lui envoyer une députation pour l'engager à prier Napoléon de reconnaître l'indépendance de leur pays, et pour lui exprimer combien la Pologne serait heureuse s'il était destiné à la gouverner un jour. Le prince engagea les membres de cette députation à avoir toute confiance en celui qui savait si bien apprécier la nation polonaise; mais il les pria, s'ils devaient porter leurs vœux jusqu'à l'empereur, de ne pas prononcer son nom à ce sujet.

Le quatrième corps ne tarda pas à se mesurer avec les Russes, et il se fit particulièrement remarquer aux combats d'Ostrowno, de Witepsk, de

Ce devoir rempli, Eugène voulut renoncer à tous ses emplois; mais, vaincu par les sollicitations de sa mère et de Napoléon lui-même, il sacrifia ses désirs personnels aux considérations que l'on fit valoir à ses yeux. Il fit plus encore, il consentit à se rendre au sénat, le jour que devait être communiquée la dissolution du mariage de Joséphine. Le discours qu'il prononça à cette occasion pourrait être cité comme un modèle de sentiment et de convenance.

Dans des vues qui ont été diversement interprétées, l'empereur décida, à cette époque, que le vice-roi hériterait du grand-duché de Francfort. Napoléon voulait-il, par cette disposition, assurer le sort futur d'Eugène, dans le cas où plusieurs enfants mâles naîtraient de son nouveau mariage, ou son intention était-elle de prouver à l'Autriche que les destinées de l'Italie n'étaient point encore arrêtées irrévocablement? Ce n'est pas ici le lieu d'examiner cette question; mais une pareille mesure dut nécessairement démontrer au prince que sa vice-royauté n'était que passagère et provisoire.

Après des adieux touchants à sa mère, Eugène reprit la route de Milan. En revoyant la vice-reine, il ne put se défendre d'une légère émotion, car il songeait combien le peu de jours qu'il venait d'être séparé d'elle avait changé le sort de sa famille. On pourrait attribuer les regrets que le prince donnait au passé à une ambition déçue, à la crainte de perdre une couronne qu'il s'était flatté de voir assurer sur sa tête : il n'en était rien pourtant. Eugène, s'il n'eût pas été l'époux de la princesse Amélie, aurait pu se trouver heureux, même en redevenant colonel des chasseurs à cheval de la garde; mais, à l'occasion de son mariage, des promesses avaient été faites au roi de Bavière, et il se considérait, à son égard, comme complice d'un manque de foi. D'ailleurs, Eugène pouvait avoir des héritiers de son nom, et l'homme le plus borné dans ses désirs, s'il a quelque chaleur d'âme, devient soucieux des intérêts de ses enfants.

Rendu aux affaires du royaume, le prince trouva dans le travail un adoucissement à ses chagrins. Il activa les constructions de la cathédrale de Milan; il s'occupa des troupes, des finances, de l'administration; il organisa les provinces illyriennes qui venaient d'être cédées à la France, et, les discussions de l'empereur avec le Saint-Siége n'étant pas terminées, il continua des négociations qui prouvèrent encore sa loyauté et sa sagesse. Tant de soins divers lui faisaient oublier ses peines; mais le mariage de Napoléon vint rouvrir toutes les blessures de son cœur.

Appelé par l'empereur à Paris, il devait céder nécessairement à cette volonté suprême; d'ailleurs, s'il était obligé de voir se consommer un cruel sacrifice, il pouvait donner quelques consolations à sa mère, et cette pensée suffisait pour lui rendre l'obéissance plus facile.

Au milieu des fêtes qui eurent lieu à cette époque, Napoléon envoya le maréchal Duroc auprès du vice-roi pour lui proposer, en son nom, le

« Chacun de nous a fait des fautes, messieurs! la mienne, c'est d'être
» resté trop long-temps à Moskou : Eugène est le seul ici qui ne mérite
» aucun blâme. »

En proie aux plus dures souffrances, les troupes du vice-roi, de même que les autres corps de l'armée, marchèrent près de deux mois, laissant à chaque heure, à chaque minute, au milieu des glaces et des neiges, des hommes, des canons, des bagages. Le cœur d'Eugène saignait de voir tant d'intrépides soldats, que rien n'avait pu arrêter dans leurs triomphes, périr de froid et de misère, sans qu'il fût possible de leur porter ni consolations ni secours. Cependant, quoique Napoléon ait dit « que cette » épreuve était au-dessus de l'organisation humaine, » le prince ne se laissa point abattre; il conserva jusqu'à la fin son calme et son énergie. Quand Murat, découragé, abandonna le commandement de l'armée pour retourner dans ses états, Eugène fut forcé de recueillir cette triste succession : mais dès qu'il eut l'autorité, les choses ne tardèrent pas à changer de face. Il s'arrêta vingt-six jours à Posen : il réunit dans cette ville les débris épars que la destruction avait épargnés, et il donna ainsi aux places qui se trouvaient en arrière le temps de se préparer à un siége.

Avec des forces peu considérables, il se maintint quatre mois sur les rives de l'Elbe, ce qui permit à l'empereur de rassembler une armée nouvelle et de porter encore la guerre loin des frontières de la France. L'ennemi voulut l'attaquer avant le retour offensif de Napoléon, et fit pour cela un mouvement sur Magdebourg; mais le prince Eugène, au lieu de chercher à l'éviter, marcha avec résolution à sa rencontre, et après une action assez vive, il le força à la retraite. A l'occasion de ce combat, nous citerons un trait du vice-roi qui prouve autant la bonté de son cœur que sa rare intrépidité. Faisant une reconnaissance, il se vit chargé inopinément par un parti de Cosaques. Plusieurs chasseurs de son escorte tombent percés de coups de lance, et le colonel Kliski, son aide-de-camp, reste au pouvoir des Russes. Le prince, qui s'aperçoit du danger de cet officier, ne songe plus à sa sûreté personnelle; il accourt, le sabre à la main, et le délivre après avoir mis en fuite ceux qui déjà se partageaient ses dépouilles.

Enfin l'empereur rejoignit l'armée, et après avoir donné au vice-roi les témoignages les plus flatteurs de son approbation, il lui confia le commandement des cinquième et onzième corps.

On sait que les manœuvres de Napoléon conduisirent alors les Français dans les champs de Lutzen, et que ce fut sur ce terrain, jadis illustré par Gustave-Adolphe et par Charles XII, que Wittgenstein vint lui offrir la bataille. L'affaire s'étant engagée avant la réunion du vice-roi avec la grande armée, le prince s'avança rapidement au bruit du canon, et, par une marche hardie sur le flanc droit des alliés, contribua puissamment à fixer la victoire. Chargé ensuite du commandement de l'avant-garde jus-

Smolensk, et surtout à la bataille de la Moskowa, que l'empereur a appelée « une bataille de géants. » L'incendie de Moskou produisit sur l'esprit du prince une impression d'autant plus vive que ses principes d'humanité et de civilisation en étaient plus révoltés. Quand il vit les flammes dévorer cette ville superbe, et engloutir les palais aussi bien que les chaumières, il écrivit dans son indignation : « C'est le comble de la barbarie! je n'ai
» rien vu de plus affreux depuis que j'existe. Heureusement que l'on a saisi
» bon nombre de ces incendiaires. Les Russes, pour nous enlever des res-
» sources, ont ruiné trois cent mille habitants et brûlé la plus belle ville
» de l'Europe. »

A peine avait commencé cette retraite, sans exemple dans l'histoire, que le vice-roi eut à combattre à Malojaroslawetz les forces de Kutuzoff, qui se flattait d'arrêter les Français dans leur marche. Le prince conduisit cette attaque avec une habileté et une bravoure qui lui valurent les louanges de l'armée entière. Les Russes furent culbutés après avoir éprouvé de grandes pertes.

Tous ceux qui ont écrit cette campagne terrible ont fait connaître les calamités inouïes contre lesquelles eut à lutter l'armée impériale, mais tous n'ont pas assez fait voir que ce n'est qu'à la fureur des éléments qu'il faut attribuer ces désastres. Malgré l'affreuse détresse des troupes de Napoléon, chaque fois que l'ennemi osait se présenter devant elles il était battu et repoussé, et pourtant cet ennemi ne manquait ni de dévouement ni de courage; il était digne, on le sait, de ses redoutables adversaires.

Nous signalerons encore une erreur, non moins utile à détruire, car elle serait peut-être pour l'Europe le résultat le plus funeste de la guerre de 1812 : c'est l'idée généralement répandue que, parce que Napoléon a échoué dans ses projets, malgré son génie si vaste et les moyens immenses qu'il avait en son pouvoir, toute entreprise contre la Russie doit être considérée comme impossible. Qu'on se reporte à l'époque dont nous parlons, et l'on verra que si des espérances de paix n'avaient pas empêché l'empereur de regagner la Pologne pour y attendre l'époque favorable à une seconde campagne, et que si, par extraordinaire, un hiver d'une rigueur presque sans exemple, même sous ces climats hyperboréens, ne s'était pas montré d'une manière aussi soudaine qu'imprévue, c'en était fait du trône des czars. D'ailleurs, les frontières méridionales de la Russie ne sont-elles pas ouvertes sur tous les points? Qu'on cesse donc de croire cet empire invulnérable et protégé à tout jamais par un ciel menaçant.

Le 5 décembre, lorsque Napoléon, arrivé à Smorgoni, réunit les maréchaux et les commandants des corps d'armée, pour leur faire connaître les raisons qui l'obligeaient à partir sur-le-champ pour la France, il fit entendre les paroles suivantes, aussi remarquables par leur noble franchise qu'honorables pour le vice-roi, dont elles proclamaient le mérite :

» que je m'entendisse avec mon beau-père pour m'assurer la couronne
» d'Italie. Tout cela eût été bien séduisant pour un autre que moi!... J'ai
» répondu à ces propositions comme je le devais, et le jeune envoyé est
» parti, rempli, disait-il, d'admiration pour ma loyauté, mon désintéres-
» sement, etc., etc. J'ai cru devoir rendre compte de cela à l'empereur,
» en supprimant toutefois les compliments, qui ne s'adressaient qu'à ma
» personne. J'aime à penser, ma bonne sœur, que tu aurais approuvé ma
» conversation si tu avais pu l'entendre. Ma plus douce récompense c'est
» de voir que si ceux que je sers ne peuvent me refuser leur confiance, ma
» conduite a su gagner l'estime de nos ennemis. Adieu, ma bonne sœur :
» ton frère sera, dans tous les temps, digne de toi et de sa famille.

» *P. S.* Je ne saurais te dire combien je suis heureux des senti-
» ments que ma femme a montrés dans cette circonstance. Elle a tout à
» coup suspendu ses relations directes avec les siens, et, depuis la décla-
» ration de la Bavière contre la France, elle s'est conduite admirablement
» pour l'empereur.

» Ne montre cette lettre qu'à Lavalette, car je désire éviter les bavar-
» dages à mon sujet. »

Ces lignes n'ont besoin ni de réflexions ni de commentaires. Elles peignent, mieux que tout ce qu'on pourrait dire, celui que nous cherchons à faire connaître.

Le vice-roi défendait encore l'Adige, quand Murat, à l'exemple de Bernadotte, se déclara contre la France. Une circonstance si imprévue compliquait extrêmement les embarras de sa situation : mais il battit le feld-maréchal de Bellegarde qui avait remplacé le général Hiller, il défit les Napolitains sous les murs de Parme, et, paralysant les efforts d'un ennemi trois fois plus nombreux, il se maintint avec beaucoup d'habileté derrière le Mincio tout le reste de la campagne.

On a reproché au prince Eugène de ne s'être pas conformé aux ordres de l'empereur qui lui avaient prescrit de venir le rejoindre en France avec toutes ses troupes. Il y a dans cette accusation, ou mauvaise foi, ou ignorance des faits. Napoléon, il est vrai, avait d'abord eu cette pensée, mais avant l'ouverture de la guerre et dans la supposition de certaines circonstances. Plus tard, quand le prince lui eut représenté que son armée, qui tenait en échec des forces considérables, se composait presque entièrement d'Italiens et de Piémontais qui déserteraient avant de passer les Alpes, non-seulement il ne songea plus à l'appeler près de lui, mais il lui ordonna de tenir en Italie le plus long-temps possible. Si cette assertion avait besoin de preuves, nous citerions les propres paroles de l'empereur au colonel Tascher, après la bataille de Montmirail, en le faisant partir pour Milan.

« Vous direz à Eugène que je lui recommande de ne perdre du terrain que
» pied à pied; qu'il ne s'occupe pas de l'armée napolitaine, composée de

qu'à Dresde, il poussa vivement les Prussiens et les Russes, et se distingua aux combats de Golditz et de Wilsdruff, ainsi qu'au passage de l'Elbe.

Arrivé à Dresde, Napoléon, instruit que le cabinet autrichien entretenait des relations secrètes avec Alexandre et Frédéric-Guillaume, résolut, dans sa haute prévoyance, de renvoyer le vice-roi à Milan pour le cas très-probable où l'empereur François II, oubliant ses traités, chercherait à porter inopinément la guerre en Italie.

Le prince Eugène, de retour dans sa résidence, trouva toutes les ressources épuisées : il n'y avait plus ni habillements, ni armes dans les magasins ; les caisses étaient vides, et le royaume, qui avait dû faire de grandes dépenses, semblait peu disposé à d'autres sacrifices : cependant, en moins de deux mois, une armée nouvelle se trouva rassemblée.

Après un armistice qui n'eut pour résultat que de permettre aux ennemis de l'empereur de mieux s'entendre, Eugène se rendit à Udine, ne doutant pas que ce serait du côté de l'Illyrie que se porteraient les premiers coups. En effet, le général Hiller venait d'entrer dans cette province à la tête de soixante-cinq mille hommes. Le prince fit alors connaître aux peuples italiens, par une proclamation datée de Goriza, « que les fron-
» tières avaient été inopinément attaquées, mais qu'avec l'aide de Dieu et
» de ses braves troupes, il espérait repousser une agression aussi inat-
» tendue que contraire à tous les pactes existants entre l'empereur des
» Français et l'empereur d'Allemagne. »

En présence d'un ennemi très-supérieur en nombre, le vice-roi voulait se maintenir sur la haute Save et faire une guerre défensive qui, en contenant les Autrichiens, lui aurait donné l'occasion d'aguerrir ses jeunes soldats ; mais la défection des Bavarois, ouvrant les portes du Tyrol, renversa tous ses desseins. Cependant plus le danger devenait pressant et plus son activité semblait s'accroître. Revenu à Vérone, il plaça ses troupes de manière à éviter toute surprise et à garder une attitude menaçante.

Un matin, le prince se disposait à aller visiter ses positions, quand on vint lui annoncer qu'un officier étranger demandait à se rendre près de lui. La lettre suivante, qu'il écrivit à ce sujet à sa sœur, la reine Hortense, expliquera cet incident et mettra dans tout son jour le caractère du vice-roi :

« Ma chère sœur, depuis long-temps j'ai le projet de t'écrire, et sans
» cesse une occupation nouvelle vient m'en détourner. J'ai pourtant besoin
» de t'informer de ce qui m'est arrivé la semaine dernière. Un parlemen-
» taire sollicite avec instance de pouvoir me remettre des papiers du plus
» haut intérêt. J'étais justement à cheval : je me rends aux avant-postes, et
» je trouve un aide-de-camp du roi de Bavière qui avait été sous mes ordres
» dans la dernière campagne. Il était chargé de me faire les offres les plus
» belles, et engageait sa parole que les souverains coalisés approuveraient

prince Eugène adresse des adieux touchants aux peuples qu'il avait gouvernés pendant près de neuf ans avec une constante sollicitude, et il se retire à Munich, décidé à y vivre dans l'isolement et le repos.

Pressé de se rendre à Paris par l'impératrice Joséphine et par la reine Hortense, il eut la douleur d'assister aux derniers moments d'une mère pour laquelle il n'avait cessé de conserver l'affection la plus vive. Ce fut dans cette circonstance qu'il se lia d'une amitié sincère avec l'empereur Alexandre. Ce souverain conçut pour lui une haute estime, et il ne se borna pas à le lui prouver par de vaines paroles, car Eugène dut à son intervention puissante de conserver ses dotations d'Italie. Alexandre engagea le prince à assister au congrès de Vienne et il accéda à ce désir. Cependant, tandis que les monarques assemblés se partageaient les dépouilles de la France, les droits d'Eugène, quoique reconnus par le traité de Fontainebleau, demeuraient oubliés, lorsque l'empereur de Russie vint lui-même lui demander s'il serait satisfait de la possession des îles Ioniennes.

Avant qu'il pût répondre à cette marque d'intérêt, la nouvelle du débarquement de Napoléon rompit brusquement toutes les négociations diplomatiques. Au moment de se séparer, les souverains alliés délibérèrent pour savoir s'ils ne devaient pas s'assurer de la personne d'Eugène et l'envoyer dans une forteresse de Hongrie. L'empereur Alexandre dit alors « qu'il se portait caution du prince, s'il s'engageait à rester en Bavière. » Eugène consentit à le promettre, et il a tenu sa parole.

De retour à Munich, les événements du 20 mars rendirent sa position extrêmement pénible et difficile. A cette époque, une espèce de fièvre antifrançaise s'était emparée de presque tous les Allemands, et la nation la plus grave, la plus sensée, était devenue tout à coup aveugle et injuste. Le prince eut beaucoup à souffrir de ce moment de paroxysme : des soupçons offensants accusaient ses démarches; ses intentions étaient interprétées à l'avance, ses paroles répétées avec perfidie, et, même dans la famille royale, il existait des dispositions malveillantes qui allaient jusqu'à vouloir soulever l'opinion publique contre lui : mais, fort de sa conduite, étranger aux mauvaises passions, incapable de ressentiment, le prince disait à ceux qui s'étonnaient de sa longanimité : « Je ne connais qu'un chemin dans la » vie, c'est celui du devoir : hors de là il n'y a que honte et regrets. » Fidèle à cette maxime, non-seulement il triompha des préventions conçues contre lui, mais il parvint à se concilier ceux-là mêmes qui s'étaient déclarés ses ennemis implacables.

Le roi Maximilien, voulant fixer dans son royaume l'état politique et le rang de son gendre, lui conféra le titre de duc de Leuchtenberg, lui donna la propriété d'un régiment, en un mot, le rapprocha le plus possible du trône.

Chéri dans sa maison, vénéré des Bavarois, estimé de toute l'Europe,

» mauvais soldats, ni du roi de Naples qui est un fou. Forcé à la retraite,
» il ne laissera dans les places que les hommes nécessaires pour leur dé-
» fense. S'il revient jusqu'à Milan, il livrera une grande bataille, et s'il la
» perd, il se portera sur les Alpes [1], » etc.

Jusqu'à ce moment, c'est sur les champs de bataille que le prince Eugène a eu surtout occasion de se signaler; nous voici maintenant arrivés à une époque où sa conduite politique le recommandera plus, peut-être, à la postérité, que ses talents comme homme de guerre.

Quoique la cause de l'empereur fût tout à fait désespérée, le nom seul de Napoléon était trop redoutable à l'Europe pour qu'elle osât si tôt se flatter de la victoire. Rien de ce qui pouvait assurer la chute du colosse, dont le poids ébranlait la terre, n'était donc négligé par les souverains ligués dans l'espoir de l'abattre. Ils pensèrent arriver à leur but en séduisant le vice-roi par l'appât d'une couronne, et, pour mieux assurer le succès de leur démarche, ils prièrent le prince de Taxis de se charger de la proposition.

Voici la réponse que fit Eugène :

« L'empereur a reçu mes serments; tant qu'il ne m'en aura pas dégagé,
» je lui demeurerai fidèle. J'ignore le sort qui m'est réservé, mais je con-
» nais mon beau-père, et quoi qu'il arrive, je suis sûr qu'il aimera mieux
» retrouver son gendre simple particulier, mais honnête homme, que de le
» savoir assis sur un trône acheté par la trahison et le parjure. »

A côté de cette expression publique des opinions du prince, nous croyons devoir placer une lettre, écrite par lui à la vice-reine, qui mettra à même de juger de ses sentiments dans ses relations intimes :

Vérone, 17 janvier 1814.

« Il paraît, ma bonne Auguste [2], qu'il sera impossible de s'entendre avec
» l'ennemi pour une suspension d'armes. Oh les vilaines gens!... Le croi-
» rais-tu! ils ne consentent à traiter que si j'accepte la proposition déjà
» faite par le prince de Taxis. Aussi a-t-on de suite rompu le discours.

» Dans quel temps vivons-nous! et comme on dégrade le trône en exi-
» geant pour y monter ingratitude et trahison!... Va! je ne serai jamais
» roi. Adieu! ma bonne Auguste, » etc.

Le 11 avril 1814 Napoléon abdique, et le traité qui livre l'Italie aux puissances alliées annule les pouvoirs du vice-roi. Délié de son mandat, le

---

[1] L'extrait suivant d'une lettre de l'empereur au vice-roi, écrite de Nangis le 18 février 1814, viendrait encore, s'il le fallait, confirmer ce témoignage : « J'ai détruit l'armée de Silésie, » composée de Russes et de Prussiens. J'ai commencé hier à battre Schwartzemberg. Il est donc » possible, si la fortune continue à nous sourire, que l'ennemi soit rejeté en grand désordre » loin de nos frontières, et que nous puissions alors conserver l'Italie. »

[2] Auguste-Amélie de Bavière était toujours appelée ainsi dans sa famille.

TABLE

DU TOME SIXIÈME.

BERNARDIN DE SAINT-PIERRE (né en 1737, mort en 1814). 1
DELILLE (né en 1738, mort en 1813). 9
GRÉTRY (né en 1741, mort en 1813). 25
CONDORCET (né en 1743, mort en 1794). 33
LAVOISIER (né en 1743, mort en 1794). 47
DAVID (né en 1748, mort en 1825). 55
MIRABEAU (né en 1749, mort en 1791). 71
LAPLACE (né en 1749, mort en 1827). 103
LOUIS XVI (né en 1754, mort en 1793). 109
LE PRINCE DE TALLEYRAND (né en 1754, mort en 1838). 145
KLÉBER (né en 1754, mort en 1800). 157
MASSÉNA (né en 1758, mort en 1817). 169
PRUDHON (né en 1759, mort en 1823). 179
ANDRÉ CHÉNIER (né en 1762, mort en 1794). 199
TALMA (né en 1763, mort en 1826). 215
MÉHUL (né en 1763, mort en 1817). 235
MOREAU (né en 1763, mort en 1813). 245
MADAME DE STAËL (née en 1766, morte en 1817). 255
HOCHE (né en 1768, mort en 1797). 267
DESAIX (né en 1768, mort en 1800). 283
NAPOLÉON BONAPARTE (né en 1769, mort en 1821). 291
BONAPARTE GÉNÉRAL. 305
BONAPARTE PREMIER CONSUL. 323
NAPOLÉON EMPEREUR. 337
NAPOLÉON A L'ILE D'ELBE. — LES CENT JOURS. 359
NAPOLÉON A SAINTE-HÉLÈNE. 377
CUVIER (né en 1769, mort en 1832). 387
SUCHET (né en 1770, mort en 1826). 409
GROS (né en 1771, mort en 1835). 421
BICHAT (né en 1771, mort en 1802). 433
EUGÈNE DE BEAUHARNAIS (né en 1781, mort en 1824). 447

FIN DE LA TABLE.

le prince Eugène pouvait espérer une suite, longue encore, de jours heureux et paisibles, lorsqu'il ressentit les premières atteintes du mal auquel il devait succomber. Sentant sa fin approcher, il fit ses dernières dispositions avec la tranquillité d'une âme sans remords. S'humiliant devant les volontés du dispensateur de toutes choses, c'est avec calme qu'il reçut les secours d'une religion qu'il avait toujours respectée. Il expira, le 21 février 1824, dans les bras d'une épouse qu'il adorait; celle que l'empereur, dans ses Mémoires, a proclamée *la plus belle et la plus vertueuse des princesses de son temps*.

A la nouvelle de sa mort, le deuil fut général en Bavière.

Pouvait-il en être autrement! les malheureux perdaient en lui un généreux soutien, les arts un protecteur éclairé, et le pays un capitaine illustre.

Le prince Eugène, duc de Leuchtenberg, était un de ces hommes rares qui, sous un extérieur simple et modeste, cachent une grande âme et des talents supérieurs. La droiture, l'humanité et l'amour de l'ordre formaient la base de son caractère. Intrépide en présence du danger, sage dans le conseil, modéré dans l'exercice du pouvoir, l'adversité même le trouva toujours inébranlable. Indifférent aux honneurs, ne recherchant pas la faveur populaire, il poussait trop loin, peut-être, l'abnégation de soi-même. Inaccessible à l'esprit de parti, il appréciait ce qui était bon et bien, et repoussait, de quelque côté qu'on le lui présentât, ce qui était mal ou injuste. Affable, bienveillant, disposé à l'indulgence, il méprisait la calomnie et encourageait la franchise. Sa vie publique et sa vie privée se présentent toutes deux également exemptes de reproche. Son nom, sorti pur du milieu des orages politiques, s'élève comme un phare lumineux pour montrer à ceux qui viendront les écueils qu'ils doivent éviter : pourquoi faut-il aussi qu'il éclaire le naufrage de tant de réputations, d'abord si bien acquises, et que la France aujourd'hui répudie!

Le fils adoptif de Napoléon combattit vaillamment tant qu'il fallut combattre; mais, quand les trônes devinrent le prix du parjure, Eugène refusa d'être roi. Son existence entière peut se résumer dans les deux mots qu'il adressa à son armée, alors qu'on ne voyait de toutes parts que lâcheté et déception : HONNEUR ET FIDÉLITÉ!

Le Gal A. DE SAINT-YON.

FIN DU TOME SIXIÈME

ET DERNIER.

PARIS. IMPRIMÉ PAR PLON FRÈRES.

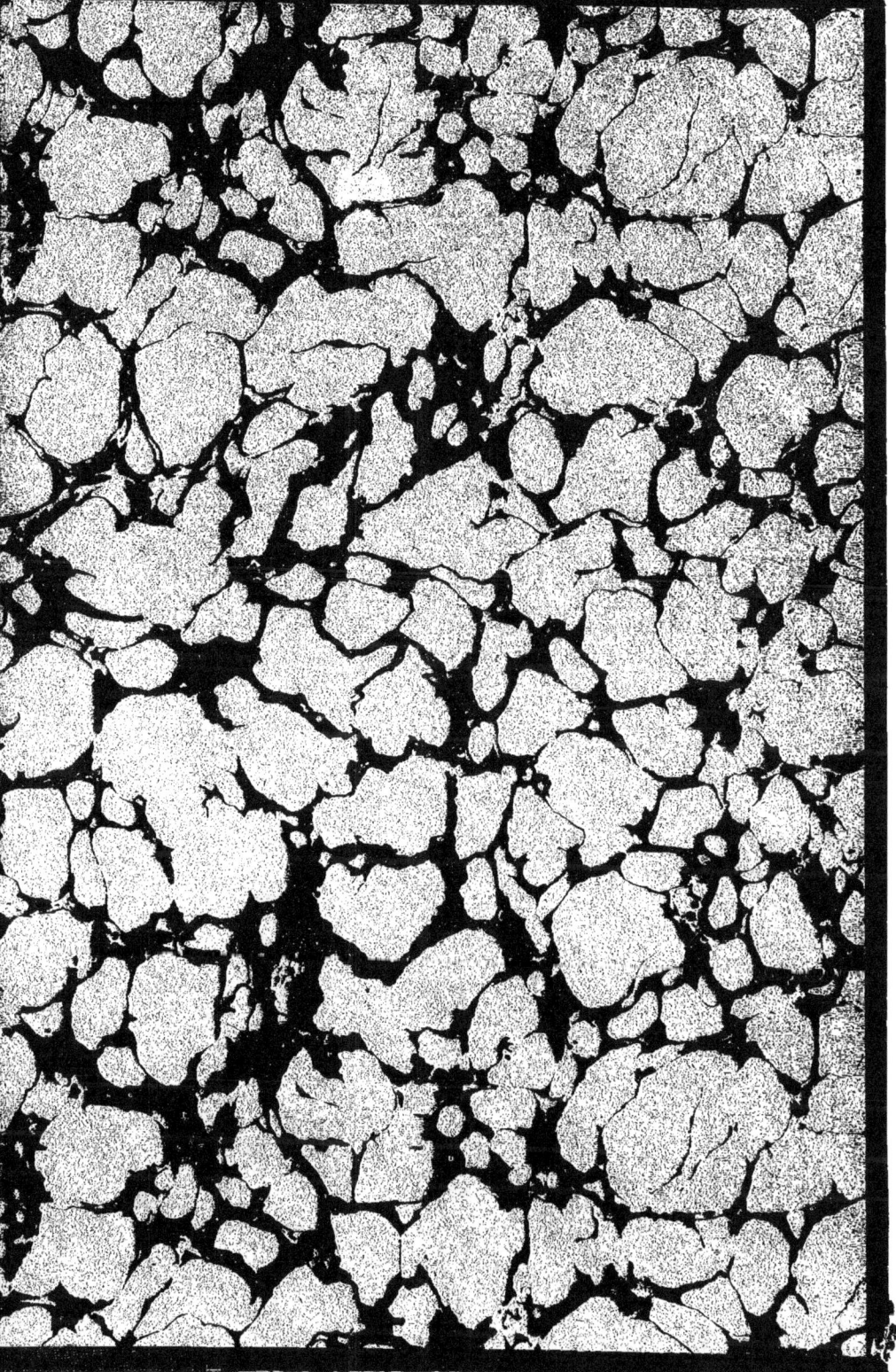

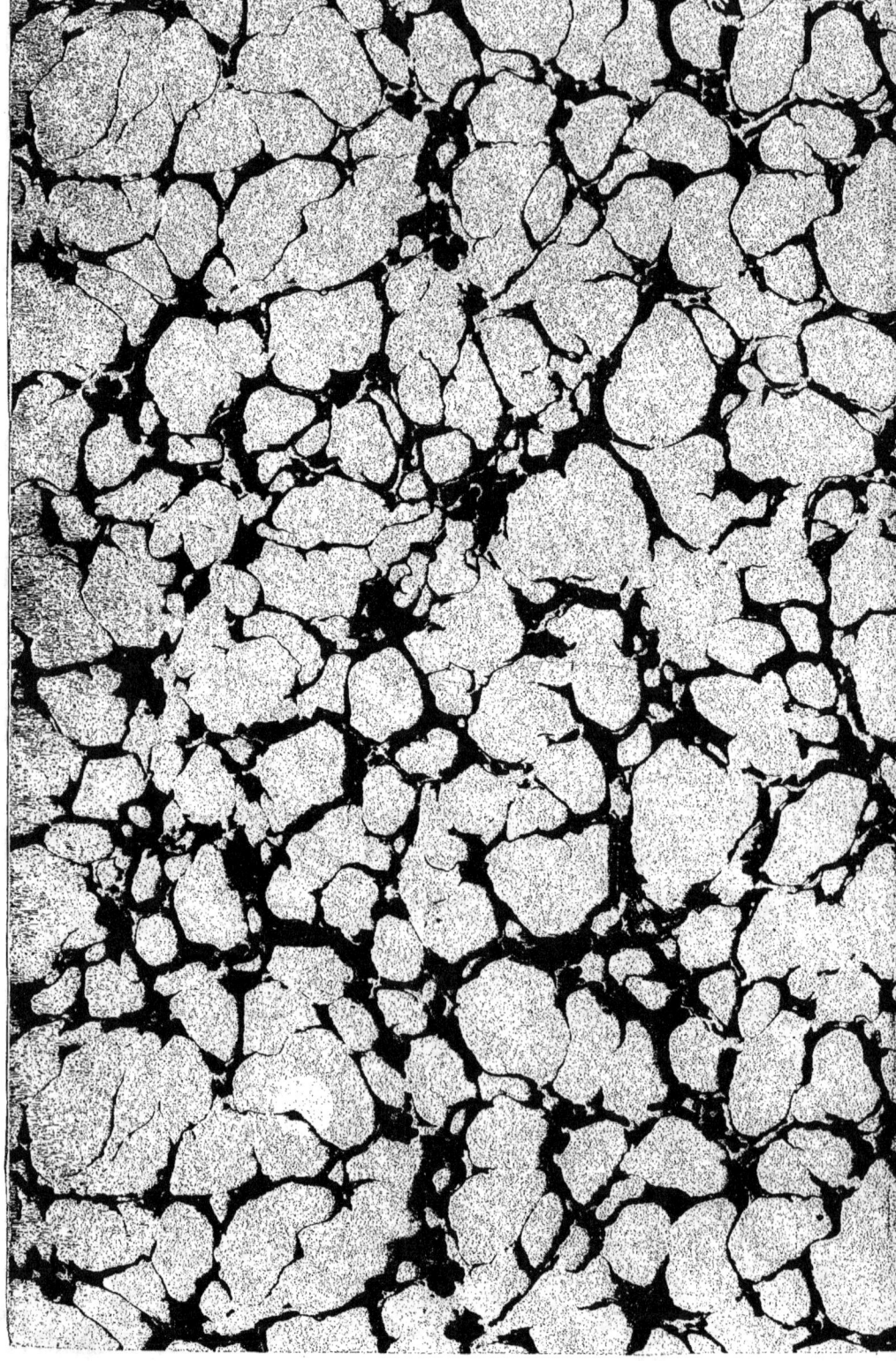

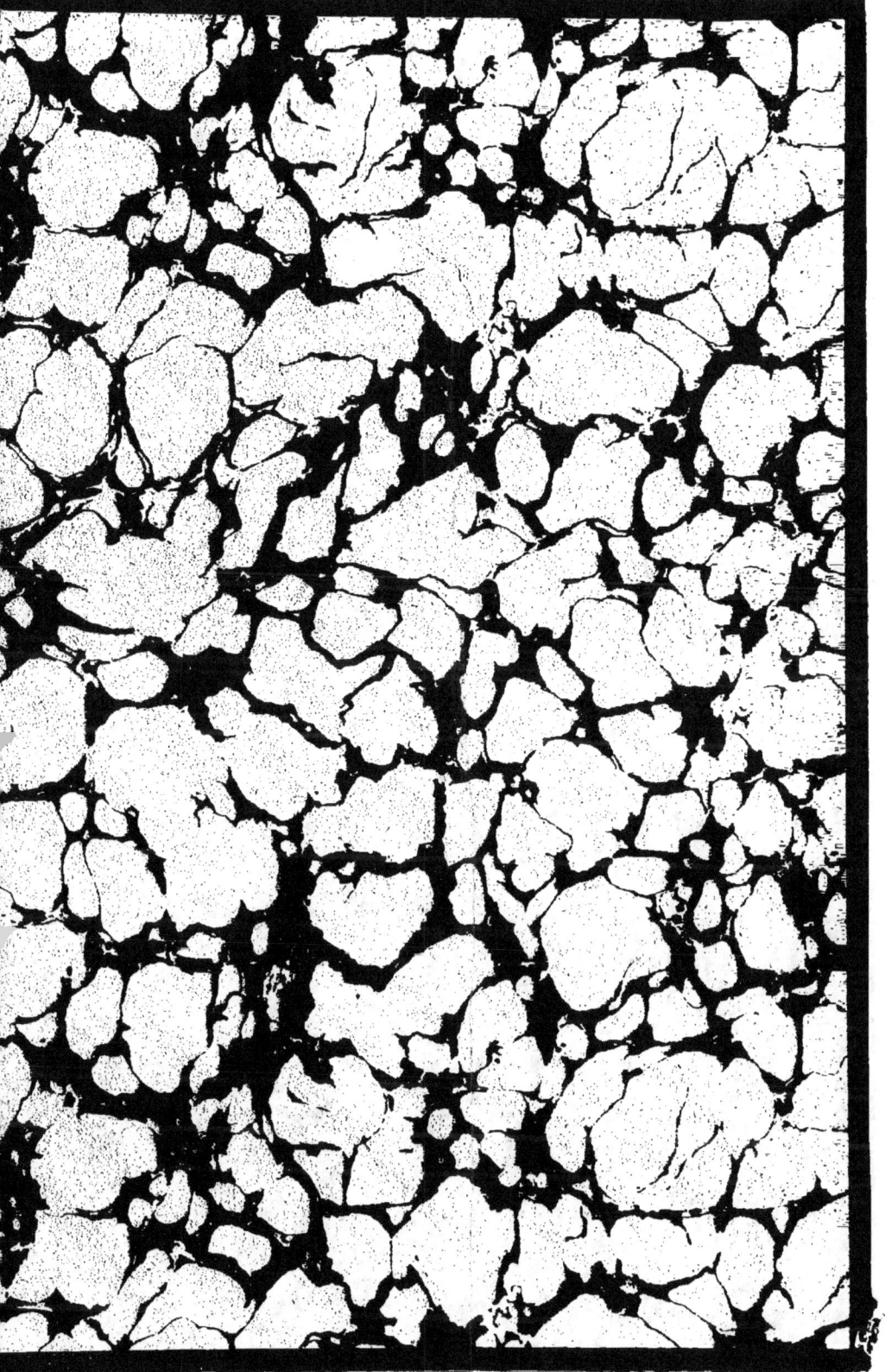

www.ingramcontent.com/pod-product-compliance
Lightning Source LLC
Chambersburg PA
CBHW071401230426
43669CB00010B/1410